Tempo e Narrativa

Paul Ricoeur
Tempo e Narrativa

3. O tempo narrado

Tradução
CLAUDIA BERLINER

Revisão da tradução
MÁRCIA VALÉRIA MARTINEZ DE AGUIAR

wmf **martinsfontes**

SÃO PAULO 2019

Esta obra foi publicada originalmente em francês com o título
TEMPS ET RÉCIT. TOME 3 – Le temps raconté
por Editions du Seuil, Paris.
Copyright © Editions du Seuil, 1991.
Copyright © 2010, Livraria Martins Fontes Editora Ltda.,
São Paulo, para a presente edição.

« França.Br 2009 » l'Année de la France au Brésil (21 avril – 15 novembre) est organisée :
En France : par le Commissariat général français, le Ministère des Affaires étrangères
et européennes, le Ministère de la Culture et de la Communication et Culturesfrance.
Au Brésil : par le Commissariat général brésilien, le Ministère de la Culture et le
Ministère des Relations Extérieures.

"França.Br 2009" Ano da França no Brasil (21 de abril a 15 de novembro) é organizado:
No Brasil: pelo Comissariado geral brasileiro, pelo Ministério da Cultura e pelo
Ministério das Relações Exteriores.
Na França: pelo Comissariado geral francês, pelo Ministério das Relações exteriores e europeias,
pelo Ministério da Cultura e da Comunicação e por Culturesfrance.

1ª edição 2010
4ª tiragem 2019

Tradução
CLAUDIA BERLINER

Revisão da tradução
Márcia Valéria Martinez de Aguiar
Acompanhamento editorial
Maria Fernanda Alvares
Luciana Veit
Revisões gráficas
Sandra Garcia Cortés
Luzia Aparecida dos Santos
Ana Paula Luccisano
Produção gráfica
Geraldo Alves
Paginação
Studio 3 Desenvolvimento Editorial

Dados Internacionais de Catalogação na Publicação (CIP)
(Câmara Brasileira do Livro, SP, Brasil)

Ricoeur, Paul
  Tempo e narrativa / Paul Ricoeur ; tradução Claudia Berliner ; revisão da tradução Márcia Valéria Martinez de Aguiar. – São Paulo : Editora WMF Martins Fontes, 2010.

  Título original: Temps et récit.
  Conteúdo : 3. O tempo narrado.
  ISBN 978-85-7827-054-4

  1. Narrativa (Retórica) 2. Tempo na literatura 3. Trama (Drama, novela etc.) 4. Mimese na literatura I. Título.

08-10680   CDD-809.923

Índices para catálogo sistemático:
1. Narrativa : Retórica   809.923

Todos os direitos desta edição reservados à
Editora WMF Martins Fontes Ltda.
Rua Prof. Laerte Ramos de Carvalho, 133 01325-030 São Paulo SP Brasil
Tel. (11) 3293-8150 e-mail: info@wmfmartinsfontes.com.br
http://www.wmfmartinsfontes.com.br

PLANO DA OBRA – TEMPO E NARRATIVA

VOLUME 1
A intriga e a narrativa histórica

PRIMEIRA PARTE:
O CÍRCULO ENTRE NARRATIVA
E TEMPORALIDADE

Introdução
Prólogo

1. As aporias da experiência do tempo
2. A composição da intriga
3. Tempo e narrativa

SEGUNDA PARTE
A HISTÓRIA E A NARRATIVA

1. O eclipse da narrativa
2. Teses em defesa da narrativa
3. A intencionalidade histórica

Conclusões

VOLUME 2
A configuração do tempo na narrativa de ficção

TERCEIRA PARTE
A CONFIGURAÇÃO DO TEMPO
NA NARRATIVA DE FICÇÃO

Prefácio

1. As metamorfoses da intriga
2. As imposições semióticas da narratividade
3. Os jogos com o tempo
4. A experiência temporal fictícia

Conclusões

VOLUME 3
O tempo narrado

QUARTA PARTE
O TEMPO NARRADO

Introdução

I. A APORÉTICA DA TEMPORALIDADE
1. Tempo da alma e tempo do mundo: O debate entre Agostinho e Aristóteles
2. Tempo intuitivo ou tempo invisível? Husserl confrontado com Kant
3. Temporalidade, historialidade, intratemporalidade: Heidegger e o conceito "vulgar" de tempo

II. POÉTICA DA NARRATIVA
   HISTÓRIA, FICÇÃO, TEMPO

Introdução
1. Entre o tempo vivido e o tempo universal: o tempo histórico
2. A ficção e as variações imaginativas sobre o tempo
3. A realidade do passado histórico
4. Mundo do texto e mundo do leitor
5. O entrecruzamento da história e da ficção
6. Renunciar a Hegel
7. Para uma hermenêutica da consciência histórica

Conclusões
Índices (volumes 1, 2 e 3)

ÍNDICE

QUARTA PARTE:
O TEMPO NARRADO

Introdução 3

I. A APORÉTICA DA TEMPORALIDADE

1. Tempo da alma e tempo do mundo. O debate entre Agostinho e Aristóteles 15

2. Tempo intuitivo ou tempo invisível? Husserl confrontado com Kant 37
   1. O aparecer do tempo: as "Lições" de Husserl sobre a fenomenologia da consciência interna do tempo, 38 – 2. A invisibilidade do tempo: Kant, 74

3. Temporalidade, historialidade, intratemporalidade: Heidegger e o conceito "vulgar" de tempo 101
   1. Uma fenomenologia hermenêutica, 103 – 2. Cuidado e temporalidade, 107 – 3. A temporalização: por-vir, tersido, tornar-presente, 116 – 4. A historialidade, 121 – 5. A intratemporalidade, 135 – 6. O conceito "vulgar" de tempo, 147

II. POÉTICA DA NARRATIVA
HISTÓRIA, FICÇÃO, TEMPO

Introdução 169

1. Entre o tempo vivido e o tempo universal: o tempo
   histórico 176
   1. O tempo do calendário, 177 – 2. A sequência de gerações: contemporâneos, predecessores e sucessores, 185 – 3. Arquivo, documento, vestígio, 197

2. A ficção e as variações imaginativas sobre o tempo... 214
   1. A neutralização do tempo histórico, 215 – 2. Variações sobre a falha entre o tempo vivido e o tempo do mundo, 216 – 3. Variações sobre as aporias internas da fenomenologia, 222 – 4. Variações imaginativas e tipos ideais, 231

3. A realidade do passado histórico 236
   1. Sob o signo do Mesmo: a "reefetuação" do passado no presente, 240 – 2. Sob o signo do Outro: uma ontologia negativa do passado? 247 – 3. Sob o signo do Análogo: uma abordagem tropológica? 255

4. Mundo do texto e mundo do leitor 267
   1. Da poética à retórica, 271 – 2. A retórica entre o texto e seu leitor, 279 – 3. Fenomenologia e estética da leitura, 285

5. O entrecruzamento da história e da ficção 310
   1. A ficcionalização da história, 312 – 2. A historicização da ficção, 323

6. Renunciar a Hegel 329
   1. A tentação hegeliana, 330 – 2. A impossível mediação total, 344

7. Para uma hermenêutica da consciência histórica 352
   1. O futuro e seu passado, 353 – 2. Ser-afetado-pelo-passado, 368 – 3. O presente histórico, 391

Conclusões 409

1. A primeira aporia da temporalidade: a identidade narrativa, 415 – 2. A segunda aporia da temporalidade: totalidade e totalização, 423 – 3. A aporia da inescrutabilidade do tempo e os limites da narrativa, 442

Índices – Volumes 1, 2 e 3 467

QUARTA PARTE
O TEMPO NARRADO

A quarta parte de *Tempo e narrativa* visa explicitar da forma mais completa possível a hipótese que governa nossa investigação, qual seja, a de que o trabalho de pensamento presente em toda *configuração* narrativa culmina em uma *refiguração* da experiência temporal. De acordo com nosso esquema da tripla relação mimética entre a ordem da narrativa e a ordem da ação e da vida[1], essa capacidade de refiguração corresponde ao terceiro e último momento da *mímesis*.

Duas seções compõem esta quarta parte. A primeira visa contrapor a essa capacidade de refiguração uma *aporética da temporalidade*, que generaliza a afirmação feita como que de passagem, durante a leitura do texto agostiniano, de que nunca houve fenomenologia da temporalidade livre de aporia, ou até de que, por princípio, não é possível que alguma se constitua. Essa entrada no problema da refiguração pela via de uma aporética da temporalidade exige justificação. Outro que não nós, desejoso de enfrentar diretamente o que poderíamos chamar de narrativização secundária da experiência humana, poderia ter abordado legitimamente o problema da refiguração da experiência temporal pela narrativa por meio dos recursos da psicologia[2],

---

1. Cf. acima, vol. 1, pp. 93 ss.
2. Os clássicos do tema continuam sendo: P. Janet, *Le Développement de la mémoire et de la notion de temps*, Paris, A. Chahine, 1928; J. Piaget, *Le Développement de la notion de temps chez l'enfant*, Paris, PUF, 1946; P. Fraisse, *Psychologie du*

da sociologia[3], da antropologia genética[4], ou dos recursos de uma investigação empírica voltada para a detecção das influências da cultura histórica e da cultura literária (desde que predomine nelas o componente narrativo) sobre a vida cotidiana, sobre o conhecimento de si e de outrem, sobre a ação individual e coletiva. No entanto, para não ficar limitado a uma observação banal, esse estudo teria exigido ferramentas de pesquisa e de análise psicossociológicas de que não disponho. Além da incompetência que acabo de expressar, gostaria de justificar a ordem que seguirei pela consideração filosófica que efetivamente a motivou. Para que a noção de experiência temporal mereça essa denominação, não devemos nos limitar a descrever os aspectos implicitamente temporais da remodelagem da conduta pela narratividade. É preciso ser mais radical e trazer à tona as experiências em que o tempo como tal é tematizado, o que não pode ser feito sem introduzir o terceiro parceiro do debate com a historiografia e a narratologia, a fenomenologia da consciência do tempo. Foi com efeito esta a consideração que nos guiou desde a primeira parte, quando precedemos o estudo da *Poética* de Aristóteles de uma inter-

---

temps, Paris, PUF, 1957, 2.ª ed., 1967, e *Psychologie du rythme*, Paris, PUF, 1974. Sobre o estado atual do problema, pode-se consultar Klaus F. Riegel (ed.), *The Psychology of Development and History*, Nova York e Londres, Plenum Press, 1976; Bernard S. Gorman e Alden Wessman (ed.), *The Personal Experience of Time*, Nova York e Londres, Plenum Press, 1977 (em particular: Wessman e Gorman, "The Emergence of Human Awareness and Concepts of Time" (pp. 3-58); Klaus F. Riegel, "Towards a Dialectical Interpretation of Time and Change (pp. 57-108). A diferença de abordagem entre o ponto de vista do psicólogo e do filósofo consiste em que o psicólogo se pergunta como certos conceitos de tempo aparecem no desenvolvimento pessoal e social, ao passo que o filósofo levanta a questão mais radical do teor do sentido dos conceitos que servem de guia teleológico para a psicologia do desenvolvimento.

3. E. Durkheim, *Les Formes élémentaires de la vie religieuse*, Paris, Alcan, 1912, PUF, 1968; M. Halbwachs, *Les Cadres sociaux de la mémoire*, Paris, Alcan, 1925, e *Mémoire et Société*, obra póstuma, PUF, 1950, reeditada com o título *La Mémoire collective*, Paris, PUF, 1968; G. Gurvitch, *La Multiplicité des temps sociaux*, Paris, CDU, 1958.

4. A. Jacob, *Temps et Langage. Essai sur les structures du sujet parlant*, Paris, Armand Colin, 1967.

pretação da concepção agostiniana do tempo. Naquele momento, ficou selado o curso das análises da quarta parte. O problema da refiguração da experiência temporal já não podia permanecer dentro dos limites de uma psicossociologia das influências da narratividade sobre a conduta humana. Tinha de assumir os riscos maiores de uma discussão especificamente filosófica, cujo desafio é saber se – e como – a operação narrativa, retomada em toda a sua amplitude, oferece uma "solução", não especulativa, é certo, mas *poética*, para as aporias que nos pareceram inseparáveis da análise agostiniana do tempo. A partir daí, o problema da refiguração do tempo pela narrativa vê-se conduzido ao nível de uma vasta confrontação entre uma *aporética da temporalidade* e uma *poética da narratividade*.

Ora, essa formulação só é válida se, antes, sem nos limitarmos aos ensinamentos extraídos do livro XI das *Confissões*, tentarmos verificar a tese da aporicidade de princípio da fenomenologia do tempo com base nos dois exemplos canônicos da fenomenologia da consciência interna do tempo em Husserl e da fenomenologia hermenêutica da temporalidade em Heidegger.

Assim, portanto, uma primeira seção será integralmente dedicada à *aporética da temporalidade*. Não que essa aporética deva, *como tal*, ser atribuída a uma ou a outra fase da *mímesis* de ação (e da dimensão temporal desta): é obra de um pensamento reflexivo e especulativo que, na verdade, se desenvolveu sem consideração por qualquer teoria determinada da narrativa. É só a *réplica* da poética da narrativa – tanto histórica quanto ficcional – à aporética do tempo que atrai esta última para o espaço de gravitação da tripla mimética, no momento em que esta transpõe o limiar entre a configuração do tempo *na* narrativa e sua refiguração *pela* narrativa. Constitui nesse sentido, conforme a expressão intencionalmente escolhida um pouco mais acima, uma *entrada* no problema da refiguração.

Dessa abertura, como se diz no jogo de xadrez, resulta toda a orientação posterior do problema da refiguração do tempo pela narrativa. Determinar o estatuto filosófico da refiguração é examinar os recursos de criação por meio dos quais a atividade narrativa responde e corresponde à aporética da temporalidade. A essa exploração será dedicada a segunda seção.

Os cinco primeiros capítulos dessa seção concentram-se na principal dificuldade que a aporética identificou, qual seja, a irredutibilidade de uma à outra, ou até a ocultação uma pela outra, de uma perspectiva puramente fenomenológica sobre o tempo e de uma perspectiva contrária que, para ser sucinto, chamo cosmológica. A questão consistirá em saber de que recursos dispõe uma poética da narrativa para, se não resolver, ao menos tornar a aporia produtiva. Vamos nos guiar pela dissimetria que se abre entre a narrativa histórica e a narrativa de ficção quanto ao alcance referencial e à pretensão à verdade de cada um dos dois grandes modos narrativos. Com efeito, somente a narrativa histórica pretende referir a um passado "real", isto é, efetivamente ocorrido. A ficção, em contraposição, caracteriza-se por uma modalidade referencial e uma pretensão à verdade próximas daquelas que explorei no sétimo estudo de La métaphore vive [A metáfora viva]. Ora, o problema da relação com o "real" é incontornável. Assim como a história não pode deixar de se interrogar sobre sua relação com um passado efetivamente ocorrido, tampouco pode, como estabeleceu a segunda parte de Tempo e narrativa 1, deixar de se interrogar sobre a relação entre a explicação em história e a forma da narrativa. Contudo, embora o problema seja incontornável, pode ser reformulado em termos diferentes daqueles da referência, que remetem a um tipo de investigação, cujos contornos foram determinados por Frege. A vantagem de uma abordagem que emparelha a história e a ficção ante as aporias da temporalidade é que ela incita a reformular o problema clássico da referência a um passado que foi "real" (diferentemente das entidades "irreais" da ficção) em termos de refiguração e não o contrário. Essa reformulação não se limita a uma mudança de vocabulário, na medida em que marca a subordinação da dimensão epistemológica da referência à dimensão hermenêutica da refiguração. Com efeito, a questão da relação entre história e passado já não pertence ao mesmo nível de investigação que a de sua relação com a narrativa, mesmo quando a epistemologia do conhecimento histórico inclui em seu campo a relação entre a explicação e testemunhos, documentos e arquivos, e deriva dessa relação a famosa definição de François Simiand que faz da história um conhecimento por vestígios. É numa reflexão de segundo grau que se coloca a questão do próprio sentido dessa definição. A história como investigação para no documento como coisa dada, mesmo quando alça à categoria de documento vestígios do passado que não estavam destinados a apoiar uma narrativa histórica. Portanto, a invenção documentária continua sendo uma questão de epistemologia. O que já não acontece com a questão de saber o que significa a perspectiva mediante a qual, ao inventar documentos – no duplo sentido da palavra inventar –, a história tem consciência de se reportar a acontecimentos "realmente" ocorridos. É nessa consciência que o documento se torna *vestígio*, isto é, como diremos de modo mais explícito na ocasião propícia, simultaneamente um resto e um signo do que foi e já não é. É a uma hermenêutica que cabe interpretar o sentido dessa perspectiva *ontológica*, mediante a qual o historiador, baseando-se em documentos, busca alcançar o que foi mas já não é. Para exprimi-lo em um vocabulário mais familiar, como interpretar a pretensão que a história, quando constrói sua narrativa, tem de reconstruir algo do passado? O que autoriza a pensar a construção como reconstrução? É cruzando essa questão com a da "irrealidade" das entidades fictícias que esperamos fazer progredir simultaneamente os problemas da "realidade" e da "irrealidade" na narração. Digamos de pronto que é nesse contexto que será examinada, como foi anunciado no final da primeira parte de *Tempo e narrativa*, a mediação operada pela leitura entre o mundo do texto e o mundo do leitor. É por esse caminho que buscaremos descobrir, em particular, qual o verdadeiro paralelo, do lado da ficção, para o que se chama de "realidade" histórica. Nesse estágio da reflexão, a linguagem da referência, ainda conservada em *A metáfora viva*, será definitivamente ultrapassada: a hermenêutica do "real" e do "irreal" sai do quadro atribuído pela filosofia analítica à questão da referência.

Dito isso, o desafio dessa sequência de cinco capítulos será reduzir progressivamente a distância entre as respectivas perspectivas ontológicas da história e da ficção, de modo tal que se faça jus ao que, em *Tempo e narrativa 1*, ainda chamávamos de referência cruzada da história e da ficção, operação que consideramos ser o principal tema, embora não o único, da refiguração do tempo pela narrativa[5]. Na introdução à segunda seção, justificarei a estratégia utilizada para levar da maior distância entre as respectivas perspectivas ontológicas dos dois grandes modos narrativos à sua fusão íntima no trabalho concreto de refiguração do tempo. Limito-me aqui a indicar que será entrecruzando efetivamente os capítulos dedicados respectivamente à história (capítulos I e III) e à ficção (capítulos II e IV) que construirei, passo a passo, a solução para o chamado problema da referência cruzada (capítulo V).

Os dois últimos capítulos serão dedicados a uma ampliação do problema, suscitada por uma aporia ainda mais intratável que a da discordância entre a perspectiva fenomenológica e a perspectiva cosmológica sobre o tempo, qual seja, a da unicidade do tempo. Com efeito, todas as fenomenologias admitem, com Kant, que o tempo é um singular coletivo, sem talvez conseguirem dar uma interpretação fenomenológica desse axioma. A questão será, então, saber se o problema da *totalização* da história, herdado de Hegel, não responde, pelo lado da narrativa, à aporia da unicidade do tempo. Nesse estágio de nossa investigação, o termo história abarcará não só a história narrada, seja no modo histórico, seja no modo da ficção, mas também a história feita e sofrida pelos homens. Com essa questão, a hermenêutica aplicada à perspectiva ontológica da consciência histórica ganhará sua máxima amplitude. Ultrapassará definitivamente, ao mesmo tempo em que a prolonga, a análise da *intencionalidade histórica* da segunda parte de *Tempo e narrativa 1*[6]. Essa análise ainda versava sobre as perspectivas da "investigação" histórica como procedimento de conhecimento. A questão da totalização da história concerne à consciência histórica, no duplo sentido de consciência de *fazer* a história e consciência de *pertencer* à história.

---

5. *Tempo e narrativa*, vol. 1, pp. 130-2.
6. *Ibid.*, pp. 132-40.

A refiguração do tempo pela narrativa só será levada a cabo quando a questão da totalização da história, no sentido amplo do termo, tiver se juntado à da refiguração do tempo *conjuntamente* operada pela historiografia e pela narrativa de ficção.

Uma releitura do conjunto das análises realizadas nos três volumes de *Tempo e narrativa* abrirá caminho para a expressão de um último escrúpulo: teremos esgotado a aporética do tempo com o exame do conflito entre a perspectiva fenomenológica e a perspectiva cosmológica sobre o tempo e com o exame complementar das interpretações fenomenológicas do axioma da unicidade do tempo? Não teremos nos aproximado várias vezes de uma outra aporia do tempo, mais profundamente entrincheirada que as duas anteriores, sem lhe dar um tratamento distinto? E essa aporia não aponta para limites internos e externos da narratividade, que não seriam reconhecidos sem esse último enfrentamento entre a aporética do tempo e a poética da narrativa? Confiei a uma conclusão em forma de posfácio o exame desse escrúpulo.

PRIMEIRA SEÇÃO
A aporética da temporalidade

Começarei esta última parte com uma tomada de posição no tocante à fenomenologia do tempo, esse terceiro parceiro, junto com a historiografia e a narrativa de ficção, da conversação triangular evocada a propósito de *mímesis* III[1]. É impossível furtarmo-nos a essa exigência, uma vez que nosso estudo repousa sobre a tese de que a composição *narrativa*, tomada em toda a sua extensão, constitui uma réplica ao caráter *aporético* da *especulação* sobre o tempo. Ora, esse caráter não fica suficientemente estabelecido apenas pelo exemplo do livro XI das *Confissões* de Agostinho. Ademais, a preocupação em recolher, em benefício do argumento central da primeira parte, o precioso achado de Agostinho, a saber, a estrutura discordante-concordante do tempo, não permitiu avaliar a extensão das aporias, que são o preço a pagar por essa descoberta.

Insistir nas aporias da concepção agostiniana do tempo, antes de expor aquelas que surgem em alguns de seus sucessores, não significa renegar a grandeza de sua descoberta. Ao

---

1. Cf. vol. 1, pp. 112-47. Será preciso lembrar o que foi dito acima sobre a relação entre a aporética do tempo e a poética da narrativa? Se a segunda pertence de direito ao ciclo da *mímesis*, a primeira remete a um pensamento reflexivo e especulativo autônomo. Mas, na medida em que formula a pergunta para a qual a poética oferece uma resposta, instaura-se um relação privilegiada entre a aporética do tempo e a mimética da narrativa pela lógica da pergunta e da resposta.

contrário, significa marcar, num primeiro exemplo, essa característica muito singular da teoria do tempo de que qualquer progresso alcançado pela fenomenologia da temporalidade se paga com o preço cada vez mais elevado de uma aporicidade crescente. A fenomenologia de Husserl, a única que faz jus ao título de fenomenologia *pura*, comprovará à porfia essa lei desconcertante. A fenomenologia hermenêutica de Heidegger, apesar de sua ruptura em profundidade com uma fenomenologia da *consciência interna* do tempo, tampouco foge à regra, embora acrescente suas próprias dificuldades às de seus dois ilustres predecessores.

1. TEMPO DA ALMA E TEMPO DO MUNDO
O debate entre Agostinho e Aristóteles

O maior fracasso da teoria agostiniana foi não ter conseguido *substituir* uma concepção cosmológica por uma concepção psicológica do tempo, apesar do inegável progresso que essa psicologia representa relativamente a qualquer cosmologia do tempo. A aporia consiste precisamente em que a psicologia se junta legitimamente à cosmologia, sem no entanto poder deslocá-la e sem que nem uma nem outra, tomadas separadamente, proponham uma solução satisfatória para sua insuportável dissensão[1].

Agostinho não refutou a teoria essencial de Aristóteles, a teoria da prioridade do movimento sobre o tempo, embora tenha dado uma solução duradoura para o problema que o aristotelismo deixou em suspenso, o da relação entre a alma e o tempo. Ora, por trás de Aristóteles, desenha-se toda uma tradição cosmológica, segundo a qual o tempo nos circunscreve, nos envolve e nos domina, sem que a alma tenha a potência de produzi-lo. Minha convicção é a de que a dialética entre a *intentio* e a *distentio animi* não é capaz de produzir por si só esse caráter imperioso do tempo; e que, paradoxalmente, ela até contribui para *ocultá-lo*.

---

1. O progresso da fenomenologia do tempo, com Husserl e Heidegger, revelará retrospectivamente outros defeitos mais dissimulados da análise agostiniana, cuja resolução suscitará por sua vez aporias mais graves.

O momento preciso do fracasso é aquele em que Agostinho se propõe a derivar apenas da *distensão* do espírito o próprio princípio da extensão e da medida do tempo. No tocante a isso, devemos prestar homenagem a Agostinho por nunca ter vacilado na convicção de que a medida é uma propriedade autêntica do tempo e não ter abonado o que mais tarde irá se tornar a principal doutrina de Bergson, em *Essai sur les données immédiates de la conscience* [Ensaio sobre os dados imediatos da consciência], a saber, a tese de que é por uma estranha e incompreensível contaminação do tempo pelo espaço que o primeiro se torna mensurável. Para Agostinho, a divisão do tempo em dias e anos, bem como a capacidade, familiar para qualquer retórico antigo, de comparar entre si sílabas longas e breves, designam propriedades do próprio tempo[2]. A *distentio animi* é a possibilidade mesma da medida do tempo. Consequentemente, a refutação da tese cosmológica está longe de formar uma digressão na argumentação cerrada de Agostinho. É um de seus elos indispensáveis. Contudo, essa refutação começa mal desde o princípio: "Ouvi um homem instruído dizer que os movimentos do Sol e da Lua constituíam o próprio tempo; e não concordei" (*Confissões*, XI, 23, 29)[3]. Com essa identificação simplista do tempo ao movimento circular dos dois principais astros errantes, Agostinho passava ao largo da tese infinitamente mais sutil de Aristóteles, segundo a qual o tempo, embora não fosse o próprio movimento, era "algo do movimento" (*tí tês kinéseós*; *Física*, IV, 11, 219 a 10). Condenava-se ao mesmo tempo a buscar na *distensão* do espírito o princípio da extensão do tempo. No entanto, os argumentos mediante os quais pensa ter conseguido fazê-lo não se sustentam. A hipótese de que

---

2. Veremos mais adiante que uma teoria do tempo instruída pela inteligência narrativa tampouco pode prescindir de um tempo mensurável, embora não possa se contentar com ele.

3. No que concerne às diversas identificações desse "homem instruído", cf. Meijering (citado em *Tempo e narrativa 1*, p. 13, n. 1); consulte-se também J. F. Callahan, "Basil of Caesarea, A New Source for St. Augustine's Theory of Time", *Harvard Studies in Classical Philology*, n.º 63, 1958, pp. 437-54; cf. também A. Solignac (citado em *Tempo e narrativa 1*, p. 13, n. 1), "Note complémentaire" n.º 18, p. 586.

todos os movimentos – tanto o do Sol como o do oleiro ou o da voz humana – poderiam variar, portanto se acelerar, diminuir de velocidade ou até se interromper, sem que os intervalos de tempo fossem alterados, é impensável, não só para um grego, para quem os movimentos siderais são absolutamente invariáveis, mas para nós até hoje, ainda que saibamos que os movimentos da Terra em torno do Sol não são absolutamente regulares e ainda que devamos jogar sempre mais para a frente a busca do relógio absoluto. As próprias correções que a ciência fez incessantemente à noção de "dia" – como unidade *fixa* no cômputo dos meses e dos anos – demonstram que a busca de um *movimento absolutamente regular* continua sendo a ideia diretora de toda medida do tempo. É por isso que simplesmente não é verdade que um dia continuaria sendo o que chamamos de "um dia" se não fosse medido pelo movimento do Sol.

É correto dizer que Agostinho não pôde prescindir totalmente de toda referência ao movimento para medir os intervalos de tempo. Mas ele se empenhou para despojar essa referência de qualquer papel constitutivo e reduzi-la a uma função puramente pragmática: como no *Gênese*, os astros não são mais que luminares que marcam os tempos, os dias e os anos (*Confissões*, XI, 23, 29). É certo que não se pode dizer quando um movimento começa e quando termina se não se tiver marcado (*notare*) o lugar de onde parte e aquele aonde chega o corpo em movimento; mas, observa Agostinho, a questão de saber em "quanto tempo" o movimento do corpo foi realizado de tal ponto até tal outro ponto não acha resposta na consideração do movimento em si. Por isso, o recurso às "marcas" que o tempo toma emprestadas do movimento não dá certo. A lição que Agostinho tira disso é que o tempo é algo diferente do movimento: "Portanto, o tempo não é o movimento de um corpo" (XI, 24, 31). Aristóteles teria tirado a mesma conclusão, mas esta não teria constituído mais que a face negativa de seu argumento principal, qual seja, de que o tempo é algo do movimento, embora não seja o movimento. Já Agostinho não podia perceber a outra face de seu próprio argumento, tendo-se limitado a refutar a tese menos elaborada, em que o tempo é identificado diretamente ao movimento do Sol, da Lua e dos astros.

Ficava condenado, assim, a sustentar a impossível aposta de encontrar na *expectativa* e na *lembrança* o princípio da própria medida delas: é por isso que, segundo Agostinho, deve-se dizer que a expectativa encolhe quando as coisas esperadas se aproximam e que a lembrança se alonga quando as coisas rememoradas se afastam, e que, quando recito um poema, o trânsito pelo presente faz com que o passado cresça na mesma proporção em que o futuro diminui. Faz-se necessário indagar, então, com Agostinho, *o que* aumenta e *o que* diminui e qual unidade *fixa* permite comparar entre si durações variáveis[4].

Infelizmente, a dificuldade de comparar entre si durações sucessivas diminuiu apenas um grau: não se consegue perceber qual o acesso *direto* que se pode ter a essas *impressões* que supostamente permanecem no espírito e, sobretudo, como elas poderiam fornecer a medida *fixa* de comparação que nos proibimos de pedir ao movimento dos astros.

O fracasso de Agostinho em derivar o princípio da medida do tempo apenas da distensão do espírito nos convida a abordar o problema do tempo por sua outra extremidade, a natureza, o universo, o mundo (expressões que consideramos provisoriamente sinônimas, podendo distingui-las posteriormente, como faremos no que concerne a seus antônimos, que, por ora, denominamos indiferentemente alma, espírito, consciência). Mostraremos posteriormente como é importante para uma teoria narrativa que os *dois* acessos ao problema do tempo, pelo lado do espírito e pelo lado do mundo, permaneçam abertos. A aporia da temporalidade, a que responde de diversas maneiras a operação narrativa, consiste precisamente na

---

4. Agostinho dá uma única resposta para as duas perguntas: quando comparo entre si sílabas longas e sílabas breves, "não são [portanto] elas que meço, elas já não são, e sim algo em minha memória que ali permanece gravado" (*quod infixum manet*, XI, 27, 35). De modo concomitante, a noção de uma unidade fixa é implicitamente formulada: "A impressão (*affectionem*) que as coisas ao passarem causam em ti [meu espírito] ali permanece (*manet*) após sua passagem, e é ela que meço quando está presente, não as coisas que passaram para produzi-la" (*ibid*., 36).

dificuldade de manter as duas extremidades da cadeia: o tempo da alma e o tempo do mundo. É por isso que é preciso ir até o fundo do impasse e reconhecer que uma teoria psicológica e uma teoria cosmológica do tempo *se ocultam* reciprocamente na própria medida em que *se implicam* uma a outra.

Para fazer aparecer o tempo do mundo que a análise agostiniana ignora, escutemos Aristóteles e deixemos ressoar, por trás de Aristóteles, palavras mais antigas, cujo sentido nem mesmo o Estagirita domina.

O percurso em três etapas do argumento que desemboca na definição aristotélica do tempo no livro IV da *Física*, em 219 a 34-35, merece ser acompanhado passo a passo[5]. O argumento diz que o tempo é relativo ao movimento sem se confundir com ele. Assim, o tratado sobre o tempo fica ancorado na *Física*, de modo tal que a originalidade do tempo não o alça à categoria de "princípio", dignidade concedida exclusivamente à mudança, que inclui o movimento local[6]. Essa preocupação de não violar a primazia do movimento sobre o tempo está inscrita na própria definição da *Natureza* no começo de *Física* II: "A natureza é um princípio (*arkhé*) e uma causa (*aitía*) de movimento e de repouso para a coisa na qual ela reside imediatamente, por essência e não por acidente" (192 b 21-23).

---

5. Adoto a interpretação de Paul F. Conen, *Die Zeittheorie des Aristoteles*, Munique, C. H. Beck, 1964, segundo a qual o tratado sobre o tempo (*Física*, IV, 10-14) tem como núcleo um curto tratado de (218 b 9-219 b 2) cuidadosamente construído em três momentos, com uma série de pequenos tratados, ligados ao argumento central por um nexo frouxo e que respondem a questões discutidas na escola ou pelos contemporâneos: a questão da relação entre a alma e o tempo e a questão do instante fazem parte desses importantes anexos. Victor Goldschmidt, em seu estudo, tão meticuloso e luminoso como de costume, intitulado *Temps physique et Temps tragique chez Aristote* (Paris, J. Vrin, 1982), tenta ligar as análises que se seguem à definição do tempo ao núcleo dessa definição por meio de um nexo mais sólido. Contudo, dá um destino separado para o instante (pp. 147-89): levaremos em alta conta, na ocasião propícia, as sugestões contidas nessas páginas magistrais. – Quanto ao livro IV da *Física*, cito a tradução de Victor Goldschmidt. Quanto aos outros livros da *Física*, cito a tradução de H. Carteron (Paris, Les Belles Lettres, 2.ª ed., 1952).

6. *Física*, III, 1-3.

Que no entanto o tempo não seja movimento (218 b 21 – 219 a 10)[7] é algo que Aristóteles disse antes de Agostinho: a mudança (o movimento) está a cada vez na coisa mutante (movida), ao passo que o tempo está por toda parte e em todos igualmente; a mudança pode ser lenta ou rápida, ao passo que o tempo não pode comportar a velocidade, sob pena de ter de ser definido por si mesmo, uma vez que a velocidade implica o tempo.

O argumento que, em contrapartida, diz que o tempo não existe *sem* o movimento, e que acaba com a ambição de Agostinho de fundar a medida do tempo exclusivamente na distensão do espírito, merece atenção: para Aristóteles "Percebemos o movimento e o tempo juntos... E, inversamente, quando nos parece que transcorreu um lapso de tempo, parece-nos que, junto, um certo movimento também se produziu" (219 a 3-7). O argumento não põe a ênfase principal na atividade de percepção e de discriminação do pensamento e, de modo mais geral, nas condições subjetivas da consciência do tempo. O termo enfatizado continua sendo o movimento: se a percepção do tempo não se dá sem a percepção do movimento, é a existência do próprio tempo que não se dá sem a do movimento. A conclusão da primeira fase do argumento de conjunto o confirma: "É evidente, portanto, que o tempo não é nem movimento, nem sem movimento" (219 a 2).

Essa dependência do tempo com relação à mudança (movimento) é uma espécie de fato primitivo e a tarefa, mais adiante, consistirá em inserir de algum modo a distensão da alma nesse "algo do movimento". A dificuldade central do problema do tempo resulta daí. Pois, num primeiro momento, é difícil ver como a distensão da alma poderá se conciliar com um tempo que se define em primeiro lugar como "algo do movimento" (219 a 9-10).

---

7. Essa tese negativa é tratada sob o título de "esclarecimentos prévios" por V. Goldschmidt (*op. cit.*, 22-9) que, diferentemente de P. F. Conen, só faz a definição começar em 219 a 11. Quanto a esse pequeno problema de montagem de texto, o próprio Goldschmidt aconselha "a não teimar em pôr nisso mais precisão do que o autor, sob pena de cair, mais do que convém, no pedantismo" (p. 22).

Segue-se a segunda fase da construção da definição do tempo: a saber, a aplicação ao tempo da relação entre o antes e o depois, por transferência da grandeza em geral[8] passando pelo espaço e pelo movimento. Para preparar o argumento, Aristóteles põe previamente a relação de analogia que reina entre as três entidades contínuas: a grandeza, o movimento e o tempo; por um lado, "o movimento segue (*akoloutheî*) a grandeza" (219 a 10); por outro, a analogia se estende do movimento ao tempo "em virtude da correspondência entre o tempo e o movimento" (219 a 17)[9]. Ora, que é continuidade senão a possibilidade de dividir ao infinito uma grandeza?[10] Quanto à relação entre o antes e o depois, ela consiste na relação de ordem que resulta daquela divisão contínua. Assim, a relação entre o *antes* e o *depois* só é no tempo porque é no movimento, e ela só é no movimento porque é na grandeza: "Se o antes e o depois são na grandeza, são necessariamente no movimento também, por analogia com a grandeza. Mas também no tempo existem o antes e o depois, em virtude da correspondência entre o tempo e o movimento" (219 a 15-18). Assim, termina a segunda fase do argumento: o tempo, dissemos acima, é algo do movimento. O que do movimento? O antes e o depois no movimento. Sejam quais forem as dificuldades de fundar o antes e o depois numa relação de ordem que dependa da grandeza como tal e de transferi-la por analogia da grandeza ao movimento e do movimento ao tempo, a conclusão do argumento não dá lugar a dúvidas: a *sucessão*, que nada mais é que o antes e o depois no tempo, não é uma relação absolutamente primeira; ela procede, por analogia, de uma relação de ordem que é no mundo antes de ser na

---

8. Sobre a grandeza, cf. *Metafísica*, Δ 13 (*posón ti metretòn*), e *Categorias*, 6.
9. Sobre o verbo "seguir", cf. V. Goldschmidt, *op. cit.*, p. 32: "O verbo *akoloutheîn*... nem sempre indica uma relação de dependência de mão única: pode designar tanto uma concomitância quanto uma consecução." Mais adiante, diz-se também que movimento e tempo "se determinam reciprocamente" (320 b 16, 23-24): "Não se trata, pois, de dependência ontológica, mas do acompanhamento mútuo de determinações" (*op. cit.*, p. 33).
10. *Física*, VI, 2, 232 b 24-25, e *Metafísica*, Δ 13.

alma¹¹. Topamos, também aqui, com um irredutível: seja qual for a contribuição do espírito para a apreensão do antes e do depois¹² – e, acrescentamos, o que quer que o espírito construa sobre essa base por sua atividade narrativa –, ele encontra a sucessão nas coisas antes de retomá-la nele mesmo; começa por submeter-se a ela e até por sofrê-la antes de construí-la.

A terceira fase da definição aristotélica do tempo é decisiva para nosso propósito; completa a relação entre o antes e o depois com a relação *numérica*; com a introdução do *número*, a definição do tempo fica completa: "Pois o tempo é isto: o número do movimento, segundo o antes e o depois" (219 b 2)¹³. Uma vez mais, o argumento repousa sobre um traço da percepção do tempo, qual seja, a distinção pelo pensamento de duas extremidades e de um intervalo; a alma, a partir daí, declara haver dois instantes e os intervalos delimitados por esses instantes podem ser contados. Em certo sentido, o corte do instante, como ato da inteligência, é decisivo: "Pois é justamente o que é determinado pelo instante que nos aparece como a essência do tempo; consideremos isso dado" (219 a 29). Mas o privilégio do movimento nem por isso se enfraquece. Embora

---

11. A referência à atividade da alma não deve, uma vez mais, nos confundir; é verdade que não conseguiríamos discernir o antes e o depois, nem no tempo, nem no movimento, sem uma atividade de discriminação que depende da alma: "Mas também conhecemos o tempo quando determinamos o movimento, determinando-o pelo antes e pelo depois, e dizemos que tempo é passado quando alcançamos uma percepção do antes e do depois no movimento" (219 a 22-24); o argumento, no entanto, não pretende sublinhar os verbos "conhecer", "determinar", "perceber", mas sim a prioridade do antes e do depois, próprios ao movimento, relativamente ao antes e ao depois, próprios ao tempo. A ordem de prioridade notada inicialmente no nível do conhecer somente demonstra a mesma ordem no nível das próprias coisas: primeiro a grandeza, depois o movimento, depois o tempo (por intermédio do lugar): "Quanto ao antes e ao depois, eles são primariamente no lugar, pois, lá, acham-se por posição" (219 a 14).

12. É esse aspecto que Joseph Moreau sublinha constantemente em *L'Espace et le temps selon Aristote*. Pádua, Ed. Antenore, 1965.

13. J. F. Callahan, em *Four Views of Times in Ancient Philosophy*, Cambridge, Harvard University Press, 1948, observa que, na definição do tempo, o número se agrega ao movimento como a forma à matéria. A inclusão do número na definição do tempo é, no sentido preciso do termo, *essencial* (*ibid.*, pp. 77-82).

certamente se necessite de uma alma para determinar o instante – mais precisamente para distinguir e contar dois instantes – e para comparar entre si os intervalos a partir de uma unidade fixa, a percepção das diferenças funda-se na das continuidades de grandeza e de movimento e na relação de ordem entre o antes e o depois, que "segue" a ordem de derivação entre os três *contínuos* análogos. Assim, Aristóteles pode especificar que o importante para a definição do tempo não é o número enumerado, mas enumerável, que é dito do movimento antes de ser dito do tempo[14]. Daí resulta que a definição aristotélica do tempo – "o número do movimento, segundo o antes e o depois" (219 b 2) – não comporta nenhuma referência *explícita* à alma, apesar da remissão, em cada fase da definição, a operações de percepção, de discriminação e de comparação que só podem ser operações de uma alma.

Exporemos bem mais adiante a que preço – que teria de ser um retorno do movimento pendular, de Aristóteles a Agostinho – poderia vir à luz a fenomenologia da "consciência do tempo" implícita, se não na *definição* aristotélica do tempo, ao menos na *argumentação* que a ela conduz. A bem dizer, Aristóteles é o primeiro a convir, em um dos pequenos tratados anexos, que é "embaraçoso" saber se "sem alma, haveria ou não haveria tempo" (223 a 21-22). Não é preciso uma alma – melhor dizendo, uma inteligência – para contar e em primeiro lugar para perceber, discriminar e comparar?[15] Para entender a recusa de Aristóteles a incluir na definição do tempo qualquer de-

---

14. Sobre a distinção entre enumerado e enumerável, *cf.* P. F. Conen, *op. cit.*, pp. 53-8, e V. Goldschmidt, *op. cit.*, pp. 39-40.
15. Aristóteles concorda. Mas mal faz essa concessão e volta à carga: "Isso não impede, contudo, que o tempo exista como substrato, assim como o movimento pode muito bem existir sem alma" (223 a 27-28). Pode então concluir, como fizera anteriormente, que "o antes e o depois são no movimento, e são eles que constituem o tempo, na medida em que são enumeráveis" (223 a 28). Em outras palavras, embora seja preciso haver uma alma para contar *efetivamente*, o movimento, em contrapartida, basta por si só para definir o enumerável, que é esse "algo do movimento" que chamamos tempo. A atividade noética pode assim permanecer implicada pela *argumentação*, sem ser incluída na *definição* propriamente dita do tempo.

terminação noética, é preciso levar até o fim as exigências que fazem com que a fenomenologia do tempo, sugerida por essa atividade noética da alma, só possa deslocar o eixo principal de uma análise que não concede nenhuma originalidade ao tempo com a condição de não questionar sua dependência geral com relação ao movimento.

Que são essas exigências? São os requisitos, que já aparecem na definição inicial da mudança (e do movimento), que enraízam esta última na *phýsis* – seu princípio e sua causa. É ela, a *phýsis*, que, ao sustentar o dinamismo do movimento, preserva a dimensão mais que humana do tempo.

Ora, para devolver toda a sua profundidade à *phýsis*, é preciso ficar atento ao que Aristóteles conserva de Platão, apesar do avanço que sua filosofia do tempo representa relativamente à de seu mestre[16]. Mais que isso, é preciso ouvir, vindo de

---

16. O *Timeu* merece ser evocado neste momento de nossa meditação porque nele o sítio original do tempo não está na alma humana e sim na alma do mundo e recebe por finalidade última tornar o mundo "ainda mais semelhante a seu modelo" (37 c). Para que, então, é o tempo acrescentado pelo gesto do demiurgo nessa "fábula verossímil"? Que toque de perfeição acrescenta à ordem do mundo que ele coroa? A primeira característica notável da alma do mundo é que sua estrutura conjunge, antes de qualquer fenomenologia do tempo, o cosmológico e o psicológico, o automovimento (como em *Fédon*, *Fedro* e nas *Leis*) e o saber (*lógos*, *epistéme*, e mesmo *dóxai* e *písteis* "sólidos e verdadeiros"). Segunda característica ainda mais notável: o que o tempo vem aperfeiçoar é uma constituição ontológica altamente dialética, figurada por uma série de "misturas", cujos termos são a existência indivisível e a existência divisível, depois o Mesmo indivisível e o Mesmo divisível, depois a diferença indivisível e a diferença divisível (pode-se encontrar em F. M. Cornford, *Plato's Cosmology, The Timaeus of Plato,Translated with a Running Commentary*, Londres, Kegan Paul, Nova York, Harcourt, Brace, 1937, pp. 59-67, um diagrama dessa constituição ontológica muito complexa, que Luc Brisson retoma em *Le Même et l'Autre dans la structure ontologique du Timée de Platon; un commentaire systématique du Timée de Platon* (Paris, Klincksieck, 1974, p. 275), oferecendo uma tradução muito esclarecedora dessa difícil passagem). Luc Brisson pode, pois, reconstruir toda a estrutura do *Timeu* sob o signo da polaridade do *Mesmo* e do *Outro*, situando assim as bases da filosofia do tempo no mesmo nível que a dialética dos "grandes gêneros" do *Sofista*. Agreguemos uma última característica que afasta em mais um grau a ontologia do tempo de qualquer psicologia humana: são relações harmônicas altamente elaboradas (divisões, intervalos, meios-termos, relações proporcionais) que presidem à construção da

mais longe que Platão, as irrefutáveis palavras que, antes de toda a nossa filosofia e apesar de toda a nossa fenomenologia da consciência do tempo, ensinam que não produzimos o tempo, mas que ele nos envolve, nos circunda e nos domina com sua temível potência: como não pensar aqui no famoso fragmento de Anaximandro sobre o poder do tempo, onde as alternâncias das gerações e das corrupções veem-se submetidas à "ordem fixa do tempo"?[17]

Um eco dessas antigas palavras ainda pode ser escutado em Aristóteles, em alguns dos pequenos tratados que o redator

---

esfera armilar, com seu círculo do Mesmo, seu círculo do Outro e seus círculos interiores. O que o tempo acrescenta a essa estrutura dialético-matemática complexa? Inicialmente, sela a unidade dos movimentos do grande relógio celeste; nesse sentido, é um singular ("Uma certa imitação móvel da eternidade", 37 *d*); em seguida, graças ao engaste (Cornford traduz de modo muito feliz o *ágalma* de 37 *d*, não por imagem, mas por "*a shrine brought into being for the everlasting gods*" [um santuário nascido dos deuses eternos], isto é, os planetas, *op. cit.*, pp. 97-101) dos planetas em suas localizações apropriadas, a partição do tempo único em dias, meses e anos, em suma, a medida. Donde a segunda definição do tempo: "Uma imagem eterna que progride segundo a lei dos números" (37 *d*). Quando, tendo equalizado suas velocidades, todas as revoluções astrais retornam ao ponto inicial, pode-se dizer que "o número perfeito do tempo realizou o ano perfeito" (38 *d*). Esse perpétuo retorno constitui a aproximação mais estrita que o mundo possa dar da duração perpétua do mundo imutável. Portanto, abaixo da distensão da alma, há um tempo – aquele que chamamos propriamente de Tempo –, que não pode existir sem essas medidas astrais, porque "nasceu com o céu" (38 *b*). É um aspecto da ordem do mundo: independentemente do que pensemos, façamos ou sintamos, ele compartilha a regularidade da locomoção circular. Mas, assim dizendo, tocamos no ponto em que a maravilha confina com o enigma: no universo dos símbolos, o círculo significa bem mais que o círculo dos geômetras e dos astrônomos; sob a cosmopsicologia da alma do mundo, dissimula-se a antiga sabedoria que sempre soube que o tempo nos circunda, nos envolve como o Oceano. É por isso que nenhum projeto de constituir o tempo pode abolir a certeza de que, como todos os outros existentes, estamos no Tempo. É esse o paradoxo que uma fenomenologia da consciência não pode abstrair: quando nosso tempo se desfaz sob a pressão das forças espirituais de distração, o que é posto a nu é o leito do rio, a rocha do tempo astral. Talvez haja momentos em que, a discordância prevalecendo sobre a concordância, nossa desesperança encontre, se não um consolo, ao menos um recurso e um repouso na maravilhosa certeza de Platão de que o tempo leva ao seu cúmulo a ordem inumana dos corpos celestes.

17. Citado por V. Goldschmidt, *op. cit.*, p. 85, n. 5 e 6.

da *Física* juntou ao tratado principal sobre o tempo. Em dois desses tratados anexos, Aristóteles indaga o que *significa* "existir no tempo" (220 b 32 – 222 a 9) e *quais* coisas existem "no tempo" (222 b 30 – 223 a 15). Esforça-se para interpretar essa expressão da linguagem corrente e aquelas que a acompanham, em um sentido compatível com sua própria definição.

Contudo, não se pode dizer que tenha pleno sucesso. É certo, diz ele, que existir no tempo significa mais que existir quando o tempo existe: é ser "no número". Ora, ser no número é estar "envolvido" (*periékhetai*) pelo número "assim como o que é em um lugar está envolvido pelo lugar" (221 a 18). À primeira vista, essa exegese filosófica das expressões correntes não excede os recursos teóricos da análise anterior. Mas é a própria expressão que excede a exegese proposta; ela reaparece, mais forte, algumas linhas adiante, sob a forma: ser "envolvido pelo tempo", que parece dar ao tempo uma existência independente e superior às coisas que se desenrolam "nele" (221 a 28). Como que arrastado pela força das palavras, Aristóteles admite que se possa dizer que "as coisas sofrem de certo modo a ação do tempo" (221 a 30) e retoma por conta própria o ditado que afirma que "o tempo consome, que tudo envelhece sob a ação do tempo, que tudo desaparece mediante o tempo" (221 a 30 – 221 b 2)[18].

---

18. P. F. Conen não se espanta o suficiente aqui: a expressão "ser no tempo", pensa ele, remete a uma representação imagética do tempo, com base na qual o tempo é posto numa relação de analogia com o lugar. Por meio dessa representação, o tempo é em certa medida reificado, "como se por si mesmo ele tivesse uma existência independente e se desenrolasse acima das coisas que são nele" (*op. cit.*, p. 145). Será possível limitar-se a notar "o caráter abertamente metafórico da expressão 'ser no tempo'" (p. 145)? Não será, antes, o velho fundo mitopoiético que resiste à exegese filosófica? Conen, é verdade, não deixa de evocar nessa oportunidade as intuições pré-filosóficas subjacentes a essas expressões populares (*op. cit.*, pp. 146 ss.). Em *Die Grundprobleme der Phänomenologie*, G. A. XXIV (trad. fr. de J.-F. Courtine, *Les Problèmes fondamentaux de la phénoménologie*, Paris, Gallimard, 1985), Heidegger encontra essa expressão na exposição que faz do plano do tratado aristotélico e se limita a identificá-la a seu próprio conceito de intratemporalidade: "algo é no tempo, é intratemporal" [334] (285). Nós mesmos abrimos a porta para essa expressão "ser no tempo", incorporando-a ao caráter temporal da ação no nível de *mímesis* I e portanto ao da prefiguração narrativa da própria ação.

Uma vez mais, Aristóteles empenha-se em dissipar o enigma: "Pois, por si mesmo, o tempo é antes causa de corrupção: porque ele é número do movimento, e o movimento abole o que existe" (*ibid*.). Mas será que consegue? É estranho que Aristóteles volte ao mesmo enigma algumas páginas mais adiante, sob outro título: "Ora, toda mudança, por sua natureza, faz sair de um estado (*ekstatikón*) [H. Carteron traduzia: "est défaisant"*]; e é no tempo que todas as coisas nascem e perecem; é também por isso que houve quem dissesse que o tempo é o que há de mais sábio, mas o pitagórico Paron dizia-o o mais ignorante, uma vez que é no tempo que esquecemos: e sua opinião é mais sensata" (222 b 16-20). Em certo sentido, não há nisso nada de misterioso: com efeito, é preciso *fazer alguma coisa* para que as coisas aconteçam e progridam; basta não fazer nada para que as coisas se deteriorem; costumamos então atribuir a destruição ao próprio tempo. Do enigma resta apenas um modo de dizer: "Na verdade, o tempo nem mesmo efetua essa destruição, mas ela ocorre também, e por acidente, no tempo" (226 b 24-25). Terá a explicação ao menos retirado do tempo seu aguilhão? Só até certo ponto. Que significa o fato de que, se um agente cessa de agir, as coisas se desfazem? O filósofo pode até negar que o tempo seja, como tal, causa desse declínio: a sabedoria imemorial parece perceber uma colusão secreta entre *a mudança que desfaz* – esquecimento, envelhecimento, morte – e *o tempo que simplesmente passa*.

A resistência dessa sabedoria imemorial à clareza filosófica deveria despertar nossa atenção para a dupla *inconcebilidade* que pesa sobre toda a análise aristotélica do tempo. Difícil de conceber é em primeiro lugar o estatuto instável e ambíguo do próprio tempo, entre o movimento do qual é um aspecto e a alma que o discrimina. Mais difícil ainda de conceber é o próprio movimento, conforme o próprio Aristóteles reconhece no livro III da *Física* (201 b 24): não parece ele ser "algo indefinido" (201 b 24), considerando-se as significações disponíveis do Ser e do Não-Ser? E assim não é, de fato, na medida

---

* "É desfazedora". (N. da T.)

em que não é nem potência nem ato? Que entendemos nós quando o caracterizamos como "a enteléquia do que é em potência, como tal" (201 a 10-11)?[19]

Essas aporias que encerram nossa breve incursão pela filosofia aristotélica do tempo não se destinam a servir de apologia indireta a favor da "psicologia" agostiniana. Tenho para mim, ao contrário, que Agostinho não refutou Aristóteles e que sua psicologia não pode substituir uma cosmologia – pode apenas somar-se a ela. A evocação das aporias próprias a Aristóteles visa mostrar que este último não resiste a Agostinho apenas pela força de seus argumentos, e sim mais ainda pela força das aporias que se abrem sob seus próprios argumentos: pois, para além da ancoragem do tempo no movimento, que esses argumentos estabelecem, as aporias com as quais convivem dizem algo sobre a ancoragem do próprio movimento na *phýsis*, cujo modo de ser escapa ao domínio argumentativo magnificamente exibido no livro IV da *Física*.

Essa descida aos abismos, *a despeito da* fenomenologia da temporalidade, teria a virtude de substituir a psicologia pela cosmologia? Ou deveríamos dizer que a cosmologia corre tanto o risco de *ocultar* a psicologia quanto esta ocultou a cosmologia? É a essa constatação perturbadora que é efetivamente preciso se render, por mais que isso entristeça nosso espírito apaixonado por sistemas.

Se, com efeito, a extensão do tempo físico não se deixa derivar da distensão da alma, a recíproca se impõe com o mesmo caráter impositivo. O que obsta a derivação inversa é simplesmente a distância, conceitualmente intransponível, entre a noção de *instante* no sentido de Aristóteles e a de *presente* no sentido de Agostinho. Para ser pensável, o instante aristotélico não requer mais que um corte operado pelo espírito na continuidade do movimento, na medida em que este é enumerável.

---

19. P. F. Conen, *op. cit.*, pp. 72-3, concorda de bom grado com essa dupla inconcebilidade da relação entre o tempo e o movimento e do próprio movimento.

Ora, esse corte pode ser indiscriminado: *qualquer* instante é igualmente digno de ser o presente. Mas o presente agostiniano, diríamos hoje na esteira de Benveniste, é qualquer instante designado por um locutor como o "agora" de sua *enunciação*. Que o instante seja simplesmente um instante qualquer e o presente tão singular e determinado quanto a enunciação que o contém é um traço diferencial que tem duas consequências para nossa própria investigação. Por um lado, numa perspectiva aristotélica, os cortes mediante os quais o espírito distingue dois instantes bastam para determinar um antes e um depois em virtude apenas da orientação do movimento de sua causa para seu efeito; assim, posso dizer: o acontecimento A precede o acontecimento B e o acontecimento B sucede ao acontecimento A, mas nem por isso posso afirmar que o acontecimento A é passado e o acontecimento B futuro. Por outro lado, numa perspectiva agostiniana, só há futuro e passado relativamente a um presente, ou seja, a um instante qualificado pela enunciação que o designa. O passado só é anterior e o futuro posterior a um presente dotado da relação de autorreferência, atestada pelo próprio ato de enunciação. Disso resulta que na perspectiva agostiniana, o antes-depois, isto é, a relação de *sucessão*, é alheio às noções de presente, de passado e de futuro e portanto à dialética de intenção e de distensão que se insere nessas noções.

Essa é a maior aporia do problema do tempo – ao menos antes de Kant; está contida por inteiro na dualidade entre *instante* e *presente*. Exporemos mais adiante como a operação narrativa a confirma e ao mesmo tempo lhe dá o tipo de resolução que chamamos de poética. Seria, contudo, inútil buscar nas soluções que Aristóteles dá para as aporias do instante o indício de uma reconciliação entre o instante cosmológico e o presente vivido. Nele, essas soluções permanecem no espaço de pensamento organizado pela definição do tempo como "algo do movimento". Embora sublinhem a relativa autonomia do tempo com relação ao movimento, nunca desembocam em sua independência.

Que o instante constitui uma peça central da teoria aristotélica do tempo é algo que o texto citado acima diz claramente: "É justamente o que é determinado pelo instante que nos aparece como a essência do tempo; consideremos isso dado" (219 a 29). Com efeito, é o instante que é fim do antes e começo do depois. É também o intervalo entre dois instantes que é mensurável e enumerável. No tocante a isso, a noção de instante é perfeitamente homogênea à definição do tempo como dependente do movimento quanto a seu *substrato*: exprime apenas um corte virtual na continuidade que o tempo partilha com o movimento e com a grandeza devido à analogia entre os três contínuos.

A autonomia do tempo, quanto à *essência*, tal como demonstram as aporias do instante, nunca coloca em questão essa dependência básica. É o que se deduz dos pequenos tratados anexos dedicados ao instante.

Como, perguntamos, é possível que o instante seja em um sentido o mesmo e em outro sentido outro (219 b 12-32)? A solução remete à analogia entre os três contínuos: tempo, movimento e grandeza. Em virtude dessa analogia, o destino do instante "segue" o do "corpo movido". Ora, este permanece idêntico no que é, embora seja "outro pela definição": assim, Coriscos é *mesmo* quando transportado, mas *outro* quando está no Liceu ou quando está no mercado: "Portanto, o corpo que é movido é diferente na medida em que ora está aqui, ora está lá; e o instante acompanha o corpo móvel, tal como o tempo acompanha o movimento" (*ibid.*, 22-3). Portanto, na aporia não há mais que um sofisma por acidente. Todavia, o preço a pagar é a ausência de reflexão sobre as características que distinguem o instante do *ponto*[20]. Contudo, a meditação de Aristóte-

---

20. Um leitor instruído por Agostinho resolveria a aporia nos seguintes termos: o instante é sempre outro, na medida em que os pontos quaisquer do tempo são todos diferentes; em contrapartida, o que é sempre o mesmo é o presente, uma vez que ele é a cada vez designado pela instância de discurso que o contém. Caso não se distinga o instante do presente, é preciso dizer com D. Ross: *"every now is a now"* [todo agora é um agora], e, nesse sentido, o mesmo; e o "agora" é outro simplesmente *"by being an earlier or a later cross-section of a movement"* [por ser um corte transversal anterior ou posterior de um movimento] (*Aristotle's Physics, a Revised Text with Introduction and Commentary*, Oxford, 1936, p. 867). A identidade do instante se reduz assim a uma tautologia.

les sobre o movimento, como *ato* do que é *em potência*, conduz a uma apreensão do instante que, sem anunciar o presente agostiniano, introduz uma *certa noção de presente* ligada ao advento que a atualização da potência constitui. Uma certa "primazia do instante presente decifrada na do corpo móvel em ato"[21] parece efetivamente fazer a diferença entre o dinamismo do instante e a pura estática do ponto e exigir que se fale de *instante presente* e, por implicação, de passado e de futuro. É o que veremos mais adiante.

Entre os comentadores que buscaram, para além do texto de Aristóteles, uma resposta menos tautológica para a aporia, P. F. Conen cita (p. 81) Bröcker, para quem o instante seria o mesmo como substrato no sentido de que *"das was jeweilig jetzt ist, ist dasselbe, sofern es Gegenwart ist, jeder Zeitpunkt ist, wenn er ist und nicht war oder sein wird, Gegenwart"* [o que é agora a cada vez é o mesmo enquanto for presente, cada ponto de tempo é presente quando é, não quando foi ou será]. O instante seria sempre diferente na medida em que *"jeder Zeitpunkt war erst Zukunft, kommt in die Gegenwart und geht in die Vergangenheit"* [cada ponto de tempo foi primeiro futuro, vem para o presente e vai para o passado] (*ibid.*). Em outras palavras, o instante seria em um sentido o presente, em outro sentido um ponto do tempo, e o presente sempre o mesmo percorria pontos de tempo incessantemente diferentes. Essa solução é filosoficamente satisfatória na medida em que reconcilia o presente e o instante. Mas devemos reconhecer que não é a de Aristóteles, já que rompe com o uso habitual da expressão *ho poté*, no sentido de *substratum*, e não dá conta da referência do instante como tal à identidade do transportado que a do instante supostamente "segue". P. F. Conen (*op. cit.*, p. 91) propõe uma interpretação que, como a de Ross, gostaria de não se afastar do texto de Aristóteles e não recorre à distinção entre presente e instante; a identidade do instante seria a simultaneidade partilhada por movimentos diferentes. Mas essa interpretação, que evita Agostinho apenas para recorrer a Kant, se afasta do argumento de Aristóteles, que faz todo o peso da identidade do instante recair sobre a relação antes-depois, que, de outro ponto de vista, constitui uma alternativa criadora de diferença. V. Goldschmidt descarta esse recurso à simultaneidade para interpretar a identidade do instante: "ser em um único e mesmo instante" (218 a 11-12) não pode querer dizer ser simultâneo, mas sim ter o mesmo *substrato*: "O sujeito comunica sua unidade ao movimento cujo antes-depois pode então ser duplamente qualificado de idêntico: na medida em que é um único e mesmo movimento que é seu substrato; e, quanto à sua essência, distinta do movimento, na medida em que cada instante faz passar ao ato a potencialidade do corpo móvel" (p. 50). Essa atualidade do instante, fortemente sublinhada ao longo de todo o comentário de V. Goldschmidt, é finalmente o que constitui o dinamismo do instante, para além da analogia entre o instante e o ponto.

21. V. Goldschmidt, *op. cit.*, p. 46.

A segunda aporia do instante coloca um problema análogo. Em que sentido se pode dizer que "o tempo é contínuo graças ao instante, e dividido segundo o instante" (220 a 4)? A resposta, segundo Aristóteles, não exige acrescentar nada à simples relação entre o antes e o depois: qualquer corte em um *continuum* distingue e une. Assim também, a dupla função do instante, como corte e como laço, nada deve à experiência do presente e deriva por inteiro da definição do contínuo pela divisibilidade sem fim. Todavia, Aristóteles não ignorou a dificuldade de preservar, também aqui, a solidariedade entre grandeza, movimento e tempo: o movimento pode *parar*, o tempo não. Nesse aspecto, o instante "corresponde" ao ponto apenas "de certa maneira" (*pôs*) (220 a 10): com efeito, é apenas em potência que o instante divide. Mas que é uma divisão em potência que nunca pode passar ao ato? É tão-só quando tratamos o tempo como uma linha, por definição em repouso, que a possibilidade de dividir o tempo passa a ser concebível. Deve portanto haver algo de específico na divisão do tempo pelo instante. Mais ainda, na capacidade deste último de garantir a continuidade do tempo. Numa perspectiva como a de Aristóteles, em que a ênfase principal está posta na dependência que o tempo tem do movimento, a potência unificadora do instante repousa na unidade dinâmica do corpo móvel que, ao mesmo tempo em que passa por uma multiplicidade de pontos fixos, permanece um único e mesmo corpo móvel. Mas o "agora" dinâmico que corresponderia à unidade do movimento do corpo móvel exige uma análise propriamente temporal, que excede a simples analogia em virtude da qual o instante corresponde de certa maneira ao ponto. Não é aqui que a análise agostiniana vem socorrer a de Aristóteles? Não se deve buscar no triplo presente o princípio da continuidade e da descontinuidade *propriamente* temporais?

De fato, os termos "presente" "passado" e "futuro" não são estranhos ao vocabulário de Aristóteles; mas ele só vê neles uma determinação do instante e da relação antes-depois[22].

---

22. A passagem de um vocabulário para o outro pode ser observada neste comentário feito como que de passagem: "E o tempo é o mesmo por toda

Para ele, o presente não é mais que um instante *situado*. É esse instante presente que exprimem as expressões da linguagem corrente consideradas no capítulo XIII de *Física* IV[23]. Estas, no entanto, deixam-se facilmente reduzir à estrutura lógica do argumento que pretende resolver as aporias do instante. A diferença entre instante qualquer e instante situado ou presente não é, no tocante a isso, mais pertinente para Aristóteles do que a referência do tempo à alma. Assim como só um tempo enumerado *realmente* requer uma alma que distingue e que conta efetivamente os instantes, também só um instante determinado pode ser designado como instante presente. A mesma argumentação que só se dispõe a conhecer o *enumerável* do movimento, que pode ser sem alma, também só se dispõe a co-

---

parte, simultaneamente; mas, antes e depois, ele não é o mesmo: a mudança também é una quando é presente (*paroûsa*), mas, passada (*gegeneméne*) ou por vir (*méllousa*), é diferente" (220 b 5-8). Aristóteles passa assim, sem dificuldade, das ideias de instante e de antes-depois para as de presente, passado e futuro, na medida em que só é pertinente para a discussão das aporias a oposição entre identidade e diferença.

23. É na proximidade de análises dedicadas às expressões da linguagem corrente ("daqui a pouco", "um dia", "outrora", "subitamente") que Aristóteles recorre ao vocabulário do presente, do passado e do futuro: "O instante garante a continuidade do tempo como já dissemos: junta o passado e o futuro; é também o limite (*péras*) do tempo: sendo começo deste e fim daquele" (222 a 10-12). Uma vez mais, Aristóteles reconhece a imperfeição da analogia com o ponto: "Mas não é algo que se veja tão claramente como no ponto em repouso: porque o instante divide em potência" (*ibid.*, 1. 13-14). P. F. Conen, que não seguiu Bröcker na sua interpretação da primeira aporia (o instante diferente e mesmo), aproxima-se dele na sua própria interpretação da segunda aporia (o instante divisor e unificador); a seu ver, Aristóteles teve duas noções de instante: tanto é que o considerava uno quanto ao substrato e diferente quanto à essência, concebia-o com relação a uma multiplicidade de pontos de uma mesma linha. Em contraposição, como considerasse o "agora" em certa medida como a unidade do corpo em movimento, concebia que o instante produzia o tempo, uma vez que segue o destino do corpo na produção de seu movimento: "Segundo a primeira concepção, muitos 'agora' correspondem a muitos pontos estáticos; de acordo com a segunda, um 'agora' dinâmico corresponde ao corpo que se move" (p. 115). Todavia, P. F. Conen crê poder reconciliar *in extremis* as duas noções (pp. 115-6). Também aqui, o recurso de V. Goldschmidt à noção de instante dinâmico, expressão do ato da potência, confirma e esclarece a interpretação de Conen.

nhecer o instante *qualquer*, ou seja, precisamente "aquilo mediante o que o antes-depois [do movimento] é enumerável" (219 b 26-28).

Portanto, nada em Aristóteles exige uma dialética entre o instante e o presente, *exceto a dificuldade, confessa, de manter até o fim a correspondência entre o instante e o ponto, na sua dupla função de divisão e de unificação*. É nessa dificuldade que poderia se inserir uma análise de tipo agostiniano sobre o triplo presente[24]. Para esta, com efeito, somente um presente prenhe do passado recente e do futuro próximo pode unificar o passado e o futuro que ele ao mesmo tempo distingue. Para Aristóteles, contudo, distinguir o presente do instante e a relação passado-futuro da relação antes-depois seria ameaçar a dependência que o tempo tem do movimento, único princípio último da física.

É nesse sentido que pudemos dizer que entre uma concepção agostiniana e uma concepção aristotélica não há transição pensável. É por meio de um salto que se passa de uma concepção em que o instante presente não é mais que uma va-

---

24. Sem ir nessa direção, V. Goldschmidt observa, a respeito das análises do capítulo XIII: "Aqui, já não se trata do tempo em seu devir, indiferenciado, mas de um tempo estruturado, e estruturado a partir do instante presente, que não determina mais apenas o antes e o depois (220 a 9), mas, mais precisamente, o passado e o futuro" (*op. cit.*, p. 98). Deve-se então distinguir um sentido estrito e um sentido amplo ou, se preferirem, derivado, do instante: "O instante presente, então, já não é considerado em si, mas remetido a 'outra coisa', a um futuro ('ele virá') ou a um passado ('ele veio') ainda próximo, estando o todo englobado pelo termo *hoje*... Assiste-se, portanto, a partir do instante pontual, a um movimento de expansão para o passado e para o futuro, próximos ou distantes, no curso do qual acontecimentos 'outros' relativos ao presente formam a cada vez, com este, um lapso de tempo determinado e quantificável (227 a 27)" (p. 99). Uma certa polissemia do instante parece então ser inevitável ("em quantos sentidos se toma o instante", 222 b 28), como sugerem as expressões da linguagem corrente examinadas no capítulo XIV (que, em graus diversos, referem-se ao instante presente); V. Goldschmidt comenta: "O próprio instante, que servirá para determinar o tempo pelo anterior e pelo posterior, e que, nessa função, era sempre 'outro' (219 b 25), é agora situado e compreendido como instante *presente*, a partir do qual, em ambas as direções, embora com sentidos opostos, organizam-se o anterior e o posterior" (*op. cit.*, p. 110).

riante do instante na linguagem corrente, que tem na *Física* sua depositária, para uma concepção em que o presente da atenção refere primariamente ao passado da memória e ao futuro da expectativa. Não só é possível passar de uma perspectiva sobre o tempo para a outra por meio de um salto, mas é como se uma estivesse condenada a *ocultar* a outra[25]. No entanto, as dificuldades próprias a ambas as perspectivas exigem que as duas se *conciliem*; com relação a isso, a conclusão da confrontação entre Agostinho e Aristóteles é clara: não é possível atacar o problema do tempo apenas por uma das extremidades, a alma ou o movimento. Apenas a distensão da alma não pode produzir a extensão do tempo; apenas o dinamismo do movimento não pode gerar a dialética do triplo presente.

Nossa ambição será, posteriormente, mostrar que a poética da narrativa contribui para juntar o que a especulação se-

---

25. Se fosse possível encontrar alguma transição de Aristóteles para Agostinho na doutrina de Aristóteles, não seria, mais do que nas aporias do instante segundo a *Física*, na teoria do tempo segundo a *Ética* e a *Poética*? É a via explorada por V. Goldschmidt (*op. cit.*, pp. 159-74): com efeito, o prazer, por escapar a todo movimento e a toda gênese, constitui um todo acabado que não pode ser outra coisa senão uma produção instantânea; a sensação, igualmente, produz-se de um golpe só; e, com mais razão ainda, a vida feliz que nos arranca das vicissitudes da fortuna. As coisas são assim na medida em que o instante seja aquele de um ato, que é também uma operação de consciência, onde "o ato transcende o processo genético do qual, no entanto, ele é o termo" (*op. cit.*, p. 181). Esse tempo não é mais o do movimento, submetido ao regime do ato imperfeito da potência. É o de um ato acabado. No tocante a isso, embora o tempo trágico nunca coincida com o tempo físico, ele se harmoniza com o da ética: o tempo que "acompanha" o desenrolar da fábula não é o tempo de uma gênese, mas o de uma ação dramática considerada como um todo; é o tempo de um ato e não de uma gênese (*op. cit.*, pp. 407-18). Minhas próprias análises da *Poética* de Aristóteles, em *Tempo e narrativa 1*, concordam com essa conclusão. Esse novo desenvolvimento da teoria aristotélica do tempo é impressionante, mas não conduz de Aristóteles a Agostinho. O instante-totalidade da *Ética* só se distingue do instante-limite da *Física* por sair do tempo. Não se pode mais dizer que ele está "no tempo". A partir daí, segundo a análise de Victor Goldschmidt, é menos na direção de Agostinho do que na de Plotino e de Hegel que o instante-totalidade da *Ética* e – eventualmente – da *Poética* aponta.

para. Nossa poética da narrativa necessita tanto da cumplicidade como do contraste entre a consciência interna do tempo e a sucessão objetiva para tornar mais urgente a investigação das mediações narrativas entre a concordância discordante do tempo fenomenológico e a simples sucessão do tempo físico.

2. TEMPO INTUITIVO OU TEMPO INVISÍVEL?
Husserl confrontado com Kant

A confrontação entre o tempo da alma segundo Agostinho e o tempo da física segundo Aristóteles ainda não esgotou a aporética do tempo; nem mesmo foram trazidas à luz todas as dificuldades da concepção agostiniana. A interpretação do livro XI das *Confissões* movimentou-se incessantemente entre lampejos de visão e trevas de incerteza. Ora Agostinho exclama: aqui, sei! aqui, creio! Ora interroga: não terei eu apenas acreditado ver? Será que entendo o que creio ver? Haverá, então, alguma razão fundamental para que a consciência do tempo não possa superar essa alternância entre certeza e dúvida?

Se escolhi interrogar Husserl nesse estágio da investigação sobre a aporética do tempo foi devido à ambição maior que a meu ver caracteriza sua fenomenologia da consciência interna do tempo, a saber, *fazer aparecer* o próprio tempo por meio de um método apropriado e assim livrar a fenomenologia de toda aporia. Ora, a ambição de fazer aparecer o tempo como tal choca-se sem sucesso com a tese essencialmente kantiana da *invisibilidade* desse tempo que, no capítulo anterior, aparecia sob o título de tempo físico e que retorna, na *Kritik der reinen Vernunft* [*Crítica da razão pura*], com o título de tempo objetivo, isto é, de tempo implicado na determinação dos *objetos*. Para Kant, o tempo objetivo, nova figura do tempo físico numa filosofia transcendental, nunca aparece como tal, sendo sempre uma pressuposição.

1. O aparecer do tempo: as "Lições" de Husserl sobre a fenomenologia da consciência interna do tempo

A "Introdução" às *Lições sobre a consciência interna do tempo*[1]* assim como os parágrafos 1 e 2 exprimem bem a ambição de Husserl de submeter a uma descrição direta o *aparecer* do tempo como tal. A consciência do tempo deve então ser entendida no sentido de consciência *"interna"* (*inneres*). Nesse único adjetivo já se conjugam a descoberta e a aporia de toda a fenomenologia da consciência do tempo. É função da colocação fora de circuito (*Ausschaltung*) do tempo objetivo produzir essa consciência interna, que seria, a título imediato, uma consciência-tempo (a língua alemã exprime perfeitamente, por meio de um substantivo composto – *Zeitbewusstsein* –, a ausência de intervalo entre consciência e tempo). O que, com efeito, é excluído

---

1. Edmund Husserl, *Zur Phänomenologie des inneren Zeitbewusstseins* (1893-1917), editado por Rudolf Boehm, *Husserliana*, X, Haia, Nijhoff, 1966. De acordo com o importante prefácio de R. Boehm, essas *Lições* são o resultado da preparação (*Ausarbeitung*) dos manuscritos de Husserl por Edith Stein que foi assistente de Husserl de 1916 a 1918. Foi o manuscrito escrito por Edith Stein que, entregue em 1926 por Husserl a Heidegger, foi publicado por este último em 1928, portanto depois de *Ser e tempo* (1927), no t. IX do *Jahrbuch für Philosophie und phänomenologische Forschung*, com o título *Edmund Husserls Vorlesungen zur Phänomenologie des inneren Zeitbewusstseins*; trad. fr. de Henri Dussort, com um prefácio de Gérard Granel, com o título *Leçons pour une phénoménologie de la conscience intime du temps*, Paris, PUF, 1964, 1983. Assim como é importante, para uma reconstrução histórica do pensamento autêntico de Husserl, não creditar a Husserl a letra de um texto preparado e escrito por Edith Stein, submeter a um exame crítico o texto principal à luz dos *Beilagen* e dos *ergänzende Texte* publicados por R. Boehm em *Husserliana*, X, e, por fim, confrontar as *Lições* com o *manuscrito de Bernau* em vias de publicação pelos Archives Husserl (Louvain) – uma investigação filosófica como a nossa também está autorizada a se apoiar no texto das *Lições* tal como foi publicado com a assinatura de Husserl em 1928 e tal como R. Boehm o editou em 1966. É portanto esse texto – *e somente esse texto* – que interpretaremos e discutiremos sob o título de teoria husserliana do tempo. Citamos a edição Boehm entre colchetes e a tradução francesa entre parênteses.

* Os títulos das obras de Husserl em português aparecerão sempre em itálico, mesmo que não tenham sido lançadas no Brasil. As edições citadas disponíveis em português (Brasil) constam do índice de autores, p. 467. (N.do E.)

do campo de aparecimento, sob o título de tempo objetivo? Exatamente o tempo do mundo, que, como Kant mostrou, é uma pressuposição de toda determinação de objeto. Se a exclusão do tempo objetivo é levada por Husserl até o cerne da psicologia como ciência de objetos psíquicos[2], é para pôr a nu o tempo e a duração (sendo esse termo sempre tomado no sentido de intervalo, de lapso de tempo) que aparecem como tais[3]. Longe de se limitar a recolher a impressão primeira, a experiência ordinária, é o testemunho delas que Husserl recusa; embora possa chamar de *datum* [6] (9) esse "tempo imanente do curso da consciência", esse *datum* está longe de constituir um imediato; ou melhor, o imediato não está dado imediatamente; é preciso conquistar o imediato a um alto preço: ao preço de suspender "toda pressuposição transcendente que diga respeito aos existentes" (*ibid.*).

Será Husserl capaz de pagar esse preço? Só conseguiremos responder a essa pergunta ao final da terceira seção das *Lições*..., que exige uma última radicalização do método de colocação fora de circuito. Deve-se contudo observar que o fenomenólogo não pode evitar admitir, ao menos no começo de sua empreitada, uma certa homonímia entre o "curso da consciência" e o "curso objetivo do tempo do mundo" – ou ainda entre o "um depois do outro" do tempo imanente e a sucessão do tempo objetivo – ou ainda entre o *continuum* do um e o do outro, entre a multiplicidade do um e a do outro. Na sequência, não cessaremos de encontrar homonímias semelhantes, *como se a análise do tempo imanente não pudesse se constituir sem reiterados empréstimos tomados do tempo objetivo colocado fora de circuito.*

---

2. "Do ponto de vista objetivo, pode ser que toda vivência, assim como todo ser real e todo momento real do ser, tenha seu lugar no tempo objetivo único e, por conseguinte, também a própria vivência da percepção de tempo e da representação de tempo" (*Lições*, § 1 [4] (6)).

3. "O que aceitamos não é a existência de um tempo do mundo, a existência de uma duração côisica ou algo semelhante, e sim o tempo aparecente, a duração aparecente como tais. Mas estes são dados absolutos, que não teria sentido colocar em dúvida" [5] (7). Segue-se uma declaração enigmática: "Em seguida, é verdade, admitimos também (*Allerdings auch*) um tempo que é, mas não é o tempo de um mundo da experiência, é o *tempo imanente*, do curso da consciência" (*ibid.*).

Compreende-se a necessidade desses empréstimos se considerarmos que a ambição de Husserl não é nada menos que elaborar uma *hilética* da consciência[4]. Ora, para que essa hilética não esteja fadada ao silêncio, tem de incluir entre os *data* fenomenológicos "as apreensões (*Auffassungen*) de tempo, as vivências nas quais o temporal no sentido objetivo aparece" [6] (9). São essas apreensões que permitem sustentar um discurso sobre a hilética, desafio supremo da fenomenologia da consciência interna do tempo. A respeito delas, Husserl admite que exprimem caracteres de ordem no tempo *sentido* e que servem de base para a constituição do próprio tempo objetivo[5]. Ora, cabe indagar se, para arrancar a hilética do silêncio, essas apreensões não devem fazer empréstimos das determinações do tempo objetivo, conhecidas antes da colocação fora de circuito[6]. Falaríamos do "ao mesmo tempo" sentido se nada sou-

---

4. Por hilética, Husserl entende a análise da matéria (*hýle*) – ou impressão bruta – de um ato intencional, tal como a percepção, abstração feita da forma (*morphé*) que o anima e lhe confere um sentido.

5. Essas duas funções das apreensões – garantir a dizibilidade do tempo sentido, tornar possível a constituição do tempo objetivo – estão estreitamente ligadas no seguinte texto: "Os *data* de tempo 'sentidos' não são simplesmente sentidos, estão carregados (*behaftet*) de caracteres de apreensão, que, por sua vez, se caracterizam por certas exigências e certas possibilidades legítimas: a possibilidade de medir uns pelos outros os tempos e as relações de tempo que, com base nos *data* sentidos, aparecem; a possibilidade de colocá-los dessa ou daquela maneira em ordens objetivas, de colocá-los dessa ou daquela maneira em ordens aparentes e reais. O que aí se constitui como ser objetivamente válido é, em última instância, o único tempo objetivo infinito, em que toda coisa e todo acontecimento, os corpos com as propriedades físicas, as almas com seus estados psíquicos, têm seu lugar temporal determinado, determinável pelo cronômetro" [7] (12). E mais adiante: "Em linguagem fenomenológica: a objetividade não se constitui precisamente nos conteúdos 'primários', mas nos caracteres de apreensão e na conformidade a leis, que os caracterizam por essência" [8] (13).

6. A comparação do par tempo objetivo/tempo imanente com o par vermelho percebido/vermelho sentido reforça a suspeita: "O vermelho sentido é um *datum* fenomenológico que, animado por uma certa função de apreensão, apresenta uma qualidade objetiva; ele próprio não é uma qualidade. Uma qualidade no sentido próprio, ou seja, uma propriedade da coisa aparecente, não é o vermelho sentido, mas o vermelho percepcionado. O vermelho sentido só se chama vermelho de modo equívoco, pois vermelho é o nome de uma qua-

béssemos da simultaneidade objetiva, da distância temporal, se nada soubéssemos da igualdade objetiva entre intervalos de tempo⁷?

A questão se torna particularmente premente quando consideramos as *leis* que, segundo Husserl, regem os encadeamentos temporais sentidos. Husserl não tem nenhuma dúvida de que "verdades apriorísticas" [10] (15) aderem a essas apreensões, elas próprias inerentes ao tempo sentido. Dessas verda-

---

lidade côisica" [6] (10). Ora, é o mesmo tipo de desdobramento e de recobrimento que a fenomenologia do tempo suscita: "Se denominarmos 'sentido' um *datum* fenomenológico que, graças à apreensão, nos torna conscientes de algo objetivo como dado em carne e osso (que passamos então a chamar 'objetivamente percepcionado'), também e no mesmo sentido temos de distinguir um temporal 'sentido' e um temporal 'percepcionado'. Este último significa o tempo objetivo" [7] (11).

7. No tocante a isso, Gérard Granel (*Le Sens du temps et de la perception chez E. Husserl*, Paris, Gallimard, 1958) não se engana quando vê nas *Lições para uma fenomenologia da consciência interna do tempo* um trabalho que vai contra a corrente de toda a fenomenologia husserliana, na medida em que esta é por excelência uma fenomenologia da percepção. Para essa fenomenologia, uma hilética do sentido só pode estar subordinada a uma noética do percepcionado. A *Empfindung* (sensação, impressão) está desde sempre superada na perspectiva da coisa. O aparecer por excelência é o do percepcionado, não o do sentido; está desde sempre atravessado pela perspectiva da coisa. Portanto, é por uma inversão do movimento da consciência intencional voltada para o objeto que se pode erigir o sentido em aparecer distinto, numa hilética ela própria autônoma. É preciso então admitir que é somente a título provisório que a fenomenologia voltada para o objeto subordina a hilética à noética, enquanto aguarda a elaboração de uma fenomenologia para a qual a camada subordinada tornar-se-ia a camada mais profunda. A *Fenomenologia da consciência interna do tempo* pertenceria por antecipação a essa fenomenologia mais profunda que qualquer fenomenologia da percepção. A questão que então se coloca é saber se uma hilética do tempo pode se emancipar da noética que a fenomenologia voltada para o objeto exige e se pode cumprir a promessa do § 85 de *Idées directrices pour une phénoménologie et une philosophie phénoménologique pures*, t. I (trad. fr. Paris, Gallimard, 1950, 1985), de descer para as "profundezas obscuras da consciência última que constituem toda temporalidade do vivido". É em *Idées*, I, § 81, que é feita a sugestão de que a percepção poderia não ser mais que o nível superficial da fenomenologia e de que o conjunto da obra não se situa no nível do absoluto definitivo e verídico. Ora, o § 81 remete precisamente às *Lições* de 1905 *sobre a consciência interna do tempo*. Sabemos ao menos qual é o preço a pagar: nada menos que tirar a própria percepção de circuito.

des apriorísticas deriva o *a priori* do tempo, a saber, que "a ordem temporal bem estabelecida é uma série bidimensional infinita, que dois tempos diferentes nunca podem estar juntos, que sua relação é irreversível, que há uma transitividade, que a cada tempo pertence um tempo anterior e um tempo posterior etc. – Isso basta para a introdução geral" [10] (16). Seria portanto possível apostar que o *a priori* do tempo pode ser esclarecido "explorando-se *a consciência do tempo*, trazendo à tona sua constituição essencial e separando os conteúdos de apreensão e os caracteres de ato que eventualmente caracterizam de modo específico o tempo e dos quais decorrem essencialmente os caracteres apriorísticos do tempo" [10] (15).

Que a percepção da duração não cesse de pressupor a duração da percepção não pareceu para Husserl algo mais embaraçoso que a condição geral a que está submetida toda a fenomenologia, inclusive a da percepção, qual seja, de que, sem familiaridade prévia com o mundo objetivo, a própria redução ficaria privada de qualquer ponto de apoio. É esse o sentido geral da colocação fora de circuito aqui em questão: ela não poderia suprimir o que quer que seja, limita-se a mudar a direção do olhar, sem perder de vista o que é posto fora de circuito. A conversão à imanência consiste, nesse sentido, em uma mudança de sinal, como está dito em *Ideias* I, § 32; mudança de sinal que não impede o uso das mesmas palavras – unidade de som, apreensão etc. –, quando o olhar se desloca do som que dura para o "modo de seu como"[8]. Todavia, a dificuldade aumenta com a consciência interna do tempo na medida em que é sobre uma percepção já reduzida que a fenomenologia opera uma redução, dessa vez, do *percepcionado* ao *sentido*, a fim de penetrar nas camadas mais profundas de uma hilética subtraída ao jugo da noética. No entanto, é difícil ver como uma hilética poderia ser elaborada por outra via senão por essa redução na redução. O reverso dessa estratégia são as homonímias, as ambiguidades de vocabulário, mantidas pela persis-

---

8. Por isso o termo *Erscheinung* (aparecimento) pode ser conservado: é seu sentido que é reduzido. O mesmo se aplica ao termo perceber: "falamos de percepção relativamente à duração do som" [25] (39).

tência da problemática da coisa percepcionada sob a litura da intencionalidade *ad extra*. Donde o paradoxo de um empreendimento que se apoia na própria experiência que ele subverte. Ora, esse equívoco deve, a meu ver, ser atribuído, não a um fracasso puro e simples da fenomenologia da consciência interna do tempo, mas às aporias que são o preço cada vez mais alto de uma análise fenomenológica cada vez mais refinada.

Acompanhados dessas perplexidades, vamos nos voltar para os dois grandes achados da fenomenologia husserliana do tempo: a descrição do fenômeno de retenção – e de seu simétrico, a protensão –, e a distinção entre retenção (ou lembrança primária) e relembrança (ou lembrança secundária).

Para poder começar sua análise da retenção, Husserl usa como apoio a percepção de um objeto tão insignificante quanto possível: um *som*, portanto um algo passível de ser designado por um nome idêntico e que seja tido por efetivamente o mesmo: um *som*; um som[9]. Portanto, um algo do qual Husserl gostaria de fazer não um objeto percepcionado, na minha frente, mas um objeto *sentido*. Devido à sua própria natureza temporal, o som nada mais é que sua própria incidência, sua própria sucessão, sua própria continuação, sua própria cessação[10].

---

9. Desde a introdução, Husserl concedeu-se esta licença: "Que a consciência de um processo sonoro, de uma melodia que estou escutando, mostre uma sucessão é para nós objeto de tal evidência que faz a dúvida e a negação, sejam elas quais forem, aparecerem como sem sentido" [5] (7). Com a expressão "um som", Husserl não se dá a unidade de duração exigida pela própria intencionalidade? Parece que sim, na medida em que a capacidade que um objeto tem de ser apreendido como *mesmo* repousa na unidade de sentido de uma perspectiva concordante (D. Souche-Dagues, *Le Développement de l'intentionnalité dans la phénoménologie husserlienne*, Haia, Nijhoff, 1972).

10. Gérard Granel faz uma caracterização muito feliz das *Lições* como "uma fenomenologia sem fenômenos" (*op. cit.*, p. 47), em que se descreveria "a percepção com ou sem o percepcionado" (p. 52). Já não concordo com Granel quando ele relaciona o presente husserliano com o absoluto hegeliano ("a intimidade de que aqui se trata é a intimidade do Absoluto, ou seja, o problema hegeliano que sobrevém necessariamente depois do resultado das verdades de nível kantiano", p. 46). A interpretação que proponho da terceira seção

No tocante a isso, o exemplo agostiniano da recitação do verso do hino *Deus creator omnium*, com suas oito sílabas alternadamente longas e breves, proporia, se entendermos Husserl bem, um objeto complexo demais para ser mantido na esfera imanente; o mesmo pode ser dito, no próprio Husserl, sobre o exemplo da melodia, que ele não tarda em descartar de sua explanação. A esse objeto mínimo – o som que dura – Husserl dá o estranho nome de *Zeitobjekt*, que Gérard Granel[11] traduziu com razão por *tempo-objet*, para sublinhar seu caráter insólito. A situação é a seguinte: por um lado, o tempo objetivo está supostamente reduzido e pede-se ao próprio tempo para que apareça como uma vivência; por outro, para que o discurso sobre a hilética não seja reduzido ao silêncio, é preciso o suporte de um algo percepcionado. A terceira seção dirá se, para ir até o fim da colocação fora de circuito, pode-se suspender o lado objetivo residual do objeto-tempo. No entrementes, é o objeto-tempo enquanto objeto reduzido que fornece seu *telos* à investigação; é ele que indica o que deve ser constituído na esfera de pura imanência, ou seja, a duração, no sentido da continuação do mesmo através da sucessão das fases outras. Pode-se deplorar a ambiguidade dessa estranha entidade: no entanto, é a ela que devemos uma análise do tempo que é desde logo uma análise da duração, no sentido da *continuação*, da "persistência considerada como tal" (*Verharren als solches, ibid.*), e não apenas da sucessão.

O achado de Husserl, nesse ponto, é que o "agora" não se contrai em um instante pontual, mas comporta uma *intencionalidade longitudinal* (para opô-la à intencionalidade transcendente que, na percepção, põe a ênfase na unidade do objeto), em virtude da qual ele é ao mesmo tempo ele mesmo e a retenção da fase de som que "neste mesmo instante" (*soeben*)

---

das *Lições* exclui essa relação na medida em que é todo o fluxo, bem como o presente vivo, que, segundo Granel, seria levado ao absoluto.

11. "Por *Zeitobjekte* [Dussort traduz: *objet-temporel* [objeto temporal], Granel: *tempo-objet* [tempo-objeto], *no sentido específico do termo*, entendemos objetos que não são somente unidades no tempo, mas contêm também em si mesmos a extensão temporal (*Zeitextension*)" [23] (36).

acabou de escoar, bem como a protensão da fase iminente. É esse achado que lhe permite livrar-se de qualquer função sintética acrescida a um diverso, ainda que seja a imaginação segundo Brentano. O "um depois do outro", cuja formulação voltaremos a encontrar mais adiante em Kant, é essencial para o aparecer dos objetos-tempo [tempo-objects]; por persistência, deve-se com efeito entender a unidade da duração (*Dauereinheit*) do som, supostamente reduzido ao estatuto de puro dado hilético (§ 8, começo): "Ele começa e cessa, e toda a unidade de sua duração, a unidade de todo o processo no qual ele começa e finda, 'cai' depois do seu fim no passado cada vez mais longínquo" [24] (37). Não resta dúvida: o problema é o da duração como *mesmo*. E a *retenção*, simplesmente nomeada aqui, é o nome da solução buscada.

A partir daí, a arte da descrição fenomenológica reside no deslocamento da atenção do som que dura para a modalidade de sua persistência. Uma vez mais, a tentativa seria vã se o puro dado hilético fosse amorfo e inefável; com efeito, posso chamar de "agora" a consciência do som no seu começo, falar da "continuidade de fase como ocorrendo neste mesmo instante" (*vorhin*) e de toda a duração como sendo "duração escoada" (*als abgelaufene Dauer*) [24] (38). Para que a hilética não seja muda, é preciso apoiar-se, como Agostinho sempre que se opunha aos céticos, na compreensão e na comunicação da linguagem corrente, portanto, no sentido consagrado de palavras como "começar", "continuar", "acabar", "permanecer", bem como na semântica dos tempos verbais e dos inúmeros advérbios e conjunções de tempo ("ainda", "enquanto", "agora", "antes", "depois", "durante" etc.). Infelizmente, Husserl não se interroga sobre o caráter irredutivelmente metafórico dos termos mais importantes nos quais apoia sua descrição: "fluxo" (*Fluss*), "fase", "escoar" (*ablaufen*), "cair" (*rücken*), "recair" (*zurücksinken*), "intervalo" (*Strecke*) e sobretudo o par "vivo" – "morto", aplicado polarmente ao "ponto de produção do presente" e à duração escoada, uma vez tendo esta recaído no vazio. A própria palavra "retenção" é metafórica, uma vez que significa segurar firme ("Nessa recaída, eu ainda o 'retenho' (*halte*), tenho-o numa 'retenção', e enquanto ela se mantém, ele tem sua temporalidade própria, é o mesmo, sua duração é a mesma" [24] (37)). Apesar desse silêncio de Husserl, podemos perfeitamente admitir, visto o rico vocabulário aplicado ao próprio modo da duração, que a linguagem corrente oferece recursos insuspeitados para a própria hilética, pela simples razão de que os homens nunca se limitaram a falar dos objetos e sempre prestaram uma atenção, ao menos marginal e confusa, à própria modificação do aparecer dos objetos quando eles mudam. As palavras nem sempre faltam. E, quando os termos literais são insuficientes, a metáfora os substitui, trazendo com ela os recursos da *inovação semântica*. A linguagem oferece, portanto, metáforas *apropriadas* à designação da persistência no escoamento; a própria palavra "retenção" é a prova por excelência dessa pertinência da linguagem corrente até mesmo em seu uso metafórico.

Essa mescla de audácia e de timidez na colocação fora de circuito provocará uma discussão cujo fio nos será fornecido por um desvio por Kant. As homonímias e as ambiguidades, que ela tolera e talvez exija, são o preço do inestimável achado da retenção. Este procede de uma reflexão sobre o sentido a dar à palavra "ainda" na expressão: o som "ainda" ressoa. "Ainda" implica simultaneamente o mesmo e o outro: "O som ele próprio é o mesmo, mas o som 'no seu modo' (de aparecimento) aparece como incessantemente outro" [25] (39). A inversão de perspectiva do som ao "modo de seu como" (*der Ton "in der Weise wie"*, *ibid.*) faz passar para primeiro plano a alteridade e a transforma em enigma.

O primeiro aspecto que essa alteridade apresenta e no qual o § 9 se demora concerne ao duplo fenômeno da distintividade decrescente da percepção das fases escoadas, da esfumação ou da compressão crescentes dos conteúdos retidos: "Ao cair no passado, o objeto temporal se encurta e simultaneamente se obscurece" [26] (40). Mas o que Husserl faz questão de preservar a qualquer custo é a *continuidade* no fenômeno de afastamento, de obscurecimento e de encurtamento. A alteridade característica da mudança que afeta o objeto no seu *modo* de escoamento não é uma diferença exclusiva de identidade. É uma alteração absolutamente específica. A aposta de

Husserl foi ter buscado no "agora" uma intencionalidade de um tipo particular que não se volta para um correlato transcendente, mas para um agora que escoou "neste mesmo instante", e cuja virtude consiste inteiramente em retê-lo de modo tal que gere a partir do "agora" pontual da fase que está escoando o que Granel chama de o "grande agora" (*op. cit.*, p. 55) do som em toda sua duração.

É essa intencionalidade longitudinal e não objetivante que garante a própria continuidade da duração e preserva o mesmo no outro. Embora seja verdade que não posso ficar atento a essa intencionalidade longitudinal, geradora de continuidade, sem o fio condutor do objeto uno, é efetivamente ela, e não a intencionalidade objetivante sub-repticiamente introduzida na constituição hilética, que garante a continuação do presente pontual no presente estendido da duração una. Se não fosse assim, a retenção não constituiria nenhum fenômeno específico digno de análise. A retenção é precisamente o que mantém juntos o presente pontual (*Jetzpunkt*) e a série das retenções conectadas a ele. Relativamente ao presente pontual, "o objeto em seu como" é sempre outro. A função da retenção é estabelecer a identidade do presente pontual e do objeto imanente não pontual. *A retenção é um desafio à lógica do mesmo e do outro; esse desafio é o tempo:* "Todo ser temporal 'aparece' num certo modo de escoamento continuamente mudadiço e 'o objeto no seu modo de escoamento' é incessantemente de novo um outro nessa mudança, embora digamos que o objeto e cada ponto de seu tempo e esse próprio tempo são uma única e mesma coisa" [27] (41). O paradoxo existe apenas na linguagem ("embora digamos..."). O paradoxo se prolonga no duplo sentido que doravante é preciso atribuir à própria intencionalidade; conforme ela designe a relação da consciência com "o que aparece no seu modo" ou a relação com o que simplesmente aparece, o percepcionado transcendente (fim do § 9).

Essa intencionalidade longitudinal marca a reabsorção do aspecto serial da sucessão dos "agora", que Husserl chama de "fases" ou "pontos", na continuidade da duração. Dessa intencionalidade longitudinal, temos um saber: "Do fenômeno de escoamento sabemos que é uma continuidade de mutações incessantes que forma uma unidade indivisível: indivisível em fragmentos que poderiam ser por si mesmos e indivisível em fases que poderiam ser por si mesmas, em pontos da continuidade" [27] (42). A ênfase recai sobre a continuidade do todo, ou a totalidade do contínuo, que o próprio termo duração (*Dauer*) designa. Que algo persista ao mudar, é isso o que significa durar. Portanto, a identidade que daí resulta já não é uma identidade lógica, mas precisamente a de uma totalidade temporal[12].

---

12. J. Derrida, em *La Voix et le Phénomène*, Paris, PUF, 1967, pp. 67-77, sublinha o caráter subversivo dessa solidariedade entre o presente vivo e a retenção, no tocante ao primado do "piscar de olhos" (*Augenblick*), portanto, do presente pontual, idêntico a si próprio, exigido pela concepção intuicionista da sexta *Investigação Lógica*: "Apesar desse motivo do 'agora' pontual como 'arquiforma' (*Urform*) (*Ideen I*) da consciência, o conteúdo da descrição, nas *Lições* e em outras partes, impede de falar de uma simples identidade a si próprio do presente. Vê-se assim abalado, não só o que poderíamos chamar de certeza metafísica por excelência, mas de modo mais localizado, o argumento do '*im selben Augenblick*' nas *Investigações*" (p. 71). Apesar da dependência que a teoria husserliana da intuição tem da presença pura a si no presente pontual, é precisamente ao Husserl das *Lições* que é preciso dar o crédito do achado segundo o qual "a presença do presente percepcionado só pode aparecer como tal na medida em que *compõe continuamente* com uma não-presença e uma não-percepção, a saber, a lembrança e a expectativa primárias (retenção e protensão)" (p. 72). Assim fazendo, Husserl dá um sentido forte à distinção entre presente e instante, que é o momento decisivo de toda a nossa análise. Para preservar seu achado, não devemos pôr do mesmo lado, sob o signo comum da *alteridade*, a não-percepção característica da relembrança e a não-percepção atribuída à retenção, sob pena de anular a diferença fenomenológica essencial entre a retenção que se constitui em continuidade com a percepção e a relembrança que é a única a ser, no sentido forte da palavra, uma não-percepção. Nesse sentido, Husserl abre caminho para uma filosofia da presença que incluiria a alteridade *sui generis* da retenção. J. Derrida não se equivoca ao discernir no *vestígio*, desde a época de *La Voix et le Phénomène*, "uma possibilidade que deve não só habitar a pura atualidade do 'agora', mas constituí-la pelo próprio movimento da diferença que nela introduz" (p. 75), e ao acrescentar: "Esse vestígio é, se pudermos empregar essa linguagem sem contradizê-la e rasurá-la imediatamente, mais 'originário' que a própria originariedade fenomenológica" (*ibid.*). Adotaremos posteriormente uma concepção vizinha do vestígio. Mas ela só argumenta contra uma fenomenologia que confundiria o *presente* vivo com o *instante* pontual. Ao trabalhar para acabar com essa confusão, Husserl nada mais faz senão afirmar a noção agostiniana do triplo presente e, mais precisamente, a do "presente *do* passado".

O diagrama[13] anexado ao § 10 não tem outra ambição senão visualizar mediante um procedimento linear a síntese entre a alteridade característica da simples sucessão e a identidade na persistência operada pela retenção. O importante nesse diagrama não é que o progresso no tempo seja ilustrado por uma linha (OE), mas que a essa linha – a única linha levada em conta por Kant –, seja preciso acrescentar a linha oblíqua OE', que figura "a descida à profundeza", e sobretudo a vertical EE', que, em cada momento do tempo, liga a sequência dos instantes presentes à descida à profundeza. É essa vertical que figura a fusão do presente com seu horizonte de passado na continuidade das fases. Nenhuma linha figura por si só a retenção; somente o conjunto constituído pelas três linhas a visualiza. Husserl pode dizer no fim do § 10: "A figura dá assim uma imagem completa da dupla continuidade dos modos de escoamento" [29] (43).

A maior desvantagem do diagrama está em pretender dar uma representação *linear* de uma constituição não linear. Além disso, não é possível traçar a linha do progresso do tempo sem ter concomitantemente o caráter sucessivo do tempo e a posição de qualquer ponto do tempo sobre a linha. É certo que o diagrama enriquece a representação linear completando-a com a linha oblíqua da descida à profundeza e a vertical da profundeza de cada instante; assim o diagrama total, completando o esquema da sucessão, subverte o privilégio e o monopólio da sucessão na figuração do tempo fenomenológico. No

---

13. *Lições* [28] (43):

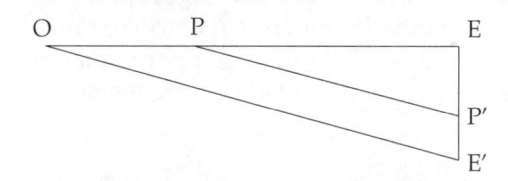

OE: sequência dos instantes presentes;
OE': descida à profundeza;
EE': *continuum* das fases (instante presente com horizonte de passado).

entanto, ao figurar uma sequência de pontos-limites, o diagrama não consegue figurar a implicação retencional dos pontos-fontes. Em suma, não consegue figurar a identidade do longínquo e do profundo que faz com que os instantes que se tornaram outros estejam incluídos de uma maneira única na espessura do instante presente. Na verdade, não existe diagrama adequado da retenção e da mediação que ela exerce entre o instante e a duração[14].

Além disso, o vocabulário mediante o qual Husserl descreve a retenção não é menos inadequado que esse diagrama, que talvez devamos esquecer rapidamente. Com efeito, é mediante o termo *modificação* que Husserl tenta caracterizar a retenção com relação à impressão originária. A escolha desse vocabulário quer ressaltar que o privilégio da originariedade de cada novo presente estende-se à sequência dos instantes que ele retém em sua profundeza apesar do afastamento deles. Disso resulta que a linha da diferença não deve mais ser traçada entre o presente pontual e tudo o que já escoou e passou, mas entre o presente recente e o passado propriamente dito. Essa afirmação ganhará toda a sua força com a distinção entre retenção e relembrança, que é a contrapartida necessária da continuidade entre impressão original e modificação retencional. Desde já, porém, pode-se dizer que o presente e o passado recente se pertencem mutuamente, que a retenção é um *presente ampliado* que garante, não só a continuidade do tempo, mas a difusão progressivamente atenuada da intuitividade do ponto-fonte para tudo o que o instante presente retém em si ou debaixo de si. O presente é chamado de ponto-fonte (*Quellpunkt*), precisamente porque o que dele escoa "ainda" lhe pertence: começar é começar a continuar; o próprio presente é assim "uma continuidade em crescimento contínuo, uma continuidade de passados" [28] (42). Cada ponto da duração é o ponto-fonte de uma continuidade de modos de es-

---

14. M. Merleau-Ponty, em *Phénoménologie de la perception*, dá uma interpretação diferente (*ibid.*, pp. 469-95). Cf. meu estudo sobre "La temporalité chez Merleau-Ponty", in B. Waldenfels (org.), *Leibhaftige Vernunft. Spuren von Merleau-Pontys Denken*, Munique, W. Fink-Verlag, 1985.

coamento e a acumulação de todos esses pontos duradouros faz a continuidade do processo inteiro[15].

Todo o sentido da polêmica contra Brentano está contido aí: não há necessidade de acrescentar um nexo extrínseco – mesmo que seja o da imaginação – à série dos "agora" para gerar uma duração. Cada ponto se encarrega disso por sua expansão em duração[16].

É essa expansão do ponto-fonte em duração que garante a expansão do caráter originário, de que goza a *impressão* característica do ponto-fonte, ao horizonte do passado. A retenção tem por efeito não só ligar o passado recente ao presente, como comunicar sua intuitividade àquele passado. A modificação recebe assim um segundo sentido: não só o presente é *modificado* e se transforma em presente recente, mas a própria impressão originária passa para a retenção: "o presente de som se muda em passado de som, a consciência *impressional* passa, correndo continuamente, para consciência *retencional* sempre nova" [29] (44). Mas a impressão originária só passa para a retenção sob uma forma progressivamente "*dégradé*"[17]. Aliás,

---

15. "Assim, a continuidade do escoamento de um objeto que dura é um *continuum*, cujas fases são os *continua* dos modos de escoamento dos diversos instantes da duração do objeto" [28] (42). Essa continuidade entre impressão original e modificação retencional é fortemente sublinhada por R. Bernet ("Die ungegenwärtige Gegenwart. Anwesenheit und Abwesendheit in Husserls Analyse des Zeitbewusstseins", *in* E. W. Orth (org.), *Zeit und Zeitlickteit bei Husserl und Heidegger*, Freiburg, Munique, 1983, pp. 16-7; trad. fr. "La presence du passé dans l'analyse husserlienne de la conscience du temps", *Revue de métaphysique et de morale*, 1983, n.º 2, pp. 178-98). Segundo o autor, não se trata tanto de compor juntas presença e não-presença: "A questão crucial passa a ser a da fenomenalização da ausência... O sujeito só pode se apreender como sujeito constituinte se sua presença exceder o presente e transbordar para o presente passado e o presente-por-vir" (p. 179). Esse "presente ampliado" (p. 183) é indivisamente agora (*Jetzpunkt*) *e* presente do passado.
16. "Os fragmentos (*Stücke*), que separamos por abstração, só podem ser no conjunto do escoamento, bem como as fases, os pontos da continuidade de escoamento" [28] (42). Poder-se-ia tentar traçar um paralelo com Aristóteles no tratamento do paradoxo segundo o qual o instante simultaneamente divide e liga. Sob o primeiro aspecto, ele procede da continuidade que ele interrompe; sob o segundo aspecto, gera a continuidade.
17. O termo alemão *sich abschatten* é difícil de traduzir. "Cada ponto anterior dessa sequência, enquanto um 'agora', *também* (*wiederum*) se oferece dé-

creio que é a esse encadeamento que se deve atribuir a expressão composta: "retenção de retenções", ou a de uma "sequência contínua de retenções pertencentes ao ponto inicial" [29] (44). Cada novo "agora", ao empurrar para o passado recente o "agora" anterior, faz dele uma retenção que tem suas próprias retenções; essa intencionalidade em segundo grau exprime o remanejamento incessante das retenções mais antigas pelas mais recentes, que é no que consiste o afastamento temporal: "Cada retenção é em si própria modificação contínua, que traz em si, por assim dizer, na forma de uma sequência de *dégradés*, a herança do passado" [29] (44)[18].

Embora a ambição de Husserl, ao forjar a noção de modificação, seja estender ao passado recente o benefício da originariedade característica da impressão presente, sua implicação mais importante é que as noções de diferença, de alteridade e de negatividade expressas pelo "já não", não são primeiras, mas derivam da abstração operada sobre a continuidade por um

---

gradé (*schattet sich ab*) no sentido da retenção. A cada uma dessas retenções vincula-se assim uma continuidade de mutações retencionais e essa continuidade é ela mesma por sua vez um ponto da atualidade, que se oferece como dégradé retencional" [29] (44).

18. É interessante notar que Husserl introduz aqui a comparação de uma herança (*Erbe*), que desempenhará um papel eminente em Heidegger: introduz essa imagem no momento em que descarta a hipótese de uma regressão infinita no processo da retenção [29-30] (44). Husserl parece assim vincular a ideia de herança à de uma limitação do campo temporal, tema ao qual retorna na segunda parte do § 11 que remonta, segundo o editor alemão, aos manuscritos das *Lições* de 1905. Segundo R. Berner, "a estrutura iterativa das modificações retencionais dá conta simultaneamente da consciência da duração do ato e da consciência da 'duração', ou antes, do fluxo da consciência absoluta" (*op. cit.*, p. 189); por estrutura iterativa deve-se entender a modificação de modificações retencionais de uma impressão originária graças a que um "agora" se torna não só um tendo-sido-agora mas um tendo-sido-tendo-sido-agora. É assim que cada nova retenção modifica as retenções precedentes; é em virtude da estrutura dessa modificação de modificações que se diz que cada retenção carrega em si mesma a *herança* de todo o processo precedente. Essa expressão significa que "o passado é continuamente remodificado a partir do presente da retenção e [que] é tão-somente essa modificação presente do passado que possibilita a experiência da duração temporal" (*op. cit.*, p. 190). Acrescentarei que essa *iteração* contém em germe a apreensão da duração como *forma*.

olhar que se detém sobre o instante e o converte de ponto-fonte em ponto-limite. Um aspecto da gramática do verbo ser confirma essa ideia: com efeito, é possível conjugar o verbo ser em um tempo passado (e futuro) sem introduzir uma negação: "é", "era", "será" são expressões inteiramente positivas que marcam na linguagem a prioridade da ideia de modificação sobre a de negação, ao menos na constituição da memória primária[19]. O mesmo se aplica ao advérbio "ainda": sua posição exprime a seu modo a aderência do "passado há um instante" à consciência do presente. As noções de retenção e de modificação intencional não querem dizer outra coisa: *a lembrança primária é uma modificação positiva da impressão, não sua diferença*. Por oposição à representação em imagens do passado, partilha com o presente vivo o privilégio do originário, ainda que num modo continuamente enfraquecido: "A própria intuição do passado não pode ser uma figuração por imagem (*Verbildlichung*). É uma consciência originária" [32] (47)[20].

Isso não impede que, se interrompermos pelo pensamento o fluxo retencional e se isolarmos o presente, o passado e o presente pareçam se excluir. Nesse caso, é legítimo dizer que o passado já não é e que passado e "agora" se excluem: "O que é identicamente o mesmo pode até ser 'agora' e passado, mas somente porque durou entre o passado e o 'agora'" [34] (50). Essa passagem do "era" para o "já não" e o recobrimento de um pelo outro apenas exprimem o duplo sentido do presente, por um lado como ponto-fonte, como iniciativa de uma continuidade retencional e, por outro, como ponto-limite, abstraído por divisão infinita do *continuum* temporal. A teoria da retenção tende a mostrar que o "já não" procede do "era" e não o contrário, e que a modificação precede a diferença. O instan-

---

19. É com a mesma intenção que se diz que o ponto-fonte "começa a 'produção' (*Erzeugung*) do objeto que dura", no começo do § 11. A noção de produção e a de ponto-fonte compreendem-se conjuntamente.

20. No mesmo sentido: "Assim como na percepção vejo o ser-agora e, na percepção espalhada, tal como ela se constitui, o ser que dura, vejo, na lembrança primária, o passado; ele está dado nela, e o dado do passado é a lembrança" [34] (50).

te, considerado à parte de sua capacidade de começar uma sequência retencional, resulta apenas de uma abstração operada sobre a continuidade desse processo[21].

A distinção entre lembrança primária e lembrança secundária, também chamada *relembrança* (*Wiedererinnerung*), é a segunda concepção propriamente fenomenológica das *Lições*. Essa distinção é a contrapartida necessária para a caracterização essencial da retenção, ou seja, a aderência do passado retido ao presente pontual dentro de um presente que persiste ao mesmo tempo em que desaparece. Tudo o que entendemos por lembrança não está contido nessa experiência básica da retenção. Para falar em termos agostinianos, o presente *do* passado tem uma outra significação além da de passado "há um instante". Que dizer desse passado que já não pode ser descrito como a cauda de cometa do presente – ou seja, que dizer de todas nossas lembranças que já não têm, por assim dizer, um pé no presente?

Para resolver o problema, Husserl dá uma vez mais um exemplo paradigmático que, embora não tenha a simplicidade esquelética do simples som que continua a ressoar, também apresenta, ao menos à primeira vista, uma simplicidade extrema: lembramos de uma melodia que ouvimos recentemente (*jüngst*) em um concerto. O exemplo é simples, no sentido de que a lembrança, devido ao caráter recente do acontecimento evocado, tem como única ambição *reproduzir* um objeto-tempo. Desse modo, Husserl sem dúvida pensa, ficam afastadas todas as complicações ligadas à *reconstrução* do passado, como seria o caso do passado histórico ou mesmo das lembranças distantes. No entanto, o exemplo não é totalmente simples, já que se trata, essa vez, não de um mesmo som, mas de uma melodia que podemos *percorrer pela imaginação*, seguindo a ordem do primeiro som, depois do segundo etc. Husserl sem dú-

---

21. A teoria da retenção marca sem dúvida um avanço com relação à análise agostiniana da *imagem* do passado, tida por uma "impressão fixada no espírito". A intencionalidade do presente responde diretamente ao enigma de um vestígio que seria simultaneamente uma coisa presente e o signo de uma coisa ausente.

vida pensou que sua análise da retenção, aplicada a um som único, não podia ser transposta, sem nenhum acréscimo, ao caso da melodia, na medida em que a composição desta não era levada em consideração na discussão, mas apenas seu modo de se conectar ao presente pontual. Por isso, Husserl se dá o direito de partir diretamente do caso da melodia para uma nova etapa de sua descrição, a fim de concentrar a atenção num outro traço de simplicidade, o de uma melodia não mais "produzida", mas "reproduzida", não mais presentada (no sentido do grande presente), mas re-*presentada* (*Repräsentation* ou *Vergegenwärtigung*)[22]. A presumida simplicidade do exemplo imaginado incide, pois, no "re" (*wieder*) implicado na expressão de re-lembrança e em outras expressões afins que encontraremos mais adiante, em particular a de re-petição (*Wiederholung*), que ocupará um lugar excepcional na análise heideggeriana e cuja importância para uma teoria do tempo narrado irei mostrar. Esse "re-" é então descrito como um fenômeno de "correspondência" termo a termo, no qual, por hipótese, a diferença não é de conteúdo (é a mesma melodia produzida e depois reproduzida), mas de modo de realização. A diferença é, então, entre melodia percepcionada e melodia quase percepcionada, entre audição e quase audição. Essa diferença significa que o "agora" pontual tem seu correspondente em um quase presente que, afora seu estatuto de "como se", apresenta os mesmos traços de retenção e de protensão, portanto a mesma identidade entre o "agora" pontual e seu rastro de retenções. A escolha do exemplo simplificado – a mesma melodia relembrada – não tem outra razão de ser senão permitir transferir para a ordem do "como se" a continuidade entre consciência impressional e consciência retencional, com a totalidade das análises a ela relacionadas[23]. Disso resulta que todo momento da sequência dos instantes presentes pode ser representado na imaginação como presente-fonte no modo do

---

22. Os dois termos citados são postos lado a lado [35, 1. 14-15] (51, 1. 8).
23. "Tudo é nesse sentido *parecido* com a percepção e com a lembrança primária, embora não se trate da percepção e da lembrança primária elas próprias" [36] (52).

"como se". Esse quase-presente-fonte terá portanto seu halo temporal (*Zeithof*) [35] (51), que, a cada vez, fará dele o centro de perspectiva para suas próprias retenções e protensões. (Mostrarei mais adiante que esse fenômeno é a base da consciência histórica para a qual todo passado retido pode ser erigido em quase presente dotado de suas próprias retrospecções e de suas próprias antecipações, algumas das quais pertencem ao passado [retido] do presente efetivo.)

A primeira implicação da análise da relembrança é reforçar, por contraste, a *continuidade*, numa percepção ampliada, entre retenção e impressão, às expensas da diferença entre o presente pontual e o passado recente. Essa luta entre a ameaça de ruptura contida na distinção, na oposição, na diferença e a continuidade entre retenção e impressão faz parte da camada mais antiga do parágrafo de 1905[24]. O sentido dessa luta é claro: se a diferença não estivesse incluída na continuidade, não haveria constituição temporal propriamente dita: a passagem contínua da percepção para a não percepção (no sentido estrito desses termos) é a reconstituição temporal, e essa passagem contínua é obra das apreensões sobre as quais dissemos anteriormente que elas pertencem ao mesmo estrato que a hilética. A unicidade do *continuum* é tão essencial para a compreensão dos objetos-tempo que se pode dizer que o verdadeiro "agora" de uma melodia só advém quando o último som caiu; ele é, então, o limite ideal da "continuidade de crescimento" constitutiva do objeto-tempo tomado em bloco. Nesse sentido, as diferenças que Husserl chama diferenças do tempo (*die Unterschiede der Zeit* [39] (55)) são elas próprias constituídas na e pela continuidade que os objetos-tempo revelam em um lapso de tempo. Não haveria melhor maneira de sublinhar a primazia da continuidade sobre a diferença, sem o que não faria sentido falar de objeto-tempo ou de lapso de tempo.

---

24. Note-se a insistência em caracterizar "o próprio passado como *percepcionado*" [39] (55) e o ser "que passou faz um instante" como também "*ser-dado-em-si-mesmo*" (*Selbstgegebenheit*) (*ibid.*).

É precisamente essa *passagem contínua* do presente para o passado que falta na oposição global entre presentação e re-presentação: o "como se" não é de modo algum assimilado à passagem contínua que constitui a presentação pela modificação do presente em passado recente[25].

Assim, portanto, o *antes* e o *depois* devem estar constituídos desde a lembrança primária, isto é, já na percepção ampliada. O *quase* da re-presentação pode reproduzir seu sentido, mas não produzi-lo originariamente. Somente a união, prévia a todo *quase*, da impressão com a retenção detém a chave do que Husserl, afrontando Aristóteles e Kant, chama de "o ato criador-de-tempo, o ato-do-agora ou o ato-do-passado" (*der zeitschaffende Jetztakt und Vergangenheitsakt* [41] (58)). Estamos no cerne da constituição da consciência interna do tempo.

Esse primado da retenção encontra uma confirmação suplementar no caráter intransponível do corte entre presentação e re-presentação. Somente a primeira é um ato originariamente doador: "Não se dar pessoalmente é precisamente a essência da imaginação" [45] (63). O "uma vez mais" não tem medida comum com o "ainda". O que poderia mascarar essa diferença fenomenológica é o aspecto fundamental próprio da modificação de retenção que transforma efetivamente o "agora", tanto reproduzido como originário, em um passado. Mas o *dégradé* contínuo, característico da retenção, não poderia ser confundido com a passagem da percepção para a imaginação que constitui uma diferença *descontínua*. A claridade decrescente da representação tampouco deve ser confundida com o apagamento progressivo da lembrança primária. São dois tipos de obscuridade que é necessário não confundir (§ 21). É sem-

---

25. No tocante a isso, o texto mais forte de todas as *Lições* é este: "Até agora, a consciência do passado – entenda-se a consciência primária do passado – não era uma percepção porque a percepção era tomada como o ato que constituía originariamente o 'agora'. Mas se denominarmos percepção *o ato em que reside toda origem, o ato que constitui originariamente*, então a *lembrança primária é percepção*. Pois *é somente na lembrança primária que vemos o passado*, é somente nela que se constitui o passado e isso não de modo representativo, mas, ao contrário, presentativo" [41] (58).

pre o preconceito tenaz do presente pontual que faz renascer incessantemente a ilusão de que a extensão do presente é obra de imaginação. O apagamento gradual do presente na retenção nunca equivale a uma fantasia. O abismo fenomenológico é intransponível.

Isso significa que a relembrança só é invocada para reforçar o primado da retenção na constituição do tempo? O fato de que eu *possa* representar para mim mesmo uma vivência anterior não é algo vão. A liberdade da representação não é um componente negligenciável da constituição do tempo: sozinha, a retenção se aproximaria da *Selbstaffektion* segundo Kant. A relembrança, com sua livre mobilidade, junto com sua capacidade de recapitulação, proporciona o recuo da livre reflexão. A reprodução torna-se então "um livre percurso" que pode conferir à representação do passado um andamento [tempo], uma articulação, uma clareza variáveis[26]. Por isso o fenômeno que lhe parece o mais notável de todos é aquele em que se produz um "recobrimento" (*Deckung*) entre o passado simplesmente retido na *aura* do presente e a reprodução que repassa o passado: "O passado de minha duração me é então dado, é precisamente simplesmente dado como 're-dado' da duração" [43] (60). (Exporemos mais adiante tudo o que uma reflexão sobre o passado histórico pode receber dessa *Wiedergegebenheit* decorrente do "recobrimento" entre um passado passivamente retido e um passado espontaneamente representado.) A identificação de um mesmo objeto temporal parece depender em grande parte desse "re-torno" (*Zurück-kommen*)

---

26. Encontramos no § 20 uma elucidação fenomenológica dos fenômenos situados pela crítica literária sob o título de tempo narrado e tempo narrante, ou de aceleração e desaceleração, de abreviação ou até mesmo de interpolação de uma narrativa em uma narrativa. Por exemplo, o seguinte: "Na mesma extensão temporal imanente, em quem ela de fato se produz, podemos 'com total liberdade' alojar fragmentos maiores ou menores do processo re-presentado com seus modos de escoamento, e assim percorrê-lo mais rápido ou mais devagar" [48] (66). É preciso reconhecer, contudo, que Husserl não se afasta da reprodução idêntica do mesmo passado presentado e re-presentado, o que limita consideravelmente a potência fundacional dessa análise relativamente à crítica literária.

em que o *nach* de *Nachleben*, o *wieder* de *Wiedergegebenheit* e o *zurück* de *Zurückkommen* coincidem no "re-" da re-lembrança. Mas o "eu posso" (do "eu posso me re-lembrar") não poderia por si só garantir a continuidade com o passado, que em última instância repousa na modificação de retenção, que é da ordem mais da afecção do que da ação. A livre reiteração do passado na relembrança é no mínimo de tamanha importância para a constituição do passado que o próprio método fenomenológico repousa nessa capacidade de repetir – no duplo sentido de fazer voltar e de reiterar – a experiência mais primitiva da retenção: esta segue as "linhas de similaridade" que tornam possível o sucessivo recobrimento entre a mesma sucessão retida e depois re-lembrada. Esse próprio "recobrimento" precede toda comparação refletida, sendo que a própria semelhança entre o retido e o re-lembrado remete a uma intuição da semelhança e da diferença.

Se o "recobrimento" ocupa um lugar tão considerável na análise da relembrança é na medida em que está destinado a compensar o corte entre a retenção, que ainda pertence ao presente, e a representação, que já não lhe pertence. A questão que atormenta Husserl é a seguinte: se a maneira como a relembrança presentifica o passado difere fundamentalmente da presença do passado na retenção, como uma representação pode ser fiel a seu objeto? Essa fidelidade só pode ser a de uma correspondência adequada entre um "agora" presente e um "agora" passado[27].

---

27. R. Bernet sublinha nos seguintes termos o problema da teoria da reprodução por relembrança para o estatuto da verdade numa metafísica do presente ampliado: "O conceito de verdade em que se inspira a análise husserliana da rememoração procede do desejo de neutralizar a diferença temporal em uma presença desdobrada da consciência intencional a si própria. Essa análise está marcada por uma espécie de obsessão epistemológica que leva a interrogar a verdade da lembrança como correspondência, o ser da consciência como representação ou reprodução e a ausência temporal do passado como uma presença mascarada da consciência a si mesma" (*op. cit.*, p. 197). R. Bernet não se engana quando opõe a essa obsessão epistemológica as tentativas, como a de Danto e a minha, de ligar a verdade histórica antes à *narratividade* do que a uma presença desdobrada da consciência intencional a si mesma (p. 198). A narratividade, diria eu, constitui essa presença desdobrada, e não o inverso.

Uma nova problemática abre-se com a distinção entre imaginação e relembrança. Essa distinção teve de ser mantida entre parênteses nas análises anteriores, centradas na diferença entre passado retido e passado representado. Chegamos até, sem nenhum escrúpulo, a considerar sinônimos "re-presentado" e "imaginado", como dissemos acima. Ora, a questão que se coloca é saber "como o 'agora' reproduzido chega a representar um passado"[28], mas em um outro sentido da palavra "representar", que corresponde ao que chamaríamos hoje de "pretensão à verdade". Já não é a *diferença* entre relembrança e retenção que importa, mas a *relação com o passado* que passa por essa diferença. É preciso então distinguir a relembrança da imaginação pelo valor *posicional* (*Setzung*) ligado à relembrança e ausente da imaginação. A bem dizer, a noção do recobrimento entre passado re-produzido e passado retido antecipava a da *posição* do "agora" reproduzido. Mas a identidade de conteúdo, apesar da diferença entre "uma vez mais" e "ainda", interessava mais que a perspectiva do "agora" atual que faz com que a lembrança represente este último, no sentido de que o *põe* como tendo-sido. Não basta dizer que o fluxo de representações está constituído exatamente do mesmo modo que o fluxo de retenções, com seu mesmo jogo de modificações, de retenções e de protensões. É preciso formar a ideia de uma "segunda intencionalidade" [52] (70), que faz dela uma representação de..., segunda no sentido de que equivale a uma *réplica* (*Gegenbild*) da intencionalidade longitudinal constitutiva da retenção e geradora do objeto-tempo. Por sua forma de fluxo de vivido, a relembrança apresenta, com efeito, os mesmos traços de intencionalidade retencional que a lembrança primária; além disso, visa intencionalmente essa intencionalidade prima. Essa reduplicação intencional própria da retenção garante a *integração* da relembrança à constituição da consciência interna do tempo, que a preocupação de distinguir a relembrança e a retenção poderia fazer perder de vista. A re-

---

28. Husserl não sublinha aqui o re- de *Repräsentation* e escreve *repräsentieren* sem hífen [51], o que a tradução de Dussort não mostra.

lembrança não é somente um "como se" presente: visa o presente, e o põe assim como tendo-sido. (Como a operação de recobrimento, a operação de *posição* é essencial, como diremos mais adiante, para a inteligência do passado histórico.)
Para terminar a inserção da relembrança na unidade da corrente do vivido, ainda é preciso considerar que a lembrança contém intenções de *expectativa* cujo cumprimento conduz ao presente. Em outras palavras, o presente é simultaneamente o que vivemos e o que realiza as antecipações de um passado rememorado. Em contrapartida, essa realização se inscreve na lembrança; lembro-me de ter esperado o que agora se realizou. Essa realização passa a fazer parte da significação da expectativa rememorada. (Esse aspecto também é precioso para uma análise do passado histórico: é próprio do sentido do passado histórico conduzir ao presente através das expectativas constitutivas do horizonte futuro do passado. Nesse sentido, o presente é a efetuação do futuro rememorado. A realização ou não de uma antecipação vinculada a um acontecimento rememorado reage sobre a própria lembrança e, por retroação, dá à reprodução uma coloração particular.) Na ocasião propícia, desenvolveremos esse tema. Limitemo-nos agora ao seguinte: a possibilidade de se voltar para uma lembrança e de visar nela as expectativas que se realizaram (ou não) posteriormente contribui para a inserção da lembrança no fluxo unitário do vivido.
Podemos agora falar de um "*encadeamento* do tempo", em que cada um dos acontecimentos recebe um *lugar* diferente. O tipo de tecedura entre retenção e relembrança que descrevemos permite, com efeito, juntá-las em um único percurso temporal. O ponto de vista do lugar de um acontecimento rememorado por esse único encadeamento constitui uma intencionalidade suplementar que se soma à da ordem interna da relembrança, que supostamente reproduz a da retenção. Esse ponto de vista do "lugar" no encadeamento do tempo é o que permite caracterizar como passado, presente ou futuro durações que apresentam conteúdos diferentes, mas ocupam um mesmo lugar no encadeamento do tempo – que permite, portanto, dar um sentido formal à característica passado, presen-

te, futuro. Mas esse *sentido formal* não é um dado imediato da consciência. Só tratamos propriamente dos acontecimentos do passado, do futuro e do presente em função dessa segunda intencionalidade da relembrança, visando seu lugar independentemente de seu conteúdo e de sua duração próprios. Essa segunda perspectiva é inseparável da retroação mediante a qual uma relembrança recebe uma significação nova pelo fato de suas expectativas terem encontrado sua efetuação no presente. O abismo que separa a relembrança e a consciência retencional é preenchido por meio da imbricação de suas intenções, sem que seja abolida a diferença entre re-produção e retenção. Para tanto é preciso um desdobramento da intencionalidade da relembrança que separe o *lugar* do conteúdo. É por isso que o ponto de vista do lugar é chamado por Husserl de uma intenção não intuitiva, "vazia". A fenomenologia da consciência interna do tempo esforça-se aqui para explicar, por meio de um jogo complexo de intencionalidades superpostas, a *forma* pura da sucessão: esta já não é uma pressuposição da experiência, como em Kant, mas o correlato das intenções visando o encadeamento temporal à parte dos conteúdos rememorados; esse encadeamento é então visado como "arredor" obscuro do que é atualmente rememorado, comparável ao pano de fundo espacial das coisas percepcionadas. Doravante, toda coisa temporal parece se destacar do fundo da forma temporal no qual o jogo das intencionalidades descritas acima a insere.

Pode causar surpresa o fato de Husserl ter privilegiado a tal ponto a *lembrança* em detrimento da *expectativa*. Vários motivos parecem ter concorrido para esse aparente desequilíbrio. O primeiro prende-se à principal preocupação de Husserl, que é resolver o problema da *continuidade* do tempo sem recorrer a uma operação de síntese de tipo kantiana ou brentaniana; ora, a distinção entre retenção e relembrança basta para resolver o problema. Além disso, a distinção entre futuro e passado supõe que se tenha dado à característica futuro ou passado um sentido formal; ora, a dupla intencionalidade da relembrança resolve o problema, e ainda pode introduzir por antecipação a expectativa na própria lembrança como futuro do rememorado. A partir daí, Husserl não crê poder tratar tematicamente da expectativa (§ 26) antes de ter estabelecido a dupla intencionalidade da relembrança (§ 25). É no arredor temporal do presente que o futuro toma lugar e que a expectativa pode ser inserida como uma intenção vazia. De modo mais fundamental, não parece que Husserl tenha concebido a possibilidade de tratar diretamente da expectativa. Ela não pode ser o equivalente da lembrança que "reproduz" uma experiência presente, simultaneamente intencional e retencional. Nesse sentido, a expectativa é "produtora", a seu modo. Confrontado com essa "produção", Husserl parece desarmado, sem dúvida devido ao primado da fenomenologia da percepção, que a colocação fora de circuito do tempo objetivo suspende mas não abole. Somente a filosofia de Heidegger, francamente centrada no *cuidado* e não na *percepção*, poderá levantar as inibições que paralisam a análise husserliana da expectativa. Husserl só concebe a expectativa como antecipação de percepção: "É da essência do que se espera ser algo que será percepcionado" [56-57] (77). E, quando a percepção esperada advém, portanto, torna-se presente, o presente da expectativa tornou-se passado desse presente. Por esse viés, a questão da expectativa reconduz à da lembrança primária, que é o principal eixo das *Lições*[29].

A inserção (*Einordnung*) da reprodução no encadeamento do tempo interno traz assim uma correção decisiva à oposição entre o "quase" da reprodução e o originário do bloco constituído pela percepção e pela retenção. Quanto mais se insiste no caráter tético da lembrança, para opô-la à consciência de imagem (§ 28), mais a inserimos na mesma corrente temporal da retenção: "Ao contrário de [a] consciência de imagem, as reproduções têm o caráter da re-autopresentação (*Selbstvergegenwärtigung*)... A lembrança é re-autopresentação no sentido do passado" (59] (78). Pareceria que doravante a característica

---

29. A afirmação de que "independentemente de suas diferenças, a intuição da expectativa é tão originária e específica quanto a intuição do passado" (*ibid.*) só encontrará toda a sua justificação em uma filosofia que porá o Cuidado no lugar ocupado pela percepção na fenomenologia de Husserl.

passado unifica a lembrança secundária e a lembrança primária sob a marca do "tendo sido presente" [59] (79). Mesmo que não percamos de vista o caráter formal dessa inserção, a característica passado, doravante comum à reprodução e à retenção, é inseparável da constituição do tempo interno, enquanto encadeamento unitário de todas as vivências. É o caráter *tético* da reprodução do passado que é o agente mais eficaz desse alinhamento da lembrança secundária e da lembrança primária sob o signo do passado.

Talvez seja por isso que a reprodução é chamada modificação, tal como a retenção. Nesse sentido, a oposição entre *quase* e *originário* está longe de ser a última palavra sobre a relação entre lembrança secundária e lembrança primária. Era preciso opô-las primeiro para melhor suturar consciência retencional e consciência impressional, contra Kant e Brentano. Em seguida, era preciso aproximá-las, para melhor garantir sua inserção comum no fluxo temporal único – por mais *formal* que seja esse encadeamento unitário. Mas tampouco se deve esquecer que esse caráter *formal* deriva ele mesmo da segunda intencionalidade da relembrança que preserva o caráter concreto da "intenção de arredor" (*Umgebungsintention* [61] (81)) para esse encadeamento formal.

A última questão que a segunda seção das *Lições* coloca é saber se, em contrapartida da colocação fora de circuito do tempo objetivo, a *Fenomenologia da consciência interna do tempo* contribuiu para a constituição do tempo objetivo.

O sucesso dessa constituição seria a única verificação do caráter bem fundamentado do procedimento inicial de redução. Nas *Lições* – ao menos nos últimos parágrafos (§ 30-33) da segunda seção – encontramos apenas o esboço dessa demonstração. Mais adiante, ao examinar a terceira seção, diremos por que não foi nessa direção que Husserl dirigiu seus esforços.

A inserção da retenção e da re-produção (quando esta acrescenta um caráter tético ao puro "como se") no encadeamento do tempo interno é a base sobre a qual é edificado o tempo, no sentido objetivo da palavra, como ordem serial indiferente aos conteúdos que o preenchem. A noção de "*situa-*

ção temporal" (*Zeitstelle*) é o conceito-chave dessa passagem do subjetivo para o objetivo, ou, melhor dizendo, da "matéria" do vivido para a sua "forma" temporal. É com efeito a "situação temporal" que permite aplicar a característica do presente, do passado e do futuro a "vivências" materialmente diferentes. Mas, se Husserl operou de uma só vez a redução do tempo, ele procede com prudência a essa objetivação dos caracteres formais da temporalidade. Começa opondo a objetividade formal das posições temporais à objetividade material dos conteúdos de experiência; os dois fenômenos são com efeito inversos um ao outro, e seu contraste constitui uma boa introdução ao problema colocado. Por um lado, com efeito, a mesma intenção *objetiva* – a visada de um objeto idêntico – é conservada apesar da modificação que faz com que a impressão, posta de lado pela novidade de um novo presente, perca seu caráter de "agora" e mergulhe no passado; por outro, a mesma situação temporal é atribuída a conteúdos vividos, *apesar* de suas diferenças materiais. É nesse sentido que a identidade extratemporal dos conteúdos, em um caso, e a identidade da situação temporal de conteúdos materiais diferentes, no outro, operam em sentido inverso. Por um lado, mesmo "teor" (*Bestand*), mas "recaída" temporal diferente; por outro, mesma situação temporal, mas "teor" diferente. Husserl fala a esse respeito de antinomia aparente (começo do § 31): trata-se com efeito de uma individuação contrastada, pela identidade objetal e pela identidade de situação temporal.

É ao desimplicar a identidade de situação temporal da identidade objetal que se tem acesso à problemática do tempo objetivo: este, com efeito, consiste na restauração de uma "situação fixa no tempo" [65] (84). Essa operação, contudo, se problematiza na medida em que *contrasta* com a *descida* que faz mergulhar o som presente no passado. Pelo atalho da questão da identidade de situação temporal, topamos com um problema eminentemente kantiano: "O tempo é rígido e no entanto o tempo corre. No fluxo do tempo, na descida contínua para o passado, constitui-se um tempo que não corre, absolutamente fixo, idêntico, objetivo. É esse o problema" [64] (84). Ora, pareceria que a modificação retencional permite entender a *recaída* no passado, não a *fixidez* da situação no tempo. Não parece que a identidade do *sentido*, no escoamento das fases temporais, possa fornecer a resposta buscada, já que mostramos que a identidade de conteúdo e a identidade de lugar formam elas mesmas contraste e admitimos que a segunda é a chave da primeira. Pareceria que Husserl considera como sendo uma lei essencial que a *recaída* de um mesmo som no passado implique a referência a uma situação temporal fixa: "É da essência do fluxo modificador que essa situação temporal seja ali identicamente, e necessariamente identicamente" [66] (86). É certo que, diferentemente do que é a intuição *a priori* em Kant, a forma do tempo não se superpõe a um puro diverso, uma vez que o jogo das retenções e das representações constitui um tecido temporal fortemente estruturado. Mas esse próprio jogo exige um momento formal que ele não parece poder gerar. É a preencher essa brecha que Husserl se dedica nas últimas páginas da seção II.

Esforça-se para demonstrar que a situação temporal de uma impressão que, de presente, torna-se passada não é extrínseca ao próprio movimento de recuo para o passado. *É modificando sua distância do presente que um acontecimento toma lugar no tempo.* O próprio Husserl não está totalmente satisfeito com sua tentativa de ligar a situação temporal à própria recaída, ou seja, ao afastamento do ponto-fonte: "Contudo, com a conservação da individualidade dos instantes na recaída no passado, ainda não temos a consciência de um tempo uno, homogêneo, objetivo" [69] (90). A explicação precedente apoiou-se tão-somente na retenção, que só dá acesso a um campo temporal restrito. É à relembrança que é preciso recorrer e, mais precisamente, à capacidade de converter cada instante, demovido no processo de retenção, em um ponto zero, em um quase presente, e isso de modo repetido. O que assim é *reproduzido* é a posição do ponto zero como ponto-fonte para novas recaídas, por um afastamento de segundo grau. "Esse processo deve evidentemente ser concebido como capaz de ser continuado de maneira ilimitada, ainda que a lembrança atual logo falte na prática" [70] (90). Essa observação é do maior interesse para a passagem do tempo da lembrança para o tempo histórico que excede a memória de cada um. A relembrança garante uma transição, graças à conversão de qualquer ponto do passado em um quase presente, e isso sem fim. Permanece a questão, a meu ver, de saber se essa extensão imaginária do campo temporal, pela mediação de uma série sem fim de quase presentes, corresponde a uma gênese do "tempo objetivo único, com uma ordem fixa única" (*ibid*.). A mesma exigência, a de uma "ordem linear, na qual qualquer lapso de tempo, mesmo reproduzido sem continuidade com o campo temporal atual, deve ser um fragmento de uma cadeia única, que se prolonga até o presente atual" [71] (92), ganha novo vigor. Sempre que se tenta derivar o tempo objetivo da consciência interna do tempo, a relação de prioridade se inverte: "Mesmo o tempo imaginado arbitrariamente, seja ele qual for, está submetido a esta exigência: para poder ser pensado como tempo real (isto é, como tempo de um objeto temporal qualquer), tem de se situar como lapso de tempo dentro do tempo objetivo uno e único" [71] (92). Husserl entrincheira-se aqui atrás de "algumas leis 'a priori' do tempo" (título do § 33), que fazem do dado das *situações temporais* objeto de uma evidência imediata: por exemplo, que duas impressões tenham "identicamente a mesma situação temporal absoluta" (*ibid*). É da essência *a priori* desse estado de coisas que essas duas impressões sejam simultâneas e remetam a um único "agora".

Husserl parece ter esperado da noção de situação temporal, estreitamente ligada ao fenômeno de retenção e de relembrança, que ela autorizasse uma constituição do tempo objetivo que não pressupusesse a cada vez o resultado da operação constituinte[30].

---

30. No entanto, pode-se indagar se o surgimento do vocabulário da "forma", ao qual se vincula o do "lugar" ou situação temporal, não é indício da função diretora secretamente exercida pela representação do tempo objetivo durante a descrição pura. É como se a ideia de sucessão linear única servisse de guia teleológico para procurar e encontrar, na relação entre a intencionalidade segunda da representação e a intencionalidade prima da retenção, uma aproximação tão estreita quanto possível da ideia de sucessão linear. A pressuposição se dissimula sob as leis apriorísticas que Husserl decifra na constituição do flu-

O verdadeiro sentido do projeto husserliano só aparece na terceira seção. Trata-se de atingir, no percurso dos graus de constituição, ao terceiro nível, o do *fluxo absoluto*. O primeiro nível compreendia as coisas da experiência no tempo objetivo; é aquele que pusemos fora de circuito no começo da obra e que tentamos constituir no final da segunda seção. O segundo nível era o das unidades imanentes do tipo dos objetos-tempo: foi nesse plano que toda a análise anterior se desenrolou. Ora, com relação ao terceiro nível, as unidades que se desenham no segundo continuam sendo unidades *constituídas*. Esse terceiro nível é o do "fluxo absoluto da consciência, constitutivo do tempo" [73] (97)[31].

Que todos os objetos-tempo devam ser tratados como unidades *constituídas* é algo que decorre das múltiplas pressuposições que a análise anterior teve de considerar provisoriamente como certas: a saber, que os objetos-tempo *duram*, isto é, preservam uma unidade específica através do processo contínuo das modificações temporais, e que as mudanças dos objetos são mais ou menos *rápidas* com relação à mesma duração. Em contraposição, se o fluxo absoluto da consciência tem algum sentido, é preciso deixar de se apoiar em qualquer identidade que seja, ainda que seja a dos objetos-tempo, e portanto também de falar em velocidade relativa. Já não há aqui "algo" que dure. É possível vislumbrar a audácia do projeto: apoiar-se apenas na *modificação* como tal mediante a qual a "continuidade de *dégradés*" [74] (98) constitui um *fluxo*. É também possível perceber toda a dificuldade envolvida: "*para tudo isso, faltam nomes*" [75] (99); ou nomeamos o constituinte – o fluxo – de acordo com o que está constituído (fase presente, continuidade de passados na retenção etc.); ou damos crédito a *metáforas*: fluxo, ponto-fonte, brotar, mergulhar etc. Já era di-

---

xo. É preciso ter em mente essa objeção que renasce incessantemente para entender o papel estratégico da terceira seção da obra. É ali que se descobre a verdadeira ambição do projeto husserliano.

31. "Em toda parte é preciso distinguir: a consciência (o fluxo), o aparecimento (o objeto imanente), o objeto transcendente (quando o objeto imanente não é um conteúdo)" (*ibid.*).

fícil escavar sob o objeto transcendente e manter-se no nível do *aparecimento*, o do objeto imanente ou objeto-tempo; o desafio agora é escavar sob o objeto imanente e estabelecer-se no plano em que a consciência é o fluxo, em que toda consciência de... é "momento do fluxo". A questão é saber se não estamos condenados a uma simples transferência de vocabulário, mediante a qual as mesmas análises, conduzidas uma primeira vez em termos de *aparecimento*, seriam retomadas uma segunda vez em termos de *consciência*: consciência perceptiva, consciência retencional, consciência reprodutora etc. Se não, como saberíamos que o tempo imanente é *uno*, que ele implica a simultaneidade, durações de mesmo comprimento, a determinação segundo o antes e depois [76] (100-101)?

Três problemas se colocam: a forma de unidade que liga os fluxos num fluxo único; a forma comum do "agora" (origem da simultaneidade); a continuidade dos modos de escoamento (origem da sucessão).

No que concerne à unidade do *fluxo*, só podemos dizer o seguinte: "O tempo imanente se constitui como uno para todos os objetos e processos imanentes. Correlativamente, a consciência temporal das imanências é a unidade de um todo" [77] (102). Mas que acesso distinto temos a esse "conjunto", esse "simultaneamente", esse "oniabrangente", que faz com que o escoamento de todo objeto e de todo processo constitua uma "forma de escoamento homogênea, idêntica para todo o conjunto" (*ibid.*)? A questão é a mesma para a *forma* do "agora", idêntica para um grupo de *sensações* originárias, e para a *forma* idêntica do escoamento que transforma indiferentemente toda consciência de "agora" em consciência de um anterior. Husserl se limita a responder: "O que isso quer dizer? Nada mais podemos dizer aqui além de 'vejam'" (*ibid.*). Parece que as condições *formais* da experiência que Kant considerava pressuposições são simplesmente tratadas como intuições. A originalidade do terceiro nível consiste então em pôr fora de circuito os objetos-tempo e em *formalizar* as relações entre ponto-fonte, retenção e protensão, sem consideração das identidades, ainda que imanentes, que aí se constituem, em suma, em formalizar a relação entre o "agora" originário e suas modificações. Porém, é possível fazer isso sem o apoio de alguma objetividade constituída?

Husserl não ignorou esse problema: "Como é possível saber (*wissen*) se o fluxo constitutivo último da consciência possui uma unidade?" [81] (105). A resposta deve ser buscada em um desdobramento da intencionalidade no próprio cerne do fenômeno de retenção. Uma primeira intencionalidade se volta para o objeto-tempo, o qual, embora imanente, já é uma unidade constituída; a segunda se volta para os *modos* de originariedade, de retenção, de relembrança. Temos, portanto, dois processos análogos e contemporâneos ("é num só e único fluxo de consciência que se constituem simultaneamente a unidade temporal imanente do som e a unidade do fluxo da própria consciência" [80] (105)). Husserl não fica insensível ao caráter paradoxal dessa declaração: "Por mais chocante (quando não inicialmente absurdo) que pareça o fato de dizer que o fluxo da consciência constitui sua própria unidade, assim é" (*ibid.*). É ainda numa *eidética* que se percebe a diferença entre um olhar que se dirige para o que está constituído através das fases de escoamento e um olhar que se volta para o fluxo. Pode-se então retomar todas as análises anteriores da retenção, da retenção de retenções etc., em termos de fluxo e não mais de objeto-tempo. Desse modo, a intencionalidade da autoconstituição do próprio fluxo se distingue da intencionalidade que, por recobrimento de fases, constitui o som em objeto-tempo. Essa dupla intencionalidade já fora, com efeito, antecipada desde a segunda seção, quando distinguimos a identidade da *situação* temporal da identidade do *conteúdo* e, mais fundamentalmente, quando distinguimos entre o *modo* de escoamento da duração e a unidade dos objeto-tempo que ali se constitui.

Podemos, concomitantemente, indagar que progresso real representa a passagem para o terceiro patamar, se as duas intencionalidades são inseparáveis. A passagem de uma para a outra consiste mais em um deslocamento do olhar do que em uma franca colocação fora de circuito como na passagem do primeiro patamar para o segundo. Nesse deslocamento do olhar, as duas intencionalidades não cessam de remeter uma à outra:

"Consequentemente, há em um mesmo e único fluxo de consciência *duas intencionalidades*, formando uma unidade indissolúvel, uma erigindo a outra como dois lados de uma única e mesma coisa, enlaçadas uma à outra" [83] (108). Em outras palavras, para que se tenha algo que dure, é preciso um fluxo que se constitua a si mesmo. Para tanto, *o fluxo tem de aparecer em pessoa*. Husserl percebeu claramente a aporia que desponta no horizonte, a de uma regressão ao infinito: o aparecimento em pessoa do fluxo não exige um segundo fluxo no qual ele aparecerá? Não, diz ele, a reflexão não exige tal redobramento: "Enquanto fenômeno, [o fluxo] se constitui a si mesmo" [83] (109). Nessa *autoconstituição* conclui-se o projeto de uma fenomenologia *pura*. Para ela, Husserl reivindica uma evidência igual àquela que sua fenomenologia atribui à percepção interna. Há até uma "consciência da evidência da duração" [95] (111), tão indubitável quanto a dos conteúdos imanentes. Mas a questão permanece: a consciência de evidência da duração pode bastar-se a si mesma sem a de uma consciência *perceptiva*?

Dois pontos da argumentação de Husserl sobre a evidência da duração ainda merecem ser sublinhados; o primeiro concerne à evidência da principal característica do fluxo: sua *continuidade*. É num mesmo fôlego que Husserl atesta a evidência da *unidade* do fluxo e a de sua *continuidade*; a unidade do fluxo é uma unidade sem ruptura; a diferença entre dois lapsos de tempo é precisamente uma diferença, não uma cisão (*verschieden*, não *ge-schieden*) [86] (112). "A descontinuidade pressupõe a continuidade, seja sob a forma da duração sem mudança ou a da mudança contínua" [86] (113). A asserção merece ser destacada pelos ecos que evoca na discussão contemporânea sobre a descontinuidade dos paradigmas ou das *epistémes*. Para Husserl, não cabe dúvida: a descontinuidade só é pensada sobre um fundo de continuidade, que é o próprio tempo. Mas a questão retorna: com sabemos disso, fora da mistura entre intencionalidade transcendente (voltada para o objeto) e intencionalidade longitudinal (voltada para o fluxo)? Não é por acaso que Husserl é obrigado a se apoiar de novo na continuidade do desenrolar de um objeto-tempo tal como o som. Portanto, o argumento teria de ser entendido assim:

não se pode distinguir a descontinuidade em um ponto da experiência, se a continuidade do tempo não for atestada por alguma outra experiência sem ruptura. Onde falta o recobrimento entre consciência originária e consciência intencional, a diferença só pode ser, por assim dizer, local. Pode-se no máximo dizer que continuidade e descontinuidade estão entrelaçadas na consciência da unidade do fluxo, como se a distância nascesse da continuidade e vice-versa[32]. Para Husserl, contudo, a continuidade envolve as diferenças: "Em cada caso, e não só no caso da mudança contínua, a consciência da alteração, da diferenciação, pressupõe a unidade" [87] (114).

O segundo ponto que também deve nos deter concerne à evidência de uma outra importante característica do fluxo: o primado da impressão presente com relação à reprodução, na ordem do originário[33]. Em certo sentido, já o sabemos: toda a teoria da reprodução repousa na diferença entre o "como se" e o originariamente presente. A retomada do mesmo problema no nível mais fundamental de todos não deixa de ser significativa: ao preço de uma certa contradição com a análise anterior, que insistia na espontaneidade e na liberdade da reprodução, agora é o caráter receptivo e passivo desta última que é sublinhado. A aproximação no plano receptivo, somando-se à correspondência termo a termo entre re-produção e produção, abre caminho para a afirmação bem mais carregada de senti-

---

32. "A intenção originária do 'agora', ao mesmo tempo que se conserva individualmente, aparece, na consciência simultânea nova e incessantemente nova, posta conjuntamente com intenções que, à medida que se mantêm temporalmente mais afastadas dela, fazem surgir uma diferenciação incessantemente maior, uma distância. O que inicialmente se recobre e que em seguida ainda quase se recobre, se diferencia cada vez mais: o antigo e o novo já não aparecem como exatamente a mesma coisa em sua essência, mas como incessantemente outros e estranhos, apesar de uma comunidade genérica. É assim, pois, que nasce a consciência do 'pouco a pouco mudado', a consciência de uma distância crescente no fluxo de uma identificação contínua" [87] (113).

33. Os § 42-45 estão ligados de modo frouxo ao que precede. O editor alemão das *Lições* os considera posteriores a 1911. Esse caráter relativamente tardio confirma a hipótese de que esse último toque acrescentado aos manuscritos também figura como última palavra.

do de que a re-presentação é, a seu modo, uma impressão e uma impressão presente: "Em certo sentido... temos consciência de todas as vivências por meio de impressões, elas são todas imprimidas" [89] (116)[34]. É a conversão de toda a análise do segundo nível para o nível fundamental da consciência que permite dizer que o retorno de uma lembrança à superfície é um retorno presente e, nesse sentido, uma impressão. A diferença entre re-produção e produção certamente não fica abolida, mas perde seu caráter de *corte*: "A re-presentação... pressupõe uma consciência primária em quem ela é objeto de consciência impressional" [90] (117)[35].

A tese da continuidade do fluxo é simultaneamente reforçada por essa onipresença da consciência impressional. A unidade da coisa transcendente (nível um) edifica-se sobre a dos aparecimentos e das apreensões imanentes (nível dois); esta, por sua vez, funda-se na unidade da consciência impressional (nível três): "por trás" da impressão, já não há "consciência em quem ela seria objeto de consciência" (*ibid*.). A hierarquia: objeto (nível um), aparecimento (nível dois), impressão (nível três), remete ao último, o fluxo absoluto: "As unidades imanentes se constituem no fluxo das multiplicidades temporais de *dégradés*" [91] (119).

O próprio tempo deve finalmente ser considerado em três níveis: tempo objetivo (nível um), tempo objetivado dos objetos-tempo (nível dois), tempo imanente (nível três). "A sucessão originária dos instantes de aparecimento constitui, graças às retenções etc., que fundam o tempo, o aparecimento (mudadiço ou não) como unidade temporal fenomenológica" [94] (122).

A questão é saber se a analogia de constituição das unidades imanentes e transcendentes reafirmada *in fine* [94] (121) não condena à circularidade todo o projeto. A fenomenologia

---

34. Não podemos deixar de pensar na tese agostiniana, segundo a qual a lembrança é um presente das coisas passadas, em virtude do caráter impressional de uma imagem imprimida no espírito.

35. A bem dizer, a palavra "objeto", imprópria a esse nível, não figura no original alemão, que diz: *in dem es impressional bewusst ist*.

da consciência interna do tempo versa, em última instância, sobre a intencionalidade imanente entremeada com a intencionalidade objetivante. Ora, a primeira repousa de fato no reconhecimento, que somente a segunda pode lhe dar, de um algo que dura. Essa pressuposição é, como veremos, a mesma que Kant articula, na série das três *Analogias da experiência*, sob o título da permanência, da sucessão regrada e da ação recíproca.

2. A invisibilidade do tempo: Kant

Não espero de um retorno a Kant a refutação de Husserl, assim como não pedi a Aristóteles para substituir Agostinho. Em primeiro lugar, busco em Kant o motivo dos repetidos empréstimos tomados pela fenomenologia husserliana da consciência interna do tempo de estruturas do tempo objetivo, que essa fenomenologia pretende não só colocar fora de circuito, mas constituir. No tocante a isso, o que Kant refuta, não são as análises fenomenológicas de Husserl, mas a pretensão delas de se emancipar de qualquer referência a um tempo objetivo e de alcançar por reflexão direta uma temporalidade purificada de qualquer aspecto transcendente. Em contrapartida, espero mostrar que Kant não pode, por seu lado, construir as pressuposições concernentes a um tempo que nunca aparece como tal, sem tomar empréstimos de uma fenomenologia implícita do tempo, que nunca é articulada como tal, porque o modo transcendental da reflexão a *oculta*. Essa dupla demonstração repete, em um nível diferente, a que fizemos acima, confrontando os recursos da psicologia agostiniana e da física aristotélica. Diremos, para terminar, o que uma dialética moderna, que põe em jogo a relação entre subjetividade e objetividade, acrescenta à dialética antiga, que confronta um tempo da alma com um tempo do movimento.

O que opõe Kant a Husserl de modo mais evidente é a asserção do caráter *indireto* de todas as asserções sobre o tempo. O tempo não aparece; ele é uma condição do aparecer. Esse estilo de argumentação, diametralmente oposto à ambição husserliana de fazer aparecer o tempo como tal, só se completa na

Analítica do juízo e singularmente nas *Analogias da experiência*. Todavia, seus delineamentos podem ser notados desde a *Estética transcendental*. Seria errôneo crer que ao atribuir ao espaço e ao tempo o estatuto de intuição *a priori*, Kant tenha conferido à asserção desse estatuto um caráter igualmente intuitivo. No tocante a isso, a atribuição do tempo ao sentido interno não deve dar lugar a ilusões; ao longo de toda a *Crítica da razão pura*, e mais ainda na segunda edição, o sentido interno não cessa de perder o direito de se constituir em fonte distinta do conhecimento de si[36]. Se alguma implicação fenomenológica pode ser detectada aqui é na referência, jamais tematizada, ao *Gemüt*[37]; a primeiríssima definição da intuição como relação imanente aos objetos enquanto dados é dependente da noção de um "espírito (*Gemüt*) afetado de uma certa maneira" (A 19, B 33). A definição que se segue – "a capacidade de receber – receptividade – representações graças à maneira como os objetos nos afetam chama-se sensibilidade" – tampouco deixa de ter um teor fenomenológico; do mesmo modo, sentido externo e sentido interno repousam numa *Eigenschaft unseres Gemüts* [propriedade de nosso "espírito"] (A 22, B 37). Mas o núcleo fenomenológico das definições primeiras da *Estética* é inserido sem tardar na distinção, aliás muito antiga, entre a matéria, que se torna o "diverso", e a forma, da qual se diz sem mais nem menos que "é preciso que ela se ache no espírito (*im Gemüt*) preparada para ser aplicada a todos [os fenômenos]" (A 20, B 34). O método de dupla abstração, pela qual uma primeira vez a sensibilidade é isolada do pensamento por conceitos e uma

---

36. Desde a primeira edição da *Crítica da razão pura*, a advertência é clara: "O sentido interno, mediante o qual o espírito (*das Gemüt*) se intui a si mesmo ou intui seu estado interno, certamente não nos dá nenhuma intuição da própria alma como um objeto" (A 22, B 37). O essencial da crítica dos paralogismos que afligem a psicologia racional (*Dialética transcendental*. A 341-405, B 399-432) está contido aí.

37. O texto citado na nota anterior prossegue nos seguintes termos: "Há no entanto uma forma determinada pela qual é possível a intuição desse estado interno, de modo que tudo o que pertence às determinações internas é representado segundo relações de tempo" (*ibid.*).

segunda vez, no próprio plano da sensibilidade, a forma é separada do diverso, não remete a nenhuma evidência e apenas recebe da *Crítica* inteira sua justificação indireta. Essa justificação adota, na *Estética transcendental*, a forma de uma argumentação essencialmente refutativa. Assim, a questão que abre a *Estética* – questão eminentemente ontológica –, "que são o espaço e o tempo?" (A 23, B 37), permite apenas quatro soluções: ou são substâncias, ou acidentes, ou relações reais, ou relações que remetem à constituição subjetiva de nosso *Gemüt*. A quarta solução resulta da eliminação das três primeiras, com base em argumentos retomados dos Antigos ou de Leibniz[38]. Esse estilo refutativo explica a forma de *prova pelo absurdo* adotada pelo argumento em favor da quarta solução, precisamente a de Kant: "Se saímos da condição subjetiva, sem a qual não conseguiríamos receber intuições externas, ou seja, ser afetados pelos objetos, a representação do espaço não significa mais nada" (A 26, B 42). E mais adiante, a respeito do tempo: "Se fazemos abstração de *nosso modo* de intuição interna e da maneira como, por meio dessa intuição, abarcamos também todas as intuições externas em nossa faculdade de representar... então o tempo não é nada" (A 35).

A não intuitividade das propriedades do tempo como intuição *a priori* é particularmente sublinhada pela prioridade dada ao exame do espaço com relação ao tempo na *Estética*. É fácil entender por quê: o espaço dá lugar a uma "exposição transcendental" sem paralelo de mesma amplitude no que concerne ao tempo, e isso devido ao peso da geometria, para a qual o espaço constitui um meio de construtibilidade. É porque a geometria é uma ciência de relações que o espaço pode não ser nem substância nem acidente, mas relação de exterio-

---

38. G. Martin (em *Immanuel Kant. Ontologie und Wissenschaftstheorie*. Colônia, Kölner Universitätsverlag, 1951, pp. 19-24; trad. fr de J.-C. Piguet, *Science moderne et Ontologie chez Kant*, Paris, PUF, 1963) caracterizou perfeitamente a forma ontológica do problema e sublinhou o papel da refutação de Newton por Leibniz na eliminação da terceira solução. Restava a Kant substituir a solução leibniziana, que fazia do espaço e do tempo *phaenomena Dei*, por uma outra que faria deles representações do espírito humano.

ridade. Mais ainda, é porque a geometria repousa sobre propriedades não analiticamente demonstráveis que as proposições sobre o espaço (e por analogia sobre o tempo) devem consistir em juízos sintéticos e não analíticos. O caráter construtivo da geometria e seu caráter axiomático vão, aliás, de par e tendem a constituir um único argumento. Em contrapartida, o caráter intuitivo do espaço é inseparável dos argumentos concernentes à prova por construção em geometria[39].

Aí se situa o âmago da *exposição transcendental* do conceito de espaço, cujo caráter não intuitivo é indiscutível: "Entendo por exposição transcendental a explicação de um conceito como um princípio que permite conhecer a possibilidade de outros conhecimentos sintéticos *a priori*" (A 25, B 40). Ora, a exposição transcendental do tempo é construída exatamente a partir do modelo da do espaço, como resume esta simples frase da segunda edição: "Nosso conceito do tempo explica, pois, a possibilidade de todos os conhecimentos sintéticos *a priori* contidos na teoria geral do movimento, teoria que não é pouco fecunda" (B 49).

Quanto à exposição *metafísica* que precede a *exposição transcendental*, ela repousa no paralelismo rigoroso das propriedades do espaço e do tempo; e a argumentação oferece, em ambos os casos, um estilo estritamente refutativo. Os dois

---

39. Sobre essa interpretação da *Estética transcendental* em função da axiomatização da ciência matemática e da construtibilidade das entidades matemáticas em um espaço euclidiano, cf. G. Martin, *op. cit.*, pp. 29-36. O excelente intérprete de Kant remete o leitor à doutrina transcendental de *O método*, cap. I, seção I, A 713, B 741: "O conhecimento *filosófico* é o *conhecimento racional por conceitos* e o conhecimento matemático é um *conhecimento racional por construção* dos *conceitos*"; ora, construir um conceito é representar (*darstellen*) a *priori* a intuição que lhe corresponde. Na segunda das "Observações gerais sobre a Estética transcendental", Kant faz, nos seguintes termos, a junção entre o caráter intuitivo do espaço e do tempo e o caráter relacional e construtivista das ciências que eles tornam possíveis: "Tudo o que, em nosso conhecimento, pertence à intuição... não contém mais que simples relações" (B 67). Voltaremos mais adiante à sequência desse texto (B 67-68), onde o tempo é tratado como aquilo em que *colocamos* nossas representações e onde o tempo é ligado à *Selbstaffektion* por nossa própria ação. É digno de nota que mais uma vez seja com relação ao *Gemüt* que isso possa ser dito "fenomenologicamente".

primeiros argumentos estabelecem o estatuto não empírico. O primeiro argumento, que G. Martin declara "platonizante", estabelece o caráter não empírico tanto do tempo como do espaço: não perceberíamos dois acontecimentos como simultâneos ou sucessivos se a representação do tempo não servisse de fundamento para a apreensão desses predicados temporais da experiência perceptiva. Um novo argumento, de viés mais "aristotelizante", pelo fato de instaurar uma ordem de preferência, põe que o tempo poderia ser esvaziado de todos os seus acontecimentos, assim como o espaço de todos os seus conteúdos, sem que o tempo seja suprimido: sua preeminência com relação aos acontecimentos se justifica apenas por essa experiência de pensamento. Segundo o terceiro argumento, o espaço e o tempo não poderiam ser conceitos discursivos, isto é, genéricos; assim como só podemos representar para nós mesmos um único espaço do qual os diversos espaços são partes (não espécies de um conceito), tempos diferentes só poderiam ser sucessivos; esse axioma que põe a unidimensionalidade do tempo não é produzido pela experiência, mas pressuposto por ela. O caráter intuitivo e não discursivo do tempo resulta disso. Com efeito, se tempos diferentes nada mais são do que partes do mesmo tempo, o tempo não se comporta como um gênero com relação a espécies: é um singular coletivo. Quarto argumento: tanto o tempo como o espaço são uma grandeza infinita dada; sua infinitude nada mais implica além da necessidade de considerar todo tempo determinado, todo lapso de tempo, como uma limitação do tempo único.

Independentemente do que se possa dizer da fenomenologia implícita nessa argumentação – e voltaremos a isso em breve –, a ênfase principal continua colocada no *caráter de pressuposição* de toda asserção sobre o tempo: esse caráter é inseparável do estatuto relacional e puramente formal tanto do tempo como do espaço; mais precisamente, "o tempo é a condição formal *a priori* de todos os fenômenos em geral": a título imediato, para todos os fenômenos internos, a título mediato, para todos os fenômenos externos. É por isso que o discurso da *Estética* é um discurso da pressuposição e não da vivência: o argumento regressivo sempre prevalece sobre a visão direta.

Esse argumento regressivo assume, por sua vez, a forma privilegiada de argumento pelo absurdo: "O tempo, diz-se, não é mais que a forma de nossa intuição interna: se lhe retirarmos a condição particular de nossa sensibilidade, então o conceito de tempo desaparece; ele não é inerente aos próprios objetos, mas simplesmente ao sujeito que os intui" (A 37)[40].

Que uma fenomenologia incoativa seja simultaneamente *implicada* e *recalcada* pela argumentação transcendental é algo comprovado por alguns comentários da *Dissertação de 1770* concernentes ao tempo, que não são a mera réplica da análise do espaço[41]. No tocante a isso, não é por acaso que, na *Dissertação*, o tratamento do tempo (§ 14) precede o do espaço.

Embora o modo de argumentação por pressuposição já prevaleça aqui, como será o caso na *Estética transcendental*, ele conserva uma coloração fenomenológica para a qual a passagem por Husserl nos torna atentos[42]. Assim, a pressuposição

---

40. "Se suprimíssemos nosso sujeito ou tão-somente a natureza subjetiva de nossos sentidos em geral, desapareceriam todo o modo de ser (*Beschaffenheit*), todas as relações dos objetos no espaço e no tempo e até mesmo o espaço e o tempo, porque, como fenômenos, eles não podem existir em si, mas somente em nós" (A 42). À primeira vista, o "somente em nós" aproxima Kant de Agostinho e de Husserl. Na verdade, afasta tanto quanto aproxima. O "somente" marca a cicatriz do argumento polêmico. Quanto ao "em nós", não designa ninguém em particular, apenas a *humana conditio*, segundo a expressão da *Dissertação de 1770*.

41. J. N. Findlay, *Kant and the Transcendantal Object, a Hermeneutic Study*. Oxford, Clarendon Press, 1981, pp. 82-3. Segundo esse autor, a concepção kantiana de uma pura intuição "não exclui elementos obscuros de caráter disposicional" (p. 90). Findlay encontra no tratamento do esquematismo "o mesmo tipo de ontologização do disposicional" (*ibid.*).

42. Já a definição da sensibilidade pela receptividade, que a *Estética transcendental* conserva, abre caminho para essa consideração: "A *sensibilidade* é a receptividade do sujeito, mediante a qual é possível que seu estado representativo seja afetado de certa maneira pela presença de algum objeto" (*Dissertação de 1770*, trad. fr. de Paul Mouy, Paris, J. Vrin, 1951, p. 30). A condição de nosso ser-afetado não está visivelmente identificada às condições de construtibilidade das entidades matemáticas. Seria possível esboçar, na linha da *Dissertação*, uma fenomenologia da configuração, que juntaria a condição de ser-afetado e a capacidade de estruturação empírica. As últimas linhas da seção III dão algum crédito à ideia de uma fenomenologia implícita, cega – ou, melhor, cegada pela argumentação por pressuposição. Espaço e tempo, diz-se, "são, sem ne-

de uma ordem temporal definida por toda percepção de coisas como simultâneas ou sucessivas vem acompanhada da observação: a sucessão não "gera" (*gignit*) a noção de tempo, mas "recorre a ela" (*sed ad illam provocat*). Entendemos o que significa a palavra depois (*post*) pelo conceito prévio (*praevio*) de tempo. Essa ideia de *apelo* dirigido pela experiência ao conceito prévio merece que nos detenhamos nela: implica, segundo J. N. Findlay, uma "*vague vision of the indefinitely temporal order*"* (*op. cit.*, p. 88). Quanto à segunda tese da *Dissertação*, concernente à singularidade do tempo (que irá gerar o quarto e o quinto argumento da *Estética*), tampouco ela deixa de ter certo teor fenomenológico: acaso não compreendemos, prescindindo de qualquer outro argumento, que, para os conteúdos sensíveis, uma coisa é ser "posto no tempo" (*in tempore posita*), outra é estarem contidos em uma noção geral "à maneira de uma marca comum" (*tanquam nota communi*)? Fica-se então tentado a dizer que essa forma de coordenação, anterior a toda sensação, é ela mesma intuitivamente percebida, na medida em que é integrada a todos os conteúdos sensíveis, à maneira de um horizonte que se estende bem além dos conteúdos sensíveis e que pede para ser povoado de conteúdos sensoriais, sem depender deles[43]. E essa experiência de horizonte, que parece sustentar o argumento do caráter puro da intuição do tempo, na verdade não é, fenomenologicamente falando,

---

nhuma dúvida, *adquiridos*, abstraídos não da sensação dos objetos (pois a sensação dá a matéria, não a forma do conhecimento humano), mas da própria ação do espírito, mediante a qual ele coordena suas sensações segundo leis permanentes; são como tipos imutáveis e, portanto (*ideoque*), intuitivamente conhecíveis" (*op. cit.*, p. 60).
* "Vaga visão da ordem indefinidamente temporal." (N. da T.)
43. Kant vê na forma sensível "uma lei de coordenação" (*lex quaedam... coordinandi*), pela qual os objetos que afetam nossos sentidos "formam um todo de representação" (*in totum aliquod repraesentationis coalescant*); para tanto, é preciso haver um "princípio interno do espírito pelo qual as propriedades variadas se revestem de uma especificidade (*speciem quandam*) segundo leis fixas e inatas" (*ibid.*, II, § 4). Todavia, no § 12, afirma-se o alcance epistemológico da distinção entre sentido externo e sentido interno: por isso, a matemática pura considera o espaço em geometria, o tempo em mecânica pura.

nem uma generalidade conceitual, nem um conteúdo sensível determinado[44].

Tomando como guia essa fenomenologia latente ou incoativa da *Dissertação*, voltemos aos argumentos da *Estética transcendental* sobre o tempo. Acima, só sublinhamos a simetria entre as propriedades transcendentais do espaço e as do tempo. Que acontece com a *dissimetria* entre o tempo e o espaço? Acaso se reduz à diferença entre as ciências que cada uma das formas torna possíveis? Ou seja, em suma, entre as ciências de um contínuo de uma dimensão e as ciências de um contínuo de três dimensões? Não haverá, implícito na ideia de sucessão, o reconhecimento de um aspecto específico, qual seja, a necessidade que todo avanço de pensamento tem de proceder fase por fase, fragmento por fragmento, sem nunca ter o objeto inteiro de uma vez diante dos olhos? Para compensar o caráter *fragmentário* de toda experiência no tempo, não será preciso introduzir a experiência de um *horizonte* temporal, subjacente tanto ao argumento "platonizante", para o qual a ideia de tempo precede qualquer experiência temporal, como ao argumento "aristotelizante", que repousa na experiência de pensamento de um tempo esvaziado de todo conteúdo de acontecimento? Mesmo a ideia de que o tempo é um singular – de que há um único tempo de que todos os tempos são partes e não espécies – não estará guiada pela experiência de horizonte?[45] É o argumento a favor da infinitude do tempo

---

44. Findlay dá grande importância aos três primeiros argumentos do § 14: o tempo, diz ele, é *"given to us in a single overview, as a single, infinite, individual whole in which all limited time lapses must find their places"* [nos é dado numa única visão geral, como um todo único, infinito e individual no qual todos os intervalos limitados de tempo têm de encontrar seu lugar] (p. 89). Em virtude desse *"primordial And So On"* [Assim Por Diante primordial], vinculado a todas as sucessões empíricas, *"we can be taught to extend the map of the past and the future indefinitely"* [podemos aprender a estender o mapa do passado e do futuro indefinidamente] (*ibid.*). Findlay dá muita importância ao aspecto *disposicional* em virtude do qual, na impossibilidade de pensar um tempo absolutamente vazio, somos capazes de proceder indefinidamente, para além de qualquer dado.

45. Kant, é verdade, observa: "A proposição [de que tempos diferentes não podem ser simultâneos] é sintética e não pode ser derivada unicamente de

que mais crédito dá à sugestão de uma base fenomenológica do argumento transcendental; no tocante ao espaço, Kant limitava-se a afirmar: "O espaço é representado como uma grandeza infinita dada" (A 25, B 39); o argumento sobre o tempo é mais específico: sublinhando a necessidade, para obter uma determinada grandeza de tempo, de *limitar* um tempo único que lhe sirva de fundamento, ele afirma: "Portanto, a representação originária do tempo deve ser dada como ilimitada" (*ibid.*). Sem, é claro, assimilar esse dado a algum *Erlebnis* de estilo husserliano, não podemos evitar indagar sobre o estatuto da representação mediante a qual essa ilimitação é apreendida: que pode significar a expressão "representação toda" aplicada ao tempo fora de qualquer limitação?[46] Uma certa pré-compreensão do caráter abrangente, que se soma ao caráter fragmentário de nossa experiência temporal, parece assim duplicar o estatuto axiomático da *Estética transcendental*. Sua função, segundo a expressão da *Dissertação*, é "convocar" o conceito do tempo, sem poder gerá-lo.

O paradoxo da *Crítica* é, em suma, que seu modo argumentativo próprio deva *ocultar* a fenomenologia *implícita* à *experiência de pensamento* que rege a demonstração da idealidade do espaço e do tempo.

É o que confirma a *Analítica*, onde se descobre o principal motivo da não-fenomenalidade do tempo como tal. É lá que é demonstrada a necessidade do desvio pela constituição do *objeto* para toda nova determinação da noção de tempo.

Com efeito, seria inútil esperar da teoria do *esquematismo* que ela conferisse ao tempo o *aparecer* que a *Estética transcendental* lhe recusou. É bem verdade que novas determinações do tempo estão ligadas ao exercício do esquematismo: fala-se, assim, da "série do tempo", do "conteúdo do tempo", da "or-

---

conceitos" (A 32, B 47). Mas logo em seguida agrega: "Acha-se pois imediatamente contida na intuição e na representação do tempo" (*ibid.*).

46. "A representação toda não pode ser dada por conceitos (pois as representações parciais são dadas primeiro) e é preciso que haja uma intuição imediata que lhes sirva de fundamento" (A 32). (A frase entre parênteses é substituída em B pela observação: "pois estes só contêm representações parciais", B 48.)

dem do tempo", enfim, do "conjunto do tempo relativamente a todos os objetos possíveis" (A 145, B 184). Mas essa "determinação transcendental do tempo" (*ibid.*) só adquire sentido apoiando-se nos primeiros juízos sintéticos *a priori*, ou "princípios" (*Grundsätze*), que explicitam os esquemas. Esses princípios, contudo, não têm outra função senão pôr as condições da objetividade do objeto. Disso resulta que o tempo não poderia ser percebido em si mesmo, mas que temos dele uma representação indireta, por ocasião das operações simultaneamente intelectivas e imaginativas aplicadas a objetos no espaço. O tempo, repetimos, não aparece, mas permanece sendo uma condição do aparecer *objetivo*, que é o tema da *Analítica*. No tocante a isso, a figuração do tempo por uma linha, longe de constituir um apoio extrínseco à representação do tempo, é parte integrante de sua maneira indireta de se manifestar durante a aplicação do conceito ao objeto por meio da imaginação.

Além disso, no plano dos esquemas e dos princípios, a *representação do tempo* sempre vem acompanhada de uma *determinação* do tempo, ou seja, de um lapso de tempo particular, determinação que nada acrescenta à pressuposição de um tempo infinito do qual todos os tempos são partes sucessivas: é na determinação de sucessões particulares que o caráter indireto da representação do tempo fica mais claro.

Esse duplo caráter da representação do tempo – seu caráter indireto e determinado – é o principal motivo da não fenomenalidade do tempo no plano da *Analítica*. A advertência de Kant concernente ao esquematismo se estende igualmente às determinações do tempo solidárias do esquematismo. Estas compartilham como ele o caráter de ser "um processo (*Verfahren*) geral da imaginação que serve para dar sua imagem a um conceito" (A 140, B 179). Mas, justamente por esse motivo, tem de remeter, tal como o esquema, "a essa arte oculta nas profundezas da alma humana e cujo verdadeiro mecanismo será sempre difícil de arrancar da natureza, para expô-lo a descoberto diante de nossos olhos" (A 141, B 180-181). Essa declaração solene não contém uma clara advertência contra qualquer tentativa de "arrancar" do *Gemüt* os traços fenomenológicos novos que essas determinações transcendentais do tempo, solidárias da função mediadora chamada, conforme o ponto de vista, de subsunção, de aplicação, de restrição, possam comportar? O paradoxo é que o próprio vínculo entre o tempo e o esquema nos afasta mais um grau de uma fenomenologia intuitiva do tempo. É só na operação de esquematizar a categoria que se descobre a propriedade temporal correspondente. E a esquematização da categoria, por sua vez, só ganha corpo nos "princípios" – axiomas da intuição, antecipações da percepção, analogia da experiência, princípios da modalidade – dos quais os esquemas são, a cada vez, a denominação abreviada.

É sob essa condição muito restritiva que se pode legitimamente tentar extrair alguns ensinamentos concernentes ao tempo como tal. Mas é preciso ir dizendo logo: esses ensinamentos enriquecem nossa noção do tempo-sucessão sem nunca pôr em jogo a relação de um presente vivido com o passado e o futuro por meio da memória ou da expectativa, ou, como tentará fazer Husserl, por meio da retenção e da protensão.

As *Analogias da experiência* que desenvolvem discursivamente os esquemas da substância, da causa e da comunidade são as mais ricas em comentários concernentes à determinação transcendental do tempo como *ordem*. Ainda que, uma vez mais, esses comentários exijam o desvio de uma representação determinada por um tempo ele mesmo determinado: "O princípio geral, lemos na primeira edição, é que todos os fenômenos estão, quanto à sua existência, submetidos *a priori* a regras que determinam as relações entre eles em um tempo" (A 177). "Em um tempo": portanto, em um lapso de tempo determinado. Devemos, pois, aproximar as duas expressões: a *representação* de uma ligação necessária das percepções – e sua relação em *um* tempo. É esse desvio pela representação em um tempo determinado que dá sentido à declaração, capital para nosso argumento principal, de que "o tempo não pode ser percebido em si mesmo" (A 183, B 226) e só percebemos objetos "no" tempo (*ibid.*). Não devemos perder de vista essa importante reserva no exame de cada uma das analogias da experiência.

O mais importante dos comentários sobre o tempo concerne ao princípio da *permanência* (primeira analogia). Com efeito, é a primeira vez que Kant observa que "os três modos do tempo são a *permanência*, a *sucessão* e a *simultaneidade*" (A 177, B 219) (a que correspondem as três regras de todas as relações de tempo nos fenômenos). Falamos até aqui da sucessão e da simultaneidade. A permanência seria um "modo" homogêneo aos outros dois? Parece que não. Que significa *persistir*, não só para a existência de um fenômeno, mas para o próprio tempo? É dito que essa característica designa precisamente o tempo "em geral" (A 183, B 226). Para que dois fenômenos sejam tidos por sucessivos ou simultâneos, é preciso dar-lhes "por fundamento algo que permaneça sempre, ou seja, algo *durável* e *permanente*, em que toda mudança e toda simultaneidade não são mais que outras tantas maneiras de existir (modos do tempo) do permanente" (A 182, B 225-226). As relações de sucessão e de simultaneidade pressupõem nesse sentido a permanência: "Por conseguinte, só nesse permanente são possíveis as relações de tempo (pois a simultaneidade e a sucessão são as únicas relações no tempo)" (A 183, B 226) (entende-se agora por que acima se falava de três modos e não de três relações). Chegamos aqui em algo muito profundo: "A mudança concerne não ao próprio tempo, concerne somente aos fenômenos no tempo" (A 183, B 226). No entanto, como o próprio tempo não pode ser percebido, é só por meio da relação entre o que persiste e o que muda na existência de um fenômeno que discernimos esse tempo que não passa e no qual tudo passa. É o que denominamos a duração (*Dauer*) de um fenômeno: a saber, uma quantidade de tempo durante a qual um substrato sofre mudanças, substrato que permanece e persiste. Kant insiste: na mera sucessão, portanto, sem a referência à permanência, a existência não faz mais que aparecer e desaparecer sem nunca ter a menor quantidade. Para que o tempo não se reduza a uma sequência de aparecimentos e desaparecimentos, é preciso que ele mesmo permaneça; no entanto, só reconhecemos esse traço observando o que permanece nos fenômenos e que determinamos como substância, estabelecendo uma relação entre o que permanece e o que muda[47].

O princípio da permanência traz, assim, uma precisão para o axioma da *Estética* segundo o qual há um único tempo, do qual todos os tempos são apenas partes. Acrescenta ao caráter de unicidade do tempo o da totalidade. Mas a permanência da substância, sobre a qual repousa essa determinação, nada retira da invisibilidade principial do tempo. A permanência continua sendo uma pressuposição – um *ce sans quoi* ["esse sem o quê"] – de nossa percepção ordinária e da apreensão pela ciência da ordem das coisas: "O esquema da substância é a permanência do real no tempo, isto é, a representação desse real como um substrato da determinação empírica de tempo em geral, substrato que portanto permanece enquanto todo o resto muda" (A 143, B 183). É de um jato que o pensamento formula o tempo como imutável, o esquema como permanência do real e o princípio da substância: "Ao tempo, que é ele mesmo imutável e fixo, corresponde, portanto, no fenômeno, o imutável na existência, ou seja, a substância" (A 143, B 183). Há, pois, correspondência entre a determinação do *tempo* (a imutabilidade), a determinação das aparências segundo o *esquema* (a permanência do real no tempo) e o *princípio* que corresponde ao primeiro, a saber, o princípio da permanência da substância. É por isso que não há percepção do tempo como tal.

A segunda analogia, denominada na segunda edição *"Princípio da sucessão no tempo segundo a lei da causalidade"* (B 233), confere à noção de *ordem do tempo* uma precisão bem conhecida, ligada à precisão da sucessão *regular*. Não vale a pena voltar à discussão clássica sobre o caráter sintético da causalidade[48].

---

47. "Por conseguinte, é nos objetos da percepção, ou seja, nos fenômenos, que devemos encontrar o substrato que representa o tempo em geral" (B 225).

48. O parentesco da segunda analogia com o princípio leibniziano da razão suficiente merece contudo uma menção particular: "O princípio da razão suficiente é portanto o fundamento da experiência possível, quer dizer, do conhecimento objetivo dos fenômenos do ponto de vista de suas relações na sucessão (*in der Reihenfolge*) do tempo" (A 201, B 246). G. Martin chamou a aten-

Em contrapartida, é importante destacar o que ressurge dessa discussão sobre a própria noção de ordem do tempo. Repete-se mais uma vez que "o tempo não pode ser percebido em si mesmo" (B 233)[49]. Isso implica que eu só conheço a determinação transcendental do tempo – ela mesma oriunda da "capacidade sintética da imaginação que determina o sentido interno relativamente à relação de tempo" (B 233) – apoiando-me em relações causais *objetivas*. No entanto, não posso fazê-lo sem operar entre minhas representações uma distinção entre dois tipos de sucessão, aquela que repousa numa relação objetiva entre as aparências, como na observação do navio que desce o curso do rio, e aquela que admite um arbitrário subjetivo, como na descrição de uma casa que percorro em um sentido qualquer. É nesse trabalho de discriminação entre dois tipos de sucessão – objetiva e subjetiva – que percebo obliquamente, como se fosse sua pressuposição invisível, a determinação transcendental do tempo como ordem. Esse trabalho de discriminação constitui o núcleo da "prova" do princípio de produção, ou de sucessão no tempo em conformidade com uma regra. Mais uma vez, a "prova" completa os argumentos da *Estética transcendental* no registro das pressuposições. O que a causalidade destaca é, não a sucessão como tal, mas a possibilidade de separar uma sucessão que não passaria de "um jogo subjetivo de minha imaginação (*Einbildung*)... um simples sonho" (A 202, B 247) de uma sucessão que dá sentido à noção de acontecimento (*Begebenheit*), no sentido de algo que "acontece realmente" (A 201, B 246). Nesse sentido, o problema da segunda analogia é de fato o sentido da palavra "acontecer" (*geschehen*), segundo a primeira formulação da segunda analo-

---

ção para essa filiação entre o princípio de razão suficiente e o juízo sintético *a priori*.

49. "Mas essa determinação de lugares não pode derivar da relação entre os fenômenos e o tempo absoluto (pois ela não é um objeto de percepção): ao contrário, os fenômenos têm de determinar uns aos outros seus lugares no próprio tempo e torná-los necessários na ordem do tempo, quer dizer, que o que segue ou acontece deve seguir-se, segundo uma regra geral, ao que estava contido no estado anterior" (A 200, B 245).

gia: "tudo o que *acontece* – começa a ser – supõe algo a que sucede, segundo uma regra" (A 189). Antes desse esclarecimento, ainda temos apenas uma sucessão sem acontecimento: só há acontecimento quando se observa uma sucessão regrada no objeto. Portanto, é *no* caráter relacional de uma natureza newtoniana que leio o caráter de ordem do tempo.

O princípio de reciprocidade ou de comunidade (terceira analogia da experiência) suscita as mesmas observações. Posso até dizer – repetindo a *Estética* – que "a simultaneidade é a existência do diverso no mesmo tempo" (B 257). E mais adiante: "As coisas são *simultâneas* na medida em que existem em um único e mesmo tempo" (B 258). Mas a simultaneidade das *coisas* só é percebida por ocasião da ação *recíproca*. Por isso, não é por acaso que Kant repete, uma vez mais, que "não se poderia perceber o tempo por ele mesmo", para concluir, do fato de que as coisas podem estar no mesmo tempo, que "as percepções dessas coisas podem seguir-se reciprocamente" (*ibid.*). Somente a suposição de uma ação recíproca das coisas umas sobre as outras revela a simultaneidade como relação de ordem: somente as substâncias pensadas sob a condição da ação recíproca podem ser representadas empiricamente como *existindo ao mesmo tempo*" (A 212, B 259).

Para concluir, as três relações dinâmicas de inerência, de consequência e de composição, ao organizarem as aparências no tempo[50], determinam, por implicação, três relações *de ordem* do tempo que definem a *duração* como grandeza de existência, a *regularidade* na sucessão e a *simultaneidade* de existência.

Portanto, não surpreende que o tempo que, já na *Estética*, só era alcançado por argumento e não por apreensão intuitiva (ao que se deve juntar as antinomias e a redução mútua ao absurdo da tese e da antítese), não pudesse ser determinado an-

---

50. "As três relações dinâmicas de que decorrem todas as outras são as relações de inerência, de consequência e de composição" (A 215). São essas três relações dinâmicas que implicam os três "modos" segundo os quais a *ordem* do tempo é determinada.

tes, a não ser pelo desvio dos *Grundsätze,* acompanhados de suas "provas" ou de seus "esclarecimentos". Embora se possa dizer que, por suas determinações transcendentais, o tempo determina o sistema da natureza, ele é, por sua vez, determinado pela construção da axiomática da natureza. Pode-se falar, nesse sentido, de uma determinação mútua do sistema axiomático constitutivo da ontologia da natureza e das determinações do tempo. Essa reciprocidade entre o processo de constituição da *objetividade* do objeto e a emergência de novas determinações do tempo explica por que a descrição fenomenológica que essas determinações poderiam suscitar é sistematicamente *reprimida* pelo argumento crítico. É o caso da permanência do tempo que, segundo a primeira analogia, apela tacitamente à convicção de que nossa capacidade de ir sempre mais longe na exploração do tempo tem por contrapartida, nas palavras de Findlay (*op. cit.,* p. 165), a integração de todas as fases desse movimento *"into a vast space-like map"**; sem o que, nota o próprio Kant, o tempo não pararia de desaparecer e recomeçar a cada instante. O argumento pelo absurdo – como sempre em Kant – não marca também o lugar vazio de uma fenomenologia da retenção e da protensão, apoiando-se, não na noção de instante qualquer, mas na experiência do presente vivo?

A segunda analogia da experiência coloca um problema idêntico: sua questão última é a irreversibilidade do tempo. Ora, o sentido que damos à orientação do tempo está longe de se esgotar na "prova" transcendental que dela dá Kant, a saber, a distinção na nossa imaginação entre dois tipos de sucessão, uma cuja orientação seria arbitrária porque seria puramente subjetiva, outra cuja orientação seria necessária porque eu poderia opor às "representações da apreensão" "um objeto da apreensão distinto dessas representações" (A 191, B 236). Para distinguir entre uma sucessão arbitrariamente reversível e uma sucessão necessariamente irreversível, não temos apenas o critério formal da relação de causalidade, ela mesma tida por

---

* "Em um vasto espaço parecido com um mapa." (N. da T.)

a priori? Sem evocar aqui os novos problemas colocados pela física moderna concernentes à "flecha do tempo", nem a crise do princípio de causalidade, ligada à do *a priori* kantiano em seu todo, podemos indagar se o argumento transcendental não trai a ignorância de uma distinção que a confrontação entre Agostinho e Aristóteles trouxe para o primeiro plano, a saber, a distinção entre uma sucessão de *instantes quaisquer* e a relação *passado-futuro*, dependente do *presente*, que é o instante de sua própria enunciação. Em uma teoria do tempo em que a sucessão não tem outra referência além do instante qualquer, a distinção entre sucessão subjetiva e sucessão objetiva só pode vir de um critério exterior à sucessão como tal, que Kant resume na oposição entre o *objeto* da apreensão sucessiva e essa própria apreensão simplesmente representada. Ora, é só com relação a um presente, irredutível a um instante qualquer, que a dissimetria entre passado e futuro revela-se igualmente irredutível ao princípio de *ordem* fornecido exclusivamente pela regularidade *causal*. Nesse sentido, a noção de acontecimento, ou seja, de algo que acontece, tal como figura no enunciado da segunda analogia (também chamada de "princípio da produção", *Erzeugung*), tampouco se esgota com a noção de sucessão regrada. Adquire um sentido diferente conforme o tempo se reduza à simples sucessão, isto é, à relação de anterior-posterior entre instantes quaisquer, ou repouse na relação irreversível entre o antes do presente – ou passado – e o depois do presente – ou futuro.

No tocante a isso, a terceira analogia não faz mais que reforçar a dualidade das duas abordagens: uma coisa é a simultaneidade entre instantes quaisquer fundada na ação recíproca, segundo o princípio kantiano de reciprocidade ou de comunidade; outra coisa é a contemporaneidade entre dois ou mais cursos de experiência, criados por uma reciprocidade de ordem existencial, segundo as modalidades inumeráveis do *viver junto*.

Estendendo o debate para além da discussão das *Analogias da experiência*, o fenomenólogo afirmará que as determinações do tempo não cumpririam seu papel de "restrição" no emprego das categorias se não manifestassem propriedades fenomenológicas próprias. Não é preciso que as determinações do tempo se compreendam por si mesmas, ao menos a título implícito, para que sirvam de discriminante para a significação das categorias, ou seja, para seu valor de uso? O fenomenólogo pode encontrar algum apoio na seguinte consideração: segundo a ordem de exposição, Kant vai da categoria ao esquema e depois ao princípio; segundo a ordem da descoberta, não haveria primeiro esquematização da categoria com sua determinação temporal, e depois, por abstração, a categoria? A leitura que Heidegger faz de Kant parte daí. Mas essa inversão de prioridade entre a categoria e o par esquema-tempo não muda em nada a questão mais fundamental levantada por Kant para toda fenomenologia: no par esquema-tempo, a correspondência entre a determinação temporal e o desenvolvimento do esquema em princípio é o que impede constituir uma fenomenologia pura daquela determinação temporal. Pode-se no máximo afirmar que a noção de determinação do tempo deve conter em germe os delineamentos de uma fenomenologia *implicada*, se, na reciprocidade entre temporalização e esquematização, a primeira deve contribuir com algo para a segunda. Mas essa fenomenologia não pode ser desimplicada sem ruptura do vínculo recíproco entre constituição do tempo e constituição do objeto, ruptura que consuma precisamente a fenomenologia da consciência interna do tempo.

Dois importantes textos da segunda edição da *Crítica* trazem à luz as razões últimas pelas quais uma perspectiva crítica e uma perspectiva fenomenológica podem apenas se ocultar mutuamente.

O primeiro é aquele que, à primeira vista, parece apostar mais numa fenomenologia livre da tutela crítica. É o famoso texto sobre a *Selbstaffektion* que Kant colocou em apêndice à teoria da síntese figurada, no parágrafo 24 da segunda dedução transcendental (B 152-157).

O contexto da discussão é bem conhecido: Kant acabou de dizer que a *aplicação* das categorias aos objetos em geral exige que o entendimento "como espontaneidade determine o sentido interno" (B 151). Kant aproveita essa oportunidade para resolver definitivamente o problema das relações entre o tempo e o sentido interno. Não hesita em apresentar o problema como um "paradoxo", deixado em suspenso desde o parágrafo 6 da *Estética*. O paradoxo é o seguinte: se o sentido interno não constitui de forma alguma uma intuição do que somos como alma, portanto como sujeitos em si, mas "só nos representa para a consciência como aparecemos para nós mesmos e não como somos em nós mesmos" (B 152), então se deve dizer que não temos nenhuma intuição de nossos próprios atos, mas apenas do modo como somos *afetados* internamente por nossos atos. Portanto, só aparecemos para nós mesmos como objetos empíricos, assim como os objetos exteriores resultam da afecção pelas coisas em si desconhecidas. As duas afecções são estritamente paralelas e o sentido interno não tem mais nada a ver com a capacidade de apercepção, que o destronou completamente[51]. Donde o paradoxo resultante dessa solução drástica: como é possível que nos comportemos como passivos (*leidend*) para com nós mesmos?

A resposta é esta: "afetar" também é "determinar". Ao afetar-me a mim mesmo, eu me determino, produzo configurações mentais capazes de ser descritas e nomeadas. Mas que outro modo tenho eu de me afetar por minha própria atividade, senão produzindo no *espaço* configurações determinadas? É aqui que o desvio pela *síntese figurada* mostra ser a mediação necessária entre eu mesmo afetando (desconhecido) e eu mesmo afetado (conhecido)[52]. Não espanta, portanto, que o

---

51. Há, portanto, em Kant três sentidos vinculado ao "eu": o "eu penso" da apercepção transcendental; o eu absoluto, em si, que age e padece; o eu representado, como qualquer outro objeto, por meio da afecção por si mesmo. O erro da psicologia racional, evidenciado pelos *paralogismos* da Razão pura, na dialética transcendental, consiste em confundir o eu em si, a alma, com o "eu penso", que não é um objeto, e em produzir assim um monstro filosófico: um sujeito objeto de si mesmo.

52. "Sob a denominação de *síntese transcendental da imaginação*, ele [o entendimento] exerce portanto sobre o sujeito passivo, do qual é a faculdade, uma ação (*Wirkung*) sobre a qual dizemos com razão que por ela é afetado o sentido interno" (B 153-154). Herman de Vleeschauwer (*La Déduction transcendantale dans l'oeuvre de Kant*, Paris, Leroux, S'Gravenhage, M. Nijhoff, 3 vols.,

exemplo de "traçar a linha" volte com força nesse ponto preciso da explicação do paradoxo da *Selbstaffektion*. O ato de traçar a linha – junto com o de descrever o círculo ou o de construir uma figura triangular – é, primeiramente, um exemplo entre outros da determinação do sentido interno por meio do ato transcendental da imaginação. No entanto, agrega-se à *representação* da linha, do círculo, do triângulo, um ato de atenção dirigido para "o ato da síntese do diverso, mediante o qual determinamos sucessivamente o sentido interno, e, assim, para a sucessão dessa determinação nele" (B 154). Assim, embora o ato de traçar a linha certamente não constitua a *intuição* do tempo, coopera para a *representação* do tempo.

Não há nisso nenhuma confusão entre o espaço e o tempo, ao contrário do que pensa Bergson, e sim a passagem da intuição, inobservável como tal, *do* tempo para a *representação* de *um* tempo determinado, por reflexão sobre a operação de traçar a linha. Entre todas as determinações do espaço, a linha tem a vantagem de dar um caráter externo à representação ("a representação externa figurada do tempo", B 154). Mas o nervo do argumento é que a atividade sintética da imaginação deve ser aplicada ao *espaço* – traçar uma linha, desenhar um círculo, fazer partir de um mesmo ponto três linhas perpendiculares uma à outra –, para que, refletindo sobre a própria operação, descubramos que o tempo nela está implicado. Ao construir um espaço determinado, tomo *consciência* do caráter sucessivo de minha atividade de entendimento[53]. Mas só a *conheço* na medida em que ela me *afeta*. Por isso, conhecemos a nós mesmos como objeto – e não como somos –, na medida

---

1934-1937) comenta: "No fim das contas, é o entendimento que, ao submeter a forma do tempo à síntese dessa diversidade pura, determina o sentido interno, do qual o tempo é a forma e que nada mais é senão o eu considerado em sua passividade" (t. II, p. 208).

53. Kant chama essa atividade um "movimento". Mas não é o movimento no qual Aristóteles insere sua análise do tempo. O movimento empírico não poderia ter um lugar entre as categorias. É o movimento implicado na descrição ou na construção de um espaço: "O movimento consiste na sucessão das determinações do sentido interno provocada pelo ato de síntese implicado na construção de um espaço determinado" (H. De Vleeschauwer, *op. cit.*, t. II, p. 216).

em que representamos o tempo por meio de uma linha. O tempo e o espaço geram-se antes mutuamente no trabalho da imaginação sintética: "Não podemos representar o tempo, que no entanto não é um objeto de intuição externa, de outro modo que não seja sob a figura de uma linha que traçamos, e... sem esse modo de exposição nunca conseguiríamos reconhecer a unidade de sua dimensão" (B 156). Trata-se sempre de *determinação* – seja de figuras no espaço, seja da extensão de tempo ou de época. São essas determinações que produzimos juntas: "Temos que ordenar as determinações do sentido interno, como fenômenos no tempo, exatamente da mesma maneira como ordenamos no espaço as do sentido externo" (B 156). É certo que o que importa para Kant nesse argumento é que a afecção por si é estritamente paralela à afecção do fora, "ou seja, no que à intuição interna concerne, só conhecemos nosso próprio sujeito como fenômeno e não no que é em si mesmo" (B 156).

Para nós, que não nos interessamos aqui em decidir entre sujeito transcendental, eu absoluto e eu fenomenal, mas somente pelas novas determinações do tempo que a *Selbstaffektion* revela, o fruto dessa investigação tão cheia de meandros é considerável. Não só é reafirmado o caráter inobservável do tempo como tal, como é especificada a natureza da representação indireta do tempo. Longe de se tratar de alguma contaminação do tempo pelo espaço, a mediação das operações sobre o espaço revela imediatamente o vínculo, no cerne da experiência do tempo, entre passividade e atividade: somos afetados temporalmente sempre que agimos temporalmente; ser afetado e produzir constituem um só e único fenômeno: "Portanto, o entendimento não encontra no sentido interno, por assim dizer já pronta, essa ligação do diverso, é afetando esse sentido que ele a produz" (B 155). Kant não estava errado ao chamar de "paradoxo" essa autoafecção do sujeito por seus próprios atos[54].

---

54. Quanto ao destino do sentido interno, progressivamente destituído do papel de intuição da alma e reduzido ao de simples meio do ser afetado por si mesmo, podemos acompanhá-lo em H. De Vleeschauwer, t. II, pp. 552-94, e

A última advertência contra toda tentativa de fazer aparecer o tempo como tal pode ser lida no texto acrescentado por Kant, na segunda edição da *Crítica*, depois do segundo postulado da teoria da modalidade – postulado da realidade –, sob o título de *Refutação do idealismo* (B 274-279): sejam quais forem os motivos polêmicos que marcaram a urgência dessa adição[55], a conclusão do argumento é evidente: "Nossa experiência *interna*, indubitável para Descartes, é possível somente sob a suposição da experiência externa" (B 275). É digno de nota que Kant dê à sua tese a forma de um *teorema* seguido de uma *prova*. O teorema diz: "A simples consciência de minha própria existência, embora empiricamente determinada, demonstra a existência de objetos no espaço e fora de mim" (*ibid.*). Compreendamos bem o que está em jogo: trata-se da existência e da consciência de minha existência, em um sentido não categorial da existência, ao contrário daquele dado na dedução transcendental. No entanto, enquanto esta atribui ao "eu sou" do "eu penso" apenas o estatuto de uma existência empírica

---

depois t. III, pp. 85-140, e no admirável artigo de Jean Nabert, "L'experience interne chez Kant", *Revue de métaphysique et de morale*, Paris, Colin, 1924, pp. 205-68. O autor insiste bastante na mediação do espaço na determinação da experiência temporal. Pergunta: "Em não podendo encontrar fora de si, para apoiar sua própria mobilidade, o movimento regular de um corpo móvel no espaço, nossa vida interior ainda conseguiria discernir seu próprio escoamento"? (p. 226) Resposta: "o sentido interno tira a matéria de seus conhecimentos das intuições externas" (p. 231). "A profunda solidariedade que liga a consciência da sucessão à determinação do espaço" (p. 241) deve-se à impossibilidade de encontrar na intuição interna alguma figura. A linha, a partir daí, é mais que uma analogia suplementar: é constitutiva da consciência de sucessão; esta é o "aspecto interno de uma operação que comporta uma determinação no espaço" (p. 242). Nabert, é verdade, concede: "Por outro lado, contudo, não existe intuição do espaço que não tenha primeiro sido determinada em sua unidade pelo esquematismo do entendimento. No tocante a isso, o tempo recupera seus direitos; fornece ao pensamento o meio para se desenvolver e transportar a ordem do tempo para os fenômenos e para a existência deles. É o que o esquematismo demonstrará nas próximas páginas." Concluamos com Jean Nabert: "Se depois disso as coisas nos ajudarem a determinar nossa própria existência no tempo, estarão nos devolvendo o que lhes emprestamos" (p. 254). Cf. também, *op. cit.*, pp. 267-8.

55. Sobre esse ponto, cf. De Vleeschauwer, *op. cit.*, t. II, pp. 579-94.

indeterminada (§ 24), trata-se aqui da consciência empiricamente determinada de minha própria existência. É essa determinação que, como em todo o resto da *Analítica*, exige que cessemos de justapor, como na *Estética*, o tempo ao espaço, e renunciemos até a apoiar a definição nominal dos esquemas exclusivamente nas determinações do tempo; mas essa determinação exige que liguemos de modo estreito determinação no tempo e determinação do espaço. Já não o fazemos, como nas *Analogias da experiência*, no nível da representação, e sim da "consciência de existência", seja de mim, seja das coisas (o que quer que possa significar a consciência da existência numa filosofia transcendental que, apesar de tudo, continua, a seu modo, sendo um idealismo). O vínculo entre espaço e tempo estabelece-se concomitantemente na mais extrema profundeza da experiência: no nível da consciência da existência. A "prova" consiste expressamente em retomar, nesse nível mais radical, o argumento da *permanência*, aplicado na primeira analogia da experiência no nível da simples representação das coisas. A primeira analogia da experiência ensinou-nos, com efeito, que a determinação do tempo como permanente apoia-se na relação que operamos na representação externa entre o que muda e o que permanece. Se transpusermos esse argumento da representação para a existência, deve-se dizer que o caráter imediato da consciência da existência de outras coisas além de mim fica provado pela não imediatez da consciência que adquirimos de nossa existência como estando determinada no tempo.

Se esse argumento sobre a existência pode dizer algo diferente do argumento da primeira analogia da experiência sobre a representação, é só na medida em que ele define uma relação de subordinação entre a *afecção por nós* e a *afecção pelas coisas*. Pois parece que só a reflexão sobre o ser afetado pode atingir o nível da consciência de existência, em nós e fora de nós.

É nesse nível radical, alcançado somente por um procedimento muito oblíquo[56], que a possibilidade de uma fenome-

---

56. Na "Primeira observação" lemos a incrível afirmação: "Demonstramos que a experiência externa é propriamente imediata e que somente por

nologia intuitiva da consciência interna do tempo, tacitamente admitida por Agostinho e tematicamente reivindicada por Husserl, é questionada.

A confrontação entre Husserl e Kant nos conduziu a um impasse comparável ao que a confrontação entre Agostinho e Aristóteles revelara. Nem a abordagem fenomenológica, nem a abordagem transcendental bastam-se a si mesmas. Uma remete à outra. Mas essa remissão apresenta o caráter paradoxal de um empréstimo mútuo, sob a condição de uma exclusão mútua; por um lado, só é possível entrar na problemática husserliana colocando fora de circuito a problemática kantiana; só se pode articular a fenomenologia do tempo por meio dos empréstimos tomados do tempo objetivo, o qual, segundo suas principais determinações, continua sendo um tempo kantiano. Por outro lado, só é possível entrar na problemática kantiana sob a condição de se abster de qualquer recurso a algum sentido interno que reintroduzisse uma ontologia da alma, que a distinção entre fenômeno e coisa em si pôs fora de circuito. Mas as determinações mediante as quais o tempo se distingue de uma simples grandeza só se sustentam por meio de uma fenomenologia implícita, cujo argumento transcendental marca a cada passo o lugar vago. Por isso, fenomenologia e crítica só tomam empréstimos uma da outra sob a condição de se excluírem mutuamente. Não é possível abarcar num mesmo e único olhar o reverso e o anverso de uma mesma moeda.

Algumas palavras, para terminar, sobre a relação entre as conclusões deste capítulo e as do capítulo anterior. A polaridade entre a fenomenologia, no sentido de Husserl, e a crítica, no sentido de Kant, *repete* – no nível de uma problemática domi-

---

meio desta é possível, se não a consciência de nossa própria existência, ao menos a determinação dessa existência no tempo, isto é, a experiência interna" (B 276-277). Kant acreditou ser útil sublinhar sua afirmação com a seguinte nota: "A consciência *imediata* da existência das coisas externas não é suposta, mas provada no presente teorema, quer possamos ou não considerar, aliás, a possibilidade dessa consciência" (B 278).

nada pelas categorias do sujeito e do objeto, ou, mais precisamente, do *subjetivo* e do *objetivo* – a polaridade entre tempo da *alma* e tempo do *mundo* – no nível de uma problemática introduzida pela questão do ser ou do não-ser do tempo.

A filiação entre Agostinho e Husserl é a mais fácil de reconhecer. É confessada e reivindicada pelo próprio Husserl, desde as primeiras linhas das *Lições*. Pode-se igualmente perceber na fenomenologia da retenção e na da lembrança primária e secundária uma forma apurada da dialética do triplo presente e da da *intentio/distentio animi*, ou até a resolução fenomenológica de certos paradoxos internos à análise agostiniana.

A aproximação entre Kant e Aristóteles é mais difícil de perceber ou até de aceitar. Ao afirmar na *Estética* a idealidade transcendental do espaço e do tempo, Kant não está mais próximo de Agostinho que de Aristóteles? A consciência transcendental não marcaria o auge de uma filosofia da subjetividade para a qual Agostinho abriu caminho? A partir daí, como poderia o tempo kantiano nos remeter ao tempo de Aristóteles? Esquece-se assim o *sentido do transcendental kantiano, cuja função se resume a estabelecer as condições da objetividade. O sujeito kantiano, poderíamos dizer, esgota-se em fazer com que haja objeto*. Já a *Estética* sublinha que a outra face da idealidade transcendental do espaço e do tempo é a *realidade empírica* deles. Ora, esta é articulada pelas ciências que deles tratam. A inerência originária do tempo e do espaço ao sujeito, proclamada pela *Estética transcendental*, não poderia, pois, mascarar a outra face do problema e impedir de perguntar: que tipo de realidade empírica corresponde à idealidade transcendental? Mais fundamentalmente: que tipo de objeto é ordenado pelo aparelho categorial da crítica?

A resposta está contida na *Analítica dos princípios*: a objetividade do objeto, que tem no sujeito transcendental sua garantia, é uma *natureza* cuja ciência empírica é a física. As *Analogias da experiência* oferecem o aparelho conceitual cuja rede articula a *natureza*. A teoria das modalidades acrescenta o princípio de fechamento que exclui do real toda entidade que caia fora dessa rede. Ora, a representação do tempo está totalmente condicionada por essa rede, por seu próprio caráter indireto. Disso resulta que o tempo, apesar de seu caráter subjetivo, é *o tempo de uma natureza*, cuja objetividade é totalmente definida pelo aparelho categorial do espírito.

É por esse desvio que Kant remete a Aristóteles, certamente não ao físico pré-galileano, mas ao filósofo que põe o tempo do lado da natureza. A natureza, depois de Galileu e Newton, certamente já não é o que era antes deles. Mas o tempo não cessou de estar mais do lado da natureza do que da alma. A bem dizer, com Kant não existe mais lado da alma: a morte do sentido interno, a assimilação das condições sob as quais os fenômenos internos podem ser conhecidos objetivamente às condições sob as quais os fenômenos externos estão eles mesmos submetidos, já não permite conhecer senão uma natureza[57].

A partir daí, será que estamos tão distantes como parece da subordinação do tempo aristotélico à física? Também aqui o tempo é "algo do movimento"; é decerto preciso uma alma para contar, mas o enumerável está primeiro no movimento.

Essa aproximação lança de repente uma nova luz sobre a relação entre Kant e Husserl: a oposição entre a intuitividade do tempo husserliano e a invisibilidade do tempo kantiano não é somente formal; ela é material, entre um tempo que, como a *distentio animi* segundo Agostinho, exige um *presente* capaz de separar e unir um passado e um futuro, e um tempo que *não tem referências no presente*, porque, em última instância, ele nada mais é que o tempo da natureza. Uma vez mais, uma das duas doutrinas só descobre seu campo sob a condição de ocultar a outra. O preço da descoberta husserliana da retenção e da lembrança secundária é o esquecimento da natureza, cujo caráter de sucessão permanece pressuposto pela própria descrição da consciência interna dos tempos. Mas o preço da crítica

---

57. É sem paradoxo que Gottfried Martin situa sob o título *Das Sein der Natur* (*op. cit.*, pp. 78-113) e na esfera do princípio leibniziano de razão suficiente a rede conceitual da *Crítica*, que para ele não é mais que a axiomática de uma natureza newtoniana. É essa rede, constituída conjuntamente pelas quatro tábuas, a dos juízos, a das categorias, a dos esquemas e a dos princípios, que articula a *ontologia da natureza*.

não é o de uma cegueira recíproca à de Husserl? Ao ligar a sorte do tempo a uma ontologia determinada da natureza, acaso Kant não se impediu de explorar outras propriedades da temporalidade além daquela exigida por sua axiomática newtoniana: sucessão, simultaneidade (e permanência)? Não fechou para si o acesso a outras propriedades oriundas das relações do passado e do futuro com o presente efetivo?

3. TEMPORALIDADE, HISTORIALIDADE, INTRATEMPORALIDADE
Heidegger e o conceito "vulgar" de tempo

No momento de abordar a interpretação heideggeriana do tempo em *Ser e tempo*[1], é preciso afastar uma objeção prejudicial voltada contra toda leitura que isole *Ser e tempo* da obra

---

1. Martin Heidegger, *Sein und Zeit*, 10.ª ed., Tübingen, Max Niemeyer Verlag, 1963. A primeira edição foi publicada, em 1927, como uma tiragem especial do *Jahrbuch für phänomenologische Forschung*, vol. VIII, Halle, Niemeyer Verlag, editado por E. Husserl. Trazia a menção "primeira parte", que desapareceu com a 5.ª edição. *Sein und Zeit* passou a constituir o t. II da *Gesamtausgabe*, Frankfurt, Klostermann (essa edição "de última mão" dá, à margem, a paginação da ed. Niemeyer, que conservamos). Na falta de uma tradução francesa da segunda seção, intitulada *Dasein und Zeitlichkeit* (Ser-aí e Temporalidade), que aqui interpreto, darei minha própria tradução. Quanto à primeira seção, cito a tradução de Rudolf Boehm e Alphonse de Waelhens, Paris, Gallimard, 1964. Hoje, é preciso completar a leitura de *Ser e tempo* com a do curso ministrado na universidade de Marbourg durante o semestre do verão de 1927 (portanto, pouco depois da publicação de *Ser e tempo*) e publicado como o t. XXIV da *Gesamtausgabe* com o título *Die Grundprobleme der Phänomenologie*, Frankfurt, Klostermann, 1975; trad. fr. de J.-F. Courtine, *Les Problèmes fondamentaux de la phénoménologie*, Paris, Gallimard, 1985. Se me refiro frequentemente a essa obra é, em primeiro lugar, para suprir a falta de tradução francesa da segunda seção de *Ser e tempo* por meio de inúmeros paralelos entre o livro e o curso. Em segundo lugar, é devido à diferença entre as estratégias seguidas em um e outro caso: diferentemente de *Ser e tempo*, o curso de 1927 vai do tempo vulgar para o tempo originário, procedendo assim da incompreensão à compreensão autêntica. Devemos a esse procedimento regressivo um longo desenvolvimento dedicado ao tratado aristotélico sobre o tempo, considerado o documento de referência para toda a filosofia ocidental, em conjunção com a interpretação de Agostinho, evocada sem ser desenvolvida [327] (259).

posterior, a qual, aos olhos da maioria dos discípulos de Heidegger, constitui simultaneamente sua chave hermenêutica, sua autocrítica e até seu desmentido. A objeção insiste em dois pontos: separar, diz ela, a temporalidade do ser-aí (*Dasein*) da compreensão do ser, que só é verdadeiramente revelada nas obras posteriores à "virada" (*Kehre*), é condenar-se a reduzir *Ser e tempo* a uma antropologia filosófica que ignora sua verdadeira intenção. Dessa incompreensão, o próprio Heidegger talvez tenha percebido a inevitabilidade deixando a obra inacabada e abandonando a via da analítica do ser-aí. Além disso, se perdemos de vista o tema da destruição da metafísica, que, desde *Ser e tempo*, acompanha a reconquista da questão do ser, corremos o risco de ignorar o sentido da crítica voltada, no próprio plano da fenomenologia, contra a primazia do presente, por deixar de perceber o nexo entre essa crítica e a da primazia dada pela metafísica à visão e à presença.

Penso que não devemos nos deixar intimidar por essa advertência.

É perfeitamente legítimo tratar *Ser e tempo* como uma obra *distinta*, pois foi assim que ela foi publicada, quando nos propomos a fazer uma leitura que respeita seu caráter inacabado, que até mesmo acentua seu caráter problemático. *Ser e tempo* merece essa leitura por sua própria conta e mérito.

Estaremos nos condenando assim ao equívoco de uma interpretação antropológica? Mas a razão de ser da obra é tentar conseguir um acesso à questão do sentido do ser pela via de uma analítica existencial que estabeleça os próprios critérios segundo os quais ela pede para ser abordada. Corremos com isso o risco de não perceber o toque antimetafísico de sua crítica fenomenológica do presente e da presença? Mas uma leitura que não se apressa em ler a metafísica da presença na fenomenologia do presente fica, em contrapartida, atenta para aspectos do presente que não refletem os alegados malefícios de uma metafísica do olhar voltado para um mundo inteligível qualquer.

A essa apologia, ainda defensiva demais, a favor de uma leitura *distinta* de *Ser e tempo*, gostaria de acrescentar um argumento mais diretamente apropriado ao tema de minha própria investigação. Se não deixarmos as obras ulteriores de Heidegger abafarem a voz de *Ser e tempo*, damo-nos a chance de perceber, no próprio plano da fenomenologia hermenêutica *do tempo*, tensões e discordâncias que não são necessariamente as que conduziram ao caráter inacabado de *Ser e tempo*, porque não concernem à relação *global* entre a analítica existencial e a ontologia, mas aos detalhes, meticulosos, extraordinariamente articulados, da própria analítica do ser-aí. Essas tensões e essas discordâncias vão, como veremos, ao encontro daquelas que já nos causaram embaraço nos dois capítulos anteriores, lançando sobre elas nova luz e, talvez, revelando sua natureza profunda, precisamente por meio do tipo de fenomenologia hermenêutica praticada por *Ser e tempo*, e que recupera, em nossa leitura, a independência que seu autor lhe tinha conferido.

1. Uma fenomenologia hermenêutica

As aporias sobre o tempo do pensamento agostiniano e do pensamento husserliano, poderíamos crer que *Ser e tempo* as resolve ou, antes, as dissolve, na medida em que, desde a "Introdução" e na primeira seção, o *solo* sobre o qual elas se formaram é abandonado em prol de um novo questionamento.

Como ainda opor um tempo da alma, à moda agostiniana, a um tempo que seria primordialmente "algo do movimento", portanto uma entidade vinculada à física, à moda aristotélica? Por um lado, a analítica existencial tem como referente não mais uma alma, mas o *ser-aí*, ou seja, sem dúvida o ente que somos, mas "um ente que não está simplesmente dado como um ente entre outros... [e que] se caracteriza onticamente pelo fato de em seu ser *estar em jogo* seu próprio ser" [12] (27). A "relação de ser com seu próprio ser" (*ibid.*), que pertence à constituição de ser do ser-aí (*Dasein*), não se coloca como uma mera distinção ôntica entre a região do psíquico e a região do físico. Por outro lado, para a analítica existencial, a natureza não pode constituir um polo oposto, menos ainda um tema alheio à consideração do ser-aí, na medida em que "o mundo é ele mesmo um momento constitutivo do ser-aí" [52] (73). Disso resulta que a questão do tempo, à qual está dedicada a segunda seção da primeira parte – a única publicada de *Ser e tempo* –, tenha de vir, na ordem da temática dessa obra, depois da questão do ser-no-mundo, que revela a constituição fundamental do ser-aí. As determinações relativas ao conceito de existência (de existência minha) e à possibilidade da autenticidade e da inautenticidade contida na noção de ser-meu "devem ser consideradas e compreendidas *a priori*, com base na constituição de ser que designamos de *ser-no-mundo*. O ponto de partida adequado da analítica do ser-aí será a explicitação dessa constituição" [53] (74).

Com efeito, cerca de duzentas páginas são dedicadas ao ser-no-mundo, à mundanidade do mundo em geral, como se primeiro fosse preciso se impregnar do sentido do mundo circundante, antes de ter o direito – antes de estar no direito – de se deixar confrontar pelas estruturas do "ser-aí... como tal": situação, compreensão, explicitação, discurso. Não deixa de ter importância o fato de que, nessa ordem temática seguida por *Ser e tempo*, a questão da espacialidade do ser-no-mundo seja colocada não só antes da questão da temporalidade, mas como um aspecto do "circundante", portanto da mundanidade como tal.

A partir daí, como poderia subsistir algo da aporia agostiniana de uma *distentio animi* privada de suporte cosmológico?

A oposição entre Agostinho e Aristóteles parece, pois, ultrapassada pela nova problemática do ser-aí, que revoluciona as noções consagradas de físico e psíquico.

O mesmo não deve ser dito a respeito da aporia husserliana da consciência interna do tempo? Como poderia persistir um ínfimo vestígio de antinomia entre a consciência interna do tempo e o tempo objetivo numa analítica do ser-aí? A estrutura do *ser-no-mundo* não acaba tanto com a problemática do sujeito e do objeto como com a da alma e da natureza?

Além disso, a ambição husserliana de *fazer aparecer* o próprio tempo é desmontada, desde as primeiras páginas de *Ser e tempo*, pela afirmação do *esquecimento* do ser. Embora continue sendo verdade que "a ontologia só é possível como fenomenologia" [35] (53), a própria fenomenologia só é possível como hermenêutica, uma vez que, sob o regime do esquecimento, a dissimulação é a condição primeira de toda empresa de de-monstração última[2]. Desligada da visão direta, a fenomenologia integra-se à luta contra a dissimulação: "Estar-encoberto é o conceito complementar do conceito de fenômeno" [36] (54). Para além do dilema da visibilidade e da invisibilidade do tempo abre-se o caminho para uma fenomenologia hermenêutica em que o ver cede lugar ao compreender, ou, conforme uma outra expressão, a uma *interpretação descobridora*, guiada pela antecipação do sentido do ser que somos, e destinada a livrar (*freilegen*) esse sentido, ou seja, a libertá-lo do esquecimento e da dissimulação.

Essa desconfiança de toda abreviação que fizesse surgir o próprio tempo no campo do aparecer pode ser percebida na estratégia de adiamento que caracteriza o tratamento temático da questão do tempo. É preciso ter atravessado toda a longa primeira seção – chamada de "preliminar" (ou melhor, "preparatória", *vorbereitende*) – antes de ter acesso à problemática da segunda seção: "*Ser-aí e temporalidade*". Nessa segunda seção, ainda é preciso percorrer múltiplos estágios que exporemos mais adiante antes de poder articular, no § 65, a primeira definição do tempo: "Esse fenômeno unitário de um porvir que, tendo-sido, torna-presente, nós o denominamos de *temporalidade*" [326]. Pode-se, no tocante a isso, falar de um *recuo* da questão do tempo em Heidegger.

Será que isso significa que o esforço para escapar do dilema da intuição direta e da pressuposição indireta só pode dar numa espécie de hermetismo tido por alguns por mistificador? Isso significaria negligenciar o *trabalho de linguagem* que confere a *Ser e tempo* uma grandeza que nenhuma obra posterior conseguiu eclipsar. Por trabalho de linguagem entendo, em primeiro lugar, o esforço para *articular* de modo apropriado a

---

2. Pergunta: "O que, por natureza, tem *necessariamente* de se tornar tema de uma de-monstração *explícita*?" Resposta: "Com certeza, tudo o que *não se manifesta* diretamente, tudo o que permanece *velado* diante do que se manifesta diretamente, embora pertença ao mesmo tempo e essencialmente ao que se manifesta diretamente porque constitui o seu sentido e fundamento" [35] (53).

fenomenologia hermenêutica que a ontologia incorpora: o emprego frequente do termo estrutura é prova disso. Entendo, além disso, a busca dos conceitos primitivos capazes de sustentar o projeto de estruturação: *Ser e tempo* representa, no tocante a isso, um imenso canteiro de obras onde se formam os existenciais que são para o ser-aí o que as categorias são para os outros entes[3]. Se a fenomenologia hermenêutica pode pretender escapar à alternativa entre uma intuição direta, mas muda, do tempo, e uma pressuposição indireta, mas cega, é graças a esse trabalho de linguagem que faz a diferença entre interpretar (*auslegen*, § 32) e compreender: interpretar é, com efeito, desenvolver a compreensão, ex-plicitar a estrutura de um fenômeno *como* (*als*) tal ou tal. Desse modo, pode ser posta em palavras e, por meio delas, enunciada (*Aussage*, § 33) a compreensão que desde sempre temos da estrutura temporal do ser-aí[4].

Gostaria de expor em algumas páginas o novo ponto de vista que essa fenomenologia hermenêutica abre quanto à compreensão do tempo, relativamente aos achados que devem ser creditados a Agostinho e Husserl, ainda que tenhamos de reconhecer mais adiante quão mais alto ainda é o preço a pagar por essa audaciosa interpretação.

Devemos a Heidegger três admiráveis descobertas: segundo a primeira, a questão do tempo como *totalidade* está inseri-

---

3. O estatuto desses existenciais é uma importante fonte de mal-entendidos. Para exprimi-los em palavras, é preciso, ou criar palavras novas, com o risco de não ser entendido por ninguém, ou tirar partido de parentescos semânticos esquecidos no uso corrente, mas preservados no tesouro da língua alemã, ou então renovar as significações antigas dessas palavras, aplicar-lhes até um método etimológico que, na verdade, produz neossignificações, com o risco, dessa vez, de torná-las intraduzíveis para outra língua, ou até para o alemão usual. O vocabulário da temporalidade nos dará uma ampla ideia dessa luta quase desesperada para suprir a falta de palavras: as palavras mais simples, tais como "porvir", "passado", "presente", são objeto desse extenuante trabalho de linguagem.

4. Segundo seu título, a primeira parte – única publicada de *Ser e tempo* – propõe-se a ser "a interpretação (*Interpretation*) do ser-aí pela temporalidade e a explicação (*Explikation*) do tempo como horizonte transcendental da questão do ser" [41] (59).

da, de uma maneira que ainda falta explicitar, na estrutura fundamental do *Cuidado*. De acordo com a segunda, a unidade das três dimensões do tempo – futuro, passado e presente – é uma unidade ek-stática, em que a *exteriorização* mútua das ek-stases procede da própria implicação delas. Por fim, o desdobramento dessa unidade ek-stática revela por sua vez uma constituição por assim dizer folheada do tempo, uma *hierarquização* de níveis de temporalização, que exige denominações distintas: *temporalidade, historialidade, intratemporalidade*[5]. Veremos como essas três descobertas se encadeiam e como as dificuldades suscitadas pela primeira são retomadas e multiplicadas pela segunda e pela terceira.

2. Cuidado e temporalidade

Vincular a estrutura autêntica do tempo à do Cuidado é, desde já, arrancar a questão do tempo da teoria do conhecimento e levá-la para o nível de um modo de ser que 1) conserva a cicatriz de sua relação com a questão do ser, 2) tem aspectos cognitivos, volitivos e emocionais, sem se reduzir a nenhum deles e nem mesmo se situar no nível em que a distinção entre esses três aspectos é pertinente, 3) recapitula os principais existenciais, tais como *projetar, ser lançado no mundo, ser decadente*, 4) oferece a esses existenciais uma unidade estrutural que desde já coloca a exigência de "ser-um-todo", ou de "ser-integral" (*Ganzsein*), que introduz diretamente na questão da temporalidade.

Detenhamo-nos nesse último traço que comanda tudo o que vem a seguir.

Por que se deve entrar na questão da temporalidade pela questão da "possibilidade de ser-um-todo" ou, como diremos de modo equivalente, de "ser-integral"? À primeira vista, a

---

5. Adoto a tradução de *Geschichtlichkeit* por *historialité* [historialidade] proposta por Marianna Simon na sua tradução para o francês de Otto Pöggeler, *Der Denkweg Martin Heideggers* (Pfüllingen, Neske, 1963): *La Pensée de Martin Heidegger, un cheminement vers l'être*, Paris, Aubier-Montaigne, 1967, p. 83.

noção de Cuidado não parece exigi-lo; parece até rejeitar isso. A primeiríssima implicação temporal que ela manifesta é na verdade a do preceder-a-si-mesmo (*das Sichvorweg*), que não comporta nenhum fechamento, mas, muito pelo contrário, deixa sempre algo em sursis, em suspenso, e permanece constantemente incompleto, em virtude mesmo do caráter de *poder-ser* (*Seinskönnen*) do ser-aí: se a questão do "ser-integral" detém no entanto um privilégio é na medida em que a fenomenologia hermenêutica do tempo tem por desafio a *unidade articulada* dos três momentos do porvir, do passado e do presente. Agostinho fazia brotar essa unidade do tempo do presente por triplificação[6]. Para Heidegger, contudo, o presente não pode assumir essa função de articulação e de dispersão, porque ele é a categoria temporal menos apta para uma análise originária e autêntica, em virtude de seu parentesco com as formas decadentes da existência, a saber, a propensão do ser-aí a ser compreendido em função dos seres dados (*vorhanden*) e maneáveis (*zuhanden*) que são objeto de sua ocupação presente, de sua preocupação. Já aqui, o que parece mais próximo aos olhos de uma fenomenologia direta mostra ser o mais inautêntico, e o autêntico, o mais dissimulado.

Portanto, caso se admita que a questão do tempo é em primeiro lugar a questão de sua integralidade estrutural, e se o presente não for a modalidade apropriada para essa busca de totalidade, falta encontrar no caráter de precedência a si mesmo do Cuidado o segredo de sua própria completude. É então que a ideia de um *ser-para-o-fim* (*zum Ende sein*) se propõe como o existencial que traz a marca de seu próprio fechamento interno. O que o ser-para-o-fim tem de notável é que ele "pertence" [234] ao que permanece em sursis e em suspenso

---

6. Essa ambição de apreender o tempo no seu conjunto é a retomada existencial do conhecido problema da unidade do tempo que Kant considera uma das principais pressuposições da *Estética*: existe um único tempo e todos os tempos são partes dele. Segundo Heidegger, contudo, essa unidade singular é tomada no nível do tempo sucessivo, que, como veremos, resulta do nivelamento da intratemporalidade, a saber, a configuração temporal menos originária e menos autêntica. Portanto, era preciso retomar em um outro nível de radicalidade a questão da totalidade.

no poder-ser do ser-aí. Ora "o 'fim' do ser-no-mundo é a morte" [234]: "'Findar', no sentido de morrer, constitui a totalidade do ser-aí" [240][7].

Essa entrada no problema do tempo pela questão do ser-um-todo e a alegada ligação entre o ser-um-todo e o ser-para-a-morte levanta uma primeira dificuldade que não deixará de ter efeitos sobre as duas outras fases de nossa análise. Ela consiste na inelutável interferência, na analítica do ser-aí, entre o *existencial* [*existential*] e o *existenciário* [*existentiel*].
Abordemos brevemente o problema em seu aspecto mais geral e mais formal. Em princípio, o termo "existenciário" caracteriza a escolha concreta de um modo de ser-no-mundo, o engajamento ético assumido por personalidades excepcionais, por comunidades, eclesiásticas ou não, por culturas inteiras. O termo "existencial", em contrapartida, caracteriza qualquer análise que vise explicitar as estruturas que distinguem o ser-aí de todos os outros entes, relacionando assim a questão do sentido do ser do ente que somos com a questão do ser como tal, na medida em que em seu ser está em jogo o sentido de seu

---

7. Não repetirei aqui as análises extraordinariamente cuidadosas com as quais Heidegger distingue o ser-para-o-fim de todos os fins que, na linguagem comum, atribuímos a acontecimentos, processos biológicos ou históricos e, em geral, a todos os modos como as coisas dadas e maneáveis terminam. Tampouco as análises que concluem pelo caráter não transferível da morte dos outros para o morrer próprio, portanto, pelo caráter não transferível da morte própria ("a morte é essencialmente sempre a minha"). Tampouco retomaremos as análises que distinguem a possibilidade característica do ser-para-a-morte de todas as formas de possibilidades em uso na linguagem cotidiana, em lógica e em epistemologia. É impossível exprimir todas as precauções acumuladas contra a compreensão equivocada de uma análise que, partindo de proposições apofáticas (§ 46-49, a morte não é isso, não é aquilo...), procede a um "esboço" [*ébauche*] (*Vorzeichnung*, § 50) que, só no fim do capítulo, se torna a "projeção (*Entwurf*) existencial de um ser autêntico-para-a-morte" [la projection existentiale d'un être authentique-pour-la-mort] (título do § 53). Segundo essa projeção, o ser-para-a-morte constitui uma possibilidade do ser-aí, possibilidade, com efeito, sem igual, para a qual somos tendidos por uma espera única em seu gênero – possibilidade que pode ser dita "a mais extrema" (*äusserste* [252]) e "a mais própria" (*eigenste* [263]) de nosso poder-ser.

próprio ser. Mas a distinção entre existencial e existenciário fica menos clara devido a sua intersecção com a distinção entre o autêntico e o inautêntico, ela mesma imbricada na busca do originário (*ursprünglich*). Esta última sobreposição é inevitável, uma vez que o estado degradado e decadente dos conceitos disponíveis para uma fenomenologia hermenêutica reflete o estado de esquecimento em que se encontra a questão do ser e exige o trabalho de linguagem evocado acima. A conquista de conceitos primitivos, originários, é, pois, inseparável de uma luta contra a inautenticidade, ela mesma identificada na prática à cotidianidade. Ora, a busca do autêntico não pode ser conduzida sem um constante apelo ao *testemunho* do existenciário. Os comentadores não sublinharam suficientemente, a meu ver, esse nó de toda a fenomenologia hermenêutica de *Ser e tempo*. Esta precisa incessantemente *atestar* existenciariamente seus conceitos existenciais[8]. Por quê? Não é para responder a uma objeção epistemológica qualquer vinda das ciências humanas – apesar das palavras "parâmetro", "segurança", "certeza", "garantia"; a necessidade de *atestação* resulta da própria natureza dessa potencialidade a ser em que consiste a existên-

---

8. A segunda seção de *Ser e tempo*, intitulada "Ser-aí e temporalidade", abre-se com a expressão de uma dúvida sobre o caráter originário da interpretação do Cuidado como estrutura totalizante da existência: "Será que podemos considerar a característica ontológica do ser-aí enquanto Cuidado uma interpretação originária desse ente? Com que parâmetro se deve avaliar a analítica existencial do ser-aí quanto a seu caráter originário ou não? Que devemos entender de modo geral por caráter originário de uma interpretação ontológica?" [231]. Questão à primeira vista surpreendente nesse estágio avançado da investigação. Ora, agora é dito que ainda não temos a certeza (*Sicherung*) de que a visão antecipada (*Vorsicht*) que rege a interpretação forneceu a posse-antecipada (*Vorhabe*) do todo do ente tematizado. A hesitação incide, pois, sobre a qualidade do olhar lançado sobre a unidade dos momentos estruturais do Cuidado: "Somente então é que se pode colocar e resolver com certeza fenomenológica a questão do sentido da unidade da integralidade de ser (*Seinsganzheit*) do ente integral" [232]. Mas como pode estar "garantido" (*gewährleistet*) esse caráter originário? É aqui que a questão de autenticidade vem se juntar à da originariedade: "Enquanto a estrutura existencial do poder-ser autêntico não tiver sido incorporada à ideia de existência, a visão-antecipada capaz de guiar uma interpretação *existencial* carecerá de originariedade" [233].

cia: esta, com efeito, é livre, seja para o autêntico, seja para o inautêntico, seja para algum modo indiferenciado. Ora, as análises da primeira seção apoiaram-se constantemente na cotidianidade mediana e portanto estão confinadas a esse registro indistinto, senão francamente inautêntico. É por isso que se impõe uma nova exigência: "A existência significa uma potencialidade a ser – mas também uma potencialidade a ser que seja autêntica" [233]. Contudo, como um ser inautêntico pode perfeitamente ser menos que integral (*als unganzes*), como comprova a atitude de fuga diante da possibilidade da morte, deve-se reconhecer que "*nossa análise existencial anterior do ser--aí não pode pretender à originariedade*" (*ibid.*). Em outras palavras, sem a garantia da autenticidade, a análise também carece da certeza de originariedade.

A necessidade de apoiar a *análise* existencial no *testemunho* existenciário tem a mesma origem. Temos um exemplo gritante disso na relação estabelecida desde o começo entre o ser--um-todo do ser-aí e o ser-para-a-morte[9], e depois uma franca confirmação no *testemunho* aposto a toda análise pela resolução antecipadora.

Na verdade, o reino da inautenticidade não cessa de reabrir a questão do parâmetro de autenticidade. É então à consciência moral (*Gewissen*) que se pede a atestação de autenticidade[10]. O capítulo II dedicado a essa análise intitula-se: "*A atestação (Bezeugung) própria do ser-aí de um poder-ser autêntico e a resolução*" [267]. Esse capítulo, que parece retardar ainda mais a análise decisiva da temporalidade, tem um papel único. Com efeito, a linguagem corrente sempre disse tudo sobre a morte: morre-se só, a morte é certa mas sua hora incerta etc. A partir

---

9. O ser-para-o-fim é o existencial do qual o ser-para-a-morte é a cada vez e para cada um o existenciário: "Enquanto caráter do ser-aí, a morte só *é* num *ser-para-a-morte* existenciário" [234].
10. "Mas será que o ser-aí pode também existir de modo *autêntico* enquanto todo? Como pode a autenticidade da existência ser determinada, senão na perspectiva do existir autêntico? De onde tirarmos nosso critério para isso? A atestação (*Bezeugung*) de um poder-ser autêntico é fornecida pela consciência moral (*Gewissen*)" [234].

daí, nunca se está livre do falatório, da esquiva, da dissimulação e do apaziguamento que infectam o discurso cotidiano; portanto, é preciso nada menos que a atestação da consciência moral e do apelo endereçado, mediante sua voz, de si para si mesmo, para estabelecer o ser-para-a-morte no seu mais alto grau de autenticidade[11].

A partir daí, o testemunho dado pela consciência moral à resolução pertence de modo orgânico à análise do tempo como totalização da existência: coloca o selo do autêntico no originário. É por isso que Heidegger não tenta proceder diretamente da análise do Cuidado para a do tempo. A temporalidade só é acessível no ponto de junção entre o originário, parcialmente alcançado pela análise do ser-para-a-morte, e o autêntico, estabelecido pela análise da consciência moral. Talvez seja este o motivo mais decisivo da estratégia de *retardamento* que opusemos à estratégia da abreviação adotada por Husserl, com a exclusão do tempo objetivo e a descrição de objetos tão ínfimos quanto o som que continua a ressoar. Assim, pois, Heidegger se proporciona uma série de adiamentos antes de abordar tematicamente a temporalidade: primeiro a do longo tratado "preliminar" (toda a primeira seção de *Ser e tempo*) dedicado à análise do ser-no-mundo e do "aí" do ser-aí, e coroado pela análise do Cuidado; em seguida, a do curto tratado (os dois primeiros capítulos da segunda seção) que, fundindo o tema do ser-para-a-morte com o da resolução na noção complexa da *resolução antecipadora*, garante o recobrimento do originário pelo autêntico. A essa estratégia do *retardamento* corresponderá, depois da análise temática da temporalidade, uma estratégia da *repetição* anunciada desde o parágrafo de introdução à

---

11. No final da análise do ser-para-a-morte, lemos esta estranha confissão: "A questão ainda em suspenso (*schwebende*) de um ser-integral autêntico do ser-aí e de sua constituição existencial só poderá ser colocada em um solo fenomenal a toda prova (*probhaftig*) se puder prender-se (*sich... halten*) a uma possível autenticidade de seu ser, atestada (*bezeugte*) pelo próprio ser-aí. Caso se consiga descobrir fenomenologicamente essa atestação (*Bezeugung*) e o que ela atesta, volta-se a colocar o problema de saber *se a antecipação da morte, até agora projetada apenas em sua possibilidade ontológica, estabelece uma conexão essencial com o poder-ser autêntico assim atestado (bezeugten)*" [267].

segunda seção (§ 45): com efeito, a tarefa do capítulo IV será proceder a uma repetição de todas as análises da primeira seção, para experimentar *a posteriori* seu teor temporal. Essa repetição é anunciada nos seguintes termos: "A análise existencial temporal exige uma confirmação (*Bewährung*) concreta... Mediante essa recapitulação (*Wiederholung*) da análise preliminar fundamental do ser-aí, tornamos ao mesmo tempo mais transparente (*durchsichtiger*) o próprio fenômeno da temporalidade" [234-235]. Pode-se considerar uma postergação suplementar a longa "repetição" (*Wiederholung* [332]) da primeira seção de *Ser e tempo*, intercalada entre a análise da temporalidade propriamente dita (cap. III) e da historialidade (cap.V) no intuito claramente expresso de encontrar na *reinterpretação em termos temporais* de todos os momentos do ser-no-mundo percorridos na primeira seção uma "confirmação (*Bewährung*) de grande amplitude de sua potência constitutiva (*seiner konstitutiven Mächtigkeit*)" [331]. O capítulo IV dedicado a essa "interpretação temporal" dos traços do ser-no-mundo pode, assim, ser posto sob o mesmo signo da *atestação* de autenticidade que o capítulo II, dedicado à antecipação resoluta. A novidade é que o tipo de confirmação fornecida por essa retomada de todas as análises da primeira seção destina-se aos modos derivados da temporalidade fundamental, principalmente à intratemporalidade, como já indica o título desse capítulo intercalar: "Temporalidade e cotidianidade". Quem diz "*cotidianidade*" (*Alltäglichkeit*) diz "dia" (*Tag*), isto é, uma estrutura temporal cuja significação é remetida para o último capítulo de *Ser e tempo*. Assim, o caráter autêntico da análise do tempo só é *atestado* pela capacidade que essa análise tem de dar conta dos modos derivados da temporalidade: a derivação tem valor de atestação.

Dessa vez, porém, o preço a pagar é a indistinção, tão temida e tão recusada, entre o existenciário e o existencial. Essa indistinção tem dois grandes inconvenientes.

Em primeiro lugar, cabe indagar se toda a análise da temporalidade não é conduzida pela concepção pessoal de Heidegger a respeito da autenticidade, num plano onde ela entra em competição com outras concepções existenciárias, como as de Pascal e de Kierkegaard – ou a de Sartre –, para não falar da de Agostinho. Não é, com efeito, numa configuração *ética*, muito marcada por um certo estoicismo, que a resolução em face da morte constitui a prova suprema de autenticidade? De modo ainda mais grave, não é numa análise *categorial* muito marcada pela retroação do existenciário sobre o existencial, que a morte é tida pela possibilidade extrema, ou até pela capacidade mais própria, inerente, à estrutura essencial do Cuidado? De minha parte, considero igualmente legítima uma análise como a de Sartre, que caracteriza a morte antes como interrupção de nosso poder-ser do que como sua possibilidade mais autêntica.

Cabe ademais indagar se essa marca existenciária muito singular, aplicada desde o começo sobre a análise da temporalidade, não terá consequências de extrema gravidade sobre a empresa de hierarquização da temporalização operada nos dois últimos capítulos da seção sobre o ser-aí e o tempo: a despeito da vontade de *derivar* a historialidade e a intratemporalidade da temporalidade radical, uma nova *dispersão* da noção de tempo nascerá, com efeito, da incomensurabilidade entre o tempo *mortal*, ao qual a temporalidade é identificada pela análise preparatória, o tempo *histórico*, que a historialidade supostamente funda, e o tempo *cósmico*, ao qual a intratemporalidade remete. Essa perspectiva de uma fragmentação da noção de tempo, que voltaria a dar vida às aporias com que toparam Agostinho e Husserl, só poderá ser precisada depois de examinada a própria noção de "derivação" aplicada ao encadeamento dos três níveis de temporalização. Esse exame encerrará nossa própria exposição.

Contudo, caso se retire da mortalidade a capacidade de determinar por si só o nível de radicalidade em que a temporalidade pode ser pensada, não se enfraquece o modo de questionamento que guia a investigação da temporalidade (cap. III). Muito pelo contrário. Se a potencialidade do ser-aí a ser um todo – eu diria: se sua capacidade de integralidade – deixa de ser regida unicamente pela consideração do ser-para-o-fim, a capacidade de ser-um-todo poderá ser novamente remetida à potência de unificação, de articulação e de dispersão do tempo[12]. E, se a modalidade do ser-para-a-morte parece provir antes da retroação dos dois outros níveis de temporalização – historialidade e intratemporalidade – sobre o nível mais original, então o poder-ser constitutivo do Cuidado pode ser revelado em toda a sua pureza, como preceder-a-si-mesmo, como *Sichvorweg*. Os outros traços que, juntos, compõem a antecipação resoluta tampouco se veem enfraquecidos e sim reforçados pela recusa do privilégio dado ao ser-para-a-morte. Assim, a atestação dada pela voz silenciosa da consciência moral e a culpa que dá a essa voz sua força existenciária endereçam-se ao poder-ser em toda a sua nudez e em toda a sua amplitude. Nesse mesmo sentido, o ser-lançado é revelado tanto pelo fato de ter nascido um dia e em algum lugar quanto pela necessidade de dever morrer. A decadência é atestada tanto pelas promessas antigas não cumpridas como pela fuga ante a perspectiva da morte. O endividamento e a responsabilidade, designados pelo mesmo termo alemão *Schuld*, também constituem um poderoso apelo para que cada um escolha de acordo com suas mais íntimas possibilidades e para que se torne livre para sua tarefa no mundo, quando o Cuidado recupera seu elã original pela despreocupação no tocante à morte[13].

Há, portanto, mais de uma maneira existenciária de receber, com toda a sua força existencial, a fórmula que define a temporalidade: *"Fenomenalmente, a temporalidade é experimentada de modo originário em estreita ligação com o ser-um-todo autêntico do ser-aí, no fenômeno da resolução antecipadora"* [304][14].

---

12. O capítulo VI da segunda seção de nossa quarta parte será todo ele dedicado à busca de um modo de totalização das três orientações do tempo histórico que, sem nunca voltar a Hegel, faz justiça a essa exigência de totalização na dispersão.
13. Veremos o lugar ocupado pela ideia de dívida para com o passado, os mortos, as vítimas esquecidas, em nossa tentativa de dar sentido à noção de *passado tal como foi* (segunda seção, cap. III).
14. Heidegger parece de fato dar à reflexão a liberdade de ir ao encontro de sua fórmula a partir de experiências pessoais diferentes: "A temporalidade pode se *temporalizar* segundo possibilidades e modalidades diferentes. As possibilidades fundamentais da existência, da autenticidade e da inautenticidade do ser-aí têm seu fundamento ontológico em possíveis temporalizações da temporalidade" [304]. Acho que Heidegger tem em vista aqui diferenças liga-

3. A temporalização: por-vir, ter-sido, tornar-presente

Como dissemos, é apenas no final do capítulo III da segunda seção, § 65-66, que Heidegger trata tematicamente da temporalidade em sua relação com o Cuidado. Nessas páginas, de extrema densidade, Heidegger tem a ambição de ir além da análise agostiniana do triplo presente e mais longe que a análise husserliana da retenção-protensão, as quais, como vimos acima, ocupam o mesmo lugar fenomenológico. A originalidade de Heidegger está em buscar *no próprio Cuidado o princípio da pluralização do tempo* em futuro, passado e presente. Desse deslocamento para o mais originário resultarão a promoção do futuro para o lugar ocupado até então pelo presente e uma total reorientação das relações entre as três dimensões do tempo. Isso exigirá até mesmo o abandono dos termos "futuro", "passado" e "presente" que Agostinho considerara não dever questionar por respeito pela linguagem corrente, apesar de sua audácia em falar do presente *do* futuro, do presente *do* passado e do presente *do* presente.

O que buscamos, está dito no começo do § 65, é o sentido (*Sinn*) do Cuidado. Questão, não de visão, mas de compreensão e de interpretação: "Radicalmente falando, o 'sentido' significa o que *orienta* (*woraufhin*) o projeto primordial da compreensão do ser"; "o sentido significa o oriente (*woraufhin*) do projeto primordial, em função do qual alguma coisa pode ser concebida como (*als*) aquilo que ela é, na sua possibilidade" [324][15].

Portanto, entre a articulação interna do Cuidado e a triplicidade do tempo encontramos uma relação quase kantiana de

---

das não ao passado, ao presente e ao futuro, mas às diversas maneiras de ligar o existencial ao existenciário.

15. O programa inicial de *Ser e tempo*, explicitamente declarado na "Introdução", era reconduzir à "questão do sentido do ser" no final da analítica do ser-aí. Embora a obra publicada não cumpra esse vasto programa, a hermenêutica do Cuidado preserva pelo menos sua intenção, ao vincular fortemente o projeto inerente ao Cuidado ao "projeto primordial de compreensão do ser" [324]. Com efeito, os projetos humanos só são projetos em virtude desse enraizamento último: "Esses projetos guardam em si um *Oriente* (*ein Woraufhin*) do qual se nutre, por assim dizer, a compreensão do ser" (*ibid.*).

condicionalidade. Mas o "tornar-possível" heideggeriano difere da condição kantiana de possibilidade, na medida em que o próprio Cuidado possibilita toda experiência humana. Essas considerações sobre a possibilitação, inscrita no Cuidado, já anunciam a primazia do futuro no percurso da estrutura articulada do tempo. O elo intermediário do raciocínio é fornecido pela análise precedente da *antecipação resoluta*, ela mesma proveniente da meditação sobre o ser-para-o-fim e sobre o ser-para-a-morte. Mais que a primazia do futuro: a reinscrição do termo "futuro", emprestado da linguagem cotidiana, no idioma apropriado à fenomenologia hermenêutica. Um advérbio, melhor que um substantivo, serve aqui de guia, qual seja, o *zu* de *Sein-zum-Ende* e de *Sein-zum-Tode*, que podemos aplicar ao *zu* da expressão corrente *Zu-kunft* (por-vir). Concomitantemente, o *kommen* – "vir" – também ganha um novo relevo ao juntar a potência do verbo à do advérbio, no lugar do substantivo "futuro"; no Cuidado, o ser-aí visa advir a si segundo suas possibilidades mais próprias. *Advir a* (*Zukommen*) é a raiz do futuro: "Deixar-se advir a si (*sich auf sich* zukommen-*lassen*) é o fenômeno originário do por-*vir* (*Zukunft*)" [325]. É essa a possibilidade incluída na antecipação resoluta: "A antecipação (*Vorlaufen*) torna o ser-aí *autenticamente* por-vir, de sorte que o ser-aí, como *ente*, advém a si desde sempre, em outras palavras, é, em seu ser como tal, por-vir (*zukünftig*)" [325][16].

A nova significação de que se reveste o futuro permite discernir, entre as três dimensões do tempo, relações inusitadas de íntima implicação mútua.

É pela implicação do passado pelo futuro que Heidegger começa, adiando assim a relação entre ambos e o presente que estava no centro das análises de Agostinho e de Husserl.

A passagem do futuro ao passado cessa de constituir uma transição extrínseca, porque o *ter-sido* parece chamado pelo *por-vir* e, em certo sentido, contido nele. Não existe reconhecimento em geral sem reconhecimento de dívida e de responsa-

---

16. O prefixo *vor* tem a mesma força expressiva que o *zu* de *Zukunft*. Encontramo-lo incluído na expressão *Sich vorweg*, preceder-a-si, que define o Cuidado em toda a sua amplitude, em equivalência com o vir-a-si.

bilidade; daí que a própria resolução implique tomar para si a falta e seu momento de derrelição (*Geworfenheit*). Ora, "assumir a derrelição significa que o ser-aí *seja* autenticamente no estado em que *ele sempre já era* (*in dem, wie es je schon war*)" [325]. O que importa aqui é que o imperfeito do verbo ser – "era" – e o advérbio que o sublinha – "já" – não se separam do ser, mas que o "tal como ele já era" traz a marca do "eu sou", do modo como é possível dizer em alemão: "*ich bin-gewesen*" [326] ("eu sou-sido"). Pode-se então dizer, resumidamente: "Autenticamente por-vir *é* o ser-aí autenticamente tendo-*sido*" (*ibid.*). Essa abreviação é a do retorno a si inerente a toda tomada de responsabilidade. Assim, o tendo-sido procede do porvir. O tendo-sido, e não o passado, caso se entenda por isso o passado das *coisas* passadas, que opomos, no plano da presença dada e da maneabilidade, à abertura das *coisas* futuras. Não consideramos evidente que o passado seja determinado e o futuro aberto? Mas essa assimetria, separada de seu contexto hermenêutico, não permite ouvir a relação intrínseca entre passado e futuro[17].

Quanto ao presente, longe de produzir o passado e o futuro subdividindo-se, como em Agostinho, ele é a modalidade da temporalidade cuja autenticidade é mais dissimulada. Há decerto uma verdade da cotidianidade no seu comércio com as coisas dadas e maneáveis. Nesse sentido, o presente é de fato o tempo da *preocupação*. Mas não deve ser concebido com base no modelo da presença dada das coisas de nossa preocupação, e sim como uma implicação do Cuidado. É por intermédio da *situação*, a cada vez oferecida à resolução, que se pode repensar o presente de modo existencial; será então preciso falar de "presentar", no sentido de "tornar presente", e não de presente[18]: "A resolução só pode ser o que é como *presente* (*Gegenwart*),

---

17. Essa distinção entre o *ter-sido*, intrinsecamente implicado no por-vir, e o *passado*, extrinsecamente distinguido do futuro, será da maior importância quando discutirmos o estatuto do passado histórico (segunda seção, cap. III).
18. Poder-se-ia dizer: presentificar (Marianna Simon, *op. cit.*, p. 82); mas o termo já foi empregado, num contexto husserliano, para traduzir o *Vergegenwärtigen*, mais próximo da representação que da presentação.

tomado no sentido de 'presentar' (*gegenwärtigen*), ou seja, ela se deixa encontrar sem escapatória por aquilo que ela só capta agindo" [326].

Por-vir e retorno a si são assim incorporados à resolução, a partir do momento em que esta se insere na situação tornando-a presente, presentando-a.

A temporalidade passa a ser a unidade articulada do por-vir, do ter-sido e do presentar, que, assim, podem ser pensados conjuntamente: "Chamamos de *temporalidade* o *fenômeno* que apresenta semelhante unidade de um por-vir que torna presente no processo de ter-sido" [326].

Entende-se em que sentido esse tipo de dedução uma pela outra das três modalidades temporais corresponde ao conceito de *possibilitação* evocado acima: "A temporalidade possibilita (*ermöglicht*) a unidade da existência, da facticidade e da decadência" [328]. Esse novo estatuto do "tornar-possível" exprime-se na substituição do substantivo pelo verbo: "A temporalidade não 'é' de forma alguma um *ente*. Ela não é, ela *se temporaliza*" (*ibid*.)[19].

Embora a invisibilidade do tempo como um todo deixe de ser um obstáculo para o pensamento a partir do momento em que pensamos a possibilidade como possibilitação e a temporalidade como temporalização, o que continua tão opaco em Heidegger quanto em Agostinho é a triplicidade interna a essa integralidade estrutural: as expressões adverbiais – o "ad" do por-vir, o "já" do ter-sido, o "junto a" da preocupação – indicam no próprio nível da linguagem a dispersão que mina de dentro a articulação unitária. O problema agostiniano do triplo presente vê-se simplesmente transportado para a temporali-

---

19. Embora se possa dizer que, desse modo, a temporalidade é *pensada* como temporalização, a relação última entre Zeit e Sein continua, em contrapartida, em suspenso enquanto a ideia de ser não tiver sido clarificada. Essa lacuna, porém, não será preenchida em *Ser e tempo*. Apesar desse caráter inacabado, pode-se atribuir a Heidegger o mérito de ter solucionado uma das principais aporias do problema do tempo, qual seja, a de sua invisibilidade como totalidade única.

zação tomada em seu conjunto. Ao que parece, nada mais se pode senão apontar esse fenômeno intratável, designá-lo pelo termo grego *ekstatikón* e declarar: "A temporalidade é o *'fora-de-si'* (*Ausser-sich*) originário, em si e para si" [329][20]. Ao mesmo tempo, é preciso corrigir a ideia de unidade estrutural do tempo mediante a ideia de *diferença* de suas ek-stases. Essa diferenciação está intrinsecamente implicada na temporalização, na medida em que esta é um processo que junta dispersando[21]. A passagem do futuro para o passado e para o presente é simultaneamente unificação e diversificação. Eis que, de repente, se reintroduz o enigma da *distentio animi*, embora o presente não seja mais seu suporte. E por motivos bastante próximos. Agostinho, como recordam, preocupava-se em explicar o caráter extensível do tempo, que nos faz falar de tempo curto e tempo longo. Para Heidegger, também, o que ele considera a concepção vulgar, ou seja, a sucessão de "agoras" exteriores uns aos outros, encontra um aliado secreto na exteriorização primordial da qual ela apenas exprime o *nivelamento*: o nivelamento é nivelamento desse traço de exterioridade. Só poderemos tratar livremente desse nivelamento depois de ter desenvolvido os níveis hierárquicos de temporalização: temporalidade, historialidade, intratemporalidade, na medida em que o que ele afeta preferencialmente é o modo mais longinquamente derivado, a intratemporalidade. No entanto, pode-se perceber no *fora-de-si* (*Aussersich*) da temporalidade primordial o princípio de todas as formas posteriores de exteriorização e do nivelamento que o afetarão. A questão que então se coloca é saber se a derivação dos modos menos autênticos não dissimula a circularidade de toda a análise. O tempo derivado já não se anuncia no *fora-de-si* da temporalidade originária?

---

20. "A essência da temporalidade é a temporalização na unidade das ek-stases" [329].

21. Uma "igual originariedade" (*Gleichursprünglichkeit*) [329] das três ek-stases resulta da *diferença* entre os modos de temporalização: "Dentro dessa equi-originariedade, os modos de temporalização são diferentes. E a diferenciação consiste no fato de a temporalização poder se diferenciar primariamente a partir das diferentes ek-stases" [329].

4. A historialidade (*Geschichtlichkeit*)

Minha dívida para com a última contribuição da fenomenologia hermenêutica de Heidegger à teoria do tempo é incomensurável. Nela, as mais preciosas descobertas geram as mais desconcertantes perplexidades. A distinção entre temporalidade, historialidade e intratemporalidade (que ocupa os dois últimos capítulos com os quais *Ser e tempo* mais se interrompe do que se conclui) vem completar os dois achados precedentes: o recurso ao Cuidado como aquilo que "possibilita" a temporalidade – a unidade plural das três ek-stases da temporalidade.

A questão da historialidade é introduzida pela expressão de um escrúpulo (*Bedenken*), que agora nos é familiar: "Será que, no tocante a seu autêntico *ser*-um-todo, submetemos de fato o caráter de totalidade do ser-aí à posse prévia (*Vorhabe*) da análise existencial?" [372][22]. Falta à temporalidade um traço para que ela possa ser considerada integral: esse traço é o do *Erstreckung*, do estiramento *entre* nascimento e morte. Como falar dele, numa análise que até agora ignorou o nascimento e, com ele, o *entre-nascer-e-morrer*? Ora, esse "entre-dois" é o próprio *estiramento* do ser-aí. Se nada foi dito a esse respeito anteriormente, foi pelo temor de voltar a cair nas redes do pensamento comum, acorde com as realidades dadas e maneáveis. Com efeito, o que há de mais tentador do que identificar esse

---

22. Expusemos anteriormente o que Heidegger espera dessas últimas análises, quanto à *atestação* do originário pelo autêntico. O capítulo III, dedicado à temporalidade fundamental, termina com estas palavras: "A elaboração (*Ausarbeitung*) da temporalidade do ser-aí como cotidianidade, historialidade e intratemporalidade proporciona pela primeira vez um acesso sem reservas à complexa efetivação (*in die Verwirklichungen*) de uma ontologia originária do ser-aí" [333]. Ora, a complexidade dessa execução é inelutável, na medida em que o ser-aí de fato (*faktisch*) (*ibid.*) existe no mundo junto a e no meio de entes que ele encontra nesse mundo. É portanto a estrutura do ser-no-mundo, descrita na primeira seção, que exige essa "elaboração" e essa concretização complexa da temporalidade, até que ela encontre, com a estrutura da intratemporalidade, seu ponto de partida na cotidianidade (como lembrou o capítulo IV, "Temporalidade e cotidianidade"). Mas, para uma fenomenologia hermenêutica, o mais próximo é na verdade o mais distante.

estiramento a um intervalo mensurável entre o "agora" do começo e o do fim? Mas, junto com isso, não deixamos de caracterizar a existência humana mediante um conceito, familiar a muitos pensadores do começo do século, entre os quais Dilthey, o da "coesão da vida" (*Zusammenhang des Lebens*), concebida como o desenrolar ordenado das *vivências (Erlebnisse)* "no tempo"? É inegável que algo importante está sendo dito aí, embora seja pervertido pela categorização defeituosa imposta pela representação vulgar do tempo; com efeito, é no quadro da simples sucessão que situamos não só coesão e desenrolar, mas também mudança e permanência (conceitos estes – notemos – do maior interesse para a narração). O nascimento torna-se então um acontecimento do passado que já não existe, assim como a morte se torna um acontecimento do futuro que ainda não ocorreu, e a coesão da vida um lapso de tempo rodeado pelo resto do tempo. Só quando essas legítimas investigações que gravitam em torno do conceito de "coesão da vida" forem vinculadas à problemática do Cuidado é que se poderá devolver a dignidade ontológica às noções de estiramento, mutabilidade (*Bewegheit*) e constância do si (*Selbstständigkeit*) que a representação comum do tempo alinha com a coerência, a mudança e a permanência das coisas dadas e maneáveis. Vinculado ao Cuidado, o entre-vida-e-morte deixa de aparecer como um intervalo que separa dois extremos inexistentes. Ao contrário, o ser-aí não preenche um intervalo de tempo, mas, estirando-se, constitui seu verdadeiro ser como esse próprio estiramento que envolve seu próprio começo e seu próprio fim e dá sentido à vida como entre-dois. Com essa observação, somos levados para bem perto de Agostinho.

É para marcar essa derivação do estiramento do ser-aí a partir da temporalização originária que Heidegger tenta renovar o sentido da velha palavra *Geschehen* e igualá-la à problemática ontológica do entre-vida-e-morte. A escolha dessa palavra é uma escolha feliz na medida em que *Geschehen* é um verbo homólogo a *Zeitigen*, que marca a operação temporalizante[23].

---

23. A tradução francesa por *historial*, proposta por Henri Corbin, embora satisfatória, não dá conta do primado do verbo sobre o substantivo. Marianna

Além disso, graças a seu parentesco semântico com o substantivo *Geschichte* – "história" –, o verbo *geschehen* conduz para a questão epistemológica, tão importante para nós, de saber se é à ciência historiográfica que devemos o fato de pensar historicamente, ou se não é, antes, porque o ser-aí se historializa que a investigação histórica ganha sentido; mais para a frente, daremos a esse debate entre a ontologia da historialidade e a epistemologia da historiografia toda a atenção que ele merece. Nosso problema, por ora, é mais radical: trata-se da natureza da "derivação" mediante a qual se passa da temporalidade à historialidade no plano ontológico.

A derivação é mais de mão dupla do que Heidegger parece anunciar.

Por um lado, a historialidade deve seu teor ontológico a essa derivação: estiramento, mutabilidade, constância do si só podem ser arrancados de sua representação degradada por meio da remissão de toda a problemática da historialidade à da temporalidade[24]. Somos até mesmo incapazes de dar um sentido satisfatório às relações entre mutabilidade e constância do si enquanto as pensarmos dentro das categorias opostas da mudança e da permanência.

Por outro lado, a historialidade agrega uma dimensão nova – original, *co-originária* – à temporalidade, para a qual apontam, apesar de seu estatuto degradado, as expressões originárias de coesão, mutação e constância do si. Se o senso comum não tivesse uma certa pré-noção delas, não se colocaria a questão de reajustá-las ao discurso ontológico do ser-aí. Nem mesmo levantaríamos a questão do historial do ser-aí se já não tivéssemos levantado, no âmbito das categorias inapropriadas,

---

Simon diz: *être-historial* [ser-historial] *op. cit.*, p. 83. J.-F. Courtine, tradutor dos *Problèmes fondamentaux de la Phénoménologie*, propõe *devir-historial*, que tem a dupla vantagem de conservar o laço com o conceito tradicional do devir e de se harmonizar com a tradução de *Geschichtlichkeit* por historialidade.

24. "A mutabilidade (*Bewegtheit*) específica do *estirar-se-estirado* é o que chamamos o *devir-historial* do ser-aí. A questão da 'coesão' do ser-aí é o problema ontológico de seu devir-historial. Liberar a *estrutura historial*, bem como suas condições de possibilidade existenciais-temporais, significa conquistar uma compreensão *ontológica* da historialidade" [375].

a questão da mutabilidade e a da constância do si, vizinhas da do estiramento do ser-aí entre vida e morte. A questão da constância do si, em particular, se impõe à reflexão quando nos indagamos sobre o "quem" do ser-aí. Ora, não podemos evitá-la, já que a questão do si volta a ocupar o primeiro plano com a questão da resolução, que não prescinde da autorreferência da promessa e da culpa[25].

Portanto, é verdade que, por mais derivada que seja, a noção de historialidade agrega à de temporalidade, no próprio plano existencial, os traços significados pelas palavras "estiramento", "mutabilidade" e "constância do si". Deveremos lembrar desse enriquecimento do originário pelo derivado quando nos indagarmos em que sentido a historialidade é o fundamento ontológico da história, e, reciprocamente, a epistemologia da historiografia uma disciplina fundada na ontologia da historialidade[26].

É dessa derivação inovadora – por assim dizer – que devemos agora explorar os recursos. A principal preocupação de Heidegger no tocante a isso é resistir a duas tendências de todo pensamento histórico: a primeira consiste em pensar de saída a história como um fenômeno *público*: a história não é a história de todos os homens? A segunda redunda em separar o passado de sua relação com o futuro e constituir o pensamento histórico em pura *retrospecção*. Ambas as tendências são mutuamente solidárias, pois é precisamente da história *pública* que tentamos compreender o sentido *a posteriori*, no estilo da retrospecção, ou até da retrodicção.

---

25. O alemão pode brincar aqui com a raiz das palavras e decompor o termo *Selbstständigkeit* (que traduzimos por constância do si) em *Ständigkeit des Selbst*, que seria algo como a *manutenção do si*, no sentido de que se *mantém* a promessa. Ora, Heidegger liga expressamente a questão do *quem* à do *si*: "... a constância do si, que determinamos como o quem do ser-aí" [375] (cf. a remissão ao § 64: *Sorge und Selbstheit*).

26. "A interpretação existencial da historiografia como ciência visa unicamente demonstrar (*Nachweis*) sua proveniência ontológica da historialidade do ser-aí... A *análise da historialidade do ser-aí visa mostrar que esse ente não é 'temporal' porque 'se encontra na história', mas que, inversamente, só tem e só pode ter existência historial porque é temporal no fundo de seu ser*" [376].

À primeira tentação, Heidegger opõe a primazia da historialidade de cada ser-aí "de fato" com relação a qualquer investigação que verse sobre a história do mundo, no sentido hegeliano do termo: "O ser-aí de fato sempre (*je*) possui sua 'história' e pode ter algo parecido com uma história porque o ser desse ente se constitui de historialidade" [382]. É precisamente esse o primeiro sentido da palavra "história" recomendado por uma investigação que tem o Cuidado como fio condutor e que vê no ser-para-a-morte – solitário e intransferível – a pedra de toque de qualquer atitude autêntica relativa ao tempo[27].

Quanto à segunda tentação, Heidegger a enfrenta com todo o peso da análise anterior, que dá ao porvir a prioridade na gênese mútua das três ek-stases temporais. Contudo, não podemos nos limitar a retomar essa análise nos mesmos termos se quisermos dar conta dos novos traços que o historial traz (estiramento, mutabilidade, constância do si). É por isso que o movimento do por-vir para o ter-sido tem de ser repensado para dar conta da inversão mediante a qual o passado parece recuperar a prioridade com relação ao futuro. O momento decisivo do argumento é este: não existe elã para o futuro que não *volte para* a condição de *já* estar lançado no mundo. Ora, essa volta para si não se limita a retornar para as circunstâncias mais contingentes e mais extrínsecas de nossas escolhas iminentes. Consiste, de modo mais essencial, em recuperar as potencialidades mais íntimas e mais permanentes mantidas em reserva no que parece constituir somente a oportunidade contingente e extrínseca da ação. Para expor essa relação estreita entre antecipação e *derrelição*, Heidegger arrisca-se a introduzir as noções afins de *herança*, transferência e transmissão. O termo "herança" – *Erbe* – foi escolhido devido a suas conotações

---

27. Essa primeira resposta não facilita a tarefa de fundação da historiografia na historialidade: com efeito, como se passa da história de cada um para a história de todos? A ontologia do ser-aí não é, no tocante a isso, radicalmente monádica? Veremos mais adiante até que ponto uma nova transição, aquela entre *Schicksal*-destino privado e *Geschick*-sina comum, responde a essa grande dificuldade.

particulares: para cada qual, com efeito, a derrelição – o estar-lançado – proporciona a configuração única de um *lote* de potencialidades que não são nem escolhidas nem impostas, mas legadas e transmitidas. Além disso, é próprio de uma herança que se entre na posse dela, que ela seja recebida, assumida. A língua francesa infelizmente carece dos recursos semânticos do alemão para restituir o entrelaçar de verbos e prefixos que tecem a ideia de uma herança legada, transmitida, assumida[28].

Essa noção-chave de herança transmitida e assumida constitui o eixo da análise. Permite perceber que todo retorno para trás procede de uma resolução essencialmente voltada para frente.

A distinção entre a transmissão de potencialidades que são eu mesmo, enquanto tendo-sido, e a transferência fortuita de um bem para sempre fixado, abre por sua vez caminho para uma análise que repousa sobre o parentesco entre três conceitos que a semântica da língua alemã situa no mesmo campo: *Schiksal, Geschick* e *Geschichte*, que traduzimos por destino, sina e história.

O primeiro certamente reforça o caráter monádico da análise, ao menos no começo. É de mim para mim que me transmito e que me recebo como herança de potencialidades. Nisso consiste o *destino*. Se, com efeito, todos nós portamos nossos projetos à luz do ser-para-a-morte, então, tudo o que é fortuito cai: resta tão-só esse lote, essa parte que somos, na miséria da mortalidade. Destino: "É assim que designamos o historial originário do ser-aí, que reside na resolução autêntica e no qual o ser-aí se transmite (*sich... ueberlierfert*) de si para si, livre para a morte, segundo uma possibilidade herdada, mas igualmente escolhida" [384]. Nesse nível, imposição e escolha se confundem, assim como impotência e onipotência, no conceito sobredeterminado de destino.

---

28. O alemão joga essencialmente com os dois prefixos *zurück* (de volta) e *über* (trans-) apostos sucessivamente aos verbos *kommen* (vir), *nehmen* (pegar), *liefern* (entregar). O inglês consegue associar melhor as expressões: *to come back, to take over an heritage, to hand down possibilities that have come down to one* [voltar, assumir uma herança, passar adiante possibilidades que nos foram legadas].

Todavia, será verdade que uma herança se transmite de si para si? Não é sempre recebida de um outro? Mas o ser-para--a-morte, ao que parece, exclui tudo o que é transferível de um para outro. Ao que a consciência moral acrescenta o tom intimista de uma voz silenciosa endereçada de si para si. Aumenta a dificuldade de passar de uma historialidade singular a uma história comum. Pede-se então à noção de *Geschick* – sina comum – que garanta a transição, que dê o salto. Como? A passagem abrupta de um destino singular a uma sina comum torna-se inteligível mediante o recurso, pouco frequente demais em *Ser e tempo*, à categoria existencial do *Mitsein*: ser-com. Digo: pouco frequente demais, pois, na seção dedicada ao *Mitsein* (§ 25-27), são principalmente as formas decadentes da cotidianidade que são acentuadas sob a categoria do "a gente". E a conquista do Si sempre se dá sobre um fundo de "a gente", sem consideração pelas formas autênticas de comunhão ou de ajuda mútua. O recurso ao *Mitsein* ao menos autoriza, nesse ponto crítico da análise, a juntar o *Mitgeschechen* com o *Geschehen*, a co-historialidade à historialidade: é precisamente o que define a sina comum. É até mesmo notável que Heidegger, dando nessa ocasião prosseguimento a sua polêmica contra as filosofias do sujeito e, portanto, também da intersubjetividade, conteste que a historialidade da comunidade, do povo (*Volk*), possa ser reunida a partir de destinos individuais: transição tão pouco aceitável quanto aquela que concebe o ser-um-com-o-outro "como a co-ocorrência (*Zusammenvorkommen*) de vários sujeitos" [384]. Tudo indica que Heidegger se limitou aqui a sugerir a ideia de uma homologia entre sina comunitária e destino individual e a esboçar a transferência dos mesmos comentários de um plano para o outro: herança de um fundo de potencialidades, resoluções etc., – com o risco de deixar vago o lugar de categorias mais especificamente apropriadas ao ser-em-comum: luta, obediência combativa, lealdade[29].

---

29. Não nego que a escolha deliberada dessas expressões (em um texto que, não se deve esquecer, foi publicado em 1927) tenha fornecido munição para a propaganda nazista e possa ter contribuído para a cegueira de Heidegger

Apesar dessas dificuldades, às quais retornaremos em um capítulo posterior, a linha diretora de toda a análise da historialidade parte da noção de *estiramento* (*Erstreckung*), segue a cadeia dos três conceitos, semanticamente ligados, de história (*Geschichte*), destino (*Schicksal*) e sina comum (*Geschick*), para culminar no conceito de *repetição* (ou de recapitulação) (*Wiederholung*).

É esse contraste entre o termo inicial do *estiramento* e o termo final da *repetição* que gostaria de enfatizar mais fortemente. Ele coincide exatamente com a dialética agostiniana da *distentio* e da *intentio*, que transcrevi inúmeras vezes no vocabulário da discordância e da concordância.

A *repetição* (ou *recapitulação*) não é um conceito que nos seja desconhecido nesse estágio de nossa leitura de *Ser e tempo*. A análise da temporalidade em seu conjunto é, como vimos, uma repetição de toda a analítica do ser-aí feita na primeira seção. Além disso, a categoria central da temporalidade encontrou, no capítulo IV da segunda seção, uma confirmação específica na sua capacidade de repetir, traço por traço, cada um dos momentos da analítica do ser-aí. Eis que agora a repetição é o nome dado ao processo mediante o qual, no nível derivado da historialidade, a antecipação do futuro, a retomada da derrelição e o piscar de olhos (*augenblicklich*) ajustado a "seu tempo" reconstituem sua unidade. Em certo sentido, a produ-

---

ante os acontecimentos políticos dos anos sombrios. Mas, também é preciso dizer, Heidegger não foi o único a falar de comunidade (*Gemeinschaft*) em vez de sociedade (*Gesellschaft*), ou até de luta (*Kampf*), de obediência combativa (*kämpfende Nachfolge*) e de fidelidade (*Treue*). Quanto a mim, eu responsabilizaria antes a transferência sem precauções para a esfera comunitária do tema mais fundamental de todos, o ser-para-a-morte, apesar da afirmação incessantemente reiterada de que o ser-para-a-morte não é transferível. Essa transferência é responsável pelo esboço de uma filosofia política heroica e trágica exposta a todos os maus usos. Heidegger parece ter percebido os recursos que poderia fornecer o conceito de "geração", introduzido por Dilthey a partir de 1875, para preencher a lacuna entre destino singular e sina coletiva: "A pesada sina do destino do ser-aí, na e com sua 'geração', constitui na sua plenitude e autenticidade a historialidade do ser-aí" [385]. Voltarei a tratar mais adiante do conceito de geração (cf. abaixo, seção II, cap. I).

ção mútua das três ek-stases da temporalidade a partir do futuro continha o esboço da repetição. Mas, na medida em que a historialidade trouxe consigo novas categorias oriundas do historial – do *Geschehen* –, na medida sobretudo em que toda a análise oscilou da antecipação do futuro para a retomada do passado, um novo conceito de reunião das três ek-stases se faz necessário, conceito este que se apoia no tema expresso da historialidade, qual seja, a transmissão de possibilidades herdadas e no entanto escolhidas: "A repetição é a transmissão explícita, ou seja, o retorno às possibilidades do ser-aí tendo-sido-aí."[30]

A função cardinal do conceito de repetição é voltar a endireitar a balança que a ideia de herança transmitida fez pender para o lado do ter-sido, restituir a primazia da resolução antecipadora no próprio cerne do abolido, do ultrapassado, do "já... não". Assim, a repetição abre no passado potencialidades despercebidas, abortadas ou reprimidas[31]. Ela reabre o passado na direção do por-vir. Ao selar o nexo entre transmissão e re-solução, o conceito de repetição consegue preservar o primado do futuro e, ao mesmo tempo, o deslocamento para o ter-sido. Essa secreta polarização entre herança transmitida e resolução antecipadora faz também da repetição uma réplica (*erwidern*), que pode ir até a revogação (*Widerruf*) da dominação do passado sobre o presente[32]. A repetição faz mais que isso: põe o selo da temporalidade em

---

30. Com essa expressão rebuscada, Heidegger consegue pôr no passado (*dagewesen*) o próprio ser numa condensação incrível, mas desesperadora para o tradutor.
31. "A repetição do possível não é nem uma restituição (*wiederbringen*) do 'passado', nem um modo de religar o 'presente' ao 'incontornável'" [385]. A repetição, nesse sentido, confirma a defasagem de sentido entre o *ter-sido*, que está intrinsecamente ligado ao por-vir, e o *passado*, que, reduzido ao plano das coisas dadas e maneáveis, só está extrinsecamente oposto ao futuro, como demonstra o senso comum quando opõe de modo não dialético o caráter determinado, terminado, necessário do passado, ao caráter indeterminado, aberto, possível do futuro.
32. Heidegger brinca aqui com a quase homofonia entre o *wieder* de *Wiederholung* e o *wider* de *erwidern* e de *Widerruf*.

toda a cadeia de conceitos constitutivos da historialidade: herança, transmissão, retomada – história, co-história, destino e sina – e reconduz a historialidade à sua origem na temporalidade[33].

Parece ter chegado a hora de passar do tema da historialidade para o da intratemporalidade, que, na verdade, foi incessantemente antecipado nas análises precedentes. No entanto, é preciso fazer um intervalo aqui para incluir uma querela que nada tem de marginal relativamente ao projeto global de *Ser e tempo*. A querela versa sobre o estatuto da historiografia e, de forma mais geral, sobre o estatuto das *Geisteswissenschaften* – ou seja, as ciências humanas –, com relação à análise existencial da historialidade. É conhecido o lugar que esse debate ocupou no pensamento alemão, sob a influência principalmente de Dilthey. Também se sabe o quanto esse problema ocupou a mente de Heidegger antes da redação de *Ser e tempo*. Nesse sentido, poder-se-ia dizer que a refutação da pretensão que as ciências humanas tinham de constituir para si uma base autônoma, em pé de igualdade com as ciências da natureza, faz parte do núcleo formador de *Ser e tempo*, embora a tese da total subordinação da epistemologia das ciências humanas à analítica existencial pareça constituir apenas um encrave (§ 72, 75-77) na problemática geral de derivação dos níveis de temporalização.

Sendo sucinto, critica-se uma simples epistemologia das ciências – da qual Dilthey é o mais notável artesão – pelo fato de trabalhar com um conceito não fundamentado de *preteridade*, por não enraizá-lo no *ter-sido* da historialidade, que se

---

33. "*O ser-autêntico-para-a-morte, ou seja, a finitude da temporalidade, é o fundamento velado da historialidade*. O ser-aí não se torna pela primeira vez histórico na repetição, mas, por ser histórico posto que é temporal, pode, pela repetição, assumir-se em sua história. Para isso, não é necessária nenhuma historiografia" [386]. Os *Problemas fundamentais da fenomenologia* relacionam expressamente a repetição com a resolução; esta, com efeito, já é um retorno repetitivo a si mesmo [407] (345). Por fim, ambas podem ser tratadas como modalidades autênticas do presente, distinto do mero "agora".

torna inteligível na sua relação com o por-vir e com o tornar-presente[34].

Quem não entende "historial" no sentido hermenêutico, não entende "histórico" no sentido das ciências humanas[35]. Particularmente, o cientista não entende o que deveria ser para ele um enigma: que o passado, que já não é, tem efeitos, exerce influência, tem uma ação (*Wirkung*) sobre o presente. Essa ação ulterior (*Nachwirkende*) – poder-se-ia dizer tardia ou *a posteriori* – deveria espantar. Mais precisamente, é na noção de restos do passado que a perplexidade deveria se concentrar. Não dizemos dos restos de um templo grego que um "fragmento do passado" "ainda está presente" neles? O paradoxo do passado histórico está todo aí: por um lado, ele já não é; por outro, os restos de passado ainda o mantêm ao alcance da mão (*vorhanden*). O paradoxo do "já não" e do "ainda não" retorna com toda a sua virulência.

É claro que a inteligência do que significa "restos, ruínas, antiguidades, utensílios antigos" escapa de uma epistemologia sem apoio na historialidade do ser-aí: o caráter passado não está escrito na face de um resíduo, mesmo que ele esteja deteriorado; muito pelo contrário, por mais transitório que seja, ele ainda não é passado. Esse paradoxo demonstra que só há *objeto* histórico para um ente que já tem o senso do historial. Vol-

---

34. O § 73 é audaciosamente intitulado *Das vulgäre Verständnis der Geschichte und das Geschehen des Daseins* (A compreensão vulgar da história e o devir-historial do ser-aí).

35. O *lugar* do problema da historialidade... não deve ser buscado na historiografia (*Historie*) como ciência da história" [375]. "A interpretação existencial da historiografia como ciência visa unicamente demonstrar (*Nachweis*) sua proveniência ontológica do ser-aí" [376]. É notável que, desde suas declarações preparatórias, Heidegger antecipa a necessidade de juntar a intratemporalidade com a historialidade para dar conta precisamente do papel do calendário e do relógio no estabelecimento da história como ciência humana: "Mesmo sem uma historiografia elaborada, o ser-aí de fato (*faktisch*) precisa e se vale do calendário e do relógio" [376]. Ora, esse é o indício de que passamos da historialidade para a intratemporalidade. Mas, como ambas provêm da temporalidade do ser-aí, "historialidade e intratemporalidade revelam-se equi-originários. A interpretação vulgar do caráter temporal da história adquire daí seu direito, dentro de seus próprios limites" [377].

tamos pois à pergunta: o que eram outrora as coisas que temos aí, deterioradas, mas ainda visíveis? Uma única solução: o que já não é é o *mundo* a que esses restos pertenceram. Mas a dificuldade parece só ter sido postergada: pois, para o mundo, o que significa já não ser? Não está dito que "o mundo *é* somente no modo do ser-aí *existente* que é *de fato* como ser-no-mundo" [380]? Em outras palavras, como conjugar no passado o ser-no-mundo?

A resposta de Heidegger causa perplexidade: segundo ele, o paradoxo só afeta os entes que entram na categoria do dado (*vorhanden*) e do maneável (*zuhanden*) e que não entendemos como podem ser "passados", ou seja, findos e ainda presentes. Em contrapartida, o paradoxo não afeta o que diz respeito ao ser-aí, porque este escapa à categorização para a qual só o passado é problemático: "Em sentido ontologicamente estrito, o ser-aí que já não existe não é passado (*vergangen*), e sim *tendo-sido-aí (da-gewesen)*" [380]. Os restos do passado o são por terem pertencido como utensílios e por provirem de "um mundo tendo-sido-aí (*da-gewesen*) – o mundo de um ser-aí tendo-sido-aí" [381]. Uma vez operada essa distinção entre "passado" e "tendo-sido" e uma vez estando o passado atribuído à ordem do utensílio, dado e disponível, fica livre o caminho para a famosa análise da historialidade que expusemos acima.

Contudo, cabe indagar se a historiografia encontrou seu fundamento na historialidade, ou se, antes, seus problemas próprios não foram eliminados. Heidegger certamente não ignorava a dificuldade, e podemos lhe dar razão quando ele diz que o que é passado, em um resto histórico, é o mundo ao qual ele pertenceu. Consequentemente, foi preciso deslocar a ênfase para o termo "mundo": é do ser-aí no *mundo* que se diz que ele *foi*. Mediante esse deslocamento de ênfase, o utensílio encontrado no mundo torna-se ele mesmo histórico, em um sentido derivado[36]. Foi por isso que Heidegger foi levado a for-

---

36. "O que é *primariamente* histórico – dizíamos – é o ser-aí. É *secundariamente* histórico o que é encontrado no mundo (*innerweltlich*), não só os instrumentos maneáveis no sentido mais amplo, mas também a *natureza* circundante como 'solo da história'" [381].

jar a expressão *weltgeschichlich*: *historial-mundano*, para designar esses entes diferentes do ser-aí que recebem o qualificativo de "histórico", no sentido de historial, devido a sua pertença ao mundo do Cuidado. Heidegger crê ter acabado assim com as pretensões da epistemologia diltheyana: "O historial-mundano não é historial em virtude de uma objetivação histórica, mas como esse *ente* que ele é em si mesmo, depois de encontrado no interior do mundo" [381].

O que me parece ter sido eliminado é precisamente a problemática do *vestígio*, na qual a própria caracterização como histórico – no sentido existenciário do termo – apoia-se na persistência de uma coisa dada e maneável, de uma "marca" física, capaz de guiar a volta ao passado[37]. Com o vestígio, também é recusada a ideia aceita de que o crescente afastamento no tempo seja um traço específico da história, fazendo da antiguidade o critério da história. É também descartada, como destituída de qualquer significação primitiva, a noção de distância temporal. Toda caracterização histórica procede exclusivamente segundo a temporalização do ser-aí, com a ressalva de que a ênfase seja colocada do lado mundo do ser-no-mundo e que o encontro do utensílio seja incorporado a ele.

O único modo de justificar a prioridade ontológica da historialidade sobre a historiografia seria, creio eu, mostrar de maneira convincente como a segunda procede da primeira. Ora, topamos aqui com a maior dificuldade de um pensamento sobre o tempo que refere todas as formas derivadas de temporalidade à forma originária, a temporalidade mortal do Cuidado. Há aí um grande obstáculo para qualquer pensamento histórico. Não se entende como a repetição das possibilidades herdadas por cada qual de sua própria derrelição no mundo poderia se igualar à amplitude do passado histórico. A extensão do historial ao co-historial, que Heidegger chama de sina (*Geschick*), certamente dá uma base mais ampla ao ter-sido.

---

37. O conceito de vestígio ocupará um lugar eminente em nossa própria tentativa de reconstruir as pontes cortadas por Heidegger entre o conceito fenomenológico de tempo e o que ele chama de conceito "vulgar" de tempo.

Mas a diferença entre o ter-sido e o passado continua existindo, na medida em que são restos visíveis que, *de fato*, abrem caminho para a pesquisa sobre o passado. Resta tudo por fazer para integrar esse passado indicado pelo vestígio ao ter-sido de uma comunidade de sina. Heidegger só atenua a dificuldade dando à ideia da "proveniência" (*Herkunft*) das formas derivadas, não o valor de uma perda progressiva de sentido, mas sim de um incremento de sentido. Esse enriquecimento deve-se, como veremos, aos empréstimos que a análise da temporalidade – embora marcada até o excesso por sua referência ao traço mais íntimo da existência, ou seja, a mortalidade própria – faz das análises da primeira seção de *Ser e tempo*, onde a ênfase estava colocada no polo mundo do ser-no-mundo. Essa recorrência da mundanidade, no final da obra, é apenas uma das surpresas reservadas para a analítica da temporalidade.

É o que demonstra a sequência do texto, na sua passagem da historialidade para a intratemporalidade.

Os últimos parágrafos (§ 75-77 do capítulo "historialidade", dirigidos contra Dilthey[38]) ostentam excessivamente a preocupação de ressaltar a subordinação da historiografia à historialidade para poder lançar alguma nova luz sobre o problema *inverso* da passagem do ter-sido para o passado histórico. A ênfase principal está posta no caráter inautêntico da circunspecção que nos inclina a compreender a nós mesmos em função dos objetos de nosso Cuidado e a falar a linguagem do

---

38. Contrariando a expectativa do leitor, o último parágrafo da seção "Historialidade" (§ 77) nada acrescenta à tese da subordinação da historiografia ao historial, embora Heidegger se confronte diretamente com Dilthey, com a ajuda do conde Yorck, amigo e correspondente de Dilthey. O que está em questão é, com efeito, a alternativa que uma filosofia da "vida" e uma "psicologia" poderiam contrapor à fenomenologia hermenêutica, que coloca o historial como fundamento das ciências humanas. Heidegger encontra na correspondência do conde Yorck um reforço para a sua tese de que não é um tipo especial de *objeto* que rege a metodologia das ciências humanas, mas um caráter ontológico do próprio homem, que Yorck denominava *das Ontische*, para distingui-lo de *das Historische*.

"a gente". Ao que, diz Heidegger, é preciso replicar obstinadamente, com toda a gravidade da fenomenologia hermenêutica do Cuidado, que "*o historial da história é o historial do ser-no--mundo*" [388] e que "*com a existência do ser-no-mundo historial, o maneável e o dado estão desde sempre incorporados no historial do mundo*" (*ibid.*). Com o fato de a historicização dos utensílios os tornar autônomos, o enigma da preteridade e do passado se adensa, por falta de um apoio na historialidade do ser-no--mundo, que inclui a dos utensílios. Mas essa autonomia, que dá uma espécie de *objetividade* ao processo que afeta esses utensílios, obras, monumentos etc., pode ser entendida fenomenologicamente segundo a própria gênese da circunspecção a partir do Cuidado, "*sem ser apreendida historiograficamente*" [389]. As estruturas de queda, de cotidianidade, do anonimato, que remetem à analítica do ser-aí, bastam, avalia ele, para dar conta do engano que nos faz conferir uma história às coisas. O apelo à autenticidade prevalece sobre a preocupação de passar da ontologia à epistemologia, embora a necessidade de fazê-lo não seja contestada[39].

Porém, será possível indagar sobre a "origem existencial da historiografia" [392], afirmar seu enraizamento na temporalidade, sem percorrer *nas duas direções* o caminho que as liga?

5. A intratemporalidade (*Innerzeitigkeit*)

Fechemos os parênteses dessa longa querela concernente ao fundamento das ciências humanas e retomemos a linha da problemática dos níveis de temporalização, que é o cerne da segunda seção de *Ser e tempo*.

---

39. No final do § 75 lemos: "Pode-se ousar fazer um projeto da gênese ontológica da historiografia como ciência partindo da historialidade do ser-aí. Esse projeto serve de preparação para o esclarecimento – a ser posteriormente realizado – da tarefa de uma destruição historiográfica da história da filosofia" [392]. Remetendo assim ao § 6 de *Ser e tempo*, Heidegger confirma que essas páginas marcam, antes, a renúncia às ciências humanas em prol da verdadeira tarefa, que ficou inacabada em *Ser e tempo*: "A tarefa de uma destruição da história da ontologia" [19] (36).

Ao expor e desenvolver as novas significações com que o conceito fenomenológico de tempo se enriqueceu ao passar do nível da temporalidade pura ao da historialidade, teremos dado à própria temporalidade a plenitude concreta que não cessou de lhe faltar desde o começo de nossas análises?[40] Assim como a análise da temporalidade fica incompleta sem a derivação, criadora de novas categorias, que conduz à ideia de historialidade, também a historialidade não terá sido plena-

---

40. O fato de a intratemporalidade ser, num sentido que ainda resta determinar, antecipada pela historialidade, é algo que Heidegger dera a entender desde o começo de seu estudo da historialidade. Nas últimas linhas do § 72 que abre esse estudo lemos: "Não obstante (*gleichwohl*), o ser-aí deve também (*auch*) ser chamado de 'temporal' no sentido do ser 'no tempo'" [376]. Deve-se concordar que, "na medida em que o tempo como intratemporalidade 'procede' (*aus... stammt*) igualmente da temporalidade do ser-aí, comprova-se que historialidade e intratemporalidade são equi-originárias. A interpretação vulgar do caráter temporal da história justifica-se, pois (*daher*), dentro de seus próprios limites" [377]. Esse novo desenvolvimento da análise está, aliás, antecipado no próprio cerne do estudo da historialidade. A interpretação do estiramento do ser-aí em termos de "coesão de vida" já permitira entender que a análise da historialidade não podia ser levada a termo sem nela incluir o que a cotidianidade ensina. Ora, a cotidianidade não se limita a produzir figuras decadentes, ela opera como um lembrete do horizonte dentro do qual todas as análises são conduzidas, ou seja, o horizonte do mundo, que o subjetivismo das filosofias do vivido – e também (acrescentaremos) a tendência intimista, no próprio Heidegger, de todas as análises centradas no ser-para-a-morte – ameaça fazer perder de vista. Na contramão de todo subjetivismo, deve-se dizer: "O devir-historial da história é o devir-historial do ser-no-mundo" [388]. Mais que isso, deve-se falar da "história do mundo" (*Geschichte der Welt*), num sentido completamente diferente do de Hegel, para quem a história-do-mundo (*Weltgeschichte*) é feita da sucessão das configurações espirituais: "Com a existência do ser-no-mundo histórico, todas as coisas dadas e maneáveis sempre já foram incorporadas à história do mundo" [388]. Não há dúvida de que, com isso, Heidegger quis romper o dualismo entre Espírito e Natureza: "Também a natureza é histórica", não no sentido da história natural, mas no sentido de que o mundo é hospitaleiro ou não hospitaleiro: quer ela signifique paisagem, lugar de ocupação, recurso explorado, campo de batalha, lugar cultural, a natureza faz do ser-aí um ente intramundano que, como tal, é histórico para além de qualquer falsa oposição entre uma história "externa" e uma história "interior", que seria a da alma. "Chamamos esse ente de *das Welt-Geschichtliche* – historial-mundano" [389]. Heidegger reconhece de bom grado que está prestes a extrapolar os limites de seu tema, mas que é levado ao limiar "do enigma ontológico da mutabilidade do devir-historial como tal" [389].

mente pensada enquanto não tiver, por sua vez, sido completada pela ideia de intratemporalidade que, no entanto, dela deriva[41].

O capítulo intitulado "Temporalidade e intratemporalidade como origem do conceito vulgar de tempo" [404] está, com efeito, longe de constituir um eco atenuado da análise existencial da temporalidade. Mostra também um filósofo contra a parede. Na verdade, duas questões distintas se colocam: de que modo a intratemporalidade – isto é, o conjunto das experiências mediante as quais o tempo é designado como aquilo *"em que" os acontecimentos ocorrem* – ainda se vincula à temporalidade fundamental? De que modo essa derivação constitui a *origem* do conceito vulgar de tempo? Por mais interligadas que estejam, as duas questões são distintas. Uma levanta um problema de *derivação*, a outra, de *nivelamento*. O tema comum a essas duas questões é saber se a *dualidade* entre tempo da alma e tempo cósmico (nosso capítulo I) e a dualidade entre tempo fenomenológico e tempo objetivo (nosso capítulo II) são finalmente superadas numa analítica do ser-aí.

Concentremos nossa atenção nos aspectos da intratemporalidade que evocam sua proveniência (*Herkunft*) desde a temporalidade fundamental. A expressão-chave que Heidegger destaca para marcar o duplo aspecto de dependência e de

---

41. A análise da intratemporalidade começa pelo reconhecimento de que a análise da historialidade foi feita "sem considerar o 'fato' (*Tatsache*) de que todo historial se desenrola 'no tempo'" [404]. Ora, essa análise tem de ser necessariamente incompleta, caso deva incluir a compreensão *cotidiana* do ser-aí – "que só conhece de fato (*faktisch*) toda a história que ocorre 'no tempo'" [404]. Aqui, o termo problemático não é tanto cotidiano (a primeira parte de *Ser e tempo* esboça todas essas análises nesse nível), mas factual (*faktisch*) e facticidade (*Faktizität*), que marca a articulação entre uma análise que ainda continua sendo da ordem da fenomenologia e uma outra que já decorre das ciências da natureza e da história: "Se a analítica existencial do ser-aí deve tornar o ser-aí ontologicamente transparente na sua facticidade, então deve-se devolver *expressamente* seu direito à interpretação factual 'ôntico-temporal' da história" [404]. A transição operada, nos *Problemas fundamentais da fenomenologia*, pelo tempo cotidiano no caminho de volta do tempo vulgar ao tempo originário confirma que a intratemporalidade, último estágio do processo de derivação em *Ser e tempo*, ainda remete ao tempo originário.

inovação da proveniência é "contar com (*Rechnen mit*) o tempo", que tem a dupla vantagem de anunciar o *nivelamento* pelo qual a ideia de cálculo (*Rechnung*) predominará na representação vulgar do tempo e de conter traços de sua origem fenomenológica ainda acessíveis à interpretação existencial[42].
Tal como no caso da historialidade, a explicação da proveniência explicita simultaneamente dimensões de que carecia a análise anterior[43]. O percurso delas vai progressivamente destacar a originalidade desse modo de temporalização e, concomitantemente, preparar o terreno para a tese do nivelamento da intratemporalidade na representação comum do tempo, na medida em que os traços aparentemente mais originais da intratemporalidade são somente aqueles cuja proveniência está cada vez mais dissimulada.
De um primeiro grupo de traços, ainda é fácil restaurar a proveniência: *contar com o tempo* é, sobretudo, pôr em relevo esse *tempo do mundo*, já evocado a propósito da historialidade. O tempo do mundo, contudo, passa para primeiro plano a partir

---

42. Os empréstimos que tomamos em nosso primeiro volume (pp. 105-12) da análise heideggeriana da intratemporalidade visavam apenas destacar a ancoragem dessa análise na linguagem comum no nível de *mímesis* I, sem considerar a problemática presente da proveniência da intratemporalidade. É por isso que as análises que tinham para nós valor inaugural só encontram lugar em *Ser e tempo* no final de uma empresa de derivação que sublinha o caráter hermenêutico da fenomenologia de *Ser e tempo*.

43. "O ser-aí de fato leva em conta o tempo, sem ter uma compreensão existencial da temporalidade. Contar com o tempo é um comportamento elementar que pede para ser elucidado antes de indagar sobre o que se quer dizer quando se diz que o ente é 'no tempo'. Todo comportamento do ser-aí deve ser interpretado em função de seu ser, ou seja, da temporalidade. Cabe mostrar como o ser-aí, *enquanto* temporalidade, temporaliza um comportamento que se relaciona com o tempo *de modo* tal que o leva em conta. Portanto, nossa caracterização anterior da temporalidade não só é incompleta, na medida em que não respeitamos todas as dimensões do fenômeno; é, ademais, fundamentalmente lacunar, porque a própria temporalidade inclui algo como um tempo-do-mundo, no sentido rigoroso do conceito existencial-temporal de mundo. Como isso é possível, por que isso é necessário, é o que temos de conseguir entender. Com isso poder-se-á esclarecer ao 'tempo', segundo o conhecimento vulgar, o tempo 'em que' entes ocorrem e, concomitantemente, a intratemporalidade desses entes" [404-405].

do momento em que deslocamos a ênfase para o modo de ser das coisas que encontramos "no" mundo: ser dado (*vorhanden*), ser maneável (*zuhanden*). É todo um lado da estrutura do ser-no-mundo que, desse modo, se faz lembrar a uma análise que corria o risco de pender para o lado da interioridade pela prioridade dada ao ser-para-a-morte. Já é tempo de recordar que, embora o ser-aí não possa compreender a si mesmo segundo as categorias do ser dado e do ser maneável, ele, em contrapartida, só está no mundo pelo comércio que mantém com as coisas cuja categorização, por sua vez, não se deve perder de vista. O ser-aí existe junto (*bei*) das coisas do mundo, assim como existe com (*mit*) os outros. Esse ser-junto-a evoca, por sua vez, a condição de ser-lançado, que constitui o avesso de todo projeto e sublinha a passividade primordial contra o fundo da qual se destaca toda compreensão, que assim continua sendo "compreensão em situação". Com efeito, a parte do ser-afetado nunca foi sacrificada nas análises anteriores à do ser-em-projeto, como mostrou amplamente a dedução das três ek-stases do tempo. A presente análise sublinha seu pleno direito. O deslocamento da ênfase para o *ser-lançado-entre* tem por corolário o destaque da terceira ek-stase da temporalidade, sobre a qual a análise do tempo como tempo de projeto, portanto como porvir, lançava uma espécie de suspeita. Ser junto das coisas do Cuidado é viver o Cuidado como preocupação (*besorgen*); ora, com a preocupação, predomina a ek-stase do presente, ou melhor, do presentar, no sentido de tornar-presente (*gegenwärtigen*). Com a preocupação, faz-se finalmente justiça ao presente: Agostinho e Husserl partiam dele, Heidegger a ele chega. Nesse ponto, portanto, as análises deles se cruzam. Heidegger não nega que seja legítimo reorganizar, nesse nível, as relações entre as três ek-stases do tempo em torno do pivô do presente: só quem diz "hoje" pode também falar do que acontecerá "então" e do que tem de ser feito "antes", quer se trate de planos, impedimentos ou precauções; é também só ele que pode falar do que, tendo fracassado ou escapado à sua vigilância, ocorreu "outrora" e deve dar certo "agora".

Simplificando muito, pode-se dizer que a preocupação enfatiza o presente, assim como a temporalidade fundamental enfatizava o futuro e a historialidade, o passado. Mas, como já mostrou a dedução das ek-stases uma da outra, o presente só é compreendido existencialmente em *último lugar*. Sabemos por quê: ao restituir todo o seu direito ao face-a-face intramundano do ser-aí, também corremos o risco de voltar a colocar a compreensão do ser-aí sob o jugo das categorias do ser dado e maneável, nas quais, segundo Heidegger, a metafísica tentou incessantemente encerrar até mesmo a distinção entre o psíquico e o físico. Corremos esse risco tanto mais que o movimento de báscula, que recoloca a ênfase no "mundo" do ser--no-mundo, faz prevalecer o peso *das coisas* de nosso Cuidado sobre o ser-em-Cuidado.

É aí que nasce o nivelamento de que trataremos mais adiante.

Desse primeiro grupo de traços descritivos, cuja "proveniência" é relativamente fácil de decifrar, a análise passa para um grupo de três características que são precisamente as que a concepção vulgar vem nivelar. Elas ocupam, portanto, uma posição-chave na análise, na articulação da problemática da proveniência com a problemática da derivação (§ 80).

Na perspectiva de nossa discussão posterior, é preciso prestar muita atenção na inovação de sentido que dá à derivação um caráter produtivo.

As três características em questão são denominadas: *databilidade, extensão, caráter público*.

A databilidade liga-se ao "contar com o tempo", que, como foi dito, precede o cálculo efetivo. Nesse mesmo sentido, afirma-se aqui que a databilidade precede a atribuição de datas, ou seja, a datação efetiva do calendário. A databilidade procede da estrutura relacional do tempo primordial, quando ela é referida ao presente, no esquecimento da primazia da referência ao futuro. Assim, todo acontecimento é datável desde que seja situado com relação ao "agora"; ora se dirá que "ainda não" aconteceu e que acontecerá "mais tarde", "então", ora que ele "já não" existe e ocorreu "outrora". Ao contrário do que se pensa, essa estrutura relacional — a mesma sobre a qual se estabelecem a análise agostiniana do triplo presente e a análise husserliana da protensão-retenção — não pode ser entendida em si. É preciso remontar do "agora" de certo modo absoluto ao "agora que", completado pelo "então, quando" e o "outrora, quando", para recuperar o sentido fenomenológico desse jogo de relações. Em suma, é preciso remontar ao ser--junto-a... que liga a preocupação às coisas do mundo. Quando falamos do tempo como sendo um sistema de datas ordenadas relativamente a um ponto do tempo tomado por origem, simplesmente esquecemos o trabalho de *interpretação* mediante o qual passamos do tornar-presente, solidário de tudo o ele espera e de tudo o que ele retém, à ideia de um "agora" qualquer. A tarefa da fenomenologia hermenêutica, ao falar de databilidade e não de data, consiste em reativar o trabalho de interpretação[44] que se dissimula e anula a si mesmo na representação do tempo como sistema de datas. Ao reativar esse trabalho, a analítica existencial restaura simultaneamente o caráter *extático* do "agora", ou seja, seu pertencimento à rede do porvir, do ter-sido, do tornar-presente, e seu caráter de *horizonte*, isto é, a referência do "agora, que" às entidades encontradas no mundo, em virtude da constituição do ser-junto-a, próprio da preocupação: a datação se faz "sempre" em função dos entes encontrados em virtude da abertura (*apérité, Offenbarkeit*) do "aí".

Segundo traço original da intratemporalidade: a consideração do *lapso de tempo*, do intervalo entre um "desde" e um "até que", gerados pelas relações entre "agora", "então", "outrora" (intervalo que, por sua vez, suscita uma databilidade de segundo grau: "enquanto"). "Durante" esse lapso de tempo, as coisas têm seu tempo, fazem seu tempo, o que costumamos chamar de "durar". O que reencontramos aqui é o estiramento (*Erstrecktheit*) característico da historialidade, mas interpretado no idioma da preocupação. Ao se ligar à databilidade, o estiramento tornou-se lapso de tempo; já a noção de intervalo, remetida à de data, gera a ideia de que podemos

---

44. "O tornar-presente – que espera e retém – interpreta a *si mesmo*... O tornar-presente interpretando a si mesmo'" – ou seja, o interpretado da designação 'agora' – é o que denominamos 'tempo'" [408].

atribuir uma extensão temporal a todo "agora", a todo "então", a todo "outrora", como quando dizemos: durante a refeição (agora), a última primavera (outrora), o próximo outono (então). A questão da extensão do presente, tão embaraçosa para os psicólogos, encontra aqui sua origem e a origem de sua obscuridade.

É em termos de lapso de tempo que "concedemos" um tanto de tempo, que "empregamos" bem ou mal nosso dia, esquecendo que não é o tempo que se esgota, mas nossa preocupação, a qual, ao se perder entre os objetos do Cuidado, também perde seu tempo. Somente a resolução antecipadora escapa ao dilema: sempre ter tempo ou não ter tempo. Somente ela faz do "agora" isolado um autêntico *instante*, um *piscar de olhos* (*Augenblick*), que não pretende conduzir o jogo, mas se contenta em "manter-se" (*Ständigkeit*). Nessa *manutenção* consiste a constância do si (*Selbst-Ständigkeit*) que abarca futuro, passado e presente, e funde a atividade despendida pelo Cuidado com a passividade original de um ser-lançado-no-mundo[45].

Último traço original: o tempo da preocupação é um tempo *público*. Também nesse caso as falsas evidências enganam; o tempo não é público por si mesmo; por trás desse traço se dissimula a compreensão cotidiana – ela mesma mediana – do *ser-em-comum*; o tempo público resulta portanto de uma interpretação inserida nessa compreensão cotidiana, que, de certo modo, "publica", "torna público" o tempo, na medida em que a condição cotidiana já não atinge o tornar-presente a não ser através de um "agora" qualquer e anônimo.

É com base nesses três traços da intratemporalidade – databilidade, lapso de tempo, tempo público – que Heidegger se empenha em alcançar o que chamamos de tempo e lança as bases de sua tese final sobre o *nivelamento* da análise existen-

---

45. "*Se o ser-aí de fato lançado pode 'tomar' seu tempo e perdê-lo é porque lhe é concedido um 'tempo' em virtude de sua própria temporalidade ek-staticamente estirada e por meio da revelação do aí fundada nesta última*" [410].

cial na concepção vulgar do tempo[46]. Esse tempo é o da preocupação, mas interpretado em função das *coisas* junto às quais nosso Cuidado nos faz permanecer. Assim, o cálculo e a medida, válidos para as coisas dadas e maneáveis, vêm se aplicar a esse tempo datável, estendido e público. O cálculo do tempo da astronomia e do calendário nasce, pois, da datação em função das ocorrências do meio. A anterioridade que esse cálculo parece ter relativamente à databilidade pública da intratemporalidade explica-se uma vez mais pela derrelição que atravessa o Cuidado[47]. Por isso, é na medida em que somos afetados que o tempo da astronomia e do calendário parece autônomo e primeiro. O tempo oscila então para o lado dos entes diferentes daquele que somos e começamos a nos perguntar, como os antigos, se o tempo *é,* ou, como os modernos, se ele é *subjetivo* ou *objetivo.*

A inversão que parece dar ao tempo uma anterioridade relativamente ao próprio Cuidado é o último elo de uma cadeia de interpretações que correspondem todas a interpretações equivocadas: em primeiro lugar, a prevalência da *preocu-*

---

46. Nos *Problemas fundamentais da fenomenologia,* é o tempo vulgar que remete ao tempo originário por meio da pré-compreensão do tempo autêntico incluída no "agora", que, na concepção vulgar, soma-se a si mesmo para constituir todo o tempo. *O uso do relógio* garante a transição entre a operação de contar os "agora" e seus intervalos e a de contar com... ou de levar em conta o tempo [362 ss.] (308 ss.). Assim, é a autoexplicação do que é pré-compreendido na concepção vulgar que faz surgir a compreensão do tempo originário que *Ser e tempo* atribui ao nível da intratemporalidade. É notável que fenômenos atribuídos a momentos diferentes em *Ser e tempo* – a significabilidade (ligada à utensilidade do relógio), a databilidade, o espaçamento (*Gespanntheit*) resultante do estiramento (*Erstreckung*), a publicidade – são reagrupados em *Problemas fundamentais da fenomenologia* [369-374] (314-318); o tempo-mundano (*Weltzeit*) articula-se assim à "destinação" (*Bedeutsamkeit*) em virtude da qual um instrumento remete a todos os outros no plano da compreensão cotidiana.

47. Esse cálculo "não ocorre por acaso. Encontra sua necessidade para uma ontologia existencial na constituição fundamental do ser-aí como Cuidado. Porque o ser-aí ex-siste essencialmente lançado e em decadência, ele interpreta seu tempo como um cálculo do tempo. É nesse cálculo que se temporaliza o caráter 'autenticamente' *público* do tempo, de tal forma que se deve dizer que *o ser-lançado do ser-aí é o motivo pelo qual 'há' publicamente tempo*" [411].

pação na estrutura do Cuidado; depois, a interpretação dos traços temporais da preocupação em função das *coisas* junto às quais o Cuidado se mantém; por fim, o *esquecimento* dessa própria interpretação que faz com que a medida do tempo pareça pertencer às coisas dadas e maneáveis como tais. Então, a quantificação do tempo parece independente da temporalidade do Cuidado. O tempo "no" qual estamos é entendido como receptáculo das coisas dadas e maneáveis. O primeiro esquecimento é o da condição de ser-lançado, como estrutura do ser-no-mundo.

É possível surpreender o momento desse primeiro esquecimento e da inversão que dele resulta na relação que a circunspecção (outro nome da preocupação) mantém com a *visibilidade* e esta com a luz do *dia*[48]. Trava-se, assim, entre o Sol e o Cuidado, uma espécie de pacto secreto, em que o dia serve de mediador. Dizemos: "Enquanto for dia", "durante dois dias", "faz três dias", "daqui a quatro dias"...

Se o calendário é o cômputo dos dias, o relógio é o das horas e de suas subdivisões. Ora, a hora já não está ligada de modo tão visível como o dia à nossa preocupação e, através dela, à nossa derrelição. O Sol, com efeito, pertence ao horizonte das coisas dadas (*vorhanden*). Portanto, a derivação da hora é mais indireta. Mas, nem por isso, é impossível, se guardarmos na memória que as coisas de nosso Cuidado são em parte coisas *maneáveis*. Ora, o "relógio" é a coisa maneável que permite agregar à datação exata a medida precisa. Além disso, com a medida, o tempo fica definitivamente público. A necessidade dessa precisão na medida está inscrita na dependência da preocupação para com o maneável em geral. As análises do começo de *Ser e tempo* dedicadas à mundanidade

---

48. "No seu ser-lançado, [o ser-aí] fica entregue à mudança de dia e noite. Com sua claridade, o dia traz a possibilidade do ver, a noite a retira..." [412]. Ora, o que é o dia, senão o que o sol dispensa?: "O sol permite datar o tempo interpretado na preocupação. Dessa datação procede a medida 'mais natural' do tempo, ou seja, o dia... o devir-historial [do ser-aí] se faz no *dia-a-dia* (*tagtäglich*), devido a seu modo de interpretar o tempo datando-o, modo já prescrito de antemão pelo ser lançado no aí (*Da*)" [412-413].

do mundo prepararam-nos para buscar na estrutura de *significância* que liga nossos instrumentos uns aos outros e todos eles à nossa preocupação uma base para a proliferação dos relógios *artificiais* a partir dos relógios naturais. Desse modo, o vínculo entre o tempo científico e o tempo da preocupação torna-se cada vez mais tênue e dissimulado, até afirmar-se a autonomia aparentemente completa da medida do tempo relativamente à estrutura fundamental do ser-no-mundo, constitutiva do Cuidado. Se, por um lado, a fenomenologia hermenêutica nada tem a dizer sobre os aspectos epistemológicos da história da *medida* do tempo, por outro, ela se interessa pela *direção* que essa história tomou, relaxando os vínculos entre essa medida e o processo de temporalização que tem no ser-aí seu eixo. No final dessa emancipação, já não há nenhuma diferença entre seguir o curso do tempo e seguir o deslocamento de um ponteiro num mostrador. "Ler a hora" em relógios cada vez mais precisos já não parece ter nenhuma relação como o ato de "dizer agora" – ato ele mesmo enraizado no fenômeno de contar com o tempo. A história da medida do tempo é a do esquecimento de todas as interpretações atravessadas pelo tornar-presente.

Ao término desse esquecimento, o próprio tempo é identificado a uma sucessão de "agoras" quaisquer e anônimos[49].

---

49. "Portanto, ao ser *medido*, o tempo é igualmente *tornado público*, de maneira tal que a cada oportunidade e a cada vez cada qual o encontra como 'agora e agora e agora'. Esse tempo que os relógios tornam 'universalmente' acessível é algo que encontramos, por assim dizer, como uma *multiplicidade simplesmente dada de 'agoras'*, mesmo que uma operação de mensuração não seja tematicamente aplicada ao tempo como tal" [417]. As consequências para a historiografia são consideráveis, na medida em que ela depende do calendário e do relógio: "Bastou fazer aparecer provisoriamente o 'nexo' entre o uso dos relógios e a temporalidade característica do ato de dispender o próprio tempo. Da mesma forma que a análise concreta das operações astronômicas científicas concernentes ao cálculo do tempo pertence à interpretação existencial-ontológica das atividades de descoberta da natureza, assim também o fundamento da 'cronologia', ligada ao calendário e à historiografia, só pode ser extraído no âmbito das tarefas que pertencem à análise existencial do conhecimento histórico" [418].

Conduzimos, assim, a derivação da intratemporalidade – isto é, a explicitação de sua *pro-veniência* (*Herkunft*) – até o ponto em que suas sucessivas interpretações, logo invertidas em interpretações equivocadas, conferem ao tempo uma *transcendência* igual à do mundo[50].

Antes de entrar na polêmica dirigida pela interpretação existencial da intratemporalidade contra a representação vulgar do tempo, exponhamos a *dianteira* que a fenomenologia hermenêutica de Heidegger tomou com relação à de Agostinho e de Husserl.

Em certo sentido, o debate entre Husserl e Kant está ultrapassado, no mesmo sentido em que a oposição entre sujeito e objeto ficou para trás. Por um lado, o tempo do mundo é mais "objetivo" que qualquer objeto, na medida em que acompanha a revelação do mundo como mundo; consequentemente, está tão ligado aos entes psíquicos quanto aos entes físicos: "Mostra-se primeiro no céu" [419]. Por outro lado, é mais "subjetivo" que qualquer sujeito, em virtude de seu enraizamento no Cuidado.

Mais ultrapassado ainda parece estar o debate entre Agostinho e Aristóteles. Por um lado, contrariando o primeiro, o tempo da alma é também um tempo do mundo e sua interpretação não exige nenhuma refutação da cosmologia. Por outro, contrariando o segundo, deixa de ser embaraçosa a questão de saber se pode haver tempo em não havendo alma para distinguir dois instantes e contar os intervalos.

Mas novas *aporias* nascem dessa própria dianteira da fenomenologia hermenêutica.

Elas são reveladas pelo *fracasso* da *polêmica* contra o conceito vulgar de tempo, fracasso que, por retroação, ajuda a explicitar o caráter *aporético* dessa fenomenologia hermenêutica, estágio por estágio, e no seu conjunto.

•

---

50. "Com a revelação do mundo, o tempo-do-mundo se torna público ao ponto de que todo ser que se preocupa com o tempo junto a algum ente *intramundano* entende este último, no modo da circunspecção, como encontrado 'no tempo'" [419].

6. O conceito "vulgar" de tempo

Heidegger situa a polêmica contra o conceito vulgar de tempo sob o signo do *nivelamento*, nunca confundido com a *proveniência* – ainda que o esquecimento da proveniência induza o nivelamento. Essa polêmica constitui um ponto crítico bem mais perigoso do que Heidegger imaginou, preocupado naquela época com uma outra polêmica, em torno das ciências humanas. Por isso Heidegger pode fingir, sem muitos escrúpulos, não distinguir o conceito científico de tempo universal do conceito vulgar de tempo que ele critica.

A argumentação que Heidegger dirige contra o tempo vulgar é intransigente. Ambiciona nada menos que uma gênese *sem resto* do conceito de tempo, tal como o usado pelo conjunto das ciências, a partir da temporalidade fundamental. Essa gênese é uma gênese por nivelamento que toma como ponto de partida a intratemporalidade, mas cuja origem longínqua é a ignorância do vínculo entre temporalidade e ser-para-a--morte. Partir da intratemporalidade tem a vantagem evidente de fazer o conceito vulgar de tempo surgir o mais perto possível da última figura decifrável do tempo fenomenológico; mas, sobretudo, a de poder organizar esse conceito vulgar partindo de uma noção-pivô, cujo parentesco com a característica principal da intratemporalidade ainda é aparente. Essa noção-pivô é o *"agora" pontual*. Por conseguinte, o tempo vulgar pode ser caracterizado como uma sequência de "agoras" pontuais, cujos intervalos são medidos por nossos relógios. Como o ponteiro em seu percurso, o tempo corre de um "agora" para outro. O tempo assim definido merece ser chamado "tempo do agora": "Chamemos de *Jetzt-Zeit* o tempo-do-mundo 'visualizado' dessa maneira pelo relógio" [421].

A gênese do "agora" pontual é clara: é um simples disfarce do tornar-presente que espera e retém, ou seja, da terceira ek-stase da temporalidade, que a preocupação trouxe para o primeiro plano. Nesse disfarce, o *instrumento de medida*, que é uma das coisas maneáveis nas quais nossa circunspeção se fixou, *eclipsou o processo do tornar-presente* que tornara a medida desejável.

A partir daí, os principais traços da intratemporalidade são submetidos a um nivelamento idêntico: a databilidade já não precede a atribuição de datas, mas dela resulta; o lapso de tempo, ele mesmo proveniente do estiramento característico da historialidade, já não precede o intervalo mensurável, mas é regido por ele; e sobretudo o tornar-público, fundado no "ser-com" dos mortais entre si, cede lugar a esse caráter pretensamente irredutível do tempo, qual seja, sua *universalidade*; o tempo é tido por público, porque é declarado universal. Em suma, o tempo só se define como sistema de datas porque a datação é feita a partir de uma origem que é um "agora" qualquer; ele se define como conjunto de intervalos; o tempo universal, por fim, não é mais que a sequência (*Folge*) desses "agora" pontuais (*Jetztfolge*).

Outros traços do conceito vulgar de tempo, porém, só aparecem caso se faça a gênese remontar a uma *compreensão* contemporânea *equivocada* da temporalidade mais originária. Como sabemos, a fenomenologia só pode ser uma hermenêutica, porque o que está mais próximo de nós é também o que está mais dissimulado. Os traços que iremos percorrer têm em comum o fato de ter valor de *sintoma*, no sentido de deixar transparecer uma origem ao mesmo tempo em que marcam o fato de ignorá-la. Tomemos a infinitude do tempo: é por termos apagado de nosso pensamento a finitude originária, impressa no tempo por vir pelo ser-para-a-morte, que consideramos o tempo infinito[51]; nesse sentido, a infinitude não é mais

---

51. "O ser-aí não possui um fim em que simplesmente cessaria, mas ele existe finito [ou finitamente]" [329]. A infinitude é produto simultaneamente da derivação e do nivelamento: "Como essa temporalidade inautêntica, *sendo in*-autêntica, temporaliza, partindo da (*aus*) temporalidade finita, um tempo *in*-finito?... É somente porque o tempo originário é finito que o tempo 'derivado' pode se temporalizar como *in*-finito. Segundo a ordem na qual apreendemos as coisas no modo do compreender, a finitude do tempo só se torna plenamente visível (*sichtbar*) quando se instaura (*herausgestellt*) o 'tempo sem fim', a fim de lhe fornecer um contraste" [331]. A tese da infinitude do tempo, que *Ser e tempo* deriva da ignorância da finitude ligada ao ser-para-a-morte, é vinculada, nos *Problemas fundamentais da fenomenologia*, diretamente ao "sem fim" da sucessão dos "agora" na concepção vulgar do tempo. É verdade que o cur-

que uma decadência da finitude do futuro atestada pela resolução antecipadora. A infinitude é a não mortalidade; ora, o que não morre é o "a gente". Por meio dessa imortalidade do "a gente", nosso ser-lançado é decadente entre as coisas dadas e maneáveis e pervertido pela ideia de que a duração de nossa vida é apenas um fragmento desse tempo[52]. Um indicador de que é efetivamente assim: dizemos que o tempo "foge". Não será porque nós mesmos fugimos diante da morte que o estado de perda em que mergulhamos, quando já não percebemos a relação do ser-lançado e decadente com a preocupação, faz o tempo parecer uma fuga e nos faz dizer que ele passa (*vergeht*)? Caso contrário, por que notaríamos a fuga do tempo e não sua eclosão? Não seria uma espécie de retorno do recalcado, pelo qual nossa fuga ante a morte se disfarça de fuga do tempo? E por que dizemos que não se pode parar o tempo? Não será porque nossa fuga ante a morte nos faz desejar suspender seu curso, por uma perversão bem compreensível de nossa expectativa na sua forma menos autêntica? "O ser-aí tira seu conhecimento do tempo fugaz de seu saber fugaz concernente à morte" [425]. E por que consideramos o tempo irreversível? Também aqui o nivelamento não impede que alguns aspectos do originário se traiam: um fluxo neutro de "agoras" quaisquer não deveria poder ser invertido? "A impossibilidade da inversão tem por razão a proveniência do tem-

---

so de 1927 evoca também o esquecimento pelo ser-aí de sua própria finitude essencial; no entanto, acrescenta logo em seguida que "não é possível examinar aqui de forma mais detalhada a finitude do tempo, porque ela depende do difícil problema da morte, que não nos propomos a analisar no presente contexto" [387] (329). Isso significa que o sentido do *Ganzsein* é menos solidário do ser-para-a-morte no curso do que no livro? Essa suspeita encontra um reforço na adjunção – à qual retornaremos em nossas páginas de conclusões – da problemática da *Temporalität* à da *Zeitlichkeit*. Essa problemática, nova relativamente a *Ser e tempo*, marca o primado da questão do *horizonte* ontológico, doravante inserido no caráter *ek-stático* do tempo, que pertence puramente a uma analítica do ser-aí.

52. "A sequência *nivelada* dos 'agoras' reflete a ignorância completa de sua origem na temporalidade do ser-aí singular (*einzelner*), no um-com-o-outro cotidiano" [425].

po público da temporalidade, cuja temporalização, marcada primariamente pelo futuro, 'vai' ek-staticamente rumo ao seu fim, de sorte que ela já 'é' para o fim" [426]. Heidegger não nega que essa representação vulgar tenha seu direito de ser, na própria medida em que procede por nivelamento da temporalidade de um ser-aí lançado e decadente. A seu modo, essa representação remete ao mundo cotidiano do ser-aí e da compreensão que daí resulta[53]. O que é inadmissível é sua pretensão de ser considerada o conceito verdadeiro do tempo. É possível retraçar o processo de interpretação e compreensão equivocada que leva da temporalidade a esse conceito vulgar. Em contrapartida, o trajeto inverso é impraticável.

Minha dúvida começa exatamente nesse ponto. Se, como penso, não se pode constituir a temporalidade humana partindo do conceito de tempo concebido como sequência de "agoras", o trajeto inverso da temporalidade e do ser-aí para o tempo cósmico não seria, de acordo com a discussão precedente, igualmente impraticável?

Em toda a análise precedente, uma hipótese foi excluída por Heidegger de antemão: a de que o processo considerado um fenômeno de nivelamento da temporalidade seja também e simultaneamente a produção de um conceito *autônomo* de tempo – o tempo cósmico. A fenomenologia hermenêutica do tempo nunca resolve essa questão e nunca termina de debater com ela.

Se Heidegger exclui logo de início essa hipótese, é porque nunca mede forças com a ciência contemporânea em seu próprio debate com o tempo, e considera estabelecido o fato de a ciência nada ter de original a dizer que não tenha sido tacitamente tomado da metafísica, de Platão a Hegel. Prova disso é o papel atribuído a Aristóteles na gênese do conceito vulgar

---

53. Observação ainda mais importante para nós pelo fato de nessa ocasião ser lembrada a igual legitimidade da *história*, "entendida *publicamente* como devir-historial *intratemporal*" [426]. Esse tipo de reconhecimento oblíquo da história desempenha um papel importante nas discussões posteriores sobre o estatuto da história relativamente a uma fenomenologia hermenêutica.

de tempo [421]: Aristóteles seria o primeiro responsável pelo nivelamento, autorizado por toda a história posterior do problema do tempo, por intermédio da definição de *Física*, IV, 11, 218 b 29-219 a 6, examinada acima[54]. Sua afirmação de que o *instante* determina o tempo abriria a série das definições do tempo como sequência de "agoras", no sentido de "agoras" quaisquer.

Ora, na própria hipótese – muito discutível – de que toda a metafísica do tempo estaria contida *in nuce* na concepção aristotélica[55], a lição que nós mesmos tiramos de nossa leitura

---

54. Heidegger traduz assim: "*Das nämlich ist die Zeit, das Gezählte an der im Horizont des Früher und Später begegnenden Bewegung*" [421]. O equivalente seria o seguinte: "Eis o que o tempo é de fato: o que é contado no movimento encontrado sob o horizonte do mais cedo e do mais tarde." Essa tradução sugere a ambiguidade de uma definição em que o nivelamento já teria se dado, mas ainda continuaria discernível como nivelamento, de modo tal que o acesso a uma interpretação existencial continuaria aberto. Abstenho-me de pronunciar um juízo definitivo sobre a interpretação da concepção aristotélica do tempo. Heidegger reservara-se o direito de voltar a ela na segunda parte de *Ser e tempo*, depois de uma discussão da *Seinsfrage* da ontologia antiga. Os *Problemas fundamentais da fenomenologia* preenchem essa lacuna [330-361] (281-308). A discussão do tratado aristotélico do tempo é tão importante na estratégia desenvolvida no curso de 1927 que ela determina o ponto de partida do movimento de retorno do conceito de tempo vulgar na direção da compreensão do tempo originário. Tudo gira em torno da interpretação do *tò nŷn* aristotélico. Dispomos, por outro lado, de textos importantes de Heidegger sobre a *Física* de Aristóteles que reconstroem o contexto da *phýsis* grega, cuja significação profunda seria, segundo Heidegger, radicalmente ignorada pelos filósofos e historiadores do pensamento grego, cf. "Ce qu'est et comment se détermine la *phýsis*" (Aristóteles, *Física*, I, 1), seminário de 1940, traduzido por F. Fédier, in *Question II*, Paris, Gallimard, 1968, pp. 165-276; o original alemão foi publicado em 1958, acompanhado de uma tradução italiana de G. Guzzoli, pela revista *Il Pensiero*, n.º 2 e 3, Milão, 1958.

55. "Toda elucidação (*Erörterung*) posterior do conceito de tempo continua fundamentalmente presa à definição aristotélica – ou seja, tematiza o tempo quando ele se mostra na preocupação circunspecta" [421]. Não discutirei aqui a famosa nota (*Ser e tempo II* [ed. bras.], p. 246, n. 136) segundo a qual "o privilégio dado ao agora nivelado deixa claro que a determinação conceitual hegeliana do tempo também segue a linha da compreensão *vulgar* do tempo e isso significa concomitantemente que ela segue a linha do conceito *tradicional* de tempo". A tradução e a interpretação dessa nota pode ser encontrada em J. Derrida, "*Ousia et Grammè. Note sur une note de Sein und Zeit*", in *Marges de la*

do famoso texto da *Física* de Aristóteles é que não é concebível nenhuma transição – *nem num sentido, nem no outro* – entre o instante *qualquer* e o presente *vivo*. A força de Aristóteles consiste precisamente na caracterização do instante como instante *qualquer*. E o instante é qualquer precisamente pelo fato de que procede de um corte arbitrário na continuidade do movimento local e, de modo mais geral, da mudança, e marca a incidência (sem valor de presente), em cada movimento, desse ato imperfeito que é o ato da potência. Ora, o movimento (a mudança) pertence, como vimos, aos princípios da física, que não incluem em sua definição a referência a uma alma que discrimina e conta. O essencial, então, é, em primeiro lugar, que o tempo é "algo do movimento", sem nunca se igualar aos princípios constitutivos da natureza; em seguida, que a continuidade do tempo "acompanha" a do movimento e da grandeza, sem nunca dela se liberar por completo. Disso resulta que, embora a operação noética de discriminação mediante a qual o espírito distingue dois instantes baste para distinguir o tempo do movimento, essa operação está inserida no próprio desenrolar do movimento, cujo caráter enumerável precede as distinções relativas ao tempo. A anterioridade lógica e ontológica atribuída por Aristóteles ao movimento com relação ao tempo me parece incompatível com qualquer tentativa de derivação por nivelamento do tempo dito vulgar a partir do tempo da preocupação. *Ser algo do movimento e ser algo do Cuidado constituem a meu ver duas determinações inconciliáveis em seu princípio.* O "historial-mundo" somente mascara o abismo que se abre entre o presente e o instante. Não se entende nem como nem por que a historialidade das *coisas* de nosso Cuidado se

---

Philosophie, Paris, Ed. de Minuit, 1972, pp. 31-78. Pode-se também ler a refutação da argumentação de Heidegger no § 82, dirigido "contra a concepção de Hegel da relação entre tempo e espírito", por Denise Souche-Dagues ("Une exégèse heideggerienne: le temps chez Hegel d'après le § 82 de *Sein und Zeit*", *Revue de métaphysique et de morale*, janeiro-março de 1979, pp. 101-19). Finalmente, pode-se retomar a discussão da interpretação heideggeriana de Aristóteles com Emmanuel Martineau, "Conception vulgaire et conception aristotélicienne du temps. Notes sur *Grundprobleme der Phänomenologie* de Heidegger", *Archives de philosophie*, janeiro-março de 1980, pp. 99-120.

libertaria da do próprio Cuidado, se o polo mundo de nosso ser-no-mundo não desenvolvesse um tempo que também seria *polarmente* oposto ao tempo de nosso Cuidado, e se a rivalidade entre essas duas perspectivas sobre o tempo, enraizadas uma na mundanidade *do* mundo, a outra no "*aí*" de *nossa* maneira de ser-no-mundo, não produzisse a aporia última da questão do tempo para o pensamento.

O direito igual que o tempo vulgar e o tempo fenomenológico têm na sua confrontação afirma-se com uma insistência particular se, sem nos limitarmos ao que os filósofos porventura disseram sobre o tempo, na esteira (ou não) de Aristóteles, quisermos dar ouvidos ao que dizem os cientistas e os epistemólogos mais atentos aos desenvolvimentos modernos da teoria do tempo[56]. A própria expressão "tempo vulgar" passa a parecer ridícula, considerando-se o tamanho dos problemas que a orientação, a continuidade e a mensurabilidade do tempo colocam para a ciência[57]. À luz desses trabalhos de uma tecnicidade cada vez maior, passamos a nos indagar se é possível opor um conceito científico único de tempo às análises fenomenológicas, elas mesmas múltiplas, que nos legaram Agostinho, Husserl e Heidegger.

Se, na esteira de Stephen Toulmin e June Goodfield[58], nos limitarmos primeiramente a discutir essas ciências segundo a ordem seguida pela descoberta da dimensão "histórica" do mundo natural, descobriremos que não foi somente uma extensão progressiva da escala do tempo para além da barreira dos seis mil anos, designada por uma tradição judaico-cristã petrificada, que as ciências da natureza impuseram à nossa

---

56. Hans Reichenbach, *Philosophie der Raum-Zeit-Lehre*, Berlim, 1928; Adolf Grünbaum, *Philosophical Problem of Space and Time*, Dordrecht, Boston, D. Reidel, 1973, 2.ª ed., 1974; Olivier Costa de Beauregard, *La Notion de temps, équivalence avec l'espace*, Paris, Hermann, 1953: "Two Lectures of the Direction of Time", *Synthèse*, n.º 35, 1977.

57. A título indicativo, adoto aqui a distinção feita por Hervé Barreau em *La Construction de la notion de temps*, Estrasburgo, Atelier d'impression du département de Physique, ULP, 1985, t. III.

58. Stephen Toulmin e June Goodfield, *The Discovery of Time*, Chicago, Londres, The University of Chicago Press, 1965, 1977, 1982.

consideração, mas também uma diferenciação crescente das propriedades temporais características de cada uma das regiões da natureza abertas a uma história natural cada vez mais estratificada. O primeiro aspecto, a extensão da escala do tempo de seis mil anos para seis bilhões de anos, certamente não é de desprezar, se considerarmos as incríveis resistências que seu reconhecimento teve de vencer. Se a ruptura da barreira do tempo significou tamanho choque, era porque explicitava uma desproporção, facilmente traduzida em termos de incomensurabilidade, entre o tempo humano e o da natureza[59]. Em primeiro lugar, foi a descoberta dos fósseis orgânicos, nas últimas décadas do século XVII, que impôs, contrariando uma concepção estática da crosta terrestre, uma teoria dinâmica da mudança geológica, cuja cronologia fez a barreira do tempo recuar de forma dramática. Com o reconhecimento das mudanças geológicas e a explicação da sequência temporal dessas mudanças, "a terra adquire uma história". Doravante, é com base em vestígios materiais, fósseis, camadas, falhas, que se torna possível inferir a sucessão das "épocas da natureza", para retomar o título de Buffon. A estratigrafia, inventada no começo do século XIX, transforma de modo decisivo a geologia em uma ciência "histórica", a partir de inferências lastreadas pelo testemunho das coisas. A revolução "histórica" em geologia abre caminho, por sua vez, por intermédio da paleontologia, para uma transformação semelhante em zoologia, coroada em 1859 pelo grande livro de Darwin, *Origin of Species*. Custa-nos imaginar a massa de ideias consagradas que a mera hipótese de uma *evolução* das espécies deve ter abalado, para não falar do grau de probabilidade da teoria como tal, quer se trate do modo de aquisição, de transmissão ou de acumulação das variações específicas. O importante para nossa discussão é que, com Darwin, "a vida adquire uma genealogia"[60]. Para o biólogo darwinista ou neodarwinista, o tempo se confunde com o próprio processo de descendência, escandido pela ocorrência

---

59. Toulmin e Goodfield citam um poema de John Donne que deplora *"the world's proportion disfigured"* (*op. cit.*, p. 77).
60. *The Discovery of Time*, pp. 197-229.

de variações favoráveis e selado pela seleção natural. Toda a genética moderna se inscreve na pressuposição central de uma história da vida. A ideia de uma história natural iria se enriquecer, ademais, com as descobertas da termodinâmica e, mais do que tudo, com a descoberta dos processos subatômicos – principalmente quânticos – na outra extremidade da grande cadeia dos seres. Na medida em que esses fenômenos são, por sua vez, responsáveis pela formação dos corpos celestes, pode-se falar de "evolução estelar[61]" para explicar o ciclo de vida atribuído às estrelas individuais e às galáxias. Introduz-se assim uma dimensão temporal autêntica em astronomia, que autoriza a falar de uma idade do universo contada em anos-luz.

Esse primeiro aspecto, a ruptura da barreira temporal aceita durante milênios e a extensão fabulosa da escala do tempo não deve, contudo, ocultar um segundo aspecto, de alcance filosófico maior, a saber, a diversificação das significações vinculadas ao vocábulo "tempo" nas regiões da natureza que acabamos de percorrer e nas ciências que lhes correspondem. Esse fenômeno é ocultado pelo anterior, na medida em que a noção de escala do tempo introduz um fator abstrato de comensurabilidade que só leva em conta a cronologia comparada dos processos considerados. O fato de que esse alinhamento numa única escala do tempo seja em última instância enganoso fica comprovado pelo seguinte paradoxo: o lapso de tempo de uma vida humana, comparado à amplitude das durações cósmicas, parece insignificante, embora seja justamente dele que precede toda questão da significância[62]. Esse paradoxo bastou para questionar a suposta homogeneidade das durações projetadas na escala única do tempo. O que se torna problemático, assim, é o direito da própria noção de "história" natural (donde nosso uso constante das aspas nesse contexto). Tudo se passa como se, por um fenômeno de contaminação mútua, a noção de história tivesse sido extrapolada da esfera

---

61. *Ibid.*, p. 251.
62. O alcance do paradoxo só revela toda a sua amplitude quando a narrativa, entendida como *mímesis* de ação, é tomada como critério dessa significância.

humana para a esfera natural, ao passo que, em contrapartida, a noção de mudança, especificada no plano zoológico pela de evolução, tivesse incluído a história humana em seu perímetro de sentido. Ora, antes de qualquer argumento ontológico, temos um motivo epistemológico para recusar essa sobreposição recíproca das noções de mudança (ou de evolução) e de história; esse critério é aquele que articulamos na segunda parte deste estudo, ou seja, o critério narrativo, ele mesmo regido pelo de *práxis*, sendo toda narrativa em última instância uma *mímesis* de ação. Nesse ponto, concordo plenamente com a tese de Collingwood, que traça uma linha divisória entre as noções de mudança e de evolução, por um lado, e a de história, por outro[63]. No tocante a isso, a noção de "testemunho" das coisas, evocada acima por ocasião da grande discussão suscitada pela interpretação dos fósseis, não deve dar lugar a ilusões. A analogia entre o testemunho dos homens sobre os acontecimentos do passado e o "testemunho" dos vestígios do passado geológico não vai além do modo de prova, qual seja, o uso da inferência em forma de retrodicção. O abuso começa a partir do momento em que a noção de "testemunho" é separada do contexto narrativo que o erige em prova documentária a serviço da compreensão explicativa de um curso de ação. Em última instância, são os conceitos de ação e de narrativa que são não transferíveis da esfera humana para a esfera da natureza.

Esse hiato epistemológico, por sua vez, não é mais que o sintoma de uma descontinuidade no nível que aqui nos interessa, o do tempo dos fenômenos considerados. Assim como nos pareceu impossível gerar o tempo da natureza a partir do tempo fenomenológico, também nos parece agora impossível proceder em sentido inverso e incluir o tempo fenomenológico no tempo da natureza, quer se trate do tempo quântico, do tempo da termodinâmica, do tempo das transformações galácticas ou do tempo da evolução das espécies. Sem nos pronun-

---

63. Collingwood, *The Idea of History*, Oxford, Oxford University Press, 1946, pp. 17-23.

ciarmos sobre a pluralidade das temporalidades apropriadas à diversidade das regiões epistemológicas consideradas, basta--nos uma única distinção, totalmente negativa, a de um *tempo sem presente* e de um *tempo com presente*. Qualquer que seja a variedade positiva que a noção de um tempo sem presente abarque, uma única descontinuidade importa para nossa discussão do tempo fenomenológico, aquela que Heidegger tentou superar reunindo sob o signo do "tempo vulgar" todas as variedades temporais previamente alinhadas sob o conceito neutro de escala do tempo: sejam quais forem as interferências entre o tempo com presente e o tempo sem presente, elas pressupõem a distinção de princípio entre um instante qualquer e o presente qualificado pela instância de discurso que o designa reflexivamente. Essa distinção de princípio entre o instante qualquer e o presente autorreferencial acarreta a do par antes/depois e do par passado/futuro, sendo que o passado/futuro designa a relação antes/depois como marcada pela instância do presente[64].

---

64. A descontinuidade entre o tempo sem presente e o tempo com presente não me parece incompatível com a tese de C. F. von Weizsäcker sobre a relação entre a irreversibilidade dos processos físicos e a lógica temporal da probabilidade. Segundo o autor, a física quântica impõe reinterpretar em termos probabilistas o segundo princípio da termodinâmica, que liga a direção do tempo à entropia de um sistema fechado. A entropia de um estado deve agora ser concebida como a medida da probabilidade da ocorrência deste estado: os estados anteriores mais improváveis se transformam em estados posteriores mais prováveis. Se perguntarmos o que significam os termos anteriores e posteriores contidos nas metáforas da direção do tempo e da flecha do tempo, o célebre físico responde o seguinte: todo homem de nossa cultura e portanto todo físico, entende implicitamente a diferença entre passado e futuro: o passado é da ordem do fato; é doravante inalterável; o futuro é possível. A probabilidade, a partir daí, é uma apreensão quantitativa, matematizada, da possibilidade. Quanto à probabilidade do devir, no sentido direto com que a física a toma aqui, ela estará sempre no futuro. Disso resulta que a diferença quantitativa entre passado e futuro não é uma consequência do segundo princípio da termodinâmica. Constitui, antes, sua premissa fenomenológica. Somente porque a compreendemos previamente é que podemos nos entregar à física como o fazemos. Generalizando essa tese, podemos dizer que essa distinção é constitutiva do conceito fundamental de experiência: a experiência tira ensinamentos do passado concernentes ao futuro. O tempo, no sentido dessa diferença

Dessa discussão deduz-se que a *autonomia do tempo do movimento* (para usar um vocabulário tanto kantiano quanto aristotélico) constitui a última aporia para a fenomenologia do tempo – uma aporia que somente a conversão hermenêutica da fenomenologia podia revelar em toda a sua radicalidade. De fato, é quando a fenomenologia do tempo alcança os aspectos da temporalidade que são tanto mais dissimulados quanto mais próximos de nós que ela descobre seu limite externo.

Para quem se atém unicamente à *polêmica* que o próprio Heidegger inaugurou ao designar como tempo vulgar o tempo universal da astronomia, das ciências físicas, da biologia e, por fim, das ciências humanas, e ao atribuir a um nivelamento das ênfases do tempo fenomenológico a gênese desse suposto tempo vulgar – para esse leitor, *Ser e tempo* parece terminar num fracasso: o fracasso da gênese do conceito vulgar do tempo. Contudo, não é assim que eu gostaria de concluir. Esse "fracasso" é, a meu ver, o que leva a aporicidade da temporalidade ao seu auge. Resume o fracasso de *todo* o nosso pensamento sobre o tempo e, em primeiro lugar, da fenomenologia e da ciência. Ora, esse fracasso não é inútil, como toda a sequência desta obra se empenha em mostrar. E, antes mesmo de dar novo alento à nossa própria meditação, revela algo de sua fecundidade na medida em que desempenha o papel de

---

qualitativa entre fato e possibilidade, é uma condição da possibilidade da experiência. Portanto, se a experiência pressupõe o tempo, a lógica em que descrevemos as proposições da experiência tem de ser uma lógica de enunciados temporais, mais precisamente, uma lógica das modalidades futuras (cf. "Zeit, Physik, Metaphysik", in Christian Link (org.), *Die Erfahrung der Zeit, Gedenkenschrift für Georg Picht*, Stuttgart, Klett-Cotta, 1984, pp. 22-4). Nada, nesse argumento, recoloca em questão a distinção entre instante qualquer e presente. A diferença qualitativa entre passado e futuro é de fato uma diferença fenomenológica, no sentido de Husserl e de Heidegger. Mas a proposição "o passado é factual, o futuro é possível" diz mais que isso: compõe juntas a experiência viva, em que a distinção entre passado e futuro ganha sentido, e a noção de um curso de acontecimentos que admite noções de estado anterior e estado posterior. O problema que permanece colocado é o da congruência entre duas irreversibilidades: a da relação passado/futuro no plano fenomenológico e a da relação antes/depois no plano dos estados, considerados, os primeiros, os mais improváveis e, os segundos, os mais prováveis.

revelador no tocante ao que chamarei de *trabalho da aporia* em ação no próprio interior da análise existencial.

Agruparei meus comentários sobre o *trabalho da aporia* em torno de quatro polos:

1. Primeiro, o conceito "vulgar" de tempo que, desde o começo, exerce uma espécie de *atração-repulsão* sobre toda a análise existencial, obrigando-a a se desdobrar, a se distender, a se estirar, até se igualar, por uma aproximação crescente, a seu *outro* que ela não pode gerar. Nesse sentido, a aporia de certo modo *externa*, criada no conceito de tempo pela disparidade das perspectivas sobre o tempo, é o que suscita, na própria análise existencial, o maior esforço de diversificação interna, ao qual devemos a distinção entre temporalidade, historialidade e intratemporalidade. Embora não seja a origem dessa diversificação, o conceito científico é de certa forma seu catalisador. As admiráveis análises da historialidade e da intratemporalidade aparecem então como um esforço quase desesperado de enriquecer com traços cada vez mais *mundanos* a temporalidade do Cuidado, centrada primeiro no ser-para-a-morte, de modo a oferecer uma equivalência aproximada do tempo-sucessão nos limites da interpretação existencial.

2. Além da imposição exercida *de fora* pelo conceito vulgar de tempo sobre a análise existencial, pode-se falar de uma *sobreposição mútua* de um modo de discurso sobre o outro. Essa troca fronteiriça adota as duas formas extremas da *contaminação* e da *contrariedade*, com todo o cortejo de nuanças intelectuais e emocionais que essas interferências de sentido podem gerar.

A *contaminação* caracteriza mais particularmente as sobreposições no nível da intratemporalidade. Foram inclusive esses fenômenos de contaminação que deram crédito à ideia de que se passava a fronteira por simples nivelamento. Antecipamos esse problema quando discutimos as relações entre os três principais fenômenos – databilidade, lapso de tempo e publicidade – e os três traços conceituais – datação efetiva, medida dos intervalos por unidades fixas de duração e simultaneidade que serve de critério para toda co-historialidade[65]. Em todos esses casos, poder-se-ia falar de um recobrimento do existencial e do empírico um pelo outro[66]. Entre o ser-lançado e decadente, que constitui nossa passividade fundamental para com o tempo, e a contemplação dos astros, cuja revolução soberana se subtrai a nosso controle, estabelece-se uma cumplicidade tão estreita que essas duas abordagens se tornam indiscerníveis para o sentimento. Prova disso são as expressões: tempo-do-mundo, ser-no-tempo, que acumulam a força dos dois discursos sobre o tempo.

Em contraposição, o efeito de *contrariedade*, decorrente da interferência entre os dois modos de pensamento, torna-se mais fácil de discernir no outro extremo do leque da temporalidade: entre a finitude do tempo mortal e a infinitude do tempo cósmico. A bem dizer, foi para esse efeito que a sabedoria mais antiga deu mais atenção. A elegia da condição humana, modulando entre a lamentação e a resignação, nunca cessou de cantar o contraste entre o tempo que permanece e nós que passamos. Será somente o "a gente" que não morre? Será somente por dissimularmos para nós mesmos nossa própria finitude que consideramos o tempo infinito? E será somente porque fugimos da ideia de nosso ser-para-o-fim que dizemos que o tempo foge? Não será também porque observamos, no curso das coisas, uma passagem que nos foge, no sentido de que escapa ao nosso controle, a ponto de ignorar, por assim dizer, até nossa própria resolução de ignorar que temos de morrer? Será que falaríamos da brevidade da vida se ela não se destacasse do fundo da imensidão do tempo? Esse contraste é a forma mais emocionante que pode adotar o duplo movi-

---

65. Voltaremos a tratar longamente do problema da *datação* no contexto de nosso estudo sobre os *conectores* estabelecidos pelo pensamento histórico *entre* o tempo cósmico e o tempo fenomenológico.
66. Talvez seja esse o sentido que deva ser dado à expressão *faktisch*, tão perturbadora em Heidegger. Ao mesmo tempo que acrescenta à mundanidade – termo existencial – um sotaque estrangeiro, adere à mundanidade por meio do fenômeno de contaminação entre os dois regimes de discurso sobre o tempo.

mento de libertação mediante o qual, por um lado, o tempo do Cuidado se livra da fascinação do tempo descuidado do mundo e, por outro, o tempo da astronomia e do calendário se subtrai à pressão da preocupação imediata e até ao pensamento da morte. Esquecendo da relação entre o maneável e a preocupação e esquecendo da morte, contemplamos o céu e construímos calendários e relógios. Subitamente, no mostrador de um deles, surge em letras de luto o *memento mori*. Um esquecimento apaga o outro. E a angústia da morte volta à carga, pressionada pelo silêncio eterno dos espaços infinitos. Podemos, portanto, oscilar de um sentimento a outro: da *consolação*, que podemos sentir ao descobrir um *parentesco* entre o sentimento de ser lançado no mundo e o espetáculo do céu onde o tempo se mostra, à *desolação*, que renasce incessantemente pelo *contraste* entre a fragilidade da vida e a potência do tempo que mais destrói do que qualquer outra coisa.

3. Essa diferença entre as duas formas extremas da troca *fronteiriça* entre as duas perspectivas sobre o tempo torna, por sua vez, atento para polaridades, tensões ou até rupturas *dentro do próprio* terreno explorado pela fenomenologia hermenêutica. Se a derivação do conceito vulgar do tempo por nivelamento nos pareceu problemática, a derivação por *proveniência*, que liga entre si as três figuras da temporalidade, também merece ser interrogada. Não deixamos de sublinhar, em cada transição de um estágio para o outro, a complexidade dessa relação de "proveniência", que não se restringe a uma perda progressiva de autenticidade. Por um suplemento de sentido, a historialidade e a intratemporalidade agregam o que faltava de sentido à temporalidade fundamental para ser plenamente originária e para que a temporalidade atinja sua integralidade, sua *Ganzheit*. Se cada nível procede do anterior por meio de uma interpretação que é logo de saída uma interpretação equivocada, um esquecimento da "proveniência", é porque essa "proveniência" consiste não numa redução, mas numa produção de sentido. É por um último acréscimo de sentido que se revela esse tempo do mundo por meio do qual a fenomenologia hermenêutica confina com a ciência astronômica e física. O estilo conceitual dessa proveniência criadora acarreta um cer-

to número de consequências que acentuam o caráter aporético da seção do *Ser e tempo* dedicada à temporalidade.

Primeira consequência: se acentuarmos os dois extremos dessa promoção de sentido, o ser-para-a-morte e o tempo do mundo, descobriremos uma oposição polar, paradoxalmente dissimulada através do processo hermenêutico dirigido contra toda dissimulação: por um lado, o tempo mortal; por outro, o tempo cósmico. Essa falha que atravessa toda a análise não constitui de forma nenhuma sua refutação: torna-a apenas menos segura de si, mais problemática, mais aporética em suma.

Segunda consequência: se, de uma figura temporal à outra, há concomitantemente perda de autenticidade e aumento de originariedade, a ordem na qual as três figuras são percorridas não poderia ser invertida? De fato, a intratemporalidade é incessantemente pressuposta pela historialidade; sem as noções de databilidade, de lapso de tempo e de manifestação pública, não se poderia dizer que a historialidade se desenrola *entre* um começo e um fim, *se estira* nesse entre-dois e se torna o *co-historial* de uma sina comum. O calendário e o relógio são prova disso. E, se remontarmos da historialidade à temporalidade originária, como poderia o caráter público do historial não preceder a seu modo a temporalidade mais profunda, uma vez que sua própria interpretação depende da linguagem que desde sempre precedeu as formas tidas por intransferíveis do ser-para-a-morte? Mais radicalmente ainda, o "fora-de-si" – o *Ausser-sich* – da temporalidade originária não marca a retroação das estruturas do tempo do mundo sobre as da temporalidade originária, por intermédio do estiramento característico da historialidade?[67]

Última consequência: se prestarmos atenção às descontinuidades que pontuam o processo da gênese de sentido ao

---

67. A objeção de circularidade que se poderia facilmente tirar da reversibilidade de todas as análises não é mais danosa aqui do que o foi para nós quando dirigimos contra nós mesmos esse argumento na primeira parte, no momento de introduzir o estágio de *mímesis* III. A circularidade é um sinal de saúde em toda análise hermenêutica. Em todo caso, essa suspeita de circularidade deve ser atribuída à aporicidade fundamental da questão do tempo.

longo de toda a seção sobre o tempo de *Ser e tempo*, podemos indagar se a fenomenologia hermenêutica não suscita uma *dispersão* interna das figuras da temporalidade. Somando-se à quebra, para a epistemologia, entre, por um lado, o tempo fenomenológico e, por outro, o tempo astronômico, físico e biológico, essa cisão entre tempo mortal, tempo histórico e tempo cósmico demonstra, inesperadamente, a vocação plural, ou melhor, pluralizante, dessa fenomenologia hermenêutica. O próprio Heidegger abre caminho para essa interrogação quando declara que os três graus de temporalização são co-originários, retomando propositalmente uma expressão que aplicara às três ek-stases do tempo. Ora, se elas são co-originárias, o futuro não tem necessariamente a prioridade que a análise existencial do Cuidado lhe confere. Por isso, futuro, passado e presente predominam sucessivamente quando se passa de um nível para outro. Nesse sentido, o debate entre Agostinho, que parte do presente, e Heidegger, que parte do futuro, perde muito de sua acuidade. Aliás, a multiplicidade de funções que a experiência do presente adquire nos põe de sobreaviso contra a relegação arbitrária de um conceito unívoco demais do presente. Apesar da filiação de sentido único que Heidegger propõe do futuro para o passado e para o presente, apesar também da ordem em aparência univocamente descendente que rege a *proveniência* das figuras menos autênticas da temporalidade, o processo de temporalização aparece no final da seção sobre o tempo mais radicalmente diferenciado do que parecia no começo da análise: é com efeito a diferenciação das três figuras da temporalização – temporalidade, historialidade, intratemporalidade – que exibe e explicita a diferenciação secreta em virtude da qual futuro, passado e presente podem ser chamados de *ek-stases* do tempo.

4. Essa atenção dada às aporias que trabalham a seção de *Ser e tempo* sobre a temporalidade autoriza a lançar um último olhar para a situação da historialidade na fenomenologia hermenêutica do tempo.

A posição do capítulo sobre a historialidade *entre* os capítulos sobre a temporalidade fundamental e sobre a intratemporalidade é o indicador mais aparente de uma função mediadora que vai muito além da comodidade de uma exposição didática. A amplitude dessa função mediadora é igual à do campo de aporias aberto pela fenomenologia hermenêutica do tempo. Seguindo a ordem das questões formuladas há pouco, podemos indagar inicialmente se a história não está ela mesma edificada sobre a fratura do tempo fenomenológico e do tempo astronômico, físico, biológico – em suma, se a história não é em si mesma uma zona de fratura. Mas, se, como também sugerimos, sobreposições de sentido compensam esse corte epistemológico, a história não seria o lugar onde se manifestam claramente as sobreposições por contaminação e por contrariedade entre ambos os regimes de pensamento? Por um lado, pareceu-nos que as trocas por *contaminação* predominam no plano da intratemporalidade entre os fenômenos de databilidade, de lapso de tempo e de publicidade, definidos pela análise existencial, e as considerações astronômicas que presidiram à construção do calendário e do relógio; ora, essa contaminação não pode deixar de afetar a história, na medida em que ela reúne os caracteres da historialidade e os da intratemporalidade. Por outro lado, pareceu-nos que as trocas por *contrariedade* prevalecem no plano da temporalidade originária, uma vez que o ser-para-a-morte é cruelmente contrastado com o tempo que nos envolve; a história, aqui também, está indiretamente concernida, na medida em que se confrontam nela o memorial dos mortos e a investigação das instituições, das estruturas, das transformações mais fortes que a morte.

Mas a posição mediana do historial entre a temporalidade e a intratemporalidade cria problemas mais diretamente quando se passa dos conflitos de fronteira entre a fenomenologia e a cosmologia para as discordâncias internas à própria fenomenologia hermenêutica. Como fica finalmente a posição do tempo histórico entre o tempo mortal e o tempo cósmico? Com efeito, é quando a continuidade da análise existencial é questionada que a historialidade se torna o ponto crítico de toda a empresa. Com efeito, quanto mais afastamos as pontas do compasso entre os dois polos de temporalização, mais o lugar e o papel da historialidade se tornam problemáticos. Quanto mais indagamos sobre a diferenciação que dispersa, não só as três figuras principais da temporalização, mas as três ek-stases do tempo, mais o *lugar* da historialidade também se torna problemático. Dessa perplexidade nasce uma hipótese: se a intratemporalidade é o ponto de contato entre nossa passividade e a ordem das coisas, a historialidade não seria a ponte estendida, no interior do próprio campo fenomenológico, entre o ser-para-a-morte e o tempo do mundo? Caberá aos próximos capítulos esclarecer essa função mediadora retomando a conversa a três entre a historiografia, a narratologia e a fenomenologia.

*

Ao término dessas três confrontações, gostaria de tirar duas conclusões; a primeira foi várias vezes antecipada; a segunda, em contrapartida, poderia passar despercebida.

Comecemos por dizer que, se a *fenomenologia* do tempo pode se tornar um interlocutor privilegiado na conversação triangular que agora será conduzida entre ela mesma, a historiografia e a narratologia literária, isso se deve não só a suas descobertas, mas também às aporias que ela suscita e que crescem proporcionalmente a seus avanços.

Digamos em seguida que ao opor Aristóteles a Agostinho, Kant a Husserl, e tudo o que o saber relaciona com o conceito "vulgar" de tempo a Heidegger, instruímos um processo que não é mais o da fenomenologia, processo este que o leitor poderia ficar tentado a ler em nossas páginas, mas o do pensamento reflexivo e especulativo em seu conjunto em busca de uma resposta coerente para a pergunta: que é o tempo? Se, no enunciado da aporia, a ênfase está colocada na fenomenologia do tempo, o que aparece no final do capítulo é mais amplo e mais equilibrado: a saber, que não se pode pensar o tempo cosmológico (o instante) sem, sub-repticiamente, restabelecer o tempo fenomenológico (o presente) e vice-versa. Embora o enunciado dessa aporia extrapole a fenomenologia, a aporia tem por isso mesmo o mérito de recolocar a fenomenologia na grande corrente do pensamento reflexivo e especulativo. É por isso que não intitulamos a primeira seção: as aporias da fenomenologia do tempo, mas sim a aporética da temporalidade.

SEGUNDA SEÇÃO
Poética da narrativa: história, ficção, tempo

Chegou a hora de pôr à prova a principal hipótese desta quarta parte, a saber, que a chave do problema da *refiguração* reside no modo como a história e a ficção, tomadas conjuntamente, proporcionam às aporias do tempo trazidas à tona pela fenomenologia a réplica de uma *poética da narrativa*. No esboço dos problemas postos sob a égide de *mímesis* III[1], identificamos o problema da *refiguração* como sendo o da *referência cruzada* entre história e ficção, e admitimos que o tempo humano procede desse entrecruzamento no meio do agir e do sofrer. Para respeitar a dissimetria entre as respectivas perspectivas da história e da ficção, partiremos novamente de uma apreensão decididamente *dicotômica* dessas perspectivas. Portanto, será à especificidade da referência da narrativa histórica e, depois, à da narrativa de ficção, que faremos justiça nos dois primeiros capítulos desta seção. É necessário proceder assim para que a conjunção entre história e ficção no trabalho de refiguração do tempo conserve até o fim seu caráter paradoxal. Minha tese aqui é que a maneira única como a história responde às aporias da fenomenologia do tempo consiste na elaboração de um *terceiro-tempo* – o tempo propriamente histórico –, que faz mediação entre o tempo vivido e o tempo cósmi-

---

1. *Tempo e narrativa*, vol. 1, p. 122 e ss.

co. Para demonstrar a tese, recorreremos aos *procedimentos de conexão*, tomados de empréstimo à própria prática histórica, que asseguram *a reinscrição do tempo vivido no tempo cósmico*: calendário, sequência das gerações, arquivo, documento, vestígio. Para a prática histórica, esses procedimentos não são um problema: é só o fato de colocá-los em relação com as aporias do tempo que faz aparecer, para um *pensamento da história*, o caráter poético da história relativamente aos embaraços da especulação.

À reinscrição do tempo vivido no tempo cósmico do lado da história, corresponde, do lado da ficção, uma solução oposta das mesmas aporias da fenomenologia do tempo, isto é, as *variações imaginativas* que a ficção opera nos principais temas dessa fenomenologia. Assim, nos capítulos I e II, a relação entre história e ficção estará marcada, quanto à sua respectiva capacidade de refiguração, pelo sinal de oposição. Todavia, a fenomenologia do tempo continuará sendo a medida comum sem a qual a relação entre ficção e história ficaria absolutamente irresoluta.

Em seguida, nos capítulos III e IV, daremos um passo na direção da relação de *complementaridade* entre história e ficção, tomando como pedra de toque o problema clássico da relação da narrativa, tanto histórica como de ficção, com a *realidade*. A revisão do problema e de sua solução justificará a mudança terminológica que nos fez preferir constantemente, dali em diante, o termo refiguração ao termo referência. Tomado do lado da história, o problema clássico da referência consistia, com efeito, em saber o que se quer dizer quando se declara que a narrativa histórica *se remete a* acontecimentos que realmente ocorreram no passado. É precisamente a significação vinculada à palavra "realidade", aplicada ao passado, que espero renovar. Começamos a fazê-lo, ao menos implicitamente, ao vincular o destino dessa expressão à invenção (no duplo sentido de criação e de descoberta) do terceiro-tempo histórico. Mas o tipo de segurança que a reinscrição do tempo vivido no tempo cósmico pode ter suscitado desaparece assim que topamos com o paradoxo relacionado com a ideia de um passado desaparecido que no entanto foi – foi *"real"*. Esse paradoxo foi cuidadosamente excluído de nosso estudo da intencionalidade histórica[2] por meio de um artifício metodológico: confrontados com a noção de acontecimento, escolhemos separar os critérios epistemológicos do acontecimento de seus critérios ontológicos, a fim de permanecer dentro dos limites de uma investigação dedicada à relação entre a explicação histórica e a configuração por composição da intriga. São esses critérios *ontológicos* que voltam a ocupar o primeiro plano com o conceito de passado "real". Este está, com efeito, sustentado por uma ontologia implícita, em virtude da qual as construções do historiador têm a ambição de ser *reconstruções* mais ou menos aproximadas do que um dia foi "real". Tudo se passa como se o historiador soubesse estar vinculado por uma *dívida* para com os homens de outrora, para com os mortos. É tarefa de uma reflexão filosófica explicitar as pressuposições desse "realismo" tácito que o mais militante dos "construtivismos" da maioria dos historiadores epistemólogos não consegue abolir. Chamaremos de *representância* (ou de *locotenência*) as relações entre as construções da história e seu *contraponto*, ou seja, um passado simultaneamente abolido e preservado em seus vestígios. O paradoxo dessa noção de representância (ou de locotenência) me sugeriu pôr o conceito ingênuo de passado "real" à prova de alguns "grandes gêneros" livremente inspirados no *Sofista* de Platão: o Mesmo, o Outro, o Análogo. Digamos de pronto que o que esperamos dessa dialética da representância não é que resolva o paradoxo que aflige o conceito de passado "real", mas que *problematize* o próprio conceito de "realidade" aplicado ao passado. Existe, do lado da ficção, alguma relação com o "real" que possamos dizer correspondente à de representância? À primeira vista, parece que esta última relação não tem paralelo, na medida em que os personagens, os acontecimentos, as intrigas projetadas pelas ficções narrativas são "irreais". Entre o passado "real" e a ficção "irreal", parece haver um abismo intransponível. Uma investigação mais fina não poderia, contudo, ficar nessa dicotomia elementar entre "real" e "ir-

---

2. *Ibid.*, p. 290.

real". Aprendemos, pelo capítulo III, ao preço de que dificuldades a ideia de passado "real" pode ser preservada e a que tratamento dialético tem de ser submetida. O mesmo se aplica, simetricamente, à "irrealidade" das entidades fictícias. Ao dizê-las "irreais", caracterizamos essas entidades em termos somente negativos. As ficções têm ademais efeitos que exprimem sua função positiva de revelação e de transformação da vida e dos costumes. Portanto, é pelo lado de uma *teoria dos efeitos* que é preciso orientar agora a investigação. Já percorremos metade do caminho nessa direção quando introduzimos, no fim de *Tempo e narrativa 2*, a noção de mundo do texto, no sentido de um mundo no qual poderíamos morar e desenvolver nossas potencialidades mais próprias[3]. Mas esse mundo do texto só constitui por enquanto uma transcendência na imanência; a esse título, continua sendo algo do texto. A segunda metade do caminho consiste na mediação que a *leitura* opera entre o mundo fictício do texto e o mundo efetivo do leitor. Os efeitos da ficção, efeitos de revelação e de transformação, são essencialmente efeitos de leitura[4]. É através da leitura que a literatura retorna à vida, isto é, ao campo prático e pático da existência. Portanto, é no caminho de uma teoria da leitura que tentaremos determinar a relação de *aplicação* que constitui o equivalente da relação de *representância* no terreno da ficção.

A última etapa de nossa investigação dos entrecruzamentos da história e da ficção irá nos conduzir para além da mera dicotomia, e até da convergência, entre a capacidade que a história tem e aquela que a ficção tem de refigurar o tempo, ou seja, ao cerne do problema que, no nosso primeiro volume, designamos pelo termo de referência cruzada entre história e ficção[5]. Por motivos muitas vezes enunciados, preferimos falar agora de *refiguração cruzada* para expressar os efeitos conjuntos da história e da ficção no plano do agir e do padecer humanos. Para alcançar essa problemática última, é preciso es-

---

3. *Tempo e narrativa*, vol. 2, cap. IV.
4. *Tempo e narrativa*, vol. 1, pp. 130-2.
5. *Ibid.*, pp. 132-40.

tender o espaço de leitura para toda grafia: tanto para a historiografia como para a literatura. Daí resulta uma *teoria geral dos efeitos* que permite acompanhar, até seu estágio último de *concretização,* o trabalho de refiguração da práxis pela narrativa, tomada em toda a sua extensão. O problema passará a ser então o de mostrar como a refiguração do tempo pela história e pela ficção se concretiza por meio dos empréstimos que cada modo narrativo toma do outro. Esses empréstimos consistirão no fato de que a intencionalidade histórica só se dá incorporando à sua perspectiva os recursos de *ficcionalização* que remetem ao imaginário narrativo, ao passo que a intencionalidade da narrativa de ficção só produz seus efeitos de detecção e de transformação do agir e do padecer assumindo simetricamente os recursos *de historicização* que lhe oferecem as tentativas de reconstrução do passado efetivo. Dessas trocas íntimas entre historicização da narrativa de ficção e ficcionalização da narrativa histórica, nasce o chamado tempo humano, que nada mais é que o tempo narrado. Para sublinhar a interioridade mútua desses dois movimentos entrecruzados, dedicar-lhe-emos um capítulo único, o quinto desta seção.

Restará indagar sobre a natureza do processo de totalização que também permite designar por um *singular coletivo* o tempo assim refigurado pela narrativa. Este será o objeto dos dois últimos capítulos do *Tempo narrado.*

A questão será saber o que, pelo lado da narrativa, tanto de ficção como histórica, corresponde à pressuposição da unicidade do tempo. Um novo sentido da palavra "história" será explicitado nesse estágio, sentido que excede a distinção entre historiografia e ficção e que admite como sinônimos melhores os termos *consciência histórica* e *condição histórica.* A função narrativa, tomada em toda a sua amplitude, abarcando os desenvolvimentos da epopeia ao romance moderno bem como da lenda à historiografia, define-se em última instância por sua ambição de refigurar a *condição* histórica e elevá-la assim à categoria de *consciência* histórica. Esse novo sentido de que irá se revestir o termo "história" no final de nossa pesquisa é comprovado pela própria semântica da palavra, que designa, faz ao menos dois séculos, num grande número de línguas, tanto a totalidade do curso dos acontecimentos como a totalidade das narrativas que se referem a esse curso. Esse duplo sentido da palavra "história" não resulta de modo algum de uma lamentável ambiguidade da linguagem, mas comprova uma outra pressuposição, subjacente à consciência global que adquirimos de nossa condição histórica, qual seja a de que, como a palavra "tempo", também o termo "história" designa um singular coletivo, que engloba ambos os processos de totalização em curso, tanto no nível da história narrativa como no da história efetiva. Essa correlação entre uma consciência histórica unitária e uma condição histórica igualmente indivisível torna-se assim a última questão de nossa pesquisa sobre a refiguração do tempo pela narrativa.

O leitor não terá tido dificuldade em reconhecer a marca hegeliana nessa formulação do problema. Foi por isso que não consideramos possível subtrair-nos à obrigação de examinar os motivos que tornam necessário *passar por Hegel* e aqueles, mais fortes, que no entanto exigem *renunciar* a *Hegel*. Esse será o objeto de nosso penúltimo capítulo.

Contudo, se, como acreditamos, é preciso pensar a condição histórica como um processo de totalização, será preciso explicar que tipo de *mediação imperfeita* entre o futuro, o passado e o presente é suscetível de tomar o lugar da *mediação total* segundo Hegel. Essa questão remete a uma hermenêutica da consciência histórica, ou seja, a uma interpretação da relação que a narrativa histórica e a narrativa de ficção tomadas conjuntamente mantêm com o *pertencimento* de cada um de nós à história efetiva, como agentes e pacientes. Essa hermenêutica, diferentemente da fenomenologia e da experiência pessoal do tempo, tem a ambição de articular diretamente no nível da história comum as três grandes ek-stases do tempo: o futuro sob o signo do horizonte de expectativa, o passado sob o signo da tradição, o presente sob o signo do intempestivo. Desse modo, poderá ser conservado o impulso dado por Hegel ao processo de totalização, sem ceder contudo à tentação de uma totalidade acabada. Com esse jogo de *remissão* entre expectativa, tradição e surgimento intempestivo do presente, terminará o trabalho de refiguração do tempo pela narrativa.

Reservaremos para o capítulo de conclusão a questão de saber se a correlação entre narrativa e tempo é igualmente adequada quando a narrativa é tomada em sua função de totalização em face da pressuposição da unidade do tempo e quando é considerada do ponto de vista do entrecruzamento das perspectivas referenciais da historiografia e da narrativa de ficção respectivamente. Essa questão remeterá a uma reflexão crítica sobre os *limites* com que topa nossa ambição de responder às aporias do tempo por uma poética da narrativa.

1. ENTRE O TEMPO VIVIDO E O TEMPO UNIVERSAL: O TEMPO HISTÓRICO

No presente estado da discussão sobre a filosofia da história, costuma-se concordar que a única escolha existente é entre uma especulação sobre a história universal, ao modo hegeliano, e uma epistemologia da escritura da história, ao modo da historiografia francesa ou da filosofia analítica da história de língua inglesa. Uma terceira opção, aberta pela ruminação das aporias da fenomenologia do tempo, consiste em refletir sobre *o lugar do tempo histórico entre o tempo fenomenológico e o tempo que a fenomenologia não consegue constituir, que chamamos de tempo do mundo, tempo objetivo ou tempo vulgar.*

Ora, a história revela uma primeira vez sua capacidade criadora de refiguração do tempo pela invenção e pelo uso de certos *instrumentos de pensamento* tais como o calendário, a ideia de sequência das gerações e aquela, conexa, do tríplice reino dos contemporâneos, dos predecessores e dos sucessores, e, por fim e sobretudo, pelo recurso a arquivos, documentos e vestígios. O que esses instrumentos de pensamento têm de notável é que desempenham o papel de conectores entre o tempo vivido e o tempo universal. Nesse sentido, demonstram a função *poética* da história e trabalham para a solução das aporias do tempo.

Todavia, a contribuição deles para a hermenêutica da consciência histórica só aparece no fim de um trabalho reflexivo que já não depende da epistemologia do conhecimento histórico; para o historiador, esses conectores continuam sendo, como acabamos de dizer, meros instrumentos de pensamento; o historiador faz uso deles, sem indagar sobre suas condições de possibilidade, ou melhor, de *significância*. Ora, elas só se revelam se relacionarmos seu funcionamento com as aporias do tempo, sobre as quais o historiador, como tal, não tem de se interrogar.

Esses conectores do tempo vivido e do tempo universal têm, com efeito, em comum o fato de *transferir para o universo* as estruturas narrativas descritas na nossa segunda parte. É a maneira deles de contribuir para a refiguração do tempo histórico.

1. O tempo do calendário

O tempo do calendário é a primeira ponte estendida pela *prática* histórica entre o tempo vivido e o tempo cósmico. Constitui uma criação que não depende exclusivamente de nenhuma das duas perspectivas sobre o tempo: embora participe de ambas, sua *instituição constitui a invenção de um terceiro-tempo*.

É verdade que esse terceiro-tempo só é, sob muitos aspectos, a sombra lançada no plano da prática histórica por uma entidade bem mais considerável à qual já não convém o nome de instituição e menos ainda o de invenção: essa entidade só pode ser designada de modo global e grosseiro pelo termo de *tempo mítico*. Vizinhamos aqui um terreno no qual nos proibimos penetrar a partir do momento em que adotamos, como ponto de partida de nossa investigação da narrativa, a epopeia, por um lado e, por outro, a historiografia. A fratura entre ambos os modos narrativos já está consumada quando nossa análise começa. Ora, o tempo mítico nos remete para aquém dessa fratura, para um ponto da problemática do tempo em que este ainda abarca a totalidade do que designamos por um lado como mundo e, por outro, como existência humana. O tempo mítico já se desenhou em filigrana no trabalho conceitual de Platão para o *Timeu* e de Aristóteles para a *Físi-*

ca. Apontamos seu vestígio no famoso aforismo de Anaximandro[1]. Ora, o que encontramos na *origem* das regras que presidem à constituição de todo calendário é o tempo mítico. Temos, pois, de remontar para antes da fragmentação entre tempo mortal, tempo histórico e tempo cósmico – fragmentação já consumada quando nossa meditação começa –, para evocar com o mito um "grande tempo" que *envolve*, segundo a palavra preservada por Aristóteles em sua *Física*[2], toda realidade. A principal função desse "grande tempo" é regular o tempo das sociedades – e dos homens que vivem em sociedade – em função do tempo cósmico. Com efeito, longe de mergulhar o pensamento na noite onde todos os gatos são pardos, o tempo mítico instaura uma *escansão* única e global do tempo, ordenando, uns em relação aos outros, ciclos de duração diferente, os grandes ciclos celestes, as recorrências biológicas e os ritmos da vida social. Foi assim que as representações míticas concorreram para a instituição do tempo do calendário[3]. No entanto,

---

1. Cf. acima, p. 25.
2. Aristóteles, *Física*, IV, 12, 220 b 1-222 a 9.
3. A análise a que procederemos pode ser chamada de transcendental pelo fato de se ater ao aspecto *universal* da instituição do calendário. Distingue-se, sem excluí-la, da abordagem genética praticada pela escola sociológica francesa do começo do século, onde o problema do calendário é tratado no quadro da origem social das noções correntes e, entre elas, da noção de tempo. O perigo, nesse caso, está em fazer de uma consciência coletiva a fonte de todas as noções, ao modo do *Noûs* plotiniano. Esse perigo é extremo em Durkheim, nas *Formes Élémentaires de la vie religieuse* (Paris, PUF, reed. 1968), para quem origem social e origem religiosa tendem a se confundir; é menor em Maurice Halbwachs, em *Mémoire et Société, op. cit.*, reeditado com o título *La Mémoire collective, op. cit.*; nessa obra, o projeto de gênese total dos conceitos adota proporções mais modestas, sendo a memória coletiva atribuída mais a um grupo próximo do que à sociedade global. Mas, simultaneamente aos problemas de origem, os problemas de *estrutura* são formulados em termos excelentes. A diferenciação de momentos distintos, inerentes à concepção do tempo, escreve Durkheim, "não consiste simplesmente numa comemoração, parcial ou integral, de nossa vida transcorrida, é um contexto abstrato e impessoal que envolve não só nossa existência individual, mas também a da humanidade. É como um quadro ilimitado onde a duração estende-se sob o olhar do espírito e onde os acontecimentos possíveis podem ser situados em relação a pontos de referência fixos e determinados... Isso já basta para perceber que essa organização tem de ser coletiva"

ao falar de *representação* mítica, não se deve esquecer a conjunção do *mito* e do *rito*[4]. Com efeito, é pela mediação do rito que o tempo mítico mostra ser a raiz comum do tempo do mundo e do tempo dos homens. Por sua periodicidade, o rito exprime um tempo cujos ritmos são mais vastos que os da ação corriqueira. Ao escandir desse modo a ação, enquadra o tempo corriqueiro e cada breve vida humana em um tempo de grande amplitude[5].

No caso de opor *mito* e *rito*, poder-se-ia dizer que o mito *alarga* o tempo corriqueiro (bem como o espaço), ao passo

---

(*Les Formes élémentaires de la vie religieuse*, "Introdução", pp. 14-5). O calendário é o instrumento apropriado dessa memória coletiva: "Um calendário exprime o ritmo da atividade coletiva, ao mesmo tempo que tem por função garantir sua regularidade" (*ibid.*). É desse modo que uma sociologia genética contribui de maneira decisiva para a descrição dos conectores em uso em história, dos quais procuramos extrair antes a significância que a origem. O mesmo pode ser dito das investigações dedicadas à *história* da instituição dos calendários aceitos ainda hoje, como nosso calendário juliano-gregoriano (cf. P. Couderc, *Le Calendrier*, Paris, PUF, col. "Que Sais-je?", 1961).

4. René Hubert, em "Étude sommaire de la représentation du temps dans la religion et la magie", *Mélanges d'histoire des religions*, Paris, Alcan, 1909, dá considerável importância à noção de *festa*; forja a esse propósito a noção de "datas críticas", ligadas à necessidade de ordenar a periodicidade das festas. Não menos importante é o fato de que os intervalos entre essas datas críticas são qualificados pela irradiação das festas e se tornam equivalentes por seu retorno, com a ressalva de que, para a magia e a religião, o calendário tem por função não tanto medir o tempo mas ritmá-lo, garantir a sucessão dos dias fastos e nefastos, dos tempos favoráveis e desfavoráveis.

5. Num texto digno de nota, "Temps et Mythe" (*Recherches philosophiques*, Paris, Boivin, 1935-1936), Georges Dumézil sublinha sobretudo a "amplitude" do tempo mítico, independente de quais sejam as diferenças que concernem à relação entre mito e rito; no caso em que o mito faz a narrativa de acontecimentos eles mesmos periódicos, o rito garante a concordância entre periodicidade mítica e periodicidade ritual; no caso em que o mito relata acontecimentos únicos, a eficácia desses acontecimentos fundadores irradia sobre um tempo mais vasto que o da ação; também aqui, o rito garante a correspondência entre essa irradiação de grande amplitude do acontecimento mítico, pela comemoração e imitação quando se trata de um acontecimento passado, pela prefiguração e preparação quando se trata de acontecimentos futuros. Numa hermenêutica da consciência histórica, comemorar, atualizar, prefigurar são três funções que sublinham a grande escansão do passado como tradição, do presente como efetividade e do futuro como horizonte de expectativa e como escatologia (cf. abaixo, capítulo VI).

que o rito *aproxima* o tempo mítico da esfera profana da vida e da ação.

É fácil perceber o reforço que nossa análise da função mediadora do tempo do calendário recebe da sociologia religiosa e da história das religiões. Ao mesmo tempo, não gostaríamos de confundir as duas abordagens e tomar uma explicação genética por uma compreensão do sentido, sob pena de prejudicar as duas. O tempo mítico só nos concerne sob condições restritivas expressas: de todas as suas funções, talvez muito heterogêneas, retemos apenas a função especulativa a respeito da ordem do mundo. Da regularidade operada pelos ritos e pelas festas, retemos apenas a correspondência que eles instauram, no plano prático, entre a ordem do mundo e a ordem da ação corriqueira. Em suma, retemos do mito e do rito apenas sua contribuição para a integração do tempo corriqueiro, centrado na vivência dos indivíduos que agem e sofrem, com o tempo do mundo desenhado no céu visível. É o discernimento das condições *universais* da instituição do calendário que guia aqui a triagem das informações recolhidas pela sociologia religiosa e pela história comparada das religiões, em troca da confirmação empírica que essas ciências fornecem para o discernimento hesitante da constituição do tempo do calendário.

Essa constituição universal é o que faz do tempo do calendário um *terceiro-tempo* entre o tempo psíquico e o tempo cósmico. Para definir as regras dessa constituição, tomarei por guia as observações de Émile Benveniste em "A linguagem e a experiência humana"[6]. A invenção do tempo do calendário é tão original aos olhos do grande linguista que ele lhe confere um nome especial, o "tempo *crônico*", para mostrar claramente, mediante uma repetição mal disfarçada da palavra, que "na nossa visão de mundo assim como em nossa existência pessoal, há um único tempo, esse" (*Problèmes du langage, op. cit.*, p. 5). (Devem ter notado a dupla referência ao mundo e à existência pessoal.) O importante para uma reflexão que podemos

---

6. É. Benveniste, "Le langage et l'expérience humaine", *Problèmes du langage*, Paris, Gallimard, col. "Diogène", 1966.

chamar de transcendental para distingui-la de uma pesquisa genética é que, "em todas as formas de culturas humanas e em todas as épocas, constatamos de uma maneira ou outra um esforço para objetivar o tempo crônico. É uma condição necessária da vida das sociedades e da vida dos indivíduos em sociedade. Esse tempo socializado é o do calendário" (p. 6).

Três aspectos são comuns a todos os calendários; juntos, constituem a contagem ou divisão do tempo crônico:
– um acontecimento fundador, que supostamente inaugura uma nova era (nascimento de Cristo ou de Buda, Hégira, ascensão de determinado soberano etc.), determina o *momento axial* a partir do qual todos os acontecimentos são datados; é o ponto zero da contagem;
– com relação ao eixo de referência, é possível percorrer o tempo nas *duas direções*, do passado para o presente e do presente para o passado. Nossa própria vida faz parte desses acontecimentos que nossa visão segue tanto numa direção quanto na outra; é por isso que todos os acontecimentos podem ser datados;
– finalmente, fixa-se "um *repertório de unidades* de medida que servem para denominar os intervalos constantes entre as recorrências de fenômenos cósmicos" (p. 6). Esses intervalos constantes, é a astronomia que ajuda, não a denominá-los, mas a determiná-los: o dia, com base numa medida do intervalo entre o nascer e o pôr do sol; o ano, em função do intervalo definido por uma revolução completa do sol e das estações; o mês, como intervalo entre duas conjunções da lua e do sol.

Nesses três aspectos distintivos do tempo do calendário, pode-se reconhecer simultaneamente um parentesco explícito com o tempo físico, mais bem conhecido pelos antigos, e empréstimos implícitos feitos ao tempo vivido, pouco tematizado antes de Plotino e Agostinho.

O parentesco do tempo do calendário com o tempo físico não é difícil de perceber. O que o tempo do calendário toma emprestado do tempo físico são as propriedades que Kant bem como Aristóteles lhe reconhecem: é, diz Benveniste, "um contínuo uniforme, infinito, linear, segmentável à vontade" (*ibid.*). Apoiando-me nas *Analogias da experiência* segundo Kant assim como na *Física* de Aristóteles, acrescentarei o seguinte: enquanto segmentável à vontade, ele é fonte de instantes quaisquer, destituídos da significação do presente; enquanto ligado ao movimento e à causalidade, comporta uma direção na relação entre antes e depois, mas ignora a oposição entre passado e futuro; é essa direcionalidade que permite que o olhar do observador o percorra nos dois sentidos; assim, a *bi*dimensionalidade do percurso do olhar supõe a *uni*direção do curso das coisas; por fim, enquanto contínuo linear, comporta a mensurabilidade, isto é, a possibilidade de fazer corresponder números aos intervalos iguais do tempo, eles mesmos relacionados com a recorrência de fenômenos naturais. A astronomia é a ciência que fornece as leis dessa recorrência, por uma observação cada vez mais exata da periodicidade e da regularidade do curso dos astros, essencialmente os do sol e da lua.

Contudo, embora a *contagem* do tempo do calendário esteja apoiada[7] nos fenômenos astronômicos que dão sentido à noção de tempo físico, o *princípio* da divisão do tempo do calendário escapa à física e à astronomia: Benveniste tem razão quando diz que os aspectos comuns a todos os calendários "procedem" da determinação do ponto zero da contagem.

Aqui, a noção emprestada é a noção fenomenológica de presente, como distinto do instante qualquer, ele mesmo derivado do caráter segmentável à mercê do contínuo uniforme, infinito, linear. Se não tivéssemos a noção fenomenológica do presente, como o hoje em função do qual há um amanhã e um ontem, não poderíamos dar o menor sentido à ideia de um acontecimento novo que rompe com uma era anterior e inaugura um curso diferente de tudo o que precedeu. O mesmo se aplica à consideração *bi*direcional: se não tivéssemos a experiência viva da retenção e da protensão, não teríamos a ideia de *percurso* de uma série de acontecimentos realizados; mais que isso, se não tivéssemos a ideia de quase presente – isto é, a ideia de que todo instante rememorado pode ser qualificado

---

7. Tomo emprestado o conceito de *étayage* [apoio] de Jean Granier, em *Le Discours du monde*, Paris, Ed. du Seuil, 1977, pp. 218 ss.

de presente, dotado de suas próprias retenções e protensões, de modo tal que o relembrar, distinguido por Husserl da simples retenção ou recência, torna-se retenção de retenções, e que as protensões de um quase presente recruzam as retenções do presente vivo –, não teríamos a noção de um percurso em duas direções, que Benveniste denomina muito propriamente "do passado para o presente ou do presente para o passado" (p. 6). Ora, não existe presente e, portanto, nem passado nem futuro no tempo físico enquanto um instante não for determinado como "agora", como hoje, portanto, como presente. Quanto à medida, ela se insere na experiência que Agostinho descreve muito bem como encurtamento da expectativa e alongamento da lembrança, e cuja descrição Husserl retoma com a ajuda de metáforas como mergulhar, escoar, fugir, que expressam as diferenças qualitativas do próximo e do distante.

Mas o tempo físico e o tempo psicológico apenas fornecem o duplo apoio do tempo crônico. Este é uma autêntica criação que excede os recursos de um e outro. O momento axial – característica da qual os outros derivam – não é nem um instante qualquer, nem um presente, embora compreenda ambos. É, como nota Benveniste, um "acontecimento tão importante que supostamente dá às coisas um novo curso". A partir do momento axial, os aspectos cósmicos e psicológicos do tempo recebem respectivamente uma nova significação. Por um lado, todos os acontecimentos adquirem uma *posição* no tempo, definida por sua distância do momento axial – distância medida em anos, meses, dias – ou por sua distância de qualquer outro momento cuja distância do momento axial seja conhecida (trinta anos depois da queda da Bastilha...); por outro lado, os acontecimentos de nossa própria vida recebem uma *situação* com relação aos acontecimentos datados: "Eles nos dizem propriamente onde estamos na vastidão da história, qual é o nosso lugar entre a sucessão infinita dos homens que viveram e das coisas que aconteceram" (p. 7). Podemos assim situar uns em relação aos outros os acontecimentos da vida interpessoal: no tempo do calendário, as simultaneidades físicas se tornam contemporaneidades, pontos de referência para todas as reuniões, todas as cooperações, todos os conflitos, sobre os quais podemos dizer que ocorrem ao mesmo tempo, isto é, na mesma data. É também em função da data que reuniões de caráter religioso ou civil podem ser convocadas com antecipação.

A originalidade que o momento axial confere ao tempo do calendário autoriza a declarar este último "exterior" tanto ao tempo físico como ao tempo vivido. Por um lado, todos os instantes são candidatos legítimos ao papel de momento axial. Por outro, não há nada que diga que determinado dia do calendário tomado em si mesmo é passado, presente ou futuro; a mesma data pode designar um acontecimento futuro, como nas cláusulas de um tratado, ou um acontecimento passado, numa crônica. Para ter um presente, como também aprendemos com Benveniste, é preciso que alguém fale; o presente é então assinalado pela coincidência entre um acontecimento e o discurso que o enuncia; para chegar ao tempo vivido a partir do tempo crônico é portanto preciso passar pelo tempo linguístico, referido ao discurso; é por isso que determinada data, completa e explícita, não pode ser dita nem futura nem passada se ignorarmos a data da enunciação que a pronuncia.

A exterioridade atribuída ao calendário com relação às ocorrências físicas e com relação aos acontecimentos vividos exprime no plano lexical a especificidade do tempo crônico e seu papel de mediador entre as duas perspectivas sobre o tempo: ele cosmologiza o tempo vivido, humaniza o tempo cósmico. É assim que contribui para reinscrever o tempo da narrativa no tempo do mundo.

São estas as "condições necessárias" que todos os calendários conhecidos satisfazem. Explicitá-las decorre de uma reflexão transcendental que não exclui o estudo histórico e sociológico das funções sociais exercidas pelo calendário. Além disso, para não substituir o empirismo genético por um tipo de positivismo transcendental, tentamos interpretar essas exigências universais como criações que exercem uma função mediadora entre duas perspectivas heterogêneas sobre o tempo. A reflexão transcendental sobre o tempo do calendário se vê assim arregimentada por nossa hermenêutica da temporalidade.

2. A sequência de gerações: contemporâneos, predecessores e sucessores

A segunda mediação que a prática histórica propõe é a da *sequência de gerações*. Com ela, o apoio *biológico* do terceiro-tempo histórico sucede ao apoio astronômico. Em contrapartida, a ideia de sequência de gerações encontra sua projeção *sociológica* na relação *anônima* entre contemporâneos, predecessores e sucessores, segundo a feliz fórmula de Alfred Schutz, que adoto[8]. Embora a ideia de sequência de gerações só entre no campo histórico quando retomada dentro da ideia de *rede dos contemporâneos, dos predecessores e dos sucessores*, inversamente, a ideia de sequência de gerações proporciona a base sobre a qual repousa essa relação anônima entre indivíduos, tomada na sua dimensão temporal. Temos por ambição extrair desse complexo de ideias um novo operador temporal cuja *significância* provenha de sua relação com a principal aporia da temporalidade, à qual ele dá a réplica num outro nível que não o tempo do calendário. A analítica heideggeriana do ser-aí nos forneceu a oportunidade de formular essa aporia em termos de uma antinomia entre tempo *mortal* e tempo *público*[9]. A noção de sequência de gerações lhe fornece a réplica, ao designar a cadeia dos agentes históricos como *vivos* que vêm ocupar o lugar dos *mortos*. É essa substituição que constitui o terceiro-tempo característico da noção de sequência de gerações.

---

8. Nosso texto de referência é Alfred Schutz, *The Phenomenology of the Social World*, trad. ingl. de George Walsh e Frederick Lehnert, Evanston, Northwestern University Press, 1967, cap. IV "The Structure of the Social World; The Realm of Directly Experienced Social Reality, the Realm of Contemporaries, and the Realm of Predecessors", pp. 139-214.

9. Remeto à discussão do problema criado pela passagem, em *Ser e tempo*, da temporalidade *mortal* para a historialidade *pública*, e depois para a intratemporalidade *mundana* (cf. acima, primeira seção, cap. III, p. 114). Chama a atenção que seja no momento de passar da noção de destino singular (*Schicksal*) para a de sina comum (*Geschick*) que Heidegger faz uma breve alusão ao conceito de "geração" que, como exporemos, se encontra em Dilthey: "A sina carregada de destino do ser-aí na e com sua 'geração' constitui em sua plenitude e sua autenticidade a historialidade do ser-aí" [385]. Uma nota remete ao ensaio de Dilthey que evocarei mais adiante.

O recurso à ideia de geração em filosofia da história é antigo. Kant não hesita em fazer uso dela em *Ideia de uma história universal do ponto de vista cosmopolita*. Essa noção aparece precisamente no ponto de flexão entre a teleologia da natureza, que dispõe o homem para a sociabilidade, e a tarefa ética, que exige do homem a instauração de uma sociedade civil: "O que continua sendo estranho aqui, diz ele na explicação da 'Terceira proposição', é que as gerações anteriores sempre parecem voltar todo o seu empenho apenas em proveito das gerações posteriores com o intuito de organizar para elas uma nova etapa, a partir da qual poderão elevar ainda mais o edifício desenhado pela natureza, de modo tal que só as últimas gerações terão a felicidade de habitar o edifício para o qual trabalharam (sem se darem conta, é verdade) uma longa linhagem de predecessores, que não puderam participar pessoalmente da felicidade preparada por elas."[10] Esse papel desempenhado pela ideia de geração nada tem de espantoso: exprime a ancoragem da tarefa ético-política na natureza e liga a noção de *história* humana à de *espécie* humana, adotada sem nenhuma dificuldade por Kant.

Portanto, o enriquecimento que o conceito de geração traz ao de história efetiva é mais considerável do que se poderia suspeitar. Com efeito, a substituição das gerações sustenta de uma maneira ou de outra a continuidade histórica, com o ritmo da tradição e da inovação. Hume e Comte divertiram-se em imaginar como seria uma sociedade em que uma geração, ou substituiria uma outra *de uma só vez*, em vez de fazê-lo pela *contínua* compensação da morte pela vida, ou nunca seria substituída, porque seria *eterna*. Essa dupla experiência de pensamento sempre serviu de guia, implícita ou explicitamente, para avaliar a importância do fenômeno da sequência de gerações[11].

---

10. Kant, *La Philosophie de l'histoire*, Opuscules, introduction, trad. fr. de S. Piobetta, Paris, Aubier, 1947, pp. 63-4.

11. Devo essa informação ao artigo de Karl Mannheim de que falarei mais adiante.

Mas, como esse fenômeno afeta a história e o tempo histórico? De um ponto de vista positivo – se não positivista –, a ideia de geração exprime alguns fatos brutos da biologia humana: o nascimento, o envelhecimento, a morte; donde resulta o fato, também ele bruto, da idade média de procriação – uns trinta anos –, que, por sua vez, garante a substituição dos mortos pelos vivos. Ora, a medida dessa duração média de vida enuncia-se em termos de unidades do calendário usual: dias, meses, anos. Esse ponto de vista positivo, preocupado apenas com os aspectos quantitativos da noção, não pareceu suficiente para os defensores da sociologia *compreensiva*, Dilthey e Mannheim[12], geralmente atentos aos aspectos *qualitativos* do tempo social. Esses autores se perguntaram o que era preciso acrescentar aos fatos incontornáveis da biologia humana para incorporar o fenômeno das gerações às ciências humanas. Com efeito, não se pode tirar diretamente de um fato biológico uma lei geral concernente aos ritmos da história, como se a juventude fosse por definição progressista e a velhice conservadora, e como se a medida trintenária da substituição das gerações comandasse automaticamente o *andamento* do progresso num tempo linear. Nesse sentido, a mera substituição das gerações, em termos quantitativos (contar-se-iam oitenta e quatro gerações entre Tales e a época em que Dilthey escreve), não equivale ao que designamos por *sequência* (*Folge*) de gerações.

Dilthey foi o primeiro a atentar às características que fazem do conceito de geração um fenômeno *intermediário* entre

---

12. W. Dilthey topou com esse problema num estudo dedicado à "história das ciências morais e políticas" "Ueber das Studium der Geschichte, der Wissenschaften vom Menschen, der Gesellschaft und dem Staat" (1875, *Ges. Schriften*, V, pp. 31-73). Apenas algumas páginas desse ensaio (pp. 36-41) concernem ao nosso tema. Entre os conceitos auxiliares dessa história, Dilthey atém-se àqueles que constituem a "armação" (*Gerüst*) do "curso (*Verlauf*) dos movimentos espirituais" (p. 36). O conceito de geração é um deles. Dilthey o utilizara em sua famosa *Vida de Schleiermacher*, sem teorizá-lo ou perceber suas dificuldades. O ensaio de Karl Mannheim é bem mais amplo: "Das Problem der Generationen", *Kölner Vierteljahreshefte für Soziologie*, VII, Munique e Leipzig. Verlag von Duncker und Humblot, 1928, pp. 157-85, 309-30, com uma bibliografia do problema até 1928.

o tempo "exterior" do calendário e o tempo "interior" da vida psíquica[13]. Distingue dois usos do termo: o pertencimento à "mesma" geração, e a "sequência" de gerações, fenômeno este que deve ser reinterpretado em função do precedente para não se reduzir aos fenômenos puramente quantitativos derivados da noção de duração média de vida.

Pertencem à "mesma geração", estima Dilthey, contemporâneos que foram expostos às mesmas influências, marcados pelos mesmos acontecimentos e pelas mesmas mudanças. O círculo assim traçado é mais vasto que o do nós e menos vasto que o da contemporaneidade anônima. Esse pertencimento compõe um "todo", em que se combinam um *patrimônio* e uma *orientação* comuns. Recolocada no tempo, essa combinação entre influências recebidas e influências exercidas explica o que constitui a especificidade do conceito de "sequência" de gerações. É um "encadeamento" decorrente do entrecruzamento entre a transmissão do *patrimônio* e a abertura de *novas* possibilidades.

Karl Mannheim empenha-se em refinar essa noção de pertencimento à mesma geração, acrescentando aos critérios biológicos um critério sociológico *disposicional*, levando em conta tanto as forças que impedem como aquelas que impulsionam a agir, sentir, pensar de certo modo. Com efeito, nem todos os contemporâneos estão submetidos às mesmas influências e tampouco exercem a mesma influência[14]. Nesse sentido, o conceito de geração exige que distingamos o "parentesco por localização" (*verwandte Lagerung*) do mero pertencimento a um "grupo" social, para designar essas afinidades mais sofridas e

---

13. Outros autores notaram que os indivíduos pertencentes à mesma faixa etária são pouco contemporâneos uns dos outros e que, em contrapartida, indivíduos de idade diferente podem comungar dos mesmos ideais. Karl Mannheim encontra no historiador da arte Pinter a noção de não-simultaneidade do simultâneo (*Ungleichzeitigkeit des Gleichzeitigen*). O parentesco com o conceito heideggeriano de sina (*Geschick*) não está oculto: Mannheim cita, com destaque, o famoso texto de *Ser e tempo* que evocamos acima (p. 227, n. 9).

14. No que concerne aos aspectos biológicos, psicológicos, culturais e espirituais da noção de envelhecimento, a obra de referência continua sendo Michel Philibert, *L'Échelle des âges*, Paris, Éd. du Seuil, 1968.

recebidas do que intencional e ativamente buscadas, e que caracterizemos o "laço geracional" (*Generationszusammenhang*) tanto pela participação pré-reflexiva em um destino comum como pela participação real em intenções diretivas e tendências formadoras reconhecidas.

A noção de *sequência de gerações*, que é o verdadeiro objeto de nosso interesse, sai enriquecida das especificações feitas à noção de pertencimento à mesma geração. Já para Dilthey essa noção constitui uma estrutura intermediária entre a exterioridade física e a interioridade psíquica do tempo, e faz da história uma "totalidade ligada pela continuidade" (*op. cit.*, p. 38). Encontramos assim, na escala intermediária da sequência de gerações, o equivalente histórico do *encadeamento (Zusammenhang)*, tomado no sentido de conexão de motivação, que é o conceito central da psicologia compreensiva de Dilthey[15].

Karl Mannheim, por sua vez, percebeu em que medida a *dinâmica* social dependia das modalidades de encadeamento das gerações, tomadas no nível potencial da "localização" no espaço social. Alguns aspectos fundamentais desse encadeamento sucessivo chamaram sua atenção: primeiramente, a *chegada*, incessante, de novos portadores de cultura e a *partida*, contínua, de outros portadores de cultura – dois aspectos que, tomados conjuntamente, criam as condições de uma compensação entre rejuvenescimento e envelhecimento; em seguida, a *estratificação* das faixas etárias em um mesmo momento – a compensação entre rejuvenescimento e envelhecimento dava-se, em cada corte transversal operado na duração, pela longevidade média dos vivos. Um novo conceito, um conceito *durativo* de geração surge dessa combinação entre substituição (sucessiva) e estratificação (simultânea). Donde o caráter que Mannheim chama "dialético" dos fenômenos que o termo geração abrange: não só a confrontação entre herança e inovação

---

15. Dilthey, aliás, não tem uma ideia rígida dessa continuidade, que admite interrupções, retrocessos, retomadas posteriores, transferências de uma cultura para outra. O essencial é que o laço entre o antigo e o novo não sofra descontinuidade total. Retomaremos mais adiante (cap. VI) a discussão do problema da continuidade em história.

na transmissão do patrimônio cultural, mas a retroação dos questionamentos que as faixas etárias mais jovens fazem das certezas adquiridas pelos mais velhos em seus jovens anos. É sobre essa "compensação retroativa" – caso notável de ação recíproca – que repousa, em última instância, a continuidade da mudança de gerações, com todos os graus de conflito a que essa troca dá lugar.

A ideia de "reino dos contemporâneos, dos predecessores e dos sucessores", introduzida por Alfred Schutz, constitui, como dissemos, o complemento *sociológico* da ideia de sequência de gerações, que, em contrapartida, lhe dá um apoio biológico. A questão, para nós, consiste em discernir a significância do tempo *anônimo* que se constitui nesse nível mediano, no ponto de articulação entre tempo fenomenológico e tempo cósmico.

O grande mérito de Alfred Schutz foi ter meditado simultaneamente as obras de Husserl[16] e de Max Weber[17] e ter tirado delas uma sociologia original do ser social na sua dimensão anônima.

---

16. A fonte de inspiração de Alfred Schutz é a *Quinta meditação cartesiana*, na qual Husserl tenta dar ao conhecimento do outro um estatuto intuitivo de mesmo nível que a reflexão sobre si mesmo, em virtude do caráter de apresentação analogizante do fenômeno do emparelhamento (*Paarung*). Diferentemente de Husserl, contudo, ele considera desesperada, inútil e sem dúvida nociva, a empresa de constituir a experiência do outro *na* (*in*) e *a partir da* (*aus*) consciência egológica. A experiência do outro é para ele um dado tão primitivo quanto a experiência de si, e, deve-se acrescentar, igualmente imediata. Essa imediatez é menos a de uma operação cognitiva do que a de uma fé prática: cremos na existência do outro, porque agimos sobre ele e com ele e porque somos afetados por sua ação (*op. cit.*, p. 139). Nesse sentido, Alfred Schutz reencontra a grande verdade de Kant na *Crítica da razão prática*: não conhecemos o outro, mas o tratamos (como uma pessoa ou como uma coisa). Sua existência é *aceita* implicitamente pelo simples fato de que nos comportamos para com ele de uma maneira ou outra.

17. Para Max Weber, a "orientação para o outro" é uma estrutura da "ação social" (*Wirtschaft und Gesellschaft*, Tübingen, J. C. B. Mohr, 1972, § 1 e 2); trad. fr. de J. Freund *et al.*, *Économie et Société*, Paris, Plon, 1971. Também para ele é na prática que afetamos o outro e somos afetados por ele.

O principal interesse da fenomenologia do ser social consiste na exploração das transições que conduzem da experiência direta do nós ao anonimato característico do mundo social cotidiano. Nesse sentido, A. Schutz entrecruza a fenomenologia genética e a fenomenologia da intersubjetividade que ficam mal amarradas em Husserl. A sociologia fenomenológica é, para A. Schutz, em grande medida uma constituição genética do anonimato, instituído a partir da intersubjetividade instituinte: do nós, diretamente experimentado, ao anonimato que escapa em grande medida à nossa vigilância. Ora, a ampliação progressiva da esfera das relações interpessoais diretas para as relações anônimas afeta todas as relações temporais entre passado, presente e futuro. Com efeito, a relação direta do eu para o tu e para o nós é, desde o começo, temporalmente estruturada: enquanto agentes e pacientes da ação, somos orientados para o passado rememorado, o presente vivido e o futuro antecipado da conduta do outro. Aplicada à esfera temporal, a gênese de sentido do anonimato consistirá, portanto, em derivar da tríade presente, passado e futuro, que é característica da relação interpessoal direta, a tríade do reino dos *contemporâneos*, do reino dos *predecessores* e do reino dos *sucessores*. É o anonimato desse triplo reino que fornece a mediação que buscamos entre o tempo privado e o tempo público.

No que concerne à primeira figura do tempo anônimo, o *reino dos contemporâneos*, o fenômeno originário é o desenvolvimento simultâneo de vários fluxos temporais: "a simultaneidade ou a quase simultaneidade da consciência de si do outro com a minha" (p. 143) é a pressuposição mais primitiva da gênese de sentido do campo histórico. A. Schutz propõe aqui uma fórmula particularmente feliz: "avançar em anos juntos", "envelhecer juntos". A simultaneidade não é algo puramente instantâneo; põe em relação o desenrolar de duas durações (se, com Espinosa, *Ética*, livro II, def. 5, entendermos por duração "uma continuação indefinida da existência"). Um fluxo temporal acompanha outro, enquanto *durarem juntos*. A experiência do mundo compartilhada repousa assim numa comunidade tanto de tempo como de espaço.

É sobre essa simultaneidade de dois fluxos distintos de consciência que se edifica a contemporaneidade, que se estende bem além do campo das relações interpessoais, fixadas no face-a-face. Todo o gênio fenomenológico de Schutz consiste em percorrer as transições que levam do "envelhecer juntos" à contemporaneidade anônima. Se, na relação direta do "nós", as mediações simbólicas estão fracamente tematizadas, a passagem para a contemporaneidade anônima marca um aumento das mediações simbólicas, na proporção inversa da diminuição da imediatez[18]. A interpretação aparece portanto como um remédio para a perda crescente de imediatez: "Fazemos a transição da experiência social direta para a experiência indireta simplesmente seguindo o leque da vivacidade decrescente" (p. 179). A essa mediação pertencem os tipos-ideais do próprio Max Weber: "Quando me oriento para *Eles*, tenho por parceiros tipos" (p. 185). De fato, só atingimos nossos contemporâneos através dos papéis tipificados que lhes são designados pelas instituições. O mundo dos meros contemporâneos, como, aliás, o dos predecessores, é feito de uma galeria de personagens que não são e nunca serão pessoas. Na melhor das hipóteses, o funcionário dos correios se reduz a um "tipo", a um papel ao qual respondo esperando dele uma distribuição correta da correspondência. A contemporaneidade perdeu o caráter de um compartilhar de experiências. A imaginação supre totalmente a experiência de um engajamento mútuo. A inferência substituiu a imediatez. O contemporâneo não está dado no modo antepredicativo[19].

---

18. Não quer dizer que a imaginação não desempenhe nenhum papel nas relações que Alfred Schutz considera *diretas*. Para serem esclarecidos, meus próprios motivos já pedem uma espécie de reatualização imaginária. Os de meus parceiros também: quando lhe faço uma pergunta, imagino no futuro anterior o que você me terá respondido. Nesse sentido, a relação social tida por direta já está simbolicamente mediada. A sincronia entre os fluxos de consciência é garantida pela correspondência entre os motivos prospectivos de um e os motivos explicativos do outro.

19. "Toda experiência de contemporaneidade é predicativa por natureza. Repousa sobre juízos interpretativos que põem em jogo todo o meu conhecimento do mundo social, ainda que em graus variáveis de precisão" (p. 183). É

A conclusão, para a nossa própria investigação, é que *a relação de simples contemporaneidade é uma estrutura de mediação entre o tempo privado da sina individual e o tempo público da história, em virtude da equação entre contemporaneidade, anonimato e compreensão ideal-típica*: "Meu simples contemporâneo é alguém que eu sei que existe comigo no tempo, mas de quem não tenho nenhuma experiência imediata" (p. 181)[20].

É uma pena que Alfred Schutz não tenha se dedicado ao mundo dos predecessores como se dedicou ao dos contemporâneos[21]. Alguns comentários, contudo, permitem redobrar o conceito de sequência de gerações discutido acima. Com efeito, a fronteira entre a memória individual e esse passado ante-

---

digno de nota que Schutz atribua o fenômeno do *reconhecimento* a esse nível abstrato, num sentido distinto do de Hegel, a título de "pura síntese" desses juízos interpretativos (p. 184). Donde a expressão "síntese de reconhecimento" (p. 185).

20. Só retive da análise de Alfred Schutz a distinção global entre nós e eles, entre orientação direta e orientação anônima por tipificação. A. Schutz preocupa-se muito em nuançar essa oposição maciça mediante um estudo refinado, de grande excelência, dos graus de anonimato no mundo dos contemporâneos. Seu propósito é seriar figuras que garantem a progressão para o anonimato completo; assim, alguns "coletivos", tais como "conselho administrativo", Estado, nação, povo, classe, ainda estão suficientemente próximos do nós para que lhes atribuamos por analogia ações responsáveis; os objetos artificiais (bibliotecas, por exemplo), ao contrário, estão mais perto do polo do anonimato.

21. Mais curioso ainda é que A. Schutz fale tão pouco do mundo dos sucessores; isso se deve sem dúvida ao fato de que o fenômeno social é considerado como fenômeno já formado; por isso, abarca apenas o tempo até agora; mas é sobretudo porque o autor enfatizou demais o caráter determinado e acabado do passado (o que é discutível, na medida em que o passado não cessa de ser reinterpretado na significação que tem para nós); a partir daí, o futuro só pode ser absolutamente indeterminado e indeterminável (p. 214) (o que é igualmente discutível, na medida em que, pela expectativa, pelo temor, pela esperança, previsão e planificação, o futuro está parcialmente submetido à nossa ação). Que o mundo dos sucessores seja por definição não histórico é uma evidência; que, nessa medida, seja absolutamente livre é uma implicação contestável. Será preciso esperar as reflexões de R. Koselleck sobre o horizonte de expectativas (cap. VI) para forjar uma concepção mais completa e mais equilibrada do mundo dos contemporâneos, dos predecessores e dos sucessores. A principal contribuição de A. Schutz para nosso problema foi ter percebido, a partir de uma fenomenologia ainda husserliana da intersubjetividade, o papel de transição exercido pelo anonimato entre o tempo privado e o tempo público.

rior à memória que é o passado histórico não é tão nítida quanto pareceria num primeiro momento. Falando em termos absolutos, são meus predecessores aqueles homens que não têm nenhuma vivência contemporânea às minhas. Nesse sentido, o mundo dos predecessores é aquele que existia antes de meu nascimento e que não posso influenciar mediante nenhuma interação realizada num presente comum. Todavia, existe entre memória e passado histórico um recobrimento parcial que contribui para a constituição de um tempo *anônimo*, a meio caminho entre o tempo privado e o tempo público. O exemplo canônico disso é o dos relatos recolhidos da boca dos *ancestrais*: meu avô pode ter-me contado, na minha juventude, acontecimentos relacionados com seres que não pude conhecer. Também se torna porosa a fronteira que separa o passado histórico da memória individual (como se percebe na história do passado recente – gênero dos mais perigosos! –, que mistura o testemunho dos sobreviventes com os vestígios documentários separados de seus autores)[22]. A memória do ancestral está numa intersecção parcial com a memória de seus descendentes, e essa intersecção se dá num presente comum que pode, ele mesmo, apresentar todos os graus, desde a intimidade do nós até o anonimato da reportagem. Estende-se assim uma ponte entre passado histórico e memória, pela narrativa ancestral, que opera como um *elo* da memória em direção ao passado histórico, concebido como tempo dos mortos e tempo anterior ao meu nascimento. Se remontarmos essa cadeia de memórias, a história tende para uma relação em termos de nós, estendendo-se de modo contínuo dos primeiros dias da humanidade até o presente. Essa cadeia de memórias é, na escala do mundo dos predecessores, o que a retenção das retenções é na escala de uma memória individual. Deve-se contudo dizer, em sentido inverso, que a narrativa do

---

22. A crítica do testemunho dos sobreviventes é a mais difícil de exercer, devido justamente à confusão inextricável entre o quase presente, relembrado tal como foi vivido no momento do acontecimento, e a reconstrução fundada apenas em documentos, sem contar as distorções inerentes à seleção interessada – e até desinteressada – realizada pela memória.

ancestral já introduz a mediação dos signos e pende para o lado da mediação muda do documento e do monumento, que faz do conhecimento do passado histórico algo bem diferente de uma memória aumentada, exatamente como o mundo dos contemporâneos se distinguia de nós pelo *anonimato* das mediações[23]. Esse aspecto autoriza a concluir que "a corrente da história é feita de acontecimentos anônimos" (p. 213).

Para concluir, gostaria de extrair duas consequências do papel de conector que a ideia de sequência de gerações, completada pela de rede dos contemporâneos, dos predecessores e dos sucessores, exerce entre o tempo fenomenológico e o tempo cósmico.

A primeira concerne ao lugar da morte na escrita da história. A morte, em história, reveste-se de uma significação eminentemente ambígua em que se misturam a referência à *intimidade* da mortalidade de cada homem e a referência ao caráter *público* da substituição dos mortos pelos vivos. No ponto de confluência dessas duas referências: a morte *anônima*. Sob o signo do "morre-se", a morte, horizonte secreto de cada vida humana, só é visada obliquamente pelo discurso do historiador para ser imediatamente ultrapassada.

Visada obliquamente, assim é efetivamente a morte, no sentido de que a substituição das gerações é o eufemismo mediante o qual dizemos que os vivos tomam o lugar dos mortos, fazendo de todos nós, os vivos, sobreviventes; por intermédio dessa visada oblíqua, a ideia de geração recorda com insistência que a história é a história dos *mortais*. Ultrapassada, assim é a morte, no entanto, logo de saída: para a história, só há com efeito papéis que nunca ficam sem herdeiros, mas são a cada vez atribuídos a novos atores; em história, a morte, como fim de cada vida tomada uma a uma, só é tratada alusivamente, em prol das entidades cuja duração passa por cima dos cadá-

---

23. "Como meu conhecimento do mundo dos predecessores me vem por meio dos signos, o que esses signos me dizem é anônimo e destacado de qualquer corrente de consciência" (*op. cit.*, p. 209).

veres: povo, nação, Estado, classe, civilização. No entanto, a morte não pode ser eliminada do campo de atenção do historiador, sob pena de que a história perca sua qualidade histórica[24]. Donde a noção mista, ambígua, de morte anônima. Conceito insuportável? Sim, para quem deplora a inautenticidade do "a gente" impessoal; não, para quem discerne, no anonimato da morte, o próprio emblema do anonimato não somente postulado, mas instaurado pelo tempo histórico no lugar mais agudo da colisão entre o tempo mortal e o tempo público: a morte anônima é como o ponto nodal de toda a rede nocional a que pertencem as noções de contemporâneos, de predecessores e de sucessores – e, por trás destas, a noção de sequência de gerações.

---

24. Recordemos nossa discussão do grande livro de Braudel, *O Mediterrâneo e o mundo mediterrâneo na época de Filipe II*. Dizíamos que o Mediterrâneo é o verdadeiro herói de uma epopeia que termina quando o enfrentamento das potências muda de palco. Mas quem morre aí? A resposta é uma tautologia: somente mortais. Ora, cruzamos com esses mortais nas montanhas e planícies, à beira do nomadismo e da transumância; nós os vimos navegar pelas planícies líquidas, levar vidas precárias em ilhas inóspitas, correr as rotas de terra e as rotas de mar. Confesso que, na vasta obra de Braudel, nunca senti com tanta força o penar dos homens quanto na primeira parte (intitulada "a parte do meio"), pois é lá que os homens são surpreendidos mais perto do viver e do morrer. E poderia Braudel ter chamado sua segunda parte "Destinos coletivos e movimentos de conjunto" se a violência, a guerra, a perseguição não remetessem sem parar o leitor dos destinos coletivos que fazem a grande história aos destinos singulares de homens sempre sofrendo e morrendo? O martirológio de alguns povos testemunhas – mouros e judeus – torna indestrutível o laço entre sina coletiva e destinos singulares. É por isso que, quando Braudel, meditando sobre o sentido de sua obra, se pergunta se, diminuindo o papel dos acontecimentos e dos indivíduos ele não teria prejudicado a liberdade dos homens (II, p. 519), podemos nos perguntar se não é antes a morte que a história prejudica, embora seja a memória dos mortos. Ela não tem alternativa, na medida em que a morte marca o limite inferior da micro-história, de que a reconstrução histórica de conjunto quer precisamente se libertar. No entanto, não é o murmúrio da morte que impede o historiador de amalgamar seu "estruturalismo" na "problemática que atormenta, sob o mesmo nome, as outras ciências do homem", e que lhe permite concluir sua obra com estas palavras: "[O estruturalismo de um historiador] não o dirige para a abstração matemática das relações que se exprimem sob a forma de funções, mas para as próprias fontes da vida, no que ela tem de mais concreto, de mais cotidiano, de mais indestrutível, de mais anonimamente humano" (II, p. 520)?

A segunda consequência, ainda mais notável, só irá adquirir todo o seu sentido quando sucedida pela análise posterior do vestígio. Concerne menos à vertente *biológica* da ideia de sequência de gerações do que à vertente *simbólica* da ideia conexa de reino dos contemporâneos, dos predecessores e dos sucessores. Os ancestrais e os sucessores são *outros*, carregados de um simbolismo opaco, cuja figura vem ocupar o lugar de um Outro, totalmente Outro, totalmente diferente dos mortais[25]. Prova disso é, por um lado, a representação dos mortos, já não apenas como ausentes na história, mas como perseguindo com suas sombras o presente histórico, por outro, a representação da humanidade futura como *imortal*, como se vê em muitos pensadores das Luzes. Assim, no opúsculo kantiano *Ideia de uma história universal do ponto de vista cosmopolita*, o comentário (parcialmente citado acima[26]) da "Terceira proposição" termina com a seguinte afirmação, que se pede que seja "aceita": "Deve existir uma espécie animal possuidora de razão e, enquanto classe de seres racionais todos indistintamente mortais, mas *cuja espécie é imortal* [o grifo é nosso], deve no entanto atingir a plenitude do desenvolvimento de suas disposições." Essa representação de uma humanidade imortal, que Kant eleva aqui à categoria de postulado, é o próprio sintoma de um funcionamento simbólico mais profundo, em virtude do qual visamos um Outro mais que humano, cuja falta preenchemos com a figura dos ancestrais, ícone do imemorial, e a dos sucessores, ícone da esperança. É esse funcionamento simbólico que a noção de vestígio irá esclarecer.

3. Arquivo, documento, vestígio

A noção de *vestígio* constitui um novo *conector* entre as perspectivas sobre o tempo que o pensamento especulativo dissocia sob a pressão da fenomenologia, principalmente hei-

---

25. Cf. F. Wahl, "Les ancêtres, ça ne se représente pas", in *L'Interdit de la représentation*, colóquio de Montpellier, 1981, Paris, Éd. du Seuil, 1984, pp. 31-62.
26. Cf. acima, p. 186, n. 10.

deggeriana. Um novo conector: talvez o conector último. A noção de vestígio só se torna, com efeito, pensável se conseguirmos discernir nela o requisito de todas as *produções* da prática histórica que replicam às aporias do tempo para a especulação. Para mostrar que o vestígio é esse requisito para a *prática* histórica, basta acompanhar o processo de pensamento que, partindo da noção de arquivo, encontra a de documento (e, entre os documentos, a de testemunho) e, daí, remonta para a sua pressuposição epistemológica última: o vestígio precisamente. É desse requisito que a reflexão sobre a *consciência* histórica partirá para sua investigação de segundo grau.

Que entendemos por arquivo?

Abramos a *Encyclopaedia Universalis* e a *Enciclopédia Britânica* na palavra "arquivo". Lemos o seguinte na primeira: "Os arquivos são constituídos do conjunto de documentos que resultam da atividade de uma instituição ou de uma pessoa física ou moral." E na segunda: "*The term archives designates the organized body of records produced or received by a public, semipublic, institutional business or private entity in the transaction of its affairs and preserved by it, its successors or authorized repository through extension of its original meaning as the repository for such materials.*"*

As duas definições e os desenvolvimentos que se seguem nas duas enciclopédias permitem isolar três características: em primeiro lugar, a remissão à noção de *documento* (ou de *record*): os arquivos são um conjunto, um corpo organizado, de documentos, de registros; em seguida, a relação com uma *instituição*: num caso, diz-se que os arquivos *resultam* da atividade institucional ou profissional; no outro, são *produzidos* ou *recebidos pela* entidade cujos arquivos são os documentos mencionados; por fim, o arquivamento tem por finalidade *conservar, preservar* os documentos produzidos pela instituição em questão (ou seu equivalente jurídico); a primeira Enciclopédia citada escla-

---

* "O termo arquivo designa o corpo organizado de registros produzidos ou recebidos por uma entidade pública, semipública, institucional, corporativa ou particular na transação de seus assuntos e preservados por ela ou por seus sucessores ou depósitos autorizados, pela extensão de seu significado original, como depósito de tais materiais." [N. da T.]

rece a esse respeito que os arquivos, diferentemente das bibliotecas, constituídas de documentos reunidos, "são apenas documentos conservados", para logo corrigir essa distinção observando que uma discriminação é inevitável (o que conservar? o que destruir?), ainda que esta seja estabelecida tão-somente em função da suposta utilidade dos documentos e, portanto, da atividade da qual procedem; a segunda Enciclopédia esclarece, num sentido próximo, que a conservação faz do arquivo um "depósito autorizado" pelas estipulações que completam a definição das finalidades da instituição considerada.

O caráter *institucional* do arquivo é portanto afirmado três vezes: os arquivos constituem o fundo documental de uma instituição; é uma atividade específica dessa instituição produzi-los, recebê-los e conservá-los; o depósito assim constituído é um depósito autorizado por uma estipulação adjunta àquela que institui a entidade da qual os arquivos são o fundo.

Uma sociologia pode legitimamente penetrar nesse caráter institucional para denunciar, se preciso for, o caráter *ideológico* da discriminação que preside à operação aparentemente inocente da conservação dos documentos e que trai a finalidade confessada dessa operação.

Não é nessa direção que nossa investigação nos leva, mas para o lado da noção de documento (ou de *record*), contida na primeira definição do arquivo e para o lado da noção de vestígio contida implicitamente na de depósito.

Na noção de documento, a ênfase, hoje, não está mais colocada na função de ensino que a etimologia da palavra sublinha (embora do ensino para a informação a transição seja fácil), mas na de *apoio, garantia*, fornecido a uma história, uma narrativa, um debate. Esse papel de garantia constitui a prova material, aquilo que em inglês se chama "*evidence*", do relato que é feito de um curso de acontecimentos. Se a história for uma narrativa verdadeira, os documentos constituem seu último meio de prova; esta alimenta a pretensão da história de estar baseada em fatos[27].

---

27. Stephen Toulmin, *The Uses of Arguments*, Cambridge, Cambridge University Press, 1958, pp. 94-145.

A crítica da noção de documento pode ser feita em vários níveis de profundidade. Em um nível epistemológico elementar, já se tornou banal sublinhar que qualquer traço deixado pelo passado se torna para o historiador um documento, desde que ele saiba interrogar seus vestígios, questioná-los. No tocante a isso, os mais preciosos são aqueles que não estavam destinados à nossa informação. O que guia o interrogatório do historiador é a própria temática escolhida por ele para guiar sua investigação. Essa primeira abordagem da noção de documento nos é familiar; como dissemos na segunda parte, a caça ao documento não cessou de anexar zonas de informação cada vez mais distantes do tipo de documentos ligado ao fundo de arquivos já instituídos, ou seja, dos documentos conservados em função de sua suposta utilidade. Tudo o que possa informar um pesquisador, cuja pesquisa esteja orientada por uma escolha fundamentada de questões, tem valor de documento. Essa crítica de primeiro nível combina bem com a noção de testemunho involuntário – as "testemunhas à revelia" de Marc Bloch. Ela não questiona o estatuto epistemológico do documento, mas amplia seu campo[28].

Uma crítica de segundo grau do documento é contemporânea da história quantitativa de que falamos acima. A relação entre *documento* e *monumento* serviu de pedra de toque para essa crítica. Como J. Le Goff observa num artigo incisivo da *Enciclopédia Einaudi*[29], os trabalhos de arquivo foram por muito tempo designados pelo termo monumento (como é o caso dos *Monumenta Germaniae historica* datados de 1826). O desenvolvimento da história positivista, no final do século XIX e começo do século XX, marca o triunfo do documento sobre o monumento. O que tornava o monumento suspeito, apesar do fato de ser com frequência encontrado *in situ*, era sua finalidade escancarada, a comemoração de acontecimentos que os poderosos julgavam dignos de ser integrados à memória coletiva.

---

28. Sobre a constituição dos arquivos, cf. T. R. Schellenberg, *Modern Archives: Principles and Technics*, University of Chicago Press, 1975; *Management of Archives*, Nova York, Columbia University Press, 1965.

29. J. Le Goff, "Documento/monumento", *Enciclopedia Einaudi*, Turim, G. Einaudi, vol. V, pp. 38-48.

O documento, em contraposição, embora coletado e não herdado diretamente do passado, parecia possuir uma objetividade que se opõe à intencionalidade do monumento, que é propriamente edificante. Os escritos de arquivo eram, pois, tidos mais como documentos do que como monumentos. Para uma crítica ideológica, que prolonga aquela que evocamos acima a respeito da instituição dos arquivos, os documentos não são menos instituídos que os monumentos, menos edificados que estes em benefício do poder e dos poderosos. Nasce uma crítica que se dá por tarefa descobrir o monumento que se esconde por trás do documento, crítica mais radical que a crítica de autenticidade que garantira a vitória do documento sobre o monumento. Ataca as condições da produção histórica e sua intencionalidade dissimulada ou inconsciente. A partir daí é preciso dizer, com Le Goff, que, uma vez desmistificada sua significação aparente, "o documento é monumento".

Será que, por isso, se deve desistir de ver na historiografia contemporânea, com seus bancos de dados, seu tratamento informatizado, sua constituição de séries, segundo o modelo da história serial, uma ampliação da memória coletiva?[30] Isso significaria romper com as noções de vestígio e de testemunho

---

30. É essa emancipação que sugere na sua conclusão o artigo citado de J. Le Goff: "O novo documento, ampliado para além dos textos tradicionais – transformados, à medida que a história quantitativa se revela possível e pertinente, em dados –, deve ser tratado como um documento/monumento. Donde a urgência de elaborar uma nova doutrina, capaz de transferir esses documentos/monumentos do plano da memória para o da ciência histórica" (*op. cit.*, p. 47). O que está subentendido aqui é a oposição, introduzida por Michel Foucault em *Archéologie du savoir* (Paris, Gallimard, 1969), entre a continuidade da memória e a descontinuidade da nova história documentária ("O documento não é o feliz instrumento de uma história que seria em si mesma e de pleno direito *memória*; a história é um certo modo que uma sociedade tem de dar status e elaboração a uma massa documentária de que ela não se separa", *op. cit.*, p. 14, citado por Le Goff, *op. cit.*, p. 45). A bem dizer, Le Goff, ao mesmo tempo que faz sua a oposição entre a memória, supostamente contínua, e a história que se tornou descontínua, não parece excluir a hipótese de que a descontinuidade da história, longe de dispensar a memória, contribui para enriquecê-la criticando-a: "A revolução documentária tende... a promover uma nova unidade de informações: em vez do fato (*fatto*) que conduz ao acontecimento e a uma história linear, a uma memória progressiva, o que passa a ser privilegiado é o dado

do passado. Embora a noção de memória coletiva deva ser considerada uma noção difícil, destituída de qualquer evidência própria, sua rejeição anunciaria, no final das contas, o suicídio da história. Com efeito, a substituição da memória coletiva por uma ciência histórica nova repousaria sobre uma ilusão documentária que, no fundo, não seria muito diferente da ilusão positivista que ela crê combater. Os *data* dos bancos de dados veem-se de súbito aureolados da mesma autoridade que o documento limpo pela crítica positivista. A ilusão é até mais perigosa: a partir do momento em que a ideia de uma dívida para com os mortos, para com os homens de carne e osso a quem algo realmente aconteceu no passado, deixa de dar à pesquisa documentária sua finalidade primeira, a história perde sua significação. Na sua ingenuidade epistemológica, o positivismo tinha ao menos preservado a *significância* do documento, qual seja, a de funcionar como vestígio deixado pelo passado. Destituído dessa significância, o dado se torna propriamente *insignificante*. O uso científico dos dados armazenados e tratados por computador certamente dá origem a uma atividade científica de um novo tipo. Mas esta constitui apenas um vasto desvio metodológico destinado a ampliar a memória coletiva, contra o monopólio exercido sobre a palavra pelos poderosos e pelos padres. Ora, a história nunca deixou de ser uma crítica da narrativa social e, nesse sentido, uma retificação da memória comum. Todas as revoluções documentárias se inscrevem na mesma trajetória.

Portanto, se nem a revolução documentária, nem a crítica ideológica do documento/monumento afetam, em sua essência,

---

(*dato*), que conduz à série e a uma história descontínua. A memória coletiva se valoriza, se organiza em patrimônio cultural. O novo documento é armazenado e tratado nos bancos de dados. Põe-se a funcionar uma nova ciência, que ainda está em seus primeiros balbucios e que deverá responder em termos contemporâneos à exigência do cálculo e à crítica de sua influência cada vez maior sobre a memória coletiva" (*op. cit.*, p. 42). A oposição estabelecida por Michel Foucault entre a continuidade da memória e a descontinuidade da história das ideias será discutida no âmbito da análise dedicada à noção de tradição, devido ao lugar que nela ocupa o argumento da descontinuidade (cf. abaixo, cap. VI).

a função que o documento tem de informar sobre o passado e ampliar a base da memória coletiva, a fonte de autoridade do documento, como instrumento dessa memória, é a *significância* vinculada ao vestígio. Se é possível dizer que os arquivos são instituídos e os documentos coletados e conservados é devido à pré-suposição de que o passado *deixou* um vestígio, erigido por monumentos e documentos em testemunha do passado. Mas que significa *deixar* um vestígio?

Aqui, o historiador se fia no senso comum, no que, aliás, como veremos, ele não se equivoca[31]. O dicionário Littré dá como primeiro sentido da palavra vestígio: "sinal que um homem ou um animal deixou no lugar por onde passou". Depois registra o emprego mais geral: "qualquer marca deixada por uma coisa". Por generalização, o sinal se tornou marca; ao mesmo tempo, a origem do vestígio se estendeu de um homem ou um animal para uma coisa qualquer; em contrapartida, a ideia de que se tenha passado por ali desapareceu; subsiste apenas a observação de que o vestígio é *deixado*. É esse o nó do paradoxo. Por um lado, o vestígio é visível aqui e agora, como sinal, como marca. Por outro, há vestígio porque *antes* um homem, um animal, passou por ali; uma coisa agiu. No próprio uso da língua, o sinal, a marca, *indicam* o passado da passagem, a anterioridade da risca, do entalhe, sem *mostrar*, sem fazer aparecer, *o que* passou por ali. Note-se a feliz homonímia* entre "ter passado", no sentido de ter passado por um certo lugar, e "ser passado", no sentido de ter terminado. Não surpreende: as *Confissões* de Agostinho nos familiarizaram com a metáfora do tempo como passagem: o presente como trânsito ativo e transição passiva; uma vez realizada a passagem, o passado fica para trás: ele passou por lá. Diz-se, ademais, que o próprio tempo passa. Onde está, então, o paradoxo? No fato de que a passa-

---

31. *Le Plaidoyer pour l'histoire* de Marc Bloch está coalhado de termos tidos por sinônimos: "testemunho", "restos", "sinais", "resíduos" e finalmente "vestígios": "Que entendemos... por *documentos*, senão um vestígio, isto é, a marca perceptível aos sentidos deixada por um fenômeno impossível de ser apreendido em si mesmo?" (*op. cit.*, p. 56). Está tudo dito, mas tudo é enigma.

* A homonímia só ocorre em francês: "être passé". [N. da T.]

gem já não existe, mas o vestígio permanece; lembremos a dificuldade de Agostinho com a ideia de sinal como algo que permanece (*manet*) no espírito. O historiador se limita a essa pré-compreensão familiar à linguagem corrente, na qual J.-L. Austin via com razão o tesouro das expressões mais apropriadas[32]. Mais precisamente, o historiador fica a meio caminho da definição inicial do vestígio e de sua extensão a uma coisa. São os homens do passado que deixaram sinais; mas são também os produtos de suas atividades, suas obras, portanto coisas que Heidegger diria dadas e maneáveis (ferramentas, moradas, templos, sepulturas, escritos) que deixaram uma marca. Nesse sentido, ter passado por ali e ter posto uma marca se equivalem: a passagem expressa melhor a dinâmica do vestígio, a marcação expressa melhor sua estática.

Sigamos, em benefício da história, o subentendido do primeiro sentido: alguém passou por ali; o vestígio convida a seguir, a remontar, se possível, até o homem, até o animal, que passaram por ali; o vestígio pode ser perdido; pode até se perder, não levar a lugar nenhum; pode também se apagar: pois o vestígio é frágil e precisa ser conservado intacto, se não, embora a passagem tenha ocorrido, ela simplesmente terminou; é possível saber, por outros indícios, que homens, animais, existiram em determinado lugar: permanecerão para sempre desconhecidos se nenhum vestígio levar até eles. Portanto, o vestígio indica *aqui*, ou seja, no espaço, e *agora*, ou seja, no presente, a passagem passada dos vivos; ele orienta a caça, a busca, a pesquisa, a investigação. Ora, a história é tudo isso. Dizer que ela é um conhecimento por vestígios é recorrer, em última instância, à *significância* de um passado terminado que no entanto continua preservado em seus sinais.

O subentendido do sentido amplo não é menos rico em sugestões: a marcação. Sugere primeiramente a ideia de um suporte mais duro, mais durável que a atividade transitória dos

---

32. J.-L. Austin, *How to Do Things with Words*, Harvard University Press, 1962; trad. fr. de Gilles Lane, *Quand dire, c'est faire*, Paris, Éd. du Seuil, 1970.

homens: foi, particularmente, porque os homens obraram, realizaram suas obras na pedra, no osso, nas tabuinhas de argila cozida, no papiro, no papel, na fita magnética, na memória do computador, que suas obras sobrevivem à sua obragem; os homens passam; suas obras ficam. Mas ficam como *coisas* entre as coisas. Ora, esse caráter côisico é importante para nossa investigação: introduz uma relação de causa e efeito entre a coisa que marca e a coisa marcada. O vestígio combina assim uma relação de *significância*, mais discernível na ideia de sinal de uma passagem, e uma relação de *causalidade*, incluída na coisidade da marca. *O vestígio é um efeito-signo.* Os dois sistemas de relações se cruzam: por um lado, seguir um vestígio é raciocinar em termos de causalidade ao longo da cadeia de operações constitutivas da ação de passar por ali; por outro lado, remontar da marca à coisa que marca é isolar, entre todas as cadeias causais possíveis, aquelas que, além disso, veiculam a significância própria da relação entre o sinal e a passagem.

Essa dupla vinculação do vestígio, longe de trair uma ambiguidade, constitui o vestígio em conector de dois regimes de pensamento e, por implicação, de duas perspectivas sobre o tempo: na própria medida em que o vestígio marca no espaço a passagem do objeto da busca, é no tempo do calendário e, para além deste, no tempo astral, que o vestígio marca a passagem. É sob essa condição que o vestígio, conservado e já não deixado, torna-se documento *datado*.

O nexo entre vestígio e datação nos permite retomar sob um novo ângulo o problema não resolvido por Heidegger da relação entre o tempo fundamental do Cuidado, ou seja, a temporalidade inclinada para o futuro e para a morte, e o tempo "vulgar", concebido como sucessão de instantes quaisquer.

Gostaria de mostrar que o vestígio realiza essa relação que a fenomenologia busca em vão *entender* e *interpretar* apenas a partir da temporalidade do Cuidado.

Heidegger, como vimos, não ignorou o problema. Longe disso. Sua crítica da pretensão diltheyana de dar às ciências humanas um estatuto epistemológico autônomo, não fundado na estrutura ontológica da historialidade, parte precisamente da impotência da historiografia para dar conta da *preteridade* como tal[33]. Mais que isso: o fenômeno do vestígio é explicitamente tomado como pedra de toque do enigma da preteridade. Mas a resposta proposta por Heidegger para esse enigma mais o aumenta do que o resolve. Heidegger tem certamente razão quando declara que o que já não é é o *mundo* ao qual esses "restos" pertenceram, no modo de utensílio: "O *mundo* já não é, diz Heidegger. Mas o caráter *intramundano* de outrora desse mundo ainda está dado (*vorhanden*)... Como utensílio pertencente ao mundo, o que ainda subsiste *agora*, apesar de sua 'preteridade', conserva sua pertinência" [380]. Esse texto define com bastante precisão o que entendemos por "restos do passado", ou seja, por vestígio. Porém, que ganhamos ao recusar para o ser-aí o predicado de "passado" (*vergangen*) e atribuí-lo a entes qualificados de subsistentes e maneáveis, e ao reservar para o ser-aí de outrora o predicado de "tendo sido aí" (*da-gewesen*)? Lembremos da declaração sem nenhuma ambiguidade de Heidegger a esse respeito: "O ser-aí que já não existe não é passado, no sentido ontologicamente estrito de passado (*vergangen*), mas tendo-sido-aí (*da-gewesen*)" [380]. Ora, perguntaremos, que se deve entender por um "ser-aí" que foi aí outrora? Não é precisamente a partir dos "restos" do passado que atribuímos esse qualificativo ao ente que somos? Heidegger vislumbra algo dessa relação mútua quando acrescenta uma correção importante à disjunção nítida entre *da-gewesen* e *vergangen*. Com efeito, não basta distinguir ambos os termos, é preciso esboçar a gênese de sentido do segundo a partir do primeiro. Deve-se dizer que o caráter historial do ser-aí é de certo modo transferido para certas coisas subsistentes e maneáveis, para que elas *tenham valor de vestígios*. A utensilidade que permanece ligada aos restos do passado é então dita secundariamente histórica ou historial[34]. Basta esquecer essa filiação do sentido secundário do histórico para pensar em algo que seria "passado" como tal. No primariamente histórico, é

---

33. Relembro o texto citado anteriormente: "O que é *primariamente* histórico – dizíamos – é o ser-aí. É secundariamente histórico o que é encontrado no mundo (*innerweltlich*), não só o utensílio maneável no sentido mais amplo, mas também a natureza circundante como 'solo da história'" [381].

34. Cf. acima, pp. 132-3.

conservada a relação com o porvir e com o presente. No secundariamente histórico, perde-se de vista essa estrutura fundamental da temporalidade e fazemos perguntas insolúveis concernentes ao "passado" como tal. Em contrapartida, a restituição dessa filiação de sentido permite dar conta do que Heidegger chama *historial-mundano* (*weltgeschichtlich*). Os restos do passado, com seu caráter de utensilidade, constituem o exemplo típico do historial-mundano: com efeito, são os próprios restos que parecem ser portadores da significação "passado".

No entanto, para dar conta dessa historialidade derivada, pode-se evitar antecipar a problemática da intratemporalidade no próprio âmago da questão da historialidade? Essas antecipações só indicariam um progresso na interpretação do fenômeno do vestígio se, como sugerimos em nosso estudo de *Ser e tempo*, pudéssemos dar à ideia da "proveniência" das formas derivadas de temporalidade o valor, não de uma diminuição de sentido, mas de um aumento de sentido. É precisamente isso que parece implicar a introdução da noção de historial-mundano em plena análise da historialidade.

O fenômeno do vestígio – assim como o das ruínas, dos restos, dos documentos – vê-se assim deslocado do historial para o intratemporal.

Será que explicaríamos melhor o vestígio se levássemos em conta o incremento de sentido que a intratemporalidade traz para a historialidade? Não há dúvida de que as noções de tempo datável, público, extensivo, são essenciais para o deciframento dos "vestígios" do passado. Seguir um vestígio, remontá-lo, é pôr em obra, de um modo ou outro, cada uma das características da intratemporalidade. É certamente nesse estágio que Heidegger gostaria de situar essa operação. Contudo, não me parece que consiga fazê-lo, sem, *além disso*, adotar aspectos do tempo vulgar, considerado um simples nivelamento da intratemporalidade. Não parece, com efeito, que se possa explicar a significância do vestígio sem associar o tempo vulgar à intratemporalidade. *Creio que o tempo do vestígio é homogêneo ao tempo do calendário.*

Heidegger está muito perto de reconhecê-lo quando sugere que "restos, monumentos, testemunhos, são um 'material' *possível* para uma revelação do ser-aí tendo sido aí" [394]. Mas nenhuma palavra é dita sobre o estatuto desse "material", exceto a afirmação reiterada de que só o caráter historial-mundano permite que esse material exerça uma função historiográfica. Não se pode fazer progredir a análise do vestígio sem mostrar como as operações próprias da prática histórica, relativas aos monumentos e documentos, *contribuem* para formar a noção de um ser-aí tendo sido aí. Ora, esse convergir de uma noção puramente fenomenológica com os procedimentos historiográficos, que podem todos ser resumidos no ato de seguir o vestígio ou remontá-lo, só pode se dar no quadro de um tempo histórico que não é nem um fragmento do tempo estelar, nem o mero incremento, para as dimensões comunitárias do tempo, da memória pessoal, mas um tempo *híbrido*, decorrente da confluência das duas perspectivas sobre o tempo: a perspectiva fenomenológica e a do tempo vulgar, na terminologia heideggeriana.

No entanto, caso se dê o *mesmo* direito ao tempo do Cuidado e ao tempo cósmico, é preciso desistir de ver neste último um "nivelamento" das formas menos autênticas da temporalidade.

Essa constituição compósita da significância do vestígio permite finalmente dar um tom menos negativo à avaliação que Heidegger faz das categorias da história. Se ele desistiu de completar sua tese da subordinação da historiografia à historialidade pela análise inversa dos procedimentos mediante os quais a historiografia fornece o "material" da historialidade, é porque para ele a historiografia se situa, em última instância, na linha de fratura entre a intratemporalidade e o tempo vulgar. Heidegger pode até conceder que "a representação vulgar possui um direito natural" [426][35], mas a marca da decadência que lhe imprime a fenomenologia hermenêutica é indelével.

---

35. A sequência do texto concerne diretamente a nossa formulação sobre o vestígio como categoria do tempo histórico: "[A representação vulgar do tempo] pertence ao modo de ser cotidiano do ser-aí e à compreensão do ser que prevalece inicialmente. Por isso, imediatamente e na maior parte das vezes, compreende-se *publicamente a história como* devir-historial *intratemporal*" [426].

Nesse sentido, para ele a historiografia sempre tem de ser mal fundamentada.

Não seria mais esse o caso se os operadores que a historiografia propõe – quer se trate do calendário ou do vestígio – fossem tratados como verdadeiras criações, oriundas do cruzamento da perspectiva fenomenológica e da perspectiva cósmica sobre o tempo, perspectivas incoordenáveis no plano especulativo.

Ora, a ideia de conector, suscitada pela prática histórica, permite ir além da mera constatação de uma relação de atração-repulsão entre as duas perspectivas, como sublinhamos no final de nosso estudo sobre a concepção heideggeriana do tempo. Esses conectores agregam a ideia de uma sobreposição mútua, até mesmo de uma *troca fronteiriça*, que fazem da linha de fratura, na qual a história se estabelece, uma linha de sutura. Essa troca fronteiriça pode se revestir de duas formas extremas: de uma *colisão negociada* ou de uma *contaminação regrada*. Se o calendário ilustra a primeira forma, o vestígio pertence à segunda. Voltemos, com efeito, ao calendário: caso se faça abstração do gigantesco trabalho empregado na constituição do calendário, nota-se somente a colisão que resulta da heterogeneidade de ambas as perspectivas sobre o tempo. É para essa colisão que a sabedoria mais antiga chama a atenção. A elegia da condição humana, modulando alternadamente a lamentação e a resignação, nunca deixou de cantar o contraste entre o tempo que permanece e nós que passamos. Será que deploraríamos a brevidade da vida humana se ela não se destacasse do fundo da imensidão do tempo? Esse contraste é a forma mais comovente que pode assumir o movimento de libertação mútua graças ao qual, por um lado, o tempo do Cuidado se livra da fascinação de um tempo que ignora nossa mortalidade e, por outro, o tempo dos astros subtrai a contemplação do céu da pressão da preocupação imediata e até do pensamento de nossa morte. Mas a construção do calendário é completada pela do relógio, que regula todos os encontros marcados, decorrentes de nossas preocupações comuns, a partir das medidas de um tempo que não se preocupa conosco. O que não impede que, no mostrador de um de nossos relógios, surja às vezes em letras de luto o *memento mori*. Por meio desse lembrete e dessa advertência, o esquecimento de uma figura do tempo expulsa o esquecimento da outra...

O vestígio ilustra a forma inversa da troca fronteiriça entre as duas figuras do tempo, a de uma contaminação de uma pela outra. Pressentimos esse fenômeno durante a discussão dos três principais aspectos da intratemporalidade: databilidade, lapso de tempo, caráter público; sugerimos a ideia de um certo recobrimento entre o existencial e o empírico[36]. O vestígio consiste nesse recobrimento.

Em primeiro lugar, seguir o vestígio é uma maneira de *contar com* o tempo. Como poderia o vestígio deixado no espaço remeter para a passagem do objeto da busca sem as hipóteses que fazemos quanto ao tempo transcorrido entre a passagem e o vestígio que nos é dado? De saída, a databilidade, com seus "agora", "então", "outrora" etc., é colocada em jogo; mas nenhum caçador, nenhum detetive, irá se ater a essas referências vagas; a databilidade sem data não interessa; é com o relógio na mão que ele segue o vestígio, com o calendário no bolso que remonta a ele. Em seguida, seguir o vestígio, remontá-lo, é decifrar, no espaço, o *estiramento* do tempo; mas como fazê-lo, se o lapso de tempo não estiver de saída submetido ao cálculo e à medida? O trajeto da passagem, assim como o traçado do traço, do vestígio, são impiedosamente lineares. É no tempo sucessivo que se deve reconstituir a significância do vestígio, mesmo que ela não esteja contida na pura sucessão. Por fim, o vestígio, enquanto visível para todos, ainda que acabe só sendo decifrável por alguns, projeta nossa preocupação, da qual a caça, a busca e a pesquisa são as principais ilustrações, no tempo *público* que torna todas as durações privadas comensuráveis. O tom sério da preocupação – bem expresso pelo termo circunspecção – não trai aqui nenhuma decadência que viria agravar ainda mais a derrelição à qual nosso ser-lançado teria nos condenado desde sempre. Pelo contrário, caso queiramos

---

36. Prova disso é o uso difícil de definir do termo *faktisch* em muitas análises de *Ser e tempo*.

nos *deixar* levar pelo vestígio, é preciso ser capaz do desapego, da abnegação, que fazem com que a própria preocupação desapareça diante do vestígio do outro. Contudo, é sempre preciso poder fazer o trajeto inverso: ainda que a significância do vestígio se apoie em hipóteses que se inscrevem no tempo vulgar tal como o próprio vestígio se inscreve no espaço do geômetra, essa significância não se esgota nas relações do tempo sucessivo. Como dissemos acima, essa significância consiste na própria remissão do sinal para a passagem, remissão que requer a síntese entre a impressão *deixada* aqui e agora e o acontecimento *terminado*.

Concordo que essa significância recusa, por sua vez, a crítica do tempo vulgar feita por Heidegger, e concordo tanto mais que tomei a própria expressão significância do vestígio [signifiance de la trace], não de Heidegger, mas de Emmanuel Lévinas, no seu admirável ensaio sobre o vestígio[37]. Mas os empréstimos que fiz de Lévinas têm de ser indiretos e, aos olhos dele, certamente enviesados. E. Lévinas fala do vestígio no contexto da epifania do *rosto*. Sua interrogação não visa, portanto, um passado de historiador, mas sim, ouso dizer, de moralista. Qual é, pergunta ele, o passado de antes da história, o passado do Outro, do qual não há nem desvelamento, nem manifestação, nem mesmo ícone? O vestígio, a significância do vestígio, é o que garante Entrada e Visitação sem revelação. Essa significância escapa à alternativa entre desvelamento e dissimulação, à dialética do mostrar e do esconder, porque *o vestígio significa sem fazer aparecer*. Obriga, mas não desvela. Portanto, é numa perspectiva totalmente diferente que me interesso pelo vestígio aqui. Ainda assim...

Ainda assim, não conseguiria dizer o quanto minha investigação do papel do vestígio na problemática da referência em história deve a essa magnífica meditação. Deve-lhe essencialmente a ideia de que o vestígio se distingue de todos os signos

---

37. Emmanuel Lévinas, "La trace", in *Humanisme de l'autre homme*, Montpellier, Fata Morgana, 1972, pp. 57-63.

que se organizam em sistema pelo fato de que *perturba* qualquer "ordem": o vestígio, diz Lévinas, é "a própria perturbação se exprimindo" (p. 63). Sim, o vestígio deixado por alguma caça perturba a ordem vegetal da floresta: "A relação entre significado e significação é, no vestígio, não correlação, mas *a própria irretidão*" (p. 59). Não ignoro que, ao dizer isso, Lévinas retira o ausente de toda memória e o atribui a um passado imemorial. Mas a retroação de sua meditação sobre nossa análise consiste em sublinhar a estranheza do vestígio que "não é um signo como qualquer outro" (p. 60), na medida em que é sempre uma passagem, não uma presença possível, que ele indica. A observação também vale para o vestígio-signo do historiador: "Tomado como signo, o vestígio, em comparação com outros signos, ainda tem de excepcional o fato de significar sem qualquer intenção de fazer signo e fora de qualquer projeto que o tivesse como meta" (p. 60). Não era isso o que Marc Bloch designava pelo termo "testemunhas à revelia"?

Mas não é minha intenção aplicar ao plano da imanência histórica uma meditação sobre o vestígio totalmente dedicada a "um passado absolutamente terminado", "um passado mais distante que qualquer passado e que qualquer porvir, os quais ainda se incluem em meu tempo – na direção do passado do Outro onde se desenha a eternidade –, passado absoluto que reúne todos os tempos" (p. 63). Gostaria, antes, de manter aberta a possibilidade de que finalmente só haja Outro relativo, Outro histórico, se, de algum modo, o passado rememorado for significante a partir de um passado imemorial. Talvez seja essa possibilidade que a literatura mantém aberta quando determinada "fábula sobre o tempo" aponta para alguma eternidade[38]. Quem sabe que sendas subterrâneas ligam-na ao Infinito do absolutamente Outro, segundo Lévinas – absolutamente Outro, cujo vestígio o rosto do outro traz? Como quer que seja, o laço, tênue mas forte, entre minha análise e a me-

---

38. Foi o caso de cada um dos três estudos com que terminamos nossa terceira parte: *Mrs. Dalloway, Der Zauberberg, À la recherche du temps perdu*. [*Mrs. Dalloway, A montanha mágica, Em busca do tempo perdido.*]

ditação de Emmanuel Lévinas se resume nessa notação-chave: *o vestígio significa sem fazer aparecer* (p. 60).

O vestígio é, pois, um dos instrumentos mais enigmáticos mediante o qual a narrativa histórica "refigura" o tempo. Refigura-o construindo a junção que opera o recobrimento do existencial e do empírico na significância do vestígio. É certo que o historiador, como tal, não sabe o que faz ao constituir signos em vestígios. Fica, no que a eles diz respeito, numa relação de uso. É frequentando os arquivos, consultando documentos, que ele se põe na pista-vestígio do passado tal como ele foi. Mas o que *significa* o vestígio é um problema não de historiador-cientista, mas de historiador-filósofo.

2. A FICÇÃO E AS VARIAÇÕES IMAGINATIVAS SOBRE O TEMPO

Nossa tarefa aqui é pensar o mundo – ou melhor, os mundos – da ficção num contraponto com o mundo histórico, dentro da relação de resolução das aporias da temporalidade tal como explicitadas pela fenomenologia. Introduzimos o conceito de *variações imaginativas*, que será o fio condutor de nossas análises neste capítulo, para caracterizar umas em relação às outras as experiências ficcionais do tempo projetadas nas monografias dedicadas respectivamente a *Mrs. Dalloway, Der Zauberberg, À la recherche du temps perdu*. Contudo, limitamo-nos a fazer uso desse conceito sem poder analisá-lo. E isso, por duas razões. Em primeiro lugar, ainda carecíamos do termo fixo de comparação relativamente ao qual experiências ficcionais sobre o tempo são variações imaginativas, já não apenas umas com relação às outras, mas propriamente como ficções; esse termo fixo só foi reconhecido no final de nossa análise da constituição do tempo histórico por *reinscrição* do tempo fenomenológico no tempo cósmico. Esse fenômeno de reinscrição é a invariante relativamente à qual as fábulas sobre o tempo aparecem como variações imaginativas. Além disso, faltava para esse contraste o pano de fundo do qual ele se destaca, ou seja, a aporética do tempo, com que abrimos este terceiro volume. Insisto no papel do terceiro parceiro dessa conversa triangular. Com efeito, não basta opor termo a termo as variações imaginativas sobre o tempo à constituição fixa do tempo histórico, ainda é preciso poder dizer para quais aporias *comuns* a constituição variável do tempo fictício e a constituição invariável do tempo histórico trazem uma réplica *diferente*. Sem essa referência comum às aporias da temporalidade, o tempo histórico e as variações imaginativas produzidas pelas fábulas sobre o tempo ficariam sem nenhum liame e propriamente incomparáveis.

1. A neutralização do tempo histórico

O traço mais visível, mas não necessariamente mais decisivo, da oposição entre tempo fictício e tempo histórico é a *libertação* do narrador – que não confundimos com o autor – da principal obrigação que se impõe ao historiador: dobrar-se aos conectores específicos da reinscrição do tempo vivido no tempo cósmico. Com isso, só fornecemos por enquanto uma caracterização *negativa* da liberdade do artesão de ficção e, por implicação, do estatuto irreal da experiência temporal fictícia. Personagens irreais, dir-se-á, têm uma experiência irreal do tempo. Irreal, no sentido de que as marcas temporais dessa experiência não exigem ser conectadas apenas à rede espaço-temporal constitutiva do tempo cronológico. Pelo mesmo motivo, não pedem para ser conectadas umas às outras, como mapas geográficos justapostos: a experiência temporal de um determinado herói não precisa ser referida ao único sistema de datação e ao único quadro de todas as datas possíveis, que tem no calendário sua carta. Nesse sentido, da epopeia ao romance, passando pela tragédia e pela comédia antiga e moderna, o tempo da narrativa de ficção está livre das imposições que exigem transferi-lo para o tempo do universo. A busca dos conectores entre tempo fenomenológico e tempo cosmológico – instituição do calendário, tempo dos contemporâneos, dos predecessores e dos sucessores, sequência de gerações, documentos e vestígios – parece, ao menos numa primeira aproximação, perder toda razão de ser. Cada experiência temporal fictícia cria seu mundo, e cada um desses mundos é singular, incomparável, único. Não só as intrigas, mas os mundos de experiência que elas criam não são – como os segmentos do tempo sucessivo único segundo Kant – limitações de um mundo imaginário único. As experiências temporais ficcionais não são totalizáveis. Mas essa caracterização negativa da liberdade do artesão de ficção não constitui de forma alguma a última palavra. A eliminação das imposições do tempo cosmológico tem por contrapartida *positiva* a independência da ficção na exploração de recursos do tempo fenomenológico que ficam inexplorados, inibidos, pela narrativa histórica, em razão da preocupação desta última de sempre ligar o tempo da história ao tempo cósmico no modo da reinscrição do primeiro no segundo. São esses recursos ocultos do tempo fenomenológico e as aporias que sua descoberta suscita que constituem o vínculo secreto entre ambas as modalidades da narrativa. A ficção, eu diria, é uma reserva de variações imaginativas aplicadas à temática do tempo fenomenológico e a suas aporias. Para demonstrá-lo, propomo-nos a juntar a análise que fizemos no final do segundo volume de algumas fábulas sobre o tempo com os principais resultados de nossa discussão sobre a fenomenologia do tempo[1].

2. Variações sobre a falha entre o tempo vivido e o tempo do mundo

Para sublinhar o paralelismo e o contraste entre as variações imaginativas produzidas pela ficção e o tempo fixo constituído pela reinscrição do tempo vivido no tempo do mundo no plano da história, iremos diretamente para a principal aporia revelada e até certo ponto gerada pela fenomenologia, qual seja, a falha aberta pelo pensamento reflexivo entre o tempo fenomenológico e o tempo cósmico. É no modo de se compor-

---

1. Salvo raras exceções, as análises que se seguem remetem, sem citá-los de novo, aos textos literários analisados no fim de nossa terceira parte e às teorias fenomenológicas discutidas no começo de nossa quarta parte.

tar relativamente a essa falha que a história e a ficção começam a diferir².

De que a experiência fictícia do tempo relaciona à sua maneira a temporalidade vivida e o tempo percebido como uma dimensão do mundo³, temos um indício elementar no fato de que a epopeia, o drama ou o romance não se privam de misturar personagens históricos, acontecimentos datados ou datáveis, bem como lugares geográficos conhecidos, com os personagens, os acontecimentos e os lugares inventados. Assim, por exemplo, a intriga de *Mrs. Dalloway* está claramente situada depois da Primeira Guerra Mundial, exatamente em 1923, e desenrola-se no contexto monumental do que ainda era a capital do Império Britânico. Também as aventuras de Hans Castorp, em *Der Zauberberg*, pertencem claramente ao período pré-guerra e desembocam explicitamente na catástrofe de 1914. Quanto aos episódios de *La Recherche*, eles se distribuem antes e depois da Primeira Guerra Mundial; os desdo-

---

2. Esse método de correlação implica que prestemos atenção exclusivamente às descobertas devidas à ficção como tal e a seu ensinamento filosófico, ao contrário de todas as tentativas, por mais legítimas que sejam no seu campo, de discernir uma influência filosófica como fonte da obra literária considerada. Já explicamos esse ponto em várias oportunidades, cf. terceira parte, cap. IV, p. 196, n. 23 e pp. 230-3.

3. A comparação com a solução dada pela história para as aporias do tempo nos leva a percorrer essas aporias na ordem inversa daquela na qual as encontramos em nossa aporética do tempo. Portanto, remontamos das aporias que a fenomenologia inventa àquelas que ela descobre. Contudo, as vantagens didáticas da estratégia adotada aqui não são poucas. Em primeiro lugar, vamos, desse modo, diretamente para o princípio da dissimetria entre ficção e história. Em segundo lugar, evitamos a armadilha de confinar a ficção à exploração da consciência *interna* do tempo, como se a função da ficção, considerando-se o antagonismo entre as perspectivas rivais sobre o tempo, se limitasse a um simples movimento de retração para fora do campo conflituoso. Ao contrário, cabe à ficção explorar a seu modo esse próprio antagonismo, submetendo-o a variações específicas. Por fim, o tratamento que a ficção dá às aporias constitutivas do tempo fenomenológico ganhará novo destaque ao ser colocado contra o pano de fundo da confrontação, no cerne da ficção, entre tempo fenomenológico e tempo cósmico. É toda a gama de aspectos não lineares do tempo que irá se descortinar diante de nós.

bramentos do Caso Dreyfus fornecem referências cronológicas fáceis de identificar e a descrição de Paris durante a guerra se insere num tempo expressamente datado. No entanto, cometeríamos um grave engano se concluíssemos que esses acontecimentos datados ou datáveis arrastam o tempo da ficção para o espaço de gravitação do tempo histórico. O que ocorre é o contrário. Pelo mero fato de o narrador e seus heróis serem ficcionais, todas as referências a acontecimentos históricos reais são despojadas de sua função de representância no tocante ao passado histórico e se alinham ao estatuto irreal dos outros acontecimentos. Mais precisamente, a referência ao passado e a própria função de representância são conservadas, mas de um modo neutralizado, semelhante àquele com que Husserl caracteriza o imaginário[4]. Ou, para empregar um outro vocabulário tomado da filosofia analítica, os acontecimentos históricos já não são denotados, são simplesmente mencionados. Assim, a Primeira Guerra Mundial, que sempre serve de ponto de referência para os acontecimentos narrados nos três romances, perde o estatuto de referência comum para se reduzir ao de *citação* idêntica dentro de universos temporais não superponíveis e incomunicáveis. Simultaneamente, é preciso dizer que a Primeira Guerra Mundial, enquanto acontecimento histórico, é a cada vez ficcionalizada de modo diferente, bem como todos os personagens históricos incluídos no romance. Eles passam a gravitar em esferas temporais heterogêneas. Todos os conectores específicos estabelecidos pela história podem ser igualmente neutralizados e simplesmente mencionados: não só o tempo do calendário, mas a sequência de gerações, os arquivos, documentos e vestígios. Toda a esfera das ferramentas da relação de representância pode, portanto, ser ficcionalizada e posta na conta do imaginário.

A questão passa a ser saber de que maneira uma parcela de acontecimentos mundanos é incorporada à experiência temporal dos personagens da ficção. É a essa pergunta que a ficção replica desfraldando o leque de variações imaginativas que respondem à principal aporia da fenomenologia.

---

4. Husserl, *Idées... I*, § 111.

Assim, todo o dinamismo do romance de Virginia Woolf pôde ser derivado, acima, do antagonismo entre o que chamamos o tempo mortal e o tempo monumental. Mas o que confere ao romance uma riqueza infinitamente superior ao enunciado de uma mera antinomia especulativa é que o narrador nunca confronta duas entidades, duas categorias – mesmo que fossem dois existenciais no sentido de Heidegger –, e sim duas experiências-limite, entre as quais distribui toda a gama de experiências singulares que escolheu pôr em cena. Uma dessas experiências-limite, a de Septimus Warren Smith, significa, por certo, a impossível reconciliação entre o tempo badalado pelo Big Ben e o incomunicável sonho de integridade pessoal do desafortunado herói; mas o suicídio de Septimus marca a encarnação do existencial ser-para-a-morte numa experiência existenciária singular, uma experiência mais próxima do convite ao desespero que Gabriel Marcel vê inevitavelmente secretado pelo espetáculo do mundo, do que, por exemplo, da antecipação resoluta que Heidegger considera ser o testemunho mais autêntico a favor do caráter originário do ser-para-a-morte. O mesmo pode ser dito do tempo cósmico: o romance só o designa revestido dos aparatos da monumentalidade e encarnado nas figuras de autoridade, de "proporção" e de intolerância, cúmplices da ordem estabelecida. Resulta dessa dupla concretização que as próprias badaladas do Big Ben não escandem de modo algum um tempo neutro e comum, mas se revestem a cada vez de uma significação diferente para cada um dos personagens, cuja experiência está dividida entre os dois limites que moldam o espaço aberto pelo romance. O tempo comum não junta, divide. Tomada entre dois extremos, a experiência privilegiada de Clarissa tampouco constitui uma mediação, no sentido de um misto especulativo, e sim uma variante singular, marcada por um dilaceramento entre seu papel secreto de "duplo" de Septimus e seu papel público de "anfitriã perfeita". O gesto de desafio que reconduz a heroína à sua reunião – *she must assemble* – exprime ele mesmo uma modalidade existenciária singular da resolução em face da morte: da de um compromisso frágil e talvez inautêntico (mas não cabe à ficção pregar a autenticidade) entre o tempo mortal e o tempo monumental.

É em termos totalmente diferentes que *Der Zauberberg* coloca o problema do confronto entre o tempo vivido e o tempo cósmico. Em primeiro lugar, as constelações concretas que gravitam em torno dos dois polos não são as mesmas. Os "de baixo" não gozam de nenhum privilégio de monumentalidade; são as pessoas do cotidiano; apenas alguns de seus emissários lembram as figuras de autoridade de *Mrs. Dalloway*; mas são os delegados do tempo vulgar. Quanto aos "de cima", diferem radicalmente do herói da duração interior de *Mrs. Dalloway*; o tempo deles é global e implacavelmente um tempo mórbido e decadente, onde até o erotismo está marcado pelos estigmas da corrupção. É por isso que no Berghof não há um Septimus que se mata por não suportar o rigor do tempo dos relógios. Há uma população asilar que morre lentamente por ter perdido as medidas do tempo. Com respeito a isso, o suicídio de Mynheer Peperkorn difere radicalmente do de Septimus: não é um desafio dirigido aos "de baixo", é uma capitulação que o reúne aos "de cima". Dessa colocação radicalmente original do problema resulta uma solução igualmente ímpar. Diferentemente de Clarissa Dalloway, em busca de um compromisso entre os extremos, Hans Castorp tenta resolver a antinomia pela abolição de um de seus termos. Levará até o fim o apagamento do tempo cronológico, a abolição das medidas do tempo. A partir daí, a questão é saber que aprendizagem, que elevação – que *Steigerung* – pode resultar de uma experimentação com o tempo, amputado dessa forma daquilo que faz dele uma grandeza, uma magnitude. A resposta para essa pergunta ilustrará um outro ponto da correlação entre a fenomenologia do tempo e as fábulas sobre o tempo. Limitemo-nos por ora ao seguinte: à reinscrição pela história do tempo vivido no tempo cósmico, *Der Zauberberg* propõe uma variação imaginativa particularmente perversa; pois, tentar suprimir seus vestígios, como faz o médico astuto que oferece a seus pacientes trapaceiros um termômetro sem gradação, ainda é um modo de se referir ao tempo cósmico: é como "irmã muda" que o tempo vulgar acompanha a aventura espiritual do herói.

Quanto a *La Recherche*, é uma outra variante muito singular da polaridade entre tempo da consciência e tempo do mundo que ela propõe. A figura de que se reveste o tempo do mundo é a dos diversos reinos onde se exerce o que chamamos, com Gilles Deleuze, a aprendizagem de signos: signos da mundanidade, signos do amor, signos das impressões sensíveis, signos da arte. Mas, como esses quatro reinos sempre são representados apenas por seus signos, sua aprendizagem é, de saída, a do mundo e a da consciência. Disso resulta outra clivagem, que opõe tempo perdido a tempo redescoberto. É perdido, em primeiro lugar, o tempo *terminado*, presa da universal decadência das coisas; nesse sentido, *La Recherche* é uma extenuante luta contra o apagamento dos vestígios, contra o esquecimento. Exploremos mais adiante a remitização do tempo a que é levada a especulação do narrador meditando sobre a universal usura das coisas. É perdido, também, o tempo *dissipado* entre signos ainda não reconhecidos como signos, destinados a serem reintegrados na grande obra de recapitulação. É perdido, por fim, o tempo *disperso*, tal como o são os lugares no espaço, simbolizados pelos dois "lados" de Méséglise e de Guermantes; no tocante a isso, poder-se-ia falar de intermitência do tempo, como se fala de intermitência do coração. A bem dizer, o sentido da expressão "tempo perdido" fica em suspenso enquanto ele não se torna aquilo que tem de ser redescoberto. Aquém do ponto de conjunção entre a Busca e a Iluminação, entre a Aprendizagem e a Visitação, *La Recherche* não sabe para onde vai. E é justamente essa desorientação, e o desencantamento que ela induz, que qualificam o tempo como perdido enquanto *La Recherche* não tiver sido imantada pelo grande projeto de fazer uma obra de arte. Mas o que a fenomenologia do tempo pode aprender dessa conjunção entre a aprendizagem dos signos e a dura prova extática já não concerne à aporia inicial que acabamos de atravessar, aquela para a qual o tempo histórico dá a réplica.

Ao percorrer pela primeira vez o trajeto de *Mrs. Dalloway* a *Der Zauberberg* e a *La Recherche*, vimos a ficção propor respostas variáveis para uma mesma aporia, mas variar a própria colocação do problema, ao ponto de deslocar o lugar inicial da dificuldade. Ao fazer isso, a ficção descompartimentaliza os problemas que a aporética do tempo tinha separado com grande cuidado: a começar pela distinção, que agora parece mais didática que substancial, entre os enigmas *reconhecidos* pela fenomenologia como pertencentes à constituição interna do tempo e os enigmas *gerados* pelo próprio gesto que inaugura a fenomenologia, o de redução do tempo cósmico, objetivo, vulgar. É por meio desse deslocamento da própria problemática que somos reconduzidos das aporias de certo modo periféricas para as aporias nucleares da fenomenologia do tempo. Dentro da própria oposição entre as variações imaginativas produzidas pelas fábulas sobre o tempo e o termo fixo da reinscrição pela história do tempo vivido no tempo do mundo, descobre-se que a principal contribuição da ficção à filosofia não reside na gama de soluções que ela propõe para a discordância entre tempo do mundo e tempo vivido, mas na exploração dos *aspectos não lineares do tempo fenomenológico* que o tempo histórico oculta devido à sua inserção na grande cronologia do universo.

3. Variações sobre as aporias internas da fenomenologia

São os estágios dessa liberação do tempo fenomenológico das imposições do tempo histórico que vamos percorrer agora. Consideraremos, sucessivamente, *a)* o problema da unificação do curso temporal, que Husserl faz resultar do fenômeno de "recobrimento" na constituição horizontal do tempo, e que Heidegger deriva do fenômeno da "repetição" na constituição hierárquica dos níveis de temporalização; *b)* a revivescência do tema agostiniano da eternidade em certas experiências-limite de extrema concentração da temporalidade; *c)* por fim, as modalidades de remitização do tempo, que já não são da alçada da fenomenologia, mas que só a ficção tem o poder de evocar, no sentido forte da palavra.

a) A nova revisão das três fábulas do tempo que foram objeto de nossa atenção partirá das análises mediante as quais Husserl crê ter resolvido o paradoxo agostiniano do triplo presente: presente do passado, presente do futuro, presente do presente. A solução de Husserl se decompõe em duas fases: primeiro, atribui ao presente vivo uma certa espessura que o distingue do instante pontual, vinculando a ele o passado recente, retido no presente, e o futuro iminente, que constitui uma zona de protensão recíproca da zona de retenção do presente; mas o preço a pagar por essa extensão do presente é o corte entre a retenção (ou lembrança primária), *incluída* a seu modo no presente vivo, e a relembrança (ou lembrança secundária), *excluída* do presente vivo. Husserl vê então a unidade do fluxo se constituir pelo recobrimento que ocorre incessantemente entre as retenções (e as retenções de retenções) que constituem a "cauda de cometa" do presente e a série de quase presentes para os quais me transporto livremente pela imaginação, cada um deles desdobrando seu sistema de retenções e de protensões. A unificação do fluxo temporal consiste a partir de então no tipo de construção que resulta da sobreposição parcial uns sobre os outros dos sistemas de retenções e de protensões irradiados pelo presente vivo e por qualquer quase presente, com a retenção de um presente recobrindo a protensão de um outro.

Esse mesmo processo de recobrimento reaparece sob uma outra forma e sob um outro nome na fenomenologia hermenêutica de Heidegger, mais atenta, é verdade, à hierarquização íntima dos níveis de temporalização do que à continuidade do fluxo temporal único. É por isso que a "repetição" apareceu como o ponto nodal de todas as análises da temporalidade: ao reunir o ter-sido, o por-vir e o tornar-presente no plano da historialidade, faz juntarem-se nesse plano mediano o nível profundo da temporalidade autêntica e o nível superficial da intratemporalidade, onde a mundanidade do mundo prevalece sobre a mortalidade do ser-aí. Ora, é essa mesma construção do tempo que não só é descrita, mas efetivamente realizada – e isso de múltiplos modos –, pelas variações imaginativas da ficção.

Assim, o romance de Virginia Woolf pareceu-nos ao mesmo tempo totalmente puxado para frente pela expectativa da reunião organizada por Clarissa e trazido para trás pelas excursões ao passado de cada um dos protagonistas, com essas lufadas de lembrança sendo incessantemente interpoladas nos rompantes de ação. A arte de Virginia Woolf está em imbricar o presente, suas regiões de iminência e de recência, num passado relembrado e, assim, fazer progredir o tempo retardando-o. Além disso, a consciência do tempo que cada um dos personagens principais tem não cessa de ser polarizada entre o presente vivo, inclinado para a iminência do futuro próximo, e uma variedade de quase presentes que contêm, para cada um, uma particular capacidade de irradiação: para Peter Walsh, e em menor medida para Clarissa, é a lembrança do amor que não deu certo, do casamento recusado, no tempo feliz da vida em Bourton. Septimus é igualmente arrancado do presente vivo por suas lembranças de guerra, ao ponto de se ver impedido de viver no presente pelo espectro de seu camarada morto, que retorna para assombrar seu delírio. Quanto a Rezia, seu passado de pequena modista em Milão é o ponto de ancoragem de sua nostalgia no naufrágio de seu casamento desigual. Assim, cada personagem tem a tarefa de gerar sua própria duração fazendo "recobrirem-se" protensões provenientes de quase presentes pertencentes ao passado ultrapassado, e retenções de retenções do presente vivo. E, embora seja verdade que o tempo de *Mrs. Dalloway* é feito da imbricação das durações singulares, com suas "cavernas" privadas, o recobrimento por sobreposição que produz o tempo do romance prossegue de um fluxo de consciência para outro, por meio das hipóteses que cada um faz a propósito das ruminações do outro, as protensões de um voltando-se para as retenções do outro. É em prol desses efeitos de sentido que as técnicas narrativas estudadas na nossa terceira parte são aplicadas pelo narrador, em particular aquelas que desempenham o papel de passarelas entre os múltiplos fluxos de consciência.

Der Zauberberg talvez seja menos rico em ensinamentos concernentes à constituição da duração por "recobrimento". O peso do romance está em outro lugar, como mostraremos mais adiante. Todavia, ao menos dois aspectos do romance são relevantes para a presente análise. Primeiro, a volta para trás, praticada no capítulo II, confere à experiência do presente a densidade de um passado insondável do qual subsistem na memória algumas lembranças emblemáticas, tais como a morte do avô e sobretudo o episódio do lápis emprestado e depois retomado por Pribislaw. Sob o tempo sucessivo, cujas medidas se apagam gradativamente, persiste um tempo de uma grande densidade, um tempo quase imóvel, cujos eflúvios vivificantes atravessam a superfície do tempo clínico. Portanto, é a relembrança, irrompendo no presente vivo, que confere à personagem de Clawdia Chauchat sua inquietante estranheza, primeiro no semissonho do *verträumte Intermezzo*, e depois, sobretudo, no famoso episódio da *Walpurgisnacht*. É o lápis de Pribislaw que Clawdia empresta e retoma. Clawdia é Pribislaw. A concordância discordante é superada num recobrimento que vai até a identificação. O avesso dessa indistinção mágica é que a eternidade que ela confere ao instante não é mais que uma eternidade sonhada, uma eternidade de carnaval.

É com *La Recherche* que o termo husserliano de recobrimento passa para o termo heideggeriano de repetição. Repitamos: a ficção não ilustra um tema fenomenológico preexistente; ela realiza seu sentido universal numa figura singular.

Também se pode, é fato, falar de recobrimento para qualificar o jogo entre a perspectiva do herói que avança rumo a seu porvir incerto pela aprendizagem dos signos e o narrador que nada esquece e antecipa o sentido global da aventura; é com efeito a uma espécie de construção por sobreposição da duração que o narrador procede ao incorporar as reminiscências do herói à corrente de uma busca que avança, dando assim à narrativa a forma do "futuro no passado". Mas o jogo das vozes narrativas atinge outra profundidade. É uma autêntica repetição que o narrador realiza quando relaciona a Busca constituída pela aprendizagem dos signos com a Visitação prefigurada nos momentos felizes e que culmina na grande meditação sobre a arte redentora na biblioteca do príncipe de Guermantes. A fórmula proustiana para a repetição é o tempo perdido redescoberto. Demos dela três equivalentes: estilístico, na figura da metáfora, óptico, na roupagem do reconhecimento, espiritual por fim, no vocábulo da impressão redescoberta. Sob diferentes denominações, verificou-se que a repetição é algo bem distinto de uma revivescência. Mais que isso, é quando o curto-circuito imediato entre duas sensações semelhantes, obtido nos momentos felizes, é suplantado pela longa mediação da obra de arte, que a repetição se reveste de sua significação plena, aquela que nos pareceu condensada na admirável expressão *distância atravessada*. Nos momentos felizes, dois instantes semelhantes eram miraculosamente relacionados entre si. Pela mediação da arte, o milagre fugidio fixa-se numa obra duradoura. O tempo perdido iguala-se ao tempo redescoberto.

b) Acompanhando assim o movimento mediante o qual a problemática husserliana do recobrimento passa para a problemática heideggeriana da repetição, a ficção leva ao mesmo tempo a fenomenologia para uma região que ela parou de frequentar depois de Agostinho. O que nossas três fábulas sobre o tempo têm de notável é que se arriscam a explorar, com sua conhecida potência figurativa, o que em nosso primeiro volume chamamos de limite superior do processo de hierarquização da temporalidade. Para Agostinho, esse limite superior é a *eternidade*. E, para a corrente da tradição cristã que incorporou os ensinamentos do neoplatonismo, a aproximação da eternidade pelo tempo consiste na estabilidade de uma alma em repouso. Ora, nem a fenomenologia husserliana nem a hermenêutica heideggeriana do ser-aí continuaram essa linha de pensamento. As *Lições* de Husserl *sobre a consciência interna do tempo* nada dizem sobre esse ponto, na medida em que o debate fica circunscrito à passagem da intencionalidade transversal (dirigida para a unidade do objeto noemático) para a intencionalidade longitudinal (dirigida para a unidade do fluxo temporal). Quanto a *Ser e tempo*, sua filosofia da finitude parece substituir a meditação sobre a eternidade pelo pensamento do ser-para-a-morte. Perguntávamos, contudo: "Haverá aí duas maneiras irredutíveis de conduzir a duração mais extensiva para a duração mais tendida? Ou a alternativa é apenas aparente?" (*Ibid.*, p. 129.)

A resposta para essa pergunta pode ser buscada em vários níveis. No nível propriamente teológico, não é certo que a concepção da eternidade se resuma à ideia de repouso. Não evocaremos aqui as alternativas cristãs para a equação entre eternidade e repouso. No nível formal de uma antropologia filosófica – nível ao qual Heidegger ainda se atém na época de *Ser e tempo* –, não é impossível distinguir entre o componente existencial e o componente existenciário no par constituído pelo ser-para-a-morte e a antecipação resoluta em face da morte. A função de atestação atribuída a esta última no tocante ao existencial ser-para-a-morte autoriza a pensar que esse mesmo existencial da universal mortalidade deixa aberto um vasto leque de respostas existenciárias, entre as quais a resolução quase estoica afirmada pelo autor de *Ser e tempo*. De nossa parte, assumimos sem hesitação a mortalidade como um traço universal da condição humana. E não hesitamos em falar de tempo mortal, para confrontá-lo com o tempo público e o tempo cósmico. Mas deixamos em suspenso a questão de saber se o componente existencial do ser-para-a-morte e talvez até o da antecipação resoluta deixava lugar para outras modalidades existenciárias, além da tonalidade estoica dada por Heidegger à resolução e, entre elas, às modalidades da esperança cristã, proveniente de uma forma ou outra da fé na Ressurreição. É nesse intervalo entre o existencial e o existenciário que uma meditação sobre a eternidade e a morte pode se inserir.

Para essa meditação, nossas fábulas sobre o tempo dão sua contribuição. E essa contribuição é ainda a das variações imaginativas, o que comprova que a eternidade, tal como o ser segundo Aristóteles, se diz de múltiplas maneiras.

O tema não falta em *Mrs. Dalloway*: apesar de sua extrema ambiguidade, o suicídio de Septimus dá ao menos a entender que o tempo é um obstáculo absoluto para a visão completa da unidade cósmica. Como dizíamos, já não é o tempo que é mortal, é a eternidade que mata. A ambiguidade calculada dessa mensagem decorre, por um lado, da mistura confusa, no próprio Septimus, entre seus vaticínios e a loucura, e, por outro, da ação quase redentora de seu suicídio sobre Clarissa, que tira dele a coragem de enfrentar os conflitos da vida.

Mas *Der Zauberberg* é evidentemente a ficção mais rica em variações sobre o tema da eternidade e da morte. Desta vez já não é a ambiguidade, mas a ironia do narrador, repercutindo sobre a experiência espiritual do próprio herói, que torna a mensagem da obra difícil de decifrar. Além disso, múltiplas são as variantes que o romance desenvolve. Uma coisa é a eternidade identitária da *Ewigkeitssuppe*; outra, a eternidade sonhada, a eternidade de carnaval da *Walpurgisnacht*; outra, ainda, a eternidade imóvel da circulação estelar; outra, por fim, a eternidade jubilante do episódio *Schnee*. Quanto à afinidade que possa subsistir entre essas eternidades disparatadas, não é impossível que isso se deva ao encantamento maléfico da "montanha mágica". Nesse caso, uma eternidade que não coroasse a temporalidade mais tendida, mais condensada, mas que se edificasse sobre os dejetos da temporalidade mais distendida, mais decomposta, talvez não passasse de um engodo. Caso contrário, por que a brutal irrupção da grande história no mundo fechado do Berghof teria o efeito de um "trovão"?

É fascinante pôr lado a lado as variações sobre a eternidade de *Der Zauberberg* e as de *La Recherche*. O acesso ao reino "extratemporal" das essências estéticas, na grande meditação do *Tempo redescoberto*, seria fonte de decepção e de ilusão tanto quanto o êxtase de Hans Castorp no episódio *Schnee*, se a decisão de "fazer uma obra de arte" não viesse fixar a fugidia iluminação e dar-lhe por sequência a reconquista do tempo perdido. Não é preciso, então, que a história venha interromper uma vã experiência de eternidade: ao selar uma vocação de escritor, a eternidade transformou-se de sortilégio em dom; ela confere o poder de "redescobrir os dias antigos". A relação entre a eternidade e a morte nem por isso é suprimida. O *memento mori*, pronunciado pelo espetáculo dos moribundos que rodeiam a mesa do príncipe de Guermantes no jantar de máscaras que se segue à grande revelação, prolonga seu eco fúnebre no próprio âmago da decisão de escrever: uma outra interrupção ameaça a experiência de eternidade; não é a irrupção da grande história, como em *Der Zauberberg*, mas a da morte do escritor. Assim, o combate entre a eternidade e a morte continua com outras feições. O tempo redescoberto graças à arte ainda é apenas um armistício.

c) Um último recurso da ficção merece ser destacado. A ficção não se limita a explorar, sucessivamente, por meio de suas variações imaginativas os aspectos da concordância discordante ligados à constituição horizontal do fluxo temporal, em seguida as variedades de concordância discordante ligadas à hierarquização dos níveis de temporalização e, por fim, as experiências-limite que balizam os confins do tempo e da eternidade. A ficção tem, ademais, a capacidade de explorar uma outra fronteira, a dos confins entre a fábula e o mito. Ora, sobre esse tema, mais ainda do que sobre o tema precedente do tempo e da eternidade, nossa fenomenologia não diz nada. E sua sobriedade não deve ser criticada. Somente a ficção, por continuar ficção enquanto projeta e retrata a experiência, pode se permitir um pouco de ebriedade.

Assim, em *Mrs. Dalloway*, as badaladas do Big Ben têm uma ressonância mais que física, mais que psicológica, mais que social. Um eco quase místico: "Os círculos de chumbo se dissolviam no ar", repete várias vezes a voz narrativa. Da mesma forma, o refrão da *Cimbeline* de Shakespeare – *"Fear no more the heat/Nor the furious winter's rages"* – une secretamente os destinos gêmeos de Septimus e de Clarissa. Mas somente Septimus consegue ouvir, para além do ruído da vida, a "ode imortal ao Tempo". E, na morte, ele leva "suas odes ao Tempo".

O tom irônico de *Der Zauberberg* não impede uma certa mitização do tempo, inelutavelmente ligada à elevação do tempo à categoria de conteúdo distinto de experiência, que a ficção faz aparecer como tal. Essa remitização não deve ser buscada principalmente nos momentos de hesitação especulativa; onde o narrador, aliás, não hesita em acompanhar o herói, até em guiá-lo, em seus balbucios. O momento mais significativo, no tocante a isso, talvez seja aquele em que o tempo interior, liberado das limitações cronológicas, entra em colisão com o tempo cósmico, exaltado por contraste. O apagamento das medidas faz um tempo não mensurável confinar com um tempo incomensurável. O imemorial já não se inscreve em nenhuma experiência nem temporal nem eternal, mas sim no espetáculo mudo da circulação estelar. Em suma, a obra toda revela uma dimensão secretamente *hermética*, que escapa a todas as análises precedentes. As experiências suspeitas de espiritismo, evocadas no final do romance, dão rédea solta por um momento a essa exaltação mantida o resto do tempo sob controle... Das três obras que discutimos, é certamente *La Recherche* que vai mais longe no movimento de remitização do tempo. O mais curioso é que, a seu modo, o mito aumenta as variações imaginativas da ficção sobre o tempo e a eternidade, na medida em que apresenta duas faces antitéticas do Tempo. Há o tempo destruidor; e há "o artista, o Tempo". Ambos agem: um opera com pressa, o outro "trabalha muito lentamente". Mas, nesses dois modos de aparecer, o tempo sempre precisa de *corpos* para se exteriorizar, para se tornar *visível*. Para o tempo destruidor, são os "bonecos" do jantar macabro; para "o artista, o Tempo", é a filha de Gilberte e de Robert Saint-Loup, em quem se reconciliam os dois lados de Méséglise e de Guermantes. Tudo se passa como se a *visibilidade* que a fenomenologia não pode sem falhar reconhecer ao tempo a ficção pudesse lhe conferir ao preço de uma materialização próxima das personificações do tempo nas prosopopeias antigas[5]. Ao mesmo tempo que o tempo arruma corpos para si "para projetar sobre eles sua lanterna mágica" (mágica como a Zauberberg? Ou em outro sentido?), as encarnações ganham a dimensão fantasística de seres emblemáticos[6].

Assim, o mito, que quisemos descartar de nosso campo de estudo, teria retornado a ele duas vezes, contra a nossa vontade: uma primeira vez, no início de nossa investigação do tempo histórico, em ligação com o tempo do calendário, uma segunda vez, agora, no final de nossa investigação do tempo da ficção. Bem antes de nós, contudo, Aristóteles tentara em vão

---

5. Cf. J.-P. Vernant, *Mythe et Pensée chez les Grecs*, Paris, Maspero, 1965, t. I, pp. 98-102. É no estágio das personificações do tempo que a ficção reata com o mito.

6. Sobre as expressões emblemáticas em Proust, cf. H.-R. Jauss, *op. cit*. A esses emblemas é preciso adicionar a igreja monumental de Combray, cuja duradoura estatura se ergue idêntica no começo e no fim de *La Recherche*, cf. *Tempo e narrativa*, vol. 2, p. 239, n. 71.

pôr o intruso para fora da circunscrição de seu discurso. O murmúrio da palavra mítica continuava a ressoar sob o *lógos* da filosofia. A ficção lhe dá um eco mais sonoro.

4. Variações imaginativas e tipos ideais

O primeiro estágio de nossa confrontação entre as modalidades de refiguração do tempo concernentes respectivamente à história e à ficção consagrou a dissimetria entre os dois grandes modos narrativos. Essa dissimetria resulta essencialmente da diferença entre as soluções dadas por uma e outra às aporias do tempo.

Para eliminar um importante equívoco, gostaria de concluir este capítulo com uma reflexão sobre a relação que estabelecemos entre o que chamamos aqui de *solução* e o que chamamos anteriormente de *aporia*. Pudemos prescindir dessa reflexão no capítulo correspondente dedicado ao tempo histórico, porque a solução dada a essas aporias pelo tempo histórico consiste finalmente numa conciliação apaziguadora, que tende a despojar as aporias de seu caráter cortante, ou até a fazê-las desaparecer na não-pertinência e na insignificância. O mesmo não se aplica às fábulas sobre o tempo, cuja principal virtude é reavivar essas aporias, ou até aumentar sua acuidade. Foi por isso que chegamos a dizer várias vezes que resolver poeticamente as aporias não era tanto dissolvê-las, mas sim despojá-las de seu efeito paralisante e torná-las produtivas.

Tentemos esclarecer o sentido dessa resolução poética, com a ajuda das análises anteriores.

Retomemos o tema husserliano da constituição de um campo temporal único por recobrimento da rede das retenções e das protensões do presente vivo com a das retenções e das protensões contíguas aos múltiplos quase presentes para os quais a relembrança se transporta. As variações imaginativas aplicadas a essa constituição por recobrimento revelam um certo não-dito da fenomenologia. Foi desse não-dito que suspeitamos quando declaramos várias vezes que os avanços e achados da fenomenologia tinham como preço aporias cada vez mais radicais. Contudo, qual o estatuto desses achados e do vínculo entre achado e aporia? A resposta é dada pelas variações imaginativas: elas revelam que, sob o mesmo nome, a fenomenologia designa a aporia e sua resolução ideal: ouso escrever, o tipo ideal (no sentido weberiano do termo) de sua resolução. Que queremos, com efeito, dizer quando declaramos que um campo de consciência constitui sua unidade por recobrimento, senão que o recobrimento é o *eîdos* sob o qual a reflexão fenomenológica coloca as variações imaginativas relativas ao tipo ideal de fusão entre ilhotas de relembranças, mais ou menos bem coordenadas, e o esforço da memória primária para juntar, por retenção de retenções, o passado integral na cauda do cometa do presente vivo? Nossa hipótese, aliás, é de uma rigorosa ortodoxia husserliana: é por variações imaginativas que qualquer *eîdos* é revelado enquanto invariante. O paradoxo, com o tempo, é que *a mesma análise revela uma aporia e oculta seu caráter aporético sob o tipo ideal de sua resolução,* que só é elucidado, enquanto *eîdos* que rege a análise, pelas variações imaginativas sobre o próprio tema da aporia.

Podemos considerar exemplar o caso da constituição da unidade do fluxo temporal por recobrimento entre a expansão do presente vivo segundo as linhas de força da retenção e da protensão e o recentramento das lembranças dispersas em torno dos diversos quase presentes que a imaginação projeta para trás do presente vivo. Essa constituição é o modelo de todas as concordâncias discordantes encontradas em nosso trabalho. Ela nos permite voltar a Agostinho e ir na direção de Heidegger.

Com efeito, que significava a dialética da *intentio/ distentio*, senão uma regra para interpretar tanto a recitação de um poema como a unidade de uma história mais vasta, estendida às dimensões de uma vida inteira, ou até à da história universal? A concordância discordante já era concomitantemente o nome de um fenômeno a resolver e o de sua solução ideal. Foi o que quisemos significar quando dissemos há pouco que a mesma análise descobre a aporia e a dissimula sob o tipo ideal de sua resolução. Cabe ao exame do jogo das variações imaginativas tornar explícita essa relação entre a aporia e o tipo ideal de sua resolução. Ora, é principalmente na literatura de ficção que são explorados os inúmeros modos pelos quais a *intentio* e a *distentio* se combatem e se conciliam. A esse respeito, essa literatura é o instrumento insubstituível de exploração da concordância discordante que a coesão de uma vida constitui. Essa mesma relação entre a aporia e o tipo ideal de sua resolução pode ser aplicada às dificuldades que enfrentamos na leitura de *Ser e tempo*, no momento de dar conta, já não da constituição horizontal de um campo temporal, mas de sua constituição vertical por hierarquização entre os três níveis de temporalização denominados temporalidade, historialidade e intratemporalidade. É de fato um novo tipo de concordância discordante, mais sutil que a *distentio/intentio* agostiniana e que o recobrimento husserliano, que é revelada por essa estranha derivação, que visa simultaneamente respeitar a "proveniência" dos modos derivados a partir do modo considerado mais originário e mais autêntico, e dar conta da emergência de significações novas, reveladas pelo próprio processo de derivação da historialidade e da intratemporalidade do seio da temporalidade fundamental.

Esse parentesco se confirma pelo modo obstinado como Heidegger retorna, capítulo após capítulo, à questão lancinante que põe em movimento a segunda seção de *Ser e tempo*, a questão do ser-integral (*Ganzsein*), mais exatamente da integralidade do poder-ser. Ora, essa exigência de integralidade se vê ameaçada pela capacidade de dispersão expressa pela estrutura ek-stática da temporalidade. É por isso que as condições de uma integração autêntica, de uma totalização verdadeiramente originária, talvez nunca se cumpram. Além disso, a fenomenologia hermenêutica se distingue da fenomenologia intuitiva de estilo husserliano pelo fato de o mais próximo ser sempre o mais dissimulado. Não é então função da ficção arrancar as condições da totalização da dissimulação? Ademais, não está dito que essas condições remetem menos à possibilidade transcendental do que à possibilitação existencial? Ora, que modo de discurso é mais próprio para expressar essa possibilitação do que aquele que joga com as variações imaginativas de uma experiência fictícia?

Ora, o duplo caráter de aporia e de tipo ideal de que se reveste assim o processo complexo de totalização, de diversificação e de hierarquização, descrito por *Ser e tempo*, não é explicitado em nenhum lugar melhor do que nas variações imaginativas aplicadas pelas fábulas sobre o tempo às oscilações de uma existência dividida entre o sentido de sua mortalidade, a manutenção dos papéis sociais que lhe dão uma exposição pública e a surda presença da imensidão desse tempo que envolve todas as coisas.

O papel atribuído por Heidegger à *repetição* na economia temporal me parece reforçar essas ideias sobre as trocas entre a busca de autenticidade pela fenomenologia e a exploração das vias da possibilitação dessa autenticidade pela ficção. A repetição ocupa na fenomenologia hermenêutica uma posição estratégica totalmente comparável à que ocupa a dialética da *intention/distentio* em Agostinho e a do recobrimento em Husserl. A repetição replica em Heidegger ao estiramento do ser-aí, tal como a *intentio* à *distentio* em Agostinho e como o recobrimento à disparidade entre retenção e relembrança em Husserl. Além disso, pede-se à repetição que restabeleça a primazia da resolução antecipadora sobre a derrelição e que assim reabra o passado na direção do por-vir. É do pacto selado entre herança, transmissão e retomada que se pode dizer ao mesmo tempo que é uma aporia a resolver e o tipo ideal de sua resolução. Nada é mais apto que as fábulas sobre o tempo para explorar o espaço de sentido aberto pela exigência de uma autêntica retomada da herança que somos com respeito a nós mesmos na projeção de nossas possibilidades mais próprias. Esclarecida *a posteriori* por nossas fábulas sobre o tempo, a repetição heideggeriana revela ser a expressão emblemática da figura mais dissimulada de concordância discordante, aquela que faz com que se mantenham juntos, da maneira mais improvável, tempo mortal, tempo público e tempo mundano. Essa última figura resume todas as modalidades de concordância discordante acumuladas pela fenomenologia do tempo desde Agostinho. É por isso que ela também revela ser a mais apta para servir de fio condutor na interpretação das experiências temporais ficcionais que têm por tema último "a coesão da vida"[7].

Uma última consequência depreende-se de nossas análises: ela nos faz voltar de Heidegger a Agostinho. A ficção não se limita a ilustrar concretamente os temas da fenomenologia e nem mesmo a desnudar os tipo ideais de resolução dissimulados sob a descrição aporética. Mostra também os limites da fenomenologia, que são os de seu estilo eidético. A revivescência do tema da eternidade em nossas três fábulas sobre o tempo constitui no tocante a isso uma prova limitada, mas exemplar. Não que as fábulas sobre o tempo forneçam um modelo único de eternidade. Ao contrário, fornecem à imaginação um vasto campo de possibilidades de eternização, que têm um só traço comum, o de fazer par com a morte. As fábulas sobre o tempo dão assim algum crédito à dúvida que expressamos, no momento propício, sobre a legitimidade da análise heideggeriana do ser-para-a-morte. Propusemos, então, distinguir, no ser-para-a-morte e na antecipação resoluta em face da morte, um componente existenciário e um componente existencial. Cabe precisamente às variações imaginativas desenvolvidas pelas fábulas sobre o tempo reabrir o campo das modalidades existenciárias capazes de autenticar o ser-para-a-morte. As experiências-limite que, no reino da ficção, confrontam a eternidade com a morte servem ao mesmo tempo de revelador no tocante aos limites da fenomenologia, cujo método de redução leva a privilegiar a imanência subjetiva, não só com relação às transcendências externas, mas também com relação às transcendências superiores.

---

7. Sobre essa expressão emprestada de Dilthey (*Zusammenhang des Lebens*), cf. acima, p. 189. Voltaremos nas últimas páginas de nossa obra ao mesmo problema sob um novo vocábulo, o de identidade narrativa. Essa noção coroará a união da história e da ficção sob a égide da fenomenologia do tempo.

3. A REALIDADE DO PASSADO HISTÓRICO

Com este capítulo inaugura-se uma nova etapa de nossa investigação aplicada à refiguração do tempo por referência cruzada. Na primeira etapa, enfatizamos a *dicotomia* entre a perspectiva própria de cada modo narrativo, dicotomia que se resume na oposição global entre a reinscrição do tempo vivido no tempo do mundo e as variações imaginativas concernentes ao modo de ligar o primeiro ao segundo. A nova etapa marca uma certa *convergência* entre, por um lado, o que denominamos, desde a introdução a esta seção, a função de *representância* exercida pelo conhecimento histórico no tocante ao passado "real" e, por outro, a função de *significância* de que se reveste a narrativa de ficção, quando a *leitura* relaciona o mundo do texto com o mundo do leitor. Nem é preciso dizer que é contra o fundo da primeira determinação da refiguração cruzada que se destaca a segunda determinação, que será o tema dos dois próximos capítulos.

A questão da representância do passado "real" pelo conhecimento histórico nasce da simples pergunta: que significa o termo "real" aplicado ao passado histórico? Que queremos dizer quando dizemos que algo "realmente" aconteceu?

Essa pergunta é a mais embaraçosa de todas as que a historiografia faz ao pensamento da história. Contudo, embora a resposta seja difícil, a pergunta é inevitável: ela constitui a segunda diferença entre história e ficção, cujas interferências não causariam problema se não se inserissem numa dissimetria fundamental.

Uma sólida convicção anima aqui o historiador: o que quer que digam do caráter seletivo da coleta, da conservação e da consulta dos documentos, de sua relação com as perguntas que lhes formula o historiador, ou até das implicações ideológicas de todas essas manobras – o recurso aos documentos marca uma linha divisória entre história e ficção: diferentemente do romance, as construções do historiador visam a ser *re*construções do passado. Através do documento e mediante a prova documentária, o historiador é submetido *ao que, um dia, foi*. Tem uma *dívida* para com o passado, uma dívida de reconhecimento para com os mortos, que faz dele um devedor insolvente.

O problema que se coloca consiste em articular conceitualmente o que, sob o nome de dívida, ainda é apenas um sentimento.

Para tanto, tomemos como ponto de partida o que foi o ponto de chegada de nossa análise anterior – a noção de vestígio – e tentemos descobrir qual poderia ser sua função mimética, ou seja, sua função de refiguração, segundo a análise que propusemos de *mímesis* III no nosso volume I.

Direi, com Karl Heussi, que o passado é o *"vis-à-vis"* (*Gegenüber*) a que o conhecimento histórico se esforça para "corresponder de maneira apropriada"[1]. E adotarei na esteira dele a distinção entre representar, no sentido de estar no lugar (*vertreten*) de alguma coisa, e se representar, no sentido de criar para si uma imagem mental de uma coisa exterior ausente (*sich vorstellen*)[2]. Com efeito, o vestígio, na medida em que é deixa-

---

1. Karl Heussi, *Die Krisis des Historismus*, Tübingen, J. B. C. Mohr, 1932: *"eine zutreffende Entsprechung des im 'Gegenüber' Gewesenen"* (p. 48).
2. "As concepções históricas são *Vertretungen* que pretendem significar (*bedeuten*) o que um dia foi (*was... einst war*) de um modo consideravelmente mais complicado e entregue a uma descrição inesgotável" (p. 48). Contrariamente a Theodor Lessing, para quem só a história conferiria sentido ao insensato (*sinnlos*), é o *Gegenüber* que impõe direção e correção à investigação histórica e a subtrai ao arbitrário que parece caucionar o trabalho de seleção e de organização realizado pelo historiador: caso contrário, como poderia a obra de

do pelo passado, vale por ele: exerce a seu respeito uma função de locotenência, de *representância* (*Vertretung*)³. Essa função caracteriza a referência *indireta*, própria de um conhecimento por vestígio, e distingue de qualquer outro o modo referencial da história com relação ao passado. É claro que esse modo referencial é inseparável do próprio trabalho de configuração: com efeito, é só por meio de uma retificação sem fim de nossas configurações que formamos uma ideia do inesgotável recurso do passado.

Essa problemática de locotenência ou de representância da história com relação ao passado concerne mais ao *pensamento* da história do que ao *conhecimento* histórico. Para este, com efeito, a noção de vestígio constitui uma espécie de *ponto final* na sequência de remissões que, do arquivo, conduzem ao documento, e do documento ao vestígio. Em geral, contudo, ela não se detém no enigma da referência histórica, no seu caráter essencialmente indireto. Para ela, a questão ontológica, simplesmente contida na noção de vestígio, é imediatamente recoberta pela questão epistemológica do documento, ou seja, seu valor de garantia, de apoio, de prova, na explicação do passado⁴.

---

um historiador corrigir a de um outro e pretender acertar o alvo (*treffen*) melhor que ela? Karl Heussi também percebeu os traços do *Gegenüber* que fazem da representância um enigma próprio do conhecimento histórico: ou seja, por um lado, segundo Troeltsch, a afluência do *vis-à-vis* que faz o passado pender para o lado do insensato; por outro, as estruturas multívocas do passado que o conduzem para o lado do sensato; em suma, o passado consiste na "plenitude das incitações possíveis à configuração histórica (*die Fülle der möglichen Anreize zu historischer Gestaltung*)" (p. 49).

3. O termo representância aparece em François Wahl em *Qu'est-ce que le structuralisme?*, Paris, Éd. du Seuil, 1968, p. 11.

4. O exemplo de Marc Bloch, em *Apologie pour l'histoire ou Métier d'historien*, é nesse sentido ilustrativo; ele conhece bem a problemática do vestígio: ela lhe é colocada pela do documento ("que entendemos com efeito por documentos, senão um 'vestígio', ou seja, a marca perceptível para os sentidos que um fenômeno, ele mesmo impossível de apreender, deixou?" (p. 56)). Mas a referência enigmática ao vestígio é imediatamente anexada à noção de *observação indireta*, familiar para as ciências empíricas, na medida em que o físico, o geógrafo, por exemplo, se apoiam em observações feitas por outros (*ibid.*). É certo

Com as noções de *vis-à-vis*, de locotenência ou representância, demos apenas um nome, mas nenhuma solução, para o problema do valor mimético do vestígio e, mais além, para o sentimento de dívida para com o passado. A articulação intelectual que proponho para esse enigma é transposta da dialética entre "grandes gêneros" que Platão elabora no *Sofista* (254 b-259 d). Escolhi, por motivos que serão esclarecidos à medida que avance o trabalho de pensamento, os três "grandes gêneros" do Mesmo, do Outro e do Análogo. Não digo que a ideia de passado se *constrói* pelo próprio encadeamento desses três "grandes gêneros"; afirmo apenas que dizemos algo de sensato sobre o passado ao pensá-lo sucessivamente sob o signo do Mesmo, do Outro e do Análogo. Para responder à objeção de que isso poderia ser um artifício, mostrarei que cada um dos três momentos está representado por uma ou várias das mais respeitáveis tentativas de filosofia da história. A passagem de uma dessas posições filosóficas para a outra resultará da incapacidade de cada uma para resolver de forma unilateral e exaustiva o enigma da representância.

---

que o historiador, diferentemente do físico, não pode provocar o aparecimento do vestígio. Mas essa incapacidade da observação histórica é compensada de duas maneiras: o historiador pode multiplicar os depoimentos das testemunhas, confrontá-los uns com os outros; Marc Bloch fala nesse sentido do "manejo de testemunhos de tipo oposto" (p. 65). Pode, sobretudo, privilegiar as "testemunhas à revelia", ou seja, os documentos não destinados a informar, a instruir os contemporâneos e menos ainda os futuros historiadores (p. 62). No entanto, para uma investigação filosófica interessada no alcance ontológico da noção de vestígio, a preocupação em marcar o pertencimento do conhecimento por vestígio ao campo da observação tende a ocultar o caráter enigmático da noção de vestígio do *passado*. O testemunho autenticado opera como uma observação *ocular* delegada: vejo pelos olhos de um outro. Uma ilusão de contemporaneidade cria-se assim, permitindo alinhar o conhecimento por vestígio ao da observação indireta. No entanto, ninguém sublinhou de forma mais magnífica do que Marc Bloch o vínculo da história com o tempo, quando ele a define como a ciência "dos homens no tempo" (p. 36).

1. Sob o signo do Mesmo: a "reefetuação" do passado no presente

A primeira maneira de pensar a preteridade do passado é eliminar o que a estimula, ou seja, a *distância temporal*. A operação histórica aparece então como um *des-distanciamento*, uma *identificação* com o que outrora foi. Essa concepção não deixa de se apoiar na prática histórica. O vestígio, como tal, não é ele mesmo presente? Remontar o vestígio não é tornar os acontecimentos passados aos quais ele conduz contemporâneos de seu próprio vestígio? Leitores de história, não somos transformados em contemporâneos dos acontecimentos passados por uma reconstrução viva de seu encadeamento? Em suma, pode o passado ser inteligível de outra forma que não seja *persistindo* no presente?

Para elevar essa sugestão à categoria de teoria e formular uma concepção exclusivamente *identitária* do pensamento do passado, deve-se *a)* submeter a noção de acontecimento a uma revisão radical, isto é, dissociar sua face "interior", que podemos chamar *pensamento*, de sua face "exterior", qual seja, as mudanças físicas que afetam os corpos; *b)* em seguida, considerar o pensamento do historiador, que reconstrói uma cadeia de acontecimentos, um modo de *repensar* o que um dia foi pensado; *c)* por fim, conceber esse repensar como *numericamente idêntico* ao primeiro pensar.

Essa concepção identitária é ilustrada de forma brilhante pela concepção da história como "reefetuação" (*reenactment*) do passado, segundo a formulação de Collingwood em *The Idea of History*[5].

---

5. *The Idea of History* é uma obra póstuma publicada por T. M. Knox em 1946 (Clarendon Press; Oxford University Press, 1956), com base nas conferências escritas em Oxford em 1936 depois da nomeação de Collingwood para a cadeira de filosofia metafísica e parcialmente revisadas pelo autor até 1940. É na quinta parte, intitulada *Epilegomena*, pp. 205-324, que o editor agrupou as partes sistemáticas da obra inacabada de Collingwood.

Aos três componentes de uma concepção identitária da preteridade do passado enunciados acima, pode-se fazer corresponder as três fases percorridas pela análise que Collingwood faz do pensamento histórico, quais sejam: *a*) o caráter *documentário* do pensamento histórico, *b*) o trabalho da *imaginação* na interpretação do dado documentário, *c*) por fim, a ambição de que as construções da imaginação operem a *"reefetuação"* do passado. O tema da reefetuação deve ser mantido na terceira posição, para deixar bem marcado que ele não designa um método distinto e sim o resultado visado pela interpretação documentária e pelas construções realizadas pela imaginação[6].

a) A noção de prova documentária, que encabeça a investigação sob o título *"evidence"*, marca de saída a diferença radical entre a história dos assuntos humanos e o estudo das mudanças naturais, inclusive o da evolução em biologia[7]. So-

---

6. No plano adotado pelo editor de *The Idea of History*, o parágrafo sobre a "história como reefetuação da experiência passada" (282-302) vem expressamente depois daquele sobre "a imaginação histórica" (231-249) (esta foi a aula inaugural das conferências de Oxford), e também daquele sobre a "prova documentária", em que o conceito de história humana é contraposto ao de natureza humana, e em que se discorre diretamente sobre o *reenactment*, sem passar pela reflexão sobre a imaginação. Essa ordem de exposição é compreensível se o *reenactment*, embora não constitua o procedimento metodológico característico da história, definir-lhe o *télos* e, simultaneamente, seu lugar no saber. Seguirei a mesma ordem – prova documentária, imaginação histórica, história como reefetuação da experiência passada – para deixar bem marcado o caráter mais filosófico que epistemológico do conceito de reefetuação.

7. Para Collingwood, a questão não é tanto saber como a história se distingue das ciências da natureza, mas saber se pode haver outro conhecimento do homem além do histórico. Para essa pergunta, ele dá uma resposta claramente negativa, pela simples razão de que o conceito de história humana vem ocupar o lugar reservado por Locke e Hume ao conceito de natureza humana: "O verdadeiro meio de explorar o espírito é pelo método histórico" (p. 209). "A história é o que a ciência da natureza fez profissão de ser" (*ibid.*). "Todo conhecimento do espírito é histórico" (p. 219). "A ciência do espírito humano resolve-se em história" (p. 220). Note-se que Collingwood chama *"interpretation of evidence"* (pp. 9-10) o que traduzimos aqui por prova documentária. Mas o termo inglês "evidence" é raramente traduzido para o francês por "évidence" [evidência], principalmente nos assuntos jurídicos dos quais a teoria da história o empresta: aqui, diz ele, *"evidence* é um coletivo para as coisas que, tomadas uma

mente a um acontecimento *histórico* cabe prestar-se à dissociação entre a face "interior" dos acontecimentos, que deve ser chamada de "pensamento" (*thought*), e a face "exterior", que depende das mudanças naturais[8]. Para tornar plausível essa atitude radical, Collingwood faz dois esclarecimentos: primeiro, a face exterior está longe de ser não-essencial; com efeito, a ação é a unidade do exterior e do interior de um acontecimento; além disso, o termo "pensamento" deve ser tomado numa extensão mais ampla do que pensamento racional; abarca todo o campo das intenções e das motivações. Portanto, um desejo é um pensamento, em virtude daquilo que E. Anscombe chamaria posteriormente de seu caráter de desejabilidade[9], que é hipoteticamente dizível e permite que o enunciado de um desejo figure na premissa maior de um silogismo prático.

b) O segundo componente de uma concepção identitária da preteridade do passado não está muito longe do primeiro: da noção de interior do acontecimento, concebido como "pensamento", pode-se a rigor passar diretamente à de *reenactment*, como ato de repensar o que foi uma primeira vez pensado; com efeito, cabe apenas ao historiador, com exclusão do físico e do biólogo, "situar-se em pensamento (*to think himself into*) nessa ação, discernir o pensamento de seu agente"[10] (p. 213). "Toda história, afirma-se também, é a reefetuação

---

a uma, são chamadas de documentos, e um documento é uma coisa que existe aqui e agora e é tal que o historiador, aplicando-lhe seu pensamento, obtém as respostas para as perguntas que ele faz a respeito de acontecimentos passados" (p. 1).

8. O caráter semiológico do problema é evidente, embora Collingwood não faça uso desse termo: as mudanças externas não são aquelas *que* o historiador considera, mas aquelas *através das quais* ele olha, para discernir o pensamento que ali reside (p. 214). Essa relação entre o exterior e o interior corresponde ao que Dilthey designa como *Ausdruck* (expressão).

9. E. Anscombe, *Intention*, Oxford, Basil Blackwell, 1957, p. 72.

10. "A filosofia é reflexiva... ela pensa sobre o pensamento!" (p. 1). No plano histórico, a prova tem por *vis-à-vis* "o passado que consiste em acontecimentos particulares ocorridos no espaço e no tempo e que deixaram de ocorrer" (*which are no longer happening*) (p. 5). Ou então: "As ações de seres humanos feitas no passado" (p. 9). A questão é: "O que, neles, faz com que seja possível que

do pensamento passado no próprio espírito do historiador" (*ibid.*). Todavia, esse acesso abrupto ao *reenactment* tem o inconveniente de dar crédito à ideia de que *reenactment* equivale a método. O *reenactment*, introduzido rápido demais, corre o risco de ser entendido como uma forma de intuição. Ora, repensar não é reviver. Repensar já contém o momento crítico que nos obriga a fazer um desvio pela imaginação histórica[11].

Com efeito, o documento coloca a questão da relação do pensamento histórico com o passado enquanto passado. Mas nada mais pode senão formulá-la: a resposta está no papel da *imaginação histórica*, que marca a especificidade da história relativamente a toda observação de um presente dado, do tipo da percepção[12]. A seção sobre a "imaginação histórica" surpreende pela audácia. Perante a autoridade das fontes escritas, o historiador é considerado "sua própria fonte, sua própria autoridade" (p. 236). Sua *autonomia* combina o caráter seletivo do trabalho de pensamento, a audácia da "construção histórica" e a tenacidade desconfiada daquele que, segundo o adágio de Bacon, "questiona a natureza". Collingwood não hesita nem mesmo em falar de "imaginação *a priori*" para dizer que o his-

---

historiadores os conheçam" (*ibid.*). A ênfase no caráter passado faz com que a questão só possa ser tratada por homens duplamente qualificados, como historiadores com experiência do ofício e como filósofos capazes de refletir sobre essa experiência.

11. "Todo ato de pensamento é um ato crítico: o pensamento que reefetua pensamentos do passado critica-os consequentemente ao reatualizá-los" (p. 216). Se, com efeito, a causa é interna ao próprio acontecimento, somente um longo trabalho de interpretação permite vislumbrar a si mesmo na situação, pensar por si mesmo o que um agente do passado considerou ser apropriado fazer.

12. A relação entre prova documentária (*"historical evidence"*) e imaginação situa a investigação histórica inteira na *lógica da pergunta e resposta*. Esta está exposta em *An Autobiography* (Oxford University Press, 1939). Gadamer presta-lhe uma homenagem vibrante na sua própria tentativa de fazer dessa lógica o equivalente do método dialógico de Platão, depois da tentativa fracassada de Hegel. Collingwood é nesse sentido um precursor: "Em história, pergunta e prova vão de par. Vale como prova tudo o que nos permitir responder à nossa pergunta – a pergunta que fazemos agora" (p. 281).

toriador é o juiz de suas fontes e não o contrário; o critério de seu juízo é a coerência de sua construção[13]. Toda interpretação intuitivista, que situe o conceito de *reenactment* num plano metodológico, está excluída: o lugar supostamente atribuído à intuição é ocupado pela imaginação[14].

c) Resta dar o passo decisivo, qual seja, o de declarar a reefetuação numericamente idêntica ao primeiro pensar. Collingwood realiza esse audacioso movimento no momento em que a construção histórica, obra da imaginação *a priori*, faz valer sua pretensão à verdade. Destacada do contexto do *reenactment*, a imaginação do historiador poderia se confundir com a do romancista. Ora, diferentemente do romancista, o historiador tem uma dupla tarefa: construir uma imagem coerente, portadora de sentido, e "construir uma imagem das coisas tais como elas foram na realidade e dos acontecimentos tais como eles realmente aconteceram" (p. 246). Essa segunda tarefa só será parcialmente cumprida se nos ativermos às "regras de método" que distinguem o trabalho do historiador daquele do romancista: localizar todas as narrativas históricas no mesmo espaço e no mesmo tempo; poder relacionar todas as narrati-

---

13. Collingwood não teme invocar a palavra de Kant sobre a imaginação, "essa faculdade cega indispensável", que "faz todo o trabalho da construção histórica" (p. 241). Somente a imaginação histórica "imagina o passado" (p. 242). Estamos assim nos antípodas da ideia de testemunho ocular transmitido por fontes autorizadas: "A rigor, não existem dados brutos (*no data*)" (p. 249). O idealismo inerente à tese da imaginação *a priori* chega ao seu auge nas linhas de conclusão do parágrafo dedicado a ela: deve-se considerar a "ideia de imaginação histórica como uma forma de pensamento que depende apenas de si, se determina e se justifica a si mesma" (p. 249). Deve-se então ir até a quase identificação do trabalho do historiador com o do romancista. "Ambos, romance e história, se explicam e se justificam por si mesmos; resultam de uma atividade autônoma que extrai de si mesma sua autoridade: em ambos os casos, essa atividade é a imaginação *a priori*" (p. 246).

14. No tocante a isso, a aproximação entre *reenactment* e inferência prática, proposta por Rex Martin em *Historical Explanation, Reenactment and Practical Inference* (Ithaca e Londres, Cornell University Press, 1977), constitui a tentativa mais fecunda de aproximar Collingwood da filosofia da história de A. Danto, W. Walsh e sobretudo von Wright. Imaginação, inferência prática e reefetuação devem ser pensadas juntas.

vas históricas a um único mundo histórico; combinar o retrato do passado com os documentos em seu estado conhecido ou tal como os historiadores os descobrem.

Se nos detivéssemos nesse ponto, a pretensão à verdade das construções imaginárias não seria satisfeita. O "retrato imaginário do passado" (p. 248) seria *outro* do que o passado. Para que seja o *mesmo*, tem de ser numericamente idêntico. Repensar tem de ser uma maneira de anular a distância temporal. Essa anulação constitui a significação filosófica – hiperepistemológica – da reefetuação.

A tese é formulada uma primeira vez em termos gerais, mas sem nenhuma equivocidade, no primeiro parágrafo das *Epilegomena* ("Human Nature and Human History"). Os pensamentos, está escrito, são em certo sentido acontecimentos que ocorrem no tempo; em outro sentido, porém, para aquele que se fixa no ato de repensar, os pensamentos não estão de jeito nenhum no tempo (p. 217)[15]. É fácil entender por que essa tese é defendida por ocasião de uma comparação entre as ideias de *natureza* humana e de *história* humana. É na natureza que o passado é separado do presente: "o passado, num processo natural, é um passado ultrapassado e morto" (p. 225). Na natureza, os instantes morrem e são substituídos por outros. Em contrapartida, o mesmo acontecimento, historicamente conhecido, "sobrevive no presente" (p. 225)[16].

Porém, que quer dizer sobreviver? Nada, além do ato de reefetuação. Em última instância, só tem sentido a posse atual

---

15. A Constituição romana, ou a modificação que Augusto lhe imprimiu, uma vez repensada, é um objeto tão eterno quanto o triângulo segundo Whitehead: "O que o torna histórico não é o fato de que ocorra no tempo, mas de que chegue ao nosso conhecimento porque repensamos o mesmo pensamento que criou a situação que estamos examinando e conseguimos assim compreender essa situação" (p. 218).

16. "Portanto, o processo histórico é um processo no qual o homem cria para si mesmo essa ou aquela ideia da natureza humana recriando no seu próprio pensamento o passado do qual é herdeiro" (p. 226). "Reefetuar o passado é para o historiador recriá-lo em sua própria mente" (p. 286). A ideia de reefetuação tende assim a substituir a de testemunho, cuja força consiste em manter a alteridade entre a testemunha e o que ela testemunha.

da atividade do passado. Deve-se dizer que o passado teve de *sobreviver* deixando um vestígio e que tivemos de nos tornar seus *herdeiros* para que possamos reefetuar os pensamentos passados? Sobrevivência, herança são processos naturais. O conhecimento histórico começa com o modo como nos apossamos deles. Poder-se-ia dizer, em forma de paradoxo, que um vestígio só se torna vestígio do passado no momento em que seu caráter de passado é abolido pelo ato intemporal de repensar o acontecimento no seu interior pensado. A reefetuação, assim entendida, dá ao paradoxo do vestígio uma solução *identitária*, sendo o fenômeno da marca, da impressão e o de sua perpetuação pura e simplesmente remetidos ao conhecimento natural. A tese idealista da autoprodução da mente por si mesma, já visível no conceito de imaginação *a priori*, é simplesmente coroada pela ideia de reefetuação[17].

Essa interpretação maximalista da tese identitária provoca objeções que, pouco a pouco, põem em questão a própria tese identitária.

No final da análise, termina-se dizendo que o historiador não conhece nada do passado, somente seu próprio pensamento sobre o passado; no entanto, a história só tem sentido se o historiador sabe que reefetua um ato que não é seu. Collingwood pode até introduzir no próprio pensamento a capacidade de se distanciar de si mesmo, mas esse distanciamento de si nunca será equivalente ao distanciamento entre si mesmo e o outro. Todo o projeto de Collingwood cai por terra devido à impossibilidade de passar do pensamento do passado como *meu*

---

17. *The Idea of History* fornece várias expressões equivalentes: "a matéria de que trata a história" não é o ato individual, tal como ocorreu, "mas o próprio ato de pensamento na sua sobrevivência e revivescência em épocas diferentes e em diferentes pessoas" (p. 303). Isso implica ver a "atividade do si" como "uma atividade única que persiste através da diversidade de seus próprios atos" (p. 306). E mais, "o objeto deve ser tal que possa reviver na mente do historiador; a mente do historiador deve ser tal que dê asilo a essa revivescência" (p. 304). "O conhecimento histórico tem então por objeto próprio o pensamento: não as coisas em que pensamos, mas o próprio ato de pensar" (p. 305).

para o pensamento do passado como *outro*. A identidade da reflexão não consegue dar conta da alteridade da repetição.

Remontando do terceiro para o segundo componente da tese identitária, podemos indagar se reefetuar o passado é repensá-lo. Considerando o fato de que nenhuma consciência é transparente para si mesma, será possível conceber que a reefetuação chegue até a parcela de opacidade que tanto o ato original do passado como o ato reflexivo do presente comportam? Que acontece com as noções de processo, de aquisição, de incorporação, de desenvolvimento e até de crítica, se o caráter *factual* do próprio ato de reefetuação for abolido? Como ainda chamar de recriação um ato que abole sua própria diferença com relação à criação original? De múltiplas maneiras, o re- do termo reefetuação resiste à operação que pretenderia anular a distância temporal.

Prosseguindo em nossa marcha para trás, temos de questionar a própria decomposição da ação num exterior, que seria puro movimento físico, e um interior, que seria puro pensar. Essa decomposição está na origem da desarticulação da própria noção de tempo histórico em duas noções que o negam: por um lado a mudança, onde uma ocorrência substitui outra, por outro, a intemporalidade do ato de pensar; são eliminadas as próprias mediações que fazem do tempo histórico um misto: a sobrevivência do passado que torna possível o vestígio, a tradição que nos faz herdeiros, a preservação que possibilita a nova posse.

Essas mediações não se deixam incluir no "grande gênero" do Mesmo.

2. Sob o signo do Outro: uma ontologia negativa do passado?

Inversão dialética: se o passado não pode ser pensado dentro do "grande gênero" do Mesmo, não o seria melhor dentro do gênero do Outro?

Nos historiadores abertos ao questionamento filosófico encontramos várias sugestões que, apesar de sua diversidade, apontam na direção do que poderíamos chamar de uma ontologia negativa do passado. Na contramão de Collingwood, muitos historiadores contemporâneos veem na história um reconhecimento da alteridade, uma restituição da distância temporal, até mesmo uma apologia da diferença, levada até uma espécie de exotismo temporal. Mas muito poucos se arriscaram a teorizar essa preeminência do Outro no *pensamento* da história. Ordenei a breve revisão das tentativas que compartilham a mesma tendência segundo um grau crescente de radicalidade.

A preocupação de restituir o sentido da *distância* temporal se volta contra o ideal de reefetuação, uma vez que, na ideia de investigação, a ênfase principal está posta na *tomada de distância* de toda tentação ou de toda tentativa "empática"; a problematização prevalece então sobre as tradições recebidas e a conceitualização sobre a simples transcrição da vivência na sua própria linguagem; a história tende maciçamente a *afastar* o passado do presente. Pode até visar francamente produzir um efeito de estranheza contrário a todo desenho de refamiliarização do não familiar, para empregar o vocabulário de Hayden White que reencontraremos mais adiante. E por que o efeito de estranheza não iria até o ponto da perda de referências? Basta o historiador se fazer etnólogo dos tempos findos. Essa estratégia do distanciamento é posta a serviço do esforço de *descentramento* espiritual praticado pelos historiadores mais preocupados em repudiar o etnocentrismo ocidental da história tradicional[18].

---

18. Essa preocupação de distanciamento é muito forte nos historiadores franceses; François Furet pede, no começo de *Penser la Révolution française*, que a curiosidade intelectual rompa com o espírito de comemoração ou de execração. *Uma outra Idade Média*, para retomar o título de J. Le Goff, é uma Idade Média outra. Para Paul Veyne, em *L'Inventaire des différences*, "os romanos... existiram de uma forma tão exótica e ao mesmo tempo tão cotidiana quanto os tibetanos, por exemplo, ou os nhambiquaras, nem mais, nem menos; de tal forma que é impossível continuar considerando-os por mais tempo como uma espécie de povo-valor" (p. 8).

Dentro de que categoria devemos pensar essa tomada de distância? Não é pouca coisa começar pela mais familiar aos autores influenciados pela tradição alemã do *Verstehen*: a compreensão do *outro* é para essa tradição o melhor análogo da compreensão histórica. Dilthey foi o primeiro a tentar fundar todas as ciências do espírito – inclusive a história – na capacidade que o espírito tem de se transportar para uma vida psíquica alheia, partindo dos signos que "exprimem" – ou seja, levam para fora – a experiência íntima do outro. Correlativamente, a transcendência do passado tem por primeiro modelo a vida psíquica alheia levada para fora por uma conduta "significativa". Desse modo, estendem-se duas pontes na direção um do outro; por um lado, a expressão transpõe o intervalo entre o interior e o exterior; por outro, a transferência, pela imaginação, para uma vida estranha transpõe o intervalo entre o si e seu outro. Essa dupla exteriorização permite que uma vida privada se abra para uma vida estranha antes que se implante nesse movimento para fora a objetivação mais decisiva, aquela que resulta da inscrição da expressão em signos duradouros, entre os quais a escrita ocupa o primeiro lugar[19].

---

19. Esse modelo foi forte o suficiente para inspirar também R. Aron e H. Marrou: a primeira parte de *L'Introduction à la philosophie de l'histoire* de Aron procede do conhecimento de si para o conhecimento do outro e deste para o conhecimento histórico. É verdade que, visto em detalhes, o argumento tende a desmantelar a aparente progressão sugerida pelo plano: sendo a coincidência consigo mesmo impossível (p. 59), o outro constitui o verdadeiro mediador entre si e si mesmo; por outro lado, como o conhecimento do outro nunca alcança a fusão das consciências, ele sempre exige a mediação dos signos; por fim, o conhecimento histórico, fundado pelas obras emanadas das consciências, também se revela tão originário quanto o conhecimento do outro e o conhecimento de si. Disso resulta que, para Aron, "o ideal da ressurreição é... menos inacessível do que estranho à história" (p. 81). Se, em Marrou, em *De la Connaissance historique*, a compreensão do outro continua sendo o modelo forte do conhecimento histórico, isso se deve à conjugação da epistemologia e da ética no conhecimento histórico. A compreensão do outro hoje e a compreensão dos homens do passado compartilham a mesma dialética, de essência moral, que o Mesmo e o Outro: por um lado, conhecemos essencialmente o que se parece conosco; por outro, a compreensão do outro exige que pratiquemos *a epokhé*

O modelo do outro é certamente um modelo muito forte na medida em que não só põe em jogo a alteridade, como junta o Mesmo ao Outro. Mas o paradoxo é que, ao abolir a diferença entre o outro de hoje e o outro de antigamente, oblitera a problemática da distância temporal e elude a dificuldade específica vinculada à sobrevivência do passado no presente – dificuldade que estabelece a diferença entre conhecimento do outro e conhecimento do passado[20].

Outro equivalente lógico da *alteridade* do passado histórico relativamente ao presente foi buscado pelo lado da noção de *diferença*, que, por sua vez, se presta a múltiplas interpretações. Passa-se do par mesmo-outro para o par idêntico-diferente, sem variações sensíveis do sentido, além das contextuais. Mas a noção de *diferença* presta-se por sua vez a usos muito diferentes. Irei considerar dois deles, que tomo de historiadores profissionais dedicados à reflexão fundamental.

Um primeiro modo de fazer uso da noção de diferença em um contexto histórico é associá-la à de individualidade, ou melhor, de individualização, noção que o historiador encontra necessariamente correlacionada com a de "conceitualização" histórica, que constitui seu polo oposto: a individualização tende, com efeito, para o nome próprio (nomes de pessoas, de lu-

---

de nossas preferências para entender o outro como outro. É o humor desconfiado da historiografia positivista que nos impede de reconhecer a identidade do laço de amizade que circula entre mim e o outro de hoje, entre mim e o outro de antigamente (p. 118). Esse laço é mais essencial que a curiosidade, que, com efeito, rejeita o outro na distância.

20. Ambos foram muitas vezes aproximados na filosofia analítica, devido à similitude entre os paradoxos que eles levantam para uma filosofia que faz do conhecimento empírico, portanto, da observação presente, o critério último da verificação. As asserções sobre o outro e as asserções sobre o passado têm em comum o fato de que não são nem verificáveis, nem refutáveis empiricamente. Têm também em comum o fato de serem, até certo ponto, intercambiáveis, na medida em que são principalmente as ações de homens como nós que a história busca encontrar no passado e em que, inversamente, o conhecimento do outro contém, mais que a compreensão de si mesmo, a defasagem entre a experiência vivida e a retrospecção. Mas essas razões não fazem com que o problema seja o mesmo em ambos os casos.

gares, de acontecimentos singulares), assim como a conceitualização tende para abstrações cada vez mais abrangentes (guerra, revolução, crise etc.)[21]. É esse uso do termo diferença, correlacionado com o de individualidade, que Paul Veyne destaca em *L'Inventaire des différences*. Para que a individualidade pareça diferença, é preciso que a própria conceitualização histórica seja concebida como investigação e proposição de *invariantes*, entendendo por esse termo uma correlação estável entre um pequeno número de variáveis capazes de produzir suas próprias modificações. O fato histórico deveria então ser descrito como uma *variante* produzida pela individualização dessas invariantes[22].

Mas será que uma diferença lógica equivale a uma diferença temporal? Paul Veyne parece inicialmente afirmá-lo, na medida em que substitui a investigação do longínquo, enquanto temporal, pela do acontecimento caracterizado de modo tão pouco temporal quanto possível por sua individualidade[23]. A epistemologia do indivíduo pode, portanto, parecer eclipsar a

---

21. Cf. Paul Veyne, "L'histoire conceptualisante", em Le Goff e Nora (ed.), *Faire de l'histoire*, Paris, Gallimard, 1974, t. I, pp. 62-92. O método weberiano dos tipos ideais antecipara esse movimento de pensamento. Mas foi a historiografia francesa que ressaltou o efeito de colocação a distância ligado à conceitualização histórica. Conceitualizar é romper com o ponto de vista, com as ignorâncias e ilusões e com toda a linguagem dos homens do passado. Já significa afastá-los de nós no tempo. Conceitualizar é adotar o olhar de simples curiosidade do etnólogo – quando não o do entomologista...
22. "A invariante, declara Paul Veyne, em *L'Inventaire des differences*, Paris, Éd. du Seuil, explica suas próprias modificações históricas a partir de sua complexidade interna; a partir dessa mesma complexidade, explica também seu próprio eventual desaparecimento" (p. 24). Assim, o imperialismo romano é uma das duas grandes variantes da invariante busca de segurança para uma potência política; em vez de buscá-la por meio de um equilíbrio com outras potências, como na variante grega, o imperialismo romano a busca por meio da conquista de todo o horizonte humano "até seus limites, até o mar ou até os bárbaros, para estar finalmente só no mundo, quando tudo estiver conquistado" (p. 17).
23. "A conceitualização de uma invariante permite, portanto, explicar os acontecimentos; jogando com as variáveis, pode-se recriar, a partir da invariante, a diversidade das modificações históricas" (pp. 18-9). Com mais ênfase ainda: "Somente a invariante individualiza" (p. 19).

ontologia do passado. Se explicar pelas invariantes é o contrário de narrar é justamente porque os acontecimentos foram destemporalizados a ponto de não serem mais nem próximos nem longínquos[24].

De fato, individualização por variação de uma invariante e individuação pelo tempo não coincidem. A primeira é relativa à escala de especificação das invariantes escolhidas. Nesse sentido lógico, é verdade que em história só raramente a noção de individualidade se identifica com a de indivíduo em sentido último: o casamento na classe camponesa sob Luís XIV é uma individualidade relativa à problemática escolhida, sem que se trate de contar a vida dos camponeses tomados um a um. A individuação pelo tempo é outra coisa: é ela que faz com que o *inventário das diferenças* não seja uma classificação intemporal, mas ganhe corpo em narrativas.

Voltamos assim ao enigma da *distância temporal*, enigma sobredeterminado pelo afastamento axiológico que nos tornou estrangeiros aos costumes dos tempos passados, a ponto de a alteridade do passado com relação ao presente prevalecer sobre a sobrevivência do passado no presente. Quando a curiosidade predomina em detrimento da simpatia, o estrangeiro torna-se estranho. A diferença que separa substitui a diferença que liga. Simultaneamente, a noção de diferença perde sua pureza transcendental de "grande gênero", por sobredeterminação. Com sua pureza transcendental, perde também sua univocidade, na medida em que a distância temporal pode ser valorizada em sentidos opostos, conforme predomine a ética da amizade (Marrou) ou a poesia do afastamento (Veyne).

Concluo essa passada em revista das figuras da alteridade com a contribuição de Michel de Certeau, que a meu ver é a que vai mais longe no sentido de uma ontologia negativa do

---

24. Nesse caso é preciso ir até o ponto de dizer que "os fatos históricos podem ser individualizados sem ser recolocados no seu lugar em um complexo espaço-temporal" (p. 48). E mais: "A história não estuda o homem no tempo: estuda materiais humanos subsumidos em conceitos" (p. 50). A esse preço, a história pode ser definida como "ciência das diferenças, das individualidades" (p. 52).

passado[25]. É outra apologia da diferença, mas num contexto de pensamento que a leva para um sentido quase diametralmente oposto ao anterior. Esse contexto é o de uma "sociologia da historiografia", na qual já não é o *objeto* ou o *método* da história que são problematizados, mas o próprio historiador, quanto à sua operação. Fazer história é produzir algo. Surge então a questão do lugar social da operação histórica[26].

Ora, esse lugar, segundo de Certeau, é o não-dito por excelência da historiografia; com efeito, na sua pretensão científica, a história acredita – ou pretende – ser produzida em nenhum lugar. Note-se que o argumento vale tanto contra a escola crítica como contra a escola positivista: com efeito, onde fica a sede do tribunal do julgamento histórico?

É esse o contexto de questões no qual uma nova interpretação do acontecimento como diferença se explicita. Como? Depois de desmascarada a falsa pretensão do historiador de produzir história numa espécie de estado de ausência de gravidade sociocultural, surge a suspeita de que toda história com pretensão científica esteja viciada por um desejo de controle, que erige o historiador em árbitro do sentido. Esse desejo de controle constitui a ideologia implícita da história[27].

Por que via essa variedade de crítica ideológica conduz a uma teoria do acontecimento como diferença? Caso seja ver-

---

25. "L'opération historique", in *Faire de l'histoire, op. cit.*, t. I, pp. 3-41.
26. "Considerar a história como uma operação será tentar... entendê-la como a relação entre um *lugar* (um recrutamento, um meio, uma profissão etc.) e *metodologias* de análise (uma disciplina)" (p. 4).
27. Esse argumento não surpreenderá os leitores de Horkheimer e Adorno – os mestres da escola de Frankfurt – que mostraram a mesma vontade de dominação em ação no racionalismo das luzes. Uma forma afim é encontrada nas primeiras obras de Habermas, onde se denuncia a pretensão da razão instrumental a anexar as ciências histórico-hermenêuticas. Algumas fórmulas de Michel de Certeau vão bem mais longe na direção do marxismo clássico e sugerem uma relação, linear e mecânica demais para meu gosto, entre a produção histórica e a organização social: "Da reunião dos documentos à redação do livro, a prática histórica é totalmente relativa à estrutura da sociedade" (p. 13). "De ponta a ponta, a história é configurada pelo sistema em que é elaborada (p. 16). Em contrapartida, o que é dito sobre a produção de documentos e a *"redistribuição do espaço"* (p. 22) que ela implica é muito esclarecedor.

dade que um sonho de controle habita a historiografia científica, a construção dos modelos e a busca das invariantes – e, por implicação, a concepção da diferença como variante individualizada de uma invariante – remetem à mesma crítica ideológica. Coloca-se então a questão do estatuto de uma história que fosse menos ideológica. Seria uma história que não se limitaria a construir modelos, mas expressaria as diferenças em termos de *desvio* relativamente a esses modelos. Assim, de sua identificação com a noção de *desvio*, nasce uma nova versão da diferença que vem da linguística estrutural e da semiologia (de Ferdinand de Saussure a Roland Barthes), elas mesmas sucedidas por certas filosofias contemporâneas (de Gilles Deleuze a Jacques Derrida). Mas, em De Certeau, a diferença entendida como desvio conserva uma sólida ancoragem na epistemologia contemporânea da história, na medida em que é o próprio progresso de sua modelização que suscita a localização dos desvios: os desvios, como as variantes de Veyne, são "relativos a modelos" (p. 25). Em suma, enquanto as diferenças concebidas como variantes são homogêneas às invariantes, as diferenças-desvio lhes são heterogêneas. A coerência é inicial, "a diferença aparece nos limites" (p. 27)[28].

Será que essa versão da noção de diferença como desvio proporciona uma melhor aproximação do acontecimento como tendo sido? Sim, até certo ponto. O que De Certeau chama trabalho com o limite põe o próprio acontecimento em posição de desvio relativamente ao discurso histórico. É nesse sentido que a diferença-desvio concorre para uma ontologia negativa do passado. Para uma filosofia da história fiel à ideia de diferença-desvio, o passado é o que falta – uma "ausência pertinente".

Por que então não se deter nessa caracterização do acontecimento passado? Por dois motivos. Em primeiro lugar, o

---

28. A continuação do texto é bastante eloquente: "Retomando um vocábulo antigo que já não corresponde a sua nova trajetória, poder-se-ia dizer que ela [a investigação] já não parte de 'raridades' (restos do passado) para chegar a uma síntese (compreensão presente), mas que parte de uma formalização (um sistema presente) para dar lugar a 'restos' (indícios de limites e, portanto, de um 'passado' que é o produto do trabalho)" (p. 27).

desvio não é menos relativo a um projeto de sistematização do que a modificação de uma invariante. É certo que o desvio se exclui do modelo, ao passo que a modificação se inscreve na periferia do modelo. Mas a noção de desvio continua sendo tão intemporal quanto a de modificação, na medida em que um desvio permanece relativo ao modelo alegado. Além disso, a *diferença-desvio* não parece ser mais capaz de expressar o *ter-sido* do passado do que a diferença-variante. O real no passado continua sendo o enigma para o qual a noção de diferença-desvio, fruto do trabalho com o limite, apenas oferece uma espécie de negativo, despojado ademais de sua perspectiva propriamente temporal.

É certo que uma crítica das perspectivas totalizantes da história, junto com um exorcismo do passado substancial e, mais ainda, com o abandono da ideia de *representação*, no sentido de uma reduplicação mental da presença, constituem, todas, operações de limpeza a serem retomadas incessantemente; para presidir a elas, a noção de diferença-desvio é um guia bem-vindo. Mas estas não passam de manobras prévias: no final das contas, a noção de diferença não faz justiça ao que parece haver de positivo na persistência do passado no presente. É por isso que, paradoxalmente, o enigma da distância temporal parece mais opaco no final desse trabalho de desbaste. Pois, como poderia uma diferença, sempre relativa a um sistema abstrato e ela mesma tão destemporalizada quanto possível, *ocupar o lugar* do que hoje, ausente e morto, outrora foi real e vivo?

3. Sob o signo do Análogo: uma abordagem tropológica?

Os dois grupos de tentativas examinadas acima não são inúteis, apesar de seu caráter unilateral.

Uma forma de "salvar" suas respectivas contribuições para a questão do referente último da história é conjugar seus esforços sob o signo de um "grande gênero" que associa ele mesmo o Mesmo e o Outro. O Semelhante é um grande gênero desse tipo. Ou melhor: o *Análogo*, que é uma semelhança entre relações mais do que entre termos simples.

Não foi apenas a virtude dialética ou simplesmente didática da série "Mesmo, Outro, Análogo" que me estimulou a buscar uma solução para o problema colocado na direção que vamos explorar agora. O que primeiro me alertou foram as antecipações veladas dessa categorização da relação de locotenência ou de representância nas análises precedentes, onde não cessam de reaparecer expressões da forma "*tal como*" (tal como isso foi). No tocante a isso, a fórmula de Leopold Ranke – *wie es eigentlich war* – está em todas as memórias[29]. Sempre que se quer marcar a diferença entre a ficção e a história, invoca-se invariavelmente a ideia de uma certa correspondência entre a narrativa e o que realmente aconteceu. Ao mesmo tempo, tem-se plena consciência de que essa reconstrução é uma construção diferente do curso dos acontecimentos relatados. É por isso que muitos autores rejeitam o termo representação, que lhes parece maculado demais pelo mito de uma reduplicação termo a termo da realidade na imagem que fazemos dela. Mas o problema da correspondência ao passado não é eliminado pela mudança de vocabulário. Se a história é uma construção, o historiador gostaria, por instinto, que essa construção fosse uma reconstrução. Com efeito, parece que esse propósito de reconstruir construindo faz parte do manual de

---

29. Com essa fórmula, Ranke definia o ideal de objetividade da história: "Atribui-se à história a tarefa de julgar o passado, de instruir o presente em prol das gerações futuras. O presente estudo não se atribui tarefa tão elevada: limita-se a mostrar como as coisas efetivamente aconteceram (*Wie es eigentlich gewesen*)." *Geschichten der romanischen und germanischen Völker von 1494-1514*, in *Fürsten und Völker* (Wiesbaden, Ed. Willy Andreas, 1957, p. 4). Esse famoso princípio rankiano exprime não tanto a ambição de alcançar o passado *ele mesmo*, sem mediação interpretante, mas o desejo do historiador de se despojar de suas preferências pessoais, de "apagar seu próprio eu, de deixar, de certo modo, as coisas falarem e aparecerem as poderosas forças que se revelariam no correr dos séculos", como está dito em *Über die Epochen der neueren Geschichte* (Ed. Hans Herzfeld, Schloss Laupheim, s.d., p. 19) (textos citados por Leonard Krieger, *Ranke, The Meaning of History*, Chicago e Londres, The University of Chicago Press, 1977, pp. 4-5).

obrigações do bom historiador. Quer coloque seu projeto sob o signo da amizade ou sob o da curiosidade, é movido pelo desejo de fazer justiça ao passado. Sua relação com o passado é sobretudo a de uma dívida não paga, e nisso ele representa a todos nós, os leitores de sua obra. Essa ideia de dívida, estranha à primeira vista, desenha-se a meu ver no pano de fundo de uma expressão comum ao pintor e ao historiador: ambos buscam reproduzir ["rendre"] uma paisagem, um curso de acontecimentos. Nesse termo "rendre", reconheço o propósito de *dar o que é devido ["rendre son dû"] ao que é e ao que foi*. É esse propósito que dá uma alma aos estudos às vezes abstrusos que se seguem.

Um segundo motivo me orientou: embora seja verdade que o Análogo não aparece em nenhuma das listas de "grandes gêneros" em Platão, ocorre em contrapartida na *Retórica* de Aristóteles com o título de "metáfora proporcional", chamada precisamente de *analogia*. Vem então à mente a questão de saber se uma teoria dos tropos, uma tropologia, não poderia substituir, no momento crítico a que as duas análises anteriores nos conduziram, a articulação conceitual da representância. É nesse estágio da reflexão que encontro a tentativa que Hayden White fez, em *Metahistory* [*Meta-história*] e em *Tropics of Discourse* [*Trópicos do discurso*][30], de completar uma teoria da "composição da intriga" (*emplotment*) por uma teoria dos "tropos" (metáfora, metonímia, sinédoque, ironia). Esse recurso à tropologia é imposto pela estrutura singular do discurso histórico, em contraste com a simples ficção. Esse discurso parece, de fato, estar submetido a uma dupla obediência: por um lado,

---

30. *Metahistory. The Historical Imagination in XIXth Century Europe*, Baltimore e Londres, The Johns Hopkins University Press, 1913, pp. 31-8. *Tropics of Discourse* é o título de uma coletânea de artigos publicados entre 1966 e 1976, Baltimore e Londres, The Johns Hopkins University Press, 1978. Considerarei principalmente os artigos posteriores a *Metahistory*: "The Historical Text as Literary Artifact" *Clio*, 3, n? 3, 1974; "Historicism, History and the Figurative Imagination", *History and Theory*, 14, n? 4, 1975; "The Fictions of Factual Representation", *in* Angus Fletcher (ed.), *The Literature of Fact*, Nova York, Columbia University Press, 1976 (o artigo de *Clio* também consta de Canary e Kozecki (ed.), *The Writing of History*, University of Wisconsin Press, 1978).

às imposições vinculadas ao *tipo* de intriga privilegiado, por outro, ao próprio passado, através da informação documentária acessível num momento dado. O trabalho do historiador consiste então em fazer da estrutura narrativa um "modelo", um "ícone" do passado, capaz de "representá-lo"[31]. Como a tropologia responde ao segundo desafio? Resposta: "... Antes que se possa interpretar um campo dado, ele tem de ser construído à maneira de um solo habitado por figuras discerníveis" (*Metahistory*, p. 30). A fim de figurar "o que realmente aconteceu" no passado, o historiador tem inicialmente de *prefigurar* o conjunto dos acontecimentos relatados nos documentos (*ibid.*). A função dessa operação poética é desenhar no "campo histórico" itinerários possíveis e dar assim um primeiro contorno a objetos possíveis de conhecimento. O visado é certamente aquilo que realmente aconteceu no passado; mas o paradoxo é que só se pode designar esse anterior a toda narrativa *prefigurando-o*[32].

---

31. "Considerarei a obra histórica tal como ela existe do modo mais manifesto, ou seja, uma estrutura verbal em forma de discurso narrativo em prosa que visa ser (*purports to be*) um modelo, um ícone das estruturas e dos processos do passado, a fim de explicar como eles foram representando-os (*representing*)" (*Metahistory*, p. 2). Mais adiante: "Os relatos históricos visam ser (*purport*) modelos verbais ou ícones de certos segmentos do processo histórico" (*ibid.*, p. 30). Expressões afins podem ser lidas nos artigos posteriores a *Metahistory*: a ambição de construir "aquele tipo de história que melhor se adapta (*that best fitted*)" aos fatos conhecidos (*The Writing of History*, p. 48). A sutileza do historiador consiste em "emparelhar (*in matching up*) uma estrutura de intriga especial com os acontecimentos que ele deseja revestir de uma certa significação" (*ibid.*). Com essas duas expressões imagéticas, o que se coloca é todo o problema da re-presentação do passado em conjunção com a operação de composição da intriga.

32. "Esse protocolo linguístico preconceitual será por sua vez caracterizável – em virtude de sua natureza essencialmente *prefigurativa* – em função do modo tropológico dominante no qual é forjado" (*ibid.*, p. 30). É chamado *prefigurativo*, não no nosso sentido (*mímesis* I), isto é, como estrutura da *práxis* humana anterior ao trabalho de configuração pela narrativa histórica ou pela narrativa de ficção, mas no sentido de uma operação *linguística* que se desenrola no nível da massa documentária ainda indiscriminada: "Ao identificar o modo (ou os modos) dominantes de discurso, atingimos esse nível de consciência em que um mundo de experiência é *constituído* antes de ser analisado" (*ibid.*, p. 33).

O privilégio dos quatro tropos fundamentais da retórica clássica consiste em proporcionar uma variedade de figuras de palavra para esse trabalho de prefiguração e assim preservar a riqueza de sentido do objeto histórico, tanto pela equivocidade própria de cada tropo como pela multiplicidade das figuras disponíveis[33].

A bem dizer, dos quatro tropos considerados – metáfora, metonímia, sinédoque e ironia –, é o primeiro que tem vocação explicitamente *representativa*. Mas Hayden White parece querer dizer que os outros tropos, embora distintos, seriam variantes da metáfora[34] e teriam por função corrigir a ingenuidade da metáfora, que tende a considerar adequada a semelhança afirmada (*my love, a rose*). Assim, a metonímia, reduzindo um ao outro a parte e o todo, tenderia a fazer de um fator histórico a simples manifestação de outro. A sinédoque, compensando a relação extrínseca de duas ordens de fenômenos por uma relação intrínseca entre qualidades compartilhadas, figuraria uma integração sem redução. Caberia à ironia introduzir uma nota negativa nesse trabalho de prefiguração – algo como um "*second thought*" – um "*suspense*". Por contraste com a metáfora que inaugura e em certo sentido congrega o campo tropológico, Hayden White chama a ironia de "metatrópica", na medida em que ela suscita a tomada de consciência do possível mau uso da linguagem figurativa e lembra constantemen-

---

33. É por isso que, em contraposição ao binarismo em voga na linguística e na antropologia estrutural, Hayden White volta aos quatro tropos de Ramus e de Vico. No artigo de 1975, "Historicism, History and the Figurative Imagination", encontramos uma crítica argumentada do binarismo de Jakobson. Não é de espantar que *Tropics of Discourse* contenha vários ensaios direta ou indiretamente dedicados à poética lógica de Vico, que se descobre ser o verdadeiro mestre de Hayden White, seguido por Kenneth Burke e sua *Grammar of Motives*: a expressão tropos mestres (*master tropes*) vem deste último.

34. Entendo assim a seguinte declaração, à primeira vista desconcertante: "Ironia, metonímia e sinédoque são tipos (*kinds*) de metáforas, mas diferentes uma da outra pelo tipo de redução ou de integração que operam no nível literário de suas significações, pelo tipo de iluminação a que visam no nível figurativo. A metáfora é essencialmente *representativa* (*representational*), a metonímia *reducionista*, a sinédoque *integrativa* e a ironia *denegativa* (*negational*)" (*ibid.*, p. 34).

te a natureza problemática da linguagem como um todo. Nenhuma dessas iniciativas de estruturação exprime uma imposição lógica, e a operação figurativa pode parar no primeiro estágio, o da caracterização metafórica. Mas somente o percurso completo, da apreensão mais ingênua (metáfora) à mais reflexiva (ironia), autoriza a falar de uma estrutura tropológica da consciência[35]. Em suma, a teoria dos tropos, por seu caráter deliberadamente linguístico, pode se integrar ao quadro das modalidades da imaginação histórica, sem por isso se integrar a seus modos propriamente explicativos. Nesse sentido, constitui a estrutura profunda da imaginação histórica[36].

O benefício esperado dessa carta tropológica da consciência, no que concerne à ambição *representativa* da história, é imenso: a retórica governa a descrição do campo histórico, assim como a lógica governa a argumentação de valor explicativo: "pois é por figuração que o historiador *constitui* virtual-

---

35. O problema é retomado em "Fictions of Factual Representation" (*ibid.*, pp. 122-44): a metáfora privilegia a semelhança, a metonímia a continuidade, portanto a *dispersão* em encadeamentos mecânicos (K. Burke é o responsável pela caracterização da dispersão como "redução"); a sinédoque privilegia a relação parte/todo, portanto a integração, portanto as interpretações holísticas ou organicistas. A ironia, o suspense privilegiam a contradição, a aporia, sublinhando a *inadequação* de qualquer *caracterização*. Também é lembrado, como o fizera *Metahistory*, que há uma certa afinidade entre certo tropo e certo modo de composição da intriga: entre a metáfora e o romanesco, entre a metonímia e o trágico etc.

36. A introdução a *Tropics of Discourse*: "Tropology, Discourse and Modes of Human Consciousness" (pp. 1-26) dá a esse "elemento trópico em todo discurso, seja ele do gênero realista ou do gênero mais imaginativo, uma função mais ambiciosa do que aquela que *Metahistory* lhe atribuía: a tropologia abrange agora todos os desvios que conduzem de uma significação *para* outra significação, fazendo assim plenamente justiça à possibilidade de as coisas poderem ser expressas de outro modo". Seu campo já não se limita à prefiguração do campo histórico; estende-se a toda espécie de pré-interpretação. A tropologia veste assim as cores da retórica em face da lógica, sempre que a compreensão se esforça para tornar familiar o não-familiar ou o estranho, por vias irredutíveis à prova lógica. Tem um papel tão amplo e tão fundamental que pode, pouco a pouco, se igualar a uma *crítica cultural* de aspecto retórico de todos os campos onde a consciência, na sua *práxis* cultural, entra em debate com seu meio. Toda nova codificação é, num nível profundo, figurativa.

mente o tema do discurso"³⁷. Nesse sentido, a identificação do tipo de intriga remete à lógica, mas a visão de conjunto de acontecimentos que a história, como sistema de signos, se propõe descrever remete à tropologia. Verifica-se que a prefiguração trópica é mais específica, na medida em que a explicação por composição da intriga é tida por mais genérica³⁸.

Não se pode, pois, confundir o valor *icônico* da representação do passado com um modelo, no sentido de modelo em escala, como o são os mapas geográficos, pois não existe original ao qual comparar o modelo; é precisamente a estranheza do original, tal como os documentos o fazem aparecer, que suscita o esforço da história para prefigurar seu estilo³⁹. É por isso que, entre uma narrativa e um curso de acontecimentos, não há uma relação de reprodução, de reduplicação, de equivalência, e sim uma relação metafórica: o leitor é dirigido para o tipo de figura que assimila (*liken*) os acontecimentos narrados a uma forma narrativa que nossa cultura tornou familiar.

---

37. "Historicism, History and the Imagination", *Tropics of Discourse*, p. 106.
38. "Essa concepção do discurso histórico nos permite considerar a história específica como *imagem* dos acontecimentos a respeito dos quais a história é contada, ao passo que o tipo genérico de história serve de modelo conceitual ao qual os acontecimentos devem ser assimilados (*to be likened*), para que possam ser codificados como elementos de uma estrutura reconhecível" (p. 110). A divisão entre retórica dos tropos e lógica dos modos de explicação substitui a distinção elementar demais entre fato (informação) e interpretação (explicação). Inversamente, sua retroimbricação permite responder ao paradoxo de Lévi-Strauss em *Pensamento selvagem,* segundo o qual a história estaria dilacerada entre um *micronível*, em que os acontecimentos se dissolvem em agregados de impulsos físico-químicos, e um *macronível*, em que a história se perde nas vastas cosmologias que definem o ritmo da ascensão e do declínio de civilizações anteriores. Haveria assim uma solução *retórica* para o paradoxo segundo o qual o excesso de informação prejudica a compreensão e o excesso de compreensão empobrece a informação (*Tropics of Discourse*, p. 102). Na medida em que o trabalho de figuração ajusta um ao outro *fato* e *explicação*, permite que a história se mantenha a meio caminho entre os dois extremos destacados por Lévi-Strauss.
39. Essa prefiguração faz com que nossas histórias se limitem a meros "enunciados metafóricos que sugerem uma relação de similitude entre tais e tais acontecimentos e processos e os tipos de história que usamos convencionalmente para dotar os acontecimentos de nossa vida de significações culturalmente sancionadas" (*Tropics of Discourse*, p. 88).

Gostaria de dizer agora em poucas palavras como eu mesmo me situo com relação às análises sutis e muitas vezes obscuras de Hayden White. Não hesito em dizer que elas são a meu ver uma contribuição decisiva para a exploração do terceiro momento dialético da ideia de locotenência ou de representância mediante a qual tento exprimir a relação entre a narrativa histórica e o passado "real". Ao fornecerem o apoio dos recursos *tropológicos* ao emparelhamento (*matching up*) entre determinada intriga e determinado curso de acontecimentos, essas análises dão uma preciosa credibilidade à nossa sugestão de que a relação com a realidade do passado deve passar sucessivamente pela grade do Mesmo, do Outro e do Análogo. A análise tropológica é a explicitação buscada da categoria do Análogo. Diz uma única coisa: as coisas devem ter acontecido *como* está dito nessa narrativa aqui; graças à grade tropológica, o *ser-como* do acontecimento passado é posto em palavras.

Dito isso, concordo que, isolado do contexto dos dois outros grandes gêneros – o Mesmo e o Outro – e sobretudo isento da coerção que exerce sobre o discurso o *vis-à-vis* – o *Gegenüber* – em que consiste o *ter-sido* do acontecimento passado, o recurso à tropologia corre o risco de apagar a fronteira entre *ficção* e *história*[40].

Ao colocar a ênfase quase que exclusivamente no *procedimento* retórico, corre-se o risco de ocultar a intencionalidade que *atravessa* a "trópica do discurso" na direção dos aconteci-

---

40. O próprio H. White não ignora esse perigo. É por isso que convida a "entender o que é fictício em toda representação do mundo tida por realista e o que é realista em todas aquelas que são manifestamente fictícias" (*The Writing of History*, p. 52). No mesmo sentido: "Experimentamos a ficcionalização da história como explicação pelo mesmo motivo que descobrimos nas ficções de alto nível o poder de iluminar esse mundo que habitamos junto com o autor. Em ambos os casos, reconhecemos a forma mediante a qual a consciência constitui e ao mesmo tempo coloniza o mundo que ela busca habitar de forma aceitável" (p. 61). Ao dizer isso, White não está muito longe do que nós mesmos entendemos por *referência cruzada* da ficção e da história. Contudo, como ele não nos mostra o que é realista em toda ficção, somente o lado fictício da representação do mundo tida por realista é destacado.

mentos passados. Se não restabelecêssemos esse primado da perspectiva referencial, não poderíamos dizer, com o próprio Hayden White, que a competição entre configurações é ao mesmo tempo uma "competição entre figurações poéticas rivais daquilo em que o passado pode ter consistido" (p. 60). Gosto da fórmula: "Só podemos conhecer o efetivo (*the actual*) contrastando-o ou comparando-o com o imaginável" (p. 61). Para que essa fórmula possa conservar todo o seu peso, a preocupação de "reconduzir a história a suas origens na imaginação literária" (*ibid.*) não deve levar a dar mais valor à potência verbal investida em nossas redescrições do que às *incitações* à redescrição que brotam do próprio passado. Em outras palavras, uma certa arbitrariedade tropológica[41] não deve fazer esquecer o tipo de coerção que o acontecimento passado exerce sobre o discurso histórico através dos documentos conhecidos, exigindo dele uma *retificação* sem fim. A relação entre ficção e história é seguramente mais complexa do que se possa imaginar. No entanto, é decerto preciso combater o preconceito segundo o qual a linguagem do historiador poderia se tornar totalmente transparente, a ponto de deixar falar os próprios fatos: como se bastasse eliminar os *ornamentos da prosa* para acabar com suas *figuras de poesia*. Mas não é possível combater esse primeiro preconceito sem combater o segundo, de acordo com o qual a literatura de imaginação, por fazer uso constante da ficção, não apreende a realidade. Os dois preconceitos devem ser combatidos juntos[42].

---

41. "A implicação é que os historiadores *constituem* seus temas como objetos possíveis de representação narrativa justamente em virtude da linguagem que empregam para descrevê-los" (p. 57).

42. H. White concorda: romance e história, segundo ele, são não só indiscerníveis enquanto artefatos verbais, mas ambos aspiram a oferecer uma imagem verbal da realidade; uma não tem vocação de coerência e o outro de correspondência; ambos visam, por vias diferentes, *tanto* à coerência *como* à correspondência: "É nesses dois sentidos gêmeos que todo discurso escrito é cognitivo quanto a suas finalidades e mimético quanto a seus meios" ("The Fictions of Factual Representation", in *Tropics of Discourse*, p. 122). E mais: "A história é uma forma de ficção tanto quanto o romance é uma forma de representação histórica" (*ibid.*).

Para esclarecer esse papel atribuído à tropologia na articulação íntima da noção de representância, parece-me ser preciso voltar ao "*como*" contido na expressão de Ranke que não cessou de nos instigar: os fatos *tal como* eles *realmente* aconteceram. Na interpretação analógica da relação de locotenência ou de representância, o "*realmente*" só é significado pelo "*tal como...*". Como pode isso ser possível? Acho que a chave do problema está no funcionamento, não só retórico, mas ontológico, do "*como*", tal como o analiso no sétimo e oitavo estudos de *A metáfora viva*. O que, na minha opinião, dá à metáfora um alcance referencial, ele mesmo veículo de uma pretensão ontológica, é a perspectiva de um *ser-como*... correlativo do *ver--como*..., a que se resume o trabalho da metáfora no plano da linguagem. Em outras palavras, o próprio ser tem de ser metaforizado na forma do ser-como..., para que se possa atribuir à metáfora uma função ontológica que não contradiga o caráter vivo da metáfora no plano linguístico, ou seja, sua capacidade de aumentar a polissemia inicial de nossas palavras. A correspondência entre o ver-como e o ser-como satisfaz a essa exigência.

É em virtude dessa capacidade, que antes chamei de *redescrição*, que se pode legitimamente pedir à tropologia que prolongue a dialética dos "grandes gêneros" por meio de uma retórica dos "tropos maiores". Por isso nosso conceito de *refiguração* do tempo pela narrativa – herdeiro do conceito de redescrição metafórica – alude à noção de *figura*, núcleo da tropologia.

Mas, assim como concedemos ao funcionamento retórico e ontológico da metáfora uma autonomia completa para dar conta da linguagem poética, ilustrada em primeiro lugar pela poesia lírica, é necessário vincular o Análogo ao jogo complexo do Mesmo e do Outro, para dar conta da função essencialmente temporalizante da representância. Na caça ao ter-sido, a analogia não opera isoladamente, mas sim em ligação com a identidade e a alteridade. Embora o passado seja de fato, em primeiro lugar, aquilo que deve ser reefetuado no modo identitário, ele só o é na medida em que também for o ausente de todas as nossas construções. O Análogo, precisamente, conserva em si a força da reefetuação e da colocação a distância, na medida em que ser-como é ser e não ser.

Não é apenas com o Mesmo e o Outro que o Análogo deve ser relacionado neste capítulo, mas também com a problemática do capítulo anterior e aquela dos que vêm a seguir. Olhando para trás, temos de fazer aparecer o estreito vínculo entre a problemática do vestígio e a da representância. É por intermédio do *"como"* da analogia que a análise da representância continua a do vestígio. No capítulo anterior, o vestígio foi interpretado do ponto de vista da reinscrição do tempo fenomenológico no tempo cósmico; vimos nele a conjunção de uma relação causal, no plano físico, e de uma relação de significância, no plano semiológico; por isso o chamamos de *efeito-signo*. Com isso, nem por um instante acreditamos esgotar o fenômeno do vestígio. Sob a moção de um texto de Lévinas, concluímos nossa meditação com uma nota voluntariamente enigmática. O vestígio, dissemos, significa sem fazer aparecer. É nesse ponto que a análise da representância toma a dianteira; a aporia do vestígio como "valendo pelo" passado encontra no "ver-como" uma saída parcial. Essa articulação resulta do fato de que a análise da representância, tomada globalmente em seus três momentos – Mesmo, Outro, Análogo –, acrescenta à problemática da reinscrição do tempo fenomenológico no tempo cósmico a da distância temporal. Mas não a acrescenta de fora, pois, em última instância, a distância temporal é o que o vestígio desfralda, percorre, atravessa. A relação de representância nada mais faz senão *explicitar* essa travessia do tempo pelo vestígio. Mais precisamente, explicita a estrutura dialética da travessia que converte o espaçamento em mediação.

Se, para terminar, olharmos para frente, para o processo de totalização ao qual dedicaremos as análises a seguir, podemos imaginar por que a exploração tinha de ser inacabada – inacabada porque abstrata. Como a fenomenologia nos ensinou, e a de Heidegger em particular, o passado separado da dialética entre futuro, passado e presente é uma abstração. É por isso que o capítulo que estamos encerrando é apenas uma tentativa de pensar melhor o que continua *enigmático* na preteridade do passado como tal. Situando-o sucessivamente nos "grandes gêneros" do Mesmo, do Outro e do Análogo, ao menos preservamos também o caráter misterioso da *dívida* que faz, do mestre em intrigas, um servidor da memória dos homens do passado[43].

---

43. Minha noção de dívida, aplicada à relação com o passado histórico, não deixa de ter afinidade com aquela que circula em toda a obra de M. de Certeau e que encontra no ensaio final de *L'Écriture de l'histoire* (Paris, Gallimard, 1975, pp. 312-58) uma expressão condensada. A temática é aparentemente limitada: trata-se da relação de Freud com seu próprio povo, o povo judeu, tal como aparece em *Moisés e o monoteísmo*. Mas é todo o destino da historiografia que ali se revela, na medida em que, nessa última obra, Freud se aventurou na terra estrangeira dos historiadores, que se torna assim seu "Egito". Tornando-se desse modo "Moisés egípcio", Freud repete em seu "romance" histórico a dupla relação de contestação e de pertencimento, de *partida* e de *dívida*, que doravante passa a caracterizar o homem judeu. Embora De Certeau coloque a ênfase principal na despossessão, na perda da terra natal, no exílio em território estrangeiro, é a *obrigação da dívida* que dialetiza essa perda e esse exílio, transforma-os em trabalho de luto e se torna o começo da escritura e do livro, na impossibilidade de um lugar próprio. "Dívida e partida" (p. 328) tornam-se assim o "não-lugar de uma morte que obriga" (p. 329). Ao ligar a dívida à perda, M. de Certeau enfatiza mais do que eu a "tradição de uma morte" (p. 331), mas a meu ver não sublinha o suficiente o caráter positivo da *vida tendo-sido*, em virtude do que a vida é também a herança de potencialidades vivas. Concordo contudo com M. de Certeau quando incluo a *alteridade* na própria dívida: a perda é certamente uma figura da alteridade. Que a escrita da história faça mais do que enganar a morte é algo que a aproximação entre restituição da dívida e retorno do recalcado, no sentido psicanalítico do termo, já dá a entender. Nunca terá sido suficientemente dito que os mortos, cujo luto a história veste, foram seres vivos. Por ocasião de uma reflexão sobre a tradição, mostraremos que a *expectativa* voltada para o futuro e a destituição de todo o histórico pelo presente *intempestivo* dialetizam a dívida, assim como a dívida dialetiza a perda.

4. MUNDO DO TEXTO E MUNDO DO LEITOR

Daremos mais um passo na direção do ponto em que se recruzam o tempo da ficção e o tempo da história indagando o que, do lado da ficção, pode ser considerado a contrapartida do que, do lado da história, aparece como passado "real". O problema seria não só insolúvel, mas insensato, se permanecesse formulado nos termos tradicionais da referência. Com efeito, em termos absolutos, somente do historiador pode ser dito que ele se refere a algo "real", no sentido de que aquilo de que ele fala foi observado pelas testemunhas do passado. Por comparação, os personagens do romancista são simplesmente "irreais"; "irreal" é também a experiência que a ficção descreve. Entre "realidade do passado" e "irrealidade da ficção", a dissimetria é total.

Rompemos uma primeira vez com essa postulação do problema ao questionar o conceito de "realidade" aplicado ao passado. Dizer que certo acontecimento relatado pelo historiador pôde ser observado por testemunhas do passado não resolve nada: o enigma da preteridade é simplesmente deslocado do acontecimento relatado para o testemunho que o relata. O *ter-sido* é problemático na medida exata em que não é observável, quer se trate do ter-sido do acontecimento ou do ter-sido do testemunho. A preteridade de uma observação no passado não é observável, mas sim memorável. É para resolver esse enigma que elaboramos a noção de representância ou de locotenência, significando com isso que as construções da história têm a ambição de ser reconstruções que respondem à exigência de um *vis-à-vis*. Além disso, entre a função de representância e o vis-à-vis que é seu correlato, discernimos uma relação de dívida, que coloca os homens do presente ante a tarefa de restituir aos homens do passado – aos mortos – o que lhes é devido. Que essa categoria de representância ou de locotenência – reforçada pelo sentimento da dívida – acabe sendo irredutível à de referência, tal como funciona numa linguagem de observação e numa lógica extensional, é algo que a estrutura profundamente dialética da categoria de representância confirma: representância, como dissemos, significa sucessivamente redução ao Mesmo, reconhecimento da Alteridade e apreensão analogizante.

Essa crítica do conceito ingênuo de "realidade" aplicada à preteridade do passado pede uma crítica simétrica do conceito não menos ingênuo de "irrealidade" aplicado às projeções da ficção. A função de representância ou de locotenência tem seu paralelo na função da ficção, que pode ser dita indivisamente *revelante* e *transformante* no tocante à prática cotidiana; revelante, no sentido de que explicita aspectos dissimulados, mas já desenhados no âmago de nossa experiência práxica; transformante, no sentido de que uma vida assim examinada é uma vida mudada, uma vida outra. Atingimos aqui o ponto em que descobrir e inventar são indiscerníveis. O ponto, portanto, em que a noção de referência já não funciona, assim como certamente já não funciona a de redescrição. O ponto em que, para significar algo como uma referência produtora, no mesmo sentido que se fala em Kant de imaginação produtora, a problemática da refiguração tem de se libertar definitivamente do vocabulário da referência.

Portanto, o paralelismo entre a função de representância do conhecimento do passado e a função paralela da ficção só revela seu segredo ao preço de uma revisão do conceito de irrealidade tão drástica quanto a de realidade do passado.

Ao nos afastarmos do vocabulário da referência, adotamos o da *aplicação*, legado pela tradição hermenêutica e revalorizado por H.-G. Gadamer em *Warheit und Methode* [*Verdade e método*]. Deste último, aprendemos que a aplicação não é um apêndice contingente agregado à compreensão e à explicação, mas uma parte orgânica de qualquer projeto hermenêutico[1]. Mas o problema da aplicação – ao qual dou, em outra parte, o nome de apropriação[2] – está longe de ser um problema simples. Não é mais suscetível de uma solução direta que o problema da representância do passado, do qual é a contrapartida na ordem da ficção. Tem sua dialética própria, que, sem se parecer exatamente com a do *vis-à-vis* da relação de representância, provoca perplexidades comparáveis. Com efeito, é somente pela mediação da *leitura* que a obra literária obtém a significância completa, que seria para a ficção o que a representância é para a história.

Por que essa mediação da leitura? Pelo fato de que percorremos apenas metade do trajeto da aplicação ao introduzir, no final da terceira parte, a noção de mundo do texto, implicada em qualquer experiência temporal fictícia. É verdade que ao adotar, como em *A metáfora viva*, a tese de que a obra literária se transcende na direção de um mundo, subtraímos o texto literário do fechamento que lhe impõe – legitimamente, aliás – a análise de suas estruturas imanentes. Dissemos, naquela oportunidade, que o *mundo* do texto marcava a *abertura* do texto para seu "fora", para seu "outro", na medida em que o mundo do texto constitui com relação à estrutura "interna" do texto uma intenção absolutamente original. Mas deve-se reconhecer que, isolado da leitura, o mundo do texto permanece uma transcendência na imanência. Seu estatuto ontológico permanece em suspenso: em excesso relativamente à estrutura, em

---

1. H. G. Gadamer costuma se referir à distinção, herdada da hermenêutica bíblica na época do pietismo, entre três "subtilidades": *subtilitas comprehendi, subtilitas explicandi, subtilitas applicandi. Juntas*, essas três subtilidades constituem a interpretação. É num sentido parecido que falo em outra parte do arco hermenêutico que se eleva da vida, atravessa a obra literária e retorna à vida. A aplicação constitui o último segmento desse arco integral.

2. Cf. meu ensaio "Appropriation", in P. Ricoeur, *Hermeneutics and Human Sciences* (org. por John V. Thompson), Cambridge University Press, Éditions de la Maison des sciences de l'homme, 1981.

expectativa de leitura. É somente *na* leitura que o dinamismo de configuração termina seu percurso. E é *para além* da leitura, na ação efetiva, instruída pelas obras consagradas, que a configuração do texto se transmuta em refiguração[3]. Reencontramos assim a fórmula com que definimos *mímesis* III no primeiro volume: dizíamos que ela marca a intersecção entre mundo do texto e mundo do ouvinte ou do leitor, a intersecção portanto entre mundo configurado pelo *poema* e mundo no qual a ação efetiva se desdobra e desdobra sua temporalidade específica[4]. A significância da obra de ficção procede dessa intersecção.

Esse recurso à mediação da leitura marca a diferença mais sensível entre o presente trabalho e *A metáfora viva*. Além de, neste último trabalho, eu ter acreditado poder conservar o vocabulário da referência, caracterizado como redescrição do trabalho poético no calor da experiência cotidiana, atribuí ao próprio poema a capacidade de transformar a vida, por meio de uma espécie de curto-circuito operado entre o *ver-como...*, característico do enunciado metafórico, e o *ser-como...*, correlato ontológico deste último. E, já que a narrativa de ficção pode legitimamente ser considerada um caso particular de discurso poético, ficamos tentados a operar o mesmo curto-circuito entre ver-como... e ser-como... no plano da narratividade. Essa solução simples do velho problema da referência no plano da ficção parece estimulada pelo fato de que a ação já possui, em virtude das mediações simbólicas que a articulam ao nível primário de *mímesis* I, uma legibilidade de primeiro grau. Poder-se-ia pensar, então, que a única mediação necessária entre a pré-significação de *mímesis* I e a sobre-significação de *mímesis* III é a que realiza a própria configuração narrativa em virtude exclusivamente de seu dinamismo interno. Uma reflexão mais precisa sobre a noção de mundo do texto e uma caracterização mais exata de seu estatuto de transcendência na imanência convenceram-me, no entanto, de que a passagem da configuração

---

3. Voltaremos na conclusão a tratar da distinção entre o "na" leitura e o "para além" da leitura.
4. *Tempo e narrativa*, vol. 1, p. 122.

para a refiguração exigia a confrontação entre dois mundos, o mundo fictício do texto e o mundo real do leitor. O fenômeno da leitura tornava-se ao mesmo tempo o mediador necessário da refiguração.

É desse fenômeno de leitura, cujo papel estratégico na operação de refiguração acabamos de perceber, que devemos agora extrair a estrutura dialética – que corresponde, *mutatis mutandis*, à da função de representância exercida pela narrativa histórica com relação ao passado "real".

A que disciplina pertence uma teoria da leitura? À poética? Sim, na medida em que a *composição* da obra rege a leitura; não, na medida em que entram em jogo outros fatores que remetem ao tipo de *comunicação* que tem como ponto de partida o autor e atravessa a obra para encontrar seu ponto de chegada no leitor. Com efeito, é do autor que parte a estratégia de persuasão que tem o leitor como alvo. É a essa estratégia de persuasão que o leitor responde acompanhando a configuração e se apropriando da proposição de mundo do texto.

Três momentos devem, a partir daí, ser considerados, momentos aos quais correspondem três disciplinas vizinhas mas distintas: 1) a estratégia fomentada pelo autor e dirigida para o leitor; 2) a inscrição dessa estratégia na configuração literária; 3) a resposta do leitor considerado quer como sujeito que lê, quer como público receptor.

Esse esquema permite fazer um percurso rápido por algumas teorias da leitura que ordenamos propositadamente do polo do autor para o do leitor, que é o mediador último entre configuração e refiguração.

1. Da poética à retórica

No primeiro estágio de nosso percurso, a estratégia é portanto considerada do ponto de vista do autor que a conduz. A teoria da leitura cai então no campo da retórica, na medida em que esta rege a arte mediante a qual o orador visa persuadir seu auditório. Mais precisamente, como se sabe desde Aristóteles, para nós ela cai no campo de uma *retórica da ficção*, no sentido que Wayne Booth deu a esse termo na sua obra clássica[5]. Contudo, uma objeção surge de imediato: ao reintroduzir o autor no campo da teoria literária, estaremos renegando a tese da autonomia semântica do texto e voltando-nos para uma psicografia hoje ultrapassada? De forma nenhuma: em primeiro lugar, a tese da autonomia semântica do texto só vale para uma análise estrutural que põe entre parênteses a estratégia de persuasão que atravessa as operações concernentes a uma poética pura; retirar esses parênteses é levar necessariamente em conta aquele que fomenta a estratégia de persuasão, ou seja, o autor. Em segundo lugar, a retórica escapa à objeção de recaída na *"intentional fallacy"* e, em termos mais gerais, de confusão com uma psicologia de autor, na medida em que põe a ênfase, não no suposto processo de criação da obra, mas nas técnicas mediante as quais uma obra *se* torna *comunicável*. Ora, essas técnicas podem ser detectadas na própria obra. Resulta daí que o único tipo de autor cuja autoridade está em jogo não é o autor real, objeto de biografia, mas o *autor implicado*. É ele que toma a iniciativa do teste de força que subjaz à relação entre escritura e leitura.

Antes de entrar nessa arena, quero lembrar a convenção de vocabulário que adotei ao introduzir as noções de ponto de

---

5. Wayne Booth, *The Rhetoric of Fiction*, Chicago, University of Chicago Press, 1961. Uma segunda edição, acrescida de um importante posfácio, foi publicada pela mesma editora em 1983. A obra, lemos no prefácio, tem por objeto "os meios de que o autor dispõe para assumir o controle de seu leitor". E mais adiante: "Meu estudo versa sobre a técnica da ficção não didática, sendo a ficção vista sob o ângulo da arte de se comunicar com leitores; em suma, versa sobre os recursos retóricos de que dispõe o autor de epopeias, romances, novelas, quando ele se esforça, consciente ou inconscientemente, para impor seu mundo fictício a seu leitor" (*ibid*.). A psicografia nem por isso perde todos seus direitos: compreender por que e como um autor real adota esse ou aquele disfarce, essa ou aquela máscara, ou seja, assume o *"second self"* que faz dele um "autor implicado" é um problema real, da alçada da psicologia da criação. O problema das relações complexas entre autor real e as diversas versões oficiais que ele dá de si mesmo permanece sem solução (*op. cit.*, p. 71). Em *La Poétique du récit*, citado acima, encontramos uma tradução para o francês, extraída de *Poétique IV*, 1970, de um ensaio de Wayne Booth contemporâneo de *Rhetoric of Fiction* (publicado originalmente em *Essays in Creation*, XI, 1961), com o título "Distance et point de vue" (*op. cit.*, pp. 85-112). Ali, *implied author* é traduzido por "autor implícito". Preferi "autor implicado" (na e pela obra).

vista e de voz narrativa no volume anterior, ao final das análises dedicadas aos "Jogos com o tempo". Só levei essas noções em conta na medida em que contribuíam para a inteligência da *composição* narrativa como tal, abstração feita de sua incidência na *comunicação* da obra. Ora, é à problemática da comunicação que a noção de autor implicado pertence, na medida em que ela é estreitamente solidária de uma retórica da persuasão. Consciente do caráter abstrato dessa distinção, sublinhei, na ocasião, a função de transição desempenhada pela noção de voz narrativa: é ela, dissemos, que dá o texto a ler. A quem, senão ao leitor virtual da obra? Portanto, foi como pleno conhecimento de causa que ignorei a noção de autor implicado quando falei do ponto de vista e da voz narrativa, e que agora sublinho seu vínculo com as estratégias de persuasão concernentes a uma retórica da ficção, sem outra alusão às noções de voz narrativa e de ponto de vista das quais ela é evidentemente indissociável.

Recolocada no contexto da comunicação ao qual pertence, a categoria de autor implicado tem a grande vantagem de evitar algumas discussões inúteis que ocultam a principal significação de uma retórica da ficção. Por isso, não atribuiremos uma originalidade desmesurada aos esforços do romancista moderno para se tornar invisível – diferentemente de seus antecessores, tendentes a intervir sem escrúpulos na narrativa –, como se de repente o romance deixasse de ter autor. O apagamento do autor é uma técnica retórica entre outras; faz parte da panóplia de disfarces e máscaras de que o autor real faz uso para se transformar em autor implicado[6]. O mesmo deve ser dito do direito que o autor se outorga de descrever o interior das almas, que, na vida dita real, só é inferido com grande esforço; esse direito faz parte do pacto de confiança de que falaremos mais adiante[7]. Ao mesmo tempo, quer o autor escolha

---

6. "Embora o autor possa em certa medida escolher seus disfarces, nunca pode escolher desaparecer de todo" (p. 20).
7. O realismo da subjetividade só em aparência se opõe ao realismo naturalista. Enquanto realismo, depende da mesma retórica que seu contrário, voltado para o apagamento do autor.

um ângulo de visão ou outro[8], trata-se sempre do exercício de um artifício que é preciso relacionar com o direito exorbitante que o leitor concede ao autor. Tampouco será porque o romancista se esforçou mais em "mostrar" do que em "informar e ensinar" que terá desaparecido. Como dissemos anteriormente a respeito da busca do verossímil no romance realista, e mais ainda no romance naturalista[9], o artifício próprio à operação narrativa, longe de ser abolido, aumenta com o trabalho empregado na simulação da presença real através da escrita. Por mais que essa simulação se oponha à onisciência do narrador, trai um igual domínio das técnicas retóricas. A suposta fidelidade à vida nada mais faz que dissimular a sutileza das manobras mediante as quais a obra comanda, do lado do autor, a "intensidade de ilusão" desejada por Henry James. A retórica da dissimulação, o ápice da retórica da ficção, não deve enganar o crítico, embora possa enganar o leitor. O cúmulo da dissimulação seria a ficção parecer nunca ter sido escrita[10]. Os procedimentos retóricos por meio dos quais o autor sacrifica sua presença consistem precisamente em dissimular o artifício mediante a verossimilitude de uma história que parece se contar sozinha e deixar a vida falar, e que é chamada de realidade social, comportamento individual ou fluxo de consciência[11].

---

8. Jean Pouillon, *Temps et Roman*, Paris, Gallimard, 1946.
9. No tocante a isso, a polêmica entre Sartre e Mauriac parece bastante vã. Ao pregar o realismo bruto da subjetividade, o romancista não se toma menos por Deus do que o narrador onisciente. Sartre subestima demais o contrato tácito que confere ao romancista o direito de conhecer sobre aquilo que ele se propõe a escrever. Uma das cláusulas desse contrato pode ser o de que o romancista não conheça tudo, ou se dê ao direito de conhecer a alma de um personagem apenas do ponto de vista que um outro tem dela; mas o salto de um ponto de vista a outro continua sendo um privilégio considerável, comparado com os recursos do conhecimento dos outros na vida dita "real".
10. "Por mais que um romancista impessoal se esconda atrás de um único narrador ou um único observador, ou atrás dos pontos de vista múltiplos de *Ulisses* ou de *As I Lay Dying*, ou sob as superfícies objetivas de *The Awkward Age* ou de *Compton-Burnett's Parents and Children*, a voz do autor nunca se reduz ao silêncio. Com efeito, é em parte para ela que lemos ficções..." (p. 60).
11. Uma vez mais, essas considerações não restabelecem uma psicologia de autor; é o autor implicado que o leitor discerne nas marcas do texto: "Nós o

A breve discussão dos mal-entendidos que a categoria de autor implicado permite dissipar destaca o direito próprio dessa categoria numa teoria abrangente da leitura. O leitor pressente o papel dela na medida em que apreende intuitivamente a obra como uma totalidade unificada. Espontaneamente, ele relaciona essa unificação não só com as regras de composição, mas também com as escolhas e normas que fazem precisamente do texto a obra de um enunciador, portanto uma obra produzida por uma pessoa e não pela natureza.

Gostaria de aproximar o papel unificador intuitivamente atribuído pelo leitor ao autor implicado da noção de estilo, proposta por G. Granger em seu *Essai d'une philosophie du style* [Ensaio sobre uma filosofia do estilo]. Se considerarmos uma obra como a resolução de um problema, ele mesmo decorrente dos sucessos anteriores no campo tanto da ciência como da arte, podemos chamar de estilo a adequação entre a singularidade da solução que a obra em si mesma constitui e a singularidade da conjuntura de crise, tal como o pensador ou o artista a apreendeu. Essa singularidade da solução, que corresponde à singularidade do problema, pode receber um nome próprio, o do autor. Por isso se fala do teorema de Boole assim como se fala de um quadro de Cézanne. Nomear a obra com o nome de seu autor não implica nenhuma conjectura concernente à psicologia da invenção ou da descoberta e, portanto, nenhuma asserção sobre a suposta intenção do inventor, e sim a singularidade da resolução de um problema. Essa aproximação reforça as qualificações da categoria de autor implicado para figurar numa retórica da ficção.

A noção conexa de *narrador digno de confiança (reliable) ou não digno de confiança (unreliable)*, para a qual nos voltamos

---

inferimos na qualidade de versão ideal, literária, inventada, do indivíduo real; ele se reduz à soma de suas próprias escolhas" (p. 75). Esse *"second self"* é criação da obra. O autor cria uma imagem de si, bem como de mim, seu leitor. Noto a esse respeito que a língua francesa não tem termo correto para traduzir o *"self"*. Como traduzir a observação de Wayne Booth de que o leitor cria dois *"selves"*: o autor e o leitor (p. 138)?

agora, está longe de constituir uma noção marginal[12]. Introduz no pacto de leitura uma nota de confiança que corrige a violência dissimulada em toda estratégia de persuasão. A questão de "*reliability*" é para a narrativa de ficção o que a prova documental é para a historiografia. É precisamente porque o romancista não tem prova material para fornecer que pede ao leitor que lhe conceda, não só o direito de saber o que conta ou mostra, mas de sugerir uma apreciação, um juízo, uma avaliação de seus principais personagens. Acaso não era uma avaliação semelhante que permitia a Aristóteles classificar a tragédia e a comédia em função de caracteres "melhores" ou "menos bons" do que somos, e sobretudo dar à *hamartia* – a falta terrível – do herói toda a sua força emocional, na medida em que a falta trágica tem de ser uma falta de personagens de qualidade e não de indivíduos medíocres, malvados ou perversos?

Por que aplicar agora essa categoria ao narrador e não ao autor implicado? No rico repertório das formas adotadas pela voz do autor, o narrador se distingue do autor implicado sempre que é dramatizado por ele mesmo. Assim, é o sábio desconhecido que diz que Jó é um homem "justo"; é o coro trágico que pronuncia as palavras sublimes do temor e da piedade; é o louco que diz o que o autor pensa em voz baixa; é um personagem testemunha, eventualmente um bandido, um vagabundo, que faz ouvir o ponto de vista do narrador sobre sua própria narrativa etc. Há sempre um autor implicado: a fábula é narrada por alguém; nem sempre há um narrador distinto; mas, quando há, ele compartilha o privilégio do autor implicado que, embora nem sempre chegue à onisciência, tem sempre o poder de conhecer os outros de dentro; esse privilégio faz parte dos poderes retóricos de que o autor implicado está investido, em virtude do pacto tácito entre o autor e o leitor. O grau

---

12. Desde as primeiras páginas de *The Rhetoric of Fiction*, lê-se que um dos procedimentos mais manifestamente artificiais da ficção consiste em introduzir-se sob a superfície da ação "para alcançar uma visão digna de confiança da mente e do coração do personagem em questão" (p. 3). Booth define da seguinte maneira essa categoria: "Chamei digno de confiança (*reliable*) um narrador que fala ou age de acordo com as normas da obra" (p. 159).

em que o narrador é digno de confiança é uma das cláusulas desse pacto de leitura. Quanto à responsabilidade do leitor, é outra das cláusulas do mesmo pacto. Com efeito, na medida em que a criação de um narrador dramatizado, digno de confiança ou não, permite fazer variar a distância entre autor implicado e seus personagens, induz-se simultaneamente no leitor um grau de complexidade, que é a fonte de sua liberdade ante a autoridade que a ficção recebe de seu autor.

O caso do narrador *não digno de confiança* é particularmente interessante do ponto de vista do apelo à liberdade e à responsabilidade do leitor. No tocante a isso, seu papel talvez seja menos perverso do que Wayne Booth o pinta[13]. Diferente-

---

13. Segundo Wayne Booth, uma narrativa em que a voz do autor implicado já não pode ser discernida, em que o ponto de vista não cessa de se deslocar e em que os narradores dignos de confiança tornam-se impossíveis de identificar, cria uma visão confusa que mergulha seus próprios leitores na confusão. Depois de ter louvado Proust por ter orientado seu leitor para uma iluminação sem equívocos, em que o autor, o narrador e o leitor se encontram intelectualmente, Booth não esconde suas reticências com relação à estratégia empregada por Camus em *A queda*: aqui, parece-lhe que o narrador arrasta seu leitor para o colapso espiritual de Clamence. Booth certamente não está errado quando sublinha o preço cada vez mais alto que uma narração privada dos conselhos de um narrador digno de confiança tem de pagar. Talvez se justifique o temor de que um leitor mergulhado na confusão, mistificado, zombado, "até perder o chão", seja insidiosamente convidado a renunciar à tarefa atribuída à narração por Erich Auerbach: a de conferir significação e ordem a nossas vidas (citado in *op. cit.*, p. 371). O perigo é, de fato, que a persuasão ceda lugar à sedução da perversidade. É o problema colocado pelos "canalhas sedutores" que são os narradores de boa parte da literatura contemporânea. Acima de tudo, Booth tem razão quando sublinha, contrariando toda a estética pretensamente neutra, que a visão dos personagens, comunicada e imposta ao leitor, tem aspectos não somente psicológicos e estéticos, mas também sociais e morais. Toda a polêmica centrada no narrador não digno de confiança mostra maravilhosamente bem que a retórica da imparcialidade, da impassibilidade, dissimula um engajamento secreto capaz de seduzir o leitor e fazê-lo compartilhar, por exemplo, de um interesse irônico pela sorte de um personagem aparentemente condenado à autodestruição. Isso leva Booth a temer que grande parte da literatura contemporânea se perca num projeto de desmoralização tanto mais eficaz quanto mais a retórica de persuasão recorrer a uma estratégia mais dissimulada. Pode-se, contudo, indagar quem pode julgar o que é mais pernicioso. Embora seja verdade que o ridículo e o odioso do processo de *Madame Bovary* não justificam *a contrario* nenhum insulto ao mínimo de con-

mente do narrador digno de confiança, que assegura a seu leitor que ele não empreenderá a viagem da leitura com esperanças vãs e falsas crenças no que concerne não só aos fatos relatados, mas às avaliações explícitas ou implícitas dos personagens, o narrador indigno de confiança bagunça essas expectativas, deixando o leitor na incerteza quanto a saber aonde ele quer finalmente chegar. Assim, o romance moderno exercerá tanto melhor sua função de crítica da moral convencional, eventualmente sua função de provocação e de insulto, quanto mais o narrador for suspeito e o autor apagado, esses dois recursos da retórica de dissimulação reforçando-se mutuamente. No tocante a isso, não concordo com a severidade de Wayne Booth para com o narrador equívoco que a literatura contemporânea cultiva. Um narrador completamente digno de confiança, como era o romancista do século XVIII, tão pronto para intervir e conduzir seu leitor pela mão, não priva este último de toda distância emocional com relação aos personagens e suas aventuras? Ao contrário, um leitor desorientado, como pode ser o da *Montanha mágica*, extraviado por um narrador irônico, não é chamado a refletir muito mais? Não se poderia falar a favor do que Henry James chamava, em *The Art of the Novel* [*A arte do romance*] (pp. 153-4), de "visão perturbada" de um personagem, "refletida na visão igualmente perturbada de um observador"? O argumento de que a narração impessoal é mais manhosa que as outras não pode levar à conclusão de que aquela narração pede precisamente um deciframento ativo da própria *"unreliability"*?

Que a literatura moderna é *perigosa* é algo incontestável. A única resposta digna da crítica que ela suscita, e que tem em Wayne Booth um dos seus mais estimáveis representantes, é

---

senso ético sem o qual nenhuma comunidade poderia sobreviver, também é verdade que mesmo o mais pernicioso, o mais perverso projeto de sedução (por exemplo aquele que torne apreciável o aviltamento da mulher, a crueldade e a tortura, a discriminação racial, ou até que pregue o descompromisso, a derrisão, em suma, o desinvestimento ético, com exclusão tanto de qualquer transvaloração como de qualquer reforço dos valores) pode, no limite, se revestir no plano do imaginário de uma função *ética*: a do *distanciamento*.

que essa literatura venenosa exige um novo tipo de leitor: um leitor que *responda*[14].

É nesse ponto que uma retórica da ficção centrada no autor revela seu limite: ela só conhece uma iniciativa, a de um autor ávido de comunicar sua visão das coisas[15]. No tocante a isso, a afirmação de que o autor cria seus leitores[16] parece carecer de uma contrapartida dialética. Talvez seja função da literatura mais corrosiva contribuir para fazer aparecer um leitor de um novo tipo, um leitor ele mesmo *desconfiado*, porque a leitura deixa de ser uma viagem tranquila feita em companhia de um narrador digno de confiança, e se torna um combate com o autor implicado, um combate que o reconduz a si mesmo.

2. A retórica entre o texto e seu leitor

A imagem de um combate do leitor com o narrador não digno de confiança com que terminamos a discussão precedente levaria facilmente a crer que a leitura se agrega ao texto

---

14. É por isso que Wayne Booth desconfia dos autores geradores de confusão. Toda a sua admiração fica reservada para os criadores, não só de clareza, mas de valores universalmente estimáveis. Pode-se ler a resposta de Wayne Booth a seus críticos no posfácio à segunda edição de *The Rhetoric of Fiction*: "The Rhetoric in Fiction and Fiction as Rhetoric: Twenty-One Years Later" (401-457). Em outro ensaio: "'The Way I Loved George Eliot'. Friendship with Books as a Neglected Metaphor", *Kenyon Review*, II, 2, 1980, pp. 4-27, Wayne Booth introduz na relação dialogal entre o texto e o leitor o modelo da amizade que ele vai buscar na ética aristotélica. Vai assim ao encontro de Henri Marrou, quando este fala da relação do historiador com os homens do passado. Também a leitura pode, segundo Wayne Booth, se enriquecer com a recuperação de uma virtude tão celebrada pelos antigos.

15. "O escritor deveria se preocupar menos em saber se seus *narradores* são realistas do que em saber se *a imagem que ele cria de si mesmo*, seu autor implicado, é alguém que seus leitores mais inteligentes e perspicazes podem admirar" (p. 395). "Quando as ações humanas são erigidas em obras de arte, a forma assumida não pode ser dissociada das significações humanas, inclusive dos juízos morais, implícitos sempre que seres humanos agem" (p. 397).

16. "O autor faz seus leitores... Caso os faça bem, ou seja, se os fizer ver o que nunca viram antes, se os introduzir em uma nova ordem de percepção e de experiência, encontrará sua recompensa nos pares que criou" (p. 398).

como um *complemento* que pode faltar. Afinal, as bibliotecas estão cheias de livros não lidos, que no entanto têm uma configuração bem desenhada e que não refiguram nada. Nossas análises anteriores deveriam bastar para desfazer essa ilusão: sem leitor que o acompanhe, não há ato configurante em obra no texto; e sem leitor que se aproprie dele, não há nenhum mundo desdobrado diante do texto. No entanto, renasce incessantemente a ilusão de que o texto é estruturado em si e por si e que a leitura advém ao texto como um acontecimento extrínseco e contingente. Para acabar com essa tenaz sugestão, uma boa estratégia pode ser a de se voltar para alguns textos exemplares que teorizam sua própria leitura. Foi esse o caminho escolhido por Michel Charles em sua *Rhétorique de la lecture* [Retórica da leitura][17].

A escolha desse título é significativa: já não se trata de retórica da ficção, exercida pelo autor implicado, mas de uma retórica da leitura, oscilando entre o texto e seu leitor. Ainda é uma retórica na medida em que seus estratagemas estão inscritos no texto e em que o leitor é ele mesmo de certa forma construído no e pelo texto.

Não é indiferente que a obra comece com a interpretação da primeira estrofe dos *Cantos de Maldoror*; as escolhas ante as quais o leitor é colocado pelo próprio autor – recuar ou atravessar o livro, se perder ou não na leitura, ser devorado pelo tex-

---

17. Michel Charles, *Rhétorique de la lecture*, Paris, Éd. du Seuil, 1977. "Trata-se de examinar como um texto expõe, ou até teoriza, explicitamente ou não, a leitura que dele fazemos ou que dele podemos fazer; como ele nos deixa livres (nos torna livres) ou como nos coage" (p. 9). Não desejo extrair da obra de M. Charles uma teoria completa, tanto mais que ele fez questão de preservar o caráter "fragmentário" de sua análise da leitura, que vê como um "objeto maciço, enorme, onipresente" (p. 10). Os textos que prescrevem sua própria leitura e, no limite, inscrevem-na em seu próprio perímetro constituem antes uma exceção que uma regra. Mas existem textos assim, tais como o caso-limite proposto acima por Wayne Booth do narrador absolutamente não digno de confiança: esses casos-limite suscitam uma reflexão que podemos dizer estar ela mesma no limite, uma reflexão que extrai uma análise *exemplar* de casos *excepcionais*. É a essa legítima extrapolação que o autor procede quando enuncia como "um fato essencial [que] a leitura faz parte do texto, está inscrita nele" (p. 9).

to ou saboreá-lo – são elas mesmas prescritas pelo texto. O leitor é livre, mas as escolhas de leitura já estão codificadas[18]. A violência de Lautréamont, dizem-nos, consiste *em ler no lugar* do leitor. Melhor ainda, institui-se uma situação particular de leitura em que a abolição da distinção entre ler e ser lido equivale a prescrever o "ilegível" (p. 13).

O segundo texto escolhido, o "Prólogo" de *Gargantua*, é tratado por sua vez como "uma mecânica de produção de sentidos" (p. 33)[19]. Michel Charles entende por isso o tipo de lógica mediante a qual esse texto "'constrói' a liberdade do leitor, mas também o limite" (p. 33). Com efeito, o que o "Prólogo" tem de notável é que a relação do livro com seu leitor é construída na mesma rede metafórica que a relação do escritor com seu próprio livro: "a droga dentro contida", "a tampa do Sileno" retomada dos diálogos socráticos, o "osso e a moela" que o livro esconde e dá a descobrir e a saborear. A mesma "rapsódia metafórica" (pp. 33 ss.), em que se discerne uma retomada da teoria medieval dos sentidos múltiplos da Sagrada Escritura e uma recapitulação da imagética platônica, da parábola erasmiana, da metafórica patrística, rege a referência do texto a si mesmo e a relação do leitor com o texto. O texto rabelaisiano empenha-se assim em interpretar ele mesmo suas próprias referências. Todavia, a hermenêutica tecida no "Prólogo" é tão rapsódica que os propósitos do autor tornam-se impenetráveis e a responsabilidade do leitor esmagadora.

---

18. Sobre as oscilações entre leitura e leitor, cf. pp. 24-5 (*Remarque* III): a teoria da leitura não escapa à retórica, "na medida em que pressupõe que a leitura transforme seu leitor e na medida em que regula essa transformação" (p. 25). A retórica, nesse contexto, já não é a do texto, mas a da atividade crítica.

19. Entre leitura e leitor, a fronteira é porosa: "No ponto a que chegamos, o leitor é responsável por essa leitura erudita que nos descreveram, de modo tal que a oposição agora é entre a leveza do escritor e a gravidade da leitura" (p. 48). Observação compensada pela seguinte: "A confraria dos leitores e do autor é evidentemente um efeito do texto. O livro pressupõe uma cumplicidade que na verdade ele constrói peça por peça" (p. 53). Mais adiante, contudo, a propósito do apelo do texto, lemos: "Inicia-se assim um processo ao final do qual, inevitavelmente, o leitor (o leitor perfeito) será autor do livro" (p. 57). E mais adiante: "O prólogo nos descreve, nós que o lemos, ele nos descreve ocupados a lê-lo." (p. 58).

Sobre os dois primeiros exemplos escolhidos por Michel Charles poderíamos dizer que as prescrições de leitura já inscritas no texto são tão ambíguas que, à força de desorientar o leitor, elas o libertam. Michel Charles concorda: é à leitura que cabe, por seu jogo de transformações, revelar o inacabamento do texto[20]. A partir daí, a *eficácia* do texto não é diferente de sua *fragilidade* (p. 91). E já não há incompatibilidade entre uma poética que, segundo a definição de Roman Jakobson, põe a ênfase na orientação da mensagem para si mesma e uma retórica do discurso eficaz, orientado portanto para o destinatário, uma vez que "a mensagem que tem por finalidade a si mesma sempre *questiona*" (p. 78). À imagem de uma poética da obra aberta, a retórica da leitura renuncia a se erigir em sistema normativo para se fazer "sistema de perguntas possíveis" (*Remarque* I, p. 118)[21].

---

20. "O postulado do acabamento da obra ou de seu fechamento dissimula o processo de transformação regrada que constitui o 'texto a ser lido': a obra fechada é uma obra lida, que simultaneamente perde toda sua eficácia e todo seu poder" (p. 61).

21. Ao afirmar isso, M. Charles não se afasta de sua tese da leitura inscrita no texto: "Mesmo supondo que a decisão seja livre, é (ainda) um efeito do texto" (p. 118). A noção de efeito faz sair do texto, mas *no* texto. É aí que situo o limite do projeto de M. Charles: sua teoria da leitura nunca chega a se emancipar de uma teoria da escritura, isso quando não volta a ela diretamente, como se evidencia na segunda parte, onde Genette, Paulhan, Dumarsais e Fontanier, Bernard Lamy, Claude Fleury, Cordomoy instruem uma arte de ler totalmente implicada na arte de escrever, de falar, de argumentar, *com a condição, contudo, de que a intenção de persuadir continue perceptível*. "Não se trata de fazer com que o texto, a escritura, sejam 'recuperados' pela retórica; trata-se de mostrar que é possível uma releitura da retórica a partir da experiência do texto, da escritura" (p. 211). É certo que o destinatário define o ponto de vista retórico e basta para não deixá-lo se dissolver no ponto de vista poético; mas o que o destinatário *faz* não é levado em conta aqui, na medida em que o destinatário está inscrito no texto, é o propósito do texto. "Analisar *a* estrutura de *Adolphe* é portanto analisar a relação entre um texto e sua interpretação, sem que nenhum desses dois elementos possa ser isolado; a estrutura não designa... um princípio de ordem preexistente no texto, mas a 'resposta' de um texto à leitura" (p. 215). Aqui a *Retórica da leitura* de Michel Charles coincide com a *Estética da recepção* de Jauss de que falaremos mais adiante, na medida em que a *história* da recepção do texto se inclui numa *nova* recepção e contribui assim para sua significação atual.

Os últimos textos escolhidos por Michel Charles abrem uma nova perspectiva: à força de buscar "a leitura no texto" (é o título da terceira parte da *Retórica da leitura*), o que se acha é uma escritura que só se deixa interpretar em função das interpretações que ela abre. Simultaneamente, a leitura por vir é essa desconhecida que coloca a escritura em perspectiva[22]. No limite, a estrutura não é em si mesma mais que efeito de leitura: afinal, a própria análise estrutural não resultava de um trabalho de leitura? Nesse caso, então, a fórmula inicial – "a leitura faz parte do texto, está inscrita nele" (p. 9) – reveste-se de um novo sentido: a leitura já não é *o que* o texto prescreve; é *o que* explicita a estrutura pela interpretação[23].

A análise do *Adolphe* de Benjamin Constant é particularmente apropriada para essa demonstração, na medida em que o autor finge ser apenas o leitor de um manuscrito encontrado e em que, além disso, as interpretações internas à obra constituem outras tantas leituras virtuais: narrativa, interpretação e leitura tendem então a se sobrepor. A tese atinge aqui o auge de sua força no próprio momento em que se inverte: a leitura está *no* texto, mas a escritura do texto antecipa as leituras por vir. Ao mesmo tempo, o texto que supostamente prescreve a leitura é afetado pela mesma indeterminação e pela mesma incerteza que as leituras por vir.

Um paradoxo semelhante surge do estudo de um dos *Pequenos poemas em prosa* de Baudelaire: "O cão e o frasco"; por um lado, o texto contém seu destinatário indireto, o leitor, através de seu destinatário direto, o cão: o leitor está autenticamente no texto e, nessa medida, "esse texto é sem réplica"

---

22. É verdade que Michel Charles é menos cuidadoso ao ler a retórica clássica do que para marcar o limite de uma retórica normativa, pretendendo *controlar* seus efeitos: "Uma retórica que não se impusesse esse limite 'transformar-se-ia' deliberadamente em 'arte de ler', considerando o discurso em função das interpretações possíveis e colocando-o em perspectiva em função de uma desconhecida: a leitura por vir" (p. 211).

23. A *Observação* IV (p. 247) retoma a fórmula: "A leitura de um texto está marcada nesse texto." Segue-se, porém, a correção: "A leitura está no texto, mas não está escrita nele: é seu porvir" (p. 247).

(p. 251). Mas, no mesmo momento em que o texto parece se fechar sobre o leitor num gesto terrorista, o desdobramento dos destinatários reabre um espaço de jogo que a releitura pode transformar em espaço de liberdade. Essa "reflexividade da leitura" – onde percebo um eco do que chamarei mais adiante, com H.-R. Jauss, leitura reflexiva – é o que permite ao *ato* de leitura emancipar-se da leitura inscrita no texto e dar a réplica ao texto[24].

O último texto escolhido por Michel Charles – o *Quarto livro* de Rabelais – reforça o paradoxo; uma vez mais, vemos um autor tomar posição com relação a seu texto e, ao fazê-lo, estabelecer a variabilidade das interpretações: "Tudo se passa como se o texto rabelaisiano tivesse *previsto* o longo desfile de comentários, glosas e interpretações que a ele se seguiu" (p. 287). Mas, por retroação, esse longo desfile faz do texto uma "máquina de desafiar as interpretações" (p. 287).

É nesse paradoxo que me parece culminar a *Retórica da leitura*. Por um lado, a tese da "leitura no texto", tomada em termos absolutos, como o autor pede em muitas ocasiões, já não dá a imagem de um leitor *manipulado,* tal como parecia ser o leitor seduzido e pervertido pelo narrador não digno de confiança descrito por Wayne Booth, e sim de um leitor *aterrorizado* pelo decreto da predestinação de sua própria leitura. Por outro, a perspectiva de uma leitura *infinita*, que, interminavelmente, estrutura o próprio texto que a prescreve, restitui à leitura uma inquietante indeterminação. Pode-se compreender *a posteriori* por que, desde as primeiras páginas de sua obra, Michel Charles deu a mesma chance para a coerção e para a liberdade.

No campo das teorias da leitura, esse paradoxo situa *Retórica da leitura* em uma posição mediana, a meio caminho entre uma análise que põe a ênfase principal no lugar de origem da estratégia de persuasão, ou seja, o autor implicado, e uma

---

24. Evocando "a leitura *infinita* que faz da obra de Rabelais *um texto*" (p. 287), Michel Charles declara: "Uma tipologia dos discursos tem de vir junto com uma tipologia das leituras; uma história dos gêneros, junto com uma história da leitura" (p. 287). É o que faremos nas próximas páginas.

análise que institui o ato de ler em instância suprema da leitura. A teoria da leitura, a partir desse momento, terá deixado de pertencer à retórica para pender para uma fenomenologia ou uma hermenêutica[25].

3. Fenomenologia e estética da leitura

Numa perspectiva puramente retórica, o leitor é, no limite, simultaneamente presa e vítima da estratégia fomentada pelo autor implicado, e isso tanto mais quanto mais dissimulada for essa estratégia. Precisa-se de uma outra teoria da leitura que ponha a ênfase na resposta do leitor – sua resposta aos estratagemas do autor implicado. O novo componente com que a poética se enriquece remete então mais a uma "estética" do que a uma "retórica", se concordarmos em devolver ao termo estética a amplitude de sentido que lhe confere a *aísthesis* grega, e lhe dar por tema a exploração das múltiplas maneiras como uma obra, ao agir sobre um leitor, o *afeta*. Esse ser afetado tem de notável o fato de combinar, numa experiência de um tipo particular, uma passividade e uma atividade que permitem designar como *recepção* do texto a própria *ação* de lê-lo.

Tal como foi anunciado em nossa primeira parte[26], essa estética complementar de uma poética adota por sua vez duas formas diferentes, conforme se sublinhe, com W. Iser, o efeito produzido sobre o leitor individual e sua resposta[27] no proces-

---

25. Michel Charles ao mesmo tempo convida a dar esse passo e o proíbe: "Há portanto, nesse texto de Baudelaire, elementos cujo estatuto retórico é *variável*. Essa variabilidade produz uma *dinâmica da leitura*" (p. 254). Acontece que não é essa dinâmica da leitura que interessa Michel Charles aqui, mas o fato de ser o jogo das interpretações que finalmente constrói o texto: "texto reflexivo, que se reconstitui em cima dos restos da leitura" (p. 254). A reflexividade da leitura retorna no texto. É por isso que o interesse pelo ato de leitura acaba sempre obliterado pelo interesse pela estrutura decorrente da leitura. Nesse sentido, a teoria da leitura é uma variante de uma teoria da escritura.

26. *Tempo e narrativa*, vol. 1, pp. 131-32.

27. Wolfgang Iser, *The Implied Reader, Patterns of Communication in Prose Fiction from Bunyan to Beckett*, Baltimore e Londres, The Johns Hopkins Univer-

so de leitura, ou, com H.-R. Jauss, a resposta do público no nível de suas expectativas coletivas. Essas duas estéticas podem parecer opostas, na medida em que uma tende para uma psicologia fenomenológica e a segunda visa reformar a história literária. Na verdade, elas se pressupõem mutuamente: por um lado, é através do processo individual de leitura que o texto revela sua "estrutura de apelo"; por outro, é na medida em que o leitor participa das expectativas sedimentadas no público que ele é constituído em leitor competente; o ato de leitura torna-se assim um elo na história da recepção de uma obra pelo público. A história literária, renovada pela estética da recepção, pode assim pretender incluir a fenomenologia do ato de ler.

No entanto, é legítimo começar por essa fenomenologia; pois é aí que a retórica da persuasão encontra seu primeiro limite, por encontrar sua primeira réplica. Se a retórica da persuasão se apoia na coerência, certamente não da obra, mas da estratégia – aberta ou dissimulada – do autor implicado, a fenomenologia toma como ponto de partida o aspecto inacabado do texto literário, que Roman Ingarden foi o primeiro a destacar em suas duas grandes obras[28].

Para Ingarden, um texto é inacabado uma primeira vez no sentido de que oferece diferentes "visões esquemáticas" que o leitor é chamado a "concretizar"; por esse termo, deve-se en-

---

sity Press, 1975, cap. XI, "The Reading Process: a Phenomenological Approach". *Der Akt des Lesens, Theorie Ästhetischer Wirkung*, Munique, Wilhelm Fink, 1976; trad. ingl. *The Act of Reading: a Theory of Aesthetic Response*, Baltimore e Londres, The Johns Hopkins University Press, 1978; trad. fr. de Evelyne Sznycer, *L'Acte de lecture. Théorie de l'effet esthétique*, Bruxelas, P. Mardaga, 1985. Um ensaio anterior de Wolfgang Iser intitulava-se *Die Appelstruktur der Text. Unbestimmtheit als Wirkungsbedingung literarischer Prosa* (1966). Existe uma tradução inglesa com o título: "Indeterminacy as the Reader's Response in Prose Fiction", in J. Hillis-Miller (org.), *Aspects of Narrative*, Nova York e Londres, Columbia University Press, 1971.

· 28. Roman Ingarden, *Das literarische Kunstwerk*, 1.ª ed., Halle, Niemeyer, 1931; 2.ª ed., Tübingen, Niemeyer, 1961; trad. ingl. de George G. Grabowicz, *The Literary Work of Art*, Northwestern University Press, 1974. *A Cognition of the Literary Work of Art*, Northwestern University Press, 1974.

tender a atividade *imagética* mediante a qual o leitor se esforça para *figurar para si* os personagens e os acontecimentos narrados pelo texto; é com relação a essa concretização imagética que a obra apresenta lacunas, "lugares de indeterminação"; por mais articuladas que sejam as "visões esquemáticas" disponíveis para execução, o texto é como uma partitura musical, suscetível de diferentes execuções.

Um texto é inacabado uma segunda vez no sentido de que o *mundo* que propõe se define como o correlato intencional de uma sequência de frases (*intentionale Satzkorrelate*), das quais ainda resta fazer um todo, para que esse mundo seja visado. Tirando proveito da teoria husserliana do tempo e aplicando-a ao encadeamento sucessivo das frases no texto, Ingarden mostra que cada frase aponta para além dela mesma, indica algo a fazer, abre uma perspectiva. Reconhece-se a protensão husserliana nessa antecipação da sequência, à medida que as frases se encadeiam. Ora, esse jogo de retenções e protensões só funciona no texto se for assumido pelo leitor, que o acolhe no jogo de suas próprias expectativas. Mas, diferentemente do objeto percepcionado, o objeto literário não vem "preencher" intuitivamente essas expectativas; pode tão-somente *modificá-las*. Esse processo movente de modificações de expectativas constitui a concretização imagética evocada acima. Consiste em viajar ao longo do texto, em deixar "afundar" na memória, abreviando-as, todas as modificações efetuadas, e em se abrir para novas expectativas tendo em vista novas modificações. Só esse processo faz do texto uma *obra*. A obra, poder-se-ia dizer, resulta da interação entre o texto e o leitor.

Retomadas por W. Iser, essas notas recebidas de Husserl por intermédio de Ingarden são objeto de um importante desenvolvimento na fenomenologia do ato de leitura[29]. O con-

---

29. *L'Acte de lecture*, terceira parte, "Phénoménologie de la lecture", pp. 195-286; trad. fr. pp. 245-86. W. Iser dedica um capítulo inteiro de sua obra sistemática para reinterpretar o conceito husserliano de "síntese passiva" em função de uma teoria da leitura; essas sínteses passivas operam aquém do limiar do juízo explícito, no plano do imaginário. Seu material é o repertório de sinais dispersos no texto e as variações da "perspectiva textual" conforme a ênfase re-

ceito mais original é o de "ponto de vista viajante" (p. 377); exprime o duplo fato de que o todo do texto nunca pode ser percebido de uma só vez, e que, situados no interior do texto literário, nós mesmos viajamos com ele à medida que nossa leitura avança: esse modo de apreender um objeto é "próprio à apreensão da objetividade estética dos textos de ficção" (p. 178). Esse conceito de ponto de vista viajante combina perfeitamente com a descrição husserliana do jogo de protensões e retenções. Ao longo de todo o processo de leitura ocorre um jogo de trocas entre as expectativas modificadas e as lembranças transformadas (p. 181); além disso, o conceito incorpora à fenomenologia da leitura o processo sintético que faz com que o texto se constitua de frase em frase, por meio daquilo que poderíamos chamar um jogo de retenções e protensões frasais. Também retenho o conceito de despragmatização dos objetos tomados por empréstimo da descrição do mundo empírico: "a despragmatização assim obtida mostra que já não se trata de denotar (*Bezeichnung*) objetos, mas de transformar a coisa denotada" (p. 178).

Deixando de lado muitas das riquezas dessa fenomenologia da leitura, irei me concentrar nos traços que marcam a resposta[30], ou até o retruque, do leitor à retórica de persuasão. Es-

---

caia nos personagens, na intriga, na voz narrativa e finalmente nas sucessivas posições atribuídas ao leitor. A esse jogo de perspectivas acresce-se a mobilidade viajante do ponto de vista. Portanto, o trabalho das sínteses passivas escapa em grande medida à consciência de leitura. Essas análises estão de pleno acordo com as de Sartre em *L'Imagination* e de Mikel Dufrenne em *La phénoménologie de l'experience esthétique*. Toda uma fenomenologia da consciência imagética incorpora-se assim à da leitura. O objeto literário é, com efeito, um objeto imaginário. O que o texto oferece são esquemas para guiar o imaginário do leitor.

30. O alemão diz *Wirkung*, no duplo sentido de efeito e de resposta. Para distinguir sua proposta da de Jauss, Iser prefere a expressão "teoria do efeito" *Wirkungstheorie*, "Avant-propos" [x] (13), à de teoria da recepção (*Rezeptionstheorie*). Mas a alegada interação entre o texto e o leitor implica algo mais que a eficácia unilateral do texto, tal como confirma o exame dos aspectos dialéticos dessa interação. Além disso, à alegação de que uma teoria da recepção seria mais sociológica que literária ("Uma teoria do efeito está ancorada no texto, uma teoria da recepção nos juízos históricos do leitor" (p. 15)), pode-se replicar que uma teoria do efeito literário corre o risco de ser mais psicológica que... literária.

ses traços são aqueles que sublinham o caráter dialético do ato de leitura e tendem a fazer falar do trabalho de leitura como se fala do trabalho do sonho. A leitura trabalha o texto por meio desses traços dialéticos.

Em primeiro lugar, o ato de leitura tende a se tornar, com o romance moderno, uma réplica à estratégia de decepção tão bem ilustrada por *Ulisses* de Joyce. Essa estratégia consiste em frustrar a expectativa de uma configuração imediatamente legível. E em colocar nas costas do leitor a tarefa de configurar a obra. A pressuposição sem a qual essa estratégia careceria de objeto é que o leitor espera uma configuração, que a leitura é uma busca de coerência. A leitura, diria eu na minha linguagem, torna-se ela mesma um drama de concordância discordante, na medida em que os "lugares de indeterminação" (*Unbestimmtheitsstellen*) – expressão retomada de Ingarden – já não designam somente as lacunas que o texto apresenta com relação à concretização imagética, mas resultam da estratégia de frustração incorporada ao próprio texto, no seu nível propriamente retórico. Trata-se então de algo bem diferente do figurar para si mesmo a obra; resta dar-lhe forma. Ao contrário de um leitor ameaçado de tédio por uma obra didática demais, cujas instruções não deixam espaço para nenhuma atividade criativa, o leitor moderno corre o risco de vergar sob o fardo de uma tarefa impossível, quando lhe pedem para suprir a falta de legibilidade maquinada pelo autor. A leitura torna-se esse piquenique em que o autor traz as palavras e o leitor a significação.

Essa primeira dialética, pela qual a leitura confina com o combate, suscita uma segunda; o que o trabalho de leitura revela é não só uma falta de determinidade, mas também um excesso de sentido. Todo texto, ainda que sistematicamente fragmentário, revela-se inesgotável à leitura, como se, por seu caráter inevitavelmente seletivo, a leitura revelasse no texto um lado não escrito. É esse lado que, de modo privilegiado, a leitura se empenha em *figurar*. O texto parece assim alternadamente em falta e em excesso relativamente à leitura.

Uma terceira dialética se desenha no horizonte dessa busca de coerência; se esta é bem-sucedida demais, o não familiar torna-se familiar, e o leitor, sentindo-se em pé de igualdade com a obra, acaba acreditando nela a ponto de ali se perder; então, a concretização se torna ilusão[31], no sentido de um acreditar-ver. Se a busca fracassa, o estranho continua estranho, e o leitor não consegue entrar na obra. A "boa" leitura é portanto aquela que ao mesmo tempo admite um certo grau de ilusão, outro nome do *willing suspension of disbelief* " preconizado por Coleridge, e assume o desmentido que o a-mais de sentido, o polissemantismo da obra, inflige a todas as tentativas do leitor de aderir ao texto e a suas instruções. A desfamiliarização do lado do leitor corresponde à despragmatização do lado do texto e de seu autor implicado. A "boa" distância com relação à obra é aquela em que a ilusão se torna alternadamente irresistível e insustentável. Quanto ao equilíbrio entre esses dois impulsos, ele nunca é alcançado.

Essas três dialéticas tomadas conjuntamente fazem da leitura uma experiência *viva*.

É aqui que a teoria "estética" autoriza uma interpretação da leitura sensivelmente diferente da da retórica de persuasão; o autor que mais respeita seu leitor não é aquele que o gratifica ao preço mais baixo; é aquele que lhe deixa mais espaço para desenvolver o jogo contrastado que acabamos de descrever. Só atinge seu leitor se, por um lado, compartilhar com ele um *repertório do familiar*, quanto ao gênero literário, ao tema, ao contexto social, ou mesmo histórico; e se, por outro, praticar uma *estratégia de desfamiliarização* com relação a todas as normas que a leitura crê poder facilmente reconhecer e adotar. No tocante a isso, o narrador "não digno de confiança" torna-se objeto de um juízo menos reservado do que o de Wayne Booth; torna-se uma peça da estratégia de ruptura que a formação de ilusão exige na qualidade de antídoto. Essa estratégia é uma das mais aptas para estimular uma leitura ativa, uma leitura que permite dizer que *algo acontece* nesse jogo em que o

---

31. E. H. Gombrich gosta de dizer: "Sempre que se propõe uma leitura coerente... a ilusão acaba predominando." *Art and Illusion*, Londres, 1962, p. 204, citado in *The Implied Reader, op. cit.*, p. 284; trad. fr. de Guy Durand, *L'Art et l'Illusion. Psychologie de la représentation picturale*, Paris, Gallimard, 1971.

que se ganha é proporcional ao que se perde[32]. O saldo entre esse ganho e essa perda é desconhecido do leitor; é por isso que ele precisa falar a respeito para formulá-lo; o crítico é quem pode ajudá-lo a esclarecer as potencialidades mal elucidadas contidas nessa situação de desorientação.

Na verdade, é a pós-leitura que decide se a estase de desorientação gerou uma dinâmica de reorientação.

O benefício dessa teoria do efeito-resposta é claro: busca-se um equilíbrio entre os sinais fornecidos pelo texto e a atividade sintética de leitura. Esse equilíbrio é o efeito instável do dinamismo mediante o qual, diria eu, a configuração do texto em termos de *estrutura* se iguala à refiguração pelo leitor em termos de experiência. Essa experiência viva consiste por sua vez numa verdadeira dialética, devido à negatividade que ela implica: despragmatização e desfamiliarização, inversão do dado em consciência imaginante, ruptura de ilusão[33].

Será que desse modo a fenomenologia da leitura fica habilitada para fazer da categoria de "leitor implicado" a contrapartida exata da categoria de "autor implicado", introduzida pela retórica da ficção?

À primeira vista, parece se estabelecer uma simetria entre autor implicado e leitor implicado, cada um deles com suas marcas no texto. Por leitor implicado, deve-se então entender o papel atribuído ao leitor real pelas instruções do texto. Autor implicado e leitor implicado tornam-se assim categorias literá-

---

32. W. Iser cita estas palavras de Bernard Shaw em *Major Barbara*: "Você aprendeu algo que sempre lhe causa o efeito de ter perdido algo" (citado in *The Implied Reader, op. cit.*, p. 291).

33. Nesse breve exame da atividade de leitura proposta por W. Iser, eu nada disse sobre a crítica que ele dirige contra a atribuição de qualquer função referencial à obra literária. Segundo ele, isso significaria submeter a obra a uma significação já pronta e dada de antemão, por exemplo, a um catálogo de normas estabelecidas. Para uma hermenêutica como a nossa, que não procura nada por trás da obra e que, ao contrário, fica atenta a sua capacidade de detecção e de transformação, a assimilação da função referencial à de denotação, que ocorre nas descrições do discurso corrente e do discurso científico, impede fazer justiça à *eficácia* da ficção, no próprio plano em que se desenrola a ação *efetiva* de ler.

rias compatíveis com a autonomia semântica do texto. Construídos no texto, ambos são correlatos ficcionalizados de seres reais: o autor implicado se identifica com o estilo singular da obra, o leitor implicado com o destinatário a que se dirige o destinador da obra. Mas a simetria acaba se revelando enganosa. Por um lado, o autor implicado é um disfarce do autor real, que desaparece fazendo-se de narrador imanente à obra – voz narrativa. Em contrapartida, o leitor real é uma concretização do leitor implicado, visado pela estratégia de persuasão do narrador; com relação a ele, o leitor implicado permanece virtual enquanto não for atualizado[34]. Portanto, enquanto o autor real desaparece no autor implicado, o leitor implicado ganha corpo no leitor real. É este último que é o polo adverso do texto na interação da qual procede a significação da obra: é justamente do leitor real que se trata numa fenomenologia do ato de leitura. Por isso, eu tenderia antes a louvar Iser por ter-se livrado das aporias suscitadas pelas distinções feitas, aqui e acolá, entre leitor visado e leitor ideal, leitor competente, leitor contemporâneo da obra, leitor de hoje etc. Não que essas distinções não sejam úteis, mas essas diversas figuras de leitor não ajudam a dar nenhum passo para fora da estrutura do texto da qual o leitor implicado é uma variável. Em contraposição, a fenomenologia do ato de leitura, para dar toda a sua amplitude ao tema da *interação*, precisa de um leitor de carne e osso, que, realizando o papel do leitor preestruturado no e pelo texto, o *transforma*[35].

---

34. G. Genette exprime reservas parecidas em *Nouveau Discours du récit* (Paris, Éd. du Seuil, 1983): "Ao contrário do autor implicado, que, na cabeça do leitor, é a ideia de um autor real, o leitor implicado, na cabeça de autor real, é a ideia de um leitor possível... Talvez fosse realmente preciso rebatizar o leitor implicado de *leitor virtual*" (p. 103).

35. Sobre a relação entre leitor implicado e leitor efetivo, cf. *Der Akt des Lesens*, [50-67] (60-76). A categoria de leitor implicado serve principalmente para replicar a uma acusação de subjetivismo, de psicologismo, de mentalismo, de "sofisma afetivo" (*affective fallacy*), lançada contra uma fenomenologia da leitura. No próprio Iser, o leitor implicado é claramente distinguido de qualquer leitor real: "o leitor implícito não está ancorado em um substrato empírico qualquer, inscreve-se no próprio texto" [60] (70). "Em suma: o conceito de leitor implícito é um modelo transcendental que permite explicar como o texto de

A estética da recepção, dissemos acima, pode ser tomada em dois sentidos; seja no sentido de uma fenomenologia do ato *individual* de ler, na "teoria do efeito-resposta estética" segundo W. Iser, seja no sentido de uma hermenêutica da recepção *pública* da obra, na *Estética da recepção* de H.-R. Jauss. Mas, como também expusemos, ambas as abordagens se cruzam em algum lugar: precisamente na *aísthesis*.

Acompanhemos, portanto, o movimento pelo qual a estética da recepção reconduz a esse ponto de intersecção.

Na sua primeira formulação[36], a *Estética da recepção* de H.-R. Jauss não se destinava a completar uma teoria fenomenológica do ato de ler, e sim a renovar a história da literatura, sobre a qual ele diz, logo de início, que "ela caiu num descrédito cada vez maior, que não tem nada de imerecido" (trad. fr., p. 21)[37]. Algumas teses principais constituem o programa dessa *Estética da recepção*.

A tese da qual todas as outras derivam faz a significação de uma obra literária repousar na relação *dialógica (dialo-*

---

ficção produz um efeito e adquire um sentido" [...] (75). Com efeito, confrontada com a proliferação de categorias literárias de leitores, concebidos como conceitos *heurísticos* que se corrigem mutuamente, a fenomenologia do ato de leitura dá um salto para fora do círculo desses conceitos heurísticos, como se pode ver na terceira parte de *Der Akt des Lesens*, dedicada à interação dinâmica entre texto e leitor real.

36. Hans Robert Jauss, *Literaturgeschichte als Provokation*, Frankfurt, Suhrkamp, 1974. Esse longo ensaio partiu da conferência inaugural pronunciada em 1967 na universidade de Constance com o título completo: "Literatur als Provokation der Literaturwissenschaft", adaptado pela tradução francesa: "L'histoire de la littérature: un défi à la théorie littéraire", in *Pour une esthétique de la réception*, Paris, Gallimard, 1978, pp. 21-80. Deve-se ler o importante prefácio de Jean Starobinski.

37. Jauss tem a ambição de devolver à história literária a dignidade e a especificidade que, por um acúmulo de infortúnios, ela perdeu em razão de seu próprio atolamento na psicobiografia, da redução por parte do dogmatismo marxista do efeito social da literatura a um mero reflexo da infraestrutura socioeconômica, da hostilidade, na época do estruturalismo, da própria teoria literária contra qualquer consideração extrínseca ao texto erigido em entidade autossuficiente, para não falar do perigo permanente da teoria da recepção se reduzir a uma sociologia do gosto, paralela a uma psicologia da leitura, à qual a fenomenologia do ato de ler corre por sua vez o risco de ser reduzida.

gisch)³⁸ instaurada entre esta e seu público em cada época. Essa tese, vizinha da de Collingwood segundo a qual a história não é mais que a reefetuação do passado na mente do historiador, equivale a incluir o efeito produzido (*Wirkung*) por uma obra, ou seja, o sentido que lhe atribui um público, no próprio perímetro da obra. O desafio, anunciado no título da obra, consiste justamente nessa equação entre significação efetiva e recepção. Ora, não é apenas o efeito atual, mas a "história dos efeitos" – para retomar uma expressão própria da hermenêutica filosófica de Gadamer – que deve ser levada em conta, o que exige restituir o horizonte de expectativas³⁹ da obra literária considerada, qual seja, o sistema de referências formado pelas tradições anteriores, concernente tanto ao gênero, à temática, quanto ao grau de oposição existente nos primeiros destinatários entre a linguagem poética e a linguagem prática cotidiana (voltaremos mais adiante a essa importante oposição)⁴⁰. Assim, só podemos entender o sentido da paródia em *Dom Quixote* se formos capazes de reconstruir o sentimento de familiaridade do primeiro público com os romances de cavalaria, e, consequentemente, o choque produzido por uma obra que, depois de ter fingido satisfazer a expectativa do público, colidia com ele de frente. O caso das novas obras é, no tocante a isso, o mais favorável ao discernimento da mudança de horizonte que constitui seu principal efeito. A partir daí, o fator decisivo para o estabelecimento de uma história literária é identificar as sucessivas *distâncias estéticas* entre o horizonte de expectativas preexistente e a nova obra que balizam a re-

---

38. A tradução do alemão *dialogisch* por dialética não se impõe. Os trabalhos de Bakhtin e os de Francis Jacques dão ao termo "dialógico" um direito de cidadania inegável. É preciso agradecer Jauss por ter relacionado sua concepção dialógica da recepção à *Introduction à une esthétique de la littérature*, de Gaëtan Picon (Paris, Gallimard, 1953) e às *Voix du silence* de André Malraux.

39. Conceito tomado de empréstimo a Husserl, *Idées* 1, § 27, § 82.

40. Para distinguir a proposta de Jauss da de Iser, é importante insistir no caráter *intersubjetivo* do horizonte de expectativas que funda toda compreensão individual de um texto e o efeito que ele produz (p. 51). Jauss tem certeza de que esse horizonte de expectativas pode ser reconstruído objetivamente (pp. 51-2).

cepção da obra. Essas distâncias constituem os momentos de negatividade da recepção. Mas que significa reconstituir o horizonte de expectativas de uma experiência ainda desconhecida, senão reencontrar o jogo das *perguntas* às quais a obra propõe uma resposta? Às ideias de efeito, de história dos efeitos, de horizonte de expectativas, deve-se, pois, seguindo mais uma vez Collingwood e Gadamer, acrescentar a lógica da *pergunta* e da *resposta*; lógica segundo a qual não se pode compreender uma obra a não ser que se entenda a que ela responde[41]. A lógica da pergunta e da resposta leva, por sua vez, a corrigir a ideia de que a história seria apenas uma história das distâncias, portanto, uma história da negatividade. Como resposta, a recepção da obra opera uma certa *mediação* entre o passado e o presente, ou melhor, entre o horizonte de expectativas do passado e o horizonte de expectativas do presente. É nessa "mediação histórica" que consiste a temática da história literária.

Tendo chegado a esse ponto, podemos indagar se a fusão dos horizontes decorrentes dessa mediação pode estabilizar de modo duradouro a significação de uma obra, até lhe conferir uma autoridade trans-histórica. Contrariando a tese de Gadamer sobre "o clássico"[42], Jauss recusa-se a ver na perenidade das grandes obras outra coisa além de uma estabilização provisória da dinâmica da recepção; toda hipóstase platonizante de um protótipo submetido ao nosso reconhecimento violaria, segundo ele, a lei da pergunta e da resposta. O que para nós é clássico tampouco foi inicialmente percebido como subtraído ao tempo, mas sim como algo que abria um novo horizonte. Se conviermos que o valor cognitivo de uma obra consiste em sua capacidade de prefigurar uma experiência por vir,

---

41. Impõe-se aqui uma aproximação com a noção de estilo de Granger no seu *Essai d'une philosophie du style*. O que constitui a singularidade de uma obra é a solução única dada a uma conjuntura, ela mesma apreendida como um problema singular a resolver.

42. "É clássico, segundo Hegel, 'o que é para si mesmo sua própria significação (*Bedeutende*) e, por isso, sua própria interpretação (*Deutende*)'... O que se chama 'clássico' não precisa vencer primeiro a distância histórica: essa vitória, ele mesmo a obtém numa mediação constante" (*Vérité et Méthode* [274] (129)).

devemos nos proibir de congelar a relação dialógica numa verdade intemporal. Esse caráter aberto da história dos efeitos leva a dizer que toda obra é não só uma resposta dada a uma pergunta anterior, mas é, por sua vez, uma fonte de novas perguntas. Jauss gosta de citar H. Blumenberg, para quem "toda obra propõe, e deixa atrás de si, como um horizonte circunscritivo, as 'soluções' que serão possíveis depois dela"[43]. Essas novas perguntas abrem-se não só para a posteridade da obra, mas para trás: assim, é *a posteriori*, por retroação do hermetismo lírico de Mallarmé, que liberamos, na poesia barroca, significações virtuais até então despercebidas. Mas não é somente para trás e para frente, na diacronia, que a obra abre brechas, é também no presente, como revela um corte sincrônico feito numa fase da evolução literária. Pode-se hesitar aqui entre uma concepção que sublinhe a total heterogeneidade da cultura num momento dado, a ponto de proclamar a pura "coexistência do simultâneo e do não-simultâneo"[44] e uma concepção em que a ênfase está posta no efeito de totalização resultante da redistribuição dos horizontes pelo jogo entre pergunta e resposta. Reencontramos assim, no plano sincrônico, um problema comparável àquele que "o clássico" colocava no plano diacrônico; a história da literatura tem de abrir seu caminho entre os mesmos paradoxos e entre os mesmos extre-

---

43. *Poetik und Hermeneutik*, III, p. 692, citado in *op. cit.*, p. 66.
44. Siegfried Kracauer declara em "Time and History", in *Zeugnisse. Theodor W. Adorno zum 60, Geburtstag*, Frankfurt, 1963, pp. 50-60 (Jauss, *op. cit.*, p. 69), que as curvas temporais dos diferentes fenômenos culturais constituem também *"shaped times"*, que resistem a toda integração. Se assim fosse, como afirmar, com Jauss, que essa "multiplicidade de fenômenos literários, vista sob o ângulo da recepção, também é recomposta, para o público que a percebe, como a produção de *seu* tempo e estabelece relações entre suas diversas obras, na unidade de um horizonte comum, feito de expectativas, lembranças e antecipações, e que determina e delimita a significação da obras" (p. 71)? Talvez seja pedir demais do efeito histórico das obras que ele se preste a essa totalização, supondo que não é presidido por nenhuma teleologia. Apesar da crítica bastante intensa dirigida contra o conceito do "clássico" de Gadamer, no qual ele vê um resíduo platônico ou hegeliano, Jauss também está à espreita da emergência de uma regra *canônica* sem a qual a história literária talvez carecesse de direção.

mos[45]. Assim como é verdade que num momento dado determinada obra pode ter sido percebida como não simultânea, inatual, prematura, atrasada (Nietzsche diria intempestiva), também é preciso reconhecer que, por meio da própria história da recepção, a multiplicidade de obras tende a compor um quadro de conjunto que o público percebe como a produção de *seu* tempo. A história literária não seria possível sem algumas grandes obras de referência, relativamente perduráveis na diacronia e poderosamente integradoras na sincronia[46].

Percebe-se a fecundidade dessas teses no que concerne ao velho problema da influência social da obra de arte. Devemos recusar com a mesma força a tese de um estruturalismo limitado que proíbe "sair do texto" e a de um marxismo dogmático que não faz mais que transpor para o plano social o *tópos* desgastado da *imitatio naturae*; é no nível do horizonte de expectativas de um público que uma obra exerce o que Jauss chama de "função de criação da obra de arte"[47]. Ora, o horizonte de expectativas próprio da literatura não coincide com o da vida

---

45. Jauss evoca no tocante a isso o sentido da paródia no *Dom Quixote* de Cervantes e da provocação em *Jacques, o Fatalista* de Diderot (*op. cit.*, p. 51).
46. Essa antinomia é paralela à que suscitava acima o estudo diacrônico. Jauss, novamente, traça um caminho difícil entre os extremos da multiplicidade heterogênea e da unificação sistemática. Segundo ele, "deve ser possível... articular a multiplicidade heterogênea das obras singulares e descobrir assim na literatura de um momento da história um sistema totalizador" (p. 68). Mas, caso se recuse toda teleologia de tipo hegeliano, assim como todo arquétipo de tipo platônico, como evitar que a historicidade característica da corrente das inovações e das recepções não se dissolva na pura multiplicidade? Será possível outra integração fora do último leitor (sobre o qual o próprio Jauss diz que ele é o ponto de chegada, mas não o objetivo do processo evolutivo, *op. cit.*, p. 66)? Ao falar da "articulação da história literária", Jauss declara: "É o efeito histórico das obras que decide, a história de sua recepção: o que 'resultou do acontecimento' e que constitui, aos olhos do observador atual, a continuidade orgânica da literatura no passado, da qual resulta sua fisionomia atual" (p. 72). Talvez se deva considerar indefinível, por falta de uma junção *conceitualmente pensada*, o princípio dessa continuidade orgânica.
47. Minha concepção da *mímesis*, concomitantemente descobridora e transformadora, concorda perfeitamente com a crítica que Jauss faz da estética da *representação*, pressuposta tanto pelos adversários como pelos defensores da tese da função social da literatura.

cotidiana. Se uma obra nova pode criar uma diferença estética é porque existe uma diferença prévia entre o conjunto da vida literária e a prática cotidiana. Um aspecto fundamental do horizonte de expectativas do qual se destaca a nova recepção é que ele mesmo seja expressão de uma não-coincidência mais fundamental, qual seja, a oposição, numa determinada cultura, "entre linguagem poética e linguagem prática, mundo imaginário e realidade social" (43)[48]. O que acabamos de chamar de função de criação social da literatura exerce-se muito precisamente nesse ponto de articulação entre as expectativas voltadas para a arte e a literatura e as expectativas constitutivas da experiência cotidiana[49].

O momento em que a literatura atinge sua mais alta eficiência talvez seja aquele em que ela põe o leitor na situação de receber uma solução para a qual ele mesmo tem de achar as perguntas apropriadas, aquelas que constituem o problema estético e moral colocado pela obra.

Se a *Estética da recepção*, cujas teses acabamos de resumir, pôde se juntar à fenomenologia do ato de ler e completá-la foi por meio de uma expansão de sua proposta inicial, a de reno-

---

48. Essa primeira diferença explica por que uma obra como *Madame Bovary* influenciou mais os costumes por suas inovações formais, em particular a introdução de um narrador, observador "imparcial" de sua heroína, do que as intervenções abertamente moralizantes ou de denúncia caras a literatos mais engajados. A falta de resposta para os dilemas morais de uma época talvez seja a arma mais eficaz de que a literatura dispõe para agir sobre os costumes e mudar a práxis. De Flaubert a Brecht, a filiação é direta. A literatura só age indiretamente sobre os costumes, criando de certa forma diferenças de segundo grau, secundárias relativamente à diferença primária entre o imaginário e o real cotidiano.

49. O capítulo final mostrará como essa ação da literatura no nível do horizonte de expectativas do público culto se insere na dialética mais abrangente entre o horizonte de expectativas e o espaço de experiência, que nos servirá, na esteira de R. Koselleck, para caracterizar a consciência histórica em geral. A intersecção da história e da ficção será o instrumento privilegiado dessa inclusão da dialética literária na dialética histórica global. É também pela função de criação social que a história literária se integra, como história particular, à história geral (*op. cit.*, pp. 72-80).

var a história literária, e de sua inclusão em um projeto mais ambicioso, o de constituir uma *hermenêutica literária*[50]. A essa hermenêutica é atribuída a tarefa de igualar as duas outras hermenêuticas regionais, teológica e jurídica, sob a égide de uma hermenêutica filosófica parente da de Gadamer. Ora, a hermenêutica literária, como o próprio Jauss reconhece, é o parente pobre da hermenêutica. Para ser digna de seu título, deve assumir a tripla tarefa, evocada acima, de compreender (*subtilitas intelligendi*), de explicar (*subtilitas interpretandi*) e de aplicar (*subtilitas applicandi*). Ao contrário de uma visão superficial, a leitura não deve ser confinada ao campo da aplicação, mesmo que esta revele a finalidade do processo hermenêutico, mas deve percorrer seus três estágios. Uma hermenêutica literária terá, portanto, de responder a estas três perguntas: em que sentido o procedimento primário da *compreensão* está habilitado para qualificar de estético o objeto da hermenêutica literária? O que a exegese *reflexiva* acrescenta à compreensão? Que equivalente da pregação, em exegese bíblica, do veredicto, em exegese jurídica, a literatura oferece no plano da *aplicação*? Nessa estrutura triádica, é a aplicação que orienta teleologicamente todo o processo, mas é a compreensão primária que regula o processo de um estágio para o outro, em virtude do horizonte de expectativas que ela já contém. A hermenêutica literária está portanto orientada ao mesmo tempo *para* a aplicação e *pela* compreensão. E é a lógica da pergunta e da resposta que garante a transição da explicação.

A primazia dada à compreensão explica que, diferentemente da hermenêutica filosófica de Gadamer, a hermenêuti-

---

50. "Ueberlegungen zur Abgrenzung und Aufgabenstellung einer literarischen Hermeneutik", in *Poetik und Hermeneutik*, IX, Munique, W. Fink, 1980; trad. fr., "Limites et tâches d'une herméneutique littéraire", *Diogène*, n.º 109, janeiro-março de 1980; também *Aesthetische Erfahrung und literarische Hermeneutik*, Frankfurt, Suhrkamp, 1982, 3.ª ed. 1984, pp. 31-243; um fragmento dessa obra está traduzido em *Poétique*, n.º 39, setembro de 1979, com o título: "La jouissance esthétique, les expériences fondamentales de la *poièsis*, de l'*aisthèsis* et de la *catharsis*"; outro fragmento pode ser lido sob o título: "*Poièsis*: l'expérience esthétique comme activité de production (construire et connaître)", in *Le Temps de la réflexion*, 1980, I, pp. 185-212.

ca literária não seja diretamente produzida pela lógica da pergunta e da resposta: reencontrar a pergunta *para a qual* o texto oferece uma resposta, reconstruir as expectativas dos primeiros destinatários do texto, para restituir ao texto sua alteridade primitiva, esses já são procedimentos de *releitura*, secundários relativamente a uma compreensão primária que deixa o texto desenvolver suas próprias expectativas.

Essa primazia atribuída à compreensão explica-se pela relação totalmente primitiva entre conhecimento e *gozo* (*Genuss*), que garante a qualidade *estética* da hermenêutica literária. Essa relação é paralela à que existe entre o apelo e a promessa, que envolve toda uma vida e caracteriza a compreensão teológica. Ora, se a especificação da compreensão literária pelo gozo foi tão negligenciada foi em razão de uma curiosa convergência entre a proibição pronunciada pela poética estrutural de sair do texto e de extrapolar as instruções de leitura que ele contém[51], e o descrédito lançado sobre o gozo pela estética negativa de Adorno, que só quer ver nela uma compensação "burguesa" para o ascetismo do trabalho[52].

Ao contrário da ideia comum de que o prazer é ignorante e mudo, Jauss lhe reconhece a capacidade de abrir um espaço de sentido onde posteriormente se desenvolverá a lógica da pergunta e da resposta. *Ele dá a compreender.* É uma recepção *percepcionante*, atenta para as prescrições da partitura musical

---

51. Michael Riffaterre foi um dos primeiros a mostrar os limites da análise estrutural, e em geral de uma simples descrição do texto, no seu debate com Jakobson e Lévi-Strauss. Jauss lhe faz justiça como aquele "que inaugurou a passagem da descrição estrutural para a análise da recepção do texto poético" (p. 120) (mesmo que, acrescenta ele, ele "se interesse mais pelos dados da recepção e pelas regras da atualização do que pela atividade estética do leitor-receptor", *ibid.*). Cf. Riffaterre, "The Reader's Perception of Narrative", in *Interpretation of Narrative*, Toronto, 1978, retomado em *Essais de stylistique structurale*, Paris, Flammarion, 1971, pp. 307 ss.

52. Sobre a reabilitação do gozo estético, cf. H.-R. Jauss. "Kleine Apologie der Aesthetischen Erfahrung", Constance, Verlaganstalt, 1972; trad. fr. in *Pour une esthétique de la réception*, pp. 123-58. O autor reata aqui com a doutrina platônica do prazer puro segundo o *Filebo*, e com a doutrina kantiana do caráter desinteressado universalmente comunicável do prazer estético.

que o texto é, e uma recepção *franqueante*, devido ao caráter de horizonte que Husserl reconhece a toda percepção. É nisso que a percepção estética se distingue da percepção cotidiana e instaura a diferença para com a experiência comum, sublinhada acima nas teses sobre a renovação da história literária. O texto pede do leitor que, em primeiro lugar, confie na compreensão percepcionante, nas sugestões de sentido que a segunda leitura virá tematizar e que fornecerão a esta um horizonte.

A passagem da primeira leitura, a leitura inocente, se é que isso existe, para a segunda leitura, leitura distanciada, é regida, como dissemos acima, pela estrutura de horizonte da compreensão imediata. Esta, com efeito, não é somente balizada por expectativas oriundas das tendências dominantes do gosto na época da leitura e da familiaridade do leitor com obras anteriores. Ela suscita por sua vez expectativas de sentido não satisfeitas, que a leitura reinscreve na lógica da pergunta e da resposta. Leitura e releitura têm assim suas respectivas vantagens e desvantagens. A leitura comporta simultaneamente riqueza e opacidade; a releitura clarifica, mas escolhe; apoia-se nas perguntas deixadas em aberto depois do primeiro percurso do texto, mas oferece apenas uma interpretação entre outras. Uma dialética da *expectativa* e da *pergunta* rege portanto a relação entre a leitura e a releitura. A expectativa é aberta, porém mais indeterminada; e a pergunta é determinada, mas mais fechada. A crítica literária tem de se resignar a esse *preliminar hermenêutico da parcialidade*.

É a elucidação dessa parcialidade que suscita a terceira leitura. Ela nasce da pergunta: que horizonte *histórico* condicionou a gênese e o efeito da obra e limita em contrapartida a interpretação do leitor atual? A hermenêutica literária delimita assim o espaço legítimo dos métodos histórico-filológicos, predominantes na época pré-estruturalista e depois destronados na época do estruturalismo. Seu lugar justo é definido por sua função de controle que, em certo sentido, torna a leitura imediata, e até a leitura reflexiva, dependentes da leitura de reconstituição histórica. Por retroação, a leitura de controle contribui para separar o prazer estético da simples satisfação dos preconceitos e interesses contemporâneos, ligando-o à percepção da *diferença* entre o horizonte passado da obra e o horizonte presente da leitura. Um estranho sentimento de afastamento insinua-se assim no cerne do prazer presente. A terceira leitura consegue esse efeito por um desdobramento da lógica da pergunta e da resposta, que regia a segunda leitura. Quais eram, indaga ela, as perguntas de que a obra era a resposta? Em contrapartida, essa terceira leitura "histórica" permanece guiada pelas expectativas da primeira leitura e as perguntas da segunda. A pergunta simplesmente historicizante – que dizia o texto? – permanece sob o controle da pergunta propriamente hermenêutica – que me diz o texto e que digo eu ao texto?[53]

O que acontece com a *aplicação* nesse esquema? À primeira vista, a aplicação própria à hermenêutica parece não produzir nenhum efeito comparável à pregação na hermenêutica teológica ou ao veredicto na hermenêutica jurídica: o reconhecimento da alteridade do texto, na leitura científica, parece ser a última palavra da estética literária. É uma hesitação compreensível: se for verdade que a *aísthesis* e o gozo não se limitam ao nível da compreensão imediata, mas atravessam todos os estágios da "sutileza" hermenêutica, fica-se tentado a ter por critério último da hermenêutica literária a dimensão estética, que é acompanhada pelo prazer na sua travessia dos três estágios hermenêuticos. A partir daí, a aplicação não constitui um estágio verdadeiramente distinto. A *aísthesis* já é ela mesma revelante e transformante. A experiência estética extrai esse poder do contraste que estabelece de saída com a experiência cotidiana: por ser "refratária" a tudo que não for ela mesma, afirma-se capaz de transfigurar o cotidiano e de transgredir suas normas aceitas. Antes de qualquer distanciamento reflexivo, a compreensão estética, como tal, parece bem ser aplicação. Prova disso é a gama de *efeitos* que ela manifesta: da sedução e ilusão a que se curva a literatura popular, passando pelo apaziguamento da dor e pela estetização da experiência

---

53. Pede-se assim ao leitor que "meça o horizonte de sua própria experiência e o amplie confrontando-o com a experiência do outro, cujo precioso testemunho se revela na alteridade do texto" (p. 131).

do passado, até a subversão e a utopia, características de muitas obras contemporâneas. Por essa variedade de efeitos, a experiência estética, investida na leitura, comprova diretamente o aforismo pronunciado por Erasmo: *lectio transit in mores**.

É possível, contudo, reconhecer na aplicação um contorno mais distinto se a colocarmos no final de uma outra tríade que Jauss entrecruza com a das três "subtilezas", sem estabelecer entre ambas as séries uma correspondência termo a termo: a tríade *poíesis, aísthesis, kátharsis*[54]. Todo um complexo de efeitos está relacionado com a *kátharsis*. Esta designa em primeiro lugar o efeito mais moral que estético da obra: a obra propõe novas avaliações, normas inéditas, que chocam ou abalam os "costumes" correntes[55]. Esse primeiro efeito está particularmente ligado à tendência do leitor a *se identificar* com o herói e a se deixar guiar pelo narrador digno de confiança ou não. Mas a *kátharsis* só tem esse efeito moral por exibir, primeiramente, a capacidade de clarificação, de exame, de instrução exercida pela obra através do distanciamento com relação a nossos próprios afetos[56]. Desse sentido, passa-se facilmente para aquele mais fortemente acentuado por Jauss, qual seja, a força de comunicabilidade da obra. Com efeito, um esclarecimento é profun-

---

* A leitura transfere-se para o comportamento. [N. da T.]

54. Nada direi aqui sobre a *poíesis*: no entanto, ela é do interesse de uma teoria da leitura na medida em que esta é também um ato criador que corresponde ao ato poético que instaurou a obra. Na esteira de Hans Blumenberg ("Nachahmung der Natur! Zur Vorgeschichte des schöpferischen Menschen", *Studium Generale*, n.º 10, 1957) e de Jürgen Mittelstrass (*Neuzeit und Aufklärung. Studium zur Entstehung der neuzeitlichen Wissenschaft und Philosophie*, Berlim, Nova York, 1970), H.-R. Jauss retraça a conquista dessa capacidade criadora livre de todo modelo, desde a antiguidade bíblica e helênica até nossos dias, passando pela época das Luzes.

55. Lembremos que na *Poética* de Aristóteles os caracteres são classificados em "melhores" que nós, "piores" que nós, "semelhantes" a nós; lembremos também que, na discussão da retórica da ficção, foram os efeitos morais da estratégia de persuasão do romance moderno que suscitaram as maiores reservas por parte de Wayne Booth.

56. Sobre a tradução de *kátharsis* por "clarificação" "esclarecimento" "depuração", cf. o capítulo sobre a *Poética* de Aristóteles em *Tempo e narrativa*, vol. 1, pp. 89-92.

damente comunicativo; é por meio dele que a obra "ensina"[57]. O que encontramos aqui é não só um comentário de Aristóteles, mas um aspecto central da estética kantiana, para quem a universalidade do belo consiste exclusivamente em sua comunicabilidade *a priori*. A *kátharsis* constitui portanto um momento distinto da *aísthesis*, concebida como pura receptividade, ou seja, o momento de comunicabilidade da compreensão percepcionante. A *aísthesis* libera o leitor do cotidiano, a *kátharsis* o torna livre para novas avaliações da realidade que tomarão forma na releitura. Há um efeito ainda mais sutil ligado à *kátharsis*: por meio da clarificação que ela exerce, a *kátharsis* enceta um processo de transposição, não só afetiva mas também cognitiva, que pode ser relacionada com a *allegorese*, cuja história remonta à exegese cristã e pagã. Há alegorização sempre que nos pomos a "traduzir o sentido de um texto de seu primeiro contexto para um outro contexto, o que equivale a dizer: dar-lhe uma nova significação que extrapola o horizonte do sentido delimitado pela intencionalidade do texto no seu contexto originário"[58]. É finalmente essa capacidade de alegorização, ligada à *kátharsis*, que faz da aplicação literária a réplica mais aproximada da apreensão *analogizante* do passado na dialética do *vis-à-vis* e da dívida.

Essa é a problemática distinta que a aplicação suscita, sem contudo jamais se libertar do horizonte da compreensão percepcionante e da atitude de gozo.

Ao término deste percurso de algumas teorias da leitura, escolhidas em função de sua contribuição para o nosso problema da refiguração, destacam-se alguns aspectos principais que sublinham, cada um à sua maneira, a estrutura *dialética* da operação de refiguração.

A primeira tensão dialética surgiu da comparação que não podíamos deixar de fazer entre o sentimento da *dívida*, que nos pareceu acompanhar a relação de *representância* no tocan-

---

57. *Ibid.*, pp. 87-8.
58. "Limites et tâches d'une herméneutique littéraire", *op. cit.*, p. 124.

te ao passado, e a *liberdade* das variações imaginativas exercidas pela ficção sobre o tema das aporias do tempo, tal como as descrevemos no capítulo precedente. As análises que acabamos de fazer do fenômeno da leitura nos levam a matizar essa oposição demasiado simples. É preciso dizer, em primeiro lugar, que a projeção de um mundo fictício consiste em um processo *criador* complexo, que pode ser conduzido por uma consciência de dívida tanto quanto o trabalho de reconstrução do historiador. A questão da liberdade de criação não é simples. A liberação da ficção no tocante às restrições da história – restrições resumidas na prova documentária – não constitui a última palavra no que se refere à liberdade da ficção. Constitui apenas seu momento cartesiano: a livre escolha no reino do imaginário. Mas as obrigações para com a visão de mundo que o autor implicado tem a ambição de comunicar ao leitor são para a ficção fonte de restrições mais sutis, que exprimem o momento espinosista da liberdade: ou seja, a necessidade interior. Livre *da* restrição exterior da prova documentária, a ficção está internamente ligada justamente por aquilo que ela projeta para fora de si. Livre *de...*, o artista ainda tem de se tornar livre *para...* Não fosse assim, como explicar as angústias e sofrimentos da criação artística que podemos ler na correspondência e nos diários íntimos de um Van Gogh ou de um Cézanne? Assim, a dura lei da criação, que é a de *reproduzir* [*rendre*] da maneira mais perfeita a visão de mundo que anima o artista, corresponde ponto por ponto à dívida do historiador e do leitor de história para com os mortos[59]. O que a estratégia de persuasão, proveniente do autor implicado, busca *impor* ao leitor é precisamente a *força* de convicção – a força ilocutória, dir-se-ia no vocabulário da teoria dos atos de discurso – que sustenta a visão de mundo do narrador. O paradoxo é que a *liberdade* das variações imaginativas só é comunicada revestida do poder *coercitivo* de uma visão de mundo. A dialética entre

---

59. No próximo capítulo, voltaremos a tratar dessa similitude, para reforçá-la, apoiando-nos na noção de voz narrativa, introduzida na nossa terceira parte, cap. III, § 4.

liberdade e coerção, interna ao processo criador, transmite-se assim ao longo de todo o processo hermenêutico que Jauss caracterizava acima pela tríade *poíesis, aísthesis* e *kátharsis*. O último termo da tríade é inclusive aquele em que culmina esse paradoxo de uma liberdade coagida, de uma liberdade tornada livre pela coerção. No momento de clarificação e de purificação, o leitor torna-se livre à sua revelia. É esse paradoxo que faz da confrontação entre o mundo do texto e o mundo do leitor um *combate* para o qual a fusão dos horizontes de expectativas do texto com os do leitor só traz uma paz precária.

Uma segunda tensão dialética procede da estrutura da própria operação de leitura. Com efeito, pareceu impossível dar uma descrição simples desse fenômeno. Foi preciso partir do polo do autor implicado e de sua estratégia de persuasão, depois atravessar a zona ambígua de uma prescrição de leitura, que ao mesmo tempo coage o leitor e o torna livre, para ter por fim acesso a uma estética da recepção, que coloca a obra e o leitor numa relação de sinergia. Essa dialética merece ser comparada àquela que nos pareceu escandir a relação de representância suscitada pelo enigma da preteridade do passado. Com certeza não se trata de buscar uma semelhança termo a termo entre os momentos da teoria da representância e os da teoria da leitura. Contudo, a constituição dialética da leitura não é alheia à dialética do Mesmo, do Outro e do Análogo[60]. Assim, a retórica da ficção põe em cena um autor implicado que, por manobra de sedução, tenta tornar o leitor *idêntico* a ele mesmo. Mas, quando o leitor, descobrindo seu lugar prescrito pelo texto, sente-se, não mais seduzido, mas aterrorizado, resta-lhe como único recurso *distanciar-se* do texto e tomar a mais viva consciência da *distância* entre as expectativas que o texto desenvolve e suas próprias expectativas, como indivíduo destinado à cotidianidade e como membro do público culto, formado por toda uma tradição de leituras. Essa oscilação entre o Mes-

---

60. Descrevi em outra parte uma dialética comparável entre apropriação e distanciamento; cf. "La tâche de l'herméneutique", *in* F. Bovon e G. Rouiller (org.), *Exegesis: Problèmes de méthode et exercices de lecture*, Neuchâtel, Delachaux e Niestlé, 1975, pp. 179-200.

mo e o Outro só é superada pela operação caracterizada por Gadamer e Jauss como fusão dos horizontes e que pode ser considerada como o tipo ideal da leitura. Para além da alternativa entre confusão e alienação, a convergência entre a escrita e a leitura tende a estabelecer, entre as expectativas criadas pelo texto e aquelas trazidas pela leitura, uma relação *analogizante*, que não deixa de evocar aquela em que culmina a relação de representância do passado histórico.

Outra propriedade notável do fenômeno da leitura, igualmente geradora de dialética, concerne à relação entre *comunicabilidade* e *referencialidade* (se me permitem ainda empregar esse vocábulo, com as devidas ressalvas) na operação de refiguração. Pode-se entrar no problema por uma ou outra extremidade: por isso, pode-se dizer, como no esboço de *mímesis* III de nosso primeiro volume, que uma estética da recepção não pode incluir o problema da comunicação sem incluir o da referência, na medida em que o que é comunicado é, em última instância, para além do sentido da obra, o mundo que ela projeta e que constitui seu horizonte[61]; mas deve-se dizer, em sentido inverso, que a recepção da obra e a acolhida do que Gadamer gosta de chamar de "coisa" do texto só são arrancadas da pura subjetividade do ato de leitura com a condição de se inscreverem numa cadeia de leituras, que dá uma dimensão *histórica* a essa recepção e a essa acolhida. O ato de leitura inclui-se portanto numa comunidade leitora, que, em certas condições favoráveis, desenvolve o tipo de normatividade e de canonicidade que reconhecemos nas grandes obras, aquelas que nunca terminam de se descontextualizar e de se recontextualizar nas mais variadas circunstâncias culturais. Encontramos por esse viés um tema central da estética kantiana, a saber, que a comunicabilidade constitui um componente intrínseco do juízo de gosto. Evidentemente, não é em prol do juízo reflexivo

---

61. *Tempo e narrativa*, vol. 1, p. 132. Ninguém explicou melhor que Francis Jacques a indissociável relação entre comunicabilidade e referencialidade tomada em toda a sua generalidade: cf. *Dialogiques, Recherches logiques sur le dialogue*. Paris, PUF, 1979; *Dialogiques II, l'Espace logique de l'interlocution*, Paris, PUF, 1985.

que trazemos esse tipo de universalidade que Kant supunha *a priori*, mas, muito pelo contrário, em benefício da "própria coisa" que nos interpela no texto. Mas, entre essa "estrutura de apelo", para falar como W. Iser, e a *comunicabilidade* característica de um ler-em-comum, instaura-se uma relação recíproca, intrinsecamente constitutiva da capacidade de refiguração vinculada às obras de ficção.

Uma última dialética nos conduz ao início de nosso capítulo V. Concerne aos dois papéis, se não antitéticos, ao menos divergentes, que a leitura assume. Ela aparece alternadamente como uma *interrupção* no curso da ação e como um *novo impulso* para a ação. Essas duas perspectivas sobre a leitura resultam diretamente de sua função de enfrentamento e de ligação entre o mundo imaginário do texto e o mundo efetivo do leitor. Quando o leitor submete suas expectativas às que o texto desenvolve, ele irrealiza a si mesmo na mesma proporção da irrealidade do mundo fictício para o qual emigra; a leitura torna-se então um lugar igualmente irreal onde a reflexão faz uma pausa. Em contrapartida, quando o leitor incorpora – consciente ou inconscientemente, pouco importa – os ensinamentos de suas leituras à sua visão de mundo, para aumentar sua legibilidade prévia, a leitura é para ele algo diferente de um *lugar* onde ele para; ela é um *meio* que ele atravessa.

Esse duplo estatuto da leitura faz da confrontação entre mundo do texto e mundo do leitor tanto uma *estase* como uma *remissão*[62]. O tipo ideal da leitura, figurado pela fusão sem confusão dos horizontes de expectativas do texto e do leitor, une esses dois momentos da refiguração na unidade frágil da estase e da remissão. Essa unidade frágil pode se exprimir no se-

---

62. Essa distinção entre a leitura como estase e a leitura como envio explica as oscilações de Jauss na sua avaliação do papel da aplicação em hermenêutica literária: é como estase que a aplicação tende a se identificar com a compreensão estética; é como remissão que dela se afasta na releitura e revela seus efeitos catárticos; opera então como "um corretivo para outras aplicações que permanecem submetidas à pressão das situações e às restrições impostas pelas decisões que devem ser tomadas tendo em vista a ação direta" ("Limites et tâches d'une herméneutique littéraire", *op. cit.*, p. 133).

guinte paradoxo: quanto mais o leitor se irrealiza na leitura, mais profunda e mais longínqua será a influência da obra sobre a realidade social. Não é a pintura menos figurativa que tem mais chances de mudar nossa visão de mundo?

Desta última dialética resulta que, embora o problema da refiguração do tempo pela narrativa *se enrede* na narrativa, não encontra nela seu *desenredo*.

5. O ENTRECRUZAMENTO DA HISTÓRIA E DA FICÇÃO

Com este capítulo, atingimos o objetivo que não cessou de nortear o progresso de nossas investigações, qual seja, a refiguração *efetiva* do tempo, que se torna assim tempo humano, pelo entrecruzamento da história e da ficção[1]. Se, na primeira etapa, a ênfase foi posta na *heterogeneidade* das respostas dadas pela história e pela ficção para as aporias do tempo fenomenológico, isto é, na oposição entre as variações imaginativas reveladas pela ficção e a reinscrição, estipulada pela história, do tempo fenomenológico no tempo cósmico – e se, na segunda etapa, apareceu um certo *paralelismo* entre a representância do passado histórico e a transferência do mundo fictício do texto para o mundo efetivo do leitor –, é a *confluência* entre as duas séries de análises dedicadas respectivamente à história e à ficção, ou mesmo a envoltura mútua dos dois procedimentos de refiguração, que exporemos agora.

Essa passagem de um estágio em que prevalece a heterogeneidade das intenções para um estágio em que predomina a interação veio sendo preparada há muito tempo pelas análises precedentes.

---

1. Não insistirei nos motivos, expostos anteriormente, pelos quais prefiro falar de refiguração conjunta ou de entrecruzamento e não de referência cruzada. Trata-se, porém, efetivamente do mesmo conteúdo de problemas expostos no primeiro volume, pp. 132-40.

Em primeiro lugar, entre o tempo da ficção e o tempo histórico, a fenomenologia garantiu uma certa comensurabilidade, fornecendo aos dois grandes modos narrativos uma temática comum, por mais lacerada que esteja de aporias. No final da primeira etapa, podia-se ao menos afirmar que a história e a ficção estão às voltas com as mesmas dificuldades, dificuldades não resolvidas, é certo, mas reconhecidas e postas em palavras pela fenomenologia. Em seguida, a teoria da leitura criou um espaço comum para as trocas entre a história e a ficção. Fingimos crer que a leitura só diz respeito à recepção dos textos literários. Ora, somos leitores de história tanto quanto de romances. Toda grafia, portanto a historiografia, remete a uma teoria ampliada da leitura. Disso resulta que a operação de envoltura mútua evocada um instante atrás situa-se na leitura. Nesse sentido, as análises do *entrecruzamento* da história e da ficção que vamos esboçar remetem a uma teoria ampliada da recepção, da qual o ato de leitura é o momento fenomenológico. É nessa teoria ampliada da leitura que se dá a inversão, da divergência para a convergência, entre a narrativa histórica e a narrativa de ficção.

Resta dar o passo da convergência para o entrecruzamento.

Por entrecruzamento entre história e ficção, entendemos a estrutura fundamental, tanto ontológica como epistemológica, em virtude da qual a história e a ficção só concretizam suas respectivas intencionalidades tomando de empréstimo a intencionalidade da outra. Essa concretização corresponde, na teoria narrativa, ao fenômeno do *"ver como..."*, pelo qual, em *A metáfora viva*, caracterizamos a referência metafórica. Passamos ao menos duas vezes perto desse problema da concretização: uma primeira vez quando tentamos, na esteira de Hayden White, elucidar a relação de representância entre a consciência histórica e o passado como tal por meio da noção de apreensão analogizante; a segunda vez quando, numa perspectiva próxima da de R. Ingarden, descrevemos a leitura como uma efetuação do texto considerado uma partitura a executar. Vamos mostrar que essa concretização só é alcançada na medida em que, por um lado, a história se serve de alguma maneira da ficção para refigurar o tempo, e em que, por outro, a ficção se serve da história com o mesmo intuito. Essa concretização mútua marca o triunfo da noção de figura, sob a forma do *figurar que*...

1. A ficcionalização da história

A primeira metade da tese é a mais fácil de demonstrar. Mas não devemos nos enganar quanto ao seu alcance. Por um lado, embora não se trate de simplesmente repetir o que foi dito no primeiro volume sobre o papel da imaginação na narrativa histórica no plano da configuração, trata-se efetivamente do papel do imaginário na perspectiva do passado tal como ele foi. Por outro, embora não se trate de forma alguma de renegar a ausência de simetria entre passado "real" e mundo "irreal", a questão é justamente mostrar de que modo, único em seu gênero, o imaginário se incorpora à perspectiva do ter-sido, sem enfraquecer sua perspectiva "realista".

O lugar marcado do imaginário está indicado pelo próprio caráter do ter-sido como não observável. Para certificar-se disso, basta refazer o percurso das três aproximações sucessivas que propusemos do ter-sido tal como foi. Notaremos então que a parte do imaginário cresce à medida que a aproximação se faz mais estreita. Tomemos a tese mais *realista* sobre o passado histórico, aquela de que partimos para estabelecer a resposta da consciência histórica às aporias do tempo: a história, dissemos, *reinscreve* o tempo da narrativa no tempo do universo. É uma tese "realista", no sentido de que a história submete sua cronologia apenas à escala de tempo, comum à chamada '"história" da terra, a "história" das espécies vivas e a "história" do sistema solar e das galáxias. Essa reinscrição do tempo da narrativa no tempo do universo, segundo uma única escala, é a especificidade do modo referencial da historiografia.

Ora, é precisamente por ocasião da tese mais "realista" que o imaginário se imiscui uma primeira vez na perspectiva do ter-sido.

Não devemos esquecer que o abismo entre tempo do mundo e tempo vivido só é transposto por intermédio da construção de alguns *conectores* específicos que tornam o tempo histórico pensável e maneável. O calendário, que colocamos à frente desses conectores, pertence ao mesmo gênio inventivo que já vemos em ação na construção do *gnómon*. Como J. T. Fraser nota no começo de sua obra sobre o tempo[2], se o próprio nome *gnómon* conserva algo de sua antiga significação de conselheiro, inspetor, conhecedor, é porque ocorre nele uma atividade de interpretação, que rege a própria construção desse aparelho aparentemente tão simples; assim como um intérprete realiza a tradução contínua de uma língua para outra, juntando assim dois universos linguísticos de acordo com um certo princípio de transformação, o *gnómon* junta dois processos de acordo com certas hipóteses sobre o mundo. Um dos processos é o movimento do sol, o outro, a vida daquele que consulta o *gnómon*; a hipótese compreende os princípios implícitos na construção e no funcionamento do quadrante solar (*ibid*., p. 3). A dupla filiação que nos pareceu caracterizar o calendário já é visível aqui. Por um lado, o quadrante solar pertence ao universo do homem; por outro, também faz parte do universo astronômico: o movimento da sombra é independente da vontade humana. Mas esses dois mundos não seriam postos em relação sem a convicção de que é possível derivar sinais relativos ao tempo do movimento da sombra projetada. Essa crença permite ao homem ordenar sua vida em função dos movimentos da sombra, sem esperar da sombra que ela se dobre aos ritmos de suas necessidades e de seus desejos (*ibid*., p. 4). Mas a convicção que acabamos de evocar não ganharia forma se não se encarnasse na *construção* de um aparelho capaz de fornecer dois tipos de informação: uma sobre a hora, pela orientação da sombra no quadrante solar, outra sobre a estação do ano, pelo comprimento da sombra ao meio-dia. Sem divisões horárias e sem curvas concêntricas, não se pode-

---

2. J. T. Fraser, *The Genesis and Evolution of Time. A Critic of Interpretation in Physics*. Amherst, The University of Massachusetts Press, 1982.

ria *ler* o *gnómon*. Estabelecer um paralelo entre dois cursos heterogêneos de acontecimentos, formar uma hipótese geral sobre a natureza como um todo, construir um aparelho apropriado, são esses os principais procedimentos inventivos que, incorporados à leitura do quadrante solar, fazem dele uma *leitura de signos*, uma tradução e uma interpretação, nas palavras de J. T. Fraser. Essa leitura de signos pode, por sua vez, ser considerada a operação *esquematizante* com base na qual duas perspectivas sobre o tempo são pensadas *juntas*. Tudo o que dissemos sobre o calendário poderia ser descrito em termos vizinhos: as operações intelectuais que nele ocorrem são decerto singularmente mais complexas, em particular os cálculos numéricos aplicados às diferentes periodicidades implicadas, a fim de torná-las comensuráveis; além disso, o caráter institucional e em última instância político da instauração do calendário acentua o caráter sintético da conjunção do aspecto astronômico e do aspecto eminentemente social do calendário. Apesar de todas as diferenças que possamos encontrar entre o relógio e o calendário, *ler* o calendário é uma interpretação de signos comparável à leitura do quadrante solar e do relógio. Com base em um sistema periódico de datas, um calendário perpétuo permite alocar uma data, ou seja, um lugar *qualquer* no sistema de todas as datas possíveis, a um acontecimento que traz a marca do *presente* e, por implicação, a do passado ou do futuro. A datação de um acontecimento apresenta, pois, um caráter sintético, mediante o qual um presente efetivo é identificado a um instante qualquer. Mais que isso, se o princípio da datação consiste em alocar um presente vivo a um instante qualquer, sua prática consiste em alocar um "como se" presente, segundo a fórmula husserliana da relembrança, a um instante qualquer; é a presentes potenciais, a presentes *imaginados*, que são atribuídas datas. Por isso, todas as lembranças acumuladas pela memória coletiva podem tornar-se acontecimentos *datados*, graças à sua reinscrição no tempo do calendário.

Seria fácil aplicar um raciocínio semelhante aos outros conectores entre o tempo narrativo e o tempo universal. A sequência de gerações é simultaneamente um dado biológico e uma prótese da relembrança no sentido husserliano. É sempre possível estender a lembrança, pela cadeia das memórias ancestrais, remontar o tempo prolongando pela imaginação esse movimento regressivo; assim como é possível cada qual situar sua própria temporalidade na sequência de gerações, com a ajuda mais ou menos obrigatória do tempo do calendário. Nesse sentido, a rede dos contemporâneos, dos predecessores e dos sucessores *esquematiza* – no sentido kantiano do termo – a relação entre o fenômeno mais biológico da sequência de gerações e o fenômeno mais intelectual da reconstrução do reino dos contemporâneos, dos predecessores e dos sucessores. O caráter misto desse triplo reino sublinha seu caráter imaginário.

É evidentemente no fenômeno do vestígio que culmina o caráter *imaginário* dos conectores que marcam a instauração do tempo histórico. Essa mediação imaginária está pressuposta na estrutura mista do próprio vestígio enquanto *efeito-signo*. Essa estrutura mista exprime abreviadamente uma atividade sintética complexa, em cuja composição entram inferências de tipo causal aplicadas ao vestígio como marca deixada e atividades de interpretação ligadas ao caráter de significância do vestígio, como coisa presente que vale por uma coisa passada. Essa atividade sintética, bem expressa pelo verbo retraçar*, resume por sua vez operações tão complexas quanto as que estão na origem do *gnómon* e do calendário. São precisamente as atividades de preservação, de seleção, de reunião, de consulta e finalmente de leitura dos arquivos e dos documentos que medeiam e esquematizam, por assim dizer, o vestígio, para fazer dele a última pressuposição da reinscrição do tempo vivido (o tempo com um presente) no tempo puramente sucessivo (o tempo sem presente). Se o vestígio é um fenômeno mais radical que o do documento ou do arquivo, é, em contraposição, o tratamento dos arquivos e dos documentos que faz do vestígio um operador efetivo do tempo histórico. O caráter

---

* *Retracer* no original. O leque semântico do termo francês é maior que o de sua tradução em português. Por um lado, remete a *trace*, vestígio; por outro significa: traçar de novo, representar evocando, relatar, reencontrar o vestígio de. [N. da T.]

imaginário das atividades que medeiam e esquematizam o vestígio se comprova no trabalho de pensamento que acompanha a interpretação de um resto, de um fóssil, de uma ruína, de uma peça de museu, de um monumento: só se lhes atribui valor de vestígio, ou seja, de efeito-signo, *figurando* o contexto de vida, o ambiente social e cultural, em suma, conforme a observação de Heidegger mencionada acima, o *mundo* que, hoje, *falta*, por assim dizer, em torno da relíquia. Com a expressão *figurar*, tocamos numa atividade do imaginário mais fácil de delimitar no âmbito da análise que vem a seguir.

O papel mediador do imaginário aumenta com efeito quando passamos do tema da reinscrição do tempo vivido no tempo cósmico (capítulo I) para o da preteridade do passado (capítulo II). Por um lado, o "realismo" espontâneo do historiador achou sua expressão crítica no conceito difícil de representância, que distinguimos expressamente do de representação. Por meio dele, quisemos exprimir a reivindicação do *vis--à-vis* hoje findo sobre o discurso histórico que ele visa, seu poder de incitação e de correção no tocante a todas as construções históricas, na medida em que estas se querem re-construções. Eu mesmo enfatizei esse direito do passado tal como ele foi, fazendo corresponder a ele a ideia de uma dívida de nossa parte para com os mortos. Por outro lado, o caráter elusivo, embora imperioso, desse *vis-à-vis*, nos levou para um jogo lógico onde as categorias do Mesmo, do Outro e do Análogo estruturam o enigma sem resolvê-lo. Ora, é em cada etapa desse jogo lógico que o imaginário se impõe como servidor leal e dedicado da representância e se aproxima mais uma vez da operação que consiste em figurar que... Não esquecemos, em Collingwood, tomado como porta-voz do Mesmo, a união íntima entre a imaginação histórica e a reefetuação. Esta é o *télos*, a meta e o coroamento da imaginação histórica; esta última, em contrapartida, é o *órganon* da reefetuação. Se passarmos da categoria do Mesmo para a do Outro para exprimir o momento do findo na representância do passado, é ainda o imaginário que impede a alteridade de cair no indizível. É sempre por meio de alguma transferência do Mesmo para o Outro, em simpatia e em imaginação, que o Outro estranho se torna próximo. No tocante a isso, a análise que Husserl dedica na *Quinta meditação cartesiana* à operação de emparelhamento (*Paarung*) e à inferência analogizante que sustenta esta última cabe aqui perfeitamente. Além disso, o tema central da sociologia compreensiva de Dilthey está preservado, ou seja, toda inteligência histórica se enraíza na capacidade que um sujeito tem de se transportar para uma vida psíquica alheia. Aqui, comenta Gadamer, a mente entende a mente. É essa transferência analogizante, para fundir numa só as duas temáticas de Husserl e de Dilthey, que legitima a passagem ao Análogo e o recurso, com Hayden White, à tropologia, para dar um sentido aceitável, afastado de qualquer positivismo, à expressão que Ranke nos legou: conhecer o passado *wie es eigentlich gewesen* (o passado tal como ele efetivamente se produziu). O *wie* – que equilibra paradoxalmente o *eigentlich* – adquire então o valor tropológico do "tal como", interpretado alternadamente como metáfora, como metonímia, como sinédoque e como ironia. O que Hayden White chama de função "representativa" da imaginação histórica se aproxima uma vez mais do ato de figurar que... mediante o qual a imaginação se torna visionária: o passado é o que eu teria visto, aquilo de que teria sido testemunha ocular se tivesse estado lá, assim como o outro lado das coisas é aquele que eu veria se as olhasse do lugar de onde você as considera. Desse modo, a tropologia torna-se o imaginário da representância.

Resta transpor mais uma etapa do passado *datado* (capítulo I) e do passado reconstruído (capítulo III) para o passado *refigurado*, e precisar a *modalidade* do imaginário que responde a essa exigência de *figuratividade*. No tocante a isso, até agora não fizemos mais que indicar o lugar marcado do imaginário no trabalho de refiguração.

É preciso dizer agora de que modo esses são traços do imaginário, *explicitados exclusivamente pela narrativa de ficção*, que vêm enriquecer essas mediações imaginárias e como, por isso mesmo, se dá o entrecruzamento propriamente dito da ficção e da história na refiguração do tempo.

É a esses traços que aludo ao introduzir a expressão "figurar que...". Todos eles têm em comum o fato de conferir à perspectiva do passado um estofo quase intuitivo. Uma primeira modalidade consiste num empréstimo direto da função metafórica do "ver-como". Já faz tempo que fomos preparados para acolher essa ajuda que a referência fraturada da metáfora traz para a refiguração do tempo pela história. Depois de termos admitido que a escrita da história não se agrega de fora ao conhecimento histórico, mas faz um só corpo com ele, nada se opõe a que admitamos também que a história *imita* em sua escrita os tipos de composição da intriga que a tradição literária legou. Vimos, por exemplo, Hayden White tomar por empréstimo de Northrop Frye as categorias do trágico, do cômico, do romanesco, da ironia etc., e emparelhar esses gêneros literários com os tropos da tradição retórica. Ora, esses empréstimos que a história faz da literatura não poderiam ser confinados ao plano da composição, ou seja, ao momento de configuração. O empréstimo concerne também à função representativa da imaginação histórica: aprendemos a ver *como* trágico, *como* cômico etc. determinado encadeamento de eventos. O que constitui precisamente a perenidade de certas grandes obras históricas, cuja confiabilidade propriamente científica foi no entanto minada pelo progresso documentário, é a exata adequação de sua arte poética e retórica à sua maneira de *ver* o passado. A mesma obra pode, portanto, ser um grande livro de história e um admirável romance. O incrível é que esse entrelaçamento da ficção à história não enfraquece o projeto de representância desta última, mas contribui para realizá-lo.

Esse efeito de ficção, se assim podemos nos exprimir, vê-se ademais multiplicado pelas diversas estratégias retóricas que evocamos em nossa passagem em revista das teorias da leitura. Pode-se *ler* um livro de história *como* um romance. Ao fazê-lo, entramos no pacto de leitura que institui a relação cúmplice entre a voz narrativa e o leitor implicado. Devido a esse pacto, o leitor baixa a guarda. Suspende voluntariamente sua desconfiança. Confia. Está disposto a conceder ao historiador o direito exorbitante de conhecer as almas. Em nome desse direito, os antigos historiadores não hesitavam em pôr na boca de seus heróis discursos inventados que os documentos não garantiam, apenas tornavam plausíveis. Os historiadores modernos já não se permitem essas incursões fantasiosas, no sentido próprio da palavra. Nem por isso deixam de apelar, de formas mais sutis, ao gênio romanesco, sempre que se esforçam para reefetuar, ou seja, repensar, um certo cálculo de meios e fins. Nesses casos, o historiador não se proíbe "retratar" uma situação, "representar" [*rendre*] um curso de pensamento e dar a este a "vivacidade" de um discurso interior. Encontramos, assim, um efeito de discurso destacado por Aristóteles na sua teoria da *léxis*: a "elocução" ou a "dicção", segundo a *Retórica*, tem a virtude de "colocar diante dos olhos" e, desse modo, "fazer ver"[3]. Avança-se assim um passo além do simples "ver-como", que não proíbe o casamento entre a metáfora que assimila e a ironia que distancia. Entramos na área da ilusão que, no sentido preciso do termo, confunde o "ver-como" com um "acreditar-ver". Aqui, o "considerar-verdadeiro", que define a crença, sucumbe à alucinação de presença.

Esse efeito muito particular de ficção e de dicção entra certamente em conflito com a vigilância crítica que, por outra parte, o historiador exerce por sua própria conta e tenta comunicar a seu leitor. Mas às vezes acontece uma estranha cumplicidade entre essa vigilância e a suspensão voluntária da incredulidade de onde nasce a ilusão na ordem estética. Poderia falar de *ilusão controlada* para caracterizar essa feliz união que faz, por exemplo, do retrato que Michelet fez da Revolução Francesa uma obra literária comparável a *Guerra e paz* de Tolstói, na qual o movimento procede em sentido inverso da ficção para a história, e não mais da história para a ficção.

Sugiro uma última modalidade de ficcionalização da história que, longe de abolir sua meta de representância, fornece-lhe o estofo de que carece e que, nas circunstâncias que exporei, é autenticamente esperado dela. Estou pensando naqueles acontecimentos que uma comunidade histórica considera marcantes por ver neles uma origem ou uma volta às origens. Esses acontecimentos, chamados em inglês "*epoch-making*", extraem sua significação específica de sua capacidade de fundar

---

3. *A metáfora viva*, cap. I.

ou reforçar a consciência de identidade da comunidade considerada, sua identidade narrativa, bem como a de seus membros. Esses acontecimentos geram sentimentos de considerável intensidade ética, seja no registro da comemoração fervorosa, seja no da execração, da indignação, da deploração, da compaixão ou até do apelo ao perdão. Espera-se do historiador que, como tal, abstenha-se desses sentimentos. No tocante a isso, a crítica que François Furet faz da comemoração e da execração que obstaram uma discussão frutífera das explicações e interpretações da Revolução Francesa continua válida[4].

Mas, quando se trata de acontecimentos mais próximos de nós, como Auschwitz, pareceria que a neutralidade ética, que talvez convenha ao progresso da história de um passado que é importante pôr a distância para melhor o compreender e explicar, não seja nem possível, nem desejável. Impõe-se nesses casos a palavra de ordem bíblica – e mais especificamente deuteronômica –, *Zakhor (lembra-te)*, que não se identifica necessariamente com um apelo à historiografia[5].

Admito, para começar, que a regra de abstinência, quando aplicada à comemoração reverenciosa, merece mais nosso respeito que sua aplicação à indignação e à deploração, na medida em que nosso gosto por celebrar costuma voltar-se de preferência para os grandes feitos daqueles que Hegel chamava os grandes homens históricos e decorre da função da ideologia, que consiste em legitimar a dominação. O que torna suspeita a comemoração reverenciosa é sua afinidade com a história dos vencedores, embora eu considere a eliminação da admiração, da veneração e do reconhecimento impossível e pouco desejável. Embora o *tremendum fascinosum* constitua, segundo R. Otto, o núcleo emocional do sagrado, o sentido do sagrado é uma dimensão inexpugnável do sentido histórico.

---

4. *Tempo e narrativa*, vol. 1, pp. 366-67.
5. Yosef Hayim Yeruschalmi mostra em *Zakhor, Jewish History and Jewish Memory*, Seattle e Londres, University of Washington Press, 1982, que os judeus ignoraram durante séculos a historiografia científica na própria medida em que permaneceram fiéis ao "lembra-te" deuteronômico, e que o acesso deles à pesquisa histórica no período moderno foi em grande medida efeito da assimilação à cultura dos gentios.

Mas o *tremendum* tem uma outra face: o *tremendum horrendum*, cuja causa merece ser defendida. E veremos a contribuição benéfica que a ficção dá a essa defesa. O horror é o negativo da admiração, assim como a execração o é da veneração. O horror vincula-se a acontecimentos que é necessário *nunca esquecer*. Constitui a motivação ética última da história das vítimas. (Prefiro dizer história das vítimas e não dos vencidos: pois os vencidos são, em parte, candidatos à dominação que fracassaram.) As vítimas de Auschwitz são, por excelência, os delegados de todas as vítimas da história na nossa memória. A vitimização é o avesso da história que nenhuma astúcia da Razão consegue legitimar e que manifesta, antes, o caráter escandaloso de qualquer teodicéia da história.

O papel da ficção nessa memória do horrível é um corolário da capacidade que o horror, assim como a admiração, tem de se dirigir a acontecimentos cuja *unicidade* expressa é importante. Quero dizer que o horror assim como a admiração exercem na nossa consciência histórica uma função específica de individuação. Individuação que não se deixa incorporar, nem a uma lógica da especificação, nem mesmo a uma lógica da individualidade como a que PaulVeyne compartilha com Pariente[6]. Com relação a essa individuação lógica, e mesmo à individuação pelo tempo de que falei acima, eu falaria voluntariamente de acontecimentos *unicamente únicos*. Toda outra forma de individuação é a contrapartida de um trabalho de explicação que liga. O horror isola tornando incomparável, incomparavelmente único, unicamente único. Se persisto em associá-lo à admiração, é porque ele inverte o sentimento que nos faz ir ao encontro de tudo o que nos parece portador de criação. O horror é uma veneração invertida. É nesse sentido que se falou do Holocausto como sendo uma revelação negativa, um anti-Sinai. Embora o conflito entre a explicação que liga e o horror que isola atinja aí seu auge, esse conflito latente não deve conduzir a nenhuma dicotomia danosa entre uma história, que dissolveria o acontecimento na explicação, e uma re-

---

6. *Tempo e narrativa*, vol. 1, pp. 281 e ss.

futação puramente emocional, que dispensaria de pensar o impensável. Importa antes realçar uma pela outra a explicação histórica e a individuação pelo horror. Quanto mais explicamos historicamente, mais ficamos indignados; quanto mais o horror nos atinge, mais tentamos entender. Essa dialética repousa em última instância na própria natureza da explicação histórica, que faz da retrodicção uma implicação causal singular. É sobre a singularidade da explicação autenticamente histórica que repousa a convicção, aqui expressa, de que a explicação histórica e a individuação dos acontecimentos pelo horror, assim como pela admiração ou pela veneração, podem não ser mutuamente antitéticos.

Em que a ficção é um corolário dessa individuação tanto pelo horror como pela admiração?

Voltamos à capacidade que a ficção tem de suscitar uma ilusão de presença, controlada porém pelo distanciamento crítico. Uma vez mais, cabe ao imaginário de representância "retratar" "colocando diante dos olhos". O fato novo é que a ilusão controlada não está destinada a agradar ou distrair. Está a serviço da individuação exercida tanto pelo horrível como pelo admirável. A individuação pelo horrível, a que estamos mais particularmente atentos, ficaria cega enquanto sentimento, por mais elevado e profundo que ele seja, sem a quase intuitividade da ficção. A ficção dá ao narrador horrorizado olhos. Olhos para ver e para chorar. O estado atual da literatura do holocausto comprova-o amplamente. Ou a contagem dos cadáveres ou a legenda das vítimas. Entre ambas, intercala-se uma explicação histórica, difícil (se não impossível) de escrever, em conformidade com as regras da imputação causal singular.

Fundindo-se assim com a história, a ficção a leva de volta à origem comum a ambas na *epopeia*. Mais precisamente, o que a epopeia fez na dimensão do admirável, a legenda das vítimas faz na do horrível. Essa epopeia de certo modo negativa preserva a memória do sofrimento, na escala dos povos, assim como a epopeia e a história nos seus primórdios tinham transformado a glória efêmera dos heróis em fama duradoura. Em ambos os casos, a ficção se põe a serviço do inesquecível[7]. Permite que a historiografia se iguale à memória. Pois uma historiografia pode ser sem memória, quando só a curiosidade a anima. Pende então para o exotismo, o que não tem nada de repreensível, como Paul Veyne reivindica para a história de Roma que ele apresenta. Mas talvez haja crimes que não devam ser esquecidos, vítimas cujo sofrimento grite menos por vingança do que por narrativa. Somente a vontade de não esquecer pode fazer com que esses crimes não ocorram *nunca mais*.

2. A historicização da ficção

Será que a ficção oferece, por sua vez, aspectos que favorecem sua *historicização*, da mesma maneira que a história pede, pelas características que acabamos de descrever, uma certa *ficcionalização* a serviço de sua própria meta de representância do passado?

Examinarei agora a hipótese de que a narrativa de ficção *imita* de certo modo a narrativa histórica. Diria que narrar qualquer coisa é narrar *como se* isso tivesse se passado. Até que ponto o *como se passado* é essencial para a significação-narrativa?

Um primeiro indício de que esse *como se passado* faz parte do sentido que damos a toda narrativa é de ordem estritamente gramatical. As narrativas são contadas em um tempo passado. O "era uma vez..." marca, no conto, a entrada em narrativa. Não ignoro que esse critério é recusado por Harald Wein-

---

7. Coincido, uma vez mais, com as belas análises de Hannah Arendt sobre a relação entre a narrativa e a ação: em face da fragilidade das coisas humanas, a narrativa revela o "quem" da ação, expõe-no no espaço de aparecimento do reino público, confere-lhe uma coerência digna de ser narrada e, finalmente, garante-lhe a imortalidade da reputação (*The Human Condition*, trad. fr., pp. 50, 97, 173-4, 181 ss.). Não é de espantar que Hannah Arendt nunca tenha separado os que sofrem a história dos que a fazem, e que tenha até escolhido como epígrafe de seu grande capítulo sobre a ação estes versos da poeta Isak Dinesen: "*All sorrows can be borne, if you put them into a story or tell a story about them*" [Todos os sofrimentos podem ser suportados se você os puser numa história ou contar uma história sobre eles] (*ibid*., p. 175).

rich em *Tempus*. A organização dos tempos verbais, segundo esse autor, só pode ser entendida se os dissociarmos das determinações relacionadas com o recorte do tempo em passado, presente e futuro. *Tempus* nada deve a *Zeit*. Os tempos verbais seriam apenas sinais dirigidos por um locutor a um auditor, convidando-o a receber e decodificar uma mensagem verbal de um certo modo. Examinamos acima essa interpretação dos tempos verbais em termos de comunicação[8]. O que nos interessa aqui é a "situação de locução", que preside à primeira distinção, já que ela rege, segundo Weinrich, a oposição entre narrar (*erzählen*) e comentar (*besprechen*). Os tempos que regem o narrar (em francês o *passé simple*, o imperfeito, o mais-que-perfeito e o condicional) não teriam nenhuma função propriamente temporal; serviriam para advertir o leitor: isto é uma narrativa. A atitude que corresponde à narrativa seria simplesmente o relaxamento, o descompromisso, por contraste com a tensão, o engajamento da entrada em comentário. *Passé simple* e imperfeito seriam pois tempos da narrativa, não porque a narrativa se refira de uma maneira ou outra a acontecimentos passados, reais ou fictícios, mas porque esses tempos orientam para uma atitude de relaxamento. O mesmo pode ser dito, como bem nos lembramos, das marcas de *retrospecção* e de *prospecção*, conforme o segundo eixo da comunicação, o da "perspectiva de locução"; e das marcas do "realçamento", conforme o terceiro eixo da comunicação. Expus, na ocasião, tudo o que uma teoria do tempo na ficção deve à obra de Weinrich. O que *Tempus* demonstra é que os tempos verbais formam um sistema infinitamente mais complexo que a representação *linear* do tempo, à qual o autor vincula rápido demais a vivência temporal expressa em termos de presente, passado e futuro. Ora, a fenomenologia da experiência temporal nos familiarizou com múltiplos aspectos não lineares do tempo e com significações da noção de passado que remetem a esses aspectos não lineares. A partir de então, *Tempus* pode ser vinculado a *Zeit* segundo outras modalidades de temporalização

---

8. *Tempo e narrativa*, vol. 2, cap. III, § 1.

além da linearidade. Uma das funções da ficção é precisamente detectar e explorar algumas dessas significações temporais que a vivência cotidiana nivela ou oblitera. De resto, dizer que o pretérito simplesmente assinala a entrada em narrativa sem nenhuma significação temporal não parece plausível. A ideia de que a narrativa tenha a ver com algo como um passado fictício me parece mais fecunda. Se a narrativa pede uma atitude de relaxamento, não será porque o tempo passado da narrativa é um quase passado temporal?

Contudo, o que se pode entender por quase passado? Na terceira parte desta obra, no final de minhas análises sobre os "jogos com o tempo", arrisquei uma hipótese que a meu ver encontra, aqui e agora, sua melhor legitimação. De acordo com essa hipótese, os acontecimentos contados numa narrativa de ficção são fatos passados para a *voz narrativa*, que podemos considerar aqui idêntica ao autor implicado, ou seja, a um disfarce fictício do autor real. Fala uma *voz* que narra o que, *para ela*, ocorreu. Entrar em leitura é incluir no pacto entre o leitor e o autor a crença de que os acontecimentos narrados pela voz narrativa pertencem ao passado dessa voz[9].

Caso essa hipótese proceda, pode-se dizer que a ficção é quase histórica, tanto quanto a história é quase fictícia. A história é quase fictícia sempre que a quase presença dos acontecimentos colocados "diante dos olhos" do leitor por uma narrativa animada suprir, por sua intuitividade e sua vivacidade, o caráter elusivo da preteridade do passado, que os paradoxos da representância ilustram. A narrativa de ficção é quase histórica na medida em que os acontecimentos irreais que ela relata são fatos passados para a voz narrativa que se dirige ao leitor; é por isso que se parecem com acontecimentos passados e que a ficção se parece com a história.

A relação é, aliás, circular: é, por assim dizer, como sendo quase histórica que a ficção dá ao passado essa vivacidade de evocação que faz de um grande livro de história uma obra-prima literária.

---

9. Sobre a noção de voz narrativa, cf. *Tempo e narrativa*, vol. 2, pp. 151-172.

Uma segunda razão para considerar o "como se passado" essencial para a ficção narrativa decorre da regra de ouro da composição da intriga que lemos em Aristóteles, qual seja, a de que ela tem de ser provável ou necessária; Aristóteles certamente não atribui nenhuma significação temporal ou quase temporal ao provável; limita-se a opor o que poderia ocorrer com o que ocorreu (*Poética*, 1451 b 4-5). A história cuida do passado efetivo, a poesia encarrega-se do possível. Mas essa objeção não é mais limitativa que a de Weinrich. Aristóteles, na verdade, não se interessa nem um pouco pela diferença entre passado e presente; caracteriza o que ocorreu pelo particular e o que poderia ocorrer pelo geral: "O geral é o tipo de coisa que um certo tipo de homens faz ou diz, provável ou necessariamente" (1451 b 6).

O problemático aqui é a probabilidade do geral. Ora, essa probabilidade não deixa de ter relação, para o próprio Aristóteles, com o que acabamos de chamar de quase passado. Na mesma página que opõe poesia a história, os trágicos são elogiados por terem se atido "aos nomes de homens realmente comprovados. E o motivo é este: o possível é *persuasivo*; ainda não acreditamos ser possível o que não ocorreu, ao passo que é evidente que o que ocorreu é possível" (1451 b 15-18). Aristóteles sugere aqui que, para ser persuasivo, o provável tem de ter uma relação de verossimilhança com o ter-sido. Com efeito, Aristóteles não se preocupa em saber se Ulisses, Agamêmnon, Édipo são personagens reais do passado; mas a tragédia deve simular um mergulho na *lenda*, cuja primeira função é ligar a memória e a história às camadas arcaicas do reino dos predecessores.

Infelizmente, essa simulação do passado pela ficção foi obscurecida posteriormente pelas discussões estéticas suscitadas pelo romance realista. A verossimilhança passa a ser confundida com uma modalidade de semelhança ao real que coloca a ficção no próprio plano da história. No tocante a isso, é verdade que se pode ler os grandes romancistas do século XIX como historiadores substitutos, ou melhor, como sociólogos *avant la lettre*: como se o romance ocupasse aqui um lugar ainda vacante no império das ciências humanas. Mas esse exemplo acaba sendo o mais enganador. Não é quando o romance exerce uma função histórica ou sociológica *direta*, mesclada à sua função estética, que ele levanta o problema mais interessante quanto à verossimilhança. A verdadeira *mímesis* da ação deve ser buscada nas obras de arte menos preocupadas em refletir sua época. *A imitação, no sentido vulgar do termo, é aqui o inimigo por excelência da mímesis*. É precisamente quando uma obra de arte rompe com esse tipo de verossimilhança que revela sua verdadeira função mimética. O quase passado da voz narrativa se distingue então totalmente do passado da consciência histórica. Identifica-se em contrapartida com o provável no sentido do que poderia ocorrer. É essa a nota "passadista" que ressoa em toda reivindicação de verossimilhança, independentemente de qualquer relação de reflexo com o passado histórico.

A interpretação que proponho aqui do caráter "quase histórico" da ficção evidentemente coincide com aquela que proponho do caráter "quase fictício" do passado histórico. Embora seja verdade que uma das funções da ficção, misturada com a história, é liberar retrospectivamente certas possibilidades não realizadas do passado histórico, é por meio de seu caráter quase histórico que a própria ficção pode exercer *a posteriori* sua função libertadora. O *quase passado* da ficção torna-se assim o detector dos *possíveis escondidos no passado efetivo*. O que "poderia ter acontecido" – o verossímil segundo Aristóteles – abarca tanto as potencialidades do passado "real" como os possíveis "irreais" da pura ficção.

Essa profunda afinidade entre o verossímil da pura ficção e as potencialidades não realizadas do passado histórico talvez explique, por sua vez, por que a liberação da ficção das imposições da história – imposições resumidas na prova documentária – não constitui, como foi dito acima (pp. 263-5), a última palavra no que concerne à *liberdade* da ficção. Livre *da* imposição exterior da prova documentária, a ficção não está internamente amarrada pelas obrigações para com o quase passado, que é um outro nome da *imposição do verossímil*? Livre *de...*, o artista ainda tem de se tornar livre *para...* Se assim não fosse, como explicar as angústias e sofrimentos da criação artística? O quase passado da voz narrativa não exerce sobre a criação romanesca uma coerção interna tanto mais imperiosa quanto menos se confunde com a coerção externa do fato documentário? E a dura lei da criação, que é a de "reproduzir" [*rendre*] da forma mais perfeita possível a visão de mundo que anima a voz narrativa, não simula, até a indistinção, a *dívida* da história para com os homens de antigamente, para com os mortos? Dívida por dívida, qual, a do historiador ou a do romancista, é a mais impagável?

Para concluir, o *entrecruzamento* entre história e ficção na refiguração do tempo repousa, em última análise, nessa sobreposição recíproca, com o momento quase histórico da ficção trocando de lugar com o momento quase fictício da história. Desse entrecruzamento, dessa sobreposição recíproca, dessa troca de lugares, procede o que se convencionou chamar o *tempo humano*, onde se conjugam a representância do passado pela história e as variações imaginativas da ficção, tendo como pano de fundo as aporias da fenomenologia do tempo[10].

A que tipo de totalização esse tempo decorrente da refiguração pela narrativa se presta, para que possa ser visado como o *singular coletivo* sob o qual se ordenam todos os procedimentos de entrecruzamento que acabamos de descrever?
É o que ainda resta examinar.

---

10. Reservo para o capítulo de conclusão o exame da noção de *identidade narrativa* que coroa, no plano da consciência de si, a análise dos cinco capítulos que terminam aqui. O leitor pode se remeter a ele desde já. De minha parte, preferi ater-me à constituição do *tempo humano como tal*, para deixar aberta a via que leva à aporia do tempo da história.

6. RENUNCIAR A HEGEL

A confrontação com Hegel que agora impomos a nós mesmos se fez necessária pela emergência de um problema decorrente da própria conclusão a que chegaram os cinco capítulos anteriores. Esse problema, que esboçamos em grandes linhas nas páginas de introdução à nossa segunda seção, resulta da pressuposição, reiterada por todas as grandes filosofias do tempo, da unicidade do tempo. Nelas, é sempre como um *singular coletivo* que o tempo é representado. Ora, essa pressuposição só é retomada pelas fenomenologias do tempo evocadas acima ao preço de grandes dificuldades que voltaremos a passar uma última vez em revista no nosso capítulo de conclusão. A questão que por ora se coloca é saber se, do entrecruzamento das perspectivas referenciais da narrativa histórica e da narrativa de ficção, procede uma consciência histórica unitária, capaz de se igualar a essa postulação da unicidade do tempo e de fazer frutificar suas aporias.

Quanto à legitimidade desta última questão, não repetirei o argumento extraído da semântica do termo "história", ao menos na época moderna. O argumento será aliás retomado no começo do próximo capítulo. Prefiro buscar um ponto de ancoragem para nossa questão da totalização da consciência histórica nas dificuldades encontradas acima, no nosso capítulo dedicado à realidade do passado como tal[1]. Se, como reco-

---

1. Cf. acima, cap. III.

nhecemos naquela ocasião, o relativo fracasso de todo pensamento sobre o passado como tal decorre da abstração do passado, da ruptura de seus laços com o presente e com o futuro, a verdadeira refutação às aporias do tempo não deveria ser buscada num modo de pensar que abarcasse o passado, o presente e o porvir *como um todo*? Não se deveria decifrar, na disparidade dos "grandes gêneros" que articulam a representação do passado como tal (reefetuação, posição de alteridade e de diferença, assimilação metafórica), o sintoma de um pensamento que não ousou elevar-se à altura da apreensão da história como a própria totalização do tempo no eterno presente? Dessa questão nasce a tentação hegeliana.

1. A tentação hegeliana

A história que é tema da filosofia hegeliana[2] já não é uma história de historiador: é uma história de filósofo. Hegel diz: "história do mundo" – e não "história universal". Por quê? Porque a *ideia* capaz de conferir à história uma unidade – a *ideia de liberdade* – só é entendida por quem fez todo o percurso da filosofia do Espírito na *Enciclopédia das ciências filosóficas* – ou seja, por quem pensou integralmente as condições que fazem com que a liberdade seja a um só tempo racional e real no processo de autorrealização do Espírito. Nesse sentido, somente o filósofo pode escrever essa história[3].

---

2. O texto que consultamos aqui é a edição das *Vorlesungen über die Philosophie der Weltgeschichte*, t. I, *Die Vernunft in der Geschichte*, estabelecida por Johannes Hoffmeister, Hamburgo, Felix Meiner, 1955; tradução francesa de Kostas Pappaioannou, *La Raison dans l'histoire, Introduction à la philosophie de l'histoire*, Paris, Plon, 1965 (também Union Générale d'Éditions, col. "Le monde en 10/18"). Tomamos a liberdade de modificar essa tradução em várias oportunidades.
3. A pesquisa sobre os "tipos de historiografia" (*Arten der Geschichtsschreibung*) – que constitui o "Primeiro esboço" da Introdução às *Lições sobre a filosofia da história* – tem um fim exclusivamente didático: para um público não familiarizado com as razões filosóficas estabelecidas pelo sistema que consiste em considerar a liberdade o motor de uma história concomitantemente racional e real, era necessário dar uma introdução exotérica que conduzisse, passo

Não há portanto verdadeira introdução à "consideração *pensante*" da história. Ela se estabelece, sem transição nem intermediário, no ato de fé filosófico consubstancial ao sistema: "O único pensamento que a filosofia traz é a simples ideia da *Razão* – a ideia de que a Razão governa o mundo e que, por conseguinte, a história do mundo também se desenrolou racionalmente" [28] (47)[4]. Para o historiador, essa convicção é uma hi-

---

a passo, à ideia de uma história filosófica do mundo que, na verdade, só é recomendada por sua própria estrutura filosófica. O movimento que vai da "*História original*" à "*história reflexiva*" e depois à "*história filosófica*" repete o movimento da *Vorstellung* – ou seja, do pensamento figurativo – ao *Conceito*, passando pelo entendimento e pelo juízo. Sobre os autores da "história original", diz-se que tratam dos acontecimentos e das instituições que estão diante de seus olhos e de cujo espírito eles compartilham; com eles, contudo, transpõe-se um primeiro patamar, para além da lenda e das tradições recolhidas, porque o espírito do povo já transpôs esse patamar inventando a política e a escrita. A história acompanha esse avanço efetivo interiorizando-o. Quanto à "história reflexiva", ela mesma apresenta formas que são percorridas numa certa ordem, que repete a hierarquia da representação ao Conceito. É notável que a "história universal" constitua apenas seu grau mais baixo, por falta de ideia diretora que domine a compilação de resumos abstratos e de retratos que criam a ilusão do vivido. (A "história filosófica do mundo" não será portanto uma história universal, no sentido de uma visão sinóptica das histórias nacionais, colocadas lado a lado à maneira de mapas geográficos.) Em seguida, é recusada a "história pragmática", apesar de sua preocupação em retratar o passado e o presente mutuamente significativos; mas isso é feito ao preço de uma tendência moralizante que põe a história à mercê das convicções do historiador particular (mais adiante retomaremos, com R. Koselleck, essa importante questão da *historia magistra vitae*). Surpreende mais ainda o encarniçamento de Hegel contra a "história crítica", coração vivo da "história reflexiva". Apesar de sua acribia no tratamento das fontes, possui os defeitos de qualquer pensamento *somente* crítico, no qual se concentram todas as resistências ao pensamento especulativo: concentração exclusiva nas questões de condição de possibilidade, perda de contato com as coisas mesmas. Não surpreende, então, que Hegel ainda prefira a "história específica" (história da arte, da ciência, da religião etc.), que tem ao menos a virtude de entender uma atividade espiritual em função das forças do Espírito que particularizam o espírito de um povo. É por isso que Hegel situa a "história específica" no topo das modalidades da "história reflexiva". A passagem para a "história filosófica do mundo" nem por isso deixa de constituir um salto qualitativo no percurso pelos tipos de historiografia.

4. Essa proposição tem o mesmo estatuto epistemológico que a "convicção" (*Ueberzeugung*) que, no final do capítulo VI da *Fenomenologia do espírito*, se

pótese, uma "pressuposição", portanto uma ideia *a priori* imposta aos fatos. Para o filósofo especulativo, tem a autoridade da "autoapresentação" (da *Selbstdarstellung*) do sistema todo. É uma verdade: a verdade de que a Razão não é um ideal impotente, mas uma *potência*. Não é uma simples abstração, um dever-ser, mas uma potência *infinita* que, diferentemente das potências finitas, produz as circunstâncias de sua própria realização. Esse credo filosófico resume tanto a *Fenomenologia do espírito* quanto a *Enciclopédia* e retoma a refutação obstinada da cisão entre um formalismo da ideia e um empirismo do fato. O que é, é *racional* – o que é racional, *é*. Essa convicção, que comanda toda a filosofia hegeliana da história, só pode ser introduzida de modo abrupto, na medida em que é todo o sistema que a prova[5].

A filosofia da história, contudo, não se limita à simples tautologia da declaração que acabamos de expor. Ou se, em última instância, ela se revelasse uma vasta tautologia, seria no final de um percurso que, como tal, vale como prova. É nas ar-

---

liga à certeza de si, quando o agente se tornou *um*, tanto com sua intenção como com seu fazer.

5. Ainda que se pudesse nomear alguns antecedentes do projeto hegeliano, os argumentos que revelam sua inadequação são eles mesmos tomados de empréstimo da doutrina completa, que não tem precedente. O *Noûs* de Anaxágoras? Mas Platão já rejeitara uma filosofia para a qual a causalidade real é intrínseca ao reino do Espírito. A doutrina da Providência? Mas os cristãos só a entenderam fragmentada em intervenções arbitrárias e não a aplicaram ao curso todo da história do mundo. Além disso, ao declararem imperscrutáveis os caminhos do Senhor, fugiram ante a tarefa de conhecer Deus. A teodicéia de Leibniz? Mas suas categorias são "abstratas", "indeterminadas" [4] (68), por não ter mostrado historicamente, mas apenas "metafisicamente", como a realidade histórica se integra aos desígnios de Deus; o fracasso de sua explicação do mal é prova disso: "O mal que existe no universo, incluindo o mal moral, deve ser compreendido, e o espírito pensante deve se reconciliar com esse negativo" (*ibid.*). Enquanto o mal não é incorporado ao grande desígnio do mundo, a crença no *Noûs*, na providência, nos desígnios divinos permanece em suspenso. Quanto à própria filosofia da religião de Hegel, nem sequer é uma ajuda suficiente; é certo que é nela que é afirmado com mais força que Deus revelou a si mesmo; mas coloca o mesmo problema: como *pensar* até o fim o que é somente objeto de fé? Como conhecer Deus *racionalmente*? A questão remete às determinação da filosofia especulativa como um todo.

ticulações desse percurso que quero me concentrar, pois elas consumam a *Aufhebung* de toda narração. Hegel situa as articulações desse percurso sob a sigla da *"determinação"* (*Bestimmung*) da Razão. Por não poder, numa obra relativamente popular, reproduzir o aparelho da prova que a *Enciclopédia das ciências filosóficas* toma emprestado da lógica filosófica, as *Lições sobre a filosofia da história* contentam-se com uma argumentação mais exotérica, construída sobre os momentos familiares da noção vulgar de teleologia (sem, contudo, retornar à finalidade externa): *objetivo, meios, material, efetividade*. Essa progressão em quatro tempos tem ao menos a vantagem de lançar luz sobre o caráter dificultoso do equacionamento entre o racional e o real, que uma reflexão mais curta, restrita à relação entre meios e fim, pareceria poder estabelecer a um custo menor. Essa espécie de renúncia à adequação última não deixa de ter, como logo ficará claro, significação para nosso problema da mediação perfeita.

O primeiro tempo do processo de pensamento consiste na postulação de um fim último da história: "A questão da determinação da Razão em si mesma na sua relação com o mundo se confunde com a do fim último (*Endzweck*) do mundo" [50] (70). Essa declaração abrupta deixa de surpreender se lembrarmos que a filosofia da história supõe o sistema todo. Somente ele autoriza a declarar que esse objetivo último é a autorrealização da liberdade. Esse ponto de partida distingue imediatamente a história filosófica do mundo, também chamada de "consideração pensante da história". Consequentemente, compor uma história filosófica será ler a história, principalmente política, sob a condução de uma ideia que somente a filosofia legitima inteiramente. A filosofia, deve-se dizer, traz a si mesma na postulação da questão.

Todavia, uma meditação que não levasse em conta a questão dos meios, do material e da efetividade não poderia ir além do plano de uma "determinação abstrata do Espírito" [54] (74), separada de sua "prova" histórica. De fato, a determinação do Espírito que não seja por suas provas não pode ser designada mais que por sua oposição à natureza [55] (75). A própria liberdade permanece abstrata enquanto permanecer oposta às determinações materiais exteriores: a capacidade que o espírito tem de ficar "em si" (*bei sich*), tem ainda por contrário o "fora de si" da matéria. Mesmo a breve "apresentação" (*Darstellung*) da história da liberdade, como extensão quantitativa da liberdade (com o Oriente, só um é livre; com os gregos, alguns são livres; com o cristianismo germânico, somente o homem como tal é livre) [62] (83) – mesmo essa exibição da liberdade na sua história permanece abstrata enquanto não se conheçam seus meios. Temos decerto o esquema do desenvolvimento do Espírito e da "divisão" (*Einteilung*) da história mundial. Faltam efetuação (*Verwirklichung*) e efetividade (*Wirklichkeit*) à bela declaração segundo a qual o único objetivo do Espírito é tornar a liberdade efetiva [64-78] (85-101). A única nota "concreta" dada à afirmação de que Espírito produz a si mesmo como "seu próprio resultado" [58] (79) é a identificação do Espírito com o *espírito de um povo* (*Volksgeist*). Era precisamente o espírito de um povo, sua substância e sua consciência, que, na história "original", tinha acesso à representação. De modo geral, com o espírito de um povo, transpõe-se o limiar da história e deixa-se para trás a perspectiva limitada do indivíduo. No entanto, esse real avanço na direção do concreto não atravessa as fronteiras da "determinação abstrata", na medida em que nos limitamos a justapor aos múltiplos espíritos de um povo o único *espírito do mundo* (*Weltgeist*), pondo assim lado a lado um politeísmo dos espíritos e um monoteísmo do Espírito. Enquanto não se tiver mostrado o que move essa inserção do espírito de um povo no espírito do mundo, não se terá superado a abstração da afirmação de que "a história do mundo se desenrola no domínio do espírito". Como o declínio dos espíritos de um povo, tomado individualmente, e a substituição de um por outro demonstram a *imortalidade do espírito do mundo*, do Espírito como tal? O fato de que o Espírito se insira sucessivamente nessa ou naquela configuração histórica é apenas um corolário da afirmação – ainda abstrata – de que o Espírito é *um* em meio a suas múltiplas particularizações. Captar o sentido dessa passagem do espírito de um povo para um outro, eis o ponto supremo da compreensão filosófica da história.

É nesse estágio crítico que se coloca a questão dos *meios* que a liberdade se dá para se realizar na história. É também nesse ponto que intervém a tão famosa tese da *astúcia da Razão*. O importante, contudo, é anunciar desde já que esta é ainda apenas uma etapa no caminho da efetuação plena da Razão na história. Mais que isso, o próprio argumento comporta vários graus, tratados com grande precaução, como que para amortecer um choque esperado [78-110] (101-134).

Para começar, deve ficar entendido que é no campo de uma teoria da *ação* que a solução do problema dos meios deve ser buscada; a primeira efetuação do desígnio da liberdade consiste com efeito no investimento desta última em um *interesse*: "É um direito infinito do sujeito que ele encontre satisfação em sua atividade e em seu trabalho" [82] (105). Fica descartada assim qualquer denúncia moralizante do suposto egoísmo do interesse. É nesse mesmo plano de uma teoria da ação que também se pode afirmar que o interesse tira sua energia da *paixão*; a frase é conhecida: "Nada de grande no mundo foi realizado sem paixão" [85] (108-109). Em outras palavras, a "convicção" moral não é nada sem a mobilização, total e sem reservas, por uma ideia animada pela paixão. Ora, o que está em jogo com essa palavra é precisamente o que, na *Fenomenologia do espírito*, a consciência que julga chama o *mal*, ou seja, o refluxo e o recentramento de todas as forças atuantes na exclusiva satisfação do eu.

Como pode o espírito do mundo, portado pelo espírito de um povo, anexar, como "meio" de sua efetuação, essas convicções encarnadas em interesses e movidas por paixões que o moralista identifica ao mal? A meditação comporta aqui três novos passos.

À análise que acaba de ser feita da paixão, agrega-se um primeiro traço decisivo: na intenção de uma paixão escondem-se duas metas, uma que o indivíduo conhece, outra que não conhece: por um lado, o indivíduo se dirige para objetivos determinados e finitos; por outro, serve sem saber a interesses que vão além dele. Quem quer que faça algo, produz efeitos não desejados que fazem com que seus atos escapem à sua intenção e desenvolvam sua lógica própria. Via de regra: "A ação imediata pode igualmente conter algo mais vasto do que aquilo que aparece na vontade e na consciência do autor" [89] (112)[6].

Recorrendo a essa intenção segunda e oculta, Hegel crê ter se aproximado de seu objetivo, que é o de *abolir o acaso*. Para a história "original" e a história "reflexiva", com efeito, esse *diferente do planejado* seria a última palavra[7]. A *"astúcia" da Razão é precisamente a retomada desse diferente de... no desígnio do* Weltgeist. Como? Por meio de um segundo passo adiante, abandonemos a esfera dos interesses egoístas e consideremos a inscrição dos efeitos não planejados pelo indivíduo na esfera dos interesses do povo e do *Estado*. É portanto preciso antecipar, na teoria dos "meios", a teoria do "material" da história racional. O Estado é o lugar, a configuração histórica, onde a ideia e sua realização se juntam. Fora do Estado, não há conciliação entre o Espírito, que visa à efetuação da liberdade, e os indivíduos, que buscam com paixão sua satisfação no horizonte de seu interesse. Entre o *em si* dessa vontade de liberdade e o *para si* da paixão, persiste o abismo. A essa contradição, Hegel não reponde com nenhuma conciliação fácil. A contradição continua aguda enquanto a argumentação continua no campo da antítese entre felicidade e infelicidade. Ora, deve-se reconhe-

---

6. Essa ideia de uma dupla intencionalidade não deixa de encontrar eco no pensamento contemporâneo: evoquei-a muitas vezes depois de Hermann Lübbe em seu ensaio *Was aus Handlungen Geschichten macht?* (O que transforma nossas ações em histórias?) Não há nada para contar, nota esse autor, enquanto as coisas ocorrem como previsto ou desejado; só se conta o que complicou, contrariou ou até tornou irreconhecível a simples execução em andamento de um projeto. Típico, nesse sentido, é o projeto arruinado pela interferência de empreendimentos adversos. Quando o efeito produzido não se coaduna com os motivos de agir de nenhum dos participantes (como a inauguração do estádio de Nuremberg, prevista pelo arquiteto chefe do III Reich para o dia que acabou sendo o da vitória dos aliados), e, mais ainda, quando esse efeito não pode ser atribuído a nenhuma terceira vontade, temos de contar como as coisas aconteceram de maneira *diferente* de tudo o que foi planejado por um ou outro. Hegel toma a palavra no momento em que H. Lübbe para, isto é, com a constatação neutra (ou irônica, ou desolada) do lugar do acaso, como Cournot o entende, no sentido da história.

7. "O fato histórico é por essência irredutível à ordem: o acaso é o fundamento da história", comenta Raymond Aron na linha de Cournot.

cer que "*a história do mundo não é o lugar da felicidade*" [92] (116). Paradoxalmente, as páginas de felicidade dos povos felizes ficam em branco. *É preciso renunciar à consolação para alcançar a reconciliação*. Pode-se então ligar esse segundo passo ao primeiro: do ponto de vista do indivíduo, o destino funesto de um Alexandre, de um César (de um Napoleão talvez também), é a história de um projeto arruinado (e essa história é prisioneira do mesmo círculo subjetivo que a ação, cuja intenção, no entanto, ela trai). É do ponto de vista dos interesses superiores da liberdade e de seu progresso no *Estado* que o fracasso deles pode ser significativo.

Resta ousar dar um último passo, que o exemplo precedente antecipa. Além de um "solo" (*Boden*), qual seja, o Estado, onde podem coincidir os interesses superiores da liberdade, que são também os do Espírito, e os interesses egoístas dos indivíduos, o argumento ainda exige *agentes ímpares*, capazes de carregar esses destinos, eles mesmos fora do comum, onde as consequências não planejadas da ação concorrem para o progresso das instituições da liberdade. Esses agentes da história, nos quais a paixão e a ideia se sobrepõem, são aqueles que Hegel denomina os "grandes homens históricos" (*die grossen welthistorischen Individuen*) [97] (120). Aparecem quando conflitos e oposições atestam a vitalidade do espírito de um povo e uma "ideia produtiva" tenta abrir caminho. Ninguém conhece essa ideia produtiva; ela habita os grandes homens sem que eles saibam, e a paixão deles está toda regida pela ideia que se busca. Poder-se-ia dizer, em outro vocabulário, que eles encarnam o *kairós* de uma época. Homens de paixão, são homens infelizes: a paixão deles os faz viver, o destino deles os mata; esse mal e essa infelicidade *são* a "efetuação do Espírito". Cala-se assim não só o alto tom de voz dos moralistas, mas também a mesquinharia dos invejosos. Não é preciso demorar-se nas palavras, retomadas da *Fenomenologia do espírito*, que por sua vez as extraíra de Goethe: "Ninguém é herói para o próprio criado" [103] (107). Contra esses dois tipos de rabugentos, que muitas vezes são um só, é preciso ousar confessar: "Uma figura tão grande necessariamente esmaga muitas flores inocentes, arrasa muitas flores ao passar" [105] (129).

É então – só então – que Hegel pronuncia as palavras: *astúcia da Razão* (*List der Vernunft*) [105] (78) – portanto em um contexto bem especificado pela dupla *marca* do mal e da infelicidade: sob a condição, primeiro, de que o interesse particular animado por uma grande paixão sirva, à sua própria revelia, à produção da própria liberdade; sob a condição, em seguida, de que o particular seja destruído, para que o universal seja salvo. A astúcia consiste somente em que a razão "deixe agir as paixões *für sich*" (*ibid.*); sob sua aparência devastadora fora delas mesmas e suicida para elas mesmas, carregam o destino dos fins superiores. Assim, a tese da astúcia da Razão vem ocupar exatamente o lugar que a teodicéia atribui ao mal, quando protesta que o mal não é *em vão*. Mas, estima Hegel, a filosofia do Espírito tem êxito ali onde a teodicéia fracassou até agora, porque somente ela mostra como a Razão mobiliza as paixões, revela sua intencionalidade oculta, incorpora sua intenção segunda no destino político dos Estados e encontra nos grandes homens da história os eleitos dessa aventura do Espírito. O fim último encontrou finalmente seu "meio" que não lhe é exterior, na medida em que é satisfazendo seus fins particulares que esses eleitos do Espírito realizam os objetivos que os ultrapassam, e em que o sacrifício da particularidade que é seu preço justifica-se pela função de razão que esse sacrifício cumpre.

O ponto crítico fica, desse modo, designado: numa reconciliação sem consolação, essa parte da particularidade que sofre, sem que saiba a razão, não recebe nenhuma satisfação. Schiller é remetido à sua tristeza: "Se dizemos... que a Razão universal se realiza no mundo, certamente não nos referimos a esse ou aquele indivíduo empírico" [76] (99).

No entanto, a Introdução às *Lições* ainda não terminou. Continua faltando algo para que a efetividade do Espírito, sua *Wirklichkeit*, seja igual à finalidade última, ao *Endzweck*, da história.

Segue-se, com efeito, um longo desenvolvimento dedicado ao "material" – *das Material* [110 ss.] (134 ss.) – da livre Razão. Ele nada mais é que o Estado, cujo papel antecipamos ao falar do "solo" no qual se enraíza todo o processo da efetuação da liberdade. Em torno desse polo gravitam as *potências* que dão consistência ao espírito dos povos (religião, ciências e artes). Não falaremos delas aqui.

Mais espantoso é o tipo de corrida de perseguição que começa a partir dessa seção e que parece sugerir que o projeto de efetuação (*Verwicklichung*) do Espírito nunca se encerra. Ao quarto estágio, intitulado "efetividade" [138 ss.] (165 ss.), marcado pelo estabelecimento do Estado de direito com base na ideia de constituição, segue-se ainda uma grande seção dedicada ao "curso (*Verlauf*) da história do mundo" [149-183] (117-215), onde o "princípio de desenvolvimento" deve por sua vez se articular numa sequência de "etapas" (*Stufengang*) [155] (143), na qual se encarna o próprio "curso" da história do mundo. Somente com esse "curso" o conceito de história filosófica do mundo está *completo*; ou melhor, por meio dele, pode-se começar a trabalhar; nada mais resta senão compor "a história filosófica do Mundo Antigo", "palco do objeto de nossas considerações, ou seja, a história do mundo" [210] (243). Mas ainda é preciso organizar esse "curso" segundo um princípio de *"divisão"* adequado (*die Einteilung der Weltgeschichte*) [242] (279), pois, uma vez mais, é a execução da tarefa que constitui a prova[8].

Que acontece com o tempo histórico nesse processo de efetuação? Numa primeira aproximação, a filosofia da história parece consagrar o caráter irredutivelmente temporal da própria Razão, na medida em que ela se iguala a suas obras. É como "desenvolvimento" (*Entwicklung*) que o processo de efetuação se deixa caracterizar. Mas essa temporalização da história, para antecipar uma expressão de Koselleck à qual retor-

---

8. O que denomino a grande *tautologia*, aquela constituída pelo projeto levado a termo pelo *Stufengang*, duplica a tautologia *breve*, o curto-circuito da famosa declaração: "O único pensamento que a filosofia traz é a simples ideia da Razão – a ideia de que a história universal também se desenrolou racionalmente." A afirmação do sentido por ele mesmo é o *credo* filosófico infrangível que podemos ler em uma das belas páginas da edição Hoffmeister: "A razão existe na consciência como fé na onipotência da Razão sobre o mundo. A prova disso será fornecida pelo estudo da própria história do mundo; pois ela é tão-só a imagem e o ato da Razão" [36] (56).

naremos no próximo capítulo, não se esgota na historicização da Razão que parece resultar dela. Pois a questão é o modo dessa temporalização.

Numa maior aproximação, parece que todo o processo de temporalização se sublima na ideia de um "retorno a si" (*Rückkehr in sich selber*) [181] (212) do Espírito e de seu conceito, por meio do que a efetividade se iguala à presença: "A filosofia, deve-se dizer, lida com o que é presente, efetivo (*dem Gegenwärtigen, Wirklichen*)" [183] (215). *Essa equação entre a efetividade e a presença marca a abolição da narratividade na consideração pensante da história.* Ela é o sentido último da passagem da história "originária" e da história "reflexiva" para a história "filosófica"[9].

A maneira como essa equação é obtida merece nossa atenção. Trata-se, com efeito, de algo bem diferente de um aperfeiçoamento da ideia de *progresso*, apesar da asserção inicial de um "impulso na direção da *perfectibilidade*, de um *Trieb der Perfektibilität* [149] (177), que coloca o princípio de desenvolvimento na linha da filosofia das Luzes. O tom com que é denunciada a negligência conceitual e a trivialidade do otimismo dos *Aufklärer* é de uma dureza surpreendente. A versão *trágica* que é dada do desenvolvimento e o esforço para fazer o *trágico* e o *lógico* coincidirem não deixa nenhuma dúvida sobre a vontade de originalidade de Hegel no tratamento da temporalização da história. A oposição entre o Espírito e a Natureza é o instrumento didático desse avanço conceitual: "O desenvolvimento não é uma mera eclosão (*Hervorgehen*), sem pena e sem luta, como a da vida orgânica, mas o duro labor, a contragosto, contra si mesmo" [152] (180). Esse papel do negativo – do trabalho do negativo – não surpreende o leitor familiarizado com o grande Prefácio da *Fenomenologia do espírito*. A novidade é a sobreposição entre o tempo histórico e o trabalho do negativo: "É conforme ao conceito do Espírito que o desenvolvimento da história se produza no tempo. O tempo

---

9. Essa passagem é antecipada, como dissemos acima, na história *específica*, onde já se percebe algo da abolição da narrativa na abstração da ideia.

contém a determinação do negativo" [153] (181). Melhor dizendo: "Essa relação com o nada é o tempo, e essa relação é tal que podemos não só pensá-la, como também apreendê-la pela intuição sensível" (*ibid*.). Como? E onde? Por e na "sequência das etapas do desenvolvimento do princípio" (*Stufengang der Entwicklung des Prinzips*) que, marcando o corte entre o tempo biológico e o tempo histórico, marca o "retorno" do transitório no eterno. O conceito de *etapas de desenvolvimento* é na verdade o equivalente temporal da astúcia da Razão. É *o tempo da astúcia da Razão*. O mais notável, aqui, é que o *Stufengang* repete, num ponto superior da grande espiral, um aspecto fundamental da vida orgânica, com o qual no entanto ele rompe. Esse aspecto é o da *permanência* das espécies, que garante a repetição do Mesmo e faz da mudança um curso cíclico. O tempo histórico rompe com o tempo orgânico pelo fato de que "a mudança não se dá simplesmente na superfície, mas no conceito" [153] (182). "Na Natureza, a espécie não faz nenhum progresso, mas, no Espírito, cada mudança é um progresso" (*ibid*.) (ressalvando-se a mudança de sentido que passa a afetar a noção de progresso); na transformação de uma configuração espiritual em outra, opera-se a transfiguração (*Verklärung*) da anterior: "É por isso que o surgimento das configurações espirituais cai no tempo" [154] (182). Portanto, a história do mundo é essencialmente "a explicação (*die Auslegung*) do Espírito no tempo, assim como a Ideia se explicita no espaço como Natureza" [154] (183). Mas uma analogia entre o Espírito e a Natureza vem dialetizar essa oposição simples. As configurações espirituais têm uma *perenidade* análoga à *permanência* das espécies. À primeira vista, a permanência parece ignorar o trabalho do negativo: "Ali onde o nada não irrompe em algo, dizemos que esse algo dura" [153] (181). De fato, a perenidade integra o trabalho do negativo, graças ao caráter *cumulativo* da mudança histórica. As "etapas" da história do mundo são, nesse sentido, o análogo, no plano da história, da permanência das espécies naturais; mas sua estrutura temporal difere pelo fato de que os povos passam, ao passo que suas criações "*persistem*" (*fortbestehen*) [154] (183). A sequência dessas configurações pode, por sua vez, elevar-se à eternidade, porque a perenidade alcançada por cada camada, apesar da – e graças à – inquietude da vida, é recolhida numa perenidade superior, que é a *profundidade presente* do Espírito. Nunca é demais insistir no caráter qualitativo dessa perenidade, por oposição ao caráter quantitativo do tempo cronológico [155] (184). A proposição lapidar da primeira redação das *Lições*: "A história do mundo exibe (*darstellt*) as *etapas* (*Stufengang*) do desenvolvimento do princípio que tem por teor a consciência da liberdade" [155] (184), essa fórmula bem forjada resume as diferenças e as analogias entre o curso da Natureza e o curso da história do mundo. O *Stufengang* não é uma sequência cronológica, é um desenrolar que é ao mesmo tempo um enrolar, uma explicação e um retorno a si mesmo. *A identidade entre a explicação e o retorno a si mesmo é o eterno presente.* É somente numa interpretação puramente quantitativa da sequência das camadas históricas que o processo parece infinito e que o progresso parece nunca alcançar seu término eternamente distante. Na interpretação qualitativa da perenidade das camadas e de seu curso, o retorno a si mesmo não se deixa dissipar no mau infinito do progresso sem fim.

É com esse espírito que se deve ler o último parágrafo de *A razão na história* na edição Hoffmeister: "O que o Espírito é agora, ele o foi desde sempre... o Espírito traz em si todos as gradações da evolução passada, e a vida do Espírito na história consiste em um ciclo de gradações que, por um lado, existem atualmente e, por outro, existiram sob uma forma passada... Os momentos que o Espírito parece ter deixado para trás, ele continua a possuí-los em sua atual profundidade. Assim como passou por seus momentos na história, deve percorrê-los no presente – no seu próprio conceito" [183] (215).

É por isso que a oposição entre o passado como já não sendo e o futuro como aberto é inessencial. A diferença é entre passado morto e passado vivo, sendo este último da ordem do essencial. Se nossa preocupação de historiador nos leva para um passado findo e um presente transitório, nossa preocupação de filósofo nos volta para o que não é nem passado nem futuro, para o que é, para o que tem uma existência eterna. Portanto, se Hegel se limita ao passado, como o historiador não filósofo, e rejeita qualquer predição e qualquer profecia, é porque abole os tempos verbais, como faziam o Parmênides do *Poema* e o Platão do *Timeu*, no "é" filosófico. É verdade que a realização da liberdade por si mesma, ao exigir um "desenvolvimento", não pode ignorar o *era* e o *é* do historiador. Mas somente para discernir neles os signos do *é* filosófico. É nessa medida, e com essa ressalva, que a história filosófica se reveste dos traços de uma retrodicção. É certo que na filosofia da história, como na do direito, a filosofia chega tarde demais. Mas, para o filósofo, o que conta do passado são os sinais de maturidade de onde irradia uma claridade suficiente sobre o essencial. A aposta de Hegel é que sentido suficiente se acumulou até nossos dias para poder decifrar nele o objetivo último do mundo na sua relação com os meios e com o material que garantem sua efetuação.

Antes de submeter à crítica a tese hegeliana do tempo histórico, avaliemos o que está em jogo na discussão tendo em vista as análises conduzidas nos capítulos anteriores.

A filosofia hegeliana do tempo parece inicialmente fazer justiça à significância do vestígio: o *Stufengang* não é o vestígio da Razão na história? Constata-se contudo que não é esse o caso: a assunção do tempo histórico no eterno presente desemboca antes na recusa do caráter *insuperável* da significância do vestígio. Essa significância, como lembramos, consistia em que *o vestígio significa sem fazer aparecer*. Com Hegel, essa restrição é abolida. Persistir no presente é, para o passado, perdurar. E perdurar é repousar no presente eterno do pensamento especulativo.

O mesmo se aplica ao problema colocado pela preteridade do passado. A filosofia hegeliana está sem dúvida plenamente justificada quando denuncia a abstração da noção de passado *como tal*. Mas dissolve, mais do que resolve, o problema da *relação* do passado histórico com o presente. Afinal, não se trata de afirmar a vitória final do Mesmo, conservando simultaneamente o máximo possível do Outro? A partir daí, desaparece qualquer motivo para recorrer ao "grande gênero" do

Análogo: pois foi a própria relação de *representância* que perdeu qualquer razão de ser, junto com a noção de vestígio que lhe é conexa.

2. A impossível mediação total

Deve-se reconhecer que é impossível uma crítica de Hegel que não seja a simples expressão de nossa incredulidade ante a principal proposição: "A única idéia que a filosofia traz é a simples ideia da *Razão* – a ideia de que a Razão governa o mundo e que, por conseguinte, a história universal também se desenrolou racionalmente." Credo filosófico, do qual a astúcia da Razão nada mais é do que o duplo apologético, e o *Stufengang*, a projeção temporal. Sim, a honestidade intelectual exige reconhecer que, para nós, a perda de credibilidade da filosofia hegeliana da história tem a significação de um *evento no campo das ideias*, sobre o qual não podemos dizer nem que o produzimos, nem tampouco que ele simplesmente aconteceu conosco – sobre o qual não sabemos dizer se ele marca uma catástrofe que ainda nos fere ou uma libertação cuja glória não ousamos expressar. A *saída* do hegelianismo – seja pela via de Kierkegaard, de Feuerbach e de Marx, ou da escola histórica alemã, para não falar de Nietzsche que evocaremos no próximo capítulo – parece-nos, *a posteriori*, uma espécie de origem; quero dizer: esse êxodo está tão intimamente implicado em nosso modo de questionar que não podemos legitimá-lo por alguma razão mais elevada do que aquela que dá seu título à *Razão na história*, assim como não podemos pular nossa própria sombra.

Para uma história das ideias, o desmoronamento incrivelmente rápido do hegelianismo como pensamento dominante é um fato da ordem dos tremores de terra. Que as coisas tenham se passado assim evidentemente não é uma prova. Tanto mais que as razões alegadas pelos adversários, aquelas que de fato levaram a melhor contra a filosofia hegeliana, aparecem hoje, para uma exegese mais cuidadosa dos textos hegelianos, como um monumento de incompreensão e malevolência. O paradoxo é que só tomamos consciência do caráter singular do evento no campo das ideias que foi a perda de credibilidade do pensamento hegeliano denunciando as disposições de sentido que facilitaram a eliminação de Hegel[10]. Uma crítica digna de Hegel tem de enfrentar a afirmação central de que o filósofo pode ter acesso não só a um presente que, resumindo o passado *conhecido*, contém em germe o

---

10. Esqueçamos os argumentos políticos que denunciavam em Hegel um apologista do Estado repressivo, ou até um precursor do totalitarismo. Éric Weil refutou esses argumentos no que concerne à relação de Hegel com os Estados contemporâneos. "Comparada à França da Restauração ou à Inglaterra de antes da Reforma de 1832, à Áustria de Metternich, a Prússia é um Estado avançado" (*Hegel et l'État*, Paris, J. Vrin, 1950, p. 19). Mais fundamentalmente ainda: "Hegel justificou o Estado nacional e soberano assim como o físico justifica o trovão" (*ibid.*, p. 78). Tampouco nos demoremos no preconceito mais tenaz segundo o qual Hegel teria acreditado que a história chegara ao fim estando totalmente compreendida na filosofia hegeliana; os indícios de inacabamento da história do Estado são suficientemente numerosos e suficientemente claros, no próprio Hegel, para que paremos de lhe atribuir essa crença tola. Nenhum Estado real atingiu em sua plenitude o sentido que Hegel só decifra em germe e em suas formas incoativas. Assim, nos *Princípios da filosofia do direito*, § 330-340, a filosofia da história ocupa precisamente essa zona do *direito sem lei*, de que a filosofia do direito, só pode falar na linguagem kantiana do *Projeto de paz perpétua* (§ 333). O *Stufengang* dos espíritos de um povo faz as vezes de direito internacional, que ainda não atingiu a maturidade na esfera do direito real. Nesse sentido, a filosofia da história cobre um terreno que o desenvolvimento do direito deixou vago. Em contrapartida, a filosofia do direito, que seria capaz de preencher na sua própria esfera o inacabamento que lhe atribui a filosofia da história, poderia corrigir em um ponto essencial a filosofia da história; com efeito, não é certo que a época que visse o estabelecimento do direito entre as nações ainda seria das grandes homens históricos, ao menos dos heróis nacionais tanto em tempo de paz como em tempo de guerra (Éric Weil, *op. cit.*, pp. 81-4). Sejam quais forem os desenvolvimentos por vir do direito, é certo que o que ainda resta ao Estado tornar-se, internamente, o Estado de todos, e, externamente, o Estado mundial. A história pensante não fecha o passado: só compreende o que já está findo: o passado ultrapassado (*Princípios da filosofia do direito*, § 343). Nesse sentido, o acabamento pronunciado pelo famoso texto do prefácio dos *Princípios da filosofia do direito* não significa mais do que aquilo que Éric Weil leu nele: "uma forma da vida envelheceu" (*Hegel et l'État*, p. 104). Outra forma pode, portanto, elevar-se no horizonte. O presente em que todo passado ultrapassado é depositado tem eficácia suficiente para nunca terminar de se estender em memória e em antecipação.

futuro *antecipado*, mas a um *eterno presente*, que assegura a unidade profunda do passado ultrapassado e das manifestações da vida que já se anunciam através daquelas que compreendemos porque acabam de envelhecer.

Ora, foi essa passagem – esse passo – pela qual o *passado* ultrapassado é retido no *presente* de cada época, e igualado ao *eterno presente* do Espírito, que pareceu impossível de realizar por aqueles sucessores de Hegel que já tinham tomado suas distâncias com relação à obra de Hegel considerada em bloco. O que é, com efeito, o Espírito que faz manterem-se coesos o espírito dos povos e o espírito do mundo? É o mesmo Espírito que, na filosofia da religião, sucessivamente exige e recusa as narrativas e os símbolos do pensamento figurativo?[11] Transposto para o campo da história, podia o Espírito da Razão astuciosa aparecer de outro modo senão como o de uma teologia vergonhosa, embora Hegel tivesse sem dúvida tentado fazer da filosofia uma teologia secularizada? O fato é que, desde o fim do primeiro terço do século XIX, o espírito do século colocara por toda parte a palavra homem – humanidade, espírito humano, cultura humana – no lugar do Espírito hegeliano, sobre o qual não se sabia se era homem ou Deus.

Talvez, contudo, o equívoco hegeliano só pudesse ser denunciado ao preço de um equívoco de mesma grandeza: o espírito humano não tem de se prevalecer de todos os atributos do Espírito para poder afirmar ter tirado os deuses do cadinho de sua imaginação? A teologia não é mais insidiosa, e ainda mais vergonhosa, no humanismo de Feuerbach e seu "ser genérico" (*Gattungswesen*)? Essas questões demonstram que ainda não somos capazes de reconhecer nossas razões de não sermos hegelianos naquelas que prevaleceram contra ele.

O que dizer também da transformação da própria consciência histórica, quando, com suas próprias razões, ela vem ao encontro da grandeza humana, pela conversão humanista do

---

11. P. Ricoeur, "Le Statut de la *Vorstellung* dans la philosophie hégélienne de la religion" in *Qu'est-ce que Dieu? Philosophie/Théologie, Hommage à l'abbé Daniel Coppieters de Gibson*, Bruxelas, Publications des facultés universitaires Saint-Louis, 1985, pp. 185-206.

Espírito hegeliano? É fato que o movimento de emancipação da historiografia alemã anterior a Ranke e contra o qual Hegel se erguera em vão, nada mais podia senão rejeitar, como uma intrusão arbitrária do *a priori* no campo da investigação histórica, todos os conceitos diretivos da história "especulativa", da ideia de liberdade à de um *Stufengang* do desenvolvimento. O argumento de que o que é uma pressuposição para o historiador é uma verdade para o filósofo já não era nem entendido nem ouvido. Quanto mais a história se tornava empírica, menos a história especulativa era crível. Ora, quem não percebe hoje o quanto a historiografia que se imaginava ao abrigo da especulação era ela mesma cheia de "ideias"? Em quantas dessas "ideias" não reconhecemos hoje os duplos inconfessos de algum espectro hegeliano, a começar pelos conceitos de espírito de um povo, de cultura, de época etc.?[12]

Se esses argumentos anti-hegelianos já não nos dizem mais nada, de que é feito, então, o evento no campo das ideias que a perda de credibilidade do credo filosófico hegeliano constitui? Temos de nos arriscar a *postulá-lo* nós mesmos, numa segunda leitura do texto de Hegel, no qual todas as transições se deixam reler como falhas e todos os recobrimentos como dissimulações.

Indo do fim para o começo, numa leitura de trás para frente, nossa suspeita encontra um primeiro ponto de apoio na equação final entre o *Stufengang der Entwicklung* e o presente eterno. O passo que já não podemos dar é aquele que iguala ao presente eterno a capacidade que o presente atual tem de reter o passado conhecido e de antecipar o futuro desenhado nas tendências do passado. A própria noção de história é abolida pela filosofia, quando *o presente, igualado ao efetivo, abole*

---

12. O mais incrível é a coincidência, em Ranke, das duas correntes da crítica anti-hegeliana. Por um lado, a astúcia da Razão é denunciada como "uma representação supremamente indigna de Deus e da humanidade" (*eine höchst unwürdige Vorstellung von Gott und Menschheit*) – em benefício de uma teologia da história sem filosofia: "cada época está imediatamente ligada a Deus". Por outro, o historiador quer conhecer apenas os fatos e espera alcançar o passado tal como ele foi, em benefício de uma historiografia igualmente sem filosofia.

sua diferença relativamente ao passado. Pois a compreensão por si da consciência histórica nasce precisamente do caráter incontornável dessa diferença[13]. O que, para nós, explodiu em pedaços foi o recobrimento um pelo outro desses três termos: Espírito em si, desenvolvimento, diferença, que, juntos, compõem o conceito de *Stufengang der Entwicklung*. Mas, se a equação entre *desenvolvimento* e *presente* não se sustenta mais, todas as outras equações desfazem-se em cadeia. Como ainda poderíamos *totalizar* os espíritos dos povos em um único espírito do mundo?[14] De fato, quanto mais pensamos *Volksgeist*, menos pensamos *Weltgeist*. Foi o abismo que o romantismo aumentou cada vez mais, tirando do conceito hegeliano de *Volksgeist* uma poderosa tese em defesa da *diferença*.

E como poderia a sutura resistir à massa de análises dedicadas ao "material" da efetuação do Espírito, isto é, o *Estado*, cuja ausência em nível mundial motivava a passagem da filosofia do direito para a filosofia da história? Ora, a história contemporânea, longe de ter preenchido essa lacuna da filosofia do direito, acentuou-a; vimos desfazer-se, no século XX, a pretensão da Europa a totalizar a história do mundo; assistimos até à decomposição dos legados que ela tentara integrar sob uma única ideia diretora. O europocentrismo morreu com o suicídio político da Europa durante a Primeira Guerra Mundial, com a divisão ideológica provocada pela Revolução de Outubro e com o recuo da Europa no cenário mundial, devido à descolonização e ao desenvolvimento desigual – e provavelmente antagonista – que opõe as nações industrializadas ao resto do mundo. Parece-nos agora que Hegel, captando um momento favorável – um *kairós* – que se furtou à nossa vista e

---

13. O que para nós se tornou inacreditável está contido nesta asserção: "o mundo atual, a forma atual do Espírito, sua consciência de si, compreende (*begreift*) em si tudo o que apareceu na história sob a forma das gradações anteriores. É certo que estas se desenvolveram sucessivamente e de maneira independente, sob formas sucessivas; mas o que o Espírito é, ele sempre foi em si e a diferença provém unicamente do desenvolvimento desse em si" [182] (214).

14. Já no texto de Hegel essa transição era a mais frágil [59-60] (80-81).

à nossa experiência, totalizara apenas alguns aspectos eminentes da história espiritual da Europa e de seu meio geográfico e histórico, os quais, desde então, decompuseram-se. O que se desfez foi a própria *substância* do que Hegel tentara alçar à categoria de conceito. A *diferença* revoltou-se contra o *desenvolvimento*, concebido como *Stufengang*. A próxima vítima dessa reação em cadeia é o conglomerado conceitual reunido por Hegel sob o título de *efetuação do Espírito*. Também aqui a decomposição está em ação. Por um lado, o *interesse* dos indivíduos já não nos parece satisfeito, se essa satisfação não levar em conta a intenção segunda que lhes escapa; ante tantas vítimas e tantos sofrimentos, a dissociação que daí resulta entre consolação e reconciliação tornou-se intolerável para nós. Por outro lado, a *paixão* dos grandes homens da história já não nos parece capaz de carregar, por si só, tamanho Atlas, o peso do Sentido, na própria medida em que, por meio do recuo da história política, são as grandes forças anônimas da história que captam a nossa atenção, nos fascinam e nos inquietam, mais que o destino funesto de Alexandre, de César e de Napoleão, e o sacrifício involuntário de suas paixões no altar da história. Concomitantemente, todos os componentes que se recobriam no conceito de astúcia da Razão – interesse particular, paixões dos grandes homens históricos, interesse superior do Estado, espírito dos povos e espírito do mundo – dissociam-se e parecem-nos hoje *membra disjecta* de uma impossível totalização. A expressão "astúcia da Razão" até deixa de nos intrigar. Repugna-nos, antes, como o faria a falha de um mágico sublime.

Voltando mais atrás no texto hegeliano, o que nos parece altamente problemático é o próprio projeto de compor uma história *filosófica* do mundo que seja definida pela "efetuação do Espírito na história". Independentemente de quais sejam nossas interpretações erradas do termo Espírito (espírito em si, espírito dos povos, espírito do mundo), de qual seja nossa ignorância da *intenção realizante* já contida na "determinação abstrata" da razão na história, portanto, de qual seja a injustiça da maioria de nossas críticas – o que abandonamos foi o próprio terreno. Já não buscamos a fórmula a partir da qual a história do mundo poderia ser pensada como totalidade efetuada, mesmo que essa efetuação seja tida por incoativa, ou até reduzida ao estado de germe; nem mesmo temos certeza de que a ideia de liberdade seja o ponto focal dessa efetuação, sobretudo se colocarmos a ênfase na efetuação *política* da liberdade. E, mesmo que esta se deixasse tomar como fio condutor, não temos certeza de que suas encarnações históricas formam uma *Stufenfolge*, e não uma expansão arborescente onde a diferença não cessa de prevalecer sobre a identidade. Talvez, entre todas as aspirações dos povos à liberdade, não haja mais que um certo ar familiar, a *family resemblance* que Wittgenstein queria creditar aos conceitos filosóficos menos desacreditados. Ora, é o próprio projeto de *totalização* que marca a ruptura entre a filosofia da história e todo modelo de compreensão que tenha algum parentesco, por mais longínquo que seja, com a ideia de narração e de composição da intriga. A despeito do caráter sedutor da ideia, a astúcia da Razão não é a *peripéteia* que englobaria todas as *reviravoltas* da história, porque a efetuação da liberdade não pode ser considerada como a intriga de todas as intrigas. A saída do hegelianismo significa renunciar a decifrar a suprema intriga.

Entendemos melhor agora em que sentido o êxodo do hegelianismo pode ser chamado um *evento* no campo das ideias. Esse evento não afeta a história no sentido da historiografia, e sim a compreensão por si mesma da consciência histórica, sua autocompreensão. Nesse sentido, inscreve-se na hermenêutica da consciência histórica. Esse evento é inclusive um fenômeno hermenêutico. Reconhecer que a compreensão por si da consciência histórica pode ser afetada desse modo por eventos sobre os quais, uma vez mais, não podemos dizer se os produzimos ou se simplesmente aconteceram conosco é reconhecer a finitude do ato filosófico em que consiste a compreensão por si da consciência histórica. Essa finitude da interpretação significa que todo pensamento pensante tem pressuposições que ele não controla e que, por sua vez, tornam-se situações a partir das quais pensamos, sem poder pensá-las por si mesmas. A partir daí, abandonando o hegelianismo, é preciso ousar dizer que a consideração *pensante* da história tentada por Hegel era ela mesma um fenômeno hermenêutico, uma operação interpretante, submetida à mesma condição de finitude.

Mas caracterizar o hegelianismo como um evento no campo das ideias dependente da condição *finita* da compreensão da consciência histórica por ela mesma não constitui um argumento contra Hegel. Demonstra simplesmente que já não pensamos conforme Hegel, mas depois de Hegel. Pois, qual leitor de Hegel, uma vez seduzido como nós por sua potência de pensamento, não sentiria o abandono de Hegel como uma ferida, que, diferente precisamente das feridas do Espírito absoluto, não sara? A esse leitor, se ele não ceder às fraquezas da nostalgia, deve-se desejar a coragem do trabalho de luto[15].

---

15. Minha posição, neste capítulo, é próxima da de H.-G. Gadamer. Este não hesita em começar a segunda parte de seu grande livro *Wahrheit und Methode* com esta supreendente declaração: "Se reconhecermos para nós a tarefa de seguir Hegel e não Schleiermacher, a história da hermenêutica deverá receber uma nova inflexão" [162]; cf. igualmente [324-325] (185). Também para Gadamer, só se recusa Hegel mediante argumentos que reproduzem momentos reconhecidos e ultrapassados de sua empreitada especulativa [325] (186). Mais que isso, contra as falsas interpretações e as refutações fracas, é preciso "preservar a verdade do pensamento hegeliano" (*ibid.*). Quando, por conseguinte, Gadamer escreve: "*'Ser histórico' significa jamais poder resolver-se em saber de si mesmo*" "*Geschichtlichsein heisst, nie im Sichwissen aufgehen*" [285] (142), mais que vencê-lo pela crítica, ele abandona Hegel: "O ponto de Arquimedes que permitiria tirar a filosofia hegeliana de seus gonzos jamais poderá ser encontrado na reflexão" [326] (188). Sai do "círculo mágico" por meio de uma confissão que tem a força de uma renúncia. Aquilo a que renuncia é à própria ideia de uma "*mediação (Vermittlung) absoluta entre história e verdade*" [324] (185).

7. PARA UMA HERMENÊUTICA DA CONSCIÊNCIA HISTÓRICA

Tendo Hegel sido abandonado, pode-se ainda pretender *pensar* a história e o tempo da história? A resposta seria negativa se a ideia de uma "mediação total" esgotasse o campo do *pensar*. Resta outra via, a da *mediação* aberta, inacabada, *imperfeita*, ou seja, uma rede de perspectivas cruzadas entre a expectativa do futuro, a recepção do passado, a vivência do presente, sem *Aufhebung* numa totalidade em que a razão da história e sua efetividade coincidiriam. É a explorar essa via que as páginas a seguir estão dedicadas. Uma decisão estratégica a inaugura. Renunciando a atacar de frente a questão da realidade fugidia do passado tal como ele foi, deve-se inverter a ordem dos problemas e partir do *projeto da história*, da história por fazer, no intuito de reencontrar nela a dialética do passado e do futuro e a troca entre eles no presente. No que concerne à realidade do passado, não é possível ultrapassar, tendo diretamente na mira o que foi, o jogo precedente de perspectivas fraturadas entre a reefetuação no Mesmo, o reconhecimento da Alteridade e a assunção do Análogo. Para ir mais longe, é preciso abordar o problema pelo outro polo e explorar a ideia de que essas perspectivas fraturadas possam recuperar uma espécie de unidade plural, se forem reunidas sob a ideia de uma recepção do passado, levada até à de um *ser-afetado* pelo passado. Ora, essa ideia só ganha sentido e força em oposição à de *fazer* a história. Pois ser afetado é também uma categoria do fazer. Mesmo a ideia de tradição – que já inclui uma autêntica tensão entre perspectiva sobre o passado e perspectiva do presente, criando assim a distância temporal ao mesmo tempo em que a transpõe – não se deixa pensar nem sozinha nem em primeiro lugar, apesar de suas virtudes mediadoras inegáveis, se não for pela meta da história por fazer que a ela remete. Finalmente, a ideia de presente histórico, que, numa primeira aproximação ao menos, parece destronada da função inaugural que tinha em Agostinho e Husserl, receberá ao contrário um lustre novo de sua posição terminal no jogo das perspectivas cruzadas: não há nada que diga que o presente se reduz à presença. Por que, no trânsito do futuro para o passado, o presente não poderia ser o tempo da iniciativa, isto é, o tempo em que o peso da história já feita é depositado, suspendido, interrompido, e em que o sonho da história ainda por fazer é transfigurado em decisão responsável?

É portanto na dimensão do agir (e do padecer que é seu corolário) que o pensamento da história vai cruzar suas perspectivas, sob o horizonte da ideia de *mediação imperfeita*.

1. O futuro e seu passado

O benefício imediato da inversão de estratégia é desfazer a abstração mais tenaz de que sofreram nossas tentativas de definir a "realidade" do passado, a abstração do passado como passado. Ela resulta do esquecimento do jogo complexo de intersignificações que se dá entre nossas expectativas dirigidas para o futuro e nossas interpretações orientadas para o passado.

Para combater esse esquecimento, proponho adotar como fio condutor de todas as análises que vêm a seguir a polaridade introduzida por Reinhart Koselleck entre as categorias de *espaço de experiência* e de *horizonte de expectativas*[1].

---

1. Reinhart Koselleck, *Vergangene Zukunft. Zur Semantik geschichtlicher Zeiten*, Frankfurt, Suhrkamp, 1979. A que disciplinas pertencem essas duas catego-

A escolha desses termos parece-me muito judiciosa e particularmente esclarecedora no que diz respeito a uma hermenêutica do tempo histórico. Por que, com efeito, falar de espaço de experiência e não de persistência do passado no presente, apesar do parentesco das noções?[2] Por um lado, a palavra alemã *Erfahrung* tem uma notável amplitude: quer se trate de experiência privada ou de experiência transmitida pelas gerações anteriores ou pelas instituições atuais, trata-se sempre de um estranhamento superado, de um saber adquirido que se tornou um *habitus*[3]. Por outro lado, o termo espaço evoca possibilidades de percurso segundo múltiplos itinerários e sobretudo de reunião e de estratificação numa estrutura folheada que faz o passado assim acumulado escapar à simples cronologia.

Quanto à expressão *horizonte de expectativas*, não podia ser mais bem escolhida. Por um lado, o termo expectativa é bastante vasto para incluir a esperança e o temor, o desejar e o querer, a preocupação, o cálculo racional, a curiosidade, em suma, todas as manifestações privadas ou comuns que visam o

---

rias históricas? Para Reinhart Koselleck, são conceitos-guias, pertencentes a uma empreitada bem definida, a de uma *semântica conceitual* aplicada ao vocabulário da história e do tempo da história. Enquanto *semântica*, essa disciplina se aplica mais ao sentido das palavras e dos textos do que aos estados de coisas e aos processos pertencentes a uma *história social*. Enquanto semântica *conceitual*, visa extrair as significações das palavras-chave, tais como, precisamente, "história", "progresso", "crise" etc., que mantém com a história social uma dupla relação de *indicadores* e de *fatores* de mudança. Com efeito, na medida em que essas palavras-chave levam para a linguagem as mudanças em profundidade teorizadas pela história social, o próprio fato de ter acesso ao plano linguístico contribui para produzir, difundir, reforçar as transformações sociais que elas denominam. Essa dupla relação da história conceitual com a história social só aparece se dermos à semântica a autonomia de uma disciplina distinta.

2. "A experiência é o passado presente (*Gegenwärtige Vergangenheit*) cujos acontecimentos foram incorporados (*einverleibt*) e podem ser entregues à lembrança" (p. 354).

3. R. Koselleck não deixa de remeter a H.-G. Gadamer, em *Vérité et Méthode* (trad. fr., pp. 329 ss.), para o sentido pleno do termo *Erfahrung* e suas implicações para o pensamento da história (*op. cit.*, p. 355, n. 4).

futuro; assim como a experiência, a expectativa relativa ao futuro está inscrita no presente; é o *futuro-transformado-em-presente (vergegenwärtigte Zukunft)*, voltado para o ainda-não. Se, por outro lado, fala-se aqui de horizonte e não de espaço é para marcar a potência tanto de extensão como de superação vinculada à expectativa. Desse modo é sublinhada a ausência de simetria entre espaço de experiência e horizonte de expectativas. A oposição entre reunião e expansão deixa isso claro: a experiência tende à integração, a expectativa ao rompimento das perspectivas: "*Gehegte Erwartungen sind überholbar, gemachte Erfahrungen werden gesammelt*" (p. 357). Nesse sentido, a expectativa não se deixa derivar da experiência: "O espaço de experiência nunca basta para determinar um horizonte de expectativas" (p. 359). Inversamente, não há divina surpresa para aquele cuja bagagem de experiência é leve demais; não conseguiria desejar outra coisa. Por isso, espaço de experiência e horizonte de expectativas fazem mais que se oporem polarmente, condicionam-se mutuamente: "É uma estrutura temporal da experiência o fato de ela não poder ser reunida sem expectativa retroativa" (p. 358).

Antes de tematizar sucessivamente cada uma dessas expressões, é importante lembrar, sob a orientação de Koselleck, algumas das principais mudanças ocorridas no vocabulário da história na segunda metade do século XVIII alemão. As novas significações geralmente atribuídas a palavras antigas servirão posteriormente para identificar a articulação em profundidade da nova experiência histórica, marcada por uma nova relação entre espaço de experiência e horizonte de expectativas.

A palavra *Geschichte* está no centro dessa rede conceitual em movimento. Assim, em alemão, vemos o termo *Historie* ceder lugar ao termo *Geschichte* na dupla acepção de uma sequência de acontecimentos ocorrendo e da relação das ações feitas ou sofridas; em outros termos, no duplo sentido de história efetiva e de história dita. *Geschichte* significa precisamente a relação entre a série dos acontecimentos e a série das narrativas. Na história-narrativa, a história-acontecimento atinge o "saber sobre si mesma", segundo a fórmula de Droysen, registrada por Reinhart Koselleck[4]. Mas, para que essa convergência entre os dois sentidos se realize, ambos tiveram de chegar juntos à unidade de um todo: é um único curso de acontecimentos, em seu encadeamento universal, que se deixa dizer em uma história ela mesma deliberadamente alçada à categoria de um singular coletivo. Acima das histórias, diz Droysen, há a história. A palavra "história" pode doravante figurar sem o complemento de um genitivo. As histórias de... tornaram-se simplesmente a história. No plano da narrativa, essa história exibe a *unidade épica* que corresponde à única epopeia que os homens escrevem[5]. Para que a soma das histórias singulares se tornasse a história, foi preciso que a própria história se tornasse *Weltgeschichte*, que, portanto, de agregado se tornasse sistema. Em contrapartida, a unidade épica da narrativa pôde levar para a linguagem uma reunião, uma conexão dos próprios acontecimentos, que lhes confere sua própria unidade épica. Mais que uma coerência interna, o que os historiadores contemporâneos do romantismo filosófico descobrem na história que se faz é uma potência – uma *Macht* – que a propulsiona em conformidade com um plano mais ou menos secreto, ao mesmo tempo que deixa ou torna o homem responsável por sua emergência. É por isso que surgem outros singulares coletivos ao lado da história: *a* Liberdade, *a* Justiça, *o* Progresso, *a* Revolução. Nesse sentido, a revolução francesa serviu de revelador para um processo anterior, que ela ao mesmo tempo acelera.

---

4. J.-G. Droysen, *Historik*, editado por R. Hübner, Munique e Berlim, 1943: "A convergência entre a história como acontecimento e a história como exposição (*Darstellung*) preparou no plano da língua a virada transcendental que conduziu à filosofia da história do idealismo" (citado por R. Koselleck, *op. cit.*, p. 48).

5. Deixarei de lado aqui as aproximações entre *Historik* e *Poetik*, suscitadas por essa qualidade épica de que se reveste a história narrada. Koselleck vê as expressões "história" e "romance" avizinharem-se entre 1690 e 1750, não para depreciar a história, mas para elevar as pretensões do romance à verdade. Reciprocamente, Leibniz fala da história como sendo o "romance" de Deus. Kant toma metaforicamente o termo "romance" em sua *Ideia de uma história de um ponto de vista cosmopolita* (Nona Proposição), para exprimir a unidade inteligível da história geral.

É incontestável que foi a ideia de progresso que serviu de liame entre as duas acepções da história: se a história efetiva tem um curso *racional*, então a narrativa que dela fazemos pode pretender igualar-se a esse sentido que é o da própria história. É por isso que a emergência do conceito de história como um singular coletivo é uma das condições sob as quais pôde constituir-se a noção de história universal, com que nos confrontamos no capítulo anterior. Não voltarei a tocar na problemática de totalização ou de mediação total que se inseriu no saber sobre a história como um todo único. Vou me voltar, antes, para os aspectos desse singular coletivo que suscitam uma *variação* significativa na relação entre o futuro e o passado.

Três temas destacam-se das cuidadosas análises semânticas de Koselleck. Primeiro, a crença de que a época presente abre para o futuro a perspectiva de uma *novidade* sem precedentes, em seguida, a crença de que a mudança para melhor se acelera e, finalmente, a crença de que os homens são cada vez mais capazes de *fazer* sua história. Tempo novo, aceleração do progresso, disponibilidade da história – esses três temas contribuíram para o desabrochar de um novo horizonte de expectativas que, por retroação, transformou o espaço de experiência em que se depositaram os conhecimentos adquiridos do passado.

1. A ideia de tempo novo inscreveu-se na expressão alemã *neue Zeit*[6], que precede de um século o termo *Neuzeit*, que, desde aproximadamente 1870, designa os tempos modernos. Esta última expressão, isolada do contexto de sua formação semântica, parece pertencer apenas ao vocabulário da *periodização*, que remonta ele mesmo à velha classificação das "eras" segundo os metais, segundo a lei e a graça, ou segundo a visão apocalíptica da sucessão dos impérios, à qual o livro de *Daniel* deu um cunho impressionante. Pode-se também discernir na ideia de tempo novo um efeito da revisão do termo Idade Média que, depois do Renascimento e da Reforma, já

---

6. R. Koselleck registra a expressão ainda mais enfática de *neueste Zeit* (*op. cit*., p. 319).

não abarca a totalidade dos tempos entre a epifania e a parusia, mas tende a designar um período limitado e sobretudo findo. É precisamente a história conceitual que fornece a chave desse rechaço da Idade Média para um passado de trevas. Com efeito, não é no sentido trivial de que cada momento presente é novo que a expressão *Neuzeit* se impôs, mas no sentido de que emergiu uma qualidade nova do tempo, decorrente de uma nova relação com o futuro. É digno de nota que seja o próprio tempo a ser declarado novo. O tempo já não é somente forma neutra, é força de uma história[7]. Os próprios "séculos" já não designam somente unidades cronológicas, designam épocas. O *Zeitgeist* já não está tão longe: a unicidade de cada era e a irreversibilidade de sua sequência inscrevem-se na trajetória do *progresso*. Doravante, o presente é percebido como um tempo de transição entre as trevas do passado e as luzes do porvir. Ora, somente uma mudança da relação entre o horizonte de expectativas e o espaço de experiência explica essa mudança semântica. Fora dessa relação, o presente é indecifrável. Seu sentido de novidade vem do reflexo sobre ele da claridade do futuro esperado. O presente só é novo, no sentido forte da palavra, na medida em que acreditamos que ele *abre* novos tempos[8].

---

7. "O tempo dinamiza-se e se torna força da própria história" (*op. cit.*, p. 321). R. Koselleck sublinha a proliferação, entre 1770 e 1830, de expressões compostas (*Zeit-Abschnitt, -Anschauung, -Ansicht, -Aufgabe* etc.) que valorizam o próprio tempo em função de suas qualificações históricas. Desse florilégio, *Zeitgeist* é como que o epítome (*op. cit.*, p. 337).

8. A ideia de um tempo novo, da qual saiu nossa ideia de modernidade, destaca-se mais claramente se a opusermos aos dois *tópoi* do pensamento histórico anterior, que impediram essa ideia de vir à luz. Destaca-se primeiro do pano de fundo desmantelado das *escatologias políticas*, do qual Koselleck encontra manifestações até o século XVI. Colocada sob o horizonte do fim do mundo, a diferença temporal entre os acontecimentos do passado e os do presente é inessencial. Mais que isso, sendo todos esses acontecimentos "figuras" antecipadas do fim nos mais diversos âmbitos, circulam entre todos eles relações de simbolização analógica que predominam em densidade de significação sobre as relações cronológicas. Outro contraste permite entender a mudança no horizonte de expectativas ao qual devemos a posição moderna do problema da relação entre futuro e passado: concerne a um *tópos* famoso, mais tenaz

2. Tempo novo, portanto também tempo *acelerado*. Esse tema da aceleração parece estar fortemente ligado à ideia de progresso. Porque o tempo se acelera, percebemos a melhora do gênero humano. Correlativamente, encolhe de maneira sensível o espaço de experiência abarcado pelo conhecimento adquirido da tradição e se enfraquece a autoridade desses conhecimentos[9]. É por contraste com essa aceleração assumida que podem ser denunciados reação, retardo, remanescências, todas elas expressões que ainda têm lugar na fraseologia contemporânea, não sem dar um tom dramático à crença na aceleração do tempo, que continua ameaçada pela sempiterna renascença da hidra da reação – o que dá ao estado paradisíaco esperado o caráter de um "futuro sem futuro" (Reinhart Koselleck, p. 35), equivalente do mal infinito hegeliano. Foi sem dúvida a conjunção entre o sentido da novidade dos tempos modernos e o da aceleração do progresso que permitiu que a palavra revolução, outrora reservada à circulação dos astros, como podemos ver no título da famosa obra de Copérnico *De*

---

que as escatologias políticas, designado pelo exergo: *historia magistra vitae*, "a história é a mestra da vida" (R. Koselleck, *"Historia magistra vitae": Über die Auflösung des Topos im Horizont neuzeitlich bewegter Geschichte, op. cit.*, pp. 38-66). Reduzidas ao estado de coleção de exemplos, as histórias do passado são despojadas da temporalidade original que as diferencia, são apenas a oportunidade para uma apropriação educativa que as atualiza no presente. A esse preço, os exemplos tornam-se ensinamentos, monumentos. Por sua perenidade, são simultaneamente sintoma e caução da continuidade entre o passado e o futuro. Ao contrário dessa neutralização do tempo histórico pela função magistral dos *exempla*, a convicção de viver em tempos novos de certa forma "temporalizou a história" (pp. 19-58). Em contrapartida, o passado privado de sua exemplaridade é rejeitado para fora do espaço de experiência, para as trevas do já findo.

9. R. Koseleck cita um texto de Lessing em *Erziehung des Menschengeschlechts*, § 90, em que a aceleração é não só constatada, mas desejada e querida (*op. cit.*, p. 34; também p. 63, n. 78). E estas palavras de Robespierre: "Chegou o tempo de chamá-la [a sociedade] a seus verdadeiros destinos; os progressos da razão humana prepararam esta grande revolução, e a vós especialmente é imposto o dever de acelerá-la" (*Oeuvres complètes*, IX, p. 495, citado por R. Koseleck, *op. cit.*, p. 63, n. 78). Kant reitera-o em *Paz perpétua*: essa não é uma ideia vazia, "porque os tempos em que semelhantes progressos ocorrem tornam-se felizmente cada vez mais curtos" (*ibid.*).

Revolutionibus orbium caelestium de 1543, significasse algo completamente diferente das reviravoltas desordenadas que afligem os assuntos humanos, ou até das reviravoltas exemplares de fortuna ou de suas alternâncias tediosas de inversões e restaurações. Eis que agora chamam de revoluções levantes que já não podem ser catalogadas de guerras civis, mas que demonstram, por sua eclosão súbita, a revolução geral em que o mundo civilizado entrou. É ela que se trata de acelerar e cuja marcha é importante regular. A palavra revolução testemunha agora a abertura de um novo horizonte de expectação.

3. Que a história esteja por *fazer* e possa ser *feita* constitui o terceiro componente do que Koselleck chama de "temporalização da história". Ela já se desenhava por trás do tema da aceleração e de seu corolário, a revolução. Lembremos as palavras de Kant no *Conflito das faculdades*: "Quando o próprio profeta faz e institui os acontecimentos que predisse de antemão." Se, com efeito, os novos tempos abrem um futuro novo, podemos submetê-lo a nossos planos: podemos *fazer* a história. E, se o progresso pode ser acelerado, é porque podemos apressar seu curso e lutar contra o que o retarda, reação e remanescências ruins[10].

A ideia de que a história esteja submetida ao fazer humano é a mais nova e – com diremos mais adiante – a mais frágil das três ideias que marcam a nova apercepção do horizonte de expectativas. De imperativa, a disponibilidade da história torna-se um modo optativo, até mesmo um indicativo futuro. Esse deslizamento de sentido foi facilitado pela insistência dos pensadores ligados a Kant e do próprio Kant em discernir os "signos" que, desde já, *autenticam* o apelo da tarefa e *estimulam* os esforços do presente. Esse modo de justificar um dever

---

10. Ao mesmo tempo, os dois esquemas anteriores são invertidos; é do futuro projetado e desejado que nascem as verdadeiras escatologias: chamam-se utopias; são elas que desenham, à mercê do fazer humano, o horizonte de expectativas; são elas que dão as verdadeiras lições de história: as que mostram desde já o futuro entregue ao nosso arbítrio. A potência da história, em vez de nos esmagar, nos exalta; pois é obra nossa, mesmo na ignorância de nosso fazer.

mostrando os primórdios de sua execução é totalmente característico da retórica do progresso, que culmina na expressão "fazer a história". A humanidade torna-se o sujeito de si mesma ao se dizer. Narrativa e coisa narrada podem de novo coincidir, e as expressões "fazer a história" e "fazer história" se sobrepor. O fazer e o narrar tornaram-se a frente e o verso de um único processo[11].

Acabamos de interpretar a dialética entre horizonte de expectativas e espaço de experiência seguindo o fio condutor de três *tópoi* – tempos novos, aceleração da história, controle da história – que caracterizam *grosso modo* a filosofia das Luzes. Com efeito, parece difícil separar a discussão sobre os constituintes do pensamento histórico de uma consideração propriamente histórica sobre o florescimento e o declínio de determinados *tópoi*. A questão que então se coloca é a do grau de dependência das categorias-chave de horizonte de expectativas e de espaço de experiência com respeito aos *tópoi* promovidos pelos pensadores das Luzes que até aqui serviram para ilustrá-las. Não nos furtaremos à dificuldade. Exponhamos, antes, o declínio desses três *tópoi* neste fim de século XX.

A ideia de tempos novos parece-nos suspeita em muitos aspectos: parece-nos inicialmente ligada à ilusão da *origem*[12]. Ora, as discordâncias entre os ritmos temporais dos diversos componentes do fenômeno social global fazem com que seja bem difícil caracterizar globalmente uma época como ruptura e como origem. Galileu, para o Husserl da *Krisis*, é uma origem sem comparação com a Revolução Francesa, porque para Husserl existe apenas uma batalha de gigantes, aquela entre o transcendentalismo e o objetivismo. Mais grave ainda, desde a reinterpretação das Luzes por Adorno e Horkheimer, pode-

---

11. R. Koselleck, "Über die Verfügbarkeit der Geschichte", *op. cit.*, pp. 260-77. A outra expressão digna de nota é a de *Machbarkeit der Geschichte* (*ibid.*).
12. Lembremos o comentário de François Furet em *Penser la Révolution française*: "A Revolução Francesa não é uma transição, é uma origem, e uma fantasia de origem. O que constitui seu interesse histórico é o que há de único nela; e foi aliás esse 'único' que se tornou universal: a primeira experiência de democracia" (p. 109).

mos ter dúvidas quanto a se essa época foi em todos os sentidos a aurora do progresso que tanto se celebrou: a ascensão da razão instrumental, o impulso dado às hegemonias racionalizantes em nome do universalismo, a repressão das diferenças ligadas a essas pretensões prometéicas são os estigmas, visíveis para quem quiser ver, desses tempos em tantos aspectos promissores de liberação.

Quanto à aceleração da marcha rumo ao progresso, já não cremos nela, ainda que tenhamos motivos para falar de aceleração de inúmeras *mutações* históricas. Mas, de que os espaços de tempo que nos separam de dias *melhores* estejam encurtando, um número grande demais de desastres recentes ou de desordens em curso nos faz duvidar. O próprio Reinhart Koselleck sublinha que a época moderna caracteriza-se não só por um encolhimento do espaço de experiência, que faz com que o passado pareça cada vez mais distante à medida que se torna mais pretérito, mas também por uma distância crescente entre o espaço de experiência e o horizonte de expectativas. Não vemos recuar para um porvir cada vez mais distante e incerto a realização de nosso sonho de uma humanidade reconciliada? A tarefa que, para nossos antecessores, prescrevia a marcha desenhando o caminho transforma-se em utopia, ou melhor, em ucronia, com o horizonte de expectativas recuando mais rápido do que avançamos. Ora, quando a expectativa já não pode se fixar em um porvir *determinado*, balizado por etapas *discerníveis*, o próprio presente se vê partido entre duas fugas, a de um passado ultrapassado e a de um último que não suscita nenhum penúltimo designável. O presente assim cindido nele mesmo se reflete em "crise", o que talvez seja, como diremos mais adiante, uma das principais significações de nosso presente.

Dos três *tópoi* da modernidade, é sem dúvida o terceiro que nos parece o mais vulnerável e, em muitos aspectos, o mais perigoso. Em primeiro lugar, como já sublinhamos inúmeras vezes, teoria da história e teoria da ação nunca coincidem devido aos efeitos perversos dos projetos mais bem concebidos e mais dignos de nos envolver. O que acontece é sempre algo diferente do que esperávamos. E as próprias expectativas mudam de modo amplamente imprevisível. Por isso, não é certo que a liberdade, no sentido do estabelecimento de uma sociedade civil e de um estado de direito, seja a única esperança, nem mesmo a principal expectativa, de uma grande parte da humanidade. Mas, sobretudo, a vulnerabilidade do tema do controle da história se revela no próprio plano em que é reivindicado, o da humanidade considerada único agente de sua própria história. Ao conferir à humanidade o poder de *produzir-se a si* mesma, os autores dessa reivindicação esquecem uma limitação que afeta o destino dos grandes corpos históricos ao menos tanto quanto o dos indivíduos: além dos resultados não desejados que a ação gera, ela mesma só se produz em circunstâncias que ela não produziu. Marx, embora tenha sido um dos arautos desse *tópos*, conhecia seus limites quando escreveu, no *18 Brumário de Luís Napoleão Bonaparte*: "Os homens fazem sua própria história, mas a fazem nas circunstâncias encontradas, legadas e transmitidas" (*Marx Engels Werke*, VIII, p. 115)[13].

O tema do controle da história repousa, portanto, no desconhecimento fundamental dessa outra vertente do pensamento da história que consideraremos mais adiante, a saber, o fato de que somos *afetados* pela história e que afetamos a nós mesmos pela história que fazemos. É precisamente esse vínculo entre a ação histórica e um passado recebido e não feito que preserva a relação dialética entre horizonte de expectativas e espaço de experiência[14].

Resta dizer que essas críticas recaem sobre os *tópoi* e que as categorias de horizonte de expectativas e de espaço de expe-

---

13. A noção de *circunstância* tem um alcance considerável; nós a inscrevemos entre os componentes mais primitivos da noção de ação, no nível de *mímesis* I. É também o papel das circunstâncias que é imitado no nível de *mímesis* II, no âmbito da intriga, como síntese do *heterogêneo*. Ora, também em história, a intriga conjuga fins, causas e acasos.

14. R. Koselleck gosta de citar estas palavras de Novalis: quando se sabe apreender a história em vastos conjuntos, "*bemerkt man die geheime Verkettung des Ehemaligen und Künftigen, und lernt die Geschichte aus Hoffnung und Erinnerung zusammensetzen*" [percebe-se o encadeamento oculto entre passado e futuro e se aprende a construir a história juntando suas peças feitas de memória e esperança] (*op. cit.*, pp. 352-3).

riência são mais fundamentais que os *tópoi* em que foram inseridas pela filosofia das Luzes; ainda que devamos reconhecer que foi ela que nos permitiu dimensioná-las, porque foi o momento em que a diferença entre elas tornou-se um acontecimento histórico central.

Três argumentos parecem-me falar a favor de uma certa universalidade dessas duas categorias.

Apoiando-me primeiramente nas definições que propusemos no momento de introduzi-las, diria que são de um nível categorial superior a todos os *tópoi* considerados, quer se trate daqueles que as Luzes destronaram – Juízo Final, *historia magistra vitae* – ou daqueles que elas instauraram. Reinhart Koselleck tem toda razão quando as considera categorias meta-históricas, válidas no nível de uma antropologia filosófica. Como tais, governam todas as maneiras pelas quais, em todos os tempos, os homens pensaram sua existência em termos de história: em termos de história feita ou de história dita ou escrita[15]. Nesse sentido, pode-se aplicar a elas o vocabulário das condições de possibilidade, que as qualifica de transcendentais. Pertencem ao *pensamento* da história, no sentido proposto na introdução deste capítulo. Tematizam diretamente o tempo histórico, ou melhor, a "temporalidade da história" (p. 354).

Um segundo motivo para considerar as categorias de horizonte de expectativas e de espaço de experiência como autênticos transcendentais a serviço do pensamento da história reside na própria *variabilidade* dos investimentos que elas autorizam conforme as épocas. Seu estatuto meta-histórico implica que servem de indicadores das variações que afetam a temporalização da história. Como tal, a relação entre o horizonte de expectativas e o espaço de experiência é ela mesma uma relação variável. E é porque essas categorias são transcendentais que tornam possível uma história conceitual das varia-

---

15. "São categorias do conhecimento que ajudam a fundar a possibilidade de uma história... Não existe história que não tenha sido constituída graças às experiências e às expectativas dos homens agindo ou sofrendo" (p. 351). "Essas categorias pertencem, pois, a um pré-dado (*Vorgegenbenheit*) antropológico sem o qual a história não é nem possível, nem mesmo pensável" (p. 352).

ções de seu conteúdo. No tocante a isso, só se nota a diferença entre horizonte de expectativas e espaço de experiência quando ela muda; portanto, se o pensamento das Luzes tem um lugar privilegiado na exposição, é porque a *variação* na relação entre horizonte de expectativas e espaço de experiência foi objeto de uma tomada de consciência tão intensa que pôde servir de revelador das categorias sob as quais essa variação pode ser pensada. Corolário importante: ao caracterizar os *tópoi* da modernidade como uma variação da relação entre horizonte de expectativas e espaço de experiência, a história conceitual contribui para relativizar esses *tópoi*. Estamos agora em condições de colocá-los no mesmo espaço de pensamento da escatologia política que reinou até o século XVI, ou da visão política governada pela relação entre a *virtù* e a Fortuna, ou dos *tópos* das lições da história. Nesse sentido, a formulação dos conceitos de horizonte de expectativas e de espaço de experiência nos fornece os meios para compreender a dissolução do *tópos* do progresso como variação plausível dessa mesma relação entre horizonte de expectativas e espaço de variação.

Para terminar, gostaria de dizer – e este será meu terceiro argumento – que a ambição universal das categorias meta-históricas só se salva por suas implicações *éticas* e *políticas* permanentes. Com isso, não deslizo de uma problemática dos transcendentais do pensamento histórico para a da política. Com K. O. Apel e J. Habermas, afirmo a unidade profunda das duas temáticas: por lado, a própria modernidade pode ser considerada, apesar do declínio de suas expressões particulares, um "projeto inacabado"[16]; por outro, esse próprio projeto exige uma argumentação legitimadora que depende do modo de verdade reivindicado pela prática em geral e pela política em particular[17]. A unidade de ambas as problemáticas define a razão prática como tal[18]. É somente sob a égide dessa razão prática que

---

16. J. Habermas, "La modernité: un projet inachevé", *Critique*, n.° 413, outubro de 1981.
17. J. Habermas, *Theorie des kommunikativen Handelns*, Frankfurt, Suhrkamp, 1981.
18. P. Ricoeur, "La raison pratique", in T. F. Geraets (org.), *La Rationalité aujourd'hui*, Ottawa, Ed. de l'université d'Ottawa, 1979.

se pode afirmar a ambição universal das categorias meta-históricas do pensamento histórico. Sua descrição é sempre inseparável de uma prescrição. Portanto, caso se admita que não há história que não seja constituída pelas experiências e pelas expectativas de homens que agem e sofrem ou, ainda, que ambas as categorias tomadas conjuntamente tematizam o tempo histórico, supõe-se que a tensão entre horizonte de expectativas e espaço de experiência *deve* ser preservada para que continue havendo história. As transformações das relações entre eles descritas por Koselleck confirmam-no. Se for verdade que a crença em novos tempos contribuiu para encolher o espaço de experiência ou até para rechaçar o passado para as trevas do esquecimento – o obscurantismo medievo! –, ao passo que o horizonte de expectativas tendia a recuar para um porvir cada vez mais vago e indistinto, podemos indagar se a tensão entre expectativa e experiência não começou a ficar ameaçada no dia em que foi reconhecida. Esse paradoxo é fácil de explicar: se a novidade do *Neuzeit* só é percebida mediante o aumento da diferença entre experiência e expectativa, ou seja, se a crença em novos tempos repousa em expectativas que se afastam de todas as experiências anteriores, então a tensão entre experiência e expectativa só pôde ser notada no momento em que seu ponto de ruptura já era visível. A ideia de progresso que ainda ligava ao passado um futuro melhor, que ficava ainda mais próximo pela aceleração da história, tende a ceder lugar à de utopia, a partir do momento em que as esperanças da humanidade perdem qualquer enraizamento na experiência adquirida e são projetadas num futuro propriamente sem precedentes. Com a utopia, a tensão se torna cisma[19].

A implicação ética e política *permanente* das categorias meta-históricas de expectativa e de experiência fica clara; a ta-

---

19. Topamos com um problema idêntico com a polaridade entre sedimentação e inovação, relativa à tradicionalidade característica da vida dos paradigmas de composição da intriga. Encontramos os mesmos extremos: a repetição servil e o cisma; já disse o quanto compartilho com Frank Kermode, cujo conceito de cisma adoto, a recusa visceral de uma revisão que transformaria em cisma a crítica dos paradigmas aceitos (cf. terceira parte, cap. I).

refa é impedir que a tensão entre esses dois polos do pensamento da história se torne cisma. Este não é o lugar apropriado para detalhar essa tarefa. Limitar-me-ei aos dois imperativos a seguir:

Por um lado, é preciso resistir à sedução de expectativas puramente *utópicas*; elas nada mais podem senão desencorajar a ação; pois, por falta de enraizamento na experiência em curso, são incapazes de formular um caminho praticável dirigido para os ideais que elas situam "em outro lugar"[20]. Expectativas têm de ser *determinadas*, portanto finitas e relativamente modestas, para que possam suscitar um engajamento *responsável*.

Sim, é preciso impedir que o horizonte de expectativas fuja; é preciso aproximá-lo do presente por um escalonamento de projetos intermediários ao alcance da ação. Esse primeiro imperativo nos reconduz na verdade de Hegel a Kant, conforme o estilo kantiano pós-hegeliano que preconizo. Como Kant, tenho para mim que toda expectativa deve ser uma esperança para a humanidade inteira; que a humanidade só é uma espécie na medida em que é uma história; reciprocamente, que, para que haja história, a humanidade inteira tem de ser seu sujeito na qualidade de singular coletivo. É certo que não é seguro que possamos hoje identificar pura e simplesmente essa tarefa comum à edificação de uma "sociedade civil administrando o direito de forma universal"; surgiram direitos sociais pelo mundo afora cuja enumeração não cessa de aumentar. E, sobretudo, direitos à diferença vêm ininterruptamente contrabalançar as ameaças de opressão ligadas à própria ideia de história universal, se a realização desta for confundida com a hegemonia de uma determinada sociedade ou de um pequeno número de sociedades dominantes. Em contraposição, a história moderna da tortura, da tirania, da opressão sob todas as

---

20. R. Koselleck parece sugerir tal procedimento: "Bem poderia ser que se faça jus a uma antiga maneira de determinar as relações: quanto mais vasta for a experiência, mais antecipadora, mas também mais aberta será a expectativa. Seria alcançado assim, sem nenhuma afetação, o fim da *Neuzeit*, no sentido do otimismo do progresso" (p. 374). Mas o historiador e o semanticista dos conceitos históricos não querem dizer mais a esse respeito.

suas formas nos ensinou que nem os direitos sociais, nem os direitos à diferença novamente reconhecidos mereceriam o nome de direitos sem a realização simultânea de um Estado de direito em que os indivíduos e as coletividades não estatais sejam os sujeitos últimos do direito. Nesse sentido, a tarefa definida acima, aquela que, segundo Kant, a insociável sociabilidade obriga o homem a resolver, não está ultrapassada nos dias atuais. Pois nem mesmo foi atingida, isso quando não foi perdida de vista, desvirtuada ou cinicamente ridicularizada.

É preciso, por outro lado, resistir ao encolhimento do espaço de experiência. Para tanto, é preciso lutar contra a tendência de só considerar o passado sob o ângulo do acabado, do imutável, do findo. É preciso reabrir o passado, reavivar nele potencialidades irrealizadas, impedidas, massacradas até. Em suma, contra o adágio que diz que o futuro é aberto e contingente e o passado univocamente fechado e necessário, temos de tornar nossas expectativas mais determinadas e nossa experiência mais indeterminada. Ora, essas são duas faces de uma mesma tarefa: pois somente expectativas determinadas podem ter sobre o passado o efeito retroativo de revelá-lo como *tradição viva*. É por isso que nossa meditação crítica sobre o futuro pede o complemento de uma meditação semelhante sobre o passado.

2. Ser-afetado-pelo-passado

É o próprio propósito de "fazer a história" que pede o passo atrás do futuro para o passado: a humanidade, dissemos com Marx, só faz sua história em *circunstâncias* que ela não fez. A noção de *circunstância* torna-se assim índice de uma relação inversa com a história: só somos os agentes da história na medida em que somos seus pacientes. As vítimas da história e as massas incontáveis que, ainda hoje, sofrem-na infinitamente mais do que a fazem são as testemunhas por excelência dessa estrutura central da condição histórica; e aqueles que são – ou creem ser – os agentes mais ativos da história não *sofrem* menos a história do que as vítimas ou suas vítimas, a não ser através dos efeitos não desejados de suas empreitadas mais bem calculadas. Não gostaríamos, contudo, de tratar desse tema no modo da deploração ou da execração. A sobriedade que convém ao pensamento da história exige que extraiamos da experiência de submeter-se e de sofrer, em seus aspectos mais emocionais, a estrutura mais primitiva do ser-afetado-pelo-passado, e que a liguemos ao que chamamos, com Reinhart Koselleck, o espaço de experiência correlativo do horizonte de expectativas.

Para derivar o ser-afetado-pelo-passado da noção de espaço de experiência, tomaremos como guia o tema introduzido por H.-G. Gadamer, em *Verdade e Método*, sob o título geral de "a consciência de estar exposto à eficácia da história" (*Wirkungsgeschichtliches Bewusstsein*[21]). Ele tem a vantagem de nos obrigar a apreender nosso ser-afetado-por... como o correlativo da ação (*Wirken*) da história sobre nós ou, segundo a feliz tradução de Jean Grondin, como o índice do *trabalho da história*[22]. Tomaremos o cuidado de não deixar esse tema, de grande potência heurística, se encerrar numa apologia *da* tradição, como tende a fazer a lamentável polêmica que opôs a crítica ideológica de Habermas à assim chamada hermenêutica das tradições de Gadamer[23]. Só o evocaremos *in fine*.

---

21. H.-G. Gadamer, *Wahrheit und Methode*, Tübingen, J. B. C. Mohr (Paul Siebeck), 1.ª ed. 1960, 3.ª ed. 1973, pp. 284 ss.; trad. fr., Paris, Éd. du Seuil, 1976, pp. 185 ss.: "A ação (*Wirkung*) dessa história da eficiência está em obra em toda compreensão, tenhamos consciência expressa disso ou não... A potência (*Macht*) da história da eficiência não depende do reconhecimento que lhe expressemos" [285] (141-142).

22. Jean Grondin, "La conscience du travail de l'histoire et le problème de la vérité en herméneutique", *Archives de philosophie*, 44, n.º 3, julho-setembro de 1981, pp. 435-53. Um precedente da noção de ser-afetado-pela-história seria a noção kantiana de autoafecção, evocada acima no contexto das aporias do tempo. Afetamos a nós mesmos, diz Kant na segunda edição da *Crítica da razão pura*, por nossos próprios atos. Para resumir, dissera ele em outra parte na primeira edição, produzimos o tempo: mas, dessa produção, não temos nenhuma intuição direta, exceto através da representação de objetos determinados por essa atividade sintética (acima, pp. 82-5).

23. P. Ricoeur, *Herméneutique et Critique des idéologies*, ed. E. Castelli, in *Archivio di Filosofia* (colóquio internacional Roma 1973: *Demitizzazione e ideologia*); Aubier-Montaigne, Paris, 1973, pp. 25-64.

A primeira maneira de atestar a fecundidade heurística do tema do ser-afetado-pela-história é colocá-lo à prova numa discussão que já iniciamos acima e que foi interrompida no momento em que estava passando da epistemologia para a ontologia[24]. Essa discussão tinha como questão última a aparente antinomia entre descontinuidade e continuidade em história. Pode-se falar de antinomia nesse caso, na medida em que, por um lado, é a própria *recepção* do passado histórico pela consciência presente que parece exigir a continuidade de uma memória comum, e em que, por outro, a revolução documentária realizada pela nova história parece fazer prevalecer, na reconstrução do passado histórico, os cortes, as rupturas, as crises, a irrupção de eventos no campo das ideias, em suma, a descontinuidade.

É em *A arqueologia do saber* de Michel Foucault que a antinomia recebe sua formulação mais rigorosa e, ao mesmo tempo, sua resolução a favor do segundo termo da alternativa[25]. Por um lado, o privilégio dado à descontinuidade é associado a uma disciplina nova, a arqueologia do saber precisamente, que não coincide com a história das ideias, no sentido como os historiadores costumam entendê-la. Por outro, o privilégio contestado da continuidade é associado à ambição de uma consciência constituinte e dona do sentido.

Confrontado com essa aparente antinomia, apresso-me em dizer que não tenho nenhuma objeção estritamente epistemológica a fazer contra a primeira parte do argumento. É somente da segunda que me dissocio por completo, precisamente em nome do tema da consciência afetada pela eficácia da história.

A tese de que a arqueologia do saber faz jus a cortes epistemológicos que a história clássica das ideias ignora se legitima pela própria prática dessa nova disciplina. Em primeiro lu-

---

24. Acima, p. 201, n. 30.
25. Michel Foucault, *L'Archéologie du savoir*, Paris, Gallimard 1969. A arqueologia do saber descreve os "eriçamentos da descontinuidade" (p. 13), "ao passo que a história propriamente dita parece apagar, em prol das estruturas sem labilidade, a irrupção dos acontecimentos" (*ibid.*).

gar, ela procede de uma escolha cuja originalidade pode ser entendida se a opusermos ao modelo de história das ideias tomado de empréstimo a Maurice Mandelbaum no final de *Tempo e narrativa 1*[26]. Ali, a história das ideias figurava sob o título das histórias específicas, destacadas artificialmente pelo historiador do fundo da história geral, que é a das entidades de primeiro grau (comunidades concretas, nações, civilizações etc.), definidas precisamente por sua persistência histórica, portanto pela continuidade de sua existência. As histórias específicas são as da arte, da ciência etc.: reúnem obras descontínuas por natureza, que só estão ligadas entre si pela unidade de uma temática que já não está dada pela vida em sociedade, mas é autoritariamente definida pelo próprio historiador, que decide o que, segundo sua concepção própria, deve ser considerado arte, ciência etc. Diferentemente das histórias específicas de Mandelbaum, que são abstrações praticadas sobre a história geral, a arqueologia do saber de Michel Foucault não tem nenhuma lealdade para com a história de eventuais entidades de primeiro grau. É essa a escolha feita pela arqueologia do saber. Essa escolha metodológica é confirmada e legitimada em seguida pela natureza dos campos discursivos considerados. Os *saberes* em questão na arqueologia não são "ideias" medidas por sua influência sobre o curso da história geral e sobre as entidades duradouras que nela figuram. A arqueologia do saber trata de preferência das estruturas anônimas nas quais se inscrevem as obras singulares; é no nível dessas estruturas que são identificados os eventos no campo das ideias que marcam o desengate entre uma *epistéme* e outra. Quer se trate da clínica, da loucura, das taxinomias em história natural, em economia, em gramática e em linguística, os discursos mais próximos do anonimato são os que melhor exprimem a consistência sincrônica das *epistémes* dominantes e suas rupturas diacrônicas; é por isso que as categorias centrais da arqueologia do saber – "formações discursivas", "formações das modalidades enunciativas", "*a priori* histórico", "arquivo" – não devem

---

26. *Tempo e narrativa*, vol. 1, pp. 319-53.

ser transportadas para um nível de enunciação que ponha em cena enunciadores singulares responsáveis por seu dizer; é por isso, sobretudo, que a noção de "arquivo" pode parecer, mais que qualquer outra, diametralmente oposta à de tradicionalidade[27]. Ora, nenhuma objeção epistemológica séria proíbe tratar a descontinuidade "simultaneamente como instrumento e como objeto de investigação" (*L'Archéologie du savoir*, p. 17), e fazê-la passar assim "do obstáculo à prática" (*ibid.*). Uma hermenêutica mais atenta à *recepção* das ideias limitar-se-ia aqui a lembrar que a arqueologia do saber não pode se emancipar de todo do contexto geral em que a continuidade temporal recupera seu direito e, portanto, não pode deixar de se articular com uma história das ideias no sentido das histórias específicas de Mandelbaum. Tampouco as rupturas epistemológicas impedem as sociedades de existir de modo contínuo em registros outros – institucionais ou outros – que não os dos saberes. É inclusive isso o que permite que os diferentes cortes epistemológicos nem sempre coincidam: um ramo do saber pode continuar, ao passo que outro está submetido a um efeito de ruptura[28]. No tocante a isso, uma transição legítima entre a arqueologia do saber e a história das ideias é proporcionada pela categoria de *regra de transformação*, que me parece a mais "continuista" de todas aquelas que a arqueologia mobiliza. Para uma história das ideias referida às entidades duradouras da história

---

27. *L'Archéologie du savoir*, pp. 166-75.

28. Quanto a esse ponto, *A arqueologia do saber* corrige a impressão de uma coerência global e de uma substituição total que *As palavras e as coisas* poderia ter deixado, embora nesta obra apenas três campos epistemológicos fossem considerados, sem nenhum prejulgamento do destino dos outros e menos ainda do destino das sociedades portadoras: "A arqueologia desarticula a sincronia dos cortes, assim como teria desfeito a unidade abstrata da mudança e do acontecimento" (p. 230 da ed. fr.). A esse comentário está ligada uma advertência contra qualquer interpretação monolítica demais da *epistéme*, que rapidamente traria de volta o reino de um sujeito legislador (pp. 249-50 da ed. fr.). No limite, se uma sociedade fosse em *todos os aspectos* submetida a uma mutação global, encontrar-nos-íamos na hipótese imaginada, segundo Karl Mannhein, por Hume e outros, da troca total de uma geração por outra. Ora, vimos que a troca *contínua* das gerações umas pelas outras contribui para preservar a continuidade do tecido histórico.

geral, a noção de regra de transformação remete a um dispositivo discursivo caracterizado não só por sua coerência estrutural, mas por potencialidades não exploradas que um novo evento no campo das ideias deve elucidar, ao preço da reorganização de todo o dispositivo; assim entendida, a passagem de uma *epistéme* a outra pode ser aproximada da dialética de inovação e sedimentação mediante a qual caracterizamos várias vezes a tradicionalidade, correspondendo a descontinuidade ao momento da inovação e a continuidade ao da sedimentação. Fora dessa dialética, o conceito de transformação, totalmente pensado em termos de *corte*, corre o risco de reconduzir à concepção eleática do tempo que, em Zenão, acaba por compor o tempo de *minima* insecáveis[29]. Cumpre dizer que *A arqueologia do saber* assume esse risco pela escolha de método.

No que concerne ao outro ramo da antinomia, nada obriga a ligar a sorte do ponto de vista continuísta da memória às pretensões de uma consciência constituinte[30]. Rigorosamente falando, o argumento só vale para os pensamentos do Mesmo, que julgamos acima[31]. Parece-me perfeitamente admissível invocar uma "cronologia contínua da razão", ou até "o modelo geral de uma consciência que adquire, progride e se lembra" (p. 16), sem por isso eludir o descentramento do sujeito pensante operado por Marx, Freud e Nietzsche. Nada exige que a história se torne "para a soberania da consciência um abrigo privilegiado" (p. 23), um expediente ideológico destinado a "res-

---

29. Sobre esse ponto, cf. V. Goldschmidt, *Temps physique et Temps tragique chez Aristote, op. cit.*, p. 14.
30. Até a mutação em curso, diz M. Foucault, a história foi regida por um mesmo fim: "Reconstituir, a partir do que dizem esses documentos – às vezes com meias palavras –, o passado do qual emanam e que agora está desaparecido lá atrás, longe deles; o documento sempre era tratado como a linguagem de uma voz agora reduzida ao silêncio – seu vestígio frágil, mas por sorte decifrável" (p. 14). Vem então a fórmula em que se declara a intenção a longo prazo de *A arqueologia*: "O documento não é o feliz instrumento de uma história que seria em si mesma e de pleno direito *memória*; a história é um certo modo que uma sociedade tem de dar status e elaboração a uma massa documentária de que ela não se separa" (p. 14).
31. Acima, segunda seção, capítulo III, § 1.

tituir ao homem tudo o que faz um século vem lhe escapando sem cessar" (p. 24). Ao contrário, a noção de uma memória histórica às voltas com o trabalho da história exige a meu ver o mesmo descentramento invocado por Michel Foucault. Mais ainda, "o tema de uma história viva, contínua e aberta" (p. 23) parece-me ser o único capaz de apoiar uma ação política vigorosa na memorização das potencialidades abafadas ou recalcadas do passado. Em suma, se se trata de legitimar a presunção de continuidade da história, a noção de consciência exposta à eficiência da história, que agora explicitaremos, oferece uma alternativa válida para a de consciência soberana, transparente para si mesma, dona do sentido.

Explicitar a noção de receptividade à eficiência da história é fundamentalmente explicar a noção de *tradição* à qual ela é identificada rápido demais. Em vez de falar de forma indiscriminada *da* tradição, deve-se antes distinguir vários problemas que separarei sob três títulos diferentes: a *tradicionalidade*, as *tradições*, a *tradição*. Somente o terceiro se presta à polêmica inaugurada contra Gadamer por Habermas em nome da crítica da ideologia.

O termo *tradicionalidade* já nos é familiar[32]: designa um estilo de encadeamento da sucessão histórica, ou, para falar como Koselleck, um aspecto da "temporalização da história". É um transcendental do pensamento da história tal como a noção de horizonte de expectativas e de espaço de experiência. Assim como o horizonte de expectativas e o espaço de experiência formam um par contrastante, a tradicionalidade pertence a uma dialética subordinada, interna ao próprio espaço de experiência. Essa dialética segunda procede da tensão, no interior do que chamamos experiência, entre a eficiência do passado, que sofremos, e a recepção do passado, que operamos. O termo "trans-missão" (tradução do alemão *Ueberlieferung*) exprime bem essa dialética interna à experiência. O estilo temporal que ele designa é o do tempo *atravessado* (expres-

---

32. *Tempo e narrativa*, vol. 2, cap. I.

são que também encontramos na obra de Proust)[33]. Se há um tema de *Verdade e método* que corresponda a essa significação primordial da tradição transmitida, esse tema é o de distância temporal (*Abstand*)[34]. Ela não é somente um intervalo de separação, mas um processo de mediação, balizado, como exporemos mais adiante, pela cadeia de interpretações e reinterpretações das heranças do passado. Do ponto de vista formal em que ainda estamos, a noção de distância atravessada se opõe tanto à do passado considerado como simplesmente findo, abolido, absolvido, como à de contemporaneidade integral, que foi o ideal hermenêutico da filosofia romântica. Distância intransponível ou distância anulada, tal parece ser o dilema. A tradicionalidade designa antes a dialética entre o afastamento e o desdistanciamento, e faz do tempo, nas palavras de Gadamer, "o fundamento e o suporte do processo (*Geschechen*) em que o presente tem suas raízes" [281] (137).

Para pensar essa relação dialética, a fenomenologia oferece como recurso duas noções bem conhecidas e complementares, a de *situação* e a de *horizonte*: estamos em uma situação; desse ponto de vista, toda perspectiva abre para um horizonte vasto mas limitado. Contudo, se a situação nos limita, o horizonte se oferece para ser ultrapassado sem jamais ser incluído[35].

---

33. *Ibid.*, vol. 2, pp. 263.
34. *Vérité et Méthode*, "La signification herméneutique de la distance temporelle" [275-283] (130-140). "Quando tentamos compreender um fenômeno histórico partindo da distância histórica que determina globalmente nossa situação hermenêutica, estamos sempre submetidos, desde o princípio, aos efeitos (*Wirkungen*) da história da eficiência (*Wirkungsgeschichte*)" [284] (141).
35. "O horizonte é, antes, algo em que penetramos progressivamente e que se desloca conosco. Para quem se move, o horizonte escapa. Também o horizonte do passado, de que vive toda vida humana e que está presente na forma de tradição transmitida, está sempre em movimento. A consciência histórica não é a primeira a pôr em movimento o horizonte que engloba tudo. Nela esse movimento simplesmente tomou consciência de si mesmo" [288] (145). Não importa que Gadamer aplique à dialética entre passado e presente o termo horizonte, enquanto Koselleck reserva esse termo para a expectativa. Poder-se-ia dizer que, com esse vocábulo, Gadamer descreve uma tensão constitutiva do espaço de experiência. Pode fazê-lo na medida em que a própria expectativa é um componente do que chamamos aqui horizonte do presente.

Falar de um horizonte em movimento é conceber um único horizonte constituído, para cada consciência histórica, por mundos estranhos sem relação com o nosso, nos quais nos recolocamos sucessivamente[36]. Essa ideia de um horizonte único não leva de forma alguma a Hegel. Visa apenas afastar a ideia nietzschiana de um hiato entre horizontes mudadiços em que seria preciso a cada vez reesituar-se. Entre o saber absoluto que abole os horizontes e a ideia de uma enorme quantidade de horizontes incomensuráveis, devemos dar lugar à ideia de uma *fusão entre horizontes*, que não cessa de se produzir sempre que, pondo à prova nossos pré-conceitos, adstringimo-nos a conquistar um horizonte histórico e impomo-nos a tarefa de reprimir a assimilação apressada do passado a nossas próprias expectativas de sentido.

Essa noção de fusão entre horizontes conduz ao tema que é a questão última dessa hermenêutica da consciência histórica, ou seja, a *tensão* entre o horizonte do passado e o do presente[37]. O problema da relação entre passado e presente vê-se assim colocada sob nova luz: o passado nos é revelado pela projeção de um horizonte histórico simultaneamente separado do horizonte do presente e retomado, reassumido nele. A ideia de um horizonte temporal simultaneamente projetado e afastado, distinguido e incluído, termina de dialetizar a ideia de tradicionalidade. O que resta de unilateral na ideia de um ser-afetado-pelo-passado é desse modo superado: é *projetando* um horizonte histórico que experimentamos, na tensão com o horizonte do presente, a eficácia do passado, da qual nosso ser-afetado é o correlato. Poder-se-ia dizer que a história da efi-

---

36. "Todos juntos, esses mundos formam o único e vasto horizonte intimamente móvel que, para além das fronteiras do presente, abraça a profundidade histórica da consciência que tomamos de nós mesmos" [288] (145).

37. Também aqui a hermenêutica dos textos é um bom guia: "Cada encontro com a tradição, realizado com uma ciência histórica explícita, traz consigo a experiência de uma relação de tensão entre o texto e o presente. A tarefa hermenêutica consiste em não dissimular essa tensão numa assimilação ingênua, mas em revelá-la com total consciência. Eis por que a atitude hermenêutica implica necessariamente a projeção de um horizonte histórico que seja distinto do horizonte do presente" [290] (147).

ciência é o que se faz sem nós. A fusão dos horizontes é aquilo pelo que nos esforçamos. Aqui, trabalho da história e trabalho do historiador se ajudam mutuamente.

Desse primeiro ponto de vista, a tradição, formalmente concebida como tradicionalidade, já constitui um fenômeno de grande alcance. Ela significa que a distância temporal que nos separa do passado não é um intervalo morto, mas uma *transmissão geradora de sentido*. Antes de ser um depósito inerte, a tradição é uma operação que só pode ser entendida dialeticamente na troca entre o passado interpretado e o presente interpretante.

Com isso, já transpusemos o limiar entre o primeiro e o segundo sentido do termo "tradição", ou seja, entre o conceito formal de tradicionalidade e o conceito material de conteúdo tradicional. Entendemos agora por tradição as *tradições*. A passagem de uma acepção à outra está contida no recurso às noções de *sentido* e de *interpretação* na consideração que acaba de encerrar nossa análise da tradicionalidade. Dar uma avaliação positiva das tradições ainda não é, no entanto, fazer da tradição um critério hermenêutico da verdade. Para dar às noções de sentido e de interpretação toda a sua envergadura, deve-se pôr provisoriamente entre parênteses a questão da verdade. A noção de tradição, tomada no sentido das tradições, significa que nunca estamos numa posição absoluta de inovadores, mas sempre, primeiro, em situação relativa de herdeiros. Essa condição decorre essencialmente da estrutura *linguageira* da comunicação em geral e da transmissão dos conteúdos passados em particular. Ora, a linguagem é a grande instituição – a instituição das instituições – que desde sempre precedeu a cada um de nós. E por linguagem deve-se entender, aqui, não só o sistema da língua em cada língua natural, mas *as coisas já ditas*, ouvidas e recebidas. Por tradição, entendemos consequentemente as coisas já ditas, que nos são transmitidas ao longo das cadeias de interpretação e de reinterpretação.

Esse recurso à estrutura linguageira da tradição-transmissão nada tem de extrínseco à proposição de *Tempo e narrativa*: em primeiro lugar, sabemos desde o começo de nossa investigação que a própria função simbólica não é estranha ao terreno do agir e do padecer. Foi por isso que a primeira relação mimética expressa pela narrativa pôde ser definida mediante a referência ao caráter primordial que a ação tem de ser simbolicamente mediada. Em seguida, a segunda relação mimética entre a narrativa e a ação, identificada com a operação estruturante da composição da intriga, nos ensinou a tratar a ação imitada como um texto. Ora, sem por isso desconsiderar a tradição oral, a efetividade do passado histórico coincide em larga medida com a dos *textos* do passado. Por fim, a equivalência parcial entre uma hermenêutica dos textos e uma hermenêutica do passado histórico encontra um reforço no fato de que a historiografia, enquanto conhecimento por vestígios, depende largamente de textos que dão ao passado um estatuto documentário. É por isso que a compreensão dos textos herdados do passado pode ser erigida, com as devidas ressalvas, em experiência-testemunho no tocante a toda relação com o passado. O aspecto literário dessas heranças, teria dito Eugen Fink, equivale ao recorte de uma "janela"[38] aberta para a vasta paisagem da preteridade como tal.

Essa identificação parcial entre a consciência exposta à eficiência da história e a recepção dos textos do passado que chegaram até nós possibilitou a Gadamer passar do tema heideggeriano da compreensão da historialidade, tal como o expusemos na primeira seção deste volume, para o problema inverso da historialidade da própria compreensão[39]. No tocante a isso, a leitura que teorizamos acima é a *recepção* que responde e corresponde ao ser-afetado-pelo-passado, na sua dimensão linguageira e textual.

O caráter dialético – interior uma vez mais à noção de espaço de experiência – de nosso segundo conceito de tradição não pode ser ignorado: reforça a dialética formal da distância temporal feita de tensão entre afastamento e distanciamento.

---

38. "Représentation et image" § 34, in Eugen Fink, *Studien zur Phaenomenologie* (1930-1939), Haia, Nijhoff, 1966; trad. fr. de Didier Franck, *De la Phénoménologie*, Paris, Éd. de Minuit, 1974.

39. H.-G. Gadamer, *op. cit.* [250] (103).

Uma vez que entendemos por tradições as *coisas ditas* no passado e que chegaram até nós por uma cadeia de interpretações e reinterpretações, é preciso acrescentar uma dialética material dos conteúdos à dialética formal da distância temporal; o passado nos interroga e nos questiona antes que o interroguemos e o questionemos. Nessa luta pelo *reconhecimento do sentido*, o texto e o leitor são alternadamente familiarizados e desfamiliarizados. Essa segunda dialética pertence, pois, à lógica da pergunta e da resposta, invocada sucessivamente por Collingwood e por Gadamer[40]. O passado nos interroga na medida em que o interrogamos. Responde-nos na medida em que lhe respondemos. Essa dialética encontra um apoio concreto na teoria da leitura que elaboramos acima.

Chegamos por fim ao terceiro sentido do termo "tradição", cujo exame adiamos deliberadamente: é ele que dá lugar à confrontação entre a dita hermenêutica das tradições e a crítica das ideologias. Procede da passagem da consideração das tradições para a apologia *da* tradição.
Duas observações antes de adentrarmos essa confrontação.
Notemos para começar que a passagem da questão *das* tradições para a questão *da* tradição não é de todo indevida. Existe efetivamente uma problemática que merece ser colocada sob o título da tradição. Por quê? Porque a questão do sentido, colocada por qualquer conteúdo transmitido, não pode ser separada da da verdade, exceto por abstração. Toda *proposição de sentido* é ao mesmo tempo uma *pretensão à verdade*. O que recebemos do passado são com efeito crenças, persuasões, convicções, ou seja, modos de *"ter-por-verdadeiro"*, segundo o gênio da palavra alemã *Für-wahr-halten*, que significa crença. A meu ver, é esse nexo entre o regime linguageiro das tradições e a pretensão à verdade ligada à ordem do sentido que confere certa plausibilidade à tripla tese em defesa do prejulgamento, da autoridade e por fim da tradição mediante a qual Gada-

---

40. H.-G. Gadamer, "La logique de la question et de la réponse", *op. cit.* [351-360] (216-226).

mer introduz, num espírito intencionalmente polêmico, sua problemática central da consciência exposta à eficiência da história[41]. Com efeito, é relativamente à pretensão das tradições à verdade, pretensão incluída no ter-por-verdadeiro de toda proposição de sentido, que essas três noções controvertidas devem ser entendidas: no vocabulário de Gadamer, essa pretensão à verdade, uma vez que não procede de nós, mas vem ao nosso encontro como uma voz que vem do passado, é enunciada como autoapresentação das "coisas mesmas"[42]. O pré-conceito, o pré-julgamento é, portanto, uma estrutura da pré-compreensão fora da qual a "coisa mesma" não pode se impor; é a esse título que a reabilitação do prejulgamento bate de frente com o prejulgamento contra o prejulgamento da *Aufklärung*. Quanto à autoridade, ela significa primariamente o aumento (*auctoritas* vem de *augere*), o acréscimo que a pretensão à verdade agrega ao simples sentido, no suspense do ter-por-verdadeiro; seu contraponto, do lado da recepção, não é a obediência cega, mas o reconhecimento de uma superioridade. A tradição, por fim, recebe um status vizinho àquele que Hegel atribuía aos costumes – à *Sittlichkeit*: somos levados por ela, antes que estejamos em condição da julgá-la ou até de condená-la; ela "preserva" (*bewahrt*) a possibilidade de ouvir as vozes extintas do passado[43].

---

41. H.-G. Gadamer, *op. cit.* [250 ss.] (103 ss.).

42. Na esteira de Heidegger, Gadamer escreve: "Todo aquele que busca compreender está exposto aos erros provocados por pré-concepções que não foram submetidas à prova das coisas mesmas. É esta a tarefa constante do compreender: elaborar os projetos justos e apropriados à coisa, que, como projetos, são antecipações que esperam sua confirmação apenas das 'coisas mesmas'. Não existe outra 'objetividade' aqui além da confirmação que uma pré-concepção pode receber durante sua elaboração" [252] (105). A busca de uma *homologia* no próprio conflito das interpretações é prova disso: "O objetivo de todo compreender (*Verständigung*) e de toda compreensão é sempre o de nos entendermos (*Einverständnis*) sobre a coisa" [276] (132). A antecipação de sentido que governa a compreensão dos textos não é inicialmente privada, mas sim comum.

43. "O que preenche nossa consciência histórica é sempre uma multidão de vozes onde ressoa o eco do passado. Ela só está presente na multiplicidade dessas vozes: é o que constitui a essência da tradição de que já fazemos parte e da qual queremos tomar parte. Na própria história moderna, a investigação não é somente investigação, é também transmissão de tradição" [268] (123).

Segunda observação prévia: o primeiro parceiro do debate não é a *Crítica*, no sentido herdado de Kant, através de Horkheimer e Adorno, mas o que Gadamer chama de *metodologismo*. Com esse título, Gadamer visa menos o conceito "metódico" de *investigação* que a pretensão de uma consciência julgadora, erigida em tribunal da história e ela mesma livre de todo prejulgamento. Essa consciência julgadora é no fundo parente da consciência constituinte, dona do sentido, que Foucault denuncia e da qual nos dissociamos mais acima. A crítica do metodologismo não tem outra ambição senão lembrar à consciência julgadora que a tradição nos vincula às coisas já ditas e à sua pretensão à verdade antes que a submetamos à investigação. A tomada de distância, a liberdade relativamente aos conteúdos transmitidos, não podem ser a atitude primeira. Pela tradição, já nos achamos situados na ordem do sentido e portanto também da verdade possível. A crítica do metodologismo apenas sublinha o tom profundamente antissubjetivista da noção de história da eficiência[44]. Dito isso, a *investigação* é o parceiro obrigatório da tradição, na medida em esta apenas oferece pretensões à verdade: "Toda hermenêutica histórica, escreve Gadamer, deve começar por abolir a oposição abstrata entre tradição e ciência histórica, entre o curso da história e o saber sobre a história" [267] (222). Ora, com a ideia de investigação, afirma-se um momento crítico, secundário por certo, mas inevitável, que chamo relação de *distanciamento,* e que designa desde já o lugar marcado da crítica das ideologias de que falaremos logo a seguir. São essencialmente as vicissitudes da tradição – ou, melhor dizendo, das tradições rivais a que pertencemos em uma sociedade e uma cultura pluralistas –, suas crises internas, suas interrupções, suas reinterpretações dramáticas, seus cismas, que introduzem, na própria tradição, enquanto instância de verdade, uma "polaridade entre familiaridade e estranhamento; é em cima dela que se funda a tarefa

---

44. "Há, em todo caso, uma pressuposição comum às ciências humanas e à sobrevivência das tradições: é ver na tradição uma interpelação" [266] (121).

da hermenêutica" [279] (135)[45]. Ora, como poderia a hermenêutica cumprir essa tarefa se não fizesse uso da objetividade historiográfica como um crivo das tradições mortas ou do que consideramos desvios das tradições nas quais reconhecemos a nós mesmos?[46] É justamente essa passagem pela objetivação que distingue a hermenêutica pós-heideggeriana da hermenêutica romântica, onde "a compreensão era concebida como a reprodução de uma produção original" [230] (136). Não se trata, decerto, de compreender melhor; "basta dizer que, *pelo mero fato de compreender*, compreende-se *de outro modo*" [280] (137). A partir do momento em que hermenêutica se afasta de sua origem romântica, passa a ter a obrigação de integrar o melhor da atitude que reprova. Para tanto, tem de distinguir a honesta metodologia do historiador profissional do distanciamento alienante (*Verfremdung*) que faria da crítica um gesto filosófico mais fundamental que o humilde reconhecimento do "processo (*Geschehen*) em que o presente finca suas raízes". A hermenêutica pode rejeitar o metodologismo, como posição filosófica que se ignora enquanto filosófica, mas tem de integrar a "metódica". Mais que isso, é ela que pede que, no plano epistemológico, "também se aguce a consciência metodológica

---

45. "Essa posição intermediária entre estranhamento e familiaridade que a tradição ocupa para nós é o entremeio que se estabelece entre a objetividade, concebida nos termos da historiografia e colocada à distância de nós, e o pertencimento a uma tradição. *É nesse entremeio (Zwischen) que a hermenêutica tem seu verdadeiro lugar" (ibid.)*. Comparar com a ideia de Hayden White segundo a qual a história é tanto uma familiarização com o não familiar quanto uma desfamiliarização do familiar.

46. O verme da crítica estava contido no famoso texto de Heidegger sobre a compreensão, do qual a reflexão hermenêutica de Gadamer partiu: "O círculo [característico da compreensão] esconde em si a possibilidade autêntica do conhecer mais original; só a apreendemos corretamente se a explicitação primeira se der como tarefa primeira, permanente e última não deixar que intuições e noções populares quaisquer se imponham a suas concepções e visões prévias e a suas antecipações, mas assegurar seu tema científico pelo desenvolvimento de suas antecipações segundo 'as coisas elas mesmas'" (*Sein und Zeit* [153] (190)). Heidegger não diz como, concretamente, o intérprete aprende a discernir uma antecipação de sentido "segundo as coisas elas mesmas" das ideias fantasiosas e das concepções populares.

da ciência" [282] (138). Pois, como poderia o intérprete se deixar interpelar pelas "coisas mesmas" se não fizesse uso, ao menos de um modo negativo, da "filtragem" operada pela distância temporal? Não se deve esquecer que foi o fato da compreensão equivocada que deu origem à hermenêutica; a questão propriamente crítica da "distinção *a* ser feita entre os preconceitos *verdadeiros* que guiam a *compreensão* e os preconceitos *falsos* que acarretam a *compreensão equivocada*" [282] (137) torna-se, assim, uma questão interna à própria hermenêutica. Gadamer concorda com isso: "A consciência formada na escola hermenêutica incluirá por conseguinte a consciência historiográfica" [282] (139).

Feitas essas duas observações, podemos por fim evocar o debate entre crítica das ideologias e hermenêutica da tradição, com o único propósito de delimitar melhor a noção de eficiência da história, e seu correlato, nosso ser-afetado-por essa eficiência[47].

Há tema de debate na medida em que, passar das tradições à tradição é, essencialmente, introduzir uma questão de *legitimidade*: a noção de autoridade, ligada nesse contexto à de tradição, não pode deixar de se erigir como uma instância legitimadora: é ela que transforma o preconceito gadameriano a favor do preconceito em posição de direito. Ora, que legitimidade pode ela extrair do que na verdade parece não ser mais

---

47. Não pretendo atenuar o conflito entre hermenêutica das tradições e crítica das ideologias; a "ambição de universalidade" delas, para retomar o tema de uma controvérsia entre Gadamer e Habermas, registrada no volume *Hermeneutik und Ideologiekritik* (Frankfurt, Suhrkamp, 1971), procede de dois "lugares diferentes", a reinterpretação dos textos recebidos da tradição, em um, e a crítica das formas sistematicamente alteradas da comunicação, no outro. É por isso que não se pode simplesmente superpor o que Gadamer chama de pré-conceito, de pré-julgamento que é um pré-conceito favorável, e o que Habermas chama ideologia, que é uma distorsão sistemática da competência comunicativa. Apenas podemos mostrar que, ao falarem de dois lugares diferentes, cada um tem de integrar um segmento do argumento do outro. É o que me proponho demonstrar em "Herméneutique et critique des idéologies" (*op. cit.*).

que uma condição empírica, qual seja, a finitude inelutável de toda compreensão? Como poderia uma necessidade – *müssen* – se converter em um direito – *sollen*? A hermenêutica da tradição, ao que parece, pode escapar menos ainda desse questionamento na medida em que sua própria noção de preconceito, de prejulgamento, o exige; como o termo indica, o prejulgamento se insere ele mesmo na órbita do juízo; torna-se assim pleiteante perante o tribunal da razão; e, perante esse tribunal, não tem outro recurso senão se submeter à lei do melhor argumento; não poderia portanto erigir-se em autoridade própria sem se comportar como acusado que rejeita seu juiz, portanto sem tornar-se seu próprio tribunal.

Isso significa dizer que a hermenêutica da tradição é sem réplica? Não creio. Indaguemos apenas de que armas a razão dispõe nessa competição que a opõe à autoridade da tradição?

São, em primeiro lugar, as armas de uma crítica das ideologias; esta começa recolocando a *linguagem*, na qual a hermenêutica parece se encerrar, em uma constelação mais vasta, que comporta também o *trabalho* e a *dominação*. Sob o olhar da crítica materialista que daí se segue, verifica-se que a prática da linguagem é sede de distorções sistemáticas que resistem à ação corretiva que uma filologia generalizada – o que a hermenêutica parece ser em última instância – aplica à simples compreensão equivocada inerente ao uso da linguagem, uma vez separada arbitrariamente de sua condição social de exercício. Assim, uma *presunção* de ideologia pesa sobre qualquer *pretensão* à verdade.

Mas, sob pena de se arruinar por autorreferência a seus próprios enunciados, tal crítica tem de se autolimitar. Ela o faz reportando a *interesses* distintos a soma de todos os enunciados possíveis; é a um interesse pelo controle instrumental que remetem as ciências empíricas e seus prolongamentos tecnológicos, portanto o terreno do trabalho; é a um interesse pela comunicação que correspondem as ciências hermenêuticas, portanto a tradição da linguagem; é, por fim, a um interesse pela emancipação que se vinculam as ciências sociais críticas, das quais a crítica das ideologias é, junto com a psicanálise e a partir de seu modelo, a expressão mais perfeita. Portanto, a hermenêutica tem de renunciar à sua pretensão universalista para conservar uma legitimidade regional. Em contrapartida, o par crítica das ideologias e interesse pela emancipação suscita uma nova pretensão à universalidade. A emancipação vale para todos e para sempre. Ora, o que legitima essa nova pretensão? É inevitável a pergunta: se levarmos a sério a ideia de distorções sistemáticas da linguagem, ligadas aos efeitos dissimulados da dominação, a questão que se coloca é saber perante que tribunal não ideológico a comunicação assim pervertida poderia comparecer. Esse tribunal só pode consistir na autoproposição de um transcendental aistórico, cujo esquema, no sentido kantiano do termo, seria a representação de uma comunicação sem entraves e sem limites, portanto de uma situação de fala caracterizada por um consenso oriundo do próprio processo da argumentação.

Ora, sob que condições essa situação de fala pode ser pensada?[48] Seria preciso que a crítica *pela* razão pudesse escapar a uma crítica mais radical ainda *da* razão ela mesma. A crítica, com efeito, também pertence a uma tradição histórica, qual seja, a da *Aufklärung*, da qual vislumbramos acima algumas ilusões e cuja violência própria, resultante da conversão instrumental da razão moderna, foi desmascarada pela crítica acerba realizada por Horkheimer e Adorno. Desencadeia-se então uma escalada de superações – e de superações de superações: depois de ter-se perdido em uma "dialética negativa", que sabe reconhecer perfeitamente o mal, como em Horkheimer e Adorno, a crítica da crítica projeta o "princípio-esperança" numa utopia sem base histórica, como em E. Bloch. Resta então a solução que consiste em fundar o transcendental da situação ideal de fala numa versão, tomada de Kant e de Fichte, da *Selbstreflexion*, sede de todo direito e de toda validade. Mas, sob pena de voltar a um princípio de verdade radicalmente monológico, como na dedução transcendental kantiana, é preciso poder

---

48. No que concerne ao debate interno à teoria crítica, declaro minha dívida para com a obra inédita de J.-M. Ferry, *Éthique de la communication et théorie de la démocratie chez Habermas*, 1984.

formular a identidade originária do princípio reflexivo com um princípio eminentemente dialógico, como em Fichte; caso contrário, a *Selbstreflexion* não poderia fundar a utopia de uma comunicação sem entraves e sem limites. Isso só é possível se o princípio de verdade estiver articulado com o pensamento da história, tal como o expomos neste capítulo, e que relaciona um horizonte determinado de expectativas e um espaço especificado de experiência.

É nesse caminho do retorno da questão do fundamento para o da eficiência histórica que a hermenêutica da tradição se faz ouvir novamente. Para escapar da fuga sem fim de uma verdade perfeitamente aistórica, é preciso tentar discernir seus signos nas antecipações do entendimento, em obra em toda comunicação bem-sucedida, em toda comunicação em que temos a *experiência* de uma certa reciprocidade de intenção e de reconhecimento de intenção. Em outras palavras, é preciso que a transcendência da ideia de verdade, na medida em que ela é de saída uma ideia dialógica, seja percebida como já em obra na prática da comunicação. Assim reinvestida no horizonte de expectativas, a ideia dialógica não pode deixar de ir ao encontro das antecipações ocultas na própria tradição. Tomado como tal, o transcendental puro assume muito legitimamente o estatuto negativo de uma *ideia-limite* com relação tanto a nossas expectativas determinadas como a nossas tradições hipostasiadas. Mas, sob pena de permanecer alheia à eficiência da história, essa ideia-limite tem de se tornar *ideia diretora*, orientando a dialética concreta entre horizonte de expectativas e espaço de experiência.

Portanto, a posição alternadamente negativa e positiva da *ideia* se exerce igualmente no tocante ao horizonte de expectativas e ao espaço de experiência. Ou melhor, só se exerce no tocante ao horizonte de expectativas na medida em que também se exerce no tocante ao espaço de experiência. Esse é o momento hermenêutico da crítica.

A partir daí, seria possível balizar da seguinte maneira o caminho percorrido pela noção de tradição: 1) a *tradicionalidade* designa um estilo formal de encadeamento que garante a continuidade da recepção do passado; nesse sentido, designa a reciprocidade entre a eficiência da história e nosso ser-afetado-pelo-passado; 2) *as tradições* consistem nos conteúdos transmitidos na qualidade de portadores de sentido; situam todas as heranças recebidas na ordem do simbólico e, virtualmente, numa dimensão linguageira e textual; nesse sentido, as tradições são *proposições de sentido*; 3) *a tradição*, enquanto instância de legitimidade, designa a *pretensão à verdade* (o ter-por-verdadeiro) oferecida à argumentação no espaço público da discussão. Ante a crítica que se devora a si mesma, a pretensão à verdade dos conteúdos de tradições merece ser considerada uma *presunção de verdade*, enquanto uma razão mais forte, isto é, um argumento melhor, não se fizer valer. Por presunção de verdade, entendo o crédito, a recepção confiante com que respondemos, num primeiro movimento anterior a qualquer crítica, a toda proposição de sentido, a toda pretensão de verdade, pela razão de que nunca estamos no começo do processo de verdade e de que *pertencemos*[49], antes de qualquer gesto crítico, a um reino da verdade presumida. Com essa noção de presunção de verdade, estende-se uma ponte sobre o abismo que separava no começo desse debate a *inelutável* finitude de toda compreensão e a absoluta *validade* da ideia de verdade comunicacional. Se alguma transição é possível entre a necessidade e o direito, o que a garante é a noção de presunção de verdade: nela, o inevitável e o válido se encontram assintoticamente.

Dois grupos de conclusões podem se extraídos desta meditação sobre a condição de um ser-afetado-pelo-passado.

Deve-se, inicialmente, lembrar com insistência que essa condição vem acompanhada da perspectiva de um horizonte de expectativas. No tocante a isso, uma hermenêutica da his-

---

49. Esse combate de grande envergadura, que ocupa a segunda parte de *Verdade e método*, é o mesmo que foi empreendido, na primeira parte, contra a pretensão do juízo estético de se erigir em tribunal da experiência estética e o mesmo que é empreendido na terceira parte contra uma redução similar da linguagem a uma simples função instrumental em que ficaria escondida a potência que a palavra tem de elevar ao verbo a riqueza da experiência integral.

tória da eficiência só esclarece a dialética interna ao espaço de experiência, abstração feita das trocas entre as duas grandes modalidades do pensamento da história. A reconstituição dessa dialética envolvente não deixa de ter consequências para o sentido de nossa relação com o passado; por um lado, a retroação de nossas expectativas relativas ao porvir sobre a reinterpretação do passado pode ter por principal efeito abrir no passado considerado findo possibilidades esquecidas, potencialidades abortadas, tentativas reprimidas (uma das funções da história é, quanto a isso, reconduzir aos momentos do passado em que o porvir ainda não estava decidido, em que o passado era ele mesmo um espaço de experiência aberto para um horizonte de expectativas); por outro lado, o potencial de sentido assim liberado da ganga das tradições pode contribuir para dar carne e sangue àquelas nossas expectativas que têm a virtude de determinar no sentido de uma história por fazer a ideia reguladora, mas vazia, de uma comunicação sem entraves nem limites. É mediante esse jogo da expectativa e da memória que a utopia de uma humanidade reconciliada pode ser investida na história *efetiva*.

Deve-se, em seguida, reafirmar a preeminência da noção de eficiência da história e de seu correlato, nosso ser-afetado-pelo-passado, sobre a constelação de significações que gravitam em torno do termo tradição. Não repetirei a importância das distinções que introduzimos entre a tradicionalidade, entendida como estilo formal de transmissão das heranças recebidas, as tradições, enquanto conteúdos dotados de sentido e, por fim, a tradição, enquanto legitimação da pretensão à verdade reinvindicada por toda herança portadora de sentido. Gostaria, antes, de mostrar de que modo essa preeminência do tema da eficiência do passado sobre o da tradição permite que este entre em relação com as diversas noções relativas ao passado que foram postas à prova nos capítulos anteriores.

Percorrendo em sentido inverso a sequência das análises anteriores, é primeiro a problemática do *vis-à-vis* (*Gegenüber*) de nosso terceiro capítulo que ganha nova coloração. Por um lado, a dialética do Mesmo, do Outro e do Análogo recebe uma significação hermenêutica nova ao ser submetida ao pensamento da eficiência do passado. Considerada isoladamente, essa dialética corre o risco de despertar em cada uma de suas estações um sonho de poder exercido pelo sujeito do conhecer; quer se trate de reefetuação dos pensamentos passados, de diferença relativamente aos invariantes postos pela investigação histórica, de metaforização do campo histórico prévio à composição da intriga, percebe-se a cada vez em filigrana o esforço de uma consciência constituinte para controlar a relação do passado conhecido com o passado advindo. É precisamente desse anseio de controle – ainda que dialetizado da maneira descrita acima – que o passado tal como foi não cessa de escapar. A abordagem hermenêutica começa, em contrapartida, por reconhecer essa exterioridade do passado relativamente a toda tentativa centrada numa consciência constituinte, seja ela confessa, dissimulada ou ignorada. Ela faz toda a problemática da esfera do *conhecer* pender para a do *ser-afetado*, isto é, do *não fazer*.

Em contraposição, a ideia de *dívida* para com o passado, que nos pareceu reger a dialética do Mesmo, do Outro e do Análogo, traz um considerável enriquecimento para a de tradição; a ideia de herança, que é uma das expressões mais apropriadas da eficiência do passado, pode ser interpretada como a fusão das ideias de dívida e de tradição. Até mesmo a dialética do Mesmo, do Outro e do Análogo desenvolve o germe de dialetização contido na ideia de transmissão mediatizante, que é o cerne da ideia de tradição. Esse germe floresce quando se submete a própria ideia de tradição à tripla grade da reefetuação, da diferenciação e da metaforização. Prova disso são as dialéticas dispersas do próximo e do distante, do familiar e do estranho, da distância temporal e da fusão sem confusão entre os horizontes do passado e do presente. Por fim, essa inclusão da dialética do Mesmo, do Outro e do Análogo na hermenêutica da história é o que impede a noção de tradição de se deixar capturar novamente pelos encantos do romantismo.

Remontando mais para trás na cadeia de nossas análises, é da noção de *vestígio*, com que terminamos nosso primeiro capítulo, que a noção de tradição deve ser aproximada. Entre vestígio *deixado* e percorrido e tradição *transmitida* e recebida, revela-se uma afinidade profunda. Na condição de deixado, o vestígio designa, pela materialidade da marca, a exterioridade do passado, ou seja, sua inscrição no tempo do universo. A tradição põe a ênfase num outro tipo de exterioridade, a de nossa afecção por um passado que não fizemos. Mas existe correlação entre a significância do vestígio *percorrido* e a eficiência da tradição *transmitida*. São duas *mediações* comparáveis entre o passado e nós.

Por intermédio dessa junção entre vestígio e tradição, todas as análises de nosso primeiro capítulo são retomadas por aquilo que chamamos aqui de pensamento da história. Remontando das análises do vestígio para aquelas que as precedem, o que primeiro se esclarece é a função do *documento* na constituição de uma grande memória: o vestígio, dissemos, é deixado, o documento é recolhido e conservado. Nesse sentido, ele liga vestígio e tradição. Por meio dele, o vestígio já constitui tradição. Correlativamente, a crítica do documento também é inseparável da crítica das tradições. Numa análise abrangente, contudo, esta não é mais que uma variante no estilo da tradicionalidade.

Remontando um grau mais em nossas análises anteriores, a tradição pode ser relacionada com a *sequência de gerações*: ela sublinha o caráter hiperbiológico da rede dos contemporâneos, dos predecessores e dos sucessores, isto é, o pertencimento dessa rede à ordem simbólica. Reciprocamente, a sequência de gerações permite que a cadeia das interpretações e das reinterpretações se apoie na vida e na continuidade dos seres vivos.

Enfim, na medida em que o vestígio, o documento e a sequência de gerações exprimem a reinserção do tempo vivido no tempo do mundo, é também o *tempo do calendário* que entra na esfera do fenômeno da tradição. Essa articulação é visível no nível do momento axial que define o instante zero do cômputo e confere ao sistema de todas as datas sua bidimensionalidade. Por um lado, esse momento axial permite a inscrição de nossas tradições no tempo do universo: por intermédio dessa inscrição, percebe-se a história efetiva, escandida pelo calendário, como englobando nossa vida e a sucessão de suas vicissitudes. Em contrapartida, para que um acontecimento fundador seja julgado digno de constituir o eixo do tempo do calendário, temos de estar ligados a ele pela corrente de uma tradição-transmissão: esse acontecimento depende então da eficiência de um passado que extrapola a memória individual. O tempo do calendário fornece assim às nossas tradições o quadro de uma instituição apoiada na astronomia, ao passo que a eficiência do passado fornece ao tempo do calendário a continuidade de uma distância temporal *atravessada*.

3. O presente histórico

Haverá lugar para uma meditação distinta sobre o presente histórico numa análise que tomou por guia a oposição entre espaço de experiência e horizonte de expectativas? Creio que sim. Se a tradicionalidade constitui a dimensão passada do espaço de experiência, é no presente que esse espaço é reunido e que pode, como sugerimos acima, se ampliar ou se encolher.

É sob a égide do conceito de *iniciativa* que gostaria de colocar a meditação filosófica que se segue. Desenharei seus contornos traçando dois círculos concêntricos. O primeiro circunscreve o fenômeno da iniciativa sem levar em conta sua inserção no pensamento da história, que é o que aqui nos interessa. O segundo precisa a relação da iniciativa com um ser em comum que leva a iniciativa para o nível do presente histórico.

Ligar a sorte do presente à da *iniciativa* é subtrair de um só golpe o presente do prestígio da *presença*, no sentido quase óptico do termo. Talvez seja porque o olhar para trás na direção do passado tenda a fazer prevalecer a retrospecção, portanto a vista, a visão sobre o ser afetado pela consideração do passado, que, de modo similar, tendemos a pensar o presente em termos de visão, de -specção. Assim, Agostinho define o presente pela *attentio*, que também chama de *contuitis*. Heidegger, em contraposição, caracteriza com razão a circunspeção como uma forma inautêntica do Cuidado, como uma espécie de fascinação do olhar pelas coisas de nossa preocupação; desse modo, o *tornar-presente* se faz olhar petrificado. É para restituir ao tornar-presente uma autenticidade igual à da resolução antecipadora, voltada para o porvir, que proponho ligar as ideias de tornar-presente e de iniciativa. O presente deixa de ser, então, uma categoria do ver, para ser uma categoria do agir e do sofrer. Um verbo exprime isso melhor que todos os substantivos, inclusive o de presença: o verbo "começar"; começar é dar às coisas um novo curso, a partir de uma iniciativa que anuncia uma sequência e abre assim uma duração. Começar é começar a continuar: uma obra tem de prosseguir[50].

Mas em que condições pode a iniciativa ser pensada?

A mais radical das posições é aquela por meio da qual Merleau-Ponty caracterizou a inserção do sujeito atuante no mundo, ou seja, a experiência do "eu posso", raiz do "eu sou"; essa experiência tem a grande vantagem de designar o *corpo próprio* como o mediador mais originário entre o curso da vivência e a ordem do mundo. Ora, a mediação do corpo precede todos os conectores de nível histórico que consideramos no primeiro capítulo da seção precedente e aos quais vincularemos mais adiante o presente histórico. O corpo próprio – ou melhor, a carne – remete ao que Descartes chamava, na *Sexta meditação*, a "terceira substância", edificada sobre o corte entre o espaço e o pensamento. Num vocabulário mais apropriado, o de Merleau-Ponty[51], deve-se dizer que a carne desafia a dicotomia entre o físico e o psíquico, entre a exterioridade cósmica e a interioridade reflexiva. Ora, é sobre o solo de uma filosofia da carne como essa que o "eu posso" se deixa pensar; a carne, nesse sentido, é o conjunto coerente de meus poderes e de meus não poderes; em torno desse sistema dos possíveis carnais, o mundo se desdobra como conjunto de utensilidades rebeldes ou dóceis, de permissões e de obstáculos. A noção de *circunstância*, evocada acima, articula-se com a de meus não poderes, na medida em que designa o que *circunscreve* – limita e situa – a potência de agir.

---

50. Edward W. Saïd, *Beginnings, Intention and Method*, cap. II, "A Meditation on Beginnings", Baltimore e Londres, The Johns Hopkins University Press, 1975.

51. Merleau-Ponty, *Le Visible et l'Invisible*, Paris, Gallimard, 1964, pp. 172-204, 302-4, 307-10 *et passim*.

Essa descrição do "eu posso", inserida numa fenomenologia da existência, fornece um quadro apropriado mediante a retomada das análises realizadas no campo da *teoria da ação*, e que mencionamos ao tratar da primeira relação mimética da narrativa com a esfera prática; lembremos que distinguimos, na esteira de Arthur Danto, as ações básicas, que sabemos fazer com base numa simples familiaridade com nossos poderes, e as ações derivadas, que exigem que façamos algo *de modo que* façamos acontecer um acontecimento que não é o resultado de nossas ações básicas, mas a consequência de uma estratégia de ação que comporta cálculos e silogismos práticos[52]. Essa adjunção das ações estratégicas às ações básicas é da maior importância para uma teoria da iniciativa; com efeito, ela estende nosso poder-fazer para bem além da esfera imediata do "eu posso"; em contrapartida, situa as consequências distantes de nossa ação na esfera do agir humano, subtraindo-as à mera condição de objetos de observação; assim, na qualidade de agentes, produzimos algo que, propriamente falando, não vemos. Essa observação é da maior importância na querela do determinismo e permite reformular a antinomia kantiana do ato livre, considerado começo de uma cadeia causal. De fato, não é com a mesma atitude que observamos o que acontece e fazemos acontecer algo. Não podemos ser concomitantemente observadores e agentes. Disso resulta que só conseguimos pensar sistemas fechados, determinismos parciais, sem conseguir proceder a extrapolações aplicadas ao universo todo, sob pena de excluirmos a nós mesmos como agentes capazes de produzir acontecimentos. Em outras palavras, se o mundo é a totalidade do que for o caso, o *fazer* não se deixa incluir nessa totalidade; melhor dizendo: o fazer *faz com* que a realidade não seja totalizável.

Uma terceira determinação da iniciativa nos aproximará de nossa meditação sobre o presente histórico. Ela faz com que passemos da teoria da ação para a *teoria dos sistemas*. É antecipada de modo implícito no que precedeu. Foram construídos

---

[52]. *Tempo e narrativa*, vol. 1, pp. 97-8, 226.

modelos de estado de sistemas e de transformação de sistemas que comportavam esquemas em árvore, com ramificações e alternativas. Portanto, definimos acima[53], com H. von Wright, a *intervenção* – noção equivalente à de iniciativa no âmbito da teoria dos sistemas – pela capacidade que um agente tem de conjugar o poder-fazer do qual tem a compreensão imediata – as "ações básicas" segundo Arthur Danto – com as relações internas de condicionalidade de um sistema: a intervenção é o que garante o fechamento do sistema, pondo-o em movimento a partir de um estado inicial determinado por essa própria intervenção. É fazendo alguma coisa, dissemos então, que um agente aprende a isolar um sistema fechado de seu ambiente e descobre as possibilidades de desenvolvimento inerentes a esse sistema. A intervenção se situa, pois, na intersecção entre uma das capacidades do agente e os recursos do sistema. Com a ideia de pôr em movimento um sistema, as noções de ação e de causalidade se recobrem. O debate sobre o determinismo, evocado há pouco, é retomado aqui com uma força conceitual bem maior: se, com efeito, duvidamos de nosso livre poder-fazer é porque extrapolamos para a totalidade do mundo as sequências regulares que observamos. Esquecemos que as relações causais são relativas a segmentos da história do mundo que têm o caráter de sistemas fechados, e que a capacidade de pôr em movimento um sistema produzindo seu estado inicial é uma condição de seu fechamento; a ação vê-se assim implicada na própria descoberta das relações causais.

Transposta do plano físico para o plano histórico, a intervenção constitui o ponto nodal do modelo de explicação dito quase causal; esse modelo, como nos lembramos, articula entre si segmentos teleológicos, correspondentes às fases intencionais da ação, e segmentos nômicos, correspondentes a suas fases físicas. É nesse modelo que a reflexão sobre o presente histórico encontra seu apoio epistemológico mais apropriado.

Não queria terminar esse primeiro ciclo de considerações sobre a iniciativa sem sublinhar de que modo a *linguagem* se

---

53. *Ibid.*, pp. 224-37.

incorpora às *mediações* internas à ação e, mais precisamente, às intervenções mediante as quais o agente toma a iniciativa dos começos que ele insere no curso das coisas. Lembremos que Émile Benveniste definia o presente como o momento em que o locutor torna seu ato de enunciação contemporâneo dos enunciados que ele profere[54]. Sublinhava-se assim a autorreferência do presente. De todos os desenvolvimentos que Austin e Searle fizeram dessa propriedade de autorreferência, reterei apenas aqueles que contribuem para marcar o caráter *ético* da iniciativa[55]. Não se trata de um desvio artificial, na medida em que, por um lado, os atos de fala ou de discurso levam a linguagem para a dimensão da ação ("Quando dizer é fazer..."), e em que, por outro, o agir humano está intimamente articulado por signos, normas, regras, estimações, que o situam na região do sentido, ou, se preferirem, na dimensão simbólica. Portanto, é legítimo levar em consideração as mediações linguageiras que fazem da iniciativa uma ação *racional*.

Num sentido amplo, todos os atos de fala (ou de discurso) comprometem o locutor e o comprometem no presente: não posso constatar alguma coisa sem introduzir no meu dizer uma cláusula tácita de sinceridade, em virtude da qual significo efetivamente o que digo; e tampouco sem ter por verdadeiro o que afirmo. É desse modo que toda iniciativa de fala (Benveniste dizia: toda instância de discurso) me torna responsável pelo dizer do meu dito. Mas, embora todos os atos de fala comprometam implicitamente seu locutor, alguns o fazem explicitamente. É o caso dos "comissivos", que têm na promessa seu modelo. Ao prometer, ponho-me intencionalmente sob a obrigação de fazer o que digo que farei. Nesse caso, o compromisso tem o valor forte de uma fala que me amarra. Essa injunção que imponho a mim mesmo tem de notável o fato de que a obrigação formulada no presente compromete o

---

54. É. Benveniste, "Les relations de temps dans le verbe français", in *Problèmes de linguistique générale*, Paris, Gallimard, 1966, pp. 237-50.
55. P. Ricoeur, "Les implications de la théorie des actes de langage pour la théorie générale de l'étique", in *Colloque sur la théorie des actes de langage et la théorie du droit, Archives de philosophie du droit*, Paris, 1985.

futuro. Fica sublinhado, assim, um aspecto notável da iniciativa, bem expresso pelo advérbio "doravante" (que o inglês diz claramente: *from now on*). Prometer é, com efeito, não só prometer que farei uma coisa, mas que cumprirei minha promessa. Assim, manter a palavra é fazer com que a iniciativa tenha seguimento, que a iniciativa inaugure verdadeiramente um novo curso das coisas, em suma, que o presente não seja apenas uma incidência, mas o começo de uma continuação.

São essas as fases que a análise geral da iniciativa percorre: por meio do "eu posso", a iniciativa marca meu poder; por meio do "eu faço", ela se torna meu ato; por meio da intervenção, inscreve meu ato no curso das coisas, fazendo coincidir assim o presente vivo com o instante qualquer; por meio da promessa mantida, dá ao presente a força de perseverar, em suma, de durar. Por meio deste último aspecto, a iniciativa se reveste de uma significação ética que anuncia a caracterização mais especificamente política e cosmopolítica do presente histórico.

Tendo sido traçado o contorno mais vasto da ideia de iniciativa, resta marcar o lugar da iniciativa entre o horizonte de expectativas e o ser-afetado-pelo-passado, graças a que a iniciativa se iguala ao presente histórico.

Fazer aparecer essa equivalência é mostrar que a consideração do presente histórico leva a seu estágio último a réplica do pensamento da história às aporias da especulação sobre o tempo, alimentadas pela fenomenologia. Esta, lembremos, cavara o abismo entre a noção de um *instante* sem espessura, reduzido ao simples corte entre duas extensões temporais, e a de um *presente*, prenhe da iminência do porvir próximo e da recência de um passado que acabou de escoar. O instante pontual impunha o paradoxo da inexistência do "agora", reduzido a um simples corte entre um passado que já não é e um futuro que ainda não é. O presente vivo, em contrapartida, apresentava-se como a incidência de um "agora" solidário da iminência do futuro próximo e da recência do passado que acabou de escoar. A primeira conexão operada pelo pensamento da história fora, lembremos também, a do tempo do calendário. Ora, nossa meditação sobre o presente histórico encontra na constituição do tempo do calendário seu primeiro apoio, na medida em que este repousa, entre outras coisas, na escolha de um momento axial a partir do qual todos os acontecimentos podem ser datados; nossa própria vida e a das comunidades a que pertencemos fazem parte desses acontecimentos que o tempo do calendário permite situar a uma distância variável relativamente a esse momento axial. O momento axial pode ser considerado a primeira base do presente histórico e comunica a este a virtude do tempo do calendário de constituir um terceiro-tempo entre o tempo físico e o tempo fenomenológico. O presente histórico participa assim do caráter misto do tempo do calendário que junta o instante pontual ao presente vivo. Ele se edifica sobre a base do tempo do calendário. Além disso, por estar ligado a um acontecimento fundador, que supostamente inaugura uma nova era, o momento axial constitui o modelo de todo começo, se não do tempo, ao menos no tempo, ou seja, de todo acontecimento capaz de inaugurar um novo curso de acontecimentos[56].

O presente histórico está ademais apoiado, como o passado e o futuro histórico de que é solidário, no fenômeno biológico e simbólico da sequência de gerações. O apoio do presente histórico é fornecido aqui pela noção de reino dos contemporâneos, que aprendemos, com Alfred Schutz, a intercalar entre o dos predecessores e o dos sucessores. A simples simultaneidade física, com todas as dificuldades que sua pura determinação científica suscita, é assim substituída pela noção de contemporaneidade, que confere imediatamente ao presente histórico a dimensão de um ser-em-comum, em virtude da qual vários fluxos de consciência são coordenados em um "envelhecer-juntos", segundo a magnífica expressão de Alfred Schutz. A noção de reino dos contemporâneos – em que o *Mitsein* está diretamente implicado – constitui, pois, a segunda base do presente histórico. O presente histórico é imediatamente apreendido como espaço *comum* de experiência[57].

---

56. Acima, pp. 182-4.
57. Acima, pp. 191-3.

Resta dar a esse presente histórico todos os aspectos de uma iniciativa que lhe permitam operar a mediação buscada entre a recepção do passado transmitido por tradição e a projeção de um horizonte de expectativas. O que dissemos acima sobre a promessa pode servir de introdução para o desenvolvimento que segue. A promessa, dissemos, compromete formalmente porque coloca o locutor na obrigação de fazer; desse modo, confere-se uma dimensão ética à consideração do presente. Um aspecto comparável da noção de presente histórico nasce da transposição da análise da promessa do plano ético para o plano político. Essa transposição se dá pela consideração do *espaço público* no qual a promessa se inscreve. A transposição de um plano para o outro é facilitada pela consideração do caráter dialógico da promessa que deixamos de sublinhar acima; a promessa, com efeito, não tem nenhum caráter solipsista: não me limito a *me* amarrar ao prometer; é sempre a *alguém* que prometo; se não for o beneficiário da promessa, o outro é ao menos sua testemunha. Antes mesmo do ato mediante o qual me comprometo, há portanto o pacto que me vincula ao outro; a regra de fidelidade em virtude da qual é preciso cumprir as promessas feitas precede, pois, na ordem ética, toda promessa singular. O ato de pessoa para pessoa que preside à regra de fidelidade destaca-se, por sua vez, do pano de fundo de um espaço público regido pelo pacto social em virtude do qual se prefere a discussão à violência e a pretensão à verdade inerente a todo ter-por--verdadeiro submetida à regra do melhor argumento. A epistemologia do discurso verdadeiro subordina-se, pois, à regra política, ou melhor, cosmopolítica, do discurso verídico. Há portanto uma relação circular entre a responsabilidade pessoal dos locutores que se comprometem por promessa, a dimensão dialogal do pacto de fidelidade em virtude do qual é preciso cumprir as promessas e a dimensão cosmopolita do espaço público gerado pelo pacto social tácito ou virtual.

A responsabilidade assim posta num espaço público difere radicalmente da resolução heideggeriana ante a morte, da qual sabemos a que ponto ela é não transferível de um ser-aí para outro.

Não é tarefa desta obra sequer bosquejar os lineamentos da filosofia ética e política à luz da qual a iniciativa do indivíduo poderia se inserir em um projeto de ação coletiva racional. Podemos ao menos situar o presente dessa ação, indivisamente ética e política, no ponto de articulação do horizonte de expectativas e do espaço de experiência. Reencontramos, então, a afirmação esboçada acima, quando notávamos, com Reinhart Koselleck, que nossa época se caracteriza concomitantemente pelo afastamento do horizonte de expectativas e por um encolhimento do espaço de experiência. Sofrida passivamente, essa ruptura faz do presente um tempo de crise, no duplo sentido de tempo de juízo e de tempo de decisão[58]. Na crise, exprime-se a distensão própria à condição histórica, homóloga da *distentio animi* agostiniana. O presente é todo ele crise quando a expectativa se refugia na utopia e quando a tradição se transforma em depósito morto. Ante essa ameaça de fragmentação do presente histórico, a tarefa é aquela que antecipamos acima: impedir que a tensão entre os dois polos do pensamento da história se torne cisma; portanto, por um lado, aproximar do presente as expectativas puramente utópicas por meio de uma ação estratégica zelosa dos primeiros passos a serem dados em direção do desejável e do racional; por outro lado, resistir ao encolhimento do espaço de experiência, liberando as potencialidades não empregadas do passado. A iniciativa, no plano histórico, não consiste em nada além da incessante transação entre essas duas tarefas. Mas, para que essa transação não exprima apenas uma vontade reativa, mas um enfrentamento da crise, tem de exprimir a própria força do presente.

---

58. Emmanuel Mounier e Paul Landsberg já tinham percebido, na noção de *crise*, além do caráter contingente da crise dos anos 50, um componente permanente da noção de pessoa, em conjunção com as de enfrentamento e de engajamento. Num sentido próximo, Eric Weil caracteriza a "personalidade" pela sua aptidão para responder a um desafio percebido como crise. A crise, nesse sentido, é constitutiva da *atitude* que veicula a *categoria* de "personalidade": "A personalidade está sempre na crise; sempre, ou seja, a cada instante, ela se cria criando sua imagem que é seu ser por vir. Está sempre em conflito com os outros, com o passado, com o inautêntico", *Logique de la philosophie*, Paris, J. Vrin, 1950, p. 150.

A "força do presente". Houve um filósofo que teve a *força* de pensá-la: Nietzsche, na segunda das *Considerações inatuais* (ou *intempestivas*), intitulada: "Da utilidade e das desvantagens da história para a vida."[59] O que Nietzsche ousou conceber foi a *interrupção* que o presente vivo opera no tocante, senão à influência do passado, ao menos à fascinação que este exerce sobre nós, através da própria historiografia, na medida em que ela realiza e cauciona a abstração do passado pelo passado. Por que essa reflexão é "intempestiva"? Por dois motivos correlatos: primeiramente, rompe de uma só vez com o problema do saber (*Wissen*) em favor do da vida (*Leben*), fazendo a questão da verdade pender para a da utilidade (*Nutzen*) e da desvantagem (*Nachteil*); intempestivo é esse salto imotivado para uma criteriologia que sabemos, pelo resto da obra, remeter ao método genealógico, e cuja legitimidade só é garantida pela convicção que a própria vida produz. É igualmente intempestiva a mutação sofrida pela palavra "história" (Nietzsche escreve *Historie*); ela já não designa nenhum dos dois termos que tentamos juntar depois de tê-los separado, nem as *res gestae*, nem sua narrativa, e sim a "*cultura* histórica", o "sentido histórico". Na filosofia de Nietzsche, essas duas modalidades intempestivas são inseparáveis: uma estimação genealógica é, no mesmo movimento, uma avaliação da cultura. Ora, essa transferência de sentido tem por principal efeito substituir toda

---

59. *Unzeitgemässe Betrachtungen 77, Vom Nutzen und Nachteil der Historie für das Leben*, Werke in drei Bände, Munique, Karl Hauser Verlag, t. I, pp. 209-365. O leitor pode consultar a edição bilíngue, com tradução de Geneviève Bianquis, *Considerations inactuelles*, Paris, Aubier, 1964, t. I, "De l'utilité et des inconvénients de l'histoire pour la vie", pp. 197-389. "Só faremos uso da história na medida em que ela for útil para a vida, mas o abuso da história e sua sobrevalorização são causa de definhamento e degeneração da vida, fenômeno do qual talvez seja tão necessário quanto doloroso dar-se conta em função de seus sintomas gritantes que se manifestam na nossa época" (pp. 197-8). E mais adiante: "Se essa consideração é intempestiva é também porque tento entender como um mal, um dano, uma carência, uma coisa de que este tempo se glorifica legitimamente, sua cultura histórica; é por crer que sofremos todos de uma febre histórica devoradora e que deveríamos ao menos reconhecer que sofremos dela" (p. 199).

consideração epistemológica sobre as condições da história, no sentido de historiografia, e mais ainda, toda tentativa especulativa de escrever a história mundial, pela questão de saber o que significa *viver historicamente*. Enfrentar-se com essa questão é para Nietzsche entrar numa contestação gigantesca da modernidade, que percorre toda a sua obra[60]. A cultura histórica dos modernos transformou a aptidão para a lembrança, por meio da qual o homem difere do animal, num fardo: o fardo do passado, que faz de sua existência (*Dasein*) um "imperfeito [no sentido gramatical] que jamais terminará" [212] (205). E aqui chegamos à conclusão intempestiva por excelência do panfleto: para sair dessa relação perversa com o passado, é preciso voltar a ser capaz de esquecimento, "ou, para dizê-lo em termos mais elaborados, poder sentir de maneira aistórica enquanto durar o esquecimento" (*ibid*). O esquecimento é uma força, uma força inerente à "*força plástica* de um homem, de um povo, de uma cultura; quero dizer, à faculdade de crescer por si mesmo, de transformar e assimilar o passado e o heterogêneo, de cicatrizar suas feridas, de reparar suas perdas, de reconstruir as formas fraturadas" [213] (207). O esquecimento

---

60. Nietzsche é precedido, nesse terreno, por Jacob Burckhardt em suas *Weltgeschichtliche Betrachtungen* (Stuttgart, 1905), onde a questão do "histórico" (*das Historische*) substitui a busca do princípio de sistematização da história universal. À pergunta sobre que invariantes antropológicas fazem com que o homem seja histórico, Burckhardt responde com sua teoria das *Potenzen des Geschichtlichen*: Estado, religião, cultura, sendo que os dois primeiros constituem princípios de estabilidade e o terceiro exprime o aspecto criador do espírito. Antes de Nietzsche, J. Burckhardt destaca o caráter irracional da vida e das necessidades que encontra na origem das potencialidades da história, e afirma a relação entre vida e *crise*. De fato, a metafísica da vontade de Schopenhauer constitui o pano de fundo comum a Burckhardt e Nietzsche. Mas é também porque Burckhardt permaneceu fiel ao conceito de *Geist*, que nele continua fazendo par com o de *Leben*, que Burckhardt não pôde aceitar a brutal simplificação que Nietzsche realizou em *Vom Nutzen* em prol apenas da noção de vida, e que as relações entre os dois amigos ficaram seriamente abaladas após a publicação da segunda *Intempestive*. Podem-se ler em Herbert Schnädelbach (*Geschichtsphilosophie nach Hegel. Die Probleme des Historismus*, Friburgo, Munique, Karl Alber, 1974) os elementos de uma comparação mais refinada entre Burckhardt e Nietzsche (pp. 48-89).

é obra dessa força: e, sendo igualmente força, delimita o horizonte "fechado e completo" no interior do qual só um ser vivo pode permanecer são, forte e fecundo[61].

Portanto, o deslocamento da questão da história (historiografia ou história mundial) para a do histórico se realiza no texto de Nietzsche pela oposição entre o histórico e o aistórico, fruto da irrupção intempestiva do esquecimento no campo da filosofia da cultura: *"O aistórico e o histórico são igualmente necessários para a saúde de um indivíduo, de uma nação e de uma civilização"* [214] (209). E essa "proposição" (*Satz*) é ela mesma intempestiva, porque erige o estado (*Zustand*) aistórico em instância de juízo concernente ao abuso, ao excesso, constitutivos da cultura histórica dos modernos. Então, o homem da vida julga o homem do saber, aquele para quem a história é um modo de *encerrar a conta de vida* da humanidade[62]. Denunciar um excesso (*Übermass*) [219] (221) é presumir um bom uso. Aqui começa a arbitragem da "vida". Mas não nos enganemos: o gênero de tipologia que tornou esse ensaio de Nietzsche famoso, a distinção entre história *monumental*, história *no modo antiquário* (*antiquarische*) e história *crítica*, não é de forma

---

61. Note-se o uso limitativo do termo horizonte, em contraste com as conotações de abertura sem fim encontradas nas duas análises precedentes. Em Nietzsche, o horizonte tem antes o sentido de um meio envolvente: "A ausência do sentido histórico é comparável a uma nebulosa no interior da qual a vida produz-se a si mesma, desaparecendo assim que essa nuvem protetora é destruída... Um excesso de história destrói o homem: ele nunca teria começado nem ousado começar a pensar sem essa nebulosa que envolve a vida antes da história" [215] (211).

62. Poderíamos dizer que o excesso do próprio Nietzsche nesse texto é sua recusa em distinguir entre a crítica genealógica da cultura histórica e a crítica do sentido epistemológico da história como ciência. É precisamente esse excesso – essa recusa em distinguir duas críticas – que é a marca soberana do "intempestivo". Nietzsche sabe muito bem que coexiste com outro tipo de doença, pois o aistórico está muito próximo do ponto de vista supra-histórico, o qual, como ser cognoscente, um historiador do porte de B. G. Niebuhr pode pretender alcançar. No entanto, assim como o aistórico é uma obra de vida, o supra-histórico é fruto da sabedoria... e da náusea. O aistórico não tem outra função além de ensinar-nos cada vez melhor a "fazer história (*Historie zu treiben*) em benefício da vida".

nenhuma uma tipologia "neutra", epistemológica. Representa menos ainda uma progressão ordenada em função de uma forma soberana, como é o caso da história filosófica em Hegel (tanto é que o terceiro termo de Nietzsche ocupa o segundo lugar em Hegel, o que não deixa de ter importância. A tripartição de Nietzsche talvez tenha até uma relação irônica com a de Hegel). Trata-se sempre de uma *figura cultural* e não de um modo epistemológico.

Cada uma fornece a oportunidade de discernir o tipo de *dano* que a história escrita causa à história efetiva numa certa constelação cultural. Estar a serviço da vida é sempre o critério.

A história *monumental* remete à cultura erudita: mesmo que seja escrita por mentes esclarecidas, dirige-se privilegiadamente "a homens de ação e de poder, a combatentes, em busca de modelos, de iniciadores, de consoladores, que eles não encontram nem em seu meio, nem entre seus contemporâneos" [219] (223)[63]. Como a denominação escolhida sugere, ela *ensina* e *adverte* pela insistência de um olhar obstinadamente retrospectivo, que interrompe toda ação na respiração contida da reflexão. Nietzsche fala dela sem sarcasmo: sem uma visão de conjunto sobre a cadeia contínua dos acontecimentos, nenhuma idéia de homem se formaria. A grandeza só se revela no monumental; a história ergue-lhe o mausoléu da fama, que não é outro senão "a crença na coesão e na continuidade da grandeza através dos tempos: é um protesto contra a fuga das gerações e contra a precariedade de tudo o que existe" [221] (227). Em nenhum lugar Nietzsche está mais próximo de acreditar a defesa que Gadamer faz do "clássico": de seu comércio com ele, a consideração monumental da história obtém a convicção de "que, se a grandeza passada foi possível uma vez, ela sem dúvida também será possível no porvir" [221] (229). "Contudo...!" (*Und doch*): o vício secreto da história monumental é "enganar à força de analogia", à força de igualar as diferenças; evaporada a disparidade; restam apenas

---

[63]. Recortamos aqui o *tópos* da *historia magistra vitae*, a que aludimos acima.

"efeitos em si", para sempre imitáveis, aqueles que os grandes aniversários comemoram. Nesse apagamento das singularidades, "o próprio passado sofre dano" (*so leidet die Vergangenheit selbst Schaden*) [223] (233). Se assim ocorre entre os maiores homens de ação e de poder, o que dizer dos medíocres, que se abrigam por trás da autoridade do monumental para ali disfarçar seu ódio de toda grandeza?[64]

Se a história monumental pode ajudar os fortes a dominar o passado para criar grandeza, *a história no modo antiquário* ajuda os homens comuns a persistirem em tudo o que uma tradição bem enraizada num solo familiar oferece de *habitual* e de *venerável*. Preservar e venerar: essa divisa é entendida instintivamente no interior de uma casa, de uma geração, de uma cidade. Justifica um companheirismo duradouro e põe de sobreaviso contra as seduções da vida cosmopolita, sempre encantada com a novidade. Para ela, ter raízes não é um acidente arbitrário, é extrair crescimento do passado, fazendo-se seu herdeiro, sua flor e seu fruto. Mas o perigo ronda: se tudo o que é antigo e passado for igualmente venerável, a história, uma vez mais, fica lesada, não só pela visão curta da veneração, mas pela mumificação de um passado que o presente já não anima, já não inspira. A vida não quer ser preservada, mas ampliada.

Eis por que, para servir a vida, faz-se necessário outro tipo de história, a *história crítica*; seu tribunal não é o da razão crítica, mas o da vida forte; para ele, "todo passado merece condenação" [229] (247). Pois ser vivo é ser injusto e, mais que isso, impiedoso: é condenar as aberrações, as paixões, os erros e os crimes de que somos os descendentes. Essa crueldade é o tempo do esquecimento, não por negligência, mas por desprezo. O de um presente tão ativo quanto o da promessa.

É claro que o leitor dessas páginas terríveis deve saber que todas as palavras devem ser recolocadas no quadro da grande

---

64. Também aqui podemos evocar o que dissemos acima sobre o contraste entre a reefetuação no *Mesmo* e o "inventário das *diferenças*".

metafórica que junta a filologia e a fisiologia numa genealogia da moral, que é também uma teoria da cultura.

É precisamente por isso que a continuação do ensaio rompe com as aparências taxinômicas dessa tipologia, para adotar o tom do requisitório: *contra* a história ciência; contra o culto da interioridade, oriundo da distinção entre o "interior" e o "exterior" [233] (259)[65]; em suma, contra a modernidade! Não falta a invectiva: eis nossos homens de biblioteca transformados em enciclopédias ambulantes; os indivíduos, esvaziados de todo instinto criador, reduzidos a portadores de máscaras, nascidos com cabelos brancos; os próprios historiadores tratados de eunucos, encarregados da guarda de uma história ela mesma prisioneira do grande harém da história do mundo [239] (273). Já não é o eterno feminino que nos atrai para as alturas – como nos dois últimos versos do segundo *Fausto* de Goethe –, mas o "eterno objetivo", celebrado por toda a cultura histórica!

Rompamos com a invectiva: retenhamos apenas a muito importante oposição instaurada entre a dita virtude da imparcialidade e a *virtude da justiça*, ainda mais rara que a, no entanto, "rara virtude da magnanimidade (*Grossmut*)" [244] (285). Ao contrário do demônio gelado da objetividade, a justiça – que, algumas páginas antes, era denominada injustiça! – ousa segurar a balança, condenar, se constituir em juízo final. Também a verdade não é nada sem "o impulso e a força da justiça" [243] (285). Pois a mera justiça, sem a "força do juízo", foi o que infligiu aos homens os mais pavorosos sofrimentos. "Somente a força superior tem o direito de julgar; a fraqueza pode tão-somente suportar" [246] (291). Mesmo a arte de compor artisticamente um tecido sólido com os fios dos acontecimentos, à maneira do dramaturgo – em suma, o que chamamos a

---

65. O ataque dirigido contra a separação entre o interior e o exterior, contra a ênfase na interioridade, contra a oposição entre conteúdo e forma, lembra uma luta semelhante, conduzida em nome da "substância", da *Sittlichkeit*, na *Fenomenologia do espírito*, e depois do *Volksgeist* na *Filosofia da história* em Hegel. O fantasma de Hegel sempre surge de algum armário!

composição da intriga –, ainda depende, por seu culto do inteligível, das ilusões do pensamento objetivo. Objetividade e justiça nada têm a fazer juntas. É verdade que não é a arte de compor que Nietzsche ataca, mas a estética do realçamento que alinha de novo a arte com a história monumental e antiquária. Tanto aqui como lá falta a força da justiça[66].

Se essa "intempestiva" defesa da história justiceira tem lugar aqui, em nossa própria busca, é porque ela se mantém sobre a *aresta do presente*, entre a projeção do porvir e a apreensão do passado: *"É somente em virtude da suprema força (Kraft) do presente que vocês têm o direito de interpretar (deuten) o passado"* [250] (301). Somente a grandeza de hoje reconhece a de outrora: de igual para igual! Em última instância, é da força do presente que procede a força de refigurar o tempo: "O verdadeiro historiador deve ter a força de transformar numa verdade totalmente nova o que todos sabem, e de exprimi-la com tanta simplicidade e profundidade que a profundidade faz esquecer sua simplicidade e a simplicidade sua profundidade" [250] (301). Essa força faz toda a diferença entre um mestre e um cientista.

O presente é menos ainda, na suspensão do a-histórico, o presente eterno da filosofia hegeliana da história. Evoquei acima o grave mal-entendido infligido à filosofia hegeliana da história: Nietzsche contribuiu pesadamente para isso[67]. Mas, se Nietzsche pôde propagar a interpretação equivocada do tema hegeliano do fim da história[68] foi porque viu, na cultura que

---

66. Note-se, nessa oportunidade, a expressão "fazer a história" discutida acima. "Nossos cientistas podem tirar as histórias a serem narradas do eterno inacessível, mas, por serem eunucos, não podem 'fazer a história'" [241] (276)!

67. Hegel teria não só pronunciado o fim da história, mas tê-lo-ia realizado ao escrever. Teria desse modo provado a convicção "da velhice da humanidade" [258] (323) e encerrado um pouco mais a humanidade, já madura para o juízo final, no estéril *memento mori* incansavelmente ensinado pelo cristianismo. Depois de Hegel, os homens só poderiam ser sucessores sem herdeiros, extemporâneos, temporões: o que corresponde exatamente à visão antiquária da história.

68. A maledicência chega ao nível da farsa: Hegel teria visto "o auge e o ponto final do *Weltprozess* coincidir com sua própria existência berlinense" [263] (333)!

denuncia, a exata realização dessa interpretação equivocada. Com efeito, o que pode significar para epígonos a época, se não "a *coda* musical do *rondó Weltgeschichtlich*" (*ibid.*), em suma, uma existência supérflua? Por fim, o tema hegeliano da "potência (*Macht*) da história" teria servido apenas para caucionar "a franca admiração do sucesso, a idolatria do factual" [263] (335). Nietzsche ouve esses "apologistas do factual" exclamar: "Chegamos ao objetivo, nós somos o objetivo! Somos a natureza que alcançou sua perfeição" [267] (343).

Ao fazer isso, será que Nietzsche apenas fustigou a arrogância da Europa do século XIX? Se assim fosse, seu panfleto não continuaria sendo "intempestivo" para *nós também*. Se continua sendo, é porque esconde uma significação duradoura que uma hermenêutica do tempo histórico tem por tarefa reatualizar em contextos sempre novos. Para nossa própria investigação concernente ao encadeamento das três ek-stases do tempo, realizado poeticamente pelo pensamento histórico, essa significação duradoura concerne ao estatuto do presente para a história. Por um lado, o presente histórico é, em cada época, o termo último de uma história realizada, ele mesmo fato realizado e fim da história. Por outro, em cada época também, o presente é – ou ao menos pode se tornar – a força inaugural de uma história por fazer[69]. O presente, no primeiro sentido, diz o envelhecimento da história e faz de nós temporões; no segundo sentido, ele nos qualifica como primogênitos[70].

Desse modo, Nietzsche faz a noção do presente histórico oscilar do negativo para o positivo, procedendo da simples suspensão do histórico – pelo esquecimento e pela reivindicação do aistórico – à afirmação da "força do presente". Ao mesmo

---

69. Os gigantes da história, Nietzsche, cedendo à imagem oferecida por Schopenhauer de uma "república dos gênios", os vê escapar do *Prozess* da história e "viver de uma intemporal contemporaneidade (*zeitlos-gleichzeitig*) graças à história que permite essa *cooperação*" [353] (270). Um outro sentido do presente desponta aqui, feito da *contemporaneidade do não contemporâneo*, já evocada acima quando mencionamos a noção de "mesma geração".
70. Todo o fim de *Vom Nutzen* é um apelo à juventude, que às vezes beira a demagogia, contra a história escrita pelos sábios nascidos com cabelos brancos: "Pensando neste ponto na juventude, grito: Terra! Terra!" [276] (367).

tempo, inscreve nessa força do presente o "impulso da esperança" – o *hoffendes Streben* –, o que lhe permite proteger da vituperação contra as desvantagens da história o que permanece sendo "a utilidade da história para a vida"[71].

Um certo iconoclasmo no tocante à história, como encerramento no já findo, constitui, portanto, uma condição necessária de seu poder de refigurar o tempo. Um tempo de *suspensão* é sem dúvida preciso para que nossas visões do futuro tenham a força de reativar as potencialidades não cumpridas do passado e para que a história da eficiência seja portada por tradições ainda *vivas*.

---

71. Nós também estaríamos autorizados a dizer: Contudo! Nietzsche nunca apela a uma intuição nua da vida. Os antídotos, os contravenenos, são também interpretações. O aistórico, mais ainda do que o supra-histórico, nunca são retornos ao esquecimento bovino evocado no começo, mas um momento de irônica nostalgia. É certo que o próprio Nietzsche pede, em outras obras, *ruminação*. Uma cultura do esquecimento pede mais: ... uma grande cultura. Mesmo quando Nietzsche fala de vida "pura e simplesmente", não devemos nunca esquecer o estatuto genealógico, ou seja, simultaneamente filológico e sintomatológico, de todos os "conceitos" relativos à vida, aos efeitos e ao corpo. Ora, que seria uma grande cultura senão a resdecoberta do bom uso da história, mesmo que se tratasse apenas do bom uso de uma doença, como disse um dos predecessores mais detestados de Nietzsche? Salvar a história e sua tripla via: monumental, antiquária, crítica? Devolver à história sua função: servir a vida? Como fazê-lo sem discernir no passado suas promessas não cumpridas, suas potencialidades proibidas de se atualizar, e não seus sucessos? Caso contrário, como entender que o livro termine num último apelo à ideia *grega* de cultura? Poderia haver maior ironia, para um Hegel, do que essa comunhão no grande sonho da filosofia romântica alemã? Assim, o discurso "intempestivo" nos convida a uma releitura da filosofia da tradição à luz da filosofia da *strebende Hoffnung* – releitura não mais pelo *fato consolidado* do presente, mas pela *"força do presente"*.

CONCLUSÕES

As conclusões[1] que proponho tirar ao final de nosso longo percurso não se limitam a reunir os resultados alcançados; têm ademais a ambição de explorar os limites que nossa empreitada encontra, como fez em outro momento o último capítulo de *A metáfora viva*.

Aquilo de que quero testar o teor e os limites é a hipótese que desde o começo orientou nosso trabalho, qual seja, de que a temporalidade não se deixa dizer no discurso direto de uma fenomenologia, mas requer a mediação do discurso indireto da narração. A metade negativa da demonstração reside na constatação de que as tentativas mais exemplares de exprimir a vivência do tempo na sua própria imediatez multiplicam as aporias à medida que o instrumento de análise se refina. São precisamente essas aporias que a poética da narrativa trata como sendo nós que ela se dedica a desfazer. De forma esquemática, nossa hipótese de trabalho consiste, portanto, em *tomar a narrativa por guardiã do tempo*, na medida em que não haveria tempo pensado que não fosse narrado. Daí o título geral de nosso terceiro volume: "O tempo narrado". Essa correspondência entre narrativa e tempo, nós a aprendemos pela

---

1. Essas conclusões deveriam se chamar posfácio. Resultam, na verdade, de uma releitura feita quase um ano depois de terminar *Tempo e narrativa 3*. Sua redação é contemporânea da última revisão do manuscrito.

primeira vez no face-a-face entre a teoria agostiniana do tempo e a teoria aristotélica da intriga, que abriu *Tempo e narrativa 1*. Toda a continuação de nossas análises foi concebida como uma vasta extrapolação dessa correlação inicial. A questão que levanto, depois da releitura, é saber se essa amplificação equivale a uma simples multiplicação das mediações entre o tempo e a narrativa, ou se a correspondência inicial mudou de natureza durante nossos desenvolvimentos.

Essa questão se colocou inicialmente no plano *epistemológico*, em termos da *configuração do tempo pela narrativa*, sucessivamente no contexto da historiografia (*Tempo e narrativa 1*, segunda parte), e depois no da narrativa de ficção (*Tempo e narrativa 2*). Foi possível avaliar o quanto a noção central de composição da intriga se enriqueceu em ambos os casos, quando a explicação histórica ou a racionalidade narratológica se superpuseram às configurações narrativas básicas. Inversamente, graças ao método husserliano de "questionamento regressivo" (*Rückfrage*), foi possível demonstrar que, por intermediários apropriados, as racionalizações da narrativa remetem de fato ao princípio formal de configuração descrito na primeira parte de *Tempo e narrativa 1*: as noções de quase intriga, de quase personagem, de quase acontecimento, elaboradas no final da segunda parte, demonstram, do lado da historiografia, essa derivação sempre possível, também demonstrada, do lado da narratologia, pela persistência do mesmo princípio formal de configuração até mesmo nas formas de composição romanesca aparentemente mais tendentes ao cisma, conforme nossas análises de *Tempo e narrativa 2*. A partir daí, acreditamos poder afirmar que no plano epistemológico da configuração, a multiplicação dos elos intermediários entre narrativa e tempo só alongou as mediações sem nunca rompê-las, apesar dos cortes epistemológicos legitimamente operados atualmente pela historiografia e pela narratologia em seus respectivos domínios.

O mesmo poderia ser dito no plano *ôntico* da *refiguração do tempo pela narrativa*, plano em que se desenrolam as análises de *Tempo e narrativa 3*? Há dois motivos para que a pergunta mereça ser feita. Por um lado, a aporética do tempo, que ocupa a primeira seção, enriqueceu-se tão consideravelmente pela adjunção ao núcleo agostiniano, o de nossas análises iniciais, de consideráveis desenvolvimentos fornecidos pela fenomenologia, que podemos legitimamente questionar o caráter homogêneo dessa expansão da aporética. Por outro lado, não é evidente que o conjunto dos sete capítulos que dão a réplica da poética da narrativa à aporética do tempo obedeça à mesma lei de derivação do complexo a partir do simples, ilustrada pela epistemologia da historiografia e da narratologia.

É para responder a essa dupla interrogação que proponho aqui uma releitura da aporética do tempo que siga uma outra ordem de composição que aquela imposta pela história das doutrinas.

Tenho a impressão de que três problemáticas ficaram embaralhadas nas análises autor por autor, até obra por obra, da primeira seção:

1. Privilegiamos a aporia resultante da *ocultação mútua* da perspectiva fenomenológica e da perspectiva cosmológica. Essa dificuldade nos pareceu tão grande que regeu a construção, em forma de polêmica, de nossa primeira seção: Aristóteles contra Agostinho, Kant contra Husserl, os partidários do suposto "tempo vulgar" contra Heidegger. Além disso, foram precisos não menos de cinco capítulos para elaborar a resposta da função narrativa à mais visível das aporias da temporalidade. A primeira questão que se coloca é, então, verificar até que ponto o entrecruzamento das perspectivas referenciais entre a história e a ficção constitui uma resposta adequada à primeira grande aporia, a da dupla perspectiva na especulação sobre o tempo.

2. A resposta amplamente positiva a essa primeira pergunta não deve, por sua vez, ocultar uma dificuldade bem mais rebelde, que ficou misturada com a precedente na aporética do tempo. Trata-se do sentido que deve ser dado ao *processo de totalização* das ek-stases do tempo, em virtude do que o tempo se diz sempre no singular. Essa segunda aporia é não só irredutível à primeira: ela a domina. A representação do tempo como um singular coletivo com efeito sobrepuja o desdobramento das abordagens fenomenológica e cosmológica. A par-

tir daí, será necessário proceder a uma revisão das aporias ligadas a essa representação e dispersas na investigação histórica para lhes devolver a preeminência que o privilégio dado ao primeiro ciclo de aporias parece ter obliterado. Feito isso, teremos condições de indagar se nossos dois últimos capítulos dão uma resposta tão adequada à aporia da totalidade do tempo quanto os cinco anteriores à aporia da dupla perspectiva sobre o tempo. Uma adequação menor da resposta a essa indagação, no nível da segunda grande aporia da temporalidade, fará pressentir os limites que nossa ambição de saturar a aporética do tempo pela poética da narrativa irá encontrar.

3. Será que a aporia da totalização continua sendo a última palavra da aporética do tempo? Na minha releitura, acho que não. Uma aporia ainda mais intratável dissimula-se por trás das duas anteriores. Ela concerne à *irrepresentabilidade* última do tempo, que faz com que a própria fenomenologia não cesse de recorrer a metáforas e devolver a palavra ao mito, para expressar quer o surgimento do presente, quer o escoamento do fluxo unitário do tempo. Ora, nenhum capítulo em particular foi dedicado a essa aporia, que circula de certo modo nos interstícios da aporética. A questão paralela consiste então em saber se a narratividade é suscetível de dar uma réplica adequada, tirada apenas de seus recursos discursivos, a esse fracasso da representação do tempo. Ora, a resposta para essa pergunta embaraçosa não é, como tampouco a própria pergunta, objeto de um exame separado na nossa segunda seção. Será portanto preciso juntar os *membra disjecta* desse discurso fraturado que supostamente responde à mais forte das aporias. Por ora, contentemo-nos em formular o problema da forma mais breve possível: ainda é possível dar um equivalente narrativo à estranha situação temporal que faz dizer que todas as coisas – incluindo nós mesmos – existem *no* tempo, não no sentido que daria a esse "em" alguma acepção "vulgar", como diria o Heidegger de *Ser e tempo*, mas no sentido que os mitos dizem que o tempo nos envolve em sua vastidão? Responder a essa pergunta constitui a prova máxima a que está submetida nossa ambição de recobrir adequadamente a aporética do tempo pela poética da narrativa.

Assim, a nova hierarquia entre as aporias da temporalidade que estamos propondo ameaça fazer aparecer uma inadequação crescente da resposta à pergunta, portanto da poética da narrativa à aporética do tempo. A virtude dessa prova de adequação terá ao menos sido a de revelar tanto a amplitude do campo onde a réplica da poética da narrativa à aporética do tempo é pertinente quanto o *limite* para além do qual a temporalidade, escapando do controle da narratividade, retorna do problema ao mistério.

1. A primeira aporia da temporalidade: a identidade narrativa

É com certeza à primeira aporia que a poética da narrativa dá a resposta menos imperfeita. O tempo narrado é como uma ponte lançada sobre a brecha que a especulação não cessa de cavar entre o tempo fenomenológico e o tempo cosmológico.

A releitura da aporética confirma até que ponto a progressão de nossas análises acentuou a gravidade da própria aporia.

Agostinho não tem outro recurso senão opor às doutrinas cosmológicas o tempo de um espírito que se distende; esse espírito poderia ser apenas uma alma individual, mas de modo nenhum uma alma do mundo. Contudo, a meditação sobre o começo da Criação leva Agostinho a confessar que o próprio tempo começou com as coisas criadas; ora, esse tempo não pode ser outro senão o de todas as criaturas, portanto, num sentido que não pode ser explicitado no âmbito da doutrina do livro XI das *Confissões*, um tempo cosmológico. Em contrapartida, *Aristóteles* sabe muito bem que o tempo não é o movimento e exige uma alma para distinguir os instantes e contar os intervalos; mas essa implicação da alma não poderia figurar na pura definição do tempo como "número do movimento segundo o anterior e o posterior", por temor de que o tempo não seja elevado à categoria dos princípios últimos da *Física*, que só admite nessa função o movimento e sua enigmática definição pela "enteléquia da potência como potência"; por isso, a definição física do tempo é incapaz de dar conta das condições psicológicas da apreensão deste último.

Quanto a *Husserl*, por mais que ele ponha entre parênteses o tempo objetivo e suas determinações já constituídas, a constituição efetiva do tempo fenomenológico só pode se dar no nível de uma hilética da consciência; ora, um discurso sobre a hilética só pode ser pronunciado por meio dos empréstimos que ela faz das determinações do tempo constituído. O tempo constituinte não pode, pois, ser elevado à categoria do puro aparecer sem transferência de sentido do constituinte para o constituído. Caso pudesse, não se entende como se conseguiria extrair de um tempo fenomenológico, que só pode ser o de uma consciência individual, o tempo objetivo que, por hipótese, é o da realidade como um todo. Inversamente, o tempo segundo *Kant* tem de saída todos os traços de um tempo cosmológico, na medida em que é a pressuposição de todas as mudanças empíricas; é portanto uma estrutura da natureza, que inclui o eu empírico de cada um. Mas não se entende em que sentido se pode dizer que ele "reside" no *Gemüt*, já que não se pode articular nenhuma fenomenologia desse *Gemüt*, sob pena de devolver a vida à psicologia racional que seus paralogismos condenaram sem direito a apelação.

É com *Heidegger* que a aporia resultante da ocultação mútua do tempo fenomenológico e do tempo cosmológico me pareceu atingir seu mais alto grau de virulência, apesar do fato de a hierarquia dos níveis de temporalização explicitados pela fenomenologia hermenêutica do ser-aí conceder um lugar para a intratemporalidade, isto é, para o ser-no-tempo. Tomado nesse sentido derivado, mas original, o tempo parece de fato ser coextensivo ao ser-no-mundo, como atesta a própria expressão tempo-mundano. Contudo, mesmo esse tempo-mundano continua sendo o tempo de um ser-aí, a cada vez singular, em virtude do laço íntimo entre o Cuidado e o ser-para-a-morte, traço intransferível que caracteriza cada ser-aí como um "existente". É por isso que a derivação do tempo vulgar por via de nivelamento dos traços de mundanidade da temporalidade autêntica nos pareceu carecer de credibilidade. Pelo contrário, pareceu-nos mais enriquecedor para a discussão situar a linha divisória entre as duas perspectivas sobre o tempo no próprio ponto em que Heidegger discerne, por uma operação de nivelamento que para ele só pode ser uma imperfeição do pensamento, uma traição da fenomenologia autêntica. A fratura, aqui, parece tanto mais profunda quanto mais estreita é.

É para essa aporia da ocultação mútua das duas perspectivas sobre o tempo que nossa poética da narrativa tem a ambição de oferecer sua resposta.

A *atividade mimética* da narrativa pode ser esquematicamente caracterizada pela invenção de um *terceiro-tempo* construído sobre a própria linha de fratura cujo traçado a aporética identificou. Essa expressão – terceiro-tempo – apareceu na nossa análise para caracterizar a construção pelo pensamento histórico de conectores tão determinados quanto o tempo do calendário. Mas a expressão merece ser estendida ao conjunto de nossas análises, ao menos até o começo de nossos dois últimos capítulos. A questão a que a análise não respondeu, contudo, e que levantamos aqui, consiste em avaliar o grau de adequação da réplica. Em outras palavras, até que ponto o *entrecruzamento* das respectivas visadas ontológicas da história e da ficção constitui uma réplica apropriada à ocultação uma pela outra das duas perspectivas, fenomenológica e cosmológica, sobre o tempo?

A fim de preparar nossa resposta, resumamos a estratégia que adotamos. Partimos da ideia de que esse terceiro-tempo tinha sua dialética própria, não podendo sua produção ser atribuída de maneira exaustiva nem à história nem à narrativa de ficção, mas a seu entrecruzamento. Essa ideia de um entrecruzamento entre as respectivas perspectivas referenciais da história e da narrativa governou a estratégia seguida em nossos cinco primeiros capítulos. Para dar conta da referência cruzada entre a história e a narrativa, efetivamente entrecruzamos nossos próprios capítulos: partimos do contraste entre um tempo histórico reinscrito num tempo cósmico e um tempo entregue às variações imaginativas da ficção; em seguida, detivemo-nos no estágio do paralelismo entre a função de representância do passado histórico e os efeitos de sentido produzidos pela confrontação entre o mundo do texto e o mundo do leitor; por fim, elevamo-nos ao nível de uma interpenetração da história e da ficção, decorrente dos processos cruzados de ficcionalização da história e de historicização da ficção. Essa dialética do entrecruzamento seria em si mesma um sinal de inadequação da poética à aporética se não nascesse dessa fecundação mútua um *rebento*, cujo conceito estou introduzindo agora e que é prova de uma certa unificação dos diversos efeitos de sentido da narrativa.

O rebento frágil proveniente da união da história e da ficção é a *atribuição* a um indivíduo ou a uma comunidade de uma identidade específica que podemos denominar sua *identidade narrativa*. "Identidade" é tomado aqui no sentido de uma categoria da prática. Dizer a identidade de um indivíduo ou de uma comunidade é responder à pergunta: *quem* fez tal ação? *Quem* é seu agente, seu autor?[2] Para começar, responde-se a essa pergunta nomeando alguém, isto é, designando-o por um nome próprio. Mas qual é o suporte da permanência do nome próprio? O que justifica que se considere que o sujeito da ação, assim designado por seu nome, é o mesmo ao longo de toda uma vida que se estende do nascimento até a morte? A resposta tem de ser narrativa. Responder à pergunta "quem?", como disse claramente Hannah Arendt, é contar a história de uma vida. A história contada diz o *quem* da ação. *Portanto, a identidade do* quem *não é mais que uma identidade narrativa*. Sem o auxílio da narração, o problema da identidade pessoal está, de fato, fadado a uma antinomia sem solução: ou se supõe um sujeito idêntico a si mesmo na diversidade de seus estados, ou então se considera, na esteira de Hume e de Nietzsche, que esse sujeito idêntico não passa de uma ilusão substancialista, cuja eliminação faz aparecer tão-somente um puro diverso de cognições, emoções e volições. O dilema desapare-

---

2. Hannah Arendt, *The Human Condition*, Chicago, University of Chicago Press, 1958; trad. fr. de G. Fradier, *La Condition de l'homme moderne*, com um prefácio de P. Ricoeur, Calmann-Lévy, 1983. Sobre o mesmo tema, Martin Heidegger, *Ser e tempo*, § 25 ("O 'quem' do ser-aí") e § 64 ("Cuidado e ipseidade").

ce se a identidade entendida no sentido de um mesmo (*idem*) for substituída pela identidade entendida no sentido de um si--mesmo (*ipse*); a diferença entre *idem* e *ipse* não é outra senão a diferença entre uma identidade substancial ou formal e a identidade narrativa. A ipseidade pode escapar ao dilema do Mesmo e do Outro na medida em que sua identidade repousa numa estrutura temporal conforme ao modelo de identidade dinâmica oriundo da composição poética de um texto narrativo. Pode-se dizer, assim, que o si-mesmo é refigurado pela aplicação reflexiva das configurações narrativas. Diferentemente da identidade abstrata do Mesmo, a identidade narrativa, constitutiva da ipseidade, pode incluir a mudança, a mutabilidade, na coesão de uma vida[3]. O sujeito aparece então constituído simultaneamente como leitor e como *scriptor* de sua própria vida, conforme o desejo de Proust[4]. Como se comprova pela análise literária da autobiografia, a história de uma vida não cessa de ser refigurada por todas as histórias verídicas ou fictícias que um sujeito conta sobre si mesmo. Essa refiguração faz da própria vida um tecido de histórias narradas.

Essa conexão entre ipseidade e identidade narrativa confirma uma de minhas mais antigas convicções, qual seja, a de que o *si* do conhecimento de si não é o eu egoísta e narcísico do qual as hermenêuticas da suspeita denunciaram tanto a hipocrisia como a ingenuidade, tanto o caráter de superestrutura ideológica como o arcaísmo infantil e neurótico. O si do conhecimento de si é fruto de uma vida examinada, segundo as palavras de Sócrates na *Apologia*. Ora, uma vida examinada é, em grande medida, uma vida depurada, clarificada pelos efeitos catárticos das narrativas tanto históricas como fictícias veiculadas por nossa cultura. A ipseidade é portanto a de um si instruído pelas obras da cultura que ele aplicou a si mesmo.

A noção de identidade narrativa mostra também sua fecundidade no fato de poder ser aplicada tanto à comunidade

---

3. Sobre os conceitos de "coesão da vida", "mutabilidade" e "constância do si", cf. Heidegger, *Ser e tempo*, § 72.
4. Marcel Proust, *À la recherche du temps perdu*, t. III, p. 1033.

como ao indivíduo. Pode-se falar da ipseidade de uma comunidade, assim como acabamos de falar da de um sujeito individual: indivíduo e comunidade se constituem em sua identidade recebendo essas narrativas que se tornam, tanto para um como para a outra, sua história efetiva.

Dois exemplos merecem ser colocados aqui lado a lado: um é tomado da esfera da subjetividade individual mais recôndita, o segundo, da história das culturas e das mentalidades. Por um lado, a experiência psicanalítica salienta o papel da componente narrativa no que se convencionou chamar "histórias de caso"; é no trabalho do analisando, que Freud chama, aliás, de perlaboração (*Durcharbeitung*), que esse papel pode ser discernido; ele se justifica, ademais, pela própria finalidade do processo analítico, que é a de substituir fragmentos de histórias ininteligíveis e ao mesmo tempo insuportáveis por uma história coerente e aceitável, na qual o analisando possa reconhecer sua ipseidade. A psicanálise constitui, nesse sentido, um laboratório particularmente instrutivo para uma investigação propriamente filosófica sobre a noção de identidade narrativa. Nota-se, com efeito, como a história de uma vida se constitui por meio de uma série de retificações aplicadas a narrativas prévias, do mesmo modo como a história de um povo, de uma coletividade, de uma instituição, procede da série de correções que cada novo historiador faz nas descrições e explicações de seus predecessores, e, pouco a pouco, nas lendas que precederam esse trabalho propriamente historiográfico. Como dissemos, a história procede sempre da história[5]. O mesmo ocorre com o trabalho de correção e de retificação constitutivo da perlaboração analítica: um sujeito se reconhece na história que ele conta para si mesmo sobre si mesmo.

A comparação entre a perlaboração analítica e o trabalho do historiador facilita a transição de nosso primeiro exemplo para o segundo. Este é tomado da história de uma comunidade particular, o Israel bíblico: O exemplo é particularmente tópico porque nenhum povo foi tão exclusivamente apaixonado

---

5. *Tempo e narrativa*, vol. 1, p. 327, n. 27.

pelas narrativas que contou sobre si mesmo. Por um lado, a delimitação das narrativas recebidas posteriormente como canônicas exprime, ou até reflete, o caráter do povo que produziu, entre outros escritos, as narrativas dos patriarcas, as do Êxodo, da instalação em Canaã, seguidas das da monarquia davídica e depois das do exílio e do retorno. Mas, com igual pertinência, pode-se dizer que foi contando narrativas consideradas testemunhos dos acontecimentos fundadores de sua própria história que o Israel bíblico se tornou a comunidade histórica que leva esse nome. É uma relação circular: a comunidade histórica que se chama povo judeu tirou sua identidade da própria *recepção* dos textos que ela *produziu*.

A relação circular entre, por um lado, o que pode ser chamado de *caráter* – e que pode ser tanto o de um indivíduo como o de um povo – e, por outro lado, as *narrativas* que simultaneamente exprimem e moldam esse caráter ilustra maravilhosamente bem o círculo evocado no começo de nossa exposição da tripla *mímesis*[6]. Dissemos que a terceira relação mimética entre a narrativa e a prática retorna à primeira através da segunda. Naquele momento, esse círculo nos inquietara, na medida em que se pode objetar que a primeira relação mimética já traz a marca de narrativas anteriores, devido à estrutura simbólica da ação. Perguntávamos se existiria uma experiência que já não fosse fruto da atividade narrativa. No final de nossa investigação sobre a refiguração do tempo pela narrativa, podemos afirmar sem medo que esse círculo é um círculo saudável: a primeira relação mimética só remete, no caso do indivíduo, à semântica do desejo, que por enquanto só comporta os traços pré-narrativos vinculados à demanda constitutiva do desejo humano; a terceira relação mimética se define pela *identidade narrativa* de um indivíduo ou de um povo, decorrente da retificação sem fim de uma narrativa anterior por uma narrativa posterior, e da cadeia de refigurações que disso resulta. Em suma, a identidade narrativa é a resolução poética do círculo hermenêutico.

---

6. *Ibid.*, pp. 124-30.

Ao término deste primeiro conjunto de conclusões, gostaria de assinalar os limites da solução que a noção de identidade narrativa dá à primeira aporia da temporalidade. A constituição da identidade narrativa certamente ilustra muito bem o jogo cruzado da história e da narrativa na refiguração de um tempo que é ele mesmo indivisamente tempo fenomenológico e tempo cosmológico. Contudo, comporta uma limitação interna que se comprova pela primeira inadequação da resposta que a narração dá à questão levantada pela aporética.

Em primeiro lugar, a identidade narrativa não é uma identidade estável e sem falhas; assim como é possível compor várias intrigas a respeito dos mesmos incidentes (que desse modo já não merecem ser chamados de mesmos acontecimentos), também é sempre possível tramar sobre a própria vida intrigas diferentes, opostas até. No tocante a isso, poder-se-ia dizer que, na troca de papéis entre a história e a ficção, o componente histórico da narrativa sobre si mesmo atrai esta última para o lado de uma crônica submetida às mesmas verificações documentárias que qualquer outra narração histórica, ao passo que o componente ficcional a atrai para o lado das variações imaginativas que desestabilizam a identidade narrativa. Nesse sentido, a identidade narrativa não cessa de se fazer e de se desfazer, e a pergunta que Jesus fazia a seus discípulos para testar sua confiança – quem dizeis que sou? –, cada qual pode fazê-la a respeito de si próprio, com a mesma perplexidade dos discípulos interrogados por Jesus. A identidade narrativa torna-se assim o título de um problema, ao menos tanto quanto o de uma solução. Uma pesquisa sistemática sobre a autobiografia e o autorretrato confirmaria sem nenhuma dúvida essa instabilidade principial da identidade narrativa.

Em segundo lugar, a identidade narrativa não esgota a questão da ipseidade do sujeito, seja ele um indivíduo particular ou uma comunidade de indivíduos. Nossa análise do ato de leitura leva-nos, antes, a dizer que a prática da narrativa consiste numa experiência de pensamento mediante a qual nos exercitamos a habitar mundos estranhos a nós. Nesse sentido, a narrativa exercita mais a imaginação que a vontade, embora continue sendo uma categoria da ação. É verdade que essa oposição entre imaginação e vontade se aplica de preferência àquele momento de leitura que denominamos o momento da *estase*. Ora, a leitura, acrescentamos, comporta também um momento de *remissão*: é quando a leitura se torna uma provocação a ser e a agir de outro modo[7]. Ainda assim, a remissão só se transforma em ação por uma decisão que faz cada qual dizer: aqui, eu fico! A partir daí, a identidade narrativa só equivale a uma verdadeira ipseidade em virtude desse momento derrisório, que faz da responsabilidade ética o fator supremo da ipseidade. Prova disso são as conhecidas análises da promessa e, em suma, a obra inteira de Emmanuel Lévinas. No entanto, a alegação que a teoria da narrativa poderia opor à ambição da ética de reger sozinha a constituição da subjetividade consistiria em lembrar que a narratividade não está destituída de toda dimensão normativa, avaliativa, prescritiva. A teoria da leitura nos advertiu quanto a isso: a estratégia de persuasão fomentada pelo narrador visa impor ao leitor uma visão de mundo que nunca é eticamente neutra, mas que induz implícita ou explicitamente uma nova avaliação do mundo e do próprio leitor: nesse sentido, a narrativa já pertence ao campo ético em virtude da pretensão, inseparável da narração, à justeza ética. Cabe ao leitor, que volta a ser *agente*, iniciador de *ação*, escolher entre as múltiplas proposições de justeza ética veiculadas pela leitura. É nesse ponto que a noção de identidade narrativa encontra seu limite e deve se juntar aos componentes não narrativos da formação do sujeito atuante.

2. A segunda aporia da temporalidade: totalidade e totalização

A aporia da *totalidade* é uma aporia diferente. A primeira procedia da não congruência entre duas perspectivas sobre o tempo, a da fenomenologia e a da cosmologia. A segunda nasce da dissociação das três ek-stases do tempo: futuro, passado

---

7. Sobre a leitura como estase e como remissão, cf. acima, cap. IV, pp. 308-9.

e presente, apesar da noção incontornável do tempo concebido como um singular coletivo. Dizemos sempre *o* tempo. Se a fenomenologia não dá resposta teórica para essa aporia, será que o pensamento da história, que, como dissemos, transcende a dualidade entre narrativa histórica e narrativa de ficção, lhe dá uma resposta prática? A resposta para essa pergunta foi o tema de nossos dois últimos capítulos. Ora, de que modo a resposta remete efetivamente à prática? Num duplo sentido: primeiramente, a renúncia à solução especulativa dada por Hegel nos obrigou a substituir a noção de totalidade pela de totalização; em segundo lugar, essa totalização pareceu-nos ser fruto de uma mediação *imperfeita* entre horizonte de expectativas, retomada das heranças passadas e incidência do presente intempestivo. Nesse duplo sentido, o processo de totalização situa o pensamento da história na dimensão prática.

A fim de medir o grau de adequação entre o processo prático de totalização e a aporia teórica da totalidade, faz-se necessário proceder a uma nova leitura da aporética, na própria medida em que a exposição histórica de nossa primeira seção privilegiou a primeira aporia e deixou em estado de dispersão as expressões variadas da segunda.

Que haja um só tempo é algo que o *Timeu* pressupõe a partir do momento em que define o tempo como "uma certa imitação móvel da eternidade" (37 d); além disso, o tempo é coextensivo à única alma do mundo e nasce com o Céu. No entanto, essa alma do mundo procede de múltiplas divisões e misturas, todas regidas pela dialética do Mesmo e do Outro[8].

A discussão que *Aristóteles* dedica às relações entre o tempo e o movimento pressupõe igualmente a unicidade do tempo. A questão que preside ao exame prévio da tradição e de suas aporias é saber "o que é o tempo e sua natureza" (*Física*, IV, 218 a 32). A unicidade do tempo é visada explicitamente pelo argumento que distingue o tempo do movimento, qual seja, que existem *vários* movimentos mas *um* só tempo. (O argumento continuará tendo força enquanto o próprio movimen-

---

8. Cf. acima p. 24, n. 16.

to não tiver sido unificado, o que não acontecerá antes da formulação do princípio de inércia.) Em contraposição, Aristóteles, abstendo-se de elevar o tempo à categoria de princípio da natureza, não consegue dizer como uma alma, ao distinguir instantes e contar intervalos, pode pensar a unidade do tempo.
Quanto a *Agostinho*, lembramos com que força formula a embaraçosa pergunta: "Que é, pois, o tempo?" E não esquecemos a confissão que se segue e que situa o exame na tonalidade do pensamento interrogativo. A partir daí, o conflito entre *intentio* e *distentio* pode ser reinterpretado nos termos de um dilema entre a unidade reunida do tempo e a fragmentação deste entre a memória, a antecipação e a atenção. Toda a aporia se concentra a partir daí na estrutura tripla do presente.
É com Kant, Husserl e Heidegger que a unicidade do tempo é problematizada como tal.
Kant parece fazer eco a Agostinho quando pergunta, por sua vez, "o que são o espaço e o tempo" (A 23, B 38). Mas ele o faz para introduzir, num tom seguro, a tabela das respostas possíveis entre as quais faz uma escolha unívoca, qual seja, a de "que eles se limitam exclusivamente à forma da intuição e, por conseguinte, à constituição subjetiva de nosso espírito (*Gemüt*)" (*ibid.*). Assim, a idealidade do tempo garante sua unicidade. A unicidade do tempo é a de uma forma de nossa capacidade de receber uma diversidade de impressões. Essa unicidade serve, por sua vez, de argumento na "exposição metafísica" e depois "transcendental" do conceito de tempo: é porque o tempo é um singular coletivo que não pode ser um conceito discursivo, isto é, um gênero divisível em espécies, mas sim uma intuição *a priori*. Donde a forma axiomática do argumento: "Tempos diferentes não são mais que partes do mesmo tempo" (A 31, B 47). E mais: "A infinitude do tempo nada mais significa senão que toda grandeza determinada do tempo só é possível por limitações de um tempo único que lhe serve de fundamento" (A 32, B 48). No mesmo argumento, fala-se da "representação inteira" (*ibid.*) do tempo, que é tão-só a "representação originária" (*ibid.*) do tempo. Portanto, é a título do *a priori* que a intuição do tempo é formulada com a de um único tempo.

Contudo, surge uma certa problematização dessa unidade na *Analítica transcendental*. Em primeiro lugar, a doutrina do esquematismo introduz a distinção entre a "série do tempo", o "conteúdo do tempo", a "ordem do tempo" e o "conjunto do tempo com relação a todos os objetos possíveis". Ainda assim, essa pluralidade das "determinações do tempo" (A 145, B 184), ligada à dos esquemas, não ameaça de fato a unidade estabelecida no plano da *Estética*[9]. Não é certo que o mesmo possa ser dito da distinção entre os "três modos do tempo" que o exame sucessivo das *Analogias da experiência* impõe, quais sejam, a permanência, a sucessão e a simultaneidade. É a permanência *do tempo* que coloca o problema mais grave: ela está ligada ao esquema da substância e, através dele, ao *princípio* que leva o mesmo nome de permanência. Ora, é por ocasião do primeiro desses laços que Kant declara, num parênteses é verdade: "(O tempo não passa, é a existência do que muda que passa nele. Ao tempo, que é ele mesmo imutável e fixo, corresponde, portanto, no fenômeno, o imutável na existência, ou seja, a substância, e é simplesmente nela que podem ser determinadas a sucessão e a simultaneidade dos fenômenos com relação ao tempo)" (A 143, B 183). Essa declaração soa como um paradoxo: a permanência inclui de certo modo a sucessão e a simultaneidade. A *Estética*, por ainda não tratar de objetos determinados, de fenômenos objetivos, conhecia tão-somente o caráter de unicidade e de infinitude do tempo; e eis que a objetividade fenomenal suscita esse traço inesperado, a permanência, que participa do mesmo caráter *a priori* dos traços do tempo reconhecidos pela *Estética*.

Manteremos por ora esse paradoxo dentro dos limites da segunda aporia que uma reflexão transcendental ainda senhora de sua temática encontra. Retomaremos seu exame no contexto da terceira aporia, já que a reflexão parece beirar aqui um inescrutável rebelde a qualquer esclarecimento. No entanto,

---

9. A figuração do tempo por meio de uma linha reforça a pressuposição da unicidade do tempo: é devido a essa representação que o tempo pode ser dito linear.

nada leva a pensar que tenha sido motivo de espanto para Kant que o tempo, imutável e fixo, não passe.

Essa afirmação, a menos discutida de todas em Kant, do caráter único e unitário da forma do tempo causa problemas precisamente em Husserl. Poder-se-ia crer que esse caráter pertence ao tempo objetivo que logo de início é posto fora de circuito. Não é assim. Tanto que o título das *Lições* o dá a entender: a expressão composta que a língua alemã permite – *Zeitbewusstsein* – sugere a ideia de um duplo singular: *uma* consciência, *um* tempo[10]. Com efeito, a questão final é a autoconstituição do tempo como fluxo único. Ora, como, numa *hilética* – pois é dela que depende a constituição do tempo imanente –, é possível constituir a forma unitária do tempo sem recorrer, como Kant e até Brentano, a um princípio extrínseco ao diverso das impressões? A principal descoberta que atribuímos a Husserl, ou seja, a constituição do presente ampliado pela adjunção *contínua* das retenções e das protensões ao ponto-fonte do presente vivo, responde apenas parcialmente à questão: na verdade, são apenas totalidades parciais – os famosos objetos-tempo do tipo do som que continua a ressoar – que assim se constituem. Mas como passar dos "fragmentos" de duração ao "conjunto do escoamento" [28] (42)? Sabe-se decerto em que direção buscar a solução: *a totalidade do tempo tem de ser o corolário de sua continuidade*. Mas será que esse corolário pode ser extraído da mera *iteração* do fenômeno de retenção (e de protensão)? Não se entende como retenções de retenções fariam um fluxo único. Não é algo que possa ser feito diretamente, na medida em que é preciso compor, no mesmo fluxo, lembranças continuamente provenientes do presente vivo, quase presentes livremente imaginados com seus próprios períodos de retenções e de protensões, relembranças sem vínculo contínuo com o presente vivo e dotadas de um caráter posicional que os quasi presentes simplesmente imaginados não têm.

---

10. Cf. a expressão "o tempo imanente do curso da consciência" (*Lições* [6] (9)).

Será que o fenômeno de "recobrimento", que supostamente transpõe para uma escala maior o da continuação do presente no passado recente, dá verdadeiramente conta do que o próprio Husserl chama de "encadeamento do tempo"? A insuficiência dessa solução revela-se pela necessidade de dar prosseguimento à constituição do tempo imanente num nível mais profundo de radicalidade, alcançado apenas na terceira seção das *Lições*. A dificuldade a que é preciso responder resulta da necessidade de reconhecer para as lembranças de qualquer natureza um *lugar fixo* no fluxo unitário do tempo, além do *afastamento crescente* dos conteúdos, resultante da descida que faz esses conteúdos mergulharem em um passado cada vez mais distante e nebuloso. Para fazer face a essa dificuldade, Husserl desdobra a intencionalidade que desliza ao longo do fluxo: da intencionalidade primária que visa as modificações de presença de uma vivência particular, ele distingue uma intencionalidade segunda que visa a situação temporal dessa vivência independentemente de seu grau de afastamento do presente vivo. Ora, o lugar de um fenômeno no tempo refere-se à totalidade do fluxo considerado como forma[11]. Topamos assim de novo com o paradoxo de Kant segundo o qual o próprio tempo não passa. E é essa constituição que rege o sentido a ser dado à expressão: ocorrer *no* tempo. O que a preposição *em* designa é precisamente a fixidez da situação temporal, distinta do grau de afastamento dos conteúdos vividos.

A dificuldade que Husserl enfrenta é, em última instância, a de tirar, de uma fenomenologia aplicada primariamente às expansões contínuas do ponto fonte, uma fenomenologia do conjunto do tempo; ora, nem a constituição de objetos-tempo que ainda têm, por assim dizer, um pé no presente vivo, nem o fenômeno de recobrimento decorrente da sobreposição entre os períodos de retenção e de protensão de todos os quase presentes dão perfeitamente conta da autoconstituição do tempo imanente como fluxo total. O embaraço de Husserl no to-

---

11. Sobre esse difícil argumento, cf. os textos de Husserl citados acima, pp. 70-4.

cante a esse ponto exprime-se de várias maneiras: ora ele invoca "algumas leis *a priori* do tempo" (título do § 33); ora reconhece o caráter "chocante (quando não absurdo)" da afirmação de que o fluxo da consciência constitui sua própria unidade [80] (105); ora faz essa simples confissão: "para tudo isso, faltam-nos nomes" [75] (99).

Cabe então indagar se a obstinação de Husserl em buscar uma resposta apropriada para a questão da unidade do fluxo não se prende à mais fundamental de todas as pressuposições, a da unidade *da* própria consciência, que a unidade do tempo redobra. Ora, supondo que tal unidade possa subtrair-se às críticas de um Hume ou de um Nietzsche, o caráter *monádico* da constituição continuaria criando problemas. Nesse caso, a constituição de um tempo *comum* ficaria na dependência da constituição da intersubjetividade. É duvidoso que a "comunalização" das experiências particulares proposta na *Quinta Meditação cartesiana* consiga engendrar um tempo único melhor do que a experiência de recobrimento das vivências no interior de uma única consciência.

Com *Heidegger*, por fim, a questão da totalidade temporal atinge o ponto mais alto de reflexividade crítica e, por isso, de perplexidade. Ao pôr a ênfase, tal como o fizemos na discussão, na aporia do "tempo vulgar", deixamos para trás o tema que no entanto abre a segunda seção de *Ser e tempo*, ou seja, a possibilidade de o ser-aí ser um todo, ser integral. Em nenhum lugar está dito por que essa questão é a principal pergunta que uma fenomenologia hermenêutica do tempo deve se fazer. É somente a resposta dada pela análise do ser-para--a-morte que revela *a posteriori* a urgência da pergunta da "possibilitação" do ser-integral. Seja qual for a prioridade da pergunta relativamente à resposta, a questão da totalidade adquire uma faceta inédita por essa relação com a mortalidade. Em primeiro lugar, o tempo não será um infinito dado, como em Kant, mas um traço de finitude: a mortalidade – não o evento da morte no tempo público, mas a destinação de cada um à sua própria morte – designa o fechamento interno da temporalidade primordial. Em seguida, o tempo não será uma forma, nem no sentido kantiano, nem mesmo no sentido husserliano, mas um processo inerente à estrutura mais íntima do ser-aí, ou seja, o Cuidado: a partir daí, já não é preciso supor uma dupla intencionalidade, uma aderindo aos conteúdos e ao seu jogo de retenções e protensões, a outra designando o lugar imutável de uma vivência em um tempo ele mesmo fixo; a questão do lugar deve ser remetida, por intermédio da intratemporalidade e do nivelamento desta, aos falsos prestígios do tempo vulgar.

A perplexidade que essa resposta à pergunta do ser-integral provoca nutre-se de vários motivos. Em primeiro lugar, a união entre o ser-integral e o ser-para-a-morte exige ser *atestada* pelo testemunho da consciência moral, cuja expressão mais autêntica, segundo Heidegger, reside na antecipação resoluta. Disso resulta que o sentido do processo de totalização não é acessível à reflexão impessoal que rege a *Estética transcendental* de Kant ou à de um sujeito tão desinteressado quanto o *ego* transcendental segundo Husserl. Concomitantemente, torna-se difícil dissociar, no cerne da antecipação resoluta, o que ainda remete ao existencial, em princípio comunicável, e ao existenciário, isto é, a uma opção pessoal do homem Heidegger. Como já disse anteriormente: outras concepções existenciárias, as de Agostinho, de Pascal, de Kierkegaard, de Sartre, são descartadas em nome de uma espécie de estoicismo que faz da resolução perante a morte a prova suprema de autenticidade. A escolha de Heidegger é com certeza aceitável no plano de uma ética pessoal, mas coloca toda a análise do ser-integral numa espécie de névoa conceitual difícil de atravessar. Essa análise parece, com efeito, estar submetida a dois impulsos contrários: de acordo com o primeiro, a fenomenologia hermenêutica do Cuidado tende a se encerrar em um fenômeno interno, não transferível de um ser-aí para outro, que caberia chamar a morte própria, tal como se diz o corpo próprio[12]. De

---

12. Esse fechamento vem sendo preparado há muito tempo na analítica do ser-aí. Com efeito, se o ser-aí pode receber uma caracterização *existencial* é em virtude de sua relação com a *existência*. Ora, a existência consiste em que o ser-aí "tem de ser seu ser como seu (*dass es je sein Sein als seiniges zu sein*

acordo com o segundo impulso, a estrutura temporal do Cuidado, restituída na abertura do *Sich-vorweg*, do preceder-a-si-mesmo, desemboca na imensa dialética do por-vir, do ter-sido e do tornar-presente. Não escondo que esse segundo impulso dado à questão do ser-integral só prevalece sobre o primeiro se a análise existencial for levada adiante por uma atitude existenciária que coloca a *despreocupação* com relação à morte própria acima da resolução antecipadora, levando a considerar a filosofia uma celebração da vida mais que uma preparação para a morte. As virtudes dessa outra escolha existenciária devem ser valorizadas em outro lugar que não no âmbito de uma simples analítica do ser-aí, ainda inserida demais numa antropologia filosófica.

Supondo que se possa subtrair a questão do ser-integral à asfixia que lhe inflige a equação entre ser-integral e ser-para-a-morte, revela-se uma aporia ainda mais grave do ser-integral.

Todos se lembram como Heidegger passa da noção de temporalidade para a de temporalização, paralelamente à substituição da possibilidade, no sentido kantiano, pela noção de possibilitação[13]. O que a temporalização possibilita é precisamente a *unidade* do por-vir, do ter-sido e do tornar-presente. Ora, essa unidade se revela minada de dentro pela deiscência entre o que Heidegger passa a chamar as ek-stases do tempo, tendo por referência o *ekstatikon* grego, a que corresponde o *Ausser-sich* alemão. Donde a surpreendente declaração: "A temporalidade é o 'fora-de-si' ('*Ausser-sich*') originário, em si e para si" [329]. Vemo-nos, de súbito, de volta ao princípio de nossa investigação: à *distentio animi* agostiniana, em suma, à con-

---

hat)" [12] (13). Ao insistir assim no "a cada vez" (*je*, em alemão) da existência, Heidegger abre desde o começo o caminho para uma análise do Cuidado que desemboca no fenômeno em que o "a cada vez" é levado ao cúmulo: o ser-para-a-morte; com efeito, o fato de que um ser-aí não possa ser representado (*Vertretbarkeit*) por um outro faz com que "ninguém possa subtrair (*abnehmen*) de um outro seu morrer" [239-240]. A partir daí, não espanta que o tempo, em Heidegger, se fragmente em tempo mortal, tempo histórico e tempo cósmico.

13. Cf. acima, pp. 116-7.

cordância discordante que pôs em movimento todas as nossas análises[14].

Esse "fora-de-si", mediante o qual o tempo se exterioriza relativamente a si mesmo, constitui uma estrutura tão forte no cerne da experiência nuclear da temporalidade, que ela rege todos os processos de diferenciação que, nos dois outros níveis de temporalização, fazem a unidade explodir. Quer se trate do estiramento do tempo, no nível da historialidade, ou da extensão do lapso de tempo, no nível da intratemporalidade, o "fora-de-si" primordial prossegue sua carreira subversiva, até seu triunfo no conceito vulgar de tempo, que supostamente procede da intratemporalidade por nivelamento. Ora, esta última transição, que é também uma decadência, torna-se possível pela extrapolação dos traços temporais do Cuidado para o conjunto do ser-no-mundo, graças a que se pode falar do caráter "historial-mundano"[15] dos entes outros que o ser-aí. A exterioridade mútua dos "agoras" do tempo cronológico é apenas uma representação degradada; ela tem ao menos a virtude de explicitar, ao preço de uma objetivação indevida, esse traço da temporalidade originária que faz com que ela só reúna dispersando.

Contudo, como sabemos que a temporalidade reúne, *apesar do* poder de dispersão que a mina? Será porque o Cuidado, sem que essa questão nunca tenha sido formulada, é ele mesmo considerado um *singular coletivo* – tal como o era a consciência husserliana, originariamente uma consigo mesma?

Como respondeu a poética da narrativa a essa aporia de múltiplas faces da totalidade? Primeiro, contrapôs uma recusa,

---

14. Se, ao término de nosso périplo, nos encontramos em solo agostiniano, isso talvez se deva a que a problemática da temporalidade não mudou radicalmente de quadro de referência ao passar do *animus* segundo Agostinho para o ser-aí segundo Heidegger, passando pela consciência interna segundo Husserl. O caráter distributivo do existencial, o "a cada vez" sublinhado acima, impõe uma tonalidade subjetivista residual a uma análise que no entanto pretende ser deliberadamente ontológica. Esse é certamente um dos motivos pelos quais a primeira parte de *Ser e tempo* não teve continuação.

15. Cf. acima, pp. 132-3.

firme mas custosa, à ambição do pensamento de operar uma totalização da história inteiramente permeável à luz do conceito e recapitulada no eterno presente do saber absoluto. A essa solução inaceitável, contrapôs em seguida a noção de uma *mediação imperfeita* entre as três dimensões da expectativa, da tradição e da força do presente.

Essa totalização por mediação imperfeita será adequada à aporia da totalidade do tempo? É possível, a meu ver, observar uma boa correlação entre a mediação imperfeita que rege o pensamento da história e a unidade plural da temporalidade, com a condição de colocar a ênfase tanto no caráter *plural* da unidade atribuída ao tempo tomado como singular coletivo como no caráter *imperfeito* da dita mediação entre horizonte de expectativas, tradicionalidade e presente histórico.

No tocante a isso, é notável que o pensamento histórico transponha, para um modo indubitavelmente *prático* e no plano *dialógico* de uma história comum, as análises fenomenológicas que vimos ser conduzidas de modo *especulativo* e no plano *monológico*. Para demonstrá-lo, retomemos as principais etapas de nossa análise ternária da consciência histórica.

Ao começarmos deliberadamente pela noção de *horizonte de expectativas*, fizemos em certo sentido justiça à inversão de prioridades realizada por Heidegger no contexto de uma fenomenologia hermenêutica do Cuidado. Horizonte de expectativas e preceder-a-si-mesmo se correspondem, pois, termo a termo. Mas, em virtude da dupla transposição que acabamos de mencionar, a expectativa é concebida de saída como uma estrutura da prática; são seres atuantes que tentam fazer sua história e que sofrem os males gerados por essa própria tentativa. Além disso, essa projeção abre-se para o futuro das comunidades históricas a que pertencemos e, para além delas, para o futuro indeterminado de toda a humanidade. A noção de expectativa contrasta assim com o preceder-a-si-mesmo segundo Heidegger, que esbarra no fechamento interno que o ser--para-a-morte impõe a toda antecipação.

Pode-se discernir o mesmo parentesco e o mesmo contraste entre o ter-sido segundo Heidegger e nosso conceito de *tradicionalidade*. O tema monológico da derrelição é transposto para o tema dialógico por excelência do ser afetado pela história. Além disso, o aspecto pático da derrelição é transposto para a categoria prática da consciência da eficácia da história. Em suma, são os mesmos conceitos de vestígio, herança e dívida que governam ambas as análises. Contudo, enquanto Heidegger só concebe, ao menos no plano mais originário, uma transmissão de herança de si para si mesmo, a tradicionalidade comporta o reconhecimento de uma dívida que é fundamentalmente contraída com relação a um outro; as heranças transmitidas o são principalmente pela via linguageira e geralmente a partir de sistemas simbólicos que implicam um mínimo de compartilhamento de crenças comuns e de acordo sobre as regras que permitem decifrar os signos, símbolos e normas em vigor no grupo.

Por fim, pode-se discernir um terceiro jogo de correspondências no nível do tornar-presente, a que corresponde, do lado da consciência histórica, a *força do presente*. Reconhece-se um parentesco certo entre a circunscrição conferida à presença das coisas dadas e maneáveis e o presente histórico do qual sublinhamos, na esteira de Nietzsche, o enraizamento na "vida", enquanto, contudo, a história puder ser avaliada em termos de "vantagens" e "desvantagens". Mas é aqui que a réplica da consciência histórica à aporética do tempo marca a maior distância na transposição de um plano para o outro. Por um lado, o caráter francamente *prático* de uma iniciativa dá à noção de presente histórico seu cunho original. A iniciativa é, por excelência, a performance que atualiza a competência de um sujeito atuante. O que cai a partir daí sob uma "consideração intempestiva" são os traços intempestivos da própria iniciativa. O presente passa a ser francamente apreendido sob o ângulo de sua incidência no tempo. Por outro lado, o caráter *dialógico* do presente histórico situa-o de saída na categoria do viver-junto: é no mundo comum dos contemporâneos, para retomar o vocabulário de Schutz, que se inscrevem as iniciativas; demonstramo-lo com a promessa, que só compromete o sujeito monádico sob a condição de uma reciprocidade que regule um jogo de expectativas mútuas e, em última instância, sob a de um pacto social colocado sob a ideia de justiça.

Portanto, é de múltiplas maneiras que a mediação imperfeita da consciência histórica responde à unidade plural da temporalidade.

Resta dizer se há algo que corresponde, do lado da consciência histórica, à própria ideia de uma *unidade* das três ekstases do tempo, para além de sua diferenciação. Um tema importante de *Ser e tempo* poderia nos colocar no caminho da resposta: o da *repetição*, ou melhor, da recapitulação (*Wiederholung*), cuja análise se insere precisamente no plano da historialidade. A repetição, como notamos[16], é o nome mediante o qual a antecipação do futuro, a retomada da derrelição e o "piscar de olhos" ajustado a "seu tempo" reconstituem sua frágil unidade: "A repetição, diz Heidegger, é a transmissão explícita, ou seja, o retorno às possibilidades do ser-aí tendo--sido-aí." Reafirma-se, assim, a primazia da resolução antecipadora relativamente ao passado findo. Mas não é certo que a repetição satisfaça os requisitos do tempo considerado como um singular *coletivo*. Em primeiro lugar, chama a atenção o fato de esse tema não ser proposto no capítulo dedicado à temporalidade originária, no mesmo nível que o "fora-de-si" extático do tempo; além disso, o tema não acrescenta muita coisa ao da resolução antecipadora, tão fortemente marcada pelo ser--para-a-morte; por fim, não parece desempenhar nenhum papel quando o tornar-presente, terceira extase do tempo, é considerado em si mesmo. É por isso que o axioma kantiano, segundo o qual tempos diferentes são apenas partes do mesmo tempo, não recebe nenhuma interpretação satisfatória na fenomenologia hermenêutica da temporalidade.

O que a réplica da consciência histórica tem de notável é que propõe um estatuto original para a categoria *prática* e *dialógica* que faz face ao axioma da unicidade do tempo. Esse estatuto é o de uma ideia-limite que é ao mesmo tempo uma ideia diretora. Essa ideia é a da história considerada como um

---

16. Esses comentários centrados em Heidegger não excluem a pesquisa de outras correlações com as análises husserlianas; por exemplo, entre as retenções e a tradicionalidade; exploramos essa via no capítulo sobre a ficção e as variações imaginativas (cf., acima, pp. 272-6).

singular coletivo. Retorno a Kant, dirão? Mas não é o Kant da primeira *Crítica*; é no máximo o da segunda, ou seja, precisamente a *Crítica da razão prática*. Ademais, é depois de um desvio necessário por Hegel que se pode fazer um retorno a Kant. Foi do Hegel da *Fenomenologia do espírito* e dos *Princípios da filosofia do direito* que aprendemos a paciência do conceito, no percurso das grandes mediações históricas, no plano da economia, do direito, da ética, da religião e, em geral, da cultura. Embora já não acreditemos que essas grandes mediações possam culminar em um saber absoluto, repousando no presente eterno da contemplação, é o próprio luto do saber absoluto que nos reconduz à *ideia* kantiana, visada agora no horizonte das mediações históricas.

Ora, que mais fizemos, em nosso longo capítulo dedicado à consciência histórica, senão articular as mediações práticas e dialógicas? E como poderíamos falar de mediações, ainda que imperfeitas, senão sob o horizonte de uma ideia-limite que seria também uma ideia diretora? Essa perspectiva da ideia guia encontrou várias expressões ao longo de nossas análises. A primeira foi a emergência da própria palavra história no sentido de um singular coletivo[17]. Uma concepção épica da humanidade está pressuposta aí; sem ela, haveria tão-somente espécies humanas múltiplas e, em última instância, raças diferentes. Pensar a história como una é postular a equivalência entre três ideias: um tempo, uma humanidade, uma história. Essa é, no fundo, a pressuposição do ponto de vista cosmopolita introduzido por Kant em seus ensaios de filosofia da história. Mas Kant não dispunha dos instrumentos conceituais, que só se tornaram disponíveis depois de Hegel, para integrar o conceito de uma história considerada do ponto de vista cosmopolita ao edifício das três *Críticas*, eventualmente a título de terceira parte da *Crítica da faculdade de julgar*.

O fato de que essa ideia de uma única história e de uma única humanidade não permaneceu um transcendental vazio e exangue foi algo que comprovamos ao apoiar as categorias

---

17. Cf. acima, pp. 173-5.

meta-históricas de horizonte de expectativas e de espaço de experiência na afirmação do *dever*, ético e político, de agir de modo a evitar que a tensão entre horizonte de expectativas e espaço de experiência vire cisma. Para que assim seja, fizemos duas proposições: que a imaginação utópica se converta sempre em expectativa determinada e que as heranças recebidas sejam purgadas de sua esclerose[18]. Essa segunda exigência dominou toda a nossa análise da tradicionalidade; se nos recusamos a nos deixar encerrar na alternativa de uma hermenêutica das tradições e de uma crítica das ideologias foi precisamente para dar apoio concreto à própria crítica[19]; não afirmamos sem cessar que sem memória não há princípio-esperança? Se parássemos de acreditar que tais e tais heranças do passado ainda podiam ser reinterpretadas numa época pós-crítica, definida por Max Weber como "mundo desencantado"[20], a crítica voltaria ao seu estágio pré-hegeliano, já que toda mediação histórica teria se tornado vã. O interesse pela antecipação, que de certo modo esquematiza – também no sentido kantiano da palavra – a ideia de uma humanidade una e de uma história una, deve ser percebido como já em obra na prática anterior e contemporânea da comunicação, portanto, em continuidade com essas ou aquelas antecipações ocultas na própria tradição.

Lembro, finalmente, a última afloração em nosso texto da tese segundo a qual a ideia diretora só ganha sentido como horizonte da mediação imperfeita entre futuro, passado e presente: concerne a nosso tratamento do presente como iniciativa. Esta, com efeito, não se resume apenas na incidência intempestiva de um presente vivido como interrupção, mas inclui todas as formas de transações entre expectativa e memória[21]. Essas transações constituem a réplica mais apropriada, no plano da prática coletiva, à repetição heideggeriana. Pareceu-nos que esse poder de recapitulação do presente encontra sua me-

---

18. Cf. acima, pp. 367-8, 398-9.
19. Cf. acima, pp. 383-6.
20. M. Gaucher, *Le Désenchantement du monde. Une histoire politique de la religion*, Paris, Gallimard, 1985.
21. Cf. acima, pp. 394-6.

lhor ilustração no ato da promessa, no qual se fundem o compromisso pessoal, a confiança interpessoal e o pacto social, tácito ou virtual, que confere à própria relação dialógica a dimensão cosmopolita de um espaço público.

São essas as múltiplas maneiras como a mediação imperfeita entre expectativa, tradicionalidade e iniciativa exige o horizonte de uma história única, que, por sua vez, responde e corresponde ao axioma do tempo único.

Isso significa que essa boa correlação entre a unidade plural das ek-stases do tempo e a mediação imperfeita da consciência histórica ainda pode ser atribuída à narrativa? Há dois motivos para duvidar disso.

Em primeiro lugar, a narrativa tomada em sentido estrito de "gênero" discursivo proporciona apenas um meio inadequado para o pensamento da história comum, na medida em que são múltiplas as intrigas para um mesmo curso de acontecimentos e em que elas sempre articulam apenas temporalidades fragmentárias. Mesmo que a disparidade entre narrativa histórica e narrativa de ficção seja superada por seu entrecruzamento, este produz sempre apenas o que chamamos anteriormente de identidade narrativa. Ora, a identidade narrativa é a de uma pessoa ou de um personagem, até das entidades coletivas particulares que merecem ser erigidas à categoria de quase personagens. A noção de intriga privilegia, pois, o plural à custa do singular coletivo na refiguração do tempo. Não existe intriga de todas as intrigas, capaz de se igualar à ideia da humanidade una e da história una[22].

---

22. Mesmo que um pensamento de outra ordem, o de uma teologia da história, que não foi considerada aqui, proponha ligar uma Gênese a um Apocalipse, certamente não será produzindo a intriga de todas as intrigas que esse pensamento poderá relacionar o Começo e o Fim de todas as coisas. O simples fato de termos quatro Evangelhos para contar o acontecimento tido como eixo da história pela confissão de fé da Igreja cristã primitiva basta para impedir o pensamento teológico de se construir sobre uma superintriga unívoca.

Um segundo tipo de inadequação entre a narrativa *stricto sensu* e a unidade plural do tempo resulta do fato de a própria categoria literária da narrativa ser inadequada ao pensamento da história. É fato que não usamos abertamente categorias narrativas, no sentido estrito do gênero narrativo, seja oral, seja escrito, para caracterizar o horizonte de expectativas, a transmissão das tradições passadas e a força do presente. Pode-se, portanto, legitimamente indagar se o pensamento histórico não nos fez sair dos limites da narrativa.

Há duas respostas possíveis: pode-se inicialmente observar que o pensamento histórico, sem ser como tal narrativo, tem uma afinidade particular com o gênero discursivo da narrativa, que seria seu meio privilegiado. Esse papel mediador da narrativa é evidente no que concerne à transmissão das tradições: as tradições são essencialmente narrativas[23]. Em con-

---

23. O caso do Israel antigo, evocado acima a propósito da noção de identidade narrativa, é particularmente marcante: Von Rad dedicou seu primeiro volume de *A teologia do Antigo Testamento* (*Die Theologie der geschichtlichen Ueberlieferungen Israels*, Munique, G. Kaiser, 1957; trad. fr., *La Théologie des traditions historiques d'Israël*, Labor e Fides, 1963) à "teologia das tradições" constituída pela integração progressiva de narrativas de origens diversas numa narrativa contínua que alcançou, na obra do Javista, suas primeiras dimensões, sua primeira estrutura, seus primeiros contornos; foi a esse primeiro núcleo que vieram se juntar outras narrativas que prolongaram a narração para além da fundação da monarquia davídica, como se pode ler na história deuteronômica. O caso do Israel antigo nos interessa na medida, primeiro, em que se constata que o meio narrativo é o principal veículo da confissão de fé que se refere aos relatos de uma aliança entre o povo e seu Deus. O caso é interessante por outro motivo: poder-se-ia, com efeito, objetar que essa teologia das tradições comporta segmentos não narrativos, essencialmente leis, que fazem dessa parte da Bíblia hebraica uma instrução, uma *torá*; pode-se responder a isso que o grosso das legislações, posteriormente relacionadas com a figura emblemática de Moisés, só pôde ser integrado à teologia das tradições ao preço de uma narrativização do próprio momento legislativo; a doação da lei é erigida em acontecimento digno de ser contado e integrado à grande narrativa. Portanto, é relativamente fácil formular a equação entre tradição e narração. Quanto à conjunção entre narrativo e não narrativo, voltaremos a ela ao tratar da terceira aporia do tempo. Cf. P. Ricoeur, "Temps biblique", in *Ebraismo, Ellenismo, Cristianismo*, Marco M. Olivetti (éd.), *Archivio di Filosofia*, Pádua, CEDAM, 1985, pp. 23-35.

trapartida, o laço entre horizonte de expectativas e narrativa é menos direto. Nem por isso é inexistente: pode-se com efeito considerar as antecipações do futuro retrospecções antecipadas, por intermédio da notável propriedade que tem a voz narrativa – categoria da teoria literária de que tratamos em *Tempo e narrativa 2*[24] – de se estabelecer em qualquer ponto do tempo, que se torna para ela um quase presente, e, do alto desse observatório, apreender como quase passado o futuro de nosso presente. Atribui-se assim a esse quase presente um passado narrativo que é o passado da voz narrativa. A profecia confirma essa estrutura: o profeta vê o futuro iminente e sua ameaça desabar no presente e narra como coisa já ocorrida a precipitação do presente para a sua ruína futura. Com a profecia podemos relacionar a utopia, que junta à descrição da cidade perfeita uma narração antecipada da marcha que a ela dá acesso. Além disso, essa narração é muitas vezes feita de empréstimos tomados de narrativas tradicionais, repintadas com cores de novidade[25]. Portanto, parece que o futuro só pode ser representado com a ajuda dessas narrativas antecipadas que transformam o presente vivo em futuro anterior: esse presente terá sido o começo de uma história que será um dia contada.

Não deveríamos, contudo, abusar desse estiramento da categoria da narrativa, entendida como gênero narrativo, sem violar a própria noção de projeção de horizonte, para a qual a narrativa tem de ser apenas uma mediação subalterna.

Uma segunda resposta mais pertinente pode ser dada à objeção: a noção de narratividade pode ser tomada em um sentido mais amplo que o gênero discursivo que a codifica. Pode-se falar de programa narrativo para designar um percurso de ação feito de uma sequência encadeada de performances. É o sentido adotado em semiótica narrativa e em psicossociologia dos atos de linguagem, em que se fala correntemente de pro-

---

24. *Tempo e narrativa*, vol. 2, pp. 151-72.
25. Assim, os judeus que escaparam do exílio babilônio projetaram sua visão dos tempos novos sob os traços de um novo êxodo, de um novo deserto, de uma nova Sião, de uma nova realeza davídica.

gramas, de percursos ou de esquemas narrativos[26]. Pode-se considerar esses esquemas narrativos subjacentes aos gêneros narrativos propriamente ditos que lhes conferem um equivalente discursivo apropriado. O que liga o esquema narrativo ao gênero narrativo é a virtualidade em narrativa que a articulação estratégica da ação mantém em reserva. Poderíamos exprimir essa proximidade entre os dois sentidos do narrativo distinguindo o *narrável* do narrado. É mais o narrável que a narrativa no sentido do gênero discursivo que pode ser considerado coextensivo à mediação que o pensamento da história opera entre horizonte de expectativas, transmissão das tradições e força do presente.

Pode-se dizer, para concluir, que a narratividade não oferece à segunda aporia da temporalidade uma resposta tão adequada quanto foi a resposta à primeira. Essa inadequação não será entendida como fracasso se não perdermos de vista as seguintes duas máximas. Primeira máxima: a réplica da narratividade às aporias do tempo consiste menos em resolver as aporias do que em fazê-las render, em torná-las produtivas. É desse modo que o pensamento da história contribui para a refiguração do tempo. Segunda máxima: uma teoria, seja ela qual for, alcança sua expressão mais elevada quando a exploração do campo em que sua validade se verifica termina no reconhecimento dos limites que circunscrevem seu domínio de validade. É a grande lição que aprendemos com Kant.

No entanto, será apenas com a terceira antinomia da temporalidade que nossa segunda máxima ganhará todo o seu sentido.

---

26. É o sentido empregado por Greimas na sua semiótica narrativa. Num sentido próximo, Claude Chabrol, na sua tese inédita *Éléments de psycho-sociologie du langage*, designa com o termo esquemas narrativos os percursos realizados pelos atos complexos como o Dom, a Agressão, a Troca etc., que são simultaneamente interações e interlocuções e recebem uma expressão apropriada nos atos de fala tais como os comissivos e os diretivos. Outra categorização além da dos gêneros, a dos atos de fala, pode, portanto, ser aplicada a esses esquemas narrativos.

3. A aporia da inescrutabilidade do tempo e os limites da narrativa

Minha releitura atinge aqui o ponto em que a meditação sobre o tempo não padece apenas de sua impotência para ultrapassar a bifurcação da fenomenologia e da cosmologia e de sua dificuldade para dar sentido à totalidade que se faz e se desfaz nas trocas entre por-vir, ter-sido e presente – mas padece, simplesmente, de não *pensar* verdadeiramente *o tempo*. Essa aporia ficou tão dissimulada em nossas análises que nenhum desenvolvimento distinto lhe foi dedicado: ela emerge somente aqui e ali, quando o próprio trabalho do pensamento parece sucumbir sob o peso de seu tema. A aporia surge no momento em que o tempo, escapando de toda tentativa de constituí-lo, revela pertencer a uma ordem do constituinte sempre-já pressuposto pelo trabalho de constituição. É o que exprime a palavra inescrutabilidade, que Kant usa quando esbarra numa origem do mal que resiste à explicação. É aqui que o perigo de interpretação equivocada é maior. O que, com efeito, é assim questionado não é o pensar, em todas as acepções do termo, mas a impulsão, ou, melhor dizendo, a *hýbris*, que leva *nosso* pensamento *a se postar como senhor do sentido*. O pensamento não depara com esse questionamento apenas por ocasião do enigma do mal, mas também quando o tempo, escapando de nossa vontade de domínio, surge do lado daquilo que, de uma maneira ou outra, é o verdadeiro senhor do sentido.

A essa aporia, difusa em todas as nossas reflexões sobre o tempo, responderá, do lado da poética, o reconhecimento dos limites que a narratividade encontra fora dela mesma e em si mesma: esses limites demonstrarão que tampouco a narrativa esgota o poder do dizer que refigura o tempo.

Entre as concepções do tempo que guiaram nossa reflexão, algumas trazem a marca de *arcaísmos* que o conceito não domina por completo, outras se voltam prospectivamente para *hermetismos* que elas se recusam a acolher como tais em seu pensamento, mas que impõem a este a inversão que põe o tempo na posição do fundamento sempre já pressuposto.

Ao primeiro grupo pertencem os dois pensadores que guiaram nossos primeiros passos em *Tempo e narrativa 1*, e depois de novo no começo de nossa aporética do tempo. O incrível, nesse caso, é que *Agostinho* e *Aristóteles* não se enfrentam apenas como primeiro fenomenólogo e primeiro cosmólogo, mas por se sustentarem em duas correntes arcaicas, nascidas de fontes diferentes – a fonte grega e a fonte bíblica –, que posteriormente mesclaram suas águas no pensamento do Ocidente.

A afloração do arcaísmo em *Aristóteles* é a meu ver mais facilmente observável na interpretação da expressão "ser no tempo". Essa expressão que percorre toda a história do pensamento sobre o tempo admite duas interpretações: de acordo com a primeira, o "no" exprime uma certa decadência do pensamento, cedendo à representação do tempo como uma sequência de "agoras", ou seja, de instantes pontuais; de acordo com a segunda, que é a que me importa aqui, o "no" exprime a própria precedência do tempo no tocante ao pensamento que tem a ambição de circunscrever seu sentido, de, portanto, envolvê-lo. Essas duas linhas de interpretação do "no" se confundem na afirmação enigmática de Aristóteles de que as coisas que são no tempo estão *envolvidas pelo tempo*[27]. É certo que, como destaca Victor Goldschmidt, a interpretação que Aristóteles dá da expressão "ser no tempo" "continua a explicitar o sentido do 'número do movimento'[28]. Com efeito, diz Aristóteles, "os seres são no tempo no sentido de que o tempo é seu número. Se assim for, eles estão envolvidos pelo tempo assim como [o que é no número está envolvido pelo número] e o que é em um lugar está envolvido pelo lugar." A estranheza da expressão causa necessariamente espanto: estar envolvido pelo número. De fato, Aristóteles volta à carga algumas linhas adiante: "Todas as coisas que são no tempo estão envolvidas pelo tempo... [e] sofrem de certo modo a ação do tempo." O adendo desta última observação leva a interpretação para o lado de

---

27. Cf., acima, pp. 26-8.
28. Cf., acima, o comentário de V. Goldschmidt, *op. cit.*, p. 76.

um dito antigo sobre o tempo, ele mesmo veiculado por um ditado popular: "É por isso que se tem o costume de dizer que o tempo consome, que tudo envelhece pelo (*hupo*) tempo, que o tempo nos torna esquecidos, mas não se diz que ele nos instrui ou que ele nos torna jovens e belos..." A riqueza de sentido dessas expressões não passa despercebida na explicação que Aristóteles dá delas: "Pois, em si mesmo, o tempo é antes causa de corrupção: porque ele é número do movimento; ora, o movimento abole o que existe." Concluímos nosso próprio comentário com uma observação que naquele momento permaneceu em suspenso: dissemos que a sabedoria imemorial parece perceber uma colusão secreta entre a mudança que desfaz – esquecimento, envelhecimento, morte – e o tempo que simplesmente passa[29].

Remontando na direção do arcaísmo para o qual aponta o texto de Aristóteles, encontramos a "fábula filosófica" do *Timeu*, à qual, infelizmente, só pudemos dedicar uma longa nota[30]. Na expressão "uma certa imitação móvel da eternidade", não é apenas o caráter de singular coletivo assim conferido ao tempo que instiga o pensamento, mas precisamente o pertencimento desse tema a uma *fábula* filosófica; será somente numa retomada filosófica do mito que a gênese do tempo poderá ser posta em palavras: ter "nascido com o céu" só pode ser dito como figura de linguagem. Pode-se por sua vez dizer que determinado pensamento filosófico *envolve* as operações altamente dialéticas que presidem às divisões e às misturas, aos encaixes do círculo do Mesmo e do Outro. E, sobretudo, somente uma fábula filosófica pode situar a gênese do tempo mais além da distinção entre psico-logia e cosmologia, forjando a representação de uma alma do mundo que simultaneamente se move e pensa a si mesma. É dessa "refle-

---

29. Cf. acima, p. 26 e n. 12. Essa abertura para um abismo de sentido vai ao encontro da outra abertura, também ela encontrada por nosso comentário de Aristóteles (pp. 26 ss.), qual seja, a invencível obscuridade da definição do próprio movimento como a entelequia do que é em potência enquanto tal (*Física*, II, 201 a 10-11).

30. Cf. acima, p. 24, n. 16.

xão", tanto hiperpsicológica como hipercosmológica, que o tempo é parente[31].

A partir daí, como não se deixar puxar para trás em direção do arcaísmo que, embora não seja o mais antigo, nem cronológica, nem mesmo culturalmente, continua sendo o arcaísmo *interno* à filosofia: o dos três grandes pré-socráticos Parmênides, Heráclito e Anaximandro? É certo que não pretendemos abrir o dossiê do tempo nos pré-socráticos nesse momento tardio de nossa investigação[32]. Digamos apenas que esse pensar arcaico, sem dúvida não repetível hoje na sua forma originária e original, aponta para uma região onde cessa de valer a pretensão que um sujeito transcendental qualquer possa ter de constituir o sentido. Esse pensar não é arcaico apenas porque se mantém junto de uma *arkhé* que é a condição de possibilidade de todas as pressuposições que ainda podemos *formular*. Somente um pensamento que se faz ele mesmo arcaico pode ouvir o Dito de Anaximandro, cuja voz permaneceu – na nossa leitura de Aristóteles – como testemunha isolada desse tempo que continua inescrutável tanto para a fenomenologia como para seu outro, a cosmologia: "E essas coisas donde os entes têm seu nascimento é também na direção delas que encontram destruição, conforme a necessidade; pois exercem uns sobre os outros justiça e retribuição conforme a atribuição do tempo (*katà tèn toû khrónou táxin*)."[33]

O arcaísmo dos pré-socráticos ainda é interno à filosofia no sentido de que é sua própria *arkhé* que a filosofia repete, quando retorna àqueles que primeiros separaram sua noção de *arkhé* da de começo mítico, segundo as teogonias e as genealogias divinas. Essa ruptura operada no coração da ideia de *arkhé* não impediu a filosofia grega de herdar, num modo

---

31. No tocante a isso, remeto às considerações mais existenciárias que giram em torno da expressão "ser no tempo" e a que a fábula filosófica do *Timeu* nos leva.
32. Clémence Ramnoux, "La notion d'Archaïsme en philosophie", *Études présocratiques*, Paris, Klincksieck, 1970.
33. Diels Kranz, *Die Fragmente der Vorsokratiker*, Berlim, Weidmannsch Verlagsbuchhandlung, 1952, fgmt. B 1.

transposto, um segundo arcaísmo, justamente aquele com que o primeiro rompeu, o arcaísmo mítico. Tomamos sempre o cuidado de não afundarmos aí[34]. Contudo, não podemos ignorá-lo por completo, pois é desse fundo que retornam à superfície certas figuras, aparentemente incontornáveis, do tempo inescrutável. De todas essas figuras, destacarei apenas aquela que parece ter fornecido o esquema simbólico no qual se inseriu o tema evocado acima do envolvimento de todas as coisas pelo tempo. Jean-Pierre Vernant, em *Mito e pensamento entre os gregos*[35], encontrou em Hesíodo, Homero e Ésquilo – portanto nos três grandes gêneros da poesia grega: a teogonia, a epopeia e a tragédia – a aproximação entre *Khrónos* e *Okeanós*, o qual encerra o universo com seu incansável curso. Quanto às figuras míticas vizinhas que assimilam o tempo a um círculo, a ambivalência das significações a elas vinculadas é para nós da maior importância: ora a unidade e a perenidade atribuídas a esse tempo fundamental negam radicalmente o tempo humano, sentido como um fator de instabilidade, de destruição e de morte; ora o grande tempo exprime a organização cíclica do cosmos, à qual estão harmoniosamente integrados a mudança das estações, a sequência de gerações, o retorno periódico das festas; ora o *aión* divino se destaca da própria imagem do círculo, que passa então a ter parentesco com a cruel roda dos nascimentos, como vemos em muitas ideias da Índia e no budismo; a permanência do *aión* torna-se a permanência de uma identidade eternamente imóvel. Reencontramos aqui o *Timeu* de Platão, através de Parmênides e Heráclito.

Dois aspectos nos importam nessa evocação, feita como que sub-repticiamente, do duplo fundo arcaico de que Aristóteles está abertamente afastado e ao mesmo tempo secretamente próximo: por um lado, a marca do *inescrutável* que esse

---

34. Encontramos em Mircea Eliade, *Le Mythe de l'éternel retour*, Paris, Gallimard, 1949, uma tipologia dessas relações entre nosso tempo e os elementos fundadores surgidos *in illo tempore*, com particular ênfase no "terror da história" que resulta das relações antinômicas entre o tempo das origens e o tempo cotidiano.

35. Jean-Pierre Vernant, *Mythe et Pensée chez les Grecs, op. cit.*, p. 99.

duplo arcaísmo imprime no próprio trabalho do conceito; por outro lado, o *polimorfismo* das figurações e, através delas, das avaliações do tempo humano, ligadas à representação de um além do tempo. O segundo aspecto certamente não é mais que um corolário do primeiro; pois parece que o irrepresentável só pode se projetar em representações fragmentárias que prevalecem alternadamente, dependendo das variações da própria experiência temporal em seus aspectos psicológicos e sociológicos[36].

Portanto, se alguma significação não vulgar pode ser atribuída à expressão "ser no tempo", o pensamento de um Platão e de um Aristóteles o deve às ressurgências desse duplo arcaísmo.

Mas o pensamento do Ocidente tem dois arcaísmos: o grego e o hebraico. É por trás da fenomenologia de Agostinho que podemos ouvir a voz do segundo, assim como ouvimos a voz do primeiro por trás da *Física* de Aristóteles. A inescrutabilidade do tempo, mas também a diversidade das figuras do mais além do tempo, se oferecem uma vez mais ao pensamento.

No que concerne ao livro XI das *Confissões*, não se pode decerto falar de arcaísmo, na medida em que ali se exprime um pensamento teológico fortemente marcado pela filosofia neoplatônica. O que, no entanto, aponta para o arcaísmo é o contraste entre o tempo e a eternidade que literalmente envolve o exame da noção de tempo[37]. Discernimos nesse contraste três temáticas que, cada uma a seu modo, levam o tempo para além dele mesmo. É, primeiramente, num espírito de *louvor* que Agostinho celebra a eternidade do Verbo, que permanece quando do nossas palavras passam; a imutabilidade desempenha aqui o papel de ideia-limite com relação a uma experiência temporal marcada pelo signo do transitório: "sempre estável" é a eter-

---

36. É essa correlação que guia as análises de Jean-Pierre Vernant (*ibid.*, pp. 99-107) que visam reconstituir numa psicologia histórica a atividade mental organizada do homem grego antigo (*ibid.*, p. 5).
37. Cf. *Tempo e narrativa*, vol 1, pp. 40-55.

nidade, nunca estáveis são as coisas criadas[38]. Pensar um presente sem futuro nem passado é, por contraste, pensar o próprio tempo como em falta para com essa plenitude, em suma, como rodeado de nada. Em seguida, é no modo da *lamentação*, sob o horizonte da eternidade estável, que a alma agostiniana se descobre exilada na "região da dessemelhança". Esses gemidos da alma dilacerada são, aqui, indivisamente os da simples criatura e os do pecador. A consciência cristã leva em conta nesse caso a grande elegia que atravessa as fronteiras culturais e canta em modo menor a tristeza do finito. Por fim, é num ímpeto de *esperança* que a alma agostiniana atravessa níveis de temporalização cada vez menos "distendidos" e cada vez mais "tendidos", demonstrando que a eternidade pode trabalhar de dentro a experiência temporal, para hierarquizá-la em níveis e assim aprofundá-la em vez de aboli-la.

Assim como percebemos por trás do pensamento de Platão e de Aristóteles as profundidades de um duplo arcaísmo, o dos pré-socráticos conservado "na" e "pela" filosofia clássica, e o do pensamento mítico "denegado", mas não abolido, pelo pensamento filosófico, também devemos escutar, por trás do louvor, da lamentação e da esperança que acompanham a especulação agostiniana sobre a eternidade e o tempo, a palavra especificamente hebraica. A exegese dessa palavra revela uma multiplicidade de significações que não permitem de modo nenhum reduzir a eternidade à imutabilidade de um presente estável. A diferença de nível entre o pensamento de santo Agostinho e o pensamento hebraico, que constitui seu arcaísmo próprio, é dissimulada pela tradução grega e depois latina do famoso *ehyeh asher ehyeh* de *Êxodo* 3,14a. Em francês, lemos hoje: "Je suis celui qui suis."* Por meio dessa ontologização da mensagem hebraica, ocultamos todas as valências da eternida-

---

38. Recordo a citação de Agostinho: "Na eternidade nada passa, tudo é inteiramente presente, ao passo que nenhum tempo é inteiramente presente" (*Confissões*, 11, 13). E mais: "Vossos anos não vão nem vêm." Eles "subsistem simultaneamente (*simul stant*)" (*ibid.*, 13 16). Remeto à nota de *Tempo e narrativa*, vol. 1, p. 49, n. 35, sobre a questão de saber qual termo é positivo e qual negativo.
* "Sou aquele que sou." (N. da T.)

de rebeldes à helenização. Perdemos, dessa forma, a preciosa valência, cujo melhor equivalente em nossas línguas modernas seria o termo fidelidade; a eternidade de Javé é antes de mais nada a fidelidade do Deus da Aliança, acompanhando a história de seu povo[39].

Quanto ao "começo" segundo *Gênese* 1,1, a especulação helenizante não irá procurar fixar seu sentido fora da história ("fora da história") dos "seis dias", "história" cadenciada por uma série articulada de atos verbais, que instauram gradualmente uma ordem regrada de criaturas, estando o sétimo "dia" reservado para a celebração conjunta do criador e da criatura num Sabá primordial, indefinidamente reatualizado pelo culto e o louvor; o "começo" de *Gênese* 1,1 tampouco poderia ser separado desse outro começo que é a escolha de Abraão em *Gênese* 12,1; *Gênese* 1-11 desenrola-se, pois, à maneira de um grande prefácio, com seu tempo próprio, à história da escolha. A lenda dos patriarcas, por sua vez, serve de grande prefácio à história da saída do Egito, da doação da lei, da marcha no deserto e da entrada em Canaã; no tocante a isso, o êxodo constitui um acontecimento gerador de história, portanto, um começo, mas não no mesmo sentido que em *Gênese* 1,1 e em *Gênese* 12,1; e todos esses começos expressam a eternidade na medida em que uma fidelidade ali se enraíza. É certo que não faltam textos em que Deus vive "para todo o sempre", "nos séculos dos séculos"; "da eternidade à eternidade, vós sois Deus", lemos no *Salmo* 90, versículo 2. Mas esses textos, extraídos sobretudo da literatura hínica e sapiencial, criam um espaço de dispersão, ao menos tão vasto quanto aquele que percorremos há pouco no território grego, arcaico e mítico. Certos textos, que reúnem a lamentação e o louvor, opõem sobriamente a eternidade de Deus ao caráter transitório da vida humana:

---

39. A exegese de *Êxodo* 3,14 não pode ser feita sem levar em conta a seguinte declaração: "E acrescentou: 'Assim falarás aos filhos de Israel: 'Eu sou' mandou-me a vós.'." E Deus disse ainda a Moisés: "Assim falarás aos filhos de Israel: Javé, o Deus de vossos pais, o Deus de Abraão, o Deus de Isaac e o Deus de Jacó enviou-me a vós. Esse é o meu nome para a eternidade, sob o qual me invocarão as gerações futuras" (*Êxodo* 3,14b-15).

"Mil anos são para vós como o dia de ontem que passou, como uma vigília da noite" (*Salmo* 90,4). Outros pendem francamente para o lado da lamentação: "Meus dias são como os dias que caem...Vós, Javé, reinais para sempre" (*Salmo* 102,12 ss.). Uma leve diferença de ênfase basta para transformar a lamentação em louvor. "Uma voz ordena: 'Clama!' e eu respondi: 'Que hei de clamar?' 'Toda carne é como erva/ e sua delicadeza é a da flor do campo. / A erva seca, a flor fenece/ enquanto o sopro de Javé passa sobre elas./ (Sim, o povo é a erva.)/ A erva seca, a flor fenece, / mas a palavra de nosso Deus permanece perene'" (*Isaías* 40, versículos 6-8; essa proclamação abre o livro da consolação de Israel atribuído ao segundo Isaías). É um humor completamente diferente que reina nas palavras do Coélet [Eclesiastes], que vê a vida humana dominada por tempos inelutáveis (um tempo para nascer e um tempo para morrer etc.) e por um retorno incessante dos mesmos acontecimentos ("o que já foi, isso será, o que já se fez, se refará"). Essa diversidade de tonalidade combina com um pensamento essencialmente não especulativo, não filosófico, para o qual a eternidade transcende a história do meio da história[40].

Esse breve sobrevoo basta para fazer suspeitar da riqueza de sentido que se dissimula tanto quanto se mostra no *nunc stans* do eterno presente de Agostinho.

Situado como que a meio caminho entre os pensadores portadores de seu próprio arcaísmo e aqueles que beiram o hermetismo, *Kant* representa, à primeira vista, uma figura totalmente neutra. A ideia de que o tempo seja finalmente *inescrutável* parece totalmente alheia à *Crítica*. A ancoragem do conceito de tempo no transcendental, tomado no seu nível mais baixo, o da *Estética transcendental*, parece proteger esse conceito de toda especulação ontológica e também de toda exaltação entusiasta. O estatuto de *pressuposição*, corolário do de trans-

---

40. O nome impronunciável de JHWH designa o ponto de fuga comum ao supra-histórico e ao intra-histórico. Acompanhado da interdição das imagens talhadas, esse "nome" preserva o inescrutável e o põe a distância de suas próprias figuras históricas.

cendental, o mantém sob a vigilância de um pensamento atento para refrear os impulsos que o entendimento possa ter de sair dos limites de seu emprego legítimo. O transcendental põe essencialmente de sobreaviso contra as seduções do transcendente. Contudo... contudo, pudemos nos espantar com a declaração de que as mudanças ocorrem no tempo, mas o tempo não passa. Não ficamos totalmente convencidos pelo argumento de que o terceiro "modo" do tempo, a permanência, também chamada de "tempo em geral", se torne totalmente inteligível por sua correlação com o esquema da substância e o princípio da permanência. A ideia da permanência do tempo parece mais rica de sentido que a pèrmanência de algo no tempo; parece ser, antes, sua condição última de possibilidade. Essa suspeita encontra um reforço num retorno ao que merece ser chamado de os enigmas da *Estética transcendental*: que será que significa uma intuição *a priori* da qual não há intuição, porque o tempo é invisível? Que sentido se deve dar à ideia de uma "propriedade formal que o sujeito tem de ser afetado por objetos"? O pensamento ainda é senhor do sentido no que diz respeito a esse ser afetado, mais fundamental que o ser afetado pela história evocado em nossas análises anteriores?[41] Que *Gemüt* é esse, sobre o qual se diz alternadamente que é afetado pelos objetos [A 19, B 33] e que é aquilo em que a forma de receptividade reside [A 20, B 34]? A interrogação se faz mais premente quando o ser afetado torna-se afecção de si por si: com efeito, o tempo está implicado aí de modo mais radical, sublinhado na segunda edição da *Crítica* (B 66-69): é também no tempo que "colocamos (*setzen*) nossas representações"; o tempo continua sendo a "condição formal do modo como dispomos [as representações] no nosso *Gemüt*". Ora, nessa medida, justamente, ele nada mais pode ser senão o modo

---

41. Essas questões recebem um desenvolvimento considerável e uma nova orientação em Heidegger, *Kant und das Problem der Metaphysik*, Frankfurt, Klostermann, 1973 (trad. fr., Paris, Gallimard, 1953), principalmente § 9 e 10, 32-34. Também nos *Problèmes fondamentaux de la phénoménologie, op. cit.*, § 7-9 e 21; e na *Interprétation phénoménologique de la "Critique de la Raison pure" de Kant*, trad. fr. de E. Martineau, Paris, Gallimard, 1982, do t. XXV da *Gesamtausgabe*.

como esse espírito é afetado por sua própria atividade, isto é, por essa posição (*Setzung*), portanto, por si mesmo; ou seja, um sentido interior considerado na sua forma. A conclusão tirada por Kant, de que não se intui o espírito tal como ele é em si mesmo, mas tal como ele se representa sob a condição dessa afecção de si por si, não consegue ocultar a dificuldade específica relacionada com essa *autoafecção*, em que culmina o ser--afetado. Se há um ponto em que o tempo se revela inescrutável, ao menos para uma dedução transcendental senhora de seu próprio jogo, é precisamente em relação à noção de permanência do tempo e às implicações que a afecção de si por si tem para o tempo.

Seria inútil buscar em *Husserl* vestígios de um arcaísmo ou ecos de um hermetismo que apontasse para um tempo mais fundamental que toda constituição. A ambição das *Lições sobre a consciência interna do tempo* é, entenda-se bem, *constituir* num único gesto a consciência e o tempo que lhe é imanente. Nisso, o transcendentalismo de Husserl não é menos vigilante que o de Kant. Contudo, além da dificuldade, evocada acima, em derivar a totalidade do tempo da continuidade do processo de recobrimento entre todas as intencionalidades longitudinais, gostaria de evocar uma segunda vez o paradoxo que consiste em manter um *discurso sobre a hilética*, uma vez suspendida a intencionalidade *ad extra*. Todas as dificuldades ligadas em Kant à afecção de si por si retornam com toda a força para ameaçar a autoconstituição da consciência. Essas dificuldades subterrâneas se traduzem no nível da linguagem em que essa constituição vem se dizer. O que primeiro chama a atenção é o caráter de ponta a ponta *metafórico* dessa hilética transcendental: jorro, fonte, cair, afundar, escoar etc.; no centro dessa constelação metafórica, a metáfora-mãe do *fluxo*. O que as *Lições*, em sua terceira seção, procuram exprimir é o "fluxo absoluto da consciência, constitutiva do tempo"[42]. Ora, essas metáforas não constituem de forma alguma uma lingua-

---

42. Cf. acima, pp. 68 e 68, n. 31.

gem figurada que possa ser traduzida para uma linguagem literal. Constituem a única linguagem de que dispõe o trabalho de volta à origem. A metafórica é, pois, o primeiro sinal do não domínio da consciência constituinte sobre a consciência assim constituída. Além disso, surge uma questão de prioridade entre o fluxo e a consciência: é a consciência que constitui o fluxo? Ou é o fluxo que constitui a consciência? Na primeira hipótese, retornamos a um idealismo de tipo fichtiano. Na segunda, estamos em uma fenomenologia de um tipo completamente diferente onde o domínio da consciência sobre sua produção é ultrapassado pela produção que a constitui. Ora, a hesitação entre as duas interpretações continua sendo permitida. Husserl acaso não pergunta: "Como é possível saber (*wissen*) se o fluxo constitutivo último da consciência possui uma unidade?"[43] A resposta dada a essa pergunta, qual seja, o desdobramento de duas intencionalidades longitudinais, arranca de Husserl a seguinte declaração: "Por mais chocante (quando não inicialmente absurdo) que pareça o fato de dizer que o fluxo da consciência constitui sua própria unidade, assim é."[44] Uma outra vez, ele confessará francamente: "Para tudo isso, faltam nomes."[45] Da metafórica à falta de palavras, é a falha da linguagem que aponta para a última "consciência *impressional*"[46], da qual se pode dizer que é o fluxo que, ao se constituir, a constitui – e não o contrário.

O filósofo que, aos nossos olhos, beira o hermetismo é, evidentemente, *Heidegger*. Falar nesses termos nada tem de ofensivo: para o tipo de discurso que ainda se diz fenomenológico, como o de *Ser e tempo* e dos *Problemas fundamentais da fenomenologia*, a abertura de uma analítica do ser-aí na direção da compreensão do ser como tal pode perfeitamente beirar o hermetismo, porque essa abertura conduz de fato a fenomenologia hermenêutica aos limites de suas possibilidades mais

---

43. Cf. acima, pp. 69-70.
44. Cf. acima, p. 70.
45. Cf. acima, p. 68.
46. Cf. acima, p. 73.

próprias. Ora, Heidegger tenta fazer essa abertura sem nenhuma concessão aos equivalentes modernos da *Schwärmerei* – a exaltação delirante, denunciada por Kant – que foram, tanto para Heidegger como para Husserl, as filosofias da vida, da existência e do diálogo.

Inicialmente, a relação da analítica do ser-aí com a compreensão do ser só pode ser detectada, afora as declarações ainda programáticas da grande introdução de *Ser e tempo*, nos sinais de inacabamento da analítica, a única, no entanto, a ser levada a termo em *Ser e tempo*: sinais que demonstram ao mesmo tempo que essa analítica não visa fechar-se numa antropologia filosófica. Ora, o perigo de compreensão equivocada do projeto filosófico de Heidegger na época de *Ser e tempo* não só não está descartado, como é mantido pela assimilação da problemática do tempo à do ser-integral, e desta ao ser-para-a--morte. É difícil entender, ao término da segunda seção de *Ser e tempo*, como todas essas análises satisfazem o título dado à primeira parte: "A interpretação do ser-aí pela temporalidade e a explicitação do tempo como horizonte transcendental da questão do ser" [40] (58). É a segunda metade do título que parece não corresponder a nada numa análise que, na melhor das hipóteses, propõe uma interpretação do caráter ek-stático do tempo, mas de forma nenhuma de seu caráter aberto para a questão do ser. A questão do ser-integral, explicitada pela do ser-para-a-morte, parece antes fechar esse horizonte.

Quanto a isso, contudo, *Problemas fundamentais da fenomenologia* vão mais longe que *Ser e tempo*, ao propor distinguir entre ser-temporal (*Temporalität*) e temporalidade (*Zeitlichkeit*) no sentido dado no livro principal[47]. É precisamente o caráter constantemente *interrogador* do pensamento que sustenta essa distinção que, num segundo momento, ressalta o caráter *inescrutável* da temporalidade segundo *Ser e tempo*.

A distinção entre ser-temporal e temporalidade na verdade conclui um movimento que ficou imperceptível em *Ser e tempo*, ou seja, uma inversão no uso da noção de condição de

---

47. *Les Problèmes fondamentaux de la phénoménologie, op. cit.*, § 19-22.

possibilidade. É certo que se repete que "a constituição ontológica do ser-aí se funda na temporalidade" (*Problemas* [323] (276)). Acrescenta-se agora que o sentido da temporalidade é "a possibilitação da compreensão do ser" (*ibid.*). Ora, o novo uso da noção de possibilidade rege-se pela descrição da temporalidade como horizonte a partir do qual entendemos o ser. A conjunção das duas palavras: ek-stático e horizontal (no sentido de caráter de horizonte) marca a abertura da nova problemática apresentada sob o título do ser-temporal [374-379] (309-322).

Nessa nova problemática, o caráter de horizonte do tempo está diretamente ligado à *intencionalidade* constitutiva de cada uma das ek-stases do tempo, e principalmente à do porvir, entendido no sentido de preceder a si-mesmo e de advir a si-mesmo. A função do ser-para-a-morte relativamente à totalização do tempo ek-stático é silenciada, ao passo que se acentua o transporte ek-stático para..., em direção a..., que marca a inflexão da problemática. Passa-se a falar de temporalidade ek-stática-horizontal, estando subentendido que horizontal significa: "caracterizado por um horizonte dado com a própria ek-stase" [378] (322). Aos olhos de Heidegger, esse desdobramento do horizontal a partir do ek-stático atesta o reino do fenômeno da intencionalidade sobre qualquer abordagem fenomenológica. Mas, ao contrário de Husserl, é o caráter ek-stático-horizontal da temporalidade que condiciona a intencionalidade e não o inverso. É num sentido francamente ontológico que a intencionalidade é repensada: como o projeto em direção a... implicado na compreensão do ser. Ao discernir nesta algo como "um projeto do ser em direção ao tempo" [397] (337), Heidegger acredita discernir também a orientação da temporalidade para seu horizonte, o ser-temporal.

Ora, é preciso reconhecer que, no âmbito de um pensamento que ainda se quer fenomenológico, isto é, governado pela ideia de intencionalidade, todas as declarações de Heidegger sobre esse "projeto do ser em direção ao tempo" permanecem crípticas. As ajudas que ele propõe ao pensamento tendem antes a fazer perder o rumo: é o caso da aproximação entre sua nova proposição e o famoso "para além do ser" (*epékeina tês ousías*) de Platão no livro VI da *República*. É certo que a proposição de Heidegger também leva a "questionar para além do ser, em direção àquilo para o que o ser ele mesmo, enquanto tal, está aberto-em-projeto" [399] (339). Mas, separada da ideia do Bem, o *epékeina tês ousías* já não é de grande ajuda: subsiste apenas o elemento de direção, a passagem para além: "Caracterizamos essa direção (*wohin*) da ek-stase como o horizonte, ou melhor, o esquema horizontal da ek-stase" [429] (362). A partir daí, que entendemos de fato quando dizemos que "a temporalidade (*Temporalität*) é a temporalização mais originária da temporalidade como tal" [429] (363)? Nada, na verdade, enquanto não tivermos condições de vincular a distinção entre temporário [*temporal*] e temporal [*temporel*] à *diferença ontológica*, isto é, à diferença entre o ser e o ente, que é pela primeira vez afirmada explícita e publicamente nos *Problemas fundamentais da fenomenologia*. A distinção entre temporário e temporal passa, então, a ter apenas uma função: apontar para a diferença ontológica. Fora desse papel, só consegue assinalar o caráter inescrutável da temporalidade entendida como a integralidade do ser-aí. Pois, tomada em si mesma, a distinção entre o ser-temporal e a temporalidade já não designa um fenômeno acessível à fenomenologia hermenêutica *como tal*[48].

A questão mais embaraçosa com que todo o nosso empreendimento depara se resume em saber se a irrepresentabilidade do tempo encontra mais um paralelo do lado da narratividade. À primeira vista, a questão parece incongruente: que sentido poderia com efeito haver em refigurar o inescrutável? A poética da narrativa nem por isso carece de recursos em face

---

48. Não compete à presente obra tomar posição sobre a ambição, declarada por Heidegger no final dos *Problemas fundamentais da fenomenologia*, de constituir uma ciência ontológica do novo *a priori* que o ser-temporal constitui doravante [465] (391). A intenção de não cair aqui em um novo hermetismo está de qualquer modo firmemente sublinhada nas últimas páginas do Curso (aliás, inacabado), no qual Heidegger retoma por conta própria a oposição que Kant faz, no breve opúsculo *Von einem neuerdings erhobenen vornehmen Ton in der Philosophie* (1796), entre a sobriedade do Platão das *Cartas* e a suposta ebriedade do Platão da Academia, mistagogo à própria revelia.

da anomalia da questão. *É no modo como a narratividade é levada até seus limites que reside o segredo de sua réplica à inescrutabilidade do tempo.*

Aproximamo-nos várias vezes da questão dos limites da narratividade, mas sem relacioná-la com a irrepresentabilidade do tempo. Perguntamo-nos, por exemplo, se o modelo aristotélico de composição da intriga ainda dava conta das formas mais complexas de composição utilizadas pela historiografia contemporânea ou pelo romance atual. A questão nos obrigou a elaborar, do lado da historiografia, as noções de quase intriga, de quase personagem e de quase acontecimento, que deixam entender que o modelo inicial de composição da intriga é levado pela historiografia para perto de um ponto de ruptura, para além do qual já não se pode dizer que a história é uma extensão da narrativa[49]. Tivemos de reconhecer algo parecido pelo lado do romance, e concordar que, na época que alguns denominam pós-moderna, talvez já não se saiba o que quer dizer narrar. Com Walter Benjamin, deploramos a mutação mortal que seria a passagem da humanidade para um estágio em que mais ninguém teria qualquer experiência para comunicar para quem quer que seja. Com Frank Kermode, chegamos até a fazer o ato de fé de que a capacidade de metamorfose da narrativa permitirá que, por muito tempo ainda, esta última conjure o cisma.

Os limites de que trataremos são de outra ordem: os anteriores só concerniam à capacidade da narrativa de refigurar o tempo através de seus recursos de configuração interna. Trata-se agora dos *próprios limites da refiguração do tempo pela narrativa*.

Ora, o termo "limite" pode ser entendido em dois sentidos: por limite interno, entenderemos a ultrapassagem até o esgotamento da arte de narrar na vizinhança do inescrutável. Por limite externo, a superação do gênero narrativo por outros gêneros de discursos que, a seu modo, também se dedicam a *dizer* o tempo.

---

49. Cf. *Tempo e narrativa*, vol. 1, segunda parte, cap. III.

Falemos para começar dos limites explorados pela própria narrativa no interior de sua própria circunscrição. A narrativa de ficção é certamente aquela que está mais bem equipada para esse trabalho no limite; conhecemos seu método privilegiado, o das variações imaginativas. No capítulo dedicado a elas[50], não conseguimos nos manter dentro do marco que tínhamos designado para nós mesmos, qual seja, o exame das soluções diferentes com relação à história que a ficção dá para o problema da dualidade da interpretação fenomenológica e da interpretação cosmológica do tempo; saindo desse quadro imposto, arriscamo-nos a avaliar as contribuições de nossas fábulas sobre o tempo para a exploração das relações entre o *tempo e seu outro*. O leitor sem dúvida ainda tem presente na memória a evocação dos momentos altos de nossas três fábulas sobre o tempo, momentos nos quais a extrema concentração da temporalidade conduz a uma variedade de experiências-limite que merecem ser colocadas sob o signo da eternidade[51]. Não conseguimos esquecer nem a escolha trágica de Septimus em *Mrs. Dalloway*, nem as três figuras de eternidade na *Montanha mágica* – o *Ewigkeitssuppe*, a *Walpurgisnacht* e o episódio *Schnee* –, nem a dupla eternidade do *Tempo redescoberto*, aquela que nos arranca do tempo perdido e a que engendra a obra que tentará resgatar o tempo. Assim, a ficção multiplica as experiências de eternidade e desse modo leva a narrativa aos limites dela mesma de diversas maneiras. Essa multiplicação das experiências-limite não deve ser motivo de espanto se conservarmos na memória que cada obra de ficção desenvolve seu mundo próprio. Ora, é sempre num mundo possível diferente que o tempo se deixa ultrapassar pela eternidade. É por isso que as fábulas sobre o tempo tornam-se fábulas sobre o tempo e seu outro. Em nenhum outro lugar comprova-se melhor a função da ficção, a de servir de laboratório para experiências de pensamento em número ilimitado. É para outras instâncias de vida, religiosa, ética e política, que uma escolha se impõe: o imaginário não tolera censura.

---

50. Cf. acima, cap. II.
51. Cf. acima, pp. 226-8.

Tampouco podemos esquecer a segunda transgressão que a ficção opera com relação à ordem do tempo cotidiano; ao balizar os confins da eternidade, as experiências-limite retratadas pela ficção exploram ademais outra fronteira, a dos confins entre a fábula e o mito[52]. Dissemos que somente a ficção, por ser ficção, pode se permitir certa ebriedade. Compreendemos melhor agora a significação dessa exaltação: tem por contraponto a sobriedade da fenomenologia, quando esta modera o ímpeto que haure nos arcaísmos de que se afasta e nos hermetismos de que não quer se aproximar. Desses arcaísmos e desses hermetismos, a narrativa não teme apropriar-se da substância, conferindo-lhes uma transcrição narrativa. Septimus, dissemos, consegue ouvir, para além do ruído da vida, a "ode imortal ao Tempo". E, na morte, leva consigo "suas odes ao Tempo". Quanto à *Montanha mágica*, é uma dupla magia invertida que a obra evoca: por um lado, o feitiço de um tempo que se tornou incomensurável pela perda de suas referências e de suas medidas, por outro, a "elevação" (*Steigerung*) de um modesto herói, confrontado com as duras provas da doença e da morte, elevação que, às vezes, atravessa as fases de um franco hermetismo, e que, em seu conjunto, apresenta os traços de uma iniciação de ressonância cabalística. Somente a ironia constitui um obstáculo entre a ficção e a repetição ingênua do mito. *Em busca do tempo perdido*, por fim, narrativiza, como bem lembramos, uma experiência metafísica da Identidade perdida, proveniente do idealismo alemão, a tal ponto que também podemos chamar de iniciática a experiência supratemporal da Beleza em que procede o impulso da criação em direção da obra onde esta deverá se encarnar. Portanto, não é por acaso que, em *Em busca*, o tempo esteja como que remitizado. Tempo destruidor, por um lado, "o artista, o Tempo", por outro[53].

---

52. Cf. acima, pp. 229-31.
53. A palavra magia aparece sob a pena de Proust quando ele fala dos moribundos do jantar das máscaras que se segue à cena da Visitação: "Bonecos mergulhados nas cores imateriais dos anos, bonecos que exteriorizavam o Tempo, o Tempo que normalmente não é visível, e que, para tornar-se visível, busca corpos e, sempre que os encontra, apodera-se deles para exibir sua lanterna mágica" (III, p. 924).

Tampouco é por acaso que *Em busca do tempo perdido* termina com as duas palavras: "... no Tempo". O "no", aqui, já não é tomado no sentido vulgar de uma locação em algum vasto continente, mas no sentido, próximo tanto do arcaísmo como do hermetismo, de que o tempo envolve todas as coisas – inclusive a narrativa que tenta ordená-lo.

Um outro modo de o tempo envolver a narrativa é suscitar a formação de modos discursivos diferentes do modo narrativo, que expressam, de outro modo, seu profundo enigma. Chega portanto um momento, numa obra dedicada à capacidade que a narrativa tem de pôr o tempo em palavras, em que é preciso reconhecer que a narrativa não é tudo e que o tempo se diz também de outro modo, porque, também para a narrativa, ele continua inescrutável.

O que chamou minha atenção para esses limites externos da narrativa foi a exegese bíblica. A Bíblia hebraica pode, com efeito, ser lida como o testamento do tempo nas suas relações com a eternidade divina (com todas as reservas evocadas acima concernentes à equivocidade da palavra eternidade). Ora, não é só a narrativa que expressa a relação do tempo com seu outro. Seja qual for a amplitude do maciço narrativo, é sempre em conjunção com outros gêneros que a narrativa funciona na Bíblia hebraica[54].

Essa conjunção, na Bíblia, entre o narrativo e o não narrativo convida a tentar descobrir se, também em outras litera-

---

54. O primeiro cruzamento caracteriza o Pentateuco; desde o documento javista, narrativas e leis se entrelaçam; desse modo, cruzam-se o imemorial da narração, remetido para trás pelos prefácios de prefácios que precedem as narrativas de aliança e libertação, e o imemorial da Lei, condensada na Revolução do Sinai. Outros entrecruzamentos significativos somam-se ao anterior: a abertura profética para o tempo provoca, por retroação, uma reviravolta da teologia das tradições desenvolvida pelo Pentateuco. A historicidade, tanto retrospectiva como prospectiva, comum às tradições e às profecias, é confrontada por sua vez com outro imemorial, o da sabedoria recolhida pelos escritos sapienciais dos Provérbios, do Livro de Jó, do Coelet. Por fim, todas as figuras do imemorial veem-se reatualizadas na queixa e no louvor recolhidos nos Salmos. É assim, por uma cadeia de mediações não narrativas que, na Bíblia, a narrativa bíblica atinge a estatura de uma narrativa confessional (cf. acima, pp. 542, n. 23).

turas, a narrativa não junta seus efeitos de sentido aos de outros gêneros, para dizer aquilo que do tempo é o mais rebelde à representação. Ater-me-ei a evocar brevemente a trilogia familiar até hoje à poética alemã: o épico, o dramático e o lírico[55]. No que concerne aos dois primeiros gêneros, admitimos, desde a análise da *Poética* de Aristóteles, que eles se deixam incluir, sem violência excessiva, sob a bandeira do narrativo, tomado em sentido amplo, na medida em que a *composição da intriga* é seu motor comum. Mas será que o argumento que vale do ponto de vista da configuração do tempo ainda vale do ponto de vista de sua refiguração? É notável que os monólogos e diálogos abrem, na trama puramente narrativa da ação simulada, as brechas que permitem a inserção de breves meditações ou até de amplas especulações sobre a miséria do homem abandonado à usura do tempo. Esses pensamentos, postos na boca de Prometeu, Agamêmnon, Édipo ou do coro trágico – e, mais perto de nós, de Hamlet –, inscrevem-se na longa tradição de uma sabedoria sem fronteiras que, para além do episódico, atinge o fundamental. É a esse fundamental que a poesia lírica dá uma voz que é também um *canto*. Já não cabe à arte narrativa deplorar a brevidade da vida, o conflito entre o amor e a morte, a vastidão de um universo que ignora até nossa lamentação. O leitor terá reconhecido, dissimulados em vários pontos de nosso texto, sob o pudor e a sobriedade da prosa, os ecos da sempiterna elegia, figura lírica da lamentação. Foi assim que nos entregamos brevemente, no começo de nossa aporética, por ocasião de uma simples nota sobre o tempo no *Timeu*, a uma reflexão agridoce sobre o apaziguamento que uma alma desolada pode encontrar na contemplação da ordem, ainda que inumana, dos movimentos celestes[56]. A mesma tonalidade se impôs de novo, agora no fim de nossa aporética, por ocasião de uma reflexão suscitada por Heidegger sobre as sobreposições mútuas entre a intratemporalidade e o

---

55. Cf. Käte Hamburger, *Die Poetik der Dichtung* (cf. *Tempo e narrativa*, vol. 2, pp. 110-13).
56. Cf. acima, p. 24, n. 16.

dito tempo vulgar[57]. Notamos então as oscilações que a meditação impõe ao sentimento: ora prevalece a impressão de uma cumplicidade entre o não domínio inerente a nosso ser lançado e decadente, e o outro não domínio que a contemplação do movimento soberano dos astros nos lembra; ora, ao contrário, predomina o sentimento da incomensurabilidade entre o tempo concedido aos mortais e a vastidão do tempo cósmico. Somos, assim, jogados de um lado para o outro entre a resignação engendrada pela colusão entre dois não domínios e a desolação que incessantemente renasce do contraste entre a fragilidade da vida e a potência do tempo que sobretudo destrói[58]. É de modos bem diferentes que o *lirismo do pensamento meditante* vai direto ao fundamental sem passar pela arte de narrar.

Essa conjunção final entre o épico, o dramático e o lírico estava anunciada desde o Prólogo de *Tempo e narrativa* 1: dizíamos que a poesia lírica vizinha com a poesia dramática. A redescrição invocada em *A metáfora viva* e a refiguração segundo *Tempo e narrativa* trocam assim de papel, quando, sob a égide de "o artista, o Tempo", conjugem-se a potência de redescrição manifestada pelo discurso lírico e a potência mimética atribuída ao discurso narrativo.

Um último olhar para o caminho percorrido: distinguimos, nestas páginas de conclusão, três níveis na aporética do tempo que tínhamos inicialmente articulado em função dos autores e das obras. Ora, a passagem de um nível para o outro marca uma certa progressão, sem por isso constituir sistema, sob pena de desmentir o argumento sistemático contido em cada aporia e na última mais que em qualquer outra. O mesmo deve ser dito das réplicas que a poética da narrativa opõe às aporias do tempo: elas constituem uma constelação significante, sem por isso formar uma cadeia obrigatória: com efeito, nada obriga a passar da noção de *identidade narrativa* para a ideia de *unidade da história* e, depois, ao reconhecimento dos *limites da*

---

57. Cf. acima, pp. 159-61.
58. Cf. acima, pp. 160-1.

narrativa ante o mistério do tempo que nos envolve. Em certo sentido, a pertinência da réplica da narrativa às aporias do tempo diminui de um estágio para o outro, a ponto de que o tempo parece sair vencedor da luta, depois de ter sido mantido cativo nas redes da intriga. É bom que assim seja: *não se dirá que o elogio da narrativa reinsuflou dissimuladamente vida à pretensão do sujeito constituinte de dominar o sentido*. Ao contrário, convém a todo modo de pensamento verificar a validade de seu emprego na circunscrição que lhe é atribuída, adquirindo uma medida exata dos limites de seu emprego.

Mas, se, de uma aporia para a outra e de uma réplica poética para a outra, a progressão é livre, a ordem inversa é, em contrapartida, obrigatória: não é verdade que o reconhecimento dos limites da narrativa abole a posição da ideia da unidade da história, com suas implicações éticas e políticas. Ao contrário, exige-a. *Tampouco se dirá que o reconhecimento dos limites da narrativa, correlativo do reconhecimento do mistério do tempo, afiançou o obscurantismo*; o mistério do tempo não equivale a um interdito que pesa sobre a linguagem; suscita, antes, a exigência de pensar mais e de dizer de outra forma. Se assim for, é preciso levar até seu termo o movimento de retorno e sustentar que a reafirmação da consciência histórica nos limites de sua validade exige por sua vez a busca, pelo indivíduo e pelas comunidades a que ele pertence, de sua respectiva identidade narrativa. Esse é o núcleo duro de toda a nossa investigação; pois é somente nessa busca que se respondem com uma pertinência suficiente a aporética do tempo e a poética da narrativa.

ÍNDICES – VOLUMES 1, 2 E 3

AUTORES CITADOS

AGOSTINHO, santo, *Confessions*, a) livro XI, trad. fr. de E. Tréhorel e G. Bouissou a partir do texto de M. Skutella (Éd. Teubner, 1934) com introdução e notas de A. Solignac, Desclée de Brouwer, "Bibliothèque augustinienne", t. XIV, 1962, pp. 270-343; b) "Notes complémentaires", de A. Solignac, *ibid.*, pp. 583-4, 588-91. [Trad. bras. *Confissões*, São Paulo, Vozes, 23.ª ed., 2009.]

ALEXANDER, J., *The Venture of Form in the Novels of Virginia Woolf*, Port Washington, Nova York, Londres, Kennikat Press, 1974.

ALTER, R., *Partial Magic: The Novel as a Self-Conscious Genre*, Berkeley, University of California Press, 1975.

ANSCOMBE, E., *Intention*, Oxford, Basil Blackwell, 1957.

ARENDT, H., *The Human Condition*, Chicago, University of Chicago Press, 1958; trad. fr. de G. Fradier, *La Condition de l'homme moderne*, Paris, Calmann-Lévy, 1961, 1983. [Trad. bras. *A condição humana*, Rio de Janeiro, Forense-Universitária, 10.ª ed., 2008.]

ARIÈS, P., *L'Homme devant la mort*, Paris, Éd. du Seuil, 1977. [Trad. bras. *O homem diante da morte*, Rio de Janeiro, Francisco Alves, 1982.]

ARISTÓTELES, *Poétique*, texto estabelecido e traduzido para o francês por J. Hardy, Paris, Les Belles Lettres, 1969.

____, *La Poétique*, texto, tradução para o francês e notas de Roselyne Dupont-Roc e Jean Lallot, Paris, Éd. du Seuil, 1980.

____, *Physique*, trad. fr. de Victor Goldschmidt do livro IV (ver Goldschmidt, V.; outros livros, trad. fr. de H. Carteron, Paris, Les Belles Lettres, 2.ª ed., 1952). [Trad. bras. *Física I e II*, Campinas, Ed. Unicamp, 2009.]

____, *Métaphysique*, trad. fr. de J. Tricot, Paris, J. Vrin, 1953.

____, *Éthique à Nicomaque*, trad. fr. de J. Tricot, Paris, J. Vrin, 1959. [Trad. bras. *Ética a Nicômaco*, São Paulo, Nova-Cultural, 4.ª ed., 1991.]

_____, *Rhétorique*, texto estabelecido e traduzido para o francês por M. Dufour, Paris, Les Belles Lettres, 1960. [Trad. bras. *Retórica*, São Paulo, Rideel, 2007.]

ARON, R., *Introduction à la philosophie de l'histoire: essai sur les limites de l'objectivité historique* (1938), Paris, Gallimard, "Bibliothèque des idées", 1957.

_____, *La Philosophie critique de l'histoire*: Dilthey, Rickert, Simmel, Weber (1938), Paris, Vrin, 4.ª ed., 1969.

_____, "Comment l'historien écrit l'épistémologie: à propos du livre de Paul Veyne", in *Annales*, n.º 6, novembro-dezembro de 1971, pp. 1319-54.

AUERBACH, E., *Mimesis: Dargestellte Wirklichkeit in der abendländischen Literatur*, Berna, Ed. Francke, 1946; trad. fr. de Cornélius Heim, *Mimèsis: la représentation de la réalité dans la littérature occidentale*, Paris, Gallimard, 1968. [Trad. bras. *Mimesis*, São Paulo, Perspectiva, 3.ª ed., 1994.]

AUSTIN, J. L., *How to Do Things with Words*, Harvard University Press, 1962; trad. fr. de Gilles Lane, *Quand dire, c'est faire*, Paris, Éd. du Seuil, 1970. [Trad. bras. *Quando dizer é fazer*, Porto Alegre, Artmed, 1990.]

BAKHTIN, M., *La Poétique de Dostoïevski*, trad. fr. de Isabelle Kolicheff, apresentação de Julia Kristeva; 1.ª ed., Problemy tvortchevsta Dostoievskogo, Leningrado, 1929; 2.ª ed., Problemy poetiki Dostoievskogo, Moscou, 1963; 3.ª ed., 1972; 4.ª ed., 1979.

BALÁS, D. L., "Eternity and Time in Gregory of Nyssa's *Contra Eunomium*", in *Gregory von Nyssa und die Philosophie* (II colóquio internacional sobre Gregório de Nissa, 1972), Leiden, E. J. Brill, 1976.

BARREAU, H., *Construction de la notion de temps*, Atelier du Département de Physique, VLP – Estrasburgo, 1985.

BARTHES, R., "Introduction à l'analyse structurale des récits", *Communications*, n.º 8, 1966; publicado em *Poétique du récit*, Paris, Éd. du Seuil, 1977.

_____, *Le Degré zéro de l'écriture*, Paris, Éd. du Seuil, 1953. [Trad. bras. *O grau zero da escrita*, São Paulo, Martins Fontes, 2.ª ed., 2004.]

BEIERWALTES, W., *Plotin über Ewigkeit und Zeit (Enneade III, 7)*, Frankfurt, Klostermann, 1967.

BENJAMIN, W., "Der Erzähler, Betrachtungen zum Werk Nicolaj Lesskows", in *Illuminationen*, Frankfurt, Ed. Suhrkamp, 1969; trad. fr. de Maurice de Gandillac, "Le narrateur", in *Poésie et Révolution*, Paris, Denoël, 1971. [Trad. bras. "O narrador: considerações sobre a obra de Nikolai Lesliov", in *Obras escolhidas*: magia e técnica, arte e política, São Paulo, Brasiliense, 7.ª ed., 1994.]

BENVENISTE, É., *Problèmes de linguistique générale*, Paris, Gallimard, 1966.
____, "Le langage et l'expérience humaine", in *Problèmes du langage*, Paris, Gallimard, col. "Diogène", 1966. [Trad. bras. "A linguagem e a experiência humana" in *Problemas de linguística geral*, vol. 2, Campinas, Ed. Pontes, 1989.]
BERGSON, H., *Essai sur les données immédiates de la conscience*, Paris, Alcan, 1889.
BERLIN, I., "Historical Inevitability", in *Four Essays on Liberty*, Londres, Oxford University Press, 1969, [Trad. bras. *Quatro ensaios sobre a liberdade*, Brasília, Ed. UnB, 1981.] retomado in Gardiner, P., *The Philosophy of History*, Londres, Oxford University Press, pp. 161-86.
BERNET, R., "Die ungegenwärtige Gegenwart. Anwesenheit und Abwesenheit in Husserls Analyse des Zeitbewusstseins", in E. W. Orth (org.), *Zeit und Zeitlichkeit bei Husserl und Heidegger*, Friburgo, Munique, 1983. "La présence du passé dans l'analyse husserlienne de la conscience du temps", *Revue de métaphysique et de morale*, n.º 2, 1983.
BERR, H., *L'Histoire traditionnelle et la Synthèse historique*, Paris, Alcan, 1921.
BERSANI, L., "Déguisement du moi et art fragmentaire", in *Recherche de Proust*, Paris, Éd. du Seuil, 1980.
BLOCH, M., *Apologie pour l'histoire ou Métier d'historien*, prefácio de Georges Duby, Paris, Armand Colin, 7.ª ed., 1974. [Trad. bras. *Apologia da história ou o ofício do historiador*, Rio de Janeiro, Zahar, 2001.]
BLUMENBERG, H., "Nachahmung der Natur! Zur Vorgeschichte der schöpferischen Menschen", *Studium Generale*, n.º 10, 1957.
BOOTH, W., *The Rhetoric of Fiction*, Chicago, University of Chicago Press, 1961; 2.ª ed. (acrescida de um importante posfácio), 1983.
____, "Distance et point de vue", in *Essays in Creation*, XI, 1961; publicado em *Poétique*, IV, 1970.
____, "'The way I loved George Eliot'. Friendship with books as a Neglected Metaphor", *Kenyon Review*, II, 2, 1980, pp. 4-27.
BOROS, S., "Les catégories de la temporalité chez saint Augustin", in *Archives de philosophie*, t. XXI, 1958, pp. 323-85.
BRAUDEL, F., *La Méditerranée et le Monde méditerranéen de l'époque de Philippe II*, Paris, Armand Colin, 1949.
____, *Écrits sur l'histoire*, Paris, Flammarion, 1969. [Trad. bras. *Escritos sobre a história*, São Paulo, Perspectiva, 2.ª ed., 2007.]
____, *Civilisation matérielle, Économie et Capitalisme (XVe-XVIIIe siècle)*, t. I, *Les Structures du quotidien*, t. II, *Les Jeux de l'échange*, t. III, *Le Temps du monde*, Paris, Armand Colin, 1967-1979 [trad. bras. *Civilização material, economia e capitalismo (sécs. XV-XVIII)*, 3 vols., São Paulo, Martins Fontes,

1995-1996] (cf. M. Vovelle, "L'histoire et la longue durée", in *La Nouvelle Histoire*, enciclopédia dirigida por Jacques Le Goff, Roger Chartier, Jacques Revel, Paris, Retz-CEPL, 1978, pp. 316-43 [trad. bras. "A história e a longa duração" in *A história nova*, São Paulo, Martins Fontes, 5.ª ed., 2005).

BREMOND, C., "Le message narratif", *Communications*, n.º 4, 1964; publicado em *Logique du récit*, Paris, Éd. du Seuil, 1973.

BRISSON, L., *Le Même et l'Autre dans la structure ontologique du Timée de Platon; un commentaire systématique du Timée de Platon*, Paris, Klincksieck, 1974.

BURCKHARDT, J., *Die Kultur der Renaissance in Italien*, Leipzig, E. A. Seamann, 1877; trad. fr. de H. Schmitt e R. Klein, *La civilisation de la Renaissance en Italie*, Paris, Plon, 1958. [Trad. bras. *A cultura do Renascimento na Itália: um ensaio*, São Paulo, Companhia das Letras, 2003.]

____, *Weltgeschichte Betrachtungen*, Berlim e Stuttgart, Spemann, 1905; trad. fr. de S. Stelling-Michaud, Paris, Alcan, 1938.

BURKE, K., *A Grammar of Motives*, Nova York, Braziller, 1955; Berkeley e Los Angeles, University of California Press, 1969.

____, *Language as Symbolic Action. Essays on Life, Literature and Method*, Berkeley e Los Angeles, University of California Press, 1966.

CALLAHAN, J. F., *Four Views of Time in Ancient Philosophy*, Harvard University Press, 1948, pp. 149-204.

____, "Gregory of Nyssa and the Psychological View of Time", *Atti del XII Congresso internazionale di filosofia*, Veneza, 1958, Florença, 1960, p. 59.

____, "Basil of Caesarea, A New Source for St. Augustine's Theory of Time", *Harvard Studies in Classical Philology*, n.º 63, 1958.

CANARY, R., e KOZICKI, M., *The Writing of History: Literary Form and Historical Understanding*, Madison, University of Wisconsin Press, 1978.

CERTEAU, M. de, "L'opération historique", in *Faire de l'histoire*, organizado por J. Le Goff e P. Nora, Paris, Gallimard, 1974, t. I, pp. 3-41.

____, *L'Écriture de l'histoire*, Paris, Gallimard, 1975. [Trad. bras. *A escrita da história*, Rio de Janeiro, Forense-Universitária, 2000.]

CHARLES, M., *Rhétorique de la lecture*, Paris, Éd. du Seuil, 1977.

CHATMAN, S., *Story and Discourse: Narrative Structure in Fiction*, Ítaca, Cornell University Press, 1978.

____, "The Structure of Narrative Transmission", in Roger Fowler (org.), *Style and Structure in Literature. Essays in the New Stylistics*, Ítaca, Cornell University Press, 1975.

CHAUNU, P., *Histoire quantitative, Histoire sérielle*, Paris, Armand Colin, 1978.

____, *Séville et l'Atlantique* (1504-1650), 12 vols., Paris, SEPVEN, 1955-60.

____, *La Mort à Paris, XVIe, XVIIe, XVIIIe siècles*, Paris, Fayard, 1978.

COHN, D., *Transparent Minds*, Princeton, N.J., Princeton University Press, 1978; trad. fr., *La Transparence intérieure*, Paris, Éd. du Seuil, 1979.

COLLINGWOOD, R. G., *An Autobiography*, Oxford, Oxford University Press, 1939.

____, *An Essay on Metaphysics*, Oxford, Clarendon Press, 1948.

____, *The Idea of History*, organizado por T. M. Knox, Oxford, Clarendon Press, 1956.

CONEN, P. F., *Die Zeittheorie des Aristoteles*, Munique, C. H. Beck'sche Verlagsbuchhandlung, 1964.

CORNFORD, F. M., *Plato's Cosmology*, Londres, Kegan Paul; Nova York, Harcourt and Brace, 1937.

COSTA DE BEAUREGARD, O., *La Notion de temps; équivalence avec l'espace*, Paris, Hermann, 1953.

____, "Two Lectures of the Direction of Time", *Synthesis*, n.° 35, 1977.

COUDERC, P., *Le Calendrier*, Paris, PUF, col. "Que Sais-je?", 1961.

COURCELLE, P., *Recherches sur les Confessions de saint Augustin*, Paris, E. de Boccard, 1950.

____, "Traditions néo-platoniciennes et traditions chrétiennes de la région de dissemblance", in *Archives d'histoire littéraire et doctrinale du Moyen Âge*, n.° 24, 1927, pp. 5-33, publicado em apêndice em *Recherches sur les Confessions de saint Augustin*, Paris, E. de Boccard, 1950.

COURTÈS, J., e GREIMAS, A. J., *Sémiotique, Dictionnaire raisonné de la théorie du langage*, Paris, Hachette, 1979.

CULLER, J., "Defining Narrative Units", in Roger Fowler (org.), *Style and Structure in Literature. Essays in the New Stylistics*, Ítaca, Cornell University Press, 1975.

DAGOGNET, F., *Écriture et Iconographie*, Paris, J.Vrin, 1973.

DAICHES, D., *The Novel and the Modern World*, Chicago, University of Chicago Press, 1939; ed. revista, Cambridge, Cambridge University Press, 1960.

____, *Virginia Woolf*, New Directions, Norfolk (Conn.), 1942, Londres, Nicholson and Watson, 1945; ed. revista, 1963.

DANTO, A. C., "What Can We Do?", *The Journal of Philosophy*, n.° 60, 1963.

____, "Basic Actions", *Am. Phil. Quarterly*, n.° 2, 1965.

____, *Analytical Philosophy of History*, Cambridge, Cambridge University Press, 1965.

_____, *Analytical Philosophy of Action*, Cambridge, Cambridge University Press, 1973.

DELEUZE, G., *Proust et les Signes*, Paris, PUF, 1964; 6.ª ed., 1983. [Trad. bras. *Proust e os signos*, Rio de Janeiro, Forense-Universitária, 2.ª ed., 2006.]

DERRIDA, J., *La Voix et le Phénomène*, Paris, PUF, 1967. [Trad. bras. *A voz e o fenômeno*, Rio de Janeiro, Record, 2002.]

_____, "*Ousia et Grammè*. Note sur une note de *Sein und Zeit*", in *Marges de la Philosophie*, Paris, Ed. de Minuit, 1972.

DILTHEY, W., "Ueber das Studium der Geschichte, der Wissenschaften vom Menschen, der Gesellschaft und dem Staat", 1875, *Ges. Schriften*, V.

DOLEŽEL, L., *Narrative Modes in Czech Literature*, Toronto, University of Toronto Press, 1973.

_____, "The Typology of the Narrator: Point of View in Fiction", in *To Honor R. Jakobson*, t. I, La Haye, Mouton, 1967.

DRAY, W., *Laws and Explanation in History*, Londres, Nova York, Oxford University Press, 1957.

_____, *Philosophical Analysis and History*, Nova York, Harper and Row, 1966.

DROYSEN, J. G., *Historik*, organizado por R. Hübner, Munique e Berlim, 1943.

DUBY, G., Prefácio de Marc Bloch, *Apologie pour l'histoire ou Métier d'historien*, Paris, 7.ª ed., 1974. [Trad. bras. *Apologia para a história ou a profissão de historiador*, Rio de Janeiro, Zahar, 2001.]

_____, "Histoire sociale et idéologie des sociétés", in *Faire de l'histoire*, organizado por J. Le Goff e P. Nora, Paris, Gallimard, 1974, t. I, *Nouveaux problèmes*.

_____, *Les Trois Ordres ou l'Imaginaire du féodalisme*, Paris, Gallimard, 1978.

DUFRENNE, M., *Phénoménologie de l'expérience esthétique*, Paris, PUF, 1953.

DUHEM, P., *Le Système du monde*, Paris, Hermann, t. I, 1913.

DUMÉZIL, G., *Les Dieux souverains des Indo-Européens*, Paris, 1977.

_____, "Temps et mythe", *Recherches philosophiques*, Paris, Boivin, 1935-1936.

DUNDES, A., Introdução de *Morphology of the Folktale* de Propp, 2.ª ed., Austin, Londres, University of Texas Press, 1968.

DURKHEIM, E., *Les Formes élémentaires de la vie religieuse*, Paris, Alcan, 1912, reed., PUF, 1968. [Trad. bras. *As formas elementares da vida religiosa*, São Paulo, Martins Fontes, 2000.]

ELSE, G. F., *Aristotle's Poetics: the Argument*, Harvard University Press, 1957.

ESCANDE, J., *Le Récepteur face à l'Acte persuasif*. Contribution à la théorie de l'interprétation (à partir de l'analyse de textes évangéliques), tese de pós-graduação em semântica geral, orientada por A. J. Greimas, EHESS, 1979.

FEBVRE, L., *Combats pour l'histoire*, Paris, Armand Colin, 1953.

FERRY, J.-M., *Éthique de la communication et Théorie de la démocratie chez Habermas*, tese inédita, 1984.

FESSARD, G., *La Philosophie historique de Raymond Aron*, Paris, Julliard, 1980.

FINDLAY, J. N., *Kant and the Transcendantal Object, a Hermeneutic Study*, Oxford, Clarendon Press, 1981.

FINK, E., *Studien zur Phänomenologie* (1930-1939), La Haye, M. Nijhoff, 1966; trad. fr. de Didier Franck, *De la Phénoménologie*, Paris, Éd. de Minuit, 1974.

FLORIVAL, G., *Le Désir chez Proust*, Louvain-Paris, Nauwelaerts, 1971.

FOCILLON, H., *La Vie des formes*, Paris, E. Leroux, 1934; 3.ª ed., PUF, 1947.

FOUCAULT, M., *L'Archéologie du savoir*, Paris, Gallimard, 1969. [Trad. bras. *Arqueologia do saber*, Rio de Janeiro, Forense-Universitária, 7.ª ed., 2008.]

FRANKEL, C., "Explanation and Interpretation in History", *Philosophy of Science*, n.º 24, 1957, pp. 137-55, publicado em Gardiner, P., *Theories of History*, Nova York, Macmillan, 1959, pp. 408-27.

FRASER, J. T., *The Genesis and Evolution of Time. A Critic of Interpretation in Physics*, Amherst, The University of Massachusetts Press, 1982.

FRIEDEMANN, K., *Die Rolle des Erzählers im Epik*, Leipzig, 1910.

FRYE, N., *The Anatomy of Criticism. Four Essays*, Princeton, Princeton University Press, 1957; trad. fr. de G. Durand, *L'Anatomie de la critique*, Paris, Gallimard, 1977. [Trad. bras. *Anatomia da crítica: Quatro ensaios*, São Paulo, Cultrix, 1984.]

____, "New Directions from Old", in *Fables of Identity*, Nova York, Harcourt, Brace, and World, 1963.

FURET, F., *Penser la Révolution française*, Paris, Gallimard, 1978. [Trad. bras. *Pensando a Revolução Francesa*, Rio de Janeiro, Paz e Terra, 1989.]

GADAMER, H. G., *Wahrheit und Methode*, Tübingen, J. B. C. Mohr (Paul Siebeck), 1.ª ed., 1960; 3.ª ed., 1973; trad. fr. de E. Sacre, *Vérité et Méthode*, Paris, Éd. du Seuil, 1973. [Trad. bras. *Verdade e método*, Petrópolis, Vozes, vol. 1 (2008), vol. 2 (2009).]

GALLIE, W. B., *Philosophy and the Historical Understanding*, Nova York, Schoken Books, 1964.

GAMBEL, I., "Clarissa Dalloway's Double", in Jacqueline E. M. Latham (org.), *Critics on Virginia Woolf*, Corall Gables (Fl.), University of Miami Press, 1970.

GARDINER, P., *The Nature of Historical Explanation*, Londres, Clarendon University Press, 1952, 1961.

____, *Theories of History*, Nova York, The Free Press, 1959.

____, *The Philosophy of History*, Londres, Oxford University Press, 1974.

GARELLI, J., *Le Recel et la Dispersion, Essai sur le champ de lecture poétique*, Paris, Gallimard, 1978.

GEERTZ, C., *The Interpretation of Cultures*, Nova York, Basic Books, 1973. [Trad. bras. *A interpretação das culturas*, Rio de Janeiro, LTC, 1989.]

GENETTE, G., "Frontières du récit", *Figures II*, Paris, Éd. du Seuil, 1969.

____, "Le discours du récit", *Figures III*, Paris, Éd. du Seuil, 1972.

____, *Nouveau Discours du récit*, Paris, Éd. du Seuil, 1983.

____, "La question de l'écriture", in *Recherche de Proust*, Paris, Éd. du Seuil, 1980.

GILSON, E., "Notes sur l'être et le temps chez saint Augustin", in *Recherches augustiniennes*, Paris, 1929, pp. 246-55.

____, *Philosophie et Incarnation chez saint Augustin*, Montreal, Institut d'études médiévales, 1947.

____, "*Regio dissimilitudinis* de Platon à saint Bernard de Clairvaux", *Mediaev. Stud.*, n.º 9, 1947, pp. 108-30.

GOETHE, J. W., "Ueber epische und dramatische Dichtung" (1797), in *Goethe: Sämtliche Werke*, Stuttgart e Berlin, Jubiläums-Ausgabe, 1902-1907, vol. XXXVI, pp. 149-52.

GOLDEN, L., e HARDISON, O. B., *Aristotle's Poetics. A Translation and Commentary for Students of Literature*, Englewood Cliffs, N. J., Prentice-Hall, 1968.

____, "Catharsis", in *Transactions of the Am. Philological Assoc.*, n.º 43, 1962, pp. 51-60.

GOLDMAN, A. I., *A Theory of Human Action*, Englewood Cliffs, N. J., Prentice-Hall, 1970.

GOLDSCHMIDT, V., *Le Système stoïcien et l'Idée de Temps*, Paris, J. Vrin, 1953.

____, *Temps physique et Temps tragique chez Aristote*, Paris, Vrin, 1982.

GOMBRICH, E. H., *Art and Illusion*, Princeton/Bollingen Series XXXV. 5, Princeton/Bollingen Paperbacks, 1.ª ed., 1960; 2.ª ed., 1961; 3.ª ed., 1969; trad. fr. de G. Durand, *L'Art et l'Illusion. Psychologie de la représentation picturale*, Paris, Gallimard, 1971. [Trad. bras. *Arte e ilusão*, São Paulo, WMF Martins Fontes, 2007.]

GOODFIELD, J., e TOULMIN, S., *The Discovery of Time*, Chicago, Londres, The University of Chicago Press, 1963, 1977, 1982.

GOODMAN, N., *The Languages of Art, An Approach to a Theory of Symbols*, Indianápolis, Bobbs-Merrill, 1968.

GOUBERT, P., *Beauvais et le Beauvaisis de 1600 à 1730*, Paris, SEVPEN, 1960; reeditado com o título *Cent Mille Provinciaux au XVIIe siècle*, Paris, Flammarion, 1968.

GRAHAM, J., "Time in the Novels of Virginia Woolf", in *University of Toronto Quarterly*, vol. XVIII, 1949; republicado em Jacqueline E. M. Latham (org.), *Critics on Virginia Woolf*, Corall Gables (Fl.), University of Miami Press, 1970.

GRANEL, G., *Le Sens du temps et de la perception chez E. Husserl*, Paris, Gallimard, 1958.

____, Prefácio de Husserl, *Leçons pour une phénoménologie de la conscience intime du temps*, Paris, PUF, 1964; 2.ª ed., 1983.

GRANGER, G.-G., *Essai d'une philosophie du style*, Paris, Armand Colin, 1968.

GRANIER, J., *Le Discours du monde*, Paris, Éd. du Seuil, 1977.

GREIMAS, A.-J., *Sémantique structurale*, Paris, Larousse, 1966.

____, *Du Sens*, Paris, Éd. du Seuil, 1970.

____, *Du Sens II*, Paris, Éd. du Seuil, 1983.

____, "Les jeux des contraintes sémiotiques", em colaboração com F. Rastier, in *Yale French Studies*, n.° 41, 1968, "The Interaction of Semiotic Constraints", republicado em *Du Sens*.

____, "Éléments d'une grammaire narrative", in *L'Homme*, vol. IX, n.° 3, 1969; republicado em *Du Sens*.

____, *Maupassant: la sémiotique du texte, exercices pratiques*, Paris, Éd. du Seuil, 1976. [Trad. bras. *Maupassant, a semiótica do texto*, Florianópolis, Ed. da UFSC, 1993.]

____, *Sémiotique. Dictionnaire raisonné de la théorie du langage*, em colaboração com J. Courtés, Paris, Hachette, 1979.

GRONDIN, J., "La conscience du travail de l'histoire et le problème de la vérité herméneutique", *Archives de philosophie*, vol. XLIV, n.° 3, julho-setembro de 1981.

GUIGUET, J., *Virginia Woolf et son oeuvre: l'art et la quête du réel*, "Études anglaises", n.° 13, Paris, Didier, 1962; trad. ingl., *Virginia Woolf and Her Works*, Londres, The Hogarth Press, 1965.

GUILLAUME, G., *Temps et Verbe*, Paris, Champion, 1929 e 1965.

GUITTON, J., *Le Temps et l'Éternité chez Plotin et saint Augustin* (1933), Paris, J. Vrin, 4.ª ed., 1971.

HABERMAS, J., "La modernité: un projet inachevé", in *Critique*, n.º 413, outubro de 1981.

____, *Theorie des Kommunikativen Handelns*, Frankfurt, Suhrkamp, 1981. [Trad. bras. *Teoria do agir comunicativo*, São Paulo, WMF Martins Fontes, no prelo.]

HAFLEY, J., *The Glass Roof: Virginia Woolf as Novelist*, Berkeley e Los Angeles, University of California Press, 1954.

HALBWACHS, M., *Mémoire et Société*, PUF, 1950; reeditado com o título *La Mémoire collective*, Paris, PUF, 1968.

HAMBURGER, K., *Die Logik der Dichtung*, Stuttgart, Ernst Klett Verlag, 2ª ed., 1957; trad. ingl. *The Logic of Literature*, Ann Harbor, Indiana University Press, 1973.

HARDISON, O. B., e GOLDEN, L., *Aristotle's Poetics, A Translation and Commentary for Students of Literature*, Englewood Cliffs, N.J., Prentice-Hall, 1968.

HART, H. L. A., "The Ascription of Responsability and Rights", in *Proceedings of the Aristotelian Society*, n.º 49, Londres, 1948, pp. 171-94.

____, e HONORÉ, A. M., *Causation in the Law*, Oxford, Clarendon Press, 1959.

HEGEL, F., *Vorlesungen über die Philosophie der Weltgeschichte*, t. I, *Die Vernunft in der Geschichte*, edição estabelecida por Johannes Hoffmeister, Hamburgo, Felix Meiner, 1955; trad. fr. de Kostas Pappaioannou, *La Raison dans l'histoire, Introduction à la philosophie de l'histoire*, Paris, Plon, 1965; também Union Générale d'Éditions, col. "10/18". [Trad. bras. *Filosofia da história*, Brasília, Ed. UnB, 2ª ed., 2008.]

____, *La Phénoménologie de l'esprit*, trad. fr. de J. Hyppolite, Paris, Aubier, 1939. [Trad. bras. *Fenomenologia do espírito*, São Paulo, Vozes, 2008.]

____, *Principes de la philosophie du droit*, trad. fr. de R. Derathé, Paris, J. Vrin, 1975. [Trad. bras. *Princípios da filosofia do direito*, São Paulo, Martins Fontes, 1997.]

HEIDEGGER, M., *Sein und Zeit* (1927), Tübingen, Max Niemeyer, 10ª ed., 1963; trad. fr. parcial de R. Boehm e A. de Waelhens, *L'Être et le Temps*, Paris, Gallimard, 1964. [Trad. bras. *Ser e tempo*, Bragança Paulista, EDUSF; Petrópolis, Vozes, 2009.]

____, *Gesamtausgabe*, t. 24, *Die Grundprobleme der Phänomenologie*, Frankfurt, Klostermann, 1975; trad. fr. de J.-F. Courtine, *Les Problèmes fondamentaux de la phénoménologie*, Paris, Gallimard, 1985.

____, "Ce qu'est et comment se détermine la *Physis* (Aristote, *Physique* B 1)", seminário de 1940, trad. fr. de Fédier, in *Questions II*, Paris, Gallimard, 1968; original alemão acompanhado da trad. it. de G. Guzzoli, in *Il Pensiero*, n.ºs 2 e 3, Milão, 1958.

HEMPEL, C. G., "The Function of General Laws in History", *The Journal of Philosophy*, n.° 39, 1942, pp. 35-48, artigo republicado em Gardiner, P., *Theories of History*, Nova York, The Free Press, 1959, pp. 344-56.

HENRY, A., *Proust romancier, le tombeau égyptien*, Paris, Flammarion, 1983.

HERRSTEIN SMITH, B., *Poetic Closure, A Study of How Poems End*, Chicago, Londres, The University of Chicago Press, 1968.

HEUSSI, K., *Die Krisis des Historismus*, Tübingen, J. B. C. Mohr, 1932.

HONORÉ, A. M., e HART, H. L. A., *Causation in the Law*, Oxford, Clarendon Press, 1959.

HUBERT, R., "Étude sommaire de la représentation du temps dans la religion et la magie", in *Mélanges d'histoire des religions*, Paris, Alcan, 1909.

HUSSERL, E., *Zur Phänomenologie des inneren Zeitbewusstseins, Jahrbuch für Philosophie und phänomenologische Forschung*, t. X, *Edmund Husserls Vorlesungen zur Phänomenologie des inneren Zeitbewusstseins*, 1928, editado por Heidegger; ed. R. Boehm, *Husserliana*, V, La Haye, Nijhoff, 1966; trad. fr. de H. Dussort, prefácio de G. Granel, *Leçons pour une phénoménologie de la conscience intime du temps*. Paris, PUF, 1964, 2.ª ed., 1983.

____, *Die Krisis der europäischen Wissenschaften und die transcendentale Phänomenologie*, ed. W. Biemel, *Husserliana*, VI, 1954; trad. fr. de G. Granel, *La Crise des sciences européennes et la Phénoménologie Transcendentale*, Paris, Gallimard, 1976. [Trad. bras. *A crise da humanidade européia e a filosofia*, Porto Alegre, Edipucrs, 2002.]

____, *Cartesianische Meditationen und pariser Vorträge*, ed. S. Strasser, *Husserliana*, I, 1950; trad. fr. de G. Peiffer e E. Lévinas, *Méditations cartésiennes, introduction à la phénoménologie*, Paris, Armand Colin, 1938, J. Vrin, 1966. [Trad. bras. *Meditações cartesianas*, São Paulo, Madras, 2001.]

____, *Ideen zu einer reinen Phaenomenologie und phaenomenologischen Philosophie, Jahrbuch für Philosophie und phänomenologische Forschung*, t. I, Halle, M. Niemeyer, 1913; ed. W. Biemel, *Husserliana*, III, 1950; trad. fr. de P. Ricoeur, *Idées directrices pour une phénoménologie*, Paris, Gallimard, 1950, 1985. [Trad. bras. *Idéias para uma fenomenologia pura e para uma filosofia fenomenológica*, Aparecida, Idéias e Letras, 2006.]

INGARDEN, R., *Das literarische Kunstwerk*, 1.ª ed., Halle, M. Niemeyer, 1931; 2.ª ed., Tübingen, M. Niemeyer, 1961; trad. ingl. de George Grabowicz, *The Literary Work of Art*, Evanston, Northwestern University Press, 1974.

____, *A Cognition of the Literary Work of Art*, Evanston, Northwestern University Press, 1974.

ISER, W., *The Implied Reader, Patterns of Communication in Prose Fiction from Bunyan to Beckett*, Baltimore e Londres, The Johns Hopkins University Press, 1975.

____, *Der Akt des Lesens, Theorie aesthetischer Wirkung*, Munique, Wilhelm Fink, 1976; trad. fr. de E. Sznycer, *Théorie de l'effet esthétique*, Bruxelas, P. Mardaga, 1985. [Trad. bras. *O ato da leitura*, São Paulo, Ed. 34, 1999.]

____, *Die Appelstruktur der Text. Unbestimmtheit als Wirkungsbedingung literarischer Prosa*, 1966; trad. ingl., "Indeterminacy as the Reader's Response in Prose Fiction", in *Aspects of Narrative*, org. por J. Hillis-Miller, Nova York e Londres, Columbia University Press, 1971.

JACOB, A., *Temps et Langage. Essai sur les structures du sujet parlant*, Paris, Armand Colin, 1967.

JACQUES, F., *Dialogiques, Recherches logiques sur le dialogue*, Paris, PUF, 1979.

____, *Dialogiques II, l'Espace logique de l'interlocution*, Paris, PUF, 1985.

JAMES, H., Prefácio de *The Portrait of a Lady* (1906), in *The Art of the Novel*, Nova York, org. R. P. Blackmuir, 1934, pp. 42-8. [Trad. bras. Prefácio de *Retrato de uma senhora*, in *A arte do romance*; Rio de Janeiro, Globo, 2003.]

JAUSS, H. R., *Aesthetische Erfahrung und literarische Hermeneutik*, Munique, Wilhelm Fink, 1977; Frankfurt, Suhrkamp, 2.ª ed., 1982, 4.ª ed., 1984.

____, *Zeit und Erinnerung in Marcel Proust "À la recherche du temps perdu"*, Heidelberg, Carl Winter, 1955.

____, *Pour une esthétique de la réception*, trad. fr. de C. Maillard, prefácio de J. Starobinski, Paris, Gallimard, 1978.

____, *Literaturgeschichte als Provokation*, Frankfurt, Suhrkamp, 1974. [Trad. bras. de *"Literaturgeschichte als Provokation"*, um dos textos da ed. alemã, *A história da literatura como provocação à teoria literária*, São Paulo, Ática, 1994.]

____, "Ueberlegungen zur Abgrenzung und Aufgabenstellung einer literarischen Hermeneutik", in *Poetik und Hermeneutik*, IX, Munique, W. Fink, 1980; trad. fr., "Limites et tâches d'une herméneutique littéraire", *Diogène*, n.º 109, janeiro-março de 1980; também em *Aesthetische Erfahrung und literarische Hermeneutik*, Munique, W. Fink, 1977.

____, "Kleine Apologie der aesthetischen Erfahrung", Constance, Verlaganstalt, 1972; também em *Aesthetische Erfahrung und literarische Hermeneutik*, Munique, W. Fink, 1977; trad. fr. in *Pour une esthétique de la réception*; fragmento traduzido em *Poétique*, n.º 39, setembro de 1979, com o título: "La jouissance esthétique. Les expériences fondamentales de la *poièsis*, de l'*aisthèsis* et de la *catharsis*"; outro fragmento in *Le Temps de la réflexion*, 1981, I, com o título: "*Poièsis*: l'expérience esthétique comme activité de production (construire et connaître)".

Kant, E., *Critique de la Raison pure*, trad. fr. de A. Tremesaygues e B. Pacaud, Paris, PUF, 1963. [Trad. bras. *Crítica da razão pura*, São Paulo, Nova Cultural, 2000.]
____, *Critique de la Raison pratique*, trad. fr. de F. Picavet, Paris, PUF, 1949. [Trad. bras. *Crítica da razão prática*, São Paulo, Martins Fontes, 2003.]
____, *Critique de la faculté de juger*, trad. fr. de A. Philonenko, Paris, J. Vrin, 1965.
____, *Dissertation de 1770*, trad. fr. de P. Mouy, Paris, J. Vrin, 1951.
____, *Projet de paix perpétuelle* (1795), trad. fr. de J. Gibelin, Paris, J. Vrin, 1948.
____, *La Philosophie de l'histoire* (Opúsculos), introdução e trad. fr. de S. Piobetta, Paris, Aubier, 1947.
____, *Essai pour introduire en philosophie le concept de grandeur négative*, trad. fr., introdução e notas de R. Kempf, Paris, Vrin, 1949.
KELLOGG, R., *The Nature of Narrative*, em colaboração com R. E. Scholes, Nova York, Oxford University Press, 1966.
KENNY, A., *Action, Emotion and Will*, Londres, Routledge and Kegan Paul, 1963.
KERMODE, F., *The Genesis of Secrecy. On the Interpretation of Narrative*, Cambridge (Mass.), Harvard University Press, 1979.
____, *The Sense of an Ending. Studies in the Theory of Fiction*, Londres, Oxford, Nova York, Oxford University Press, 1966.
KOSELLECK, R., *Vergangene Zukunft. Zur Semantik geschichtlicher Zeiten*, Frankfurt, Suhrkamp, 1979.
KOZICKI, H., e CANARY, R., *The Writing of History*, University of Wisconsin Press, 1978.
KRACAUER, S., "Time and History", in *Zeugnisse, Theodor Adorno zum 60. Geburtstag*, Frankfurt, Suhrkamp, 1963.
KRIEGER, L., *Ranke, The Meaning of History*, Chicago e Londres, The University of Chicago Press, 1977.
KUCICH, J., "Action in the Dickens Ending: *Bleak House* and *Great Expectations*", in *Narrative Endings*, número especial de *XIXth Century Fiction*, Berkeley e Los Angeles, University of California Press, 1978.

LACOMBE, P., *De l'histoire considérée comme une science*, Paris, Hachette, 1984.
LANGLOIS, C.-V., e SEIGNOBOS, C., *Introduction aux études historiques*, Paris, 1898.
La Nouvelle Histoire, enciclopédia dirigida por J. Le Goff, R. Chartier, J. Revel, Paris, Retz-CEPL, 1978.

LE GOFF, J., "L'histoire nouvelle", in *La Nouvelle Histoire*, enciclopédia dirigida por J. Le Goff, R. Chartier, J. Revel, Paris, Retz-CEPL, 1978, pp. 210-41.

____, *Pour un autre Moyen Age. Temps, travail et culture en Occident: dix-huit essais*, Paris, Gallimard, 1977.

____, "Documento/Monumento", *Enciclopedia Einaudi*, Turim, G. Einaudi, vol. V, pp. 38-48.

LEJEUNE, P., *Le Pacte autobiographique*, Paris, Éd. du Seuil, 1975.

LE ROY LADURIE, E., *Montaillou, village occitan de 1294 à 1324*, Paris, Gallimard, 1975. [Trad. bras. *Montaillou, povoado occitânico*, São Paulo, Companhia das Letras, 1997.]

____, *Les Paysans de Languedoc*, Paris, Mouton, 1966; ed. resumida, Paris, Flammarion, 1959.

____, *Histoire du climat depuis l'an mil*, Paris, Flammarion, 1967.

____, *Le Territoire de l'historien*, Paris, Gallimard, 1973.

____, *Le Carnaval de Romans: de la chandeleur au mercredi des cendres, 1579-1580*, Paris, Gallimard, 1979. [Trad. bras. *O carnaval de Romans*, São Paulo, Companhia das Letras, 2002.]

LÉVINAS, E., "La trace", in *Humanisme de l'autre Homme*, Montpellier, Fata Morgana, 1972. [Trad. bras. *Humanismo do outro homem*, Petrópolis, Vozes, 2ª ed., 2006.]

LÉVI-STRAUSS, C., *La Pensée sauvage*, Paris, Plon, 1955. [Trad. bras. *O pensamento selvagem*, Campinas, Papirus, 5ª ed., 2005.]

____, *Anthropologie structurale*, Paris, Plon, 1958. [Trad. bras. *Antropologia estrutural*, São Paulo, Cosac Naify, 2008.]

____, "La Geste d'Asdiwal", *École pratique des hautes études, section des sciences religieuses*, Annuaire (1958-1959), 1958.

____, "Introduction à l'oeuvre de Marcel Mauss", in Marcel Mauss, *Sociologie et Anthropologie*, Paris, PUF, 1960. [Trad. bras. "Introdução à obra de Marcel Maun", in Marcel Hauss, *Sociologia e antropologia*, São Paulo, Cosac Naify, 2003.]

____, *Mythologiques*, Paris, Plon, 1964-1971. [Trad. bras. *Mitológicas*, São Paulo, Cosac Naify, vol 1 (2004), vol. 2 (2005), vol. 3 (2006), vol. 4 (2010).]

LONGINO, *Du Sublime*, texto estabelecido e traduzido por Henry Lebègue, Paris, Les Belles Lettres, 1939, 1965. [Trad. bras. *Do sublime*, São Paulo, Martins Fontes, 1996.]

LOTMAN, I., Struktura khudožhstvennogo teksta, Moscou, 1970; trad. fr. de A. Fournier, B. Kreise, E. Malleret e J. Yong, *La Structure du texte artistique*, prefácio de H. Meschonnic, Paris, Gallimard, 1973.

LOVE, J. O., *Worlds in Consciousness, Mythopoetic Thoughts in the Novels of Virginia Woolf*, Berkeley, University of California Press, 1970.

LOYSEAU, C., *Traité des ordres et simples dignités*, 1610.
LUBAC, H. de, *Exégèse médiévale. Les quatre sens de l'Écriture*, 5 vols., Paris, Aubier, 1959-1962.
LÜBBE, H., "Was aus Handlungen Geschichten macht: Handlungsinterferenz; Heterogonie der Zwecke; Widerfahrnis; Handlungsgemengeladen; Zufall", in *Vernünftiges Denken, Studien zur praktischen Philosophie und Wissenschaftstheorie*, organizado por Jürgen Mittelstrass e Manfred Riedel, Berlim, Nova York, W. de Gruyter, 1978, pp. 237-68.
LUCAS, D. W., *Aristotle, Poetics*, introdução, comentários e apêndices, Oxford, Clarendon Press, 1968.

MACKIE, J. L., *The Cement of the Universe: a Study of Causation*, Oxford, Clarendon Press, 1974.
MANDELBAUM, M., *The Problem of Historical Knowledge*, Nova York, Geveright, 1938.
____, *The Anatomy of Historical Knowledge*, Baltimore e Londres, The Johns Hopkins University Press, 1977.
MANN, T., *Der Zauberberg, Roman, Ges. Werke.*, t. III, Oldenburg, Ed. S. Fischer, 1960; os comentários anteriores a 1960 se referem à edição Fischer 1924, 2 vols.; ed. de bolso, Fischer Taschenbuch Verlag, 1967; trad. fr. de M. Betz, *La Montagne magique*, Paris, Fayard, 1931, 2 vols. [Trad. bras. *A montanha mágica*, Rio de Janeiro, Nova Fronteira, 2006.]
MANNHEIM, K., "Das Problem der Generationen", *Kölner Vierteljahrshefte für Soziologie*, VII, Munique e Leipzig, Verlag von Duncker und Humblot, 1928.
____, *Ideologie und Utopie*, Bonn, Cohen, 1929; *Ideology and Utopia, an Introduction to the Sociology of Knowledge*, Nova York, Harcourt & Brace, 1936. [Trad. bras. *Ideologia e utopia*, Rio de Janeiro, Zahar, 1972.]
MARROU, H.-I., *De la Connaissance historique*, Paris, Éd. du Seuil, 1954.
MARTIN, G., *Immanuel Kant, Ontologie und Wissenchaftsheorie*, Colônia, Kölner Universitätsverlag, 1951; trad. fr. de J.-C. Piguet, *Science moderne et Ontologie chez Kant*, Paris, PUF, 1963.
MARTIN, R., *Historical Explanation, Reenactment and Practical Inference*, Ítaca e Londres, Cornell University Press, 1977.
MARTINEAU, E., "Conception vulgaire et conception aristotélicienne du temps. Notes sur *Grundprobleme der Phänomenologie* de Heidegger", *Archives de philosophie*, janeiro-março de 1980.
MARX, K., *L'Idéologie allemande*, Paris, Éd. sociales, 1979. [Trad. bras. *A ideologia alemã*, Rio de Janeiro, Civilização Brasileira, 2007.]
MEIJERING, E. P., *Augustin über Schöpfung, Ewigkeit und Zeit. Das elfte Buch der Bekenntnisse*, Leiden, E. J. Brill, 1979.

MENDILOW, A. A., *Time and the Novel*, Londres e Nova York, Peter Nevill, 1952; Nova York, Humanities Press, 2.ª ed., 1972.

MERLEAU-PONTY, M., *Phénoménologie de la perception*, Paris, Gallimard, 1945. [Trad. bras. *Fenomenologia da percepção*, São Paulo, Martins Fontes, 3.ª ed., 2006.]

____, *Le Visible et l'Invisible*, Paris, Gallimard, 1964. [Trad. bras. *O visível e o invisível*, São Paulo, Perspectiva, 3.ª ed., 2003.]

MEYER, E., *Zur Theorie und Methodik der Geschichte*, Halle, 1901.

MEYER, H., *Thomas Mann*, Frankfurt, Suhrkamp, 1980.

MICHEL, H., "La notion de l'heure dans l'Antiquité", *Janus*, n.º 57, 1970.

MILLER, H. J., "The Problematic of Ending in Narrative", in *Narrative Endings*, número especial de *XIXth Century Fiction*, Berkeley e Los Angeles, University of California Press, 1978.

MINK, L. O., "The Autonomy of Historical Understanding", in *History and Theory*, vol. V, n.º 1, 1965, pp. 24-47, republicado in Dray, W., *Philosophical Analysis and History*, Nova York, Harper and Row, 1966, pp. 160-92.

____, "Philosophical Analysis and Historical Understanding", in *Review of Metaphysics*, n.º 20, 1968, pp. 667-98.

____, "History and Fiction as Modes of Comprehension", in *New Literary History*, 1979, pp. 541-58.

MITTELSTRASS, J., *Neuzeit und Aufklärung, Studium zur Enstehung der neuzeitlichen Wissenschaft und Philosophie*, Berlim, Nova York, W. de Gruyter, 1970.

MOMIGLIANO, A., *Essays in Ancient and Modern Historiography*, Oxford, B. Blackwell, 1977.

MOODY, A. D., "Mrs. Dalloway as a Comedy", in J. E. M. Latham (org.), *Critics on Virginia Woolf*, Corall Gables, Flórida, University of Miami Press, 1970.

MOREAU, J., *L'Espace et le Temps selon Aristote*, Pádova, Ed. Antenore, 1965.

MÜLLER, G., *Morphologische Poetik*, Tübingen, J. B. C. Mohr, 1968.

NABERT, J., "L'expérience interne chez Kant", in *Revue de métaphysique et de morale*, Paris, Colin, 1924.

NAGEL, E., "Some Issues in the Logic of Historical Analysis", *The Scientific Monthly*, 1952, pp. 162-9, republicado in Gardiner, P., *Theories of History, op. cit.*, pp. 373-86.

NEF, F. *et al.*, *Structures élémentaires de la signification*, Bruxelas, Ed. Complexe, 1976.

NIETZSCHE, F., *Unzeitgemässe Betrachtungen II, Vom Nutzen und Nachteil der Historie für das Leben*, organizado por Karl Schlechta, Werke in drei

Bände, Munique, Karl Hauser Verlag, t. I; ed. bilíngüe, trad. fr. de G. Bianquis, *Considérations inactuelles*, "De l'utilité et des inconvénients de l'histoire pour la vie", Paris, Aubier, 1964.

PARIENTE, J.-C., *Le Langage et l'Individuel*, Paris, Armand Colin, 1973.

PEPPER, S., *World Hypotheses, a Study in Evidence*, Berkeley and Los Angeles, University of California Press, 1942.

PETIT, J.-L., "La Narrativité et le concept de l'explication en histoire", in *La Narrativité*, Paris, Éd. du CNRS, 1980, pp. 187 ss.

PHILIBERT, M., *L'Échelle des âges*, Paris, Éd. du Seuil, 1968.

PICON, G., *Introduction à une esthétique de la littérature*, Paris, Gallimard, 1953.

PLATÃO, *Timée*, trad. fr. de A. Rivaud, Paris, Les Belles Lettres, 1949. [Trad. bras. *Timeu*, São Paulo, Hemus, 2002.]

PLOTINO, *Ennéades*, III, texto estabelecido e traduzido por E. Bréhier, Paris, Les Belles Lettres, 1925. [Trad. bras. *Enéada III*, São Paulo, Unicamp, 2008.]

PÖGGELER, O., *Der Denkweg Martin Heideggers*, Pfüllingen, Neske, 1963; trad. fr. de M. Simon, *La Pensée de Martin Heidegger, un cheminement vers l'être*, Paris, Aubier-Montaigne, 1967.

POUILLON, J., *Temps et Roman*, Paris, Gallimard, 1946.

POULET, G., *Études sur le temps humain*, Paris, Plon e Éd. do Rocher, 1952-1958, t. I e IV.

____, *L'Espace proustien*, Paris, Gallimard, 1963.

PRINCE, G., *Narratology: The Form and Function of Narrative*, La Haye, Mouton, 1982.

PROPP, V. J., *Morfologija skazki*, Leningrado, Gosudarstvennyi institut istorii iskusstva, col. "Voprozy poetiki", n.º 12, 1928; 2.ª ed., Leningrado, Nanka, 1969; trad. ingl. *Morphology of the Folktale*, 1.ª ed., Bloomington, Indiana University Research Center in Anthropology, Folklore and Linguistics, Publ. 10, 1958; 2.ª ed. revista, prefácio de Louis A. Wagner, nova introdução de Alan Dundes, Austin, Londres, University of Texas Press, 1968; trad. fr. *Morphologie du conte*, de acordo com a 2.ª ed. russa Nanka, completada pela tradução do artigo "Les transformations du conte merveilleux" (1928), Paris, Éd. du Seuil, 1965, 1970. [Trad. bras. *Morfologia do conto maravilhoso*, Rio de Janeiro, Forense-Universitária, 2006.]

____, "Les transformations du conte merveilleux", in *Théorie de la littérature. Textes des formalistes russes*, reunidos por T. Todorov, Paris, Éd. du Seuil, 1966.

PROUST, M., *À la recherche du temps perdu*, texto estabelecido e apresentado por Pierre Clarac e André Ferré, 3 vols., Paris, Gallimard, col. "La Pléiade", 1954. [Trad. bras. *Em busca do tempo perdido*, 7 vols., Rio de Janeiro, Globo.]

RAD, G. von, *Die Theologie der geschichtlichen Ueberlieperungen Israels*, Munique, G. Kaiser, 1957; trad. fr. *La Théologie des traditions historiques d'Israël*, Labor e Fides, 1963.

RANKE, L., *Fürsten und Völker: Geschichten der romanischen und germanischen Völker von 1494-1514*, Wiesbaden, Ed. Willy Andreas, 1957.

____, *Ueber die Epochen der neueren Geschichte*, Ed. Hans Herzfeld, Schloss Laupheim, e in *Aus Werk und Nachlass*, vol. II, Munique, Ed. Th. Schieder e H. Berding, 1964-1975.

REDFIELD, J. M., *Nature and Culture in the Iliad. The Tragedy of Hector*, Chicago, The University of Chicago Press, 1975.

REICHENBACH, H., *Philosophie der Raum-Zeit-Lehre*, Berlim, 1928; trad. ingl. de Maria Reichenbach e John Freund, *The Philosophy of Space and Time*, Nova York, Dover Publications, 1958.

RIFFATERRE, M., "The Reader's Perception of Narrative", in *Interpretation of Narrative*, Toronto, republicado in *Essais de stylistique structurale*, Paris, Flammarion, 1971.

RIMMON-KENAN, S., *Narrative Fiction: Contemporary Poetics*, Londres e Nova York, Methuen, 1983.

ROSS, D., *Aristotle's Physics*, Oxford, Clarendon Press, 1936.

ROSSUM-GUYON, F. van, "Point de vue ou perspective narrative", in *Poétique*, n.° 4, Paris, 1970.

RUSSELL, B., "On the Notion of Cause", in *Proceedings of the Aristotelian Society*, n.° 13, 1912-1913, pp. 1-26.

RYLE, G., *The Concept of Mind*, Londres, Nova York, Hutchinson's University Library, 1949; trad. fr. de Suzanne Stern-Gillet, *La Notion d'esprit*, Paris, Payot, 1978.

SAÏD, E., *Beginnings: Intention and Method*, Baltimore e Londres, The Johns Hopkins University Press, 1975.

____, "Molestation and Authority in Narrative Fiction", in J. Hillis Miller (org.), *Aspects of Narrative*, Nova York, Columbia University Press, 1971.

SCHAFER, R., *A New Language for Psychoanalysis*, New Haven, Yale University Press, 1976.

SCHAPP, W., *In Geschichten verstrickt*, Wiesbaden, B. Heymann, 1976. [Trad. bras. *Envolvido em histórias*, Porto Alegre, S.A. Fabris, 2007.]

SCHELLENBERG, T. R., *Modern Archives: Principles and Technics*, Chicago e Londres, University of Chicago Press, 1975.
____, *Management of Archives*, Nova York, Columbia University Press, 1965.
SCHNÄDELBACH, H., *Geschichtsphilosophie nach Hegel. Die Probleme des Historismus*, Friburgo, Munique, Karl Alber, 1974.
SCHNEIDER, M., "Le temps du conte", in *La Narrativité*, Paris, Éd. du CNRS, 1979.
SCHOLES, R., *The Nature of Narrative*, em colaboração com Robert Kellogg, Nova York, Oxford University Press, 1966.
SCHUTZ, A., *Der sinnhafte Aufbau der sozialen Welt*, Viena, Springer, 1932, 1960; trad. ingl. *The Phenomenology of the Social World*, Evanston, Northwestern University Press, 1967.
____, *Collected Papers*, organizado por Maurice Natanson, La Haye, Nijhoff, 3 vols., 1962-1966.
____, *The Structure of the Life-World*, trad. ingl. de R. M. Zaner e T. Engelhardt, Londres, Heinemann, 1974.
SEGRE, C., *Le Strutture e il Tempo*, Turim, G. Einaudi, 1974.
SEIGNOBOS, C.-V., e LANGLOIS, C., *Introduction aux études historiques*, Paris, Hachette, 1898.
SHATTUCK, G., *Proust's Binoculars, a Study of Memory, Time, and Recognition in "À la recherche du temps perdu"*, Nova York, Random House, 1963.
SIMIAND, F., "Méthode historique et science totale", in *Revue de synthèse historique*, 1903, pp. 1-22, 129-57.
____, "Introduction générale" à *la Crise de l'économie française à la fin de l'Ancien Régime et au début de la Révolution française*, Paris, PUF, 1944.
SOUCHE-DAGUES, D., *Le Développement de l'intentionnalité dans la phénoménologie husserlienne*, La Haye, Nijhoff, 1972.
____, "Une exégèse heideggerienne: le temps chez Hegel d'après le § 82 de *Sein und Zeit*", *Revue de métaphysique et de morale*, janeiro-março de 1979.
STANZEL, F. K., *Die typischen Erzählsituationen im Roman, dargestellt an "Tom Jones", "Moby Dick", "The Ambassadors", "Ulysses"*, Stuttgart, W. Braumüller, 1955.
____, *Theorie des Erzählens*, Göttingen, Van der Hoeck & Ruprecht, 1979.
STEVENS, W., *Notes towards a Supreme Fiction*.
STRAWSON, P. F., *Individuals*, Londres, Methuen and Co., 1959; trad. fr. de A. Shalom e P. Drong, Paris, Éd. du Seuil, 1973.

TAYLOR, C., *The Explanation of Behaviour*, Londres, Routledge and Kegan Paul, 1964.
THIEBERGER, R., *Der Begriff der Zeit bei Thomas Mann, vom Zauberberg zum Joseph*, Baden-Baden, Verlag für Kunst und Wissenschaft, 1962.
TODOROV, T., *Introduction à la littérature fantastique*, Paris, Éd. du Seuil, 1970. [Trad. bras. *Introdução à literatura fantástica*, São Paulo, Perspectiva, 3.ª ed., 2008.]
____, "Langage et littérature", in *Poétique de la prose*, Paris, Éd. du Seuil, 1971. [Trad. bras. *Poética da prosa*, São Paulo, Martins Fontes, 2003.]
____, "La notion de littérature", in *Les Genres du discours*, Paris, Éd. du Seuil, 1978.
____, "L'origine des genres", *ibid*.
____, *Mikhaïl Bakhtine, le principe dialogique*, seguido de *Écrits du Cercle de Bakhtine*, Paris, Éd. du Seuil, 1981.
TOULMIN, S., *The Uses of Argument*, Cambridge, Cambridge University Press, 1958. [Trad. bras. *Os usos do argumento*, São Paulo, Martins Fontes, 2.ª ed., 2006.]
____, *The Discovery of Time*, em colaboração com June Goodfield, Chicago e Londres, The University of Chicago Press, 1963, 1977, 1982.

USPENSKI, B., *A Poetics of Composition, the Structure of the Artistic Text and Typology of Compositional Form*, Berkeley, Los Angeles, Londres, University of California Press, 1973.

VALDÉS, M., *Shadows in the Cave. A Phenomenological Approach to Literary Criticism Based on Hispanic Texts*, Toronto, University of Toronto Press, 1982.
VERGHESE, P. T., "Diastema and Diastasis in Gregory of Nyssa. Introduction to a Concept and the Posing of a Concept", in *Gregory von Nyssa und die Philosophie* (II colóquio internacional sobre Gregório de Nissa, 1972), Leiden, E. J. Brill, 1976, pp. 243-58.
VERNANT, J.-P., *Mythe et Pensée chez les Grecs*, t. I, Paris, Maspero, 1965. [Trad. bras. *Mito e pensamento entre os gregos*, São Paulo, Paz e Terra, 2008.]
VEYNE, P., *Comment on écrit l'histoire*, acrescido de "Foucault révolutionne l'histoire", Paris, Éd. du Seuil, 1971. [Trad. bras. *Como se escreve a história*, acrescido de "Foucault revoluciona a história", Brasília, Ed. UnB, 1982.]
____, "L'histoire conceptualisante", in *Faire de l'histoire*, I, organizado por J. Le Goff e P. Nora, Paris, Gallimard, 1974, pp. 62-92.

_____, *L'Inventaire des différences*, aula inaugural do Collège de France, Paris, Éd. du Seuil, 1976. [Trad. bras. *O inventário das diferenças*, São Paulo, Brasiliense, 1983.]
VLEESCHAUWER, H. de, *La Déduction transcendantale dans l'oeuvre de Kant*, Paris, E. Leroux, La Haye, Nijhoff, 3 vols., 1934-1937.
VOVELLE, M., *Piété baroque et déchristianisation en Provence au XVIIIe siècle: les attitudes devant la mort d'après les clauses des testaments*, Paris, Éd. du Seuil, 1979.

WAHL, F., *Qu'est-ce que le structuralisme?*, Paris, Éd. du Seuil, 1968.
_____, "Les ancêtres, ça ne se représente pas", in *L'Interdit de la représentation*, Colóquio de Montpellier, Paris, Éd. du Seuil, 1984, pp. 31-64.
WATT, J., *The Rise of the Novel. Studies in Defoe, Richardson and Fielding*, Londres, Chatto and Windus, 1957; Berkeley, Los Angeles, University of California Press, 1957, 1959.
WEBER, M., "Études critiques pour servir à la logique des sciences de la 'culture'", *Archiv für Sozialwissenschaft und Sozialpolitik*, t. XXII, republicado em *Ges. Aufsätze zur Wissenschaftslehre*, 2.ª ed., Tübingen, J. B. C. Mohr, 1951; trad. fr. de J. Freund in *Essais sur la théorie de la science*, Paris, Plon, 1965, pp. 215-323.
_____, *Wirtschaft und Gesellschaft*, 5.ª ed. revisada, Studienausgabe, Tübingen, J. B. C. Mohr (Paul Siebeck), 1972; trad. fr. de J. Freund *et al.*, *Économie et Société*, Paris, Plon, 1971. [Trad. bras. *Economia e sociedade*, Brasília, Ed. UnB, vol. 1 (3.ª ed., 1994), vol. 2 (1.ª ed., 1999).]
WEIGAND, H. J., *The Magic Mountain*, 1.ª ed., D. Appleton-Century Co., 1933; 2.ª ed., sem alterações, Chapel Hill, The University of North Carolina Press, 1964.
WEIL, E., *Logique de la philosophie*, Paris, J. Vrin, 1950.
_____, *Hegel et l'État*, Paris, J. Vrin, 1950.
WEINRICH, H., *Tempus. Besprochene und erzählte Zeit*, Stuttgart, Verlag W. Kohlhammer, 1964; trad. fr. de M. Lacoste, *Le Temps. Le récit et le commentaire*, Paris, Éd. du Seuil, 1973.
WEIZSÄCKER, C. F. von, "Zeit und Wissen", in K. Maurin, K. Michalski, E. Rudolph (orgs.), *Offene Systeme II, Logik und Zeit*, Stuttgart, Klett-Cotta, 1981.
_____, "Zeit, Physik, Metaphysik", in Christian Link (org.), *Die Erfahrung der Zeit, GedenKenschrift für Georg Picht*, Stuttgart, Klett-Cotta, 1984.
WHITE, H., *Metahistory. The Historical Imagination in XIXth Century Europe*, Baltimore e Londres, The Johns Hopkins University Press, 1973. [Trad. bras. *Meta-história: imaginação história do século XIX*, São Paulo, Edusp, 1992.]

_____, *Tropics of Discourse*, Baltimore e Londres, The Johns Hopkins University Press, 1978. [Trad. bras. *Trópicos do discurso: ensaios sobre a crítica da cultura*, São Paulo, Edusp, 2001.]

_____, "The Structure of Historical Narrative", *Clio*, I, 1972, pp. 5-19.

_____, "The Historical Text as Literary Artifact", *Clio*, vol. III, n.° 3, 1974; também reproduzido em Canary e Kozecki (orgs.), *The Writing of History*, University of Wisconsin Press, 1978.

_____, "Historicism, History and the Figurative Imagination", *History and Theory*, vol. XIV, n.° 4, 1975.

_____, "The Fictions of Factual Representation", in Angus Fletcher (org.), *The Literature of Fact*, Nova York, Columbia University Press, 1976.

WHITE, M., *Foundations of Historical Knowledge*, Nova York, Harper and Row, 1965.

WINCH, P., *The Idea of a Social Science*, Londres, Routledge and Kegan Paul, 1958.

WINDELBAND, W., "Geschichte und Naturwissenschaft", Discurso de Estrasburgo, 1894, reproduzido em *Präludien: Aufsätze und Reden zur Philosophie und ihrer Geschichte*, vol. II, Tübingen, J. B. C. Mohr, 1921, pp. 136-60.

WOOLF, V., *Mrs. Dalloway*, Londres, The Hogarth Press, 1925; ed. de bolso, Nova York e Londres, Harcourt Brace Jovanovitch, 1925; trad. fr. de S. David, in *L'oeuvre romanesque*, t. I, Paris, Stock, 1973, pp. 166-321. [Trad. bras. *Mrs. Dalloway*, Rio de Janeiro, Nova Fronteira, 2006.]

_____, *A Writer's Diary*, Londres, The Hogarth Press, 1959.

WRIGHT, G. H. von, *Explanation and Understanding*, Londres, Routledge and Kegan Paul, 1971.

_____, *Norm and Action*, Londres, Routledge and Kegan Paul, 1963.

_____, *An Essay in Deontic Logic and the General Theory of Action*, Amsterdam, North Holland, 1968.

YERUSCHALMI, Y. H., *Zakhor, Jewish History and Jewish Memory*, Seattle e Londres, University of Washington Press, 1982.

ÍNDICE DOS NOMES

Adalberon de Laon: I/362, 365.
Adorno (T. W.): III/253 n. 27.
Agostinho (santo): I/4, 9-55, 56-8
  68-9, 93, 96, 106, 108, 110 n.
  12, 125, 139, 141-7, 266, 361,
  364. – II/7-9, 83, 172, 175, 191,
  218. – III/13-37, 44, 54 n. 21,
  79 n. 40, 90, 97, 104, 128, 153,
  181, 203-4, 232, 391, 399,
  411-2, *415-7*, 425, 432 n. 14,
  447, 450.
Alexander (J.): II/180 n. 9.
Alter (R.): II/134 n. 69.
Althusser (L.): I/153, 274 n. 62.
Ambrósio (santo): I/34.
Anaxágoras: III/332 n. 5.
Anaximandro: III/25, 178, 445.
Anscombe (G. E.): I/98 n. 2, 219
  n. 17, 229 n. 23. – III/242.
Apel (K. O.): I/274 n. 62. – III/365.
Arendt (H.): I/328. – III/323 n. 7,
  418 n.2.
Ariès (P.): I/184.
Aristarco: I/242.
Aristófanes: II/27.

Aristóteles: I/2-4, 9-14, 27-31,
  39-40, 56-99, 113-5, 120, 121
  n. 22, 123, 131, 142, 186, 215,
  219, 229 n. 23, 240, 252, 259,
  262, 266, 269, 271, 273, 283-4,
  286, 295, 301, 306, 341, 355,
  358, 375, 378-9. – II/8, 12, 14,
  19-20 e n. 10, 21, 23, 26 e n.
  16, 35 n. 27, 39-40, 62, 66, 83,
  91-3, 111, 117, 120 n. 17, 124,
  139 n. 40, 152 e n. 62, 172, 201,
  233, 267-8, 270, 272. – III/*19-
  28*, 90, *98-100*, *150-1*, 177-8,
  182, 257, 276, 303-4 nn. 55 e
  56, 326-7, 411, *415*, 424, 443,
  446-7, 461.
Aron (R.): I/157, *160-4*,
  166 n. 13, 185 n. 37, 194, 210 n.
  8, 225 n. 21, 275, 281 n. 69,
  282-5, 301-3 e nn. 15-16,
  308-10, 312 n. 20, 316, 328,
  330 n. 30, 334, 339 n. 36, 351.
  – III/249 n. 19.
Atanásio: I/46 n. 31.
Audisio (G.): I/358 n. 62.

Os volumes 1, 2 e 3 de *Tempo e narrativa* são indicados por algarismos romanos.

Auerbach (E.): I/120 n. 21, 269.
– II/16 n. 7, 143-4 e n. 48.
Austen (J.): II/156.
Austin (J. L.): I/109. – II/160 n. 76.
– III/204.

Bachelard (G.): II/30 n. 21, 195.
Bakhtin (M.): II/162, 167 n. 86,
169, 172, 268-70. – III/294
n. 38.
Balás (D.): I/31 n. 20.
Balzac (H. de): II/15, 108, 206
n. 29.
Barreau (H.): III/153 n. 57.
Barthes (R.): I/131. – II/34, *52-7*,
109 n. 7. – III/254.
Bataille (G.): II/34 n. 26.
Baudelaire (C.): III/283.
Beckett (S.): II/17, 44.
Beierwaltes (W.): I/31 n. 20, 41 n.
26, 46 n. 31.
Benjamin (W.): I/135. – II/49 e n.
44. – III/457.
Benveniste (E.): I/133. – II/55 n. 5,
106-9, 114, 116-8, 122 n. 19,
123, 140-1, 147. – III/180,
182-3, *395-6*.
Bergson (H.): II/196 n. 23, 206 n. 29.
Berlin (I.): I/197 n. 56, 294.
Bernet (R.): III/51 n. 15, 52 n. 18,
59 n. 27.
Berr (H.): I/170 e n. 18.
Bersani (L.) II/265 n. 107.
Bien (J.): I/5.
Bismarck (O. von): I/*303-6*, 311.
Blake (W.): II/32.
Bloch (E.): III/385.
Bloch (M.): I/160, *165-9*, 178, 281,
287, 291 n. 1. – III/203 n. 31,
239 n. 4.
Blumenberg (H.): III/296, 303 n. 54.

Boèce: I/264.
Boehm (R.): III/38 n. 1.
Bony (A.): II/158 n. 74.
Booth (W.): I/269. – II/151 n. 61,
168. – III/*271-80*, 284.
Boros (S.): I/52.
Bovon (F.): I/138 n. 30.
Braudel (F.): I/*168-178*, 179-81,
184 n. 35, 281, 294, 319, 333 n.
33, *342-360*, *370-2*, 379. –
II/121 n. 18. – III/196 n. 24.
Braudi (K.): I/371.
Brecht (B.): III/298 n. 48.
Bremond (C.): I/84 n. 36. – II/55,
64 n. 16, 68-74, 99 n. 50,
140 n. 41.
Brisson (L.): III/24 n. 16.
Buda: I/174.
Buffon: III/154.
Bultmann (R.): II/45.
Burke (K.): II/34 n. 26. – III/259-60
n. 33 e 35.
Burkhardt (J.): I/268, *277-8*. –
III/401 n. 60.

Callahan (J. F.): I/13 n. 1, 31 n. 20.
– III/16 n. 3, 22 n. 13.
Camus (A.): II/43 n. 37. – III/277
n. 13.
Canary (R. A.): I/268 n. 54. –
III/257 n. 30.
Cassirer (E.): I/96, 101.
Certeau (M. de): I/267 e n. 53. –
III/*252-4*, 266 n. 43.
Cervantes (M. de): III/294,
297 n. 45.
Cézanne (P.): III/305.
Chabrol (C.): III/441 n. 26.
Chamson (A.): I/358 n. 62.
Charles (M.): III/*280-5*.
Chartier (R.): I/164 n. 9.

Chatman (S.): II/141 n. 43, 160 n. 76.
Chaunu (H.): I/171.
Chaunu (P.): I/157 n. 1, 171, 176, 178 n. 24, 179 n. 25, 182 n. 32, *183-4*.
Chklovski (V. B.): II/140 n. 41.
Cochin (A.): I/368-9.
Cohn (D.): II/*153-4*, 157, 164 e n. 81, 166 e n. 85, 271.
Coleridge (S. T.): I/292. – III/290.
Collingwood (R. G.): I/163 n. 7, 208 n. 7, 209, 213-4, 225 n. 21. – III/156, 240-6, 294-5.
Colombo (C.): I/217.
Conen (P. F.): III/19 n. 5, 20 n. 7, 23 n. 15, 26 n. 18, 28 n. 19, 33 n. 23.
Conrad (J.): II/137-8 e n. 38.
Constant (B.): III/283.
Couderc (P.): III/179 n. 3.
Courcelle (P.): I/50 n. 37.
Cournot (A. A.): I/283. – III/336 n. 6-7.
Courtés (J.): I/135 n. 23 – II/77 n. 32.
Croce (B.): I/245 e n. 35, 268.
Culler (J.): II/160 n. 75.

Dagognet (F.): I/137.
Daiches (D.): II/181 n. 10.
Dante: II/32 n. 24, 188.
Danto (A.): I/98 n. 2, *226-7, 238-47*, 260 n. 45, 262, 286, *296*. – II//74-5 e n. 25, 86 n. 41. – III/394.
Darwin (G.): III/154.
Defoe (D.): II/13 n. 4, 15 n. 6, 18, 19 n. 10, 21 n. 12.
Deleuze (G.): II/*228-9*, 240. – III/221, 254.

Derrida (J.): III/48 n. 12, 151 n. 55, 254.
Descartes (R.): II/121. – III/392.
Diderot (D.): I/241. – III/297 n. 45.
Dilthey (W.): I/157, 185 n. 37. – III/122, 128 n . 29, *130-4*, 185 n. 9, 317.
Dionísio, o Areopagita: I/364.
Doležel (L.): II/161 n. 77.
Dostoiévski (F. M.): II/167-9.
Dray (W.): I/188, 192 n. 45, *201-18*, 219 n. 17, 234, 242, 247, 256-7, 286, 301, 307, 330 n. 29, 339 n. 36, 351 n. 52.
Droysen (J. G.): III/355-6.
Duby (G.): I/165 n. 10, 167, 183, 361-3 e nn. 66-67, 363-4, 366.
Dufrenne (M.): III/288 n. 29.
Duhem (P.): I/13 n. 1.
Dumézil (G.): I/*362-3*. – III/179 n. 5.
Dundes (A.): II/58 n. 10.
Dupont-Roc (R.): I/58 e n. 3, 59 n. 4, 62 n. 10, 65 n. 14, 66 n. 15, 76, 84 n. 36, 89, 90 n. 42.
Durkheim (E.): III/4 n. 3, 178 n. 3.
Durrell (L.): I/358 n. 62.
Dussort (H.): III/38 n. 1., 44 n. 11.

Eliade (M.): II/30 n. 21, 188. – III/446 n. 34.
Eliot (G.): II/44.
Else (G. F.): I/58 e n. 3, 59 n. 5, 64 n. 12, 69 n.19, 71, 74 n. 23, 76-81 e nn., 84 n. 36, 89 e n. 42.
Escande (J.): II/93 n. 46.
Espinosa (B.): I/51 n. 38.
Ésquilo: II/188. – III/446.

Faulkner (W.): II/138 n. 38.
Febvre (L.): I/160, 169, 178, 281.

Fédier (F.): III/151 n. 54.
Ferry (J.-M.): III/385 n. 48.
Fessard (G.): I/302 n. 15, 310.
Feuerbach (L.): III/344, 346.
Fichte (J. G.): III/385.
Fielding (H.): II/13 n. 4, 19 n. 10, 21 n. 12, 132-3.
Findlay (J. N.): III/79-81 e nn. 41, 44, 89.
Fink (E.): I/137 e n. 29. – II/126 e n. 23, 174 n. 2. – III/378.
Flaubert (G.): II/156. – III/298 n. 48.
Florival (G.): II/241 n. 74.
Focillon (H.): I/167.
Foucault (M.): I/281 n. 69. –II/25 n. 13. – III/201-2 n. 30, *370-4*, 381.
Fraisse (P.): III/3 n. 2.
Frankel (C.): I/191 n. 43, 196 e n. 53, 197-200 e nn. 56, 58, 60.
Fraser (J. T.): III/313-4.
Freud (S.): III/266 n. 43, 373, 420.
Freund (J.): I/302 n. 14.
Friedemann (K.): II/158 n. 72.
Frye (N.): I/117, 119, 269 e n. 55, 270, 276, 307. – II/*25-32*, 38, 45, 47, 72, 270. – III/318.
Furet (F.): I/326, 366-7, 369. – III/248 n. 18, 320, 361 n. 12.
Fustel de Coulanges (N. D.): I/337.

Gadamer (H. G.): I/123, 132, 137 e n. 29. – II/25 n. 13. – III/243 n. 12, 294-9, 307, 351 n. 15, 369, *gambel*, 403.
Galileu (G.): I/219.
Gallie (W. B.): I/116 n. 19, *247-55*, *259-61*, 291, 294, 297, 341.
Galsworthy (J.): II/134, 136 n. 36.
Gamble (I.): II/193 n. 19.

Gardiner (P.): I/186 n. 38, 192 e n. 48, 194 n. 49, 196 n. 53, 197 n. 56, 305.
Garelli (J.): II/10 n. 6.
Gaulle (C. de): I/255 n. 43.
Geertz (C.): I/*101-2*, 274 n. 62, 328 n. 28.74.
Gerette (G.): II/164 n. 81, 166 n. 84, 171 n. 90, 233 n. 63, 265 n. 107, 268.
Gérard de Cambrai: I/362, 365 e n. 73.
Gilson (E.): I/13 n. 1, 48 n. 34, 50 n. 37.
Goethe (J. W. von): I/313. – II/15, 59 e n. 12, 61, 66, 67, 110 n. 8, 124, 129, 131 n. 30-1, 134 e n.34, 136 n. 36, 137 n. 37, 143 n. 47, 151, 202, 206 n. 29, 270. – III/337.
Golden (L.): I/58 n. 3, 72 n. 20, 77 n. 25, 81 n. 33, 87, 89-90 e n. 42.
Goldman (A. I.): II/74 n. 25.
Goldschmidt (V.): I/19 n. 10. – III/19 n. 5, 20 n. 7, 21 n. 9, 23 n. 14, 31 nn. 20, 21, 33 n. 23, 443.
Gombrich (E. H.): I/273. – II/44. – III/290 n. 31.
Goodman (N.): I/138 n. 30.
Gorgias: I/62 n. 8.
Gorman (B. S.): III/4 n. 2.
Goubert (P.): I/179 n. 26.
Gouhier (H.): II/268.
Graham (J.): II/190 n. 15, 194 n. 21.
Gramsci (A.): I/274 n. 62.
Granel (G.): III/38 n. 1, 41 n. 7, 43-4 e n. 10-11, 47.
Granger (G. G.): I/121 n. 1. – III/275, 295 n. 41.

Granier (J.): III/182 n. 7.
Gregório de Nissa: I/31 n. 20, 46 n. 31, 364.
Greimas (A.-J.): I/99, 135 n. 26.
– II/55, 66, 77-93, 98, 100-4, 127 n. 25, 146 n. 52.
Grondin (J.): III/369.
Grünbaum (A.): III/153 n. 56.
Gryphius (A.): II/137 n. 37.
Guiguet (J.): II/179-80, 182 n. 10, 192 n. 18, 195 n. 22
Guillaume (G.): II/109 n. 7.
Guitton (J.): I/13 n. 1, 15 n. 3, 20 n. 11, 21 n. 13, 29 n. 18, 35 n. 24, 42 n. 28, 46 n. 32, 51 n. 38.
Gurvitch (G.): III/4 n. 3.
Guzzoli (G.): III/151 n. 54.

Habermas (J.): I/294 n. 1. – III/253 n. 27, 365 e nn. 16-17, 369, 383 n. 47, 385 n. 48.
Hafley (J.): II/179 n. 7.
Halbwachs (M.): III/4 n. 3, 178 n. 3.
Hamburger (K.): II/110 e n. 8, *106-13*, 153 e nn. 63-64, 170-1. – III/461 n. 55.
Hardison (O. B.): I/68 e n. 1.
Hardy (J.): I/58 n. 3.
Hart (H. L. A.): I/211 n. 9, 329 n. 29.
Hegel (G. W. F.): I/78 n. 27, 103, 105, 157, 170, 268, 293. – II/14, 21 n. 12, 269-70. – III/259 n. 2, 193 n. 19, 320, 329-51, 367, 376, 380, 403, 405-8, 436-7.
Heidegger (M.): I/32, 78 n. 27, 97, *106-11*, *136-46*, 266, 294, 328, 375. – III/15 n. 1, *101-65*, 185, 204-11, 219, *222-7*, 232-5, 265, 302 n. 46, 413-4, *416-9*, 429-37.

Hempel (K.): I/*186-92*, 197, 246, 250, 273, 331 n. 31.
Henry (A.): II/*230-3*.
Heráclito: III/445, 446.
Heródoto: I/73.
Herrstein Smith (B.): II/35-7, 46 n. 41, 50 n. 45.
Hesíodo: III/446.
Heussi (K.): III/237-8.
Hofmannsthal (H. von): II/137 n. 37.
Hölderlin (F.): I/135.
Homero: I/66, 71, 357. – II/14, 117, 268. – III/446.
Honoré (A. M.): I/329 n. 29.
Horkheimer (M.): III/253 n. 27, 361, 381, 385.
Hubert (R.): III/179 n. 4.
Hume (D.): I/329-30-353.-II/26. – III/241 n. 7, 429.
Husserl (E.): I/32, 62 n. 10, *141-5*, 272 n. 59, *297-9*, 325, 328 n. 28, 375, 377. – II/126 e n. 22, 273. – III/15 n. 1, 37-100, 139, 146, 153, 158 n. 64, 190, 222-6, 231-4, 287, 294 n. 39, 301, 317, 353, 361, 413, 416, 425, 427-32, 452-5.

Ingarden (R.): I/131. – III/*286-9*, 311.
Iser (W.): I/89 e n. 41, 112 e n. 15, 131-2. – III/*285-94*.

Jacob (A.): III/4 n. 4.
Jacques (F.): III/294 n. 38, 307 n. 61.
James (H.): I/67 e n. 16. – II/22, 158, 164 n. 81. – III/274, 278.
Janet (P.): III/3 n. 2.
Jauss (H. R.): I/87 n. 39, 92 n. 44, 132. – II/236 n. 65, 238 n. 70,

265. – III/230 n. 6, 284, 288 n. 30, 293-308.
Jenatsch (J.): II/135 n. 35.
Jesus: I/130, 174.
Joyce (J.): I/132. – II/44, 155 n. 70, 156, 179 n. 7, 182 n. 10, 271.
– III/274 n. 9, 289.

Kafka (F.): I/130. -II/17, 154.
Kant (E.): I/39 n. 25, 116, 118-9, 264. – II/31, 112 e n. 1, 115 n. 1. – III/29, *74-100*, 108 n. 6, 146, 165, 181,186, 367, 369 n. 22, 381, 385, 413, 416, *425-31*, 435-6, 441-2, 450-6.
Kellogg (R.): I/120 n. 21, 269, 295. – II/12 n. 3.
Kempf (R.): II/100 n. 52.
Kenny (A.): II/98 n. 49.
Kermode (F.): I/11 n. 1, 67 e n. 17, 117, 126, 129-30 e n. 25. – II/15 n. 7, 32 n. 25, 35, 38 e nn. 30-31, *40-50*, 65 n. 17. – III/366 n. 19, 457.
Kierkegaard (S.): III/344, 430.
Kolitcheff (I.): II/167 n. 86.
Koselleck (R.): III/298 n. 49, 331 n. 3, *353-69*, 399.
Kozicki (H.): I/164 n. 54.
Kracauer (S.): III/296 n. 44.
Krieger (L.): III/256 n. 29.
Kries (H. von): I/306 e n. 1.
Kristeva (J.): II/167 n. 86.
Kucich (J.): II/34 n. 26.
Kuhn (H.): II/25 n. 13.
Kundera (M.): II/161 n. 77.
Kuznets (S.): I/177.

Labrousse (E.): I/177-9.
Lacombe (P.): I/170 e n. 18.
Lallot (J.): I/58-9, 62 n. 10, 65 n. 14, 76, 84 n. 36, 89-90.

Langlois (C.-V.): I/161 e n. 4.
Laplace (P.): I/263-4 n. 1.
Lautréamont (I. D.): III/281.
Le Goff (J.): I/164 n. 9, *180-3*, 291 n. 1, 360-1. – II/58 n. 9.
– III/*200-1*, 248, 251 n. 21.
Le Roy Ladurie (E.): I/185 n. 35, 333 n. 33.
Leibniz (G. W.): III/76, 332 n. 5, 356 n. 5.
Lejeune (P.): II/154 n. 66.
Lessing (G.E.): II/136 n. 36.
Lévi (C.): I/358 n. 62.
Lévi-Strauss (C.): I/90 n. 42, 175.
– II/55 n. 6, 60, 63, 82 n 38.
– III/261 n. 38
Lévinas (E.): III/*211-3*.
Lewis (W.): II/44.
Lineu (C. von): II/59 e n. 11, 61, 66-7.
Locke (J.): II/19-20. – III/241 n. 7.
Longino: II/26 n. 16.
Lotman (I.): II/48 n. 43, 163 e n. 79, 172, 268.
Love (J. D.): II/189 n. 14.
Loyseau (C. de): I/362.
Lubac (H. de): II/29 e n. 18.
Lübbe (H.): I/78 e n. 28, 218 n. 14, 286. – III/336 n. 6.
Lucas (F. C.): I/58 e n. 3.

Mackie (J. L.): I/330 n. 29.
Macquarrie (J.): I/108 n. 11.
Malcolm (N.): I/229 n. 23.
Mallarmé (S.): II/32, 57 n. 8, 262.
Malraux (A.): III/294 n. 38.
Mandelbaum (M.): I/188 n. 42, 225 n. 21, 234 n. 29, 285-6, 291 e n. 3, 319-37. – III/371-2.
Mann (T.): II/9 n. 5, 132-3, 137, 158 n. 72, 174-5, 196 n. 24, 199, 202-7, 232 n. 62.

Mannheim (K.): I/274. – III/186-9, 372 n. 28.
Maomé: I/174.
Marcel (G.): III/234.
Marcos (são): I/130.
Marczweski (J.): I/169.
Marrou (H.-I.): I/157, 162-4, 275, 281-2, 337-8. – III/249 n. 19, 252.
Martin (G.): III/76-8, 86 n. 48
Martin (R.): III/244 n. 14.
Martineau (E.): III/451 n. 41.
Marx (K.): I/178, 199, 268, 274 n. 62, 279 n. 65, 333, 369. – III/344, 363, 373.
Maupassant (G. de): II/77, 83, 90, 92, 94-5, 124, 146.
Mauss (M.): I/169. – II/63.
Mead (G. H.): I/328 n. 28.
Meijering (E. P.): I/13 n. 1, 17 n. 6, 18 nn. 7-8, 19 nn. 9-10, 20 n. 11, 27 n. 17, 28, 31 n. 20, 34 n. 23, 35 n. 24, 41 n. 26, 44 n. 29, 46 n. 31. – III/16 n. 3.
Menandro: II/27.
Mendilow (A. A.): II/13 n. 5, 19 n. 10, 175 e n. 4.
Merleau-Ponty (M.): I/32. – III/50 n. 14, 392 e 51.
Meschonnic (H.): II/48 n. 43.
Meyer (E.): I/302, 311 e n. 19, 313-4, 316.
Meyer (H.): II/206 n. 29.
Michel (H.): I/19 n. 9.
Michelet (J.): I/167 n. 15, 268, 278.
Miller (J. H.): II/35, 46 n. 40.
Mink (L. O.): I/73, 115 n. 17, 257-64, 267, 271 n. 58, 284, 296, 341. – II/76.
Minkowski (E.): I/49. – II/195.
Moody (A. D.): II/192 n. 18.

Moreau (J.): III/22 n. 12.
Mounier (E.): III/399 n. 58.
Müller (G.): II/104, *133-5, 138-42*, 143 n. 47, 145 e n. 50, 151.

Nabert (J.): III/95 n. 54.
Nagel (E.): I/194-6.
Nef (F.): II/88 n. 44, 100 n. 53.
Nietzsche (F.): I/125, 268. – II/75 n. 38, 47, 184. – III/297, 344, 400-8.
Nora (P.): I/183 n. 33, 291 n. 1.
Novalis (F.): II/206 n. 29. – III/363 n. 14.
Numênio: I/46 n. 31.

Otto (R.): III/320.

Pariente (J.-C.): III/321.
Parmênides: III/343, 445-6.
Pascal (B.): III/430.
Pascal (R.): II/158 n. 74.
Paulo (santo): I/51.
Peirce (C. S.): I/244.
Pepper (S.): I/273.
Petit (J.-L.): I/219 n. 18.
Philibert (M.): III/188 n. 14.
Piaget (J.): III/3 n. 2.
Picon (G.): III/294 n. 38.
Platão: I/14, 28, 46 n. 31, 47, 50 e n. 37, 53, 61-3, 137, 219, 263, 264 n. 51, 325. – II/110 n. 8, 139 n. 40. – III/24-5, 150, 171, 177, 239, 243 n. 12, 257, 332 n. 5, 343, 446-8, 456 n. 48.
Plotino: I/13 n. 1, 14, 28, 31, 40-2, 46 n. 31, 51 n. 38. – II/83.
Pöggeler (O.): III/107 n. 5.
Popper (K.): I/207.
Pouillon (J.): II/155 e n. 68, 157 n. 71. – III/274 n. 8.

Poulet (G.): II/238 n. 70, 240e n. 72, 252 n. 91.
Pound (E. C.): II/44.
Propp (V.): I/67, 99. – II/55, 57 n. 8, 58-70, 72-5, 78-82, 92 n. 45, 101, 131 n. 30, 162 n. 79.
Proust (M.): II/9 n. 5, 137-8, 143 n. 46, 144-9, 154, 164 e n. 81, 174, 210, 227-32, 236 n. 65, 238. – III/230 n. 6, 277, 375, 419, 459 n. 53.
Rabelais (F.): II/270. – III/281, 284.
Rad (G. von): III/439 n. 23.
Ramnoux (C.): III/445 n. 32.
Ramus (P. da Ramée): III/259 n. 33.
Ranke (L. von): I/169, 173, 268, 274, 277-8, 371. – III/256, 264, 347 e n. 12.
Rastier (F.): II/77 n. 31.
Redfield (J.): I/58 n. 3, 67 n. 17, 72 n. 20, 77 n. 25, 79 n. 30, 80 n. 31, 83 n. 35, 85 n. 38, 89, 91. – II/270.
Reep (M.): I/353 n. 1.
Reichenbach (H.): III/153 n. 56.
Reid (T.): II/19.
Revel (J.): I/164 n. 9.
Richardson (S.): I/79 n. 29. – II/13 n. 4, 18, 19 n. 10, 21 n. 12.
Rickert (H.): I/157, 185 n. 37.
Riegel (K. F.): III/4 n. 2.
Riffaterre (M.): III/300 n. 51.
Rimmon-Kenan (S.): II/141 n. 43.
Robbe-Grillet (A.): II/43 n. 37.
Robespierre (M.): I/369.
Rosenberg (H.): II/41 n. 35.
Ross (D.): III/30 n. 20.
Rossum-Guyon (F. van): II/166 n. 83.

Rouiller (G.): I/138 n. 30.
Russel (B.): I/188 e n. 41.
Ryle (G.): I/193, 216 n. 13, 294, 305.

Saïd (E. W.): II/46 n. 40, 167 n. 85. – III/392 n. 50.
Sartre (J.-P.): II/43 n. 37. – III/114, 274 n. 9, 288 n. 29, 430.
Saussure (F. de): I/133. – II/143 n. 47. – III/254.
Schafer (R.): I/128 e n. 23.
Schapp (W.): I/128 e n. 24.
Schellenberg (T. R.): III/200 n. 28.
Schelling (F. W. J.): II/230-2.
Schiller (F. von): II/15, 110 n. 8, 129, 137 n. 37, 270.
Schnädelbach (H.): III/401 n. 60.
Scholes (R.): I/120 n. 21, 269, 295. – II/12 n. 3.
Schopenhauer (A.): II/230-2.
Schumpeter (J. A.): I/348.
Schutz (A.): I/327 n. 27, 328 n. 28. – III/185-93, 397, 434.
Séailles: II/230, 232.
Searle (J.): II/160 n. 76.
Segre (C.): II/140 n. 41.
Seignobos (C.): I/161.
Sexto Empírico: I/19 n. 10.
Shakespeare (W.): II/32 n. 24, 40, 184 e n. 11, 188-9, 194. – III/229.
Shattuck (R.): II/258 e n. 96, 258 n. 98.
Shaw (B.): III/291 n. 32.
Simiand (F.): I/165 n. 11, 170 e n. 18, 177.
Simmel (G.): I/157, 185 n. 37.
Simon (M.): III/123 n. 23.
Simon (R.): I/166.
Sócrates: I/62 n. 8. – III/419.

Sófocles: I/77, 105. – II/117, 268.
Solignac (A.): I/13 n. 1, 31 n. 20,
   33 n. 22, 41 n. 26, 34 n. 48.
Souche-Dagues (D.): III/43 n. 9,
   152 n. 55.
Souriau (E.): II/79, 139 n. 40.
Spengler (O.): I/157, 270.
Stanzel (F. W.): II/158-61, 166 e
   n. 85.
Starobinski (J.): III/293 n. 36.
Stein (E.): III/38 n. 1.
Sterne (L.): II/137.
Stevens (W.): II/45 n. 38-39,
   47 n. 42.

Tarde: II/232.
Taylor (C.): 1/219 n. 17, 229 n. 23.
Tesnière (L.): II/78.
Thieberger (R.): II/207 n. 30, 211 e
   n. 38, 212, 219 n. 48.
Tillich (P.): II/45.
Tocqueville (A. de): I/268, 274,
   277-8, 367-9.
Todorov (T.): II/5 n. 2, 54-5,
   58 n. 10, 74 e n. 27, 82 e n. 38,
   115 n. 16, 140 n. 41, 167 n. 86.
Tolstoi (N.): I/184, 355. – II/15, 167.
Tomachevski (B. V.): II/140 n. 41.
Toulmin (S.): I/211 n. 9. – III/
   153-4, 199 n. 27.
Toynbee (A.): I/157, 173, 270.
Treitschke (H. von): I/173.
Tucídides: I/269, 288. – II/253 n. 92.
Turner (V.): I/328 n. 28.

Valdés (M.): II/10 n. 6, 172 n. 92,
   174 n. 3.
Valéry (P.): II/54 n. 2.
Van Gogh (V.): III/305.
Varagnac (A.): I/360.
Vendryes (E.): II/147 n. 56.

Verghese (P. T.): I/31 n. 20.
Vernant (J.-P.): III/230 n. 5, 446-7.
Veyne (P.): I/115 n. 16, 186, 272,
   281-9, 291, 317, 336, 353, 373.
   – II/13 – III/248 n. 18, 251 e
   nn. 21-22, 254, 323.
Vico (G.): I/287. – III/259 n. 33.
Vleeschauwer (H. de): III/92-5 .
Voltaire (F. M. Arouet): I/351
   n. 52. – II/121.
Vovelle (M.): I/182 n. 32, 184 e
   n. 35.

Wagner (L. A.): II/58 n. 11.
Wahl (F.): III/197 n. 25, 238 n. 3.
Waldenfels (B.): III/50 n. 14.
Walsh (W.): I/245, 258. – III/244,
   n. 13
Watt (J.): II/13 n. 4, 19 n. 10, 20-1
   nn. 11 e 12.
Weber (M.): I/157, 161-2, 166
   n. 13, 185-6 e n. 37, 210 n. 8,
   225 n. 21, , 281, 287, *301-16*,
   328 n. 28, 334, *337-9*, 351 e
   n. 52. – II/100 n. 51. – III/190
   e n. 17, 192, 437
Weigand (H. J.): 197 n. 25, 205
   n. 29, 208 n. 31, 214 n . 42
Weil (E.): II/49. -III/345 n. 10,
   399n. 58.
Weinrich (H.): I/25 n. 15. – II/106
   e n. 4, 110-8, 121-30, 130, 140,
   142 n. 45, 146 n. 42, 151, 164,
   171, 251 n. 88. – III/*324*, 326.
Weizsäcker (C. F. von): III/157 n. 64.
Wells (H. G.): I/270.
Wessman (A.): III/4 n. 2.
Whewell (W.): I/258.
White (H.): I/235, 267-80, 284,
   293, 296. – III/*248*, 257, 259,
   262-3, 311, 317-8, 382 n. 45.

Whitehead (A. N.): I/217. –
III/245 n. 15.
Wilde (O.): II/46.
Winch (P.): I/103 n. 8, 219 n. 17.
Windelband (W.): I/185 e nn. 36-37, 313 n. 21, 320.
Wittgenstein (L.): I/219 n. 17, 221, 231-2. – III/350.
Wolfe (T. C.): II/138 n. 38.
Woolf (V.): II/9 n. 5, 16, 134-5, 138, n. 38, 170, 174, *176-96*.
– III/219, *223-4*.
Wright (H. von): I/98 n. 2, 115 n. 16, 152 n. 1, *218-36*, *295*, 299, 301, 312, 332 n. 32, 334, 379.
– III/244 n. 14, *394*.

Yeats (W. B.): II/44.
Yeruschalmi (Y. H.): III/320 n. 5.
Yorck (conde): III/134 n. 38.

Impresso por :

gráfica e editora
Tel.:11 2769-9056